Entwurf

eines

Bürgerlichen Gesetzbuchs

und eines zugehörigen

Einführungsgesetzes

sowie eines Gesetzes,

betreffend

Aenderungen des Gerichtsverfassungsgesetzes, der Civilprozeßordnung, der Konkursordnung und der Einführungsgesetze zur Civilprozeßordnung und zur Konkursordnung.

In der Fassung

der

Bundesrathsvorlagen.

Auf amtliche Veranlassung.

Berlin SW. 48.

Wilhelmstraße 119/120.

J. Guttentag, Verlagsbuchhandlung.

1898.

I.

Entwurf

eines

Bürgerlichen Gesetzbuchs.

In der Fassung

der

Bundesrathsvorlage.

Uebersicht.

Erstes Buch.

Allgemeiner Theil.

Zweites Buch.

Recht der Schuldverhältnisse.

Drittes Buch.

Sachenrecht.

Viertes Buch.

Familienrecht.

Fünftes Buch.

Erbrecht.

Erstes Buch.

Allgemeiner Theil.

Erster Abschnitt.

Personen.

Erster Titel.

Natürliche Personen.

§. 1. (I 3, II 1.)

Die Rechtsfähigkeit des Menschen beginnt mit der Vollendung der Geburt.

§. 2. (I 25, II 11.)

Die Volljährigkeit tritt mit der Vollendung des einundzwanzigsten Lebensjahrs ein.

§. 3. (I 26, 27 Abs. 1 Satz 1, Abs. 2 Satz 1, II 12, 13 Abs. 1 Satz 1.)

Ein Minderjähriger, der das achtzehnte Lebensjahr vollendet hat, kann durch Beschluß des Vormundschaftsgerichts für volljährig erklärt werden.

Durch die Volljährigkeitserklärung erlangt der Minderjährige die rechtliche Stellung eines Volljährigen.

§. 4. (I 27 Abs. 1, II 13 Abs. 1.)

Die Volljährigkeitserklärung ist nur zulässig, wenn der Minderjährige seine Einwilligung ertheilt.

Steht der Minderjährige unter elterlicher Gewalt, so ist auch die Einwilligung des Gewalthabers erforderlich, es sei denn, daß diesem weder die Sorge für die Person noch die Sorge für das Vermögen des Kindes zusteht. Für eine minderjährige Wittwe ist die Einwilligung des Gewalthabers nicht erforderlich.

§. 5. (I 27 Abs. 2 Satz 2, II 13 Abs. 2.)

Die Volljährigkeitserklärung soll nur erfolgen, wenn sie das Beste des Minderjährigen befördert.

§. 6. (I 28, 29, II 14.)

Entmündigt kann werden:

1. wer in Folge von Geisteskrankheit oder von Geistesschwäche seine Angelegenheiten nicht zu besorgen vermag;
2. wer durch Verschwendung sich oder seine Familie der Gefahr des Nothstandes aussetzt;
3. wer in Folge von Trunksucht seine Angelegenheiten nicht zu besorgen vermag oder sich oder seine Familie der Gefahr des Nothstandes aussetzt oder die Sicherheit Anderer gefährdet.

Die Entmündigung ist wiederaufzuheben, wenn der Grund der Entmündigung wegfällt.

§. 7. (I 34, II 17.)

Wer sich an einem Orte ständig niederläßt, begründet an diesem Orte seinen Wohnsitz.

Der Wohnsitz kann gleichzeitig an mehreren Orten bestehen.

Der Wohnsitz wird aufgehoben, wenn die Niederlassung mit dem Willen aufgehoben wird, sie aufzugeben.

§. 8. (I 36, II 18.)

Wer geschäftsunfähig oder in der Geschäftsfähigkeit beschränkt ist, kann ohne den Willen seines gesetzlichen Vertreters einen Wohnsitz weder begründen noch aufheben.

§. 9. (I 37, II 19.)

Eine Militärperson hat ihren Wohnsitz am Garnisonorte. Als Wohnsitz einer Militärperson, deren Truppentheil im Inlande keinen Garnisonort hat, gilt der letzte inländische Garnisonort des Truppentheils.

Diese Vorschriften finden keine Anwendung auf Militärpersonen, die nur zur Erfüllung der Wehrpflicht dienen oder die nicht selbständig einen Wohnsitz begründen können.

§. 10. (I 39, II 20.)

Die Ehefrau theilt den Wohnsitz des Ehemanns. Sie theilt den Wohnsitz nicht, wenn der Mann seinen Wohnsitz im Ausland an einem Orte begründet, an den die Frau ihm nicht folgt und zu folgen nicht verpflichtet ist.

Solange der Mann keinen Wohnsitz hat oder die Frau seinen Wohnsitz nicht theilt, kann die Frau selbständig einen Wohnsitz haben.

§. 11. (I 40, II 21.)

Ein eheliches Kind theilt den Wohnsitz des Vaters, ein uneheliches Kind den Wohnsitz der Mutter, ein an Kindesstatt angenommenes Kind den Wohnsitz des Annehmenden. Das Kind behält den Wohnsitz, bis es ihn rechtsgültig aufhebt.

Eine erst nach dem Eintritte der Volljährigkeit des Kindes erfolgende Legitimation oder Annahme an Kindesstatt hat keinen Einfluß auf den Wohnsitz des Kindes.

§. 12. (II 22.)

Wird das Recht zum Gebrauch eines Namens dem Berechtigten von einem Anderen bestritten oder wird das Interesse des Berechtigten dadurch verletzt, daß ein Anderer unbefugt den gleichen Namen gebraucht, so kann der Berechtigte von dem Anderen Beseitigung der Beeinträchtigung verlangen. Sind weitere Beeinträchtigungen zu besorgen, so kann er auf Unterlassung klagen.

§. 13. (I 5, 10 Abs. 1, II 2 Abs. 1 Satz 1, 6.)

Wer verschollen ist, kann nach Maßgabe der §§. 14 bis 17 im Wege des Aufgebotsverfahrens für todt erklärt werden.

§. 14. (I 6, II 2.)

Die Todeserklärung ist zulässig, wenn seit zehn Jahren keine Nachricht von dem Leben des Verschollenen eingegangen ist. Sie darf nicht vor dem Schlusse des Jahres erfolgen, in welchem der Verschollene das einunddreißigste Lebensjahr vollendet haben würde.

Ein Verschollener, der das siebzigste Lebensjahr vollendet haben würde, kann für todt erklärt werden, wenn seit fünf Jahren keine Nachricht von seinem Leben eingegangen ist.

Der Zeitraum von zehn oder fünf Jahren beginnt mit dem Schlusse des letzten Jahres, in welchem der Verschollene den vorhandenen Nachrichten zufolge noch gelebt hat.

§. 15. (I 7, II 3.)

Wer als Angehöriger einer bewaffneten Macht an einem Kriege Theil genommen hat, während des Krieges vermißt worden und seitdem verschollen ist, kann für todt erklärt werden, wenn seit dem Friedensschlusse drei Jahre verstrichen sind. Hat ein Friedensschluß nicht stattgefunden, so beginnt der dreijährige Zeitraum mit dem Schlusse des Jahres, in welchem der Krieg beendigt worden ist.

Als Angehöriger einer bewaffneten Macht gilt auch derjenige, welcher sich in einem Amts- oder Dienstverhältniß oder zum Zwecke freiwilliger Hülfeleistung bei der bewaffneten Macht befindet.

§. 16. (I 8, II 4.)

Wer sich bei einer Seefahrt auf einem während der Fahrt untergegangenen Fahrzeuge befunden hat und seit dem Untergange des Fahrzeugs verschollen ist, kann für todt erklärt werden, wenn seit dem Untergang ein Jahr verstrichen ist.

Der Untergang des Fahrzeugs wird vermuthet, wenn es an dem Orte seiner Bestimmung nicht eingetroffen oder in Ermangelung eines festen Reiseziels nicht zurückgekehrt ist und wenn

bei Fahrten innerhalb der Ostsee ein Jahr,

bei Fahrten innerhalb anderer europäischer Meere, mit Einschluß sämmtlicher Theile des Mittelländischen, Schwarzen und Azowschen Meeres, zwei Jahre,

bei Fahrten, die über außereuropäische Meere führen, drei Jahre seit dem Antritte der Reise verstrichen sind. Sind Nachrichten über das Fahrzeug eingegangen, so ist der Ablauf des Zeitraums erforderlich, der verstrichen sein müßte, wenn das Fahrzeug von dem Orte abgegangen wäre, an dem es sich den Nachrichten zufolge zuletzt befunden hat.

§. 17. (II 5.)

Wer unter anderen als den in den §§. 15, 16 bezeichneten Umständen in eine Lebensgefahr gerathen und seitdem verschollen ist, kann für todt erklärt werden, wenn seit dem Ereignisse, durch welches die Lebensgefahr entstanden ist, drei Jahre verstrichen sind.

§. 18. (I 21, II 7.)

Die Todeserklärung begründet die Vermuthung, daß der Verschollene in dem Zeitpunkte gestorben sei, welcher in dem die Todeserklärung aussprechenden Urtheile festgestellt ist.

Als Zeitpunkt des Todes ist, sofern nicht die Ermittelungen ein Anderes ergeben, anzunehmen:

in den Fällen des §. 14 der Zeitpunkt, in welchem die Todeserklärung zulässig geworden ist;

in den Fällen des §. 15 der Zeitpunkt des Friedensschlusses oder der Schluß des Jahres, in welchem der Krieg beendigt worden ist;

in den Fällen des §. 16 der Zeitpunkt, in welchem das Fahrzeug untergegangen ist oder von welchem an der Untergang vermuthet wird;

in den Fällen des §. 17 der Zeitpunkt, in welchem das Ereigniß stattgefunden hat.

Ist die Todeszeit nur dem Tage nach festgestellt, so gilt das Ende des Tages als Zeitpunkt des Todes.

§. 19. (II 9.)

Solange die Todeserklärung nicht erfolgt ist, wird das Fortleben des Verschollenen bis zu dem Zeitpunkte vermuthet, der nach §. 18 Abs. 2 in Ermangelung eines anderen Ergebnisses der Ermittelungen als Zeitpunkt des Todes anzunehmen ist; die Vorschrift des §. 18 Abs. 3 findet entsprechende Anwendung.

§. 20. (II 10.)

Sind Mehrere in einer gemeinsamen Gefahr umgekommen, so wird vermuthet, daß sie gleichzeitig gestorben seien.

Zweiter Titel.

Juristische Personen.

I. Vereine.

1. Allgemeine Vorschriften.

§. 21. (I 41, 42, II 23.)

Vereine zu gemeinnützigen, wohlthätigen, geselligen, wissenschaftlichen, künstlerischen oder anderen nicht auf einen wirthschaftlichen Geschäftsbetrieb gerichteten Zwecken erlangen Rechtsfähigkeit durch Eintragung in das Vereinsregister des zuständigen Amtsgerichts oder durch staatliche Verleihung.

Andere Vereine erlangen Rechtsfähigkeit in Ermangelung besonderer reichsgesetzlicher Vorschriften nur durch staatliche Verleihung.

Die Verleihung der Rechtsfähigkeit steht dem Bundesstaate zu, in dessen Gebiete der Verein seinen Sitz hat.

Als Sitz des Vereins gilt, wenn nicht ein Anderes bestimmt ist, der Ort, an welchem die Verwaltung geführt wird.

§. 22. (I 43, II 24.)

Die Verfassung eines rechtsfähigen Vereins wird, soweit sie nicht auf den nachfolgenden Vorschriften beruht, durch die Vereinssatzung bestimmt.

§. 23. (I 44 Abs. 1, 4, II 25.)

Der Verein muß einen Vorstand haben. Der Vorstand kann aus mehreren Personen bestehen.

Der Vorstand vertritt den Verein gerichtlich und außergerichtlich; er hat die Stellung eines gesetzlichen Vertreters. Der Umfang seiner Vertretungsmacht kann durch die Satzung mit Wirkung gegen Dritte beschränkt werden.

§. 24. (I 44 Abs. 2, 3, II 26.)

Die Bestellung des Vorstandes erfolgt durch Beschluß der Mitgliederversammlung.

Die Bestellung ist jederzeit widerruflich, unbeschadet des Anspruchs auf die vertragsmäßige Vergütung. Die Widerruflichkeit kann durch die Satzung auf den Fall beschränkt werden, daß ein wichtiger Grund für den Widerruf vorliegt: ein solcher Grund ist insbesondere grobe Pflichtverletzung oder Unfähigkeit zur ordnungsmäßigen Geschäftsführung.

Auf die Geschäftsführung des Vorstandes finden die für den Auftrag geltenden Vorschriften der §§. 651 bis 657 entsprechende Anwendung.

§. 25. (I 44 Abs. 5, 6 Satz 1, II 27.)

Besteht der Vorstand aus mehreren Personen, so erfolgt die Beschlußfassung nach den für die Beschlüsse der Mitglieder des Vereins geltenden Vorschriften der §§. 29, 31.

Ist eine Willenserklärung dem Vereine gegenüber abzugeben, so genügt die Abgabe gegenüber einem Mitgliede des Vorstandes.

§. 26. (I 44 Abs. 6 Satz 2, II 28.)

Soweit die erforderlichen Mitglieder des Vorstandes fehlen, sind sie in dringenden Fällen für die Zeit bis zur Hebung des Mangels auf Antrag eines Betheiligten von dem Amtsgerichte zu bestellen, in dessen Bezirke der Verein seinen Sitz hat.

§. 27. (II 29.)

Durch die Satzung kann bestimmt werden, daß neben dem Vorstande für gewisse Geschäfte besondere Vertreter zu bestellen sind. Die Vertretungsmacht eines solchen Vertreters erstreckt sich im Zweifel auf alle Rechtsgeschäfte, die der ihm zugewiesene Geschäftskreis gewöhnlich mit sich bringt.

§. 28. (I 46, II 30.)

Der Verein ist für den Schaden verantwortlich, den der Vorstand, ein Mitglied des Vorstandes oder ein anderer verfassungsmäßig berufener Vertreter durch eine in Ausführung der ihm zustehenden Verrichtungen begangene, zum Schadensersatze verpflichtende Handlung einem Dritten zufügt.

§. 29. (I 48 Abs. 1 bis 3, II 31 Abs. 1, 2.)

Die Angelegenheiten des Vereins werden, soweit sie nicht von dem Vorstand oder einem anderen Vereinsorgane zu besorgen sind, durch Beschlußfassung in einer Versammlung der Mitglieder geordnet. Zur Gültigkeit des Beschlusses ist erforderlich, daß der Gegenstand bei der Berufung bezeichnet wird. Bei der Beschlußfassung entscheidet die Mehrheit der erschienenen Mitglieder.

Auch ohne Versammlung der Mitglieder ist ein Beschluß gültig, wenn alle Mitglieder ihre Zustimmung zu dem Beschlusse schriftlich erklären.

§. 30. (I 48 Abs. 5, II 32.)

Zu einem Beschlusse, der eine Aenderung der Satzung enthält, ist eine Mehrheit von drei Viertheilen der erschienenen Mitglieder erforderlich. Zur Aenderung des Zweckes des Vereins ist die Zustimmung aller Mitglieder erforderlich; die Zustimmung der nicht erschienenen Mitglieder muß schriftlich erfolgen.

Beruht die Rechtsfähigkeit des Vereins auf staatlicher Verleihung, so ist zu jeder Aenderung der Satzung staatliche Genehmigung erforderlich.

§. 31. (I 48 Abs. 4, II 31 Abs. 3.)

Ein Mitglied ist nicht stimmberechtigt, wenn die Beschlußfassung die Vornahme eines Rechtsgeschäfts mit ihm oder die Einleitung oder Erledigung eines Rechtsstreits zwischen ihm und dem Vereine betrifft.

§. 32. (II 33.)

Sonderrechte eines Mitglieds können nicht ohne dessen Zustimmung durch Beschluß der Mitgliederversammlung beeinträchtigt werden.

§. 33. (II 34.)

Die Mitgliederversammlung ist in den durch die Satzung bestimmten Fällen sowie dann zu berufen, wenn das Interesse des Vereins es erfordert.

§. 34. (II 35.)

Die Mitgliederversammlung ist zu berufen, wenn der durch die Satzung bestimmte Theil oder in Ermangelung einer Bestimmung der zehnte Theil der Mitglieder die Berufung schriftlich unter Angabe des Zweckes und der Gründe verlangt.

Wird dem Verlangen nicht entsprochen, so kann das Amtsgericht, in dessen Bezirke der Verein seinen Sitz hat, die Mitglieder, welche das Verlangen gestellt haben, zur Berufung der Versammlung ermächtigen und über die Führung des Vorsitzes in der Versammlung Bestimmung treffen. Auf die Ermächtigung muß bei der Berufung der Versammlung Bezug genommen werden.

§. 35. (II 36 Abs. 1.)

Die Mitgliedschaft ist nicht übertragbar und nicht vererblich. Die Ausübung der Mitgliedschaftsrechte kann nicht einem Anderen überlassen werden.

§. 36. (II 36 Abs. 2.)

Die Mitglieder sind zum Austritt aus dem Vereine berechtigt.

Durch die Satzung kann bestimmt werden, daß der Austritt nur am Schlusse eines Geschäftsjahrs oder erst nach dem Ablauf einer Kündigungsfrist zulässig ist; die Kündigungsfrist kann höchstens zwei Jahre betragen.

§. 37. (I 44 Abs. 7, 48 Abs. 6, II 37.)

Die Vorschriften des §. 24 Abs. 1, 3, des §. 25 Abs. 1 und der §§. 29, 30, 35 finden insoweit keine Anwendung, als die Satzung ein Anderes bestimmt.

§. 38. (II 38.)

Der Verein kann durch Beschluß der Mitgliederversammlung aufgelöst werden. Zu dem Beschluß ist eine Mehrheit von drei Viertheilen der erschienenen Mitglieder erforderlich, wenn nicht die Satzung ein Anderes bestimmt.

§. 39. (I 47, II 39.)

Der Verein wird durch die Eröffnung des Konkurses aufgelöst.

Der Vorstand hat im Falle der Ueberschuldung die Eröffnung des Konkurses zu beantragen. Wird die Stellung des Antrags verzögert, so sind die Vorstandsmitglieder, denen ein Verschulden zur Last fällt, den Gläubigern für den daraus entstehenden Schaden verantwortlich; sie haften als Gesammtschuldner.

§. 40. (II 40 Abs. 1—3.)

Der Verein kann aufgelöst werden, wenn er durch einen gesetzwidrigen Beschluß der Mitgliederversammlung oder durch gesetzwidriges Verhalten des Vorstandes das Gemeinwohl gefährdet.

Ein Verein, dessen Zweck nach der Satzung nicht auf einen wirthschaftlichen Geschäftsbetrieb gerichtet ist, kann aufgelöst werden, wenn er einen solchen Zweck verfolgt.

Ein Verein, der nach der Satzung einen politischen, sozialpolitischen oder religiösen Zweck nicht hat, kann aufgelöst werden, wenn er einen solchen Zweck verfolgt.

§. 41. (II 40 Abs. 4.)

Das Verfahren und die Zuständigkeit der Behörden richten sich in den Fällen des §. 40 nach den für streitige Verwaltungssachen geltenden Vorschriften der Landesgesetze. Wo ein Verwaltungsstreitverfahren nicht besteht, finden die Vorschriften der §§. 20, 21 der Gewerbeordnung Anwendung; die Entscheidung erfolgt in erster Instanz durch die höhere Verwaltungsbehörde, in deren Bezirke der Verein seinen Sitz hat.

§. 42. (I 49 Abs. 1, II 41.)

Mit der Auflösung des Vereins fällt das Vermögen an die in der Satzung bestimmten Personen.

Durch die Satzung kann vorgeschrieben werden, daß die Anfallberechtigten durch Beschluß der Mitgliederversammlung oder eines anderen Vereinsorgans bestimmt werden. Gehört der Verein zu den im §. 21 Abs. 1 bezeichneten Vereinen, so kann die Mitgliederversammlung auch ohne eine solche Vorschrift das Vermögen einer öffentlichen Stiftung oder Anstalt zuweisen.

Fehlt es an einer Bestimmung der Anfallberechtigten, so fällt das Vermögen, wenn der Verein nach der Satzung ausschließlich den Interessen seiner Mitglieder diente, an die zur Zeit der Auflösung vorhandenen Mitglieder zu gleichen Theilen, anderenfalls an den Fiskus des Bundesstaats, in dessen Gebiete der Verein seinen Sitz hatte.

§. 43. (I 49 Abs. 2 Satz 1, 2, II 42 Abs. 1.)

Fällt das Vereinsvermögen an den Fiskus, so finden die Vorschriften über eine dem Fiskus als gesetzlichem Erben anfallende Erbschaft entsprechende Anwendung. Der Fiskus hat das Vermögen thunlichst in einer den Zwecken des Vereins entsprechenden Weise zu verwenden.

§. 44. (I 49 Abs. 2 Satz 3, II 42 Abs. 2.)

Fällt das Vereinsvermögen nicht an den Fiskus, so muß eine Liquidation stattfinden.

§. 45. (I 50, II 43.)

Die Liquidation erfolgt durch den Vorstand. Zu Liquidatoren können auch andere Personen bestellt werden; für die Bestellung sind die für die Bestellung des Vorstandes geltenden Vorschriften maßgebend.

Die Liquidatoren haben die rechtliche Stellung des Vorstandes, soweit sich nicht aus dem Zwecke der Liquidation ein Anderes ergiebt.

Sind mehrere Liquidatoren vorhanden, so ist für ihre Beschlüsse Uebereinstimmung aller erforderlich, sofern nicht ein Anderes bestimmt ist.

§. 46. (I 51, II 44.)

Die Liquidatoren haben die laufenden Geschäfte zu beendigen, die Forderungen einzuziehen, das übrige Vermögen in Geld umzusetzen, die Gläubiger zu befriedigen und den Ueberschuß den Anfallberechtigten auszuantworten. Zur Beendigung schwebender Geschäfte können die Liquidatoren auch neue Geschäfte eingehen. Die Einziehung der Forderungen sowie die Umsetzung des übrigen Vermögens in Geld darf unterbleiben, soweit diese Maßregeln nicht zur Befriedigung der Gläubiger oder zur Vertheilung des Ueberschusses unter die Anfallberechtigten erforderlich sind.

Der Verein gilt bis zur Beendigung der Liquidation als fortbestehend, soweit der Zweck der Liquidation es erfordert.

§. 47. (I 52, II 45.)

Die Auflösung des Vereins ist durch die Liquidatoren öffentlich bekannt zu machen. In der Bekanntmachung sind die Gläubiger zur Anmeldung ihrer Ansprüche aufzufordern. Die Bekanntmachung erfolgt durch das in der Satzung für Veröffentlichungen bestimmte Blatt, in Ermangelung eines solchen durch dasjenige Blatt, welches für Bekanntmachungen des Amtsgerichts bestimmt ist, in dessen Bezirke der Verein seinen Sitz hatte. Die Bekanntmachung gilt mit dem Ablaufe des zweiten Tages nach der Einrückung oder der ersten Einrückung als bewirkt.

Bekannte Gläubiger sind durch besondere Mittheilung zur Anmeldung aufzufordern.

§. 48. (I 53, II 46.)

Das Vermögen darf den Anfallberechtigten nicht vor dem Ablauf eines Jahres nach der Bekanntmachung der Auflösung des Vereins ausgeantwortet werden.

§. 49. (I 54, II 47.)

Meldet sich ein bekannter Gläubiger nicht, so ist der geschuldete Betrag, wenn die Berechtigung zur Hinterlegung vorhanden ist, für den Gläubiger zu hinterlegen.

Ist die Berichtigung einer Verbindlichkeit zur Zeit nicht ausführbar oder ist eine Verbindlichkeit streitig, so darf das Vermögen den Anfallberechtigten nur ausgeantwortet werden, wenn dem Gläubiger Sicherheit geleistet ist.

§. 50. (I 56, II 48.)

Liquidatoren, welche die ihnen nach dem §. 39 Abs. 2 und den §§. 47 bis 49 obliegenden Verpflichtungen verletzen oder vor der Befriedigung der Gläubiger Vermögen den Anfallberechtigten ausantworten, sind, wenn ihnen ein Verschulden zur Last fällt, den Gläubigern für den daraus entstehenden Schaden verantwortlich; sie haften als Gesammtschuldner.

§. 51. (II 676.)

Auf Vereine, die nicht rechtsfähig sind, finden die Vorschriften über die Gesellschaft Anwendung. Aus einem Rechtsgeschäfte, das im Namen eines solchen Vereins einem Dritten gegenüber vorgenommen wird, haftet der Handelnde persönlich; handeln Mehrere, so haften sie als Gesammtschuldner.

2. Eingetragene Vereine.

§. 52. (II 49.)

Die Eintragung eines Vereins der im §. 21 Abs. 1 bezeichneten Art in das Vereinsregister hat bei dem Amtsgerichte zu geschehen, in dessen Bezirke der Verein seinen Sitz hat.

§. 53. (II 50.)

Die Eintragung soll nur erfolgen, wenn die Zahl der Mitglieder mindestens sieben beträgt.

§. 54. (II 51.)

Die Satzung muß den Zweck, den Namen und den Sitz des Vereins enthalten und ergeben, daß der Verein eingetragen werden soll.

Der Name soll sich von den Namen der an demselben Orte oder in derselben Gemeinde bestehenden eingetragenen Vereine deutlich unterscheiden.

§. 55. (II 52.)

Die Satzung soll Bestimmungen enthalten:

1. über den Eintritt und Austritt der Mitglieder;
2. darüber, ob und welche Beiträge von den Mitgliedern zu leisten sind,
3. über die Bildung des Vorstandes;
4. über die Voraussetzungen, unter denen die Mitgliederversammlung zu berufen ist, über die Form der Berufung und über die Beurkundung der Beschlüsse.

§. 56. (II 53.)

Der Vorstand hat den Verein zur Eintragung anzumelden.

Der Anmeldung sind beizufügen:

1. die Satzung in Urschrift und Abschrift;
2. ein Verzeichniß der Mitglieder,
3. eine Abschrift der Urkunden über die Bestellung des Vorstandes.

Die Satzung soll von mindestens sieben Mitgliedern unterzeichnet sein und die Angabe des Tages der Errichtung enthalten.

§. 57. (II 54 Halbsatz 1.)

Die Anmeldung ist, wenn den Erfordernissen der §§. 53 bis 56 nicht genügt ist, von dem Amtsgericht unter Angabe der Gründe zurückzuweisen

Gegen einen zurückweisenden Beschluß findet die sofortige Beschwerde nach den Vorschriften der Civilprozeßordnung statt.

§. 58. (II 54 Halbsatz 2, 55 Abs. 1.)

Wird die Anmeldung zugelassen, so hat das Amtsgericht sie der zuständigen Verwaltungsbehörde mitzutheilen.

Die Verwaltungsbehörde kann gegen die Eintragung Einspruch erheben, wenn der Verein nach dem öffentlichen Vereinsrecht unerlaubt ist oder verboten werden kann oder wenn er einen politischen, sozialpolitischen oder religiösen Zweck verfolgt.

§. 59. (II 55 Abs. 2, 3.)

Erhebt die Verwaltungsbehörde Einspruch, so hat das Amtsgericht den Einspruch dem Vorstande mitzutheilen.

Der Einspruch kann im Wege des Verwaltungsstreitverfahrens oder, wo ein solches nicht besteht, im Wege des Rekurses nach Maßgabe der §§. 20, 21 der Gewerbeordnung angefochten werden.

§. 60. (II 56 Abs. 1.)

Die Eintragung darf, sofern nicht die Verwaltungsbehörde dem Amtsgerichte mittheilt, daß Einspruch nicht erhoben werde, erst erfolgen, wenn seit der Mittheilung der Anmeldung an die Verwaltungsbehörde sechs Wochen verstrichen sind und Einspruch nicht erhoben oder wenn der erhobene Einspruch endgültig aufgehoben ist.

§. 61. (II 56 Abs. 2.)

Bei der Eintragung sind der Name und der Sitz des Vereins, der Tag der Errichtung der Satzung sowie die Mitglieder des Vorstandes im Vereinsregister anzugeben. Bestimmungen, die den Umfang der Vertretungsmacht des Vorstandes beschränken oder die Beschlußfassung des Vorstandes abweichend von der Vorschrift des §. 25 Abs. 1 regeln, sind gleichfalls einzutragen.

§. 62. (II 58 Abs. 1.)

Mit der Eintragung erhält der Name des Vereins den Zusatz „eingetragener Verein“.

§. 63. (II 57, 58 Abs. 2.)

Das Amtsgericht hat die Eintragung durch das für seine Bekanntmachungen bestimmte Blatt zu veröffentlichen.

Die Urschrift der Satzung ist mit der Bescheinigung der Eintragung zu versehen und zurückzugeben. Die Abschrift wird von dem Amtsgerichte beglaubigt und mit den übrigen Schriftstücken aufbewahrt.

§. 64. (II 59.)

Jede Aenderung des Vorstandes sowie die erneute Bestellung eines Vorstandsmitglieds ist von dem Vorstande zur Eintragung anzumelden. Der Anmeldung ist eine Abschrift der Urkunde über die Aenderung oder die erneute Bestellung beizufügen.

Die Eintragung gerichtlich bestellter Vorstandsmitglieder erfolgt von Amtswegen.

§. 65. (II 60 Abs. 1.)

Wird zwischen den bisherigen Mitgliedern des Vorstandes und einem Dritten ein Rechtsgeschäft vorgenommen, so kann die Aenderung des Vorstandes dem Dritten nur entgegengesetzt werden, wenn sie zur Zeit der Vornahme des Rechtsgeschäfts im Vereinsregister eingetragen oder dem Dritten bekannt ist. Ist die Aenderung eingetragen, so braucht der Dritte sie nicht gegen sich gelten zu lassen, wenn er sie nicht kennt, seine Unkenntniß auch nicht auf Fahrlässigkeit beruht.

§. 66. (II 60 Abs. 2.)

Der Nachweis, daß der Vorstand aus den im Register eingetragenen Personen besteht, wird Behörden gegenüber durch ein Zeugniß des Amtsgerichts über die Eintragung geführt.

§. 67. (II 60 Abs. 3.)

Die Vorschriften des §. 65 gelten auch für Bestimmungen, die den Umfang der Vertretungsmacht des Vorstandes beschränken oder die Beschlußfassung des Vorstandes abweichend von der Vorschrift des §. 25 Abs. 1 regeln.

§. 68. (II 61.)

Aenderungen der Satzung bedürfen zu ihrer Wirksamkeit der Eintragung in das Vereinsregister. Die Aenderung ist von dem Vorstande zur Eintragung anzumelden. Der Anmeldung ist der die Aenderung enthaltende Beschluß in Urschrift und Abschrift beizufügen.

Die Vorschriften der §§. 57 bis 61 und des §. 63 Abs. 2 finden entsprechende Anwendung.

§. 69. (II 62.)

Der Vorstand hat dem Amtsgericht auf dessen Verlangen jederzeit ein Verzeichniß der Vereinsmitglieder einzureichen.

§. 70. (II 63.)

Sinkt die Zahl der Vereinsmitglieder unter drei herab, so hat das Amtsgericht auf Antrag des Vorstandes und, wenn der Antrag nicht binnen drei Monaten gestellt wird, von Amtswegen nach Anhörung des Vorstandes die Auflösung des Vereins auszusprechen. Der Beschluß ist dem Vereine zuzustellen. Gegen den Beschluß findet die sofortige Beschwerde nach den Vorschriften der Civilprozeßordnung statt.

Der Verein erlischt mit der Rechtskraft des Beschlusses.

§. 71. (II 64.)

Die Auflösung des Vereins ist in das Vereinsregister einzutragen, sofern sie nicht in Folge der Eröffnung des Konkurses eintritt.

Wird der Verein durch Beschluß der Mitgliederversammlung oder durch den Ablauf der für die Dauer des Vereins bestimmten Zeit aufgelöst, so hat der Vorstand die Auflösung zur Eintragung anzumelden. Der Anmeldung ist im ersteren Falle eine Abschrift des Auflösungsbeschlusses beizufügen.

Wird der Verein auf Grund des §. 40 oder auf Grund des öffentlichen Vereinsrechts aufgelöst, so erfolgt die Eintragung auf Anzeige der zuständigen Behörde.

§. 72. (II 65.)

Die Eröffnung des Konkurses ist von Amtswegen einzutragen. Das Gleiche gilt von der Aufhebung des Eröffnungsbeschlusses.

§. 73. (II 66.)

Die Liquidatoren sind in das Vereinsregister einzutragen. Das Gleiche gilt von Bestimmungen, welche die Beschlußfassung der Liquidatoren abweichend von der Vorschrift des §. 45 Abs. 3 regeln.

Die Anmeldung hat durch den Vorstand, bei späteren Aenderungen durch die Liquidatoren zu erfolgen. Der Anmeldung der durch Beschluß der Mitgliederversammlung bestellten Liquidatoren ist eine Abschrift des Beschlusses, der Anmeldung einer Bestimmung über die Beschlußfassung der Liquidatoren eine Abschrift der die Bestimmung enthaltenden Urkunde beizufügen.

Die Eintragung gerichtlich bestellter Liquidatoren geschieht von Amtswegen.

§. 74. (II 67.)

Die Anmeldungen zum Vereinsregister sind von den Mitgliedern des Vorstandes sowie von den Liquidatoren mittelst öffentlich beglaubigter Erklärung zu bewirken.

§. 75. (II 68.)

Das Amtsgericht kann die Mitglieder des Vorstandes zur Befolgung der Vorschriften des §. 64 Abs. 1, des §. 68 Abs. 1, des §. 69, des §. 71 Abs. 2. und des §. 73 durch Ordnungsstrafen anhalten. Die einzelne Strafe darf den Betrag von dreihundert Mark nicht übersteigen.

In gleicher Weise können die Liquidatoren zur Befolgung der Vorschriften des §. 73 angehalten werden.

§. 76. (II 69.)

Die Einsicht des Vereinsregisters sowie der von dem Vereine bei dem Amtsgericht eingereichten Schriftstücke ist Jedem gestattet. Von den Eintragungen kann eine Abschrift gefordert werden; die Abschrift ist auf Verlangen zu beglaubigen.

II. Stiftungen.

§. 77. (I 58 Satz 1, 59, 62 Abs. 1, II 70.)

Zur Entstehung einer rechtsfähigen Stiftung ist außer dem Stiftungsgeschäfte die Genehmigung des Bundesstaats erforderlich, in dessen Gebiete die Stiftung ihren Sitz haben soll. Als Sitz der Stiftung gilt, wenn nicht ein Anderes bestimmt ist, der Ort, an welchem die Verwaltung geführt wird.

§. 78. (I 58 Satz 1, 2, 62 Abs. 2, II 71 Abs. 1, 2.)

Das Stiftungsgeschäft unter Lebenden bedarf der gerichtlichen oder notariellen Beurkundung.

Bis zur Ertheilung der staatlichen Genehmigung ist der Stifter zum Widerrufe berechtigt. Ist die Genehmigung bei der zuständigen Behörde nachgesucht, so kann der Widerruf nur dieser gegenüber erklärt werden. Der Erbe des Stifters ist zum Widerrufe nicht berechtigt, wenn der Stifter das Gesuch bei der zuständigen Behörde eingereicht oder bei oder nach der Beurkundung des Stiftungsgeschäfts das Gericht oder den Notar mit der Einreichung betraut hat.

§. 79. (I 58 Satz 3, 4, II 71 Abs. 3.)

Wird die Stiftung genehmigt, so ist der Stifter verpflichtet, das in dem Stiftungsgeschäfte zugesicherte Vermögen auf die Stiftung zu übertragen. Rechte, zu deren Uebertragung der Abtretungsvertrag genügt, gehen mit der Genehmigung auf die Stiftung über, sofern nicht aus dem Stiftungsgeschäfte sich ein anderer Wille des Stifters ergiebt.

§. 80. (I 59, II 72.)

Besteht das Stiftungsgeschäft in einer Verfügung von Todeswegen, so hat das Nachlaßgericht die Genehmigung einzuholen, sofern sie nicht von dem Erben oder dem Testamentsvollstrecker nachgesucht wird.

§. 81. (I 62 Abs. 3, II 72 a.)

Wird die Stiftung erst nach dem Tode des Stifters genehmigt, so gilt sie für die Zuwendungen des Stifters als schon vor dessen Tode entstanden.

§. 82. (I 60, II 73.)

Die Verfassung einer Stiftung wird, soweit sie nicht auf Reichs- oder Landesgesetz beruht, durch das Stiftungsgeschäft bestimmt.

§. 83. (I 61, II 74.)

Die Vorschriften des §. 23, des §. 24 Abs. 3, der §§. 25 bis 28 und des §. 39 Abs. 2 finden auf Stiftungen entsprechende Anwendung, die Vorschriften des §. 24 Abs. 3 und des §. 25 Abs. 1 jedoch nur insoweit, als sich nicht aus der Verfassung, insbesondere daraus, daß die Verwaltung der Stiftung von einer öffentlichen Behörde geführt wird, ein Anderes ergiebt. Die Vorschriften des §. 25 Abs. 2 und des §. 26 finden auf Stiftungen, deren Verwaltung von einer öffentlichen Behörde geführt wird, keine Anwendung.

§. 84. (I 61, II 75.)

Mit dem Erlöschen der Stiftung fällt das Vermögen an die in der Verfassung bestimmten Personen. Die Vorschriften der §§. 43 bis 50 finden entsprechende Anwendung.

III. Juristische Personen des öffentlichen Rechtes.

§. 85. (I 63, II 77.)

Die Vorschrift des §. 28 findet auf den Fiskus sowie auf die Körperschaften, Stiftungen und Anstalten des öffentlichen Rechtes entsprechende Anwendung.

Das Gleiche gilt, soweit bei Körperschaften, Stiftungen und Anstalten des öffentlichen Rechtes der Konkurs zulässig ist, von der Vorschrift des §. 39 Abs. 2.

Zweiter Abschnitt.

Sachen.

§. 86. (I 778, II 77 a.)

Sachen im Sinne des Gesetzes sind nur körperliche Gegenstände.

§. 87. (I 779, II 77 b.)

Vertretbare Sachen im Sinne des Gesetzes sind bewegliche Sachen, die im Verkehre nach Zahl, Maß oder Gewicht bestimmt zu werden pflegen.

§. 88. (I 780, II 77 c.)

Verbrauchbare Sachen im Sinne des Gesetzes sind bewegliche Sachen, deren bestimmungsmäßiger Gebrauch in dem Verbrauch oder in der Veräußerung besteht.

Als verbrauchbar gelten auch bewegliche Sachen, die zu einem Waarenlager, oder zu einem sonstigen Sachinbegriffe gehören, dessen bestimmungsmäßiger Gebrauch in der Veräußerung der einzelnen Sachen besteht.

§. 89. (I 782, II 77 d.)

Bestandtheile einer Sache, die von einander nicht getrennt werden können, ohne daß der eine oder der andere zerstört oder in seinem Wesen verändert wird (wesentliche Bestandtheile), können nicht Gegenstand besonderer Rechte sein.

§. 90. (I 783, 784, II 77 e.)

Zu den wesentlichen Bestandtheilen eines Grundstücks gehören die mit dem Grund und Boden fest verbundenen Sachen, insbesondere Gebäude, sowie die Erzeugnisse des Grundstücks, solange sie mit dem Boden zusammenhängen. Samen wird mit dem Aussäen, eine Pflanze wird mit dem Einpflanzen wesentlicher Bestandtheil des Grundstücks.

Zu den wesentlichen Bestandtheilen eines Gebäudes gehören die zur Herstellung des Gebäudes eingefügten Sachen.

§. 91. (I 783 Abs. 2, 785, II 77 f.)

Zu den Bestandtheilen eines Grundstücks gehören solche Sachen nicht, die nur zu einem vorübergehenden Zwecke mit dem Grund und Boden verbunden sind. Das Gleiche gilt von einem Gebäude oder anderen Werke, das in Ausübung eines Rechtes an einem fremden Grundstücke von dem Berechtigten mit dem Grundstücke verbunden worden ist.

Sachen, die nur zu einem vorübergehenden Zwecke in ein Gebäude eingefügt sind, gehören nicht zu den Bestandtheilen des Gebäudes.

§. 92. (I 788, II 77 g.)

Rechte, die mit dem Eigenthum an einem Grundstücke verbunden sind, gelten als Bestandtheile des Grundstücks.

§. 93. (I 789, II 77 h.)

Zubehör sind bewegliche Sachen, die, ohne Bestandtheile der Hauptsache zu sein, dem wirthschaftlichen Zwecke der Hauptsache zu dienen bestimmt sind und zu ihr in einem dieser Bestimmung entsprechenden räumlichen Verhältnisse stehen. Eine Sache ist nicht Zubehör, wenn sie im Verkehre nicht als Zubehör angesehen wird.

Die vorübergehende Benutzung einer Sache für den wirthschaftlichen Zweck einer anderen begründet nicht die Zubehöreigenschaft. Die vorübergehende Trennung eines Zubehörstücks von der Hauptsache hebt die Zubehöreigenschaft nicht auf.

§. 94. (I 791, II 77 i.)

Dem wirthschaftlichen Zwecke der Hauptsache sind zu dienen bestimmt:

1. bei einem Gebäude, das für einen gewerblichen Betrieb dauernd eingerichtet ist, insbesondere bei einer Mühle, einer Schmiede, einem Brauhaus, einer Fabrik, die zu dem Betriebe bestimmten Maschinen und sonstigen Geräthschaften;
2. bei einem Landgute das zum Wirthschaftsbetriebe bestimmte Geräth und Vieh, die landwirthschaftlichen Erzeugnisse, soweit sie zur Fortführung der Wirthschaft bis zu der Zeit erforderlich sind, zu welcher gleiche oder ähnliche Erzeugnisse voraussichtlich gewonnen werden, sowie der vorhandene auf dem Gute gewonnene Dünger.

§. 95. (I 792, II 77 k.)

Früchte einer Sache sind die Erzeugnisse der Sache und die sonstige Ausbeute, welche aus der Sache ihrer Bestimmung gemäß gewonnen wird.

Früchte eines Rechtes sind die Erträge, welche das Recht seiner Bestimmung gemäß gewährt, insbesondere bei einem Rechte auf Gewinnung von Bodenbestandtheilen die gewonnenen Bestandtheile.

Früchte sind auch die Erträge, welche eine Sache oder ein Recht vermöge eines Rechtsverhältnisses gewährt.

§. 96. (I 793, II 77 l.)

Nutzungen sind die Früchte einer Sache oder eines Rechtes sowie die Vortheile, welche der Gebrauch der Sache oder des Rechtes gewährt.

§. 97. (I 794 Abs. 1, II 77 m.)

Ist Jemand berechtigt, die Früchte einer Sache oder eines Rechtes bis zu einer bestimmten Zeit oder von einer bestimmten Zeit an zu beziehen, so gebühren ihm, sofern nicht ein Anderes bestimmt ist:

1. die im §. 95 Abs. 1 bezeichneten Erzeugnisse und Bestandtheile, auch wenn er sie als Früchte eines Rechtes zu beziehen hat, insoweit, als sie während der Dauer der Berechtigung von der Sache getrennt werden;
2. andere Früchte insoweit, als sie während der Dauer der Berechtigung fällig werden; bestehen jedoch die Früchte in der Vergütung für die

Ueberlassung des Gebrauchs oder des Fruchtgenusses, in Zinsen, Gewinnantheilen oder anderen regelmäßig wiederkehrenden Erträgen, so gebührt dem Berechtigten ein der Dauer seiner Berechtigung entsprechender Theil.

§. 98. (II 901 Abs. 1 Satz 2, 2054 Abs. 2.)

Wer zur Herausgabe von Früchten verpflichtet ist, kann Ersatz der auf die Gewinnung der Früchte verwendeten Kosten insoweit verlangen, als sie einer ordnungsmäßigen Wirthschaft entsprechen und den Werth der Früchte nicht übersteigen.

§. 99. (I 795, II 77 n.)

Wer verpflichtet ist, die Lasten einer Sache oder eines Rechtes bis zu einer bestimmten Zeit oder von einer bestimmten Zeit an zu tragen, hat, sofern nicht ein Anderes bestimmt ist, die regelmäßig wiederkehrenden Lasten nach dem Verhältnisse der Dauer seiner Verpflichtung, andere Lasten insoweit zu tragen, als sie während der Dauer seiner Verpflichtung zu entrichten sind.

Dritter Abschnitt.

Rechtsgeschäfte.

Erster Titel.

Geschäftsfähigkeit.

§. 100. (I 64 Abs. 1, 2, II 78.)

Geschäftsunfähig ist:

1. wer das siebente Lebensjahr nicht vollendet hat;
2. wer sich in einem die freie Willensbestimmung ausschließenden Zustande krankhafter Störung der Geistesthätigkeit befindet, sofern nicht der Zustand seiner Natur nach ein vorübergehender ist;
3. wer wegen Geisteskrankheit entmündigt ist.

§. 101. (I 64 Abs. 2, 3, II 79.)

Die Willenserklärung eines Geschäftsunfähigen ist nichtig.

Nichtig ist auch eine Willenserklärung, die im Zustande der Bewußtlosigkeit oder vorübergehender Störung der Geistesthätigkeit abgegeben wird.

§. 102. (I 65 Abs. 1, II 80.)

Ein Minderjähriger, der das siebente Lebensjahr vollendet hat, ist nach Maßgabe der §§. 103 bis 109 in der Geschäftsfähigkeit beschränkt.

§. 103. (I 65 Abs. 2, Abs. 3 Satz 1, II 81.)

Der Minderjährige bedarf zu einer Willenserklärung, durch die er nicht lediglich einen rechtlichen Vortheil erlangt, der Einwilligung seines gesetzlichen Vertreters.

§. 104. (I 65 Abs. 3 Satz 2, Abs. 5, 6, II 82.)

Schließt der Minderjährige einen Vertrag ohne die erforderliche Einwilligung des gesetzlichen Vertreters, so hängt die Wirksamkeit des Vertrags von der Genehmigung des Vertreters ab.

Fordert der andere Theil den Vertreter zur Erklärung über die Genehmigung auf, so kann die Erklärung nur ihm gegenüber erfolgen; eine vor der Aufforderung dem Minderjährigen gegenüber erklärte Genehmigung oder Verweigerung der Genehmigung wird unwirksam. Die Genehmigung kann nur bis zum Ablaufe von zwei Wochen nach dem Empfange der Aufforderung erklärt werden; wird sie nicht erklärt, so gilt sie als verweigert.

Ist der Minderjährige unbeschränkt geschäftsfähig geworden, so tritt seine Genehmigung an die Stelle der Genehmigung des Vertreters.

§. 105. (I 65 Abs. 4, II 83.)

Bis zur Genehmigung des Vertrags ist der andere Theil zum Widerrufe berechtigt. Der Widerruf kann auch dem Minderjährigen gegenüber erklärt werden.

Hat der andere Theil die Minderjährigkeit gekannt, so kann er nur widerrufen, wenn der Minderjährige der Wahrheit zuwider die Einwilligung des Vertreters behauptet hat; er kann auch in diesem Falle nicht widerrufen, wenn ihm das Fehlen der Einwilligung bei dem Abschlusse des Vertrags bekannt war.

§. 106. (I 69, II 84.)

Ein von dem Minderjährigen ohne Zustimmung des gesetzlichen Vertreters geschlossener Vertrag gilt als von Anfang an wirksam, wenn der Minderjährige die vertragsmäßige Leistung mit Mitteln bewirkt, die ihm zu diesem Zwecke oder zu freier Verfügung von dem Vertreter oder mit dessen Zustimmung von einem Dritten überlassen worden sind.

§. 107. (I 65 Abs. 3 Satz 2, II 85.)

Ein einseitiges Rechtsgeschäft, das der Minderjährige ohne die erforderliche Einwilligung des gesetzlichen Vertreters vornimmt, ist unwirksam. Nimmt der Minderjährige mit dieser Einwilligung ein solches Rechtsgeschäft einem Anderen gegenüber vor, so ist das Rechtsgeschäft unwirksam, wenn der Minderjährige die Einwilligung nicht in schriftlicher Form vorlegt und der Andere das Rechtsgeschäft aus diesem Grunde unverzüglich zurückweist. Die Zurückweisung ist ausgeschlossen, wenn der Vertreter den Anderen von der Einwilligung in Kenntniß gesetzt hatte.

§. 108. (I 67, II 86.)

Ermächtigt der gesetzliche Vertreter mit Genehmigung des Vormundschaftsgerichts den Minderjährigen zum selbständigen Betrieb eines Erwerbsgeschäfts, so ist der Minderjährige für solche Rechtsgeschäfte unbeschränkt geschäftsfähig, welche der Geschäftsbetrieb mit sich bringt. Ausgenommen sind Rechtsgeschäfte, zu denen der Vertreter der Genehmigung des Vormundschaftsgerichts bedarf.

Die Ermächtigung kann von dem Vertreter nur mit Genehmigung des Vormundschaftsgerichts zurückgenommen werden.

§. 109. (I 68, II 87, 1704 Abs. 2.)

Ermächtigt der gesetzliche Vertreter den Minderjährigen, in Dienst oder in Arbeit zu treten, so ist der Minderjährige für solche Rechtsgeschäfte unbeschränkt geschäftsfähig, welche die Eingehung oder Aufhebung eines Dienst- oder Arbeitsverhältnisses der gestatteten Art oder die Erfüllung der sich aus einem solchen Verhältniß ergebenden Verpflichtungen betreffen. Ausgenommen sind Verträge, zu denen der Vertreter der Genehmigung des Vormundschaftsgerichts bedarf.

Die Ermächtigung kann von dem Vertreter zurückgenommen oder eingeschränkt werden.

Die für einen einzelnen Fall ertheilte Ermächtigung gilt im Zweifel als allgemeine Ermächtigung zur Eingehung von Verhältnissen derselben Art.

§. 110. (I 70, 71 Abs. 1, II 88.)

Wer wegen Geistesschwäche, wegen Verschwendung oder wegen Trunksucht entmündigt oder wer nach §. 1884 unter vorläufige Vormundschaft gestellt ist, steht in Ansehung der Geschäftsfähigkeit einem Minderjährigen gleich, der das siebente Lebensjahr vollendet hat.

§. 111. (I 71 Abs. 2, II 89.)

Wird ein die Entmündigung aussprechender Beschluß in Folge einer Anfechtungsklage aufgehoben, so kann die Wirksamkeit der von oder gegenüber dem Entmündigten vorgenommenen Rechtsgeschäfte nicht auf Grund des Beschlusses in Frage gestellt werden. Auf die Wirksamkeit der von oder gegenüber dem gesetzlichen Vertreter vorgenommenen Rechtsgeschäfte hat die Aufhebung keinen Einfluß.

Diese Vorschriften finden entsprechende Anwendung, wenn im Falle einer vorläufigen Vormundschaft der Antrag auf Entmündigung zurückgenommen oder rechtskräftig abgewiesen oder der die Entmündigung aussprechende Beschluß in Folge einer Anfechtungsklage aufgehoben wird.

Zweiter Titel.

Willenserklärung.

§. 112. (I 95, II 91.)

Eine Willenserklärung ist nicht deshalb nichtig, weil sich der Erklärende insgeheim vorbehält, das Erklärte nicht zu wollen. Die Erklärung ist nichtig, wenn sie einem Anderen gegenüber abzugeben ist und dieser den Vorbehalt kennt.

§. 113. (I 96, II 92.)

Wird eine Willenserklärung, die einem Anderen gegenüber abzugeben ist, mit dessen Einverständnisse nur zum Schein abgegeben, so ist sie nichtig.

Wird durch ein Scheingeschäft ein anderes Rechtsgeschäft verdeckt, so finden die für das verdeckte Rechtsgeschäft geltenden Vorschriften Anwendung.

§. 114. (I 97 Abs. 1, 2, 4, II 93.)

Eine nicht ernstlich gemeinte Willenserklärung, die in der Erwartung abgegeben wird, der Mangel der Ernstlichkeit werde nicht verkannt werden, ist nichtig.

§. 115. (I 98, 99 Abs. 1, 3, II 94.)

Wer bei der Abgabe einer Willenserklärung über deren Inhalt im Irrthume war oder eine Erklärung dieses Inhalts überhaupt nicht abgeben wollte, kann die Erklärung anfechten, wenn anzunehmen ist, daß er sie bei Kenntniß der Sachlage und bei verständiger Würdigung des Falles nicht abgegeben haben würde.

Als Irrthum über den Inhalt der Erklärung gilt auch der Irrthum über solche Eigenschaften der Person oder der Sache, die im Verkehr als wesentlich angesehen werden.

§. 116. (I 101, II 95.)

Eine Willenserklärung, welche durch die zur Uebermittelung verwendete Person oder Anstalt unrichtig übermittelt worden ist, kann unter der gleichen Voraussetzung angefochten werden wie nach §. 115 eine irrthümlich abgegebene Willenserklärung.

§. 117. (II 96.)

Die Anfechtung muß in den Fällen der §§. 115, 116 ohne schuldhaftes Zögern (unverzüglich) erfolgen, nachdem der Anfechtungsberechtigte von dem Anfechtungsgrunde Kenntniß erlangt hat. Die einem Abwesenden gegenüber erfolgte Anfechtung gilt als rechtzeitig erfolgt, wenn die Anfechtungserklärung unverzüglich abgesendet worden ist.

Die Anfechtung ist ausgeschlossen, wenn seit der Abgabe der Willenserklärung dreißig Jahre verstrichen sind.

§. 118. (I 97 Abs. 3, 4, 99 Abs. 2, 3, 101, 146, II 97.)

Ist eine Willenserklärung nach §. 114 nichtig oder auf Grund der §§. 115, 116 angefochten, so hat der Erklärende, wenn die Erklärung einem Anderen gegenüber abzugeben war, diesem, anderenfalls jedem Dritten den Schaden zu ersetzen, den der Andere oder der Dritte dadurch erleidet, daß er auf die Gültigkeit der Erklärung vertraut, jedoch nicht über den Betrag des Interesses hinaus, welches der Andere oder der Dritte an der Gültigkeit der Erklärung hat.

Die Schadensersatzpflicht tritt nicht ein, wenn der Beschädigte den Grund der Nichtigkeit oder der Anfechtbarkeit kannte oder in Folge von Fahrlässigkeit nicht kannte (kennen mußte). Im Falle des §. 116 ist die Schadensersatzpflicht auch dann ausgeschlossen, wenn die Unrichtigkeit der Uebermittelung ihren Grund in höherer Gewalt hat.

§. 119. (I 103, II 98.)

Wer zur Abgabe einer Willenserklärung durch arglistige Täuschung oder durch Drohung widerrechtlich bestimmt worden ist, kann die Erklärung anfechten.

Hat ein Dritter die Täuschung verübt, so ist eine Erklärung, die einem Anderen gegenüber abzugeben war, nur dann anfechtbar, wenn dieser die Täuschung kannte oder kennen mußte. Hat ein Anderer als derjenige, welchem gegenüber die Erklärung abzugeben war, aus der Erklärung unmittelbar ein Recht erworben, so ist die Erklärung, soweit durch sie das Recht des anderen begründet worden ist, diesem gegenüber anfechtbar, wenn er die Täuschung kannte oder kennen mußte.

§. 120. (I 104, II 99.)

Die Anfechtung einer nach §. 119 anfechtbaren Willenserklärung kann nur binnen Jahresfrist erfolgen.

Die Frist beginnt im Falle der arglistigen Täuschung mit dem Zeitpunkt, in welchem der Anfechtungsberechtigte die Täuschung entdeckt, im Falle der Drohung mit dem Zeitpunkt, in welchem die Zwangslage aufhört. Auf den Lauf der Frist finden die für die Verjährung geltenden Vorschriften des §. 198 Abs. 2 und der §§. 201, 202 entsprechende Anwendung.

Die Anfechtung ist ausgeschlossen, wenn seit der Abgabe der Willenserklärung dreißig Jahre verstrichen sind.

§. 121. (I 91 Abs. 2, II 104 Abs. 2.)

Ein Rechtsgeschäft, welches der durch Gesetz vorgeschriebenen Form ermangelt, ist nichtig. Der Mangel der durch Rechtsgeschäft bestimmten Form hat im Zweifel gleichfalls Nichtigkeit zur Folge.

§. 122. (I 92, 94 Abs. 1, II 105.)

Ist durch Gesetz schriftliche Form vorgeschrieben, so muß die Urkunde von dem Aussteller eigenhändig durch Namensunterschrift oder mittelst gerichtlich oder notariell beglaubigten Handzeichens unterzeichnet werden.

Bei einem Vertrage muß die Unterzeichnung der Parteien auf derselben Urkunde erfolgen. Werden über den Vertrag mehrere gleichlautende Urkunden aufgenommen, so genügt es, wenn jede Partei die für die andere Partei bestimmte Urkunde unterzeichnet.

Die schriftliche Form wird durch die gerichtliche oder notarielle Beurkundung ersetzt.

§. 123. (I 93, 94 Abs. 2, II 106.)

Die Vorschriften des §. 122 gelten im Zweifel auch für die durch Rechtsgeschäft bestimmte schriftliche Form. Zur Wahrung der Form genügt jedoch, soweit nicht ein anderer Wille anzunehmen ist, telegraphische Uebermittelung. Wird diese gewählt, so kann der andere Theil nachträglich eine dem §. 122 entsprechende Beurkundung verlangen.

§. 124. (II 106 a.)

Ist durch Gesetz gerichtliche oder notarielle Beurkundung eines Vertrags vorgeschrieben, so genügt es, wenn zunächst der Antrag und sodann die Annahme des Antrags von einem Gericht oder einem Notar beurkundet wird.

§. 125.

Ist durch Gesetz für eine Erklärung öffentliche Beglaubigung vorgeschrieben, so muß die Erklärung schriftlich abgefaßt und die Unterschrift des Erklärenden von der zuständigen Behörde oder einem zuständigen Beamten oder Notar beglaubigt werden. Wird die Erklärung von dem Aussteller mittelst Handzeichens unterzeichnet, so ist die im §. 122 Abs. 1 vorgeschriebene Beglaubigung des Handzeichens erforderlich und genügend.

Die öffentliche Beglaubigung wird durch die gerichtliche oder notarielle Beurkundung der Erklärung ersetzt.

§. 126. (I 74, II 107 Abs. 1, 2, 109.)

Eine Willenserklärung, die einem Anderen gegenüber abzugeben ist, wird, wenn sie in dessen Abwesenheit abgegeben wird, in dem Zeitpunkte wirksam, in welchem sie ihm zugeht. Sie wird nicht wirksam, wenn dem Anderen vor oder gleichzeitig mit ihr ein Widerruf zugeht.

Auf die Wirksamkeit der Willenserklärung ist es ohne Einfluß, wenn der Erklärende nach der Abgabe stirbt oder geschäftsunfähig wird.

Diese Vorschriften finden auch dann Anwendung, wenn die Willenserklärung einer Behörde gegenüber abzugeben ist.

§. 127. (I 66, II 107 Abs. 3.)

Wird die Willenserklärung einem Geschäftsunfähigen gegenüber abgegeben, so wird sie nicht wirksam, bevor sie dem gesetzlichen Vertreter zugeht.

Das Gleiche gilt, wenn die Willenserklärung einer in der Geschäftsfähigkeit beschränkten Person gegenüber abgegeben wird. Bringt die Erklärung jedoch der in der Geschäftsfähigkeit beschränkten Person lediglich einen rechtlichen Vortheil oder hat der gesetzliche Vertreter seine Einwilligung ertheilt, so wird die Erklärung in dem Zeitpunkte wirksam, in welchem sie ihr zugeht.

§. 128. (I 75, 76, II 108.)

Eine Willenserklärung gilt auch dann als zugegangen, wenn sie durch Vermittelung eines Gerichtsvollziehers zugestellt worden ist. Die Zustellung erfolgt nach den Vorschriften der Civilprozeßordnung.

Befindet sich der Erklärende über die Person desjenigen, welchem gegenüber die Erklärung abzugeben ist, in einer nicht auf Fahrlässigkeit beruhenden Unkenntniß oder ist der Aufenthalt dieser Person unbekannt, so kann die Zustellung nach den für die öffentliche Zustellung einer Ladung geltenden Vorschriften der Civilprozeßordnung erfolgen. Zuständig für die Bewilligung ist im ersteren Falle das Amtsgericht, in dessen Bezirke der Erklärende seinen Wohnsitz oder in Ermangelung eines inländischen Wohnsitzes seinen Aufenthalt hat, im letzteren Falle das Amtsgericht, in dessen Bezirke die Person, welcher zuzustellen ist, den letzten Wohnsitz oder in Ermangelung eines inländischen Wohnsitzes den letzten Aufenthalt hatte.

§. 129. (I 73, II 90.)

Bei der Auslegung einer Willenserklärung ist der wirkliche Wille zu erforschen und nicht an dem buchstäblichen Sinne des Ausdrucks zu haften.

§. 130. (I 105, II 100.)

Ein Rechtsgeschäft, das gegen ein gesetzliches Verbot verstößt, ist nichtig, wenn sich nicht aus dem Gesetz ein Anderes ergiebt.

§. 131. (I 107 Abs. 1, 2, II 101.)

Verstößt die Verfügung über einen Gegenstand gegen ein gesetzliches Veräußerungsverbot, das nur den Schutz bestimmter Personen bezweckt, so ist sie nur diesen Personen gegenüber unwirksam. Der rechtsgeschäftlichen Verfügung steht eine Verfügung gleich, die im Wege der Zwangsvollstreckung oder der Arrestvollziehung erfolgt.

Die Vorschriften zu Gunsten derjenigen, welche Rechte von einem Nichtberechtigten herleiten, finden entsprechende Anwendung.

§. 132. (I 107 Abs. 1, Einf.=Ges. Art. 7, II 102.)

Ein Veräußerungsverbot, das von einem Gericht oder von einer anderen Behörde innerhalb ihrer Zuständigkeit erlassen wird, steht einem gesetzlichen Veräußerungsverbote der im §. 131 bezeichneten Art gleich.

§. 133. (I 796, II 102a.)

Die Befugniß zur Verfügung über ein veräußerliches Recht kann nicht durch Rechtsgeschäft ausgeschlossen oder beschränkt werden. Die Wirksamkeit einer Verpflichtung, über ein solches Recht nicht zu verfügen, wird durch diese Vorschrift nicht berührt.

§. 134. (I 106, II 103.)

Ein Rechtsgeschäft, das gegen die guten Sitten verstößt, ist nichtig.

§. 135. (I 114, II 112.)

Ist ein Theil eines Rechtsgeschäfts nichtig, so ist das ganze Rechtsgeschäft nichtig, wenn nicht anzunehmen ist, daß es auch ohne den nichtigen Theil vorgenommen sein würde.

§. 136. (I 111, II 111.)

Entspricht ein nichtiges Rechtsgeschäft den Erfordernissen eines anderen Rechtsgeschäfts, so gilt das letztere, wenn anzunehmen ist, daß dessen Geltung bei Kenntniß der Nichtigkeit gewollt sein würde.

§. 137. (I 110, II 110.)

Wird ein nichtiges Rechtsgeschäft von demjenigen, welcher es vorgenommen hat, bestätigt, so ist die Bestätigung als erneute Vornahme zu beurtheilen.

Wird ein nichtiger Vertrag von den Parteien bestätigt, so sind diese im Zweifel verpflichtet, einander zu gewähren, was sie haben würden, wenn der Vertrag von Anfang an gültig gewesen wäre.

§. 138. (I 112, 837 Abs. 2 Satz 2, 877 Satz 2, II 113.)

Wird ein anfechtbares Rechtsgeschäft angefochten, so ist es als von Anfang an nichtig anzusehen.

Wer die Anfechtbarkeit kannte oder kennen mußte, wird, wenn die Anfechtung erfolgt, so behandelt, wie wenn er die Nichtigkeit des Rechtsgeschäfts gekannt hätte oder hätte kennen müssen.

§. 139. (I 113 Abs. 1, 2, II 114.)

Die Anfechtung erfolgt durch Erklärung gegenüber dem Anfechtungsgegner.

Anfechtungsgegner ist bei einem Vertrage der andere Theil, im Falle des §. 119 Abs. 2 Satz 2 derjenige, welcher aus dem Vertrag unmittelbar ein Recht erworben hat.

Bei einem einseitigen Rechtsgeschäfte, das einem Anderen gegenüber vorzunehmen war, ist der Andere der Anfechtungsgegner. Das Gleiche gilt bei einem Rechtsgeschäfte, das einem Anderen oder einer Behörde gegenüber vorzunehmen war, auch dann, wenn das Rechtsgeschäft der Behörde gegenüber vorgenommen worden ist.

Bei einem einseitigen Rechtsgeschäft anderer Art ist Anfechtungsgegner Jeder, der auf Grund des Rechtsgeschäfts unmittelbar einen rechtlichen Vortheil erlangt hat. Die Anfechtung kann jedoch, wenn die Willenserklärung einer Behörde gegenüber abzugeben war, durch Erklärung gegenüber der Behörde erfolgen; die Behörde soll die Anfechtung demjenigen mittheilen, welcher durch das Rechtsgeschäft unmittelbar betroffen worden ist.

§. 140. (I 113 Abs. 3, II 115.)

Die Anfechtung ist ausgeschlossen, wenn das anfechtbare Rechtsgeschäft von dem Anfechtungsberechtigten bestätigt wird.

Die Bestätigung bedarf nicht der für das Rechtsgeschäft bestimmten Form.

Dritter Titel.

Vertrag.

§. 141. (I 80, 81, II 118.)

Wer einem Anderen die Schließung eines Vertrags anträgt, ist an den Antrag gebunden, es sei denn, daß er die Gebundenheit ausgeschlossen hat.

§. 142. (I 82 bis 85, 88 Abs. 2, II 119.)

Der Antrag erlischt, wenn er dem Antragenden gegenüber abgelehnt oder nicht nach den §§. 143 bis 145 rechtzeitig angenommen wird.

§. 143. (I 83, 84, II 120.)

Der einem Anwesenden gemachte Antrag kann nur sofort angenommen werden. Dies gilt auch von einem mittelst Fernsprechers von Person zu Person gemachten Antrage.

Der einem Abwesenden gemachte Antrag kann nur bis zu dem Zeitpunkt angenommen werden, in welchem der Antragende den Eingang der Antwort unter regelmäßigen Umständen erwarten darf.

§. 144. (I 82, II 121.)

Hat der Antragende für die Annahme des Antrags eine Frist bestimmt, so kann die Annahme nur innerhalb der Frist erfolgen.

§. 145. (I 85, II 122.)

Ist eine dem Antragenden verspätet zugegangene Annahmeerklärung dergestalt abgesendet worden, daß sie bei regelmäßiger Beförderung ihm rechtzeitig zugegangen sein würde, und mußte der Antragende dies erkennen, so hat er die Verspätung dem Annehmenden unverzüglich nach dem Empfange der Erklärung anzuzeigen, sofern es nicht schon vorher geschehen ist. Verzögert er die Absendung der Anzeige, so gilt die Annahme als nicht verspätet.

§. 146. (I 88 Abs. 1, 3, II 123.)

Die verspätete Annahme eines Antrags gilt als neuer Antrag.

Eine Annahme unter Erweiterungen, Einschränkungen oder sonstigen Aenderungen gilt als Ablehnung verbunden mit einem neuen Antrage.

§. 147. (I 86, II 124.)

Der Vertrag kommt durch die Annahme des Antrags zu Stande, ohne daß die Annahme dem Antragenden gegenüber erklärt zu werden braucht, wenn eine solche Erklärung nach der Verkehrssitte nicht zu erwarten ist oder der Antragende auf sie verzichtet hat. Der Zeitpunkt, in welchem der Antrag erlischt, bestimmt sich nach dem aus dem Antrag oder den Umständen zu entnehmenden Willen des Antragenden.

§. 148. (II 124a.)

Wird ein Vertrag gerichtlich oder notariell beurkundet, ohne daß beide Theile gleichzeitig anwesend sind, so kommt der Vertrag mit der nach §. 124 erfolgten Beurkundung der Annahme zu Stande, wenn nicht ein Anderes bestimmt ist. Die Vorschrift des §. 147 Satz 2 findet Anwendung.

§. 149. (I 89, II 125.)

Das Zustandekommen des Vertrags wird nicht dadurch gehindert, daß der Antragende vor der Annahme stirbt oder geschäftsunfähig wird, es sei denn, daß ein anderer Wille des Antragenden anzunehmen ist.

§. 150. (I 78, II 116.)

Solange nicht die Parteien sich über alle Punkte eines Vertrags geeinigt haben, über die nach der Erklärung auch nur einer Partei eine Vereinbarung getroffen werden soll, ist im Zweifel der Vertrag nicht geschlossen. Die Verständigung über einzelne Punkte ist auch dann nicht bindend, wenn eine Aufzeichnung stattgefunden hat.

Ist eine Beurkundung des beabsichtigten Vertrags verabredet worden, so ist im Zweifel der Vertrag nicht geschlossen, bis die Beurkundung erfolgt ist.

§. 151. (I 100, II 117.)

Haben sich die Parteien bei einem Vertrage, den sie als geschlossen ansehen, über einen Punkt, über den eine Vereinbarung getroffen werden sollte, in Wirklichkeit nicht geeinigt, so gilt das Vereinbarte, sofern anzunehmen ist, daß der Vertrag auch ohne eine Bestimmung über diesen Punkt geschlossen sein würde.

§. 152. (I 90, II 126.)

Bei einer Versteigerung kommt der Vertrag erst durch den Zuschlag zu Stande. Ein Gebot erlischt, wenn ein Uebergebot abgegeben oder die Versteigerung ohne Ertheilung des Zuschlags geschlossen wird.

§. 153. (I 359, II 127.)

Verträge sind so auszulegen, wie Treu und Glauben mit Rücksicht auf die Verkehrssitte es erfordern.

Vierter Titel.

Bedingung. Zeitbestimmung.

§. 154. (I 128, 129, II 128.)

Wird ein Rechtsgeschäft unter einer aufschiebenden Bedingung vorgenommen, so tritt die von der Bedingung abhängig gemachte Wirkung mit dem Eintritte der Bedingung ein.

Wird ein Rechtsgeschäft unter einer auflösenden Bedingung vorgenommen, so endigt mit dem Eintritte der Bedingung die Wirkung des Rechtsgeschäfts; mit diesem Zeitpunkte tritt der frühere Rechtszustand wieder ein.

§. 155. (I 130, II 129.)

Sollen nach dem Inhalte des Rechtsgeschäfts die an den Eintritt der Bedingung geknüpften Folgen auf einen früheren Zeitpunkt zurückbezogen werden, so sind im Falle des Eintritts der Bedingung die Betheiligten verpflichtet, einander zu gewähren, was sie haben würden, wenn die Folgen in dem früheren Zeitpunkt eingetreten wären.

§. 156. (I 134, II 130.)

Wer unter einer aufschiebenden Bedingung berechtigt ist, kann im Falle des Eintritts der Bedingung Schadensersatz von dem anderen Theile verlangen, wenn dieser während der Schwebezeit das von der Bedingung abhängige Recht durch sein Verschulden vereitelt oder beeinträchtigt.

Den gleichen Anspruch hat unter denselben Voraussetzungen bei einem unter einer auflösenden Bedingung vorgenommenen Rechtsgeschäfte derjenige, zu dessen Gunsten der frühere Rechtszustand wiedereintritt.

§. 157. (I 135, II 131.)

Hat Jemand unter einer aufschiebenden Bedingung über einen Gegenstand verfügt, so ist jede weitere Verfügung, die er während der Schwebezeit über den Gegenstand trifft, im Falle des Eintritts der Bedingung insoweit unwirksam, als sie die von der Bedingung abhängige Wirkung vereiteln oder beeinträchtigen würde. Einer solchen Verfügung steht eine Verfügung gleich, die während der Schwebezeit im Wege der Zwangsvollstreckung oder der Arrestvollziehung oder durch den Konkursverwalter erfolgt.

Dasselbe gilt bei einer auflösenden Bedingung von den Verfügungen desjenigen, dessen Recht mit dem Eintritte der Bedingung endigt.

Die Vorschriften zu Gunsten derjenigen, welche Rechte von einem Nichtberechtigten herleiten, finden entsprechende Anwendung.

§. 158. (I 136, II 132.)

Wird der Eintritt der Bedingung von der Partei, zu deren Nachtheil er gereichen würde, wider Treu und Glauben verhindert, so gilt die Bedingung als eingetreten.

Wird der Eintritt der Bedingung von der Partei, zu deren Vortheil er gereicht, wider Treu und Glauben herbeigeführt, so gilt der Eintritt als nicht erfolgt.

§. 159. (I 141, 142, II 133.)

Ist für die Wirkung eines Rechtsgeschäfts, bei dessen Vornahme ein Anfangs- oder ein Endtermin bestimmt worden, so finden im ersteren Falle die für die aufschiebende, im letzteren Falle die für die auflösende Bedingung geltenden Vorschriften der §§. 154, 156, 157 entsprechende Anwendung.

Fünfter Titel.

Vertretung. Vollmacht.

§. 160. (I 116, II 134.)

Eine Willenserklärung, die Jemand innerhalb der ihm zustehenden Vertretungsmacht im Namen des Vertretenen abgiebt, wirkt unmittelbar für und gegen den Vertretenen. Es macht keinen Unterschied, ob die Erklärung ausdrücklich im Namen des Vertretenen erfolgt oder ob die Umstände ergeben, daß sie in dessen Namen erfolgen soll.

Tritt der Wille, in fremdem Namen zu handeln, nicht erkennbar hervor, so kommt der Mangel des Willens, im eigenen Namen zu handeln, nicht in Betracht.

Die Vorschriften des Abs. 1 finden entsprechende Anwendung, wenn eine gegenüber einem Anderen abzugebende Willenserklärung dessen Vertreter gegenüber erfolgt.

§. 161. (II 135.)

Die Wirksamkeit einer von oder gegenüber einem Vertreter abgegebenen Willenserklärung wird nicht dadurch beeinträchtigt, daß der Vertreter in der Geschäftsfähigkeit beschränkt ist.

§. 162. (I 117, 118, II 136.)

Soweit die rechtlichen Folgen einer Willenserklärung durch Willensmängel oder durch die Kenntniß oder das Kennenmüssen gewisser Umstände beeinflußt werden, kommt nicht die Person des Vertretenen, sondern die des Vertreters in Betracht.

Hat im Falle einer durch Rechtsgeschäft ertheilten Vertretungsmacht (Vollmacht) der Vertreter nach bestimmten Weisungen des Vollmachtgebers gehandelt, so kann sich dieser in Ansehung solcher Umstände, die er selbst kannte, nicht auf die Unkenntniß des Vertreters berufen. Dasselbe gilt von Umständen, die der Vollmachtgeber kennen mußte, sofern das Kennenmüssen der Kenntniß gleichsteht.

§. 163. (II 137.)

Die Ertheilung der Vollmacht erfolgt durch Erklärung gegenüber dem zu Bevollmächtigenden oder dem Dritten, dem gegenüber die Vertretung stattfinden soll.

Die Erklärung bedarf nicht der Form, welche für das Rechtsgeschäft bestimmt ist, auf das sich die Vollmacht bezieht.

§. 164. (I 119, II 138 Abs. 1.)

Das Erlöschen der Vollmacht bestimmt sich nach dem ihrer Ertheilung zu Grunde liegenden Rechtsverhältnisse. Die Vollmacht ist auch bei dem Fortbestehen des Rechtsverhältnisses widerruflich, sofern sich nicht aus diesem ein Anderes ergiebt. Auf die Erklärung des Widerrufs findet die Vorschrift des §. 163 Abs. 1 entsprechende Anwendung.

§. 165. (I 119 Abs. 3, II 138 Abs. 2.)

Soweit nach den §§. 661, 716 die erloschene Vollmacht eines Beauftragten oder eines geschäftsführenden Gesellschafters als fortbestehend gilt, wirkt sie nicht zu Gunsten eines Dritten, der bei der Vornahme eines Rechtsgeschäfts das Erlöschen kennt oder kennen muß.

§. 166. (II 139.)

Wird die Vollmacht durch Erklärung gegenüber einem Dritten ertheilt, so bleibt sie diesem gegenüber in Kraft, bis ihm das Erlöschen von dem Vollmachtgeber angezeigt wird.

§. 167. (I 120, II 140.)

Hat Jemand durch besondere Mittheilung an einen Dritten oder durch öffentliche Bekanntmachung kundgegeben, daß er einen Anderen bevollmächtigt habe, so ist dieser auf Grund der Kundgebung im ersteren Falle dem Dritten gegenüber, im letzteren Falle jedem Dritten gegenüber zur Vertretung befugt.

Die Vertretungsmacht bleibt bestehen, bis die Kundgebung in derselben Weise, wie sie erfolgt ist, widerrufen wird.

§. 168. (I 121 Abs. 1, 4, II 141.)

Der besonderen Mittheilung einer Bevollmächtigung durch den Vollmachtgeber steht es gleich, wenn dieser dem Vertreter eine Vollmachtsurkunde ausgehändigt hat und der Vertreter sie dem Dritten vorlegt.

Die Vertretungsmacht bleibt bestehen, bis die Vollmachtsurkunde dem Vollmachtgeber zurückgegeben oder für kraftlos erklärt wird.

§. 169. (I 120 Abs. 2, 121 Abs. 4, II 142.)

Die Vorschriften des §. 166, des §. 167 Abs. 2 und des §. 168 Abs. 2 finden keine Anwendung, wenn der Dritte das Erlöschen der Vertretungsmacht bei der Vornahme des Rechtsgeschäfts kennt oder kennen muß.

§. 170. (I 122, II 143.)

Ein einseitiges Rechtsgeschäft, das ein Bevollmächtigter einem Anderen gegenüber vornimmt, ist unwirksam, wenn der Bevollmächtigte eine Vollmachtsurkunde nicht vorlegt und der Andere das Rechtsgeschäft aus diesem Grunde unverzüglich zurückweist. Die Zurückweisung ist ausgeschlossen, wenn der Vollmachtgeber den Anderen von der Bevollmächtigung in Kenntniß gesetzt hatte.

§. 171. (I 121 Abs. 2, II 144 Abs. 1.)

Nach dem Erlöschen der Vollmacht hat der Bevollmächtigte die Vollmachtsurkunde dem Vollmachtgeber zurückzugeben; ein Zurückbehaltungsrecht steht ihm nicht zu.

§. 172. (I 121 Abs. 3, II 144 Abs. 2, 3.)

Der Vollmachtgeber kann die Vollmachtsurkunde durch eine öffentliche Bekanntmachung für kraftlos erklären; die Kraftloserklärung muß nach den für die öffentliche Zustellung einer Ladung geltenden Vorschriften der Civilprozeßordnung veröffentlicht werden. Mit dem Ablauf eines Monats nach der letzten Einrückung in die öffentlichen Blätter wird die Kraftloserklärung wirksam.

Zuständig für die Bewilligung der Veröffentlichung ist sowohl das Amtsgericht, in dessen Bezirke der Vollmachtgeber seinen allgemeinen Gerichtsstand hat, als das Amtsgericht, welches für die Klage auf Rückgabe der Urkunde, abgesehen von dem Werthe des Streitgegenstandes, zuständig sein würde.

Die Kraftloserklärung ist unwirksam, wenn der Vollmachtgeber die Vollmacht nicht widerrufen kann.

§. 173. (I 123 Abs. 1, 3, 4, II 145 Abs. 1.)

Schließt Jemand ohne Vertretungsmacht im Namen eines Anderen einen Vertrag, so hängt die Wirksamkeit des Vertrags für und gegen den Vertretenen von dessen Genehmigung ab.

Fordert der andere Theil den Vertretenen zur Erklärung über die Genehmigung auf, so kann die Erklärung nur ihm gegenüber erfolgen; eine vor der Aufforderung dem Vertreter gegenüber erklärte Genehmigung oder Verweigerung der Genehmigung wird unwirksam. Die Genehmigung kann nur bis zum Ablaufe von zwei Wochen nach dem Empfange der Aufforderung erklärt werden; wird sie nicht erklärt, so gilt sie als verweigert.

§. 174. (I 123 Abs. 2, 124, II 145 Abs. 2.)

Bis zur Genehmigung des Vertrags ist der andere Theil zum Widerrufe berechtigt, es sei denn, daß er den Mangel der Vertretungsmacht bei dem Abschlusse des Vertrags gekannt hat. Der Widerruf kann auch dem Vertreter gegenüber erklärt werden.

§. 175. (I 125, II 146.)

Wer als Vertreter einen Vertrag geschlossen hat, ist, sofern er nicht seine Vertretungsmacht nachweist, dem anderen Theile nach dessen Wahl zur Erfüllung oder zum Schadensersatze verpflichtet, wenn der Vertretene die Genehmigung des Vertrags verweigert.

Hat der Vertreter den Mangel der Vertretungsmacht nicht gekannt, so ist er nur zum Ersatze desjenigen Schadens verpflichtet, welchen der andere Theil dadurch erleidet, daß er auf die Vertretungsmacht vertraut, jedoch nicht über den Betrag des Interesses hinaus, welches der andere Theil an der Wirksamkeit des Vertrags hat.

Der Vertreter haftet nicht, wenn der andere Theil den Mangel der Vertretungsmacht kannte oder kennen mußte. Der Vertreter haftet auch dann nicht, wenn er in der Geschäftsfähigkeit beschränkt war, es sei denn, daß er mit Zustimmung seines gesetzlichen Vertreters gehandelt hat.

§. 176. (I 126, II 148.)

Bei einem einseitigen Rechtsgeschäft ist Vertretung ohne Vertretungsmacht unzulässig. Hat jedoch derjenige, welchem gegenüber ein solches Rechtsgeschäft vorzunehmen war, die von dem Vertreter behauptete Vertretungsmacht bei der Vornahme des Rechtsgeschäfts nicht beanstandet oder ist er damit einverstanden gewesen, daß der Vertreter ohne Vertretungsmacht handele, so finden die Vorschriften über Verträge entsprechende Anwendung. Das Gleiche gilt, wenn ein einseitiges Rechtsgeschäft gegenüber einem Vertreter ohne Vertretungsmacht mit dessen Einverständnisse vorgenommen wird.

§. 177. (II 149.)

Ein Vertreter kann, soweit nicht ein Anderes ihm gestattet ist, im Namen des Vertretenen mit sich im eigenen Namen oder als Vertreter eines Dritten ein Rechtsgeschäft nicht vornehmen, es sei denn, daß das Rechtsgeschäft ausschließlich in der Erfüllung einer Verbindlichkeit besteht.

Sechster Titel.

Einwilligung. Genehmigung.

§. 178. (I 127 Abs. 1, 2, II 150.)

Hängt die Wirksamkeit eines Vertrags oder eines einseitigen Rechtsgeschäfts, das einem Anderen gegenüber vorzunehmen ist, von der Zustimmung eines Dritten ab, so kann die Ertheilung sowie die Verweigerung der Zustimmung sowohl dem einen als dem anderen Theile gegenüber erklärt werden.

Die Zustimmung bedarf nicht der für das Rechtsgeschäft bestimmten Form.

Wird ein einseitiges Rechtsgeschäft, dessen Wirksamkeit von der Zustimmung eines Dritten abhängt, mit Einwilligung des Dritten vorgenommen, so finden die Vorschriften des §. 107 Satz 2, 3 entsprechende Anwendung.

§. 179. (I 127 Abs. 3, II 151.)

Die vorherige Zustimmung (Einwilligung) ist bis zur Vornahme des Rechtsgeschäfts widerruflich, soweit nicht aus dem ihrer Ertheilung zu Grunde liegenden Rechtsverhältnisse sich ein Anderes ergiebt. Der Widerruf kann sowohl dem einen als dem anderen Theile gegenüber erklärt werden.

§. 180. (I 127 Abs. 4, II 152.)

Die nachträgliche Zustimmung (Genehmigung) wirkt auf den Zeitpunkt der Vornahme des Rechtsgeschäfts zurück, soweit nicht ein Anderes bestimmt ist.

Durch die Rückwirkung werden Verfügungen nicht unwirksam, die vor der Genehmigung über den Gegenstand des Rechtsgeschäfts von dem Genehmigenden getroffen worden oder im Wege der Zwangsvollstreckung oder der Arrestvollziehung oder durch den Konkursverwalter erfolgt sind.

§. 181. (II 153.)

Eine Verfügung, die ein Nichtberechtigter über einen Gegenstand trifft, ist wirksam, wenn sie mit Einwilligung des Berechtigten erfolgt.

Die Verfügung wird wirksam, wenn der Berechtigte sie genehmigt oder wenn der Verfügende den Gegenstand erwirbt oder wenn er von dem Berechtigten beerbt wird und dieser für die Nachlaßverbindlichkeiten unbeschränkt haftet. In den beiden letzteren Fällen wird, wenn über den Gegenstand mehrere mit einander nicht in Einklang stehende Verfügungen getroffen worden sind, nur die frühere Verfügung wirksam.

Vierter Abschnitt.

Fristen. Termine.

§. 182. (I 147, II 154.)

Für die in Gesetzen, gerichtlichen Verfügungen und Rechtsgeschäften enthaltenen Frist- und Terminsbestimmungen gelten die Auslegungsvorschriften der §§. 183 bis 188.

§. 183. (I 148 Abs. 1, II 155.)

Ist für den Anfang einer Frist ein Ereigniß oder ein in den Lauf eines Tages fallender Zeitpunkt maßgebend, so wird bei der Berechnung der Frist der Tag nicht mitgerechnet, in welchen das Ereigniß oder der Zeitpunkt fällt.

Ist der Beginn eines Tages der für den Anfang einer Frist maßgebende Zeitpunkt, so wird der Tag bei der Berechnung der Frist mitgerechnet. Das Gleiche gilt von dem Tage der Geburt bei der Berechnung des Lebensalters.

§. 184. (I 148 Abs. 2, 149, II 156.)

Eine nach Tagen bestimmte Frist endigt mit dem Ablaufe des letzten Tages der Frist.

Eine Frist, die nach Wochen, nach Monaten oder nach einem mehrere Monate umfassenden Zeitraume — Jahr, halbes Jahr, Vierteljahr — bestimmt ist, endigt im Falle des §. 183 Abs. 1 mit dem Ablaufe desjenigen Tages der letzten Woche oder des letzten Monats, welcher durch seine Benennung oder seine Zahl dem Tage entspricht, in den das Ereigniß oder der Zeitpunkt fällt, im Falle des §. 183 Abs. 2 mit dem Ablaufe desjenigen Tages der letzten Woche oder des letzten Monats, welcher dem Tage vorhergeht, der durch seine Benennung oder seine Zahl dem Anfangstage der Frist entspricht.

Fehlt bei einer nach Monaten bestimmten Frist in dem letzten Monate der für ihren Ablauf maßgebende Tag, so endigt die Frist mit dem Ablaufe des letzten Tages dieses Monats.

§. 185. (I 150, II 157.)

Unter einem halben Jahre wird eine Frist von sechs Monaten, unter einem Vierteljahre eine Frist von drei Monaten, unter einem halben Monat eine Frist von fünfzehn Tagen verstanden.

Ist eine Frist auf einen oder mehrere ganze Monate und einen halben Monat gestellt, so sind die fünfzehn Tage zuletzt zu zählen.

§. 186. (I 152, II 158.)

Im Falle der Verlängerung einer Frist wird die neue Frist von dem Ablaufe der vorigen Frist an berechnet.

§. 187. (I 151, II 159.)

Ist ein Zeitraum nach Monaten oder nach Jahren in dem Sinne bestimmt, daß er nicht zusammenhängend zu verlaufen braucht, so wird der Monat zu dreißig, das Jahr zu dreihundertfünfundsechzig Tagen gerechnet.

§. 188. (I 153, II 160.)

Unter Anfang des Monats wird der erste, unter Mitte des Monats der fünfzehnte, unter Ende des Monats der letzte Tag des Monats verstanden.

Fünfter Abschnitt.

Verjährung.

§. 189. (I 154, II 161.)

Das Recht, von einem Anderen ein Thun oder ein Unterlassen zu verlangen (Anspruch), unterliegt der Verjährung.

Der Anspruch aus einem familienrechtlichen Verhältniß unterliegt der Verjährung nicht, soweit er auf die Herstellung des dem Verhältniß entsprechenden Zustandes für die Zukunft gerichtet ist.

§. 190. (I 155, II 162.)

Die regelmäßige Verjährungsfrist beträgt dreißig Jahre.

§. 191. (I 156, II 163.)

In zwei Jahren verjähren die Ansprüche:

1. der Kaufleute, Fabrikanten, Handwerker und derjenigen, welche ein Kunstgewerbe betreiben, für Lieferung von Waaren, Ausführung von Arbeiten und Besorgung fremder Geschäfte, mit Einschluß der Auslagen, es sei denn, daß die Leistung für den Gewerbebetrieb des Schuldners erfolgt;
2. derjenigen, welche Land- oder Forstwirthschaft betreiben, für die zur Verwendung im Haushalte des Schuldners gelieferten land- oder forstwirthschaftlichen Erzeugnisse;
3. der Eisenbahnunternehmungen, Frachtfuhrleute, Schiffer, Lohnkutscher und Boten wegen des Fahrgeldes, der Fracht, des Fuhr- und Botenlohns, mit Einschluß der Auslagen;
4. der Gastwirthe und derjenigen, welche Speisen oder Getränke gewerbsmäßig verabreichen, für Gewährung von Wohnung und Beköstigung sowie für andere den Gästen zur Befriedigung ihrer Bedürfnisse gewährte Leistungen, mit Einschluß der Auslagen;
5. derjenigen, welche Lotterieloose vertreiben, aus dem Vertriebe der Loose, es sei denn, daß die Loose zum Weitervertriebe geliefert werden;
6. derjenigen, welche bewegliche Sachen gewerbsmäßig vermiethen, wegen des Miethzinses;
7. derjenigen, welche, ohne zu den in Nr. 1 bezeichneten Personen zu gehören, die Besorgung fremder Geschäfte oder die Leistung von Diensten gewerbsmäßig betreiben, wegen der ihnen aus dem Gewerbebetriebe gebührenden Vergütungen, mit Einschluß der Auslagen;
8. derjenigen, welche im Privatdienste stehen, wegen des Gehaltes, Lohnes oder anderer Dienstbezüge, mit Einschluß der Auslagen;

9. der gewerblichen Arbeiter — Gesellen, Gehülfen, Lehrlinge, Fabrikarbeiter —, der Tagelöhner und Handarbeiter wegen des Lohnes und anderer an Stelle oder als Theil des Lohnes vereinbarter Leistungen, mit Einschluß der Auslagen;
10. der Arbeitgeber wegen der den gewerblichen Arbeitern auf Lohn oder Auslagen gewährten Vorschüsse;
11. der Lehrherren und Lehrmeister wegen des Lehrgeldes und anderer im Lehrvertrage vereinbarter Leistungen sowie wegen der für die Lehrlinge bestrittenen Auslagen;
12. der öffentlichen Anstalten, welche dem Unterrichte, der Erziehung, Verpflegung oder Heilung dienen, sowie der Inhaber von Privatanstalten solcher Art für Gewährung von Unterricht, Verpflegung oder Heilung und für die damit zusammenhängenden Aufwendungen;
13. derjenigen, welche Personen zur Verpflegung oder zur Erziehung aufnehmen, für Leistungen und Aufwendungen der in Nr. 12 bezeichneten Art;
14. der öffentlichen Lehrer und der Privatlehrer wegen ihrer Honorare, die Ansprüche der öffentlichen Lehrer jedoch nicht, wenn sie auf Grund besonderer Einrichtungen gestundet sind;
15. der Aerzte, insbesondere auch der Wundärzte, Geburtshelfer, Zahnärzte und Thierärzte, sowie der Hebammen für ihre Dienstleistungen, mit Einschluß der Auslagen;
16. der Rechtsanwälte, Notare und Gerichtsvollzieher, sowie aller Personen, die zur Besorgung gewisser Geschäfte öffentlich bestellt oder zugelassen sind, wegen ihrer Gebühren und Auslagen, soweit nicht diese zur Staatskasse fließen;
17. der Parteien wegen der ihren Rechtsanwälten geleisteten Vorschüsse;
18. der Zeugen und Sachverständigen wegen ihrer Gebühren und Auslagen.

§. 192. (I 157, II 164.)

In vier Jahren verjähren die Ansprüche auf Rückstände von Zinsen, mit Einschluß der als Zuschlag zu den Zinsen zum Zwecke allmählicher Tilgung des Kapitals zu entrichtenden Beträge, die Ansprüche auf Rückstände von Mieth- und Pachtzinsen, soweit sie nicht unter die Vorschrift des §. 191 Nr. 6 fallen, und die Ansprüche auf Rückstände von Renten, Auszugsleistungen, Besoldungen, Wartegeldern, Ruhegehalten, Unterhaltsbeiträgen und allen anderen regelmäßig wiederkehrenden Leistungen.

§. 193. (I 158 Abs. 1, II 165 Abs. 1.)

Die Verjährung beginnt mit der Entstehung des Anspruchs. Geht der Anspruch auf ein Unterlassen, so beginnt die Verjährung mit der Zuwiderhandlung.

§. 194. (I 158 Abs. 4, II 165 Abs. 2.)

Kann der Berechtigte die Leistung erst verlangen, wenn er dem Verpflichteten gekündigt hat, so beginnt die Verjährung mit dem Zeitpunkte, von welchem an die Kündigung zulässig ist. Hat der Verpflichtete die Leistung erst zu bewirken, wenn seit der Kündigung eine bestimmte Frist verstrichen ist, so wird der Beginn der Verjährung um die Dauer der Frist hinausgeschoben.

§. 195.

Hängt die Entstehung eines Anspruchs davon ab, daß der Berechtigte von einem ihm zustehenden Anfechtungsrechte Gebrauch macht, so beginnt die Verjährung mit dem Zeitpunkte, von welchem an die Anfechtung zulässig ist. Dies gilt jedoch nicht, wenn die Anfechtung sich auf ein familienrechtliches Verhältniß bezieht.

§. 196. (I 159, II 166.)

Die Verjährung der in den §§. 191, 192 bezeichneten Ansprüche beginnt mit dem Schlusse des Jahres, in welchem der nach den §§. 193 bis 195 maßgebende Zeitpunkt eintritt. Kann die Leistung erst nach dem Ablauf einer über diesen Zeitpunkt hinausreichenden Frist verlangt werden, so beginnt die Verjährung mit dem Schlusse des Jahres, in welchem die Frist abläuft.

§. 197. (I 162, II 168.)

Die Verjährung ist gehemmt, solange die Leistung gestundet oder der Verpflichtete aus einem anderen Grunde vorübergehend zur Verweigerung der Leistung berechtigt ist.

Diese Vorschrift findet keine Anwendung auf die Einrede des Zurückbehaltungsrechts, des nicht erfüllten Vertrags, der mangelnden Sicherheitsleistung, der Vorausklage sowie auf die nach §. 755 dem Bürgen und nach den §§. 1991, 1992 dem Erben zustehenden Einreden.

§. 198. (I 164, 165, II 169.)

Die Verjährung ist gehemmt, solange der Berechtigte durch Stillstand der Rechtspflege innerhalb der letzten sechs Monate der Verjährungsfrist an der Rechtsverfolgung verhindert ist.

Das Gleiche gilt, wenn eine solche Verhinderung in anderer Weise durch höhere Gewalt herbeigeführt wird.

§. 199. (I 168, II 170.)

Die Verjährung von Ansprüchen zwischen Ehegatten ist gehemmt, solange die Ehe besteht. Das Gleiche gilt von Ansprüchen zwischen Eltern und Kindern während der Minderjährigkeit der Kinder und von Ansprüchen zwischen dem Vormund und dem Mündel während der Dauer des Vormundschaftsverhältnisses.

§. 200. (I 161 Abs. 1, II 167.)

Der Zeitraum, während dessen die Verjährung gehemmt ist, wird in die Verjährungsfrist nicht eingerechnet.

§. 201. (I 166, II 171.)

Ist eine geschäftsunfähige oder in der Geschäftsfähigkeit beschränkte Person ohne gesetzlichen Vertreter, so wird die gegen sie laufende Verjährung nicht vor dem Ablaufe von sechs Monaten nach dem Zeitpunkte vollendet, in welchem die Person unbeschränkt geschäftsfähig wird oder der Mangel der Vertretung aufhört. Ist die Verjährungsfrist kürzer als sechs Monate, so tritt der für die Verjährung bestimmte Zeitraum an die Stelle der sechs Monate.

Diese Vorschriften finden keine Anwendung, soweit eine in der Geschäftsfähigkeit beschränkte Person prozeßfähig ist.

§. 202. (I 167, II 172.)

Die Verjährung eines Anspruchs, der zu einem Nachlasse gehört oder sich gegen einen Nachlaß richtet, wird nicht vor dem Ablaufe von sechs Monaten nach dem Zeitpunkte vollendet, in welchem die Erbschaft von dem Erben angenommen oder der Konkurs über den Nachlaß eröffnet wird oder von welchem an der Anspruch von einem Vertreter oder gegen einen Vertreter geltend gemacht werden kann. Ist die Verjährungsfrist kürzer als sechs Monate, so tritt der für die Verjährung bestimmte Zeitraum an die Stelle der sechs Monate.

§. 203. (I 169, II 174.)

Die Verjährung wird unterbrochen, wenn der Verpflichtete dem Berechtigten gegenüber den Anspruch durch Abschlagzahlung, Zinszahlung, Sicherheitsleistung oder in anderer Weise anerkennt.

§. 204. (I 170, II 175.)

Der Verjährung wird unterbrochen, wenn der Berechtigte auf Befriedigung oder auf Feststellung des Anspruchs, auf Ertheilung der Vollstreckungsklausel oder auf Erlassung des Vollstreckungsurtheils Klage erhebt.

Der Erhebung der Klage stehen gleich.

1. Die Zustellung eines Zahlungsbefehls im Mahnverfahren;
2. die Anmeldung des Anspruchs im Konkurse;
3. die Geltendmachung der Aufrechnung des Anspruchs im Prozesse;
4. die Streitverkündung in dem Prozesse, von dessen Ausgange der Anspruch abhängt;
5. die Vornahme einer Vollstreckungshandlung und, soweit die Zwangsvollstreckung den Gerichten oder anderen Behörden zugewiesen ist, die Stellung des Antrags auf Zwangsvollstreckung.

§. 205. (I 171 Abs. 3, 5, 180; II 17.6)

Hängt die Zulässigkeit des Rechtswegs von der Vorentscheidung einer Behörde ab oder hat die Bestimmung des zuständigen Gerichts durch ein höheres Gericht zu erfolgen, so wird die Verjährung durch die Einreichung des Gesuchs an die Behörde oder das höhere Gericht in gleicher Weise wie durch Klageerhebung unterbrochen, wenn die Klage binnen drei Monaten nach der Erledigung des Gesuchs erhoben wird. Auf diese Frist finden die Vorschriften der §§. 198, 201, 202 entsprechende Anwendung.

§. 206. (I 177, II 177.)

Die Unterbrechung durch Klagerhebung dauert fort, bis der Prozeß rechtskräftig entschieden oder anderweit erledigt ist.

Geräth der Prozeß in Folge einer Vereinbarung oder dadurch, daß er nicht betrieben wird, in Stillstand, so endigt die Unterbrechung mit der letzten Prozeßhandlung der Parieten oder des Gerichts. Die nach der Beendigung der Unterbrechung beginnende neue Verjährung wird dadurch, daß eine der Parteien den Prozeß weiter betreibt, in gleicher Weise wie durch Klagerhebung unterbrochen.

§. 207 (I 171 Abs. 1, 2, 4, 5, II 178.)

Die Unterbrechung durch Klagerhebung gilt als nicht erfolgt, wenn die Klage zurückgenommen oder durch ein nicht in der Sache selbst entscheidendes Urtheil rechtskräftig abgewiesen wird.

Erhebt der Berechtigte binnen sechs Monaten von neuem Klage, so gilt die Verjährung als durch die Erhebung der ersten Klage unterbrochen. Auf diese Frist finden die Vorschriften der §§. 198, 201, 202 entsprechende Anwendung.

§. 208. (I 172, II 179.)

Die Unterbrechung durch Zustellung eines Zahlungsbefehls im Mahnverfahren gilt als nicht erfolgt, wenn die Wirkungen der Rechtshängigkeit erlöschen.

§. 209. (I 176, II 180.)

Die Unterbrechung durch Anmeldung im Konkurse dauert fort, bis der Konkurs beendigt ist.

Die Unterbrechung gilt als nicht erfolgt, wenn die Anmeldung zurückgenommen wird.

Wird bei der Beendigung des Konkurses für eine Forderung, die in Folge eines bei der Prüfung erhobenen Widerspruchs in Prozeß befangen ist, ein Betrag zurückbehalten, so dauert die Unterbrechung auch nach der Beendigung des Konkurses fort; das Ende der Unterbrechung bestimmt sich nach den Vorschriften des §. 206.

§. 210. (I 175, II 181.)

Die Unterbrechung durch Geltendmachung der Aufrechnung im Prozeß oder durch Streitverkündung dauert fort, bis der Prozeß rechtskräftig entschieden oder anderweit erledigt ist; die Vorschriften des §. 206 Abs. 2 finden Anwendung.

Die Unterbrechung gilt als nicht erfolgt, wenn nicht binnen sechs Monaten nach der Beendigung des Prozesses Klage auf Befriedigung oder Feststellung des Anspruchs erhoben wird. Auf diese Frist finden die Vorschriften der §§. 198, 201, 202 entsprechende Anwendung.

§. 211. (I 173, II 182.)

Die Unterbrechung durch Vornahme einer Vollstreckungshandlung gilt als nicht erfolgt, wenn die Vollstreckungsmaßregel auf Antrag des Berechtigten oder wegen Mangels der gesetzlicheu Voraussetzungen aufgehoben wird.

Die Unterbrechung durch Stellung des Antrags auf Zwangsvollstreckung gilt als nicht erfolgt, wenn dem Antrage nicht stattgegeben oder der Antrag vor der Vornahme der Vollstreckungshandlung zurückgenommen oder die erwirkte Vollstreckungsmaßregel nach Abs. 1 aufgehoben wird.

§. 212. (I 161 Abs. 2, II 173.)

Wird die Verjährung unterbrochen, so kommt die bis zur Unterbrechung verstrichene Zeit nicht in Betracht; eine neue Verjährung kann erst nach der Beendigung der Unterbrechung beginnen.

§. 213. (I 177, II 183.)

Ein rechtskräftig festgestellter Anspruch verjährt in dreißig Jahren, auch wenn er an sich einer kürzeren Verjährung unterliegt. Das Gleiche gilt von dem Anspruch aus einem vollstreckbaren Vergleich oder einer vollstreckbaren Urkunde sowie von einem Anspruche, welcher durch die im Konkurs erfolgte Feststellung vollstreckbar geworden ist.

Soweit sich die Feststellnng auf regelmäßig wiederkehrende, erst künftig fällig werdende Leistungen bezieht, bewendet es bei der kürzeren Verjährungsfrist.

§. 214. (I 178, II 184.)

Als rechtskräftige Entscheidung im Sinne des §. 206 Abs. 1 und des §. 213 Abs. 1 gilt auch ein unter Vorbehalt ergangenes rechtskräftiges Urtheil.

§. 215. (I 179, II 185.)

Ist der Anspruch vor einem Schiedsgericht oder einem besonderen Gerichte, vor einem Verwaltungsgericht oder einer Verwaltungsbehörde geltend zu machen, so finden die Vorschriften der §§. 204 bis 208, 210, 211, 213, 214 entsprechende Anwendung.

Sind in dem Schiedsvertrage die Schiedsrichter nicht ernannt oder ist die Ernennung eines Schiedsrichters aus einem anderen Grunde erforderlich oder kann das Schiedsgericht erst nach der Erfüllung einer sonstigen Voraussetzung angerufen werden, so wird die Verjährung schon dadurch unterbrochen, daß der Berechtigte das zur Erledigung der Sache seinerseits Erforderliche vornimmt.

§. 216. (I 181, II 186.)

Gelangt eine Sache, in Ansehung deren ein dinglicher Anspruch besteht, durch Rechtsnachfolge in den Besitz eines Dritten, so kommt die während des Besitzes des Rechtsvorgängers verstrichene Verjährungszeit dem Rechtsnachfolger zu Statten.

§. 217. (I 182, II 187.)

Nach der Vollendung der Verjährung ist der Verpflichtete berechtigt, die Leistung zu verweigern.

Das zur Befriedigung eines verjährten Anspruchs Geleistete kann nicht zurückgefordert werden, auch wenn die Leistung in Unkenntniß der Verjährung bewirkt worden ist. Das Gleiche gilt von einem vertragsmäßigen Anerkenntnisse sowie einer Sicherheitsleistung des Verpflichteten.

§. 218. (I 183, II 188.)

Die Verjährung eines Anspruchs, für den eine Hypothek oder ein Pfandrecht besteht, hindert den Berechtigten nicht, seine Befriedigung aus dem verhafteten Gegenstande zu suchen.

Ist zur Sicherung eines Anspruchs ein Recht übertragen worden, so kann die Rückübertragung nicht auf Grund der Verjährung des Anspruchs gefordert werden.

Diese Vorschriften finden keine Anwendung bei der Verjährung von Ansprüchen auf Rückstände von Zinsen oder anderen wiederkehrenden Leistungen.

§. 219. (I 184, II 189.)

Mit dem Hauptanspruche verjährt der Anspruch auf die von ihm abhängenden Nebenleistungen, auch wenn die für diesen Anspruch geltende besondere Verjährung noch nicht vollendet ist.

§. 220. (I 185, II 190.)

Die Verjährung kann durch Rechtsgeschäft weder ausgeschlossen noch erschwert werden. Erleichterung der Verjährung, insbesondere Abkürzung der Verjährungsfrist, ist zulässig.

Sechster Abschnitt.

Selbstvertheidigung. Selbsthülfe.

§. 221. (I 186, II 191.)

Eine durch Nothwehr gebotene Handlung ist nicht widerrechtlich.

Nothwehr ist diejenige Vertheidigung, welche erforderlich ist, um einen gegenwärtigen rechtswidrigen Angriff von sich oder einem Anderen abzuwenden.

§. 222. (I 187, II 192.)

Wer eine fremde Sache beschädigt oder zerstört, um eine durch sie drohende Gefahr von sich oder einem Anderen abzuwenden, handelt nicht widerrechtlich, wenn die Beschädigung oder die Zerstörung zur Abwendung der Gefahr erforderlich ist und der Schaden nicht außer Verhältniß zu der Gefahr steht. Hat der Handelnde die Gefahr verschuldet, so ist er zum Schadensersatze verpflichtet.

§. 223. (I 189 Abs. 1, II 193.)

Wer zum Zwecke der Selbsthülfe eine Sache wegnimmt, zerstört oder beschädigt oder wer zum Zwecke der Selbsthülfe den Verpflichteten festnimmt oder den Widerstand des Verpflichteten gegen eine Handlung, die dieser zu dulden verpflichtet ist, beseitigt, handelt nicht widerrechtlich, wenn obrigkeitliche Hülfe nicht rechtzeitig zu erlangen ist und ohne sofortiges Eingreifen die Gefahr besteht, daß die Verwirklichung des Anspruchs vereitelt oder wesentlich erschwert werde.

§. 224. (I 189 Abs. 2 bis 4, II 194.)

Die Selbsthülfe darf nicht weiter gehen, als zur Abwendung der Gefahr erforderlich ist.

Im Falle der Wegnahme von Sachen ist, sofern nicht Zwangsvollstreckung erwirkt wird, der dingliche Arrest zu beantragen.

Im Falle der Festnahme des Verpflichteten ist, sofern er nicht wieder in Freiheit gesetzt wird, der persönliche Sicherheitsarrest bei dem Amtsgerichte zu beantragen, in dessen Bezirke die Festnahme erfolgt ist; der Verpflichtete ist unverzüglich dem Gerichte vorzuführen.

Wird der Arrestantrag verzögert oder abgelehnt, so hat die Rückgabe der weggenommenen Sachen und die Freilassung des Festgenommenen unverzüglich zu erfolgen.

§. 225. (II 195.)

Wer eine der im §. 223 bezeichneten Handlungen in der irrigen Annahme vornimmt, daß die für den Ausschluß der Widerrechtlichkeit erforderlichen Voraussetzungen vorhanden seien, ist dem anderen Theile zum Schadensersatze verpflichtet, auch wenn der Irrthum nicht auf Fahrlässigkeit beruht.

Siebenter Abschnitt.

Sicherheitsleistung.

§. 226. (I 199, II 196.)

Wer Sicherheit zu leisten hat, kann dies bewirken
- durch Hinterlegung von Geld oder Werthpapieren,
- durch Verpfändung von Forderungen, die in das Reichsschuldbuch oder in das Staatsschuldbuch eines Bundesstaats eingetragen sind,
- durch Verpfändung beweglicher Sachen,
- durch Bestellung von Hypotheken an inländischen Grundstücken,
- durch Verpfändung von Forderungen, für die eine Hypothek an einem inländischen Grundstücke besteht, oder durch Verpfändung von Grundschulden oder Rentenschulden an inländischen Grundstücken.

Kann die Sicherheit nicht in dieser Weise geleistet werden, so ist die Stellung eines tauglichen Bürgen zulässig.

§. 227. (I 200, II 197.)

Mit der Hinterlegung erwirbt der Berechtigte ein Pfandrecht an dem hinterlegten Gelde oder an den hinterlegten Werthpapieren und, wenn das Geld oder die Werthpapiere nach landesgesetzlicher Vorschrift in das Eigenthum des Fiskus oder der als Hinterlegungsstelle bestimmten Anstalt übergehen, ein Pfandrecht an der Forderung auf Rückerstattung.

§. 228. (I 201, II 198.)

Werthpapiere sind zur Sicherheitsleistung nur geeignet, wenn sie auf den Inhaber lauten, einen Kurswerth haben und einer Gattung angehören, in der Mündelgeld angelegt werden darf. Den Inhaberpapieren stehen Orderpapiere gleich, die mit Blankoindossament versehen sind.

Mit den Werthpapieren sind die Zins-, Renten-, Gewinnantheil- und Erneuerungsscheine zu hinterlegen.

Mit Werthpapieren kann Sicherheit nur in Höhe von drei Viertheilen des Kurswerths geleistet werden.

§. 229. (II 199.)

Wer durch Hinterlegung von Geld oder von Werthpapieren Sicherheit geleistet hat, ist berechtigt, das hinterlegte Geld gegen geeignete Werthpapiere, die hinterlegten Werthpapiere gegen andere geeignete Werthpapiere oder gegen Geld umzutauschen.

§. 230. (II 200.)

Mit einer Buchforderung gegen das Reich oder gegen einen Bundesstaat kann Sicherheit nur in Höhe von drei Viertheilen des Kurswerths der Werthpapiere geleistet werden, deren Aushändigung der Gläubiger gegen Löschung seiner Forderung verlangen kann.

§. 231. (I 202, II 201.)

Mit einer beweglichen Sache kann Sicherheit nur in Höhe von zwei Dritttheilen des Schätzungswerths geleistet werden. Sachen, deren Verderb zu besorgen oder deren Aufbewahrung mit besonderen Schwierigkeiten verbunden ist, können zurückgewiesen werden.

§. 232. (I 199 Abs. 1, 203, II 202.)

Eine Hypothekenforderung, eine Grundschuld oder eine Rentenschuld ist zur Sicherheitsleistung nur geeignet, wenn sie den Voraussetzungen entspricht, unter denen am Orte der Sicherheitsleistung Mündelgeld in Hypothekenforderungen, Grundschulden oder Rentenschulden angelegt werden darf.

Eine Forderung, für die eine Sicherungshypothek besteht, ist zur Sicherheitsleistung nicht geeignet.

§. 233. (I 204, II 203.)

Ein Bürge ist tauglich, wenn er ein der Höhe der zu leistenden Sicherheit angemessenes Vermögen besitzt und seinen allgemeinen Gerichtsstand im Inlande hat.

Die Bürgschaftserklärung muß schriftlich abgefaßt sein und den Verzicht auf die Einrede der Vorausklage enthalten.

§. 234. (I 205, II 204.)

Wird die geleistete Sicherheit ohne Verschulden des Berechtigten unzureichend, so ist sie zu ergänzen oder anderweitige Sicherheit zu leisten.

Zweites Buch.
Recht der Schuldverhältnisse.

Erster Abschnitt.
Inhalt der Schuldverhältnisse.

Erster Titel.
Verpflichtung zur Leistung.

§. 235. (I 206, II 205.)

Kraft des Schuldverhältnisses ist der Gläubiger berechtigt, von dem Schuldner eine Leistung zu fordern. Die Leistung kann auch in einem Unterlassen bestehen.

§. 236. (I 224 Abs. 1 Satz 1, 359, II 206.)

Der Schuldner ist verpflichtet, die Leistung so zu bewirken, wie Treu und Glauben mit Rücksicht auf die Verkehrssitte es erfordern.

§. 237. (I 213, 214, II 207.)

Wer eine nur der Gattung nach bestimmte Sache schuldet, hat eine Sache von mittlerer Art und Güte zu leisten.

Hat der Schuldner das zur Leistung einer solchen Sache seinerseits Erforderliche gethan, so beschränkt sich das Schuldverhältniß auf diese Sache.

§. 238. (I 215, II 208.)

Ist eine in ausländischer Währung ausgedrückte Geldschuld im Inlande zu zahlen, so kann die Zahlung in Reichswährung erfolgen, es sei denn, daß Zahlung in ausländischer Währung ausdrücklich bedungen ist.

Die Umrechnung erfolgt nach dem Kurswerthe, der zur Zeit der Zahlung für den Zahlungsort maßgebend ist.

§. 239. (I 216, II 209.)

Ist eine Geldschuld in einer bestimmten Münzsorte zu zahlen, die sich zur Zeit der Zahlung nicht mehr im Umlaufe befindet, so ist die Zahlung so zu leisten, wie wenn die Münzsorte nicht bestimmt wäre.

§. 240. (I 217, II 210.)

Ist eine Schuld nach gesetzlicher Vorschrift zu verzinsen, so sind fünf vom Hundert für das Jahr zu entrichten, soweit nicht ein Anderes vorgeschrieben ist.

§. 241. (I 358 Abs. 1, II 211.)

Die Höhe der Zinsen unterliegt der freien Vereinbarung, soweit nicht reichsgesetzliche Vorschriften über den Wucher entgegenstehen.

Ist ein höherer Zinssatz als sechs vom Hundert für das Jahr vereinbart, so kann der Schuldner nach dem Ablaufe von sechs Monaten das Kapital unter Einhaltung einer Kündigungsfrist von sechs Monaten kündigen. Das Kündigungsrecht kann nicht durch Vertrag ausgeschlossen oder beschränkt werden.

Die Vorschriften des Abs. 2 gelten nicht für Schuldverschreibungen auf den Inhaber.

§. 242. (I 358 Abs. 2, II 212.)

Eine im voraus getroffene Vereinbarung, daß fällige Zinsen wieder Zinsen tragen sollen, ist nichtig.

Sparkassen, Kreditanstalten und Inhaber von Bankgeschäften können im voraus vereinbaren, daß nicht erhobene Zinsen von Einlagen als neue verzinsliche Einlagen gelten sollen. Kreditanstalten, die berechtigt sind, für den Betrag der von ihnen gewährten Darlehen verzinsliche Schuldverschreibungen auf den Inhaber auszugeben, können sich bei solchen Darlehen für rückständige Zinsen eine Verzinsung bis zu sechs vom Hundert für das Jahr im voraus versprechen lassen.

§. 243. (I 219, II 213 Abs. 1.)

Wer zum Schadensersatze verpflichtet ist, hat den Zustand herzustellen, der bestehen würde, wenn der zum Ersatze verpflichtende Umstand nicht eingetreten wäre. Ist wegen Verletzung einer Person oder wegen Beschädigung einer Sache Schadensersatz zu leisten, so kann der Gläubiger statt der Herstellung den dazu erforderlichen Geldbetrag verlangen.

§. 244. (I 219, II 213 Abs. 3.)

Der Gläubiger kann dem Ersatzpflichtigen zur Herstellung eine angemessene Frist mit der Erklärung bestimmen, daß er die Herstellung nach dem Ablaufe der Frist ablehne. Nach dem Ablaufe der Frist kann der Gläubiger den Ersatz in Geld verlangen, wenn nicht die Herstellung rechtzeitig erfolgt; der Anspruch auf die Herstellung ist ausgeschlossen.

§. 245. (I 219, II 213 Abs. 2.)

Soweit die Herstellung nicht möglich oder zur Entschädigung des Gläubigers nicht genügend ist, hat der Ersatzpflichtige den Gläubiger in Geld zu entschädigen.

Der Ersatzpflichtige kann den Gläubiger in Geld entschädigen, wenn die Herstellung nur mit unverhältnißmäßigen Aufwendungen möglich ist.

§. 246. (I 218, II 214.)

Der zu ersetzende Schaden umfaßt auch den entgangenen Gewinn. Als entgangen gilt der Gewinn, welcher nach dem gewöhnlichen Laufe der Dinge oder nach den besonderen Umständen, insbesondere nach den getroffenen Anstalten und Vorkehrungen, mit Wahrscheinlichkeit erwartet werden konnte.

§. 247. (II 215.)

Die Ersatzpflicht wegen Nichterfüllung einer Verbindlichkeit erstreckt sich nicht auf einen Schaden, dessen Entstehung außerhalb des Bereichs der Wahrscheinlichkeit lag oder nach den Umständen, die der Schuldner kannte oder kennen mußte, als außerhalb dieses Bereichs liegend angesehen werden durfte.

§. 248. (I 221, II 216.)

Wegen eines Schadens, der nicht Vermögensschaden ist, kann Entschädigung in Geld nur in den durch das Gesetz bestimmten Fällen gefordert werden.

§. 249. (I 222, II 217.)

Hat bei der Entstehung des Schadens ein Verschulden des Beschädigten mitgewirkt, so hängt die Verpflichtung zum Ersatze sowie der Umfang des zu leistenden Ersatzes von den Umständen, insbesondere davon ab, inwieweit der Schaden vorwiegend von dem einen oder dem anderen Theile verursacht worden ist.

Dies gilt auch dann, wenn sich das Verschulden des Beschädigten darauf beschränkt, daß er unterlassen hat, den Schaden abzuwenden oder zu mindern. Die Vorschrift des §. 272 findet entsprechende Anwendung.

§. 250. (I 223, II 218.)

Wer für den Verlust einer Sache oder eines Rechtes Schadensersatz zu leisten hat, ist zum Ersatze nur gegen Abtretung der Ansprüche verpflichtet, die dem Ersatzberechtigten auf Grund des Eigenthums an der Sache oder auf Grund des Rechtes gegen Dritte zustehen.

§. 251. (I 595 Abs. 3, 621 Abs. 2, II 601 Abs. 2, 1289 Abs. 1 Satz 2, 1997 Abs. 2 Satz 3.)

Wer berechtigt ist, Ersatz für Aufwendungen zu verlangen, die er für einen bestimmten Zweck macht, kann, wenn er für diesen Zweck eine Verbindlichkeit eingeht, Befreiung von der Verbindlichkeit verlangen. Ist die Verbindlichkeit noch nicht fällig, so kann ihm der Ersatzpflichtige, statt ihn zu befreien, Sicherheit leisten.

§. 252. (I 479 Abs. 3, 514 Abs. 2, 553 Abs. 2, 936 Abs. 3, 1010 Abs. 1, 1815, II 435 Abs. 2, 491 Abs. 2 Satz 2, 3, 541 Abs. 2 Satz 2, 910 Abs. 1 Satz 2, 959 Satz 3, 1998 Satz 3.)

Wer berechtigt ist, von einer Sache, die er einem Anderen herauszugeben hat, eine Einrichtung wegzunehmen, hat im Falle der Wegnahme die Sache auf seine Kosten in den vorigen Stand zu setzen. Erlangt der Andere den Besitz der Sache, so ist er verpflichtet, die Wegnahme der Einrichtung zu gestatten; er kann die Gestattung verweigern, bis ihm für den mit der Wegnahme verbundenen Schaden Sicherheit geleistet wird.

§. 253. (I 591 Satz 2, II 698.)

Wer verpflichtet ist, über eine mit Einnahmen oder Ausgaben verbundene Verwaltung Rechenschaft abzulegen, hat dem Berechtigten eine die geordnete Zusammenstellung der Einnahmen oder der Ausgaben enthaltende Rechnung mitzutheilen und, soweit Belege ertheilt zu werden pflegen, Belege vorzulegen.

Besteht Grund zu der Annahme, daß die in der Rechnung enthaltenen Angaben über die Einnahmen nicht mit der erforderlichen Sorgfalt gemacht worden sind, so hat der Verpflichtete auf Verlangen den Offenbarungseid dahin zu leisten:

daß er nach bestem Wissen die Einnahmen so vollständig angegeben habe, als er dazu im Stande sei.

In Angelegenheiten von geringer Bedeutung besteht eine Verpflichtung zur Leistung des Offenbarungseids nicht.

§. 254. (I 777 Abs. 1, II 699.)

Wer verpflichtet ist, einen Inbegriff von Gegenständen herauszugeben oder über den Bestand eines solchen Inbegriffs Auskunft zu ertheilen, hat dem Berechtigten ein Verzeichniß des Bestandes vorzulegen.

Besteht Grund zu der Annahme, daß das Verzeichniß nicht mit der erforderlichen Sorgfalt aufgestellt worden ist, so hat der Verpflichtete auf Verlangen den Offenbarungseid dahin zu leisten:

daß er nach bestem Wissen den Bestand so vollständig angegeben habe, als er dazu im Stande sei.

Die Vorschrift des §. 253 Abs. 3 findet Anwendung.

§. 255. (I 777 Abs. 2 Satz 1, II 700.)

Der Offenbarungseid ist, sofern er nicht vor dem Prozeßgerichte zu leisten ist, vor dem Amtsgerichte des Ortes zu leisten, an welchem die Verpflichtung zur Rechnungslegung oder zur Vorlegung des Verzeichnisses zu erfüllen ist. Hat der Verpflichtete seinen Wohnsitz oder seinen Aufenthalt im Inlande, so kann er den Eid vor dem Amtsgerichte des Wohnsitzes oder des Aufenthaltsorts leisten.

Das Gericht kann eine den Umständen entsprechende Aenderung der Eidesnorm beschließen.

Die Kosten der Abnahme des Eides hat derjenige zu tragen, welcher die Leistung des Eides verlangt.

§. 256. (I 207, II 219.)

Werden mehrere Leistungen in der Weise geschuldet, daß nur die eine oder die andere zu bewirken ist, so steht das Wahlrecht im Zweifel dem Schuldner zu.

§. 257. (I 208, 209, II 220.)

Die Wahl erfolgt durch Erklärung gegenüber dem anderen Theile.

Die gewählte Leistung gilt als die von Anfang an allein geschuldete.

§. 258. (I 210, II 221.)

Nimmt der wahlberechtigte Schuldner die Wahl nicht vor dem Beginne der Zwangsvollstreckung vor, so kann der Gläubiger die Zwangsvollstreckung nach seiner Wahl auf die eine oder auf die andere Leistung richten; der Schuldner kann sich jedoch, solange der Gläubiger die gewählte Leistung weder ganz noch zum Theil empfangen, durch eine der übrigen Leistungen von seiner Verbindlichkeit befreien.

Ist der wahlberechtigte Gläubiger im Verzuge, so kann der Schuldner ihn unter Bestimmung einer angemessenen Frist zur Vornahme der Wahl auffordern. Mit dem Ablaufe der Frist geht das Wahlrecht auf den Schuldner über, wenn nicht der Gläubiger rechtzeitig die Wahl vornimmt.

§. 259. (I 211, II 222.)

Ist eine der Leistungen von Anfang an unmöglich oder wird sie später unmöglich, so beschränkt sich das Schuldverhältniß auf die übrigen Leistungen. Die Beschränkung tritt nicht ein, wenn die Leistung in Folge eines Umstandes unmöglich wird, den der nicht wahlberechtigte Theil zu vertreten hat.

§. 260. (I 228, II 223.)

Der Schuldner ist zu Theilleistungen nicht berechtigt.

§. 261. (I 227, II 224.)

Hat der Schuldner nicht in Person zu leisten, so kann auch ein Dritter die Leistung bewirken. Die Einwilligung des Schuldners ist nicht erforderlich.

Der Gläubiger kann die Leistung ablehnen, wenn der Schuldner widerspricht.

§. 262. (I 229, 230 Abs. 1, II 225.)

Ist ein Ort für die Leistung weder bestimmt noch aus den Umständen, insbesondere aus der Natur des Schuldverhältnisses, zu entnehmen, so hat die Leistung an dem Orte zu erfolgen, an welchem der Schuldner zur Zeit der Entstehung des Schuldverhältnisses seinen Wohnsitz hatte.

Ist die Verbindlichkeit im Gewerbebetriebe des Schuldners entstanden, so tritt, wenn der Schuldner seine gewerbliche Niederlassung an einem anderen Orte hatte, der Ort der Niederlassung an die Stelle des Wohnsitzes.

Aus dem Umstand allein, daß der Schuldner die Kosten der Versendung übernommen hat, ist nicht zu entnehmen, daß der Ort, nach welchem die Versendung zu erfolgen hat, der Leistungsort sein soll.

§. 263. (I 230 Abs. 2, II 226.)

Geld hat der Schuldner im Zweifel auf seine Gefahr und seine Kosten dem Gläubiger an dessen Wohnsitz zu übermitteln.

Ist die Forderung im Gewerbebetriebe des Gläubigers entstanden, so tritt, wenn der Gläubiger seine gewerbliche Niederlassung an einem anderen Orte hat, der Ort der Niederlassung an die Stelle des Wohnsitzes.

Erhöhen sich in Folge einer nach der Entstehung des Schuldverhältnisses eintretenden Aenderung des Wohnsitzes oder der gewerblichen Niederlassung des Gläubigers die Kosten oder die Gefahr der Uebermittelung, so hat der Gläubiger im ersteren Falle die Mehrkosten, im letzteren Falle die Gefahr zu tragen.

Die Vorschriften über den Leistungsort bleiben unberührt.

§. 264. (I 231, II 227.)

Ist eine Zeit für die Leistung weder bestimmt noch aus den Umständen zu entnehmen, so kann der Gläubiger die Leistung sofort verlangen, der Schuldner sie sofort bewirken.

Ist eine Zeit bestimmt, so ist im Zweifel anzunehmen, daß der Gläubiger die Leistung nicht vor dieser Zeit verlangen, der Schuldner aber sie vorher bewirken kann.

§. 265. (II 228.)

Fällt der für eine Leistung bestimmte Tag oder der letzte Tag der für eine Leistung bestimmten Frist auf einen Sonntag oder einen am Leistungsorte staatlich anerkannten allgemeinen Feiertag, so ist im Zweifel anzunehmen, daß an die Stelle des Sonntags oder des Feiertags der nächstfolgende Werktag treten soll.

§. 266. (I 232, II 229.)

Bezahlt der Schuldner eine unverzinsliche Schuld vor der Fälligkeit, so ist er zu einem Abzuge wegen der Zwischenzinsen nicht berechtigt.

§. 267. (I 233, 234 Satz 2, 3, 235, II 230.)

Hat der Schuldner aus demselben rechtlichen Verhältniß, auf dem seine Verpflichtung beruht, einen fälligen Anspruch gegen den Gläubiger, so kann er, sofern nicht aus dem Schuldverhältnisse sich ein Anderes ergiebt, die geschuldete Leistung verweigern, bis die ihm gebührende Leistung bewirkt wird (Zurückbehaltungsrecht).

Wer zur Herausgabe eines Gegenstandes verpflichtet ist, hat das gleiche Recht, wenn ihm ein fälliger Anspruch wegen Verwendungen auf den Gegenstand oder wegen eines ihm durch diesen verursachten Schadens zusteht, es sei denn, daß er den Gegenstand durch eine vorsätzlich begangene unerlaubte Handlung erlangt hat.

Der Gläubiger kann die Ausübung des Zurückbehaltungsrechts durch Sicherheitsleistung abwenden. Die Sicherheitsleistung durch Bürgen ist ausgeschlossen.

§. 268. (I 234 Satz 1, II 231.)

Gegenüber der Klage des Gläubigers hat die Geltendmachung des Zurückbehaltungsrechts nur die Wirkung, daß der Schuldner zur Leistung gegen Empfang der ihm gebührenden Leistung (Erfüllung Zug um Zug) zu verurtheilen ist.

Auf Grund einer solchen Verurtheilung kann der Gläubiger seinen Anspruch ohne Bewirkung der ihm obliegenden Leistung im Wege der Zwangsvollstreckung verfolgen, wenn der Schuldner im Verzuge der Annahme ist.

§. 269. (I 237, II 232, 235 Satz 1.)

Der Schuldner wird von der Verpflichtung zur Leistung frei, soweit die Leistung in Folge eines nach der Entstehung des Schuldverhältnisses eintretenden Umstandes, den er nicht zu vertreten hat, unmöglich wird.

Der Unmöglichkeit steht das nachträglich eintretende Unvermögen des Schuldners zur Leistung gleich.

§. 270. (I 144 Abs. 1, 224 Abs. 1 Satz 2, 3, 225, II 233 Abs. 1, 3.)

Der Schuldner hat, sofern nicht ein Anderes bestimmt ist, Vorsatz und Fahrlässigkeit zu vertreten. Fahrlässig handelt, wer die im Verkehr erforderliche Sorgfalt außer Acht läßt. Die Vorschriften der §§. 812, 813 finden Anwendung.

Die Haftung wegen Vorsatzes kann dem Schuldner nicht im voraus erlassen werden.

§. 271. (I 145, II 233 Abs. 2.)

Wer nur für diejenige Sorfalt einzustehen hat, welche er in eigenen Angelegenheiten anzuwenden pflegt, ist von der Haftung wegen grober Fahrlässigkeit nicht befreit.

§. 272. (I 224 Abs. 2, II 234.)

Der Schuldner hat ein Verschulden seines gesetzlichen Vertreters und der Personen, deren er sich zur Erfüllung seiner Verbindlichkeit bedient, in gleichem Umfange zu vertreten wie eigenes Verschulden. Die Vorschrift des §. 270 Abs. 2 findet keine Anwendung.

§. 273. (I 237 Abs. 2, II 235 Satz 2.)

Ist der geschuldete Gegenstand nur der Gattung nach bestimmt, so hat der Schuldner, solange die Leistung aus der Gattung möglich ist, sein Unvermögen zur Leistung auch dann zu vertreten, wenn ihm ein Verschulden nicht zur Last fällt.

§. 274. (I 240 Abs. 1, 242, II 236.)

Soweit die Leistung in Folge eines von dem Schuldner zu vertretenden Umstandes unmöglich wird, hat der Schuldner dem Gläubiger den durch die Nichterfüllung entstehenden Schaden zu ersetzen.

Im Falle theilweiser Unmöglichkeit kann der Gläubiger unter Ablehnung des noch möglichen Theiles der Leistung Schadensersatz wegen Nichterfüllung der ganzen Verbindlichkeit verlangen, wenn die theilweise Erfüllung für ihn kein Interesse hat. Die für das vertragsmäßige Rücktrittsrecht geltenden Vorschriften der §§. 341 bis 351 finden entsprechende Anwendung.

§. 275. (I 238 Abs. 1, II 237.)

Erlangt der Schuldner in Folge des Umstandes, welcher die Leistung unmöglich macht, für den geschuldeten Gegenstand einen Ersatz oder einen Ersatzanspruch, so kann der Gläubiger Herausgabe des als Ersatz Empfangenen oder Abtretung des Ersatzanspruchs verlangen.

Hat der Gläubiger Anspruch auf Schadensersatz wegen Nichterfüllung, so mindert sich, wenn er von dem im Abs. 1 bestimmten Rechte Gebrauch macht, die ihm zu leistende Entschädigung um den Werth des erlangten Ersatzes oder Ersatzanspruchs.

§. 276. (I 239, II 238.)

Ist streitig, ob die Unmöglichkeit der Leistung die Folge eines von dem Schuldner zu vertretenden Umstandes ist, so trifft die Beweislast den Schuldner.

§. 277. (I 243, II 239 Abs. 1 Satz 1, 3, Abs. 2.)

Ist der Schuldner rechtskräftig verurtheilt, so kann der Gläubiger ihm zur Bewirkung der Leistung eine angemessene Frist mit der Erklärung bestimmen, daß er die Annahme der Leistung nach dem Ablaufe der Frist ablehne. Nach dem Ablaufe der Frist kann der Gläubiger Schadensersatz wegen Nichterfüllung verlangen, soweit nicht die Leistung rechtzeitig bewirkt wird; der Anspruch auf Erfüllung ist ausgeschlossen. Die Verpflichtung zum Schadensersatze tritt nicht ein, wenn die Leistung in Folge eines Umstandes unmöglich wird, den der Schuldner nicht zu vertreten hat.

Wird die Leistung bis zum Ablaufe der Frist nur theilweise nicht bewirkt, so steht dem Gläubiger auch das im §. 274 Abs. 2 bestimmte Recht zu.

§. 278. (I 245, II 240.)

Leistet der Schuldner auf eine Mahnung des Gläubigers nicht, die nach dem Eintritte der Fälligkeit erfolgt, so kommt er durch die Mahnung in Verzug. Der Mahnung steht die Erhebung der Klage auf die Leistung sowie die Zustellung eines Zahlungsbefehls im Mahnverfahren gleich.

Ist für die Leistung eine Zeit nach dem Kalender bestimmt, so kommt der Schuldner ohne Mahnung in Verzug, wenn er nicht zu der bestimmten Zeit leistet. Das Gleiche gilt, wenn der Leistung eine Kündigung vorauszugehen hat und die Zeit für die Leistung in der Weise bestimmt ist, daß sie sich von der Kündigung ab nach dem Kalender berechnen läßt.

§. 279. (I 246, II 241.)

Der Schuldner kommt nicht in Verzug, solange die Leistung in Folge eines Umstandes unterbleibt, den er nicht zu vertreten hat.

§. 280. (I 247, II 242.)

Der Schuldner hat dem Gläubiger den durch den Verzug entstehenden Schaden zu ersetzen.

Hat die Leistung in Folge des Verzugs für den Gläubiger kein Interesse, so kann dieser unter Ablehnung der Leistung Schadensersatz wegen Nichterfüllung verlangen. Die für das vertragsmäßige Rücktrittsrecht geltenden Vorschriften der §§. 341 bis 351 finden entsprechende Anwendung.

§. 281. (I 250, 251, II 243.)

Der Schuldner hat während des Verzugs jede Fahrlässigkeit zu vertreten. Er ist auch für die während des Verzugs durch Zufall eintretende Unmöglichkeit der Leistung verantwortlich, es sei denn, daß der Schaden auch bei rechtzeitiger Leistung eingetreten sein würde.

§. 282. (I 248, II 244.)

Eine Geldschuld ist während des Verzugs mit fünf vom Hundert für das Jahr zu verzinsen. Kann der Gläubiger aus einem anderen Rechtsgrunde höhere Zinsen verlangen, so sind diese fortzuentrichten.

Die Geltendmachung eines weiteren Schadens ist nicht ausgeschlossen.

§. 283. (I 252, II 245.)

Von Zinsen sind Verzugszinsen nicht zu entrichten. Das Recht des Gläubigers auf Ersatz des durch den Verzug entstehenden Schadens bleibt unberührt.

§. 284. (I 252, II 246.)

Ist der Schuldner zum Ersatze des Werthes eines Gegenstandes verpflichtet, der während des Verzugs untergegangen ist oder aus einem anderen während des Verzugs eingetretenen Grunde nicht herausgegeben werden kann, so kann der Gläubiger Zinsen des zu ersetzenden Betrags von der Zeit an verlangen, zu welcher der Schuldner mit der Leistung des Gegenstandes in Verzug gekommen ist. Das Gleiche gilt, wenn der Schuldner zum Ersatze der Minderung des Werthes eines während des Verzugs verschlechterten Gegenstandes verpflichtet ist.

Für die Zeit, für welche der Gläubiger Zinsen fordert, kann er nicht Ersatz für entzogene Nutzungen verlangen.

§. 285. (II 247.)

Eine Geldschuld hat der Schuldner von dem Eintritte der Rechtshängigkeit an zu verzinsen, auch wenn er nicht im Verzug ist; wird die Schuld erst später fällig, so ist sie von der Fälligkeit an zu verzinsen. Die Vorschriften des §. 282 Abs. 1 und des §. 283 Satz 1 finden entsprechende Anwendung.

§. 286. (I 244, II 248.)

Hat der Schuldner einen bestimmten Gegenstand herauszugeben, so bestimmt sich von dem Eintritte der Rechtshängigkeit an der Anspruch des Gläubigers auf Schadensersatz wegen Verschlechterung, Unterganges oder einer aus einem anderen Grunde eintretenden Unmöglichkeit der Herausgabe nach den Vorschriften, welche für das Verhältniß zwischen dem Eigenthümer und dem Besitzer von dem Eintritte der Rechtshängigkeit des Eigenthumsanspruchs an gelten, soweit nicht aus dem Schuldverhältniß oder dem Verzuge des Schuldners sich zu Gunsten des Gläubigers ein Anderes ergiebt.

Das Gleiche gilt von dem Anspruche des Gläubigers auf Herausgabe oder Vergütung von Nutzungen und von dem Anspruche des Schuldners auf Ersatz von Verwendungen.

Zweiter Titel.

Verzug des Gläubigers.

§. 287. (I 254, II 249.)

Der Gläubiger kommt in Verzug, wenn er die ihm angebotene Leistung nicht annimmt.

§. 288. (I 255 Abs. 1, II 250.)

Die Leistung muß dem Gläubiger so, wie sie zu bewirken ist, thatsächlich angeboten werden.

§. 289. (I 255 Abs. 2, 3 Satz 1, II 251 Abs. 1.)

Ein wörtliches Angebot des Schuldners genügt, wenn der Gläubiger ihm erklärt hat, daß er die Leistung nicht annehmen werde, oder wenn zur Bewirkung der Leistung eine Handlung des Gläubigers erforderlich ist, insbesondere wenn der Gläubiger die geschuldete Sache abzuholen hat. Dem Angebote der Leistung steht die Aufforderung an den Gläubiger gleich, die erforderliche Handlung vorzunehmen.

§. 290. (I 255 Abs. 3 Satz 2, II 251 Abs. 2.)

Ist für die von dem Gläubiger vorzunehmende Handlung eine Zeit nach dem Kalender bestimmt, so bedarf es des Angebots nur, wenn der Gläubiger die Handlung rechtzeitig vornimmt. Das Gleiche gilt, wenn der Handlung eine Kündigung vorauszugehen hat und die Zeit für die Handlung in der Weise bestimmt ist, daß sie sich von der Kündigung ab nach dem Kalender berechnen läßt.

§. 291. (I 255 Abs. 3 Satz 2, II 251 Abs. 3.)

Der Gläubiger kommt nicht in Verzug, wenn der Schuldner zur Zeit des Angebots oder im Falle des §. 290 zu der für die Handlung des Gläubigers bestimmten Zeit außer Stande ist, die Leistung zu bewirken.

§. 292. (I 256, II 252.)

Ist der Schuldner nur gegen eine Leistung des Gläubigers zu leisten verpflichtet, so kommt der Gläubiger in Verzug, wenn er zwar die angebotene Leistung anzunehmen bereit ist, die verlangte Gegenleistung aber nicht anbietet.

§. 293. (II 253.)

Ist die Leistungszeit nicht bestimmt oder ist der Schuldner berechtigt, vor der bestimmten Zeit zu leisten, so kommt der Gläubiger nicht dadurch in Verzug, daß er vorübergehend an der Annahme der angebotenen Leistung verhindert ist, es sei denn, daß der Schuldner ihm die Leistung eine angemessene Zeit vorher angekündigt hat.

§. 294. (I 257, II 254.)

Der Schuldner hat während des Verzugs des Gläubigers nur Vorsatz und grobe Fahrlässigkeit zu vertreten.

Wird eine nur der Gattung nach bestimmte Sache geschuldet, so geht die Gefahr mit dem Zeitpunkt auf den Gläubiger über, in welchem er dadurch in Verzug kommt, daß er die angebotene Sache nicht annimmt.

§. 295. (I 259, II 255.)

Von einer verzinslichen Geldschuld hat der Schuldner während des Verzugs des Gläubigers Zinsen nicht zu entrichten.

§. 296. (I 258, II 256.)

Hat der Schuldner die Nutzungen eines Gegenstandes herauszugeben oder zu ersetzen, so beschränkt sich seine Verpflichtung während des Verzugs des Gläubigers auf die Nutzungen, welche er zieht.

§. 297. (II 257.)

Ist der Schuldner zur Herausgabe eines Grundstücks verpflichtet, so kann er nach dem Eintritte des Verzugs des Gläubigers den Besitz aufgeben. Das Aufgeben muß dem Gläubiger vorher angedroht werden, es sei denn, daß die Androhung unthunlich ist.

§. 298. (I 261, II 258.)

Der Schuldner kann im Falle des Verzugs des Gläubigers Ersatz der Mehraufwendungen verlangen, die er für das erfolglose Angebot sowie für die Aufbewahrung und Erhaltung des geschuldeten Gegenstandes machen mußte.

Zweiter Abschnitt.

Schuldverhältnisse aus Verträgen.

Erster Titel.

Begründung. Inhalt des Vertrags.

§. 299. (I 342, II 310.)

Zur Begründung eines Schuldverhältnisses durch Rechtsgeschäft sowie zur Aenderung des Inhalts eines Schuldverhältnisses ist ein Vertrag zwischen den Betheiligten erforderlich, soweit nicht das Gesetz ein Anderes vorschreibt.

§. 300. (I 344, II 259 Abs. 1.)

Ein auf eine unmögliche Leistung gerichteter Vertrag ist nichtig.

§. 301. (I 345, II 259 Abs. 2, 3.)

Wer bei der Schließung eines Vertrags, der auf eine unmögliche Leistung gerichtet ist, die Unmöglichkeit der Leistung kennt oder kennen muß, ist zum Ersatze des Schadens verpflichtet, den der andere Theil dadurch erleidet, daß er auf die Gültigkeit des Vertrags vertraut, jedoch nicht über den Betrag des Interesses hinaus, welches der andere Theil an der Gültigkeit des Vertrags hat. Die Ersatzpflicht tritt nicht ein, wenn der andere Theil die Unmöglichkeit kennt oder kennen muß.

Diese Vorschriften finden entsprechende Anwendung, wenn die Leistung nur theilweise unmöglich und der Vertrag in Ansehung des möglichen Theiles gültig ist oder wenn eine von mehreren wahlweise versprochenen Leistungen unmöglich ist.

§. 302. (I 346, II 260.)

Die Unmöglichkeit der Leistung steht der Gültigkeit des Vertrags nicht entgegen, wenn die Unmöglichkeit gehoben werden kann und der Vertrag für den Fall geschlossen ist, daß die Leistung möglich wird.

Wird eine unmögliche Leistung unter einer anderen aufschiebenden Bedingung oder unter Bestimmung eines Anfangstermins versprochen, so ist der Vertrag gültig, wenn die Unmöglichkeit vor dem Eintritte der Bedingung oder des Termins gehoben wird.

§. 303. (I 347, II 261.)

Verstößt ein Vertrag gegen ein gesetzliches Verbot, so finden die Vorschriften der §§. 301, 302 entsprechende Anwendung.

§. 304. (I 350, II 262.)

Ein Vertrag, durch den sich der eine Theil verpflichtet, sein künftiges Vermögen oder einen Bruchtheil seines künftigen Vermögens zu übertragen oder mit einem Nießbrauche zu belasten, ist nichtig.

§. 305. (II 263.)

Ein Vertrag, durch den sich der eine Theil verpflichtet, sein gegenwärtiges Vermögen oder einen Bruchtheil seines gegenwärtigen Vermögens zu übertragen oder mit einem Nießbrauche zu belasten, bedarf der gerichtlichen oder notariellen Beurkundung.

§. 306. (I 349, II 264.)

Ein Vertrag über den Nachlaß eines noch lebenden Dritten ist nichtig. Das Gleiche gilt von einem Vertrag über den Pflichttheil oder ein Vermächtniß aus dem Nachlaß eines noch lebenden Dritten.

Diese Vorschriften finden keine Anwendung auf einen Vertrag, der unter künftigen gesetzlichen Erben über den gesetzlichen Erbtheil oder den Pflichttheil eines von ihnen geschlossen wird. Ein solcher Vertrag bedarf der gerichtlichen oder notariellen Beurkundung.

§. 307. (I 351, II 265.)

Ein Vertrag, durch den sich der eine Theil verpflichtet, das Eigenthum an einem Grundstücke zu übertragen, bedarf der gerichtlichen oder notariellen Beurkundung. Ein ohne Beobachtung dieser Form geschlossener Vertrag wird seinem ganzen Inhalte nach gültig, wenn die Auflassung und die Eintragung in das Grundbuch erfolgen.

§. 308. (I 790, II 265 a.)

Verpflichtet sich Jemand zur Veräußerung oder Belastung einer Sache, so erstreckt sich die Verpflichtung im Zweifel auch auf das Zubehör der Sache.

§. 309. (I 353, II 266.)

Soll die Leistung durch einen der Vertragschließenden bestimmt werden, so ist im Zweifel anzunehmen, daß die Bestimmung nach billigem Ermessen zu treffen ist.

Die Bestimmung erfolgt durch Erklärung gegenüber dem anderen Theile.

Soll die Bestimmung nach billigem Ermessen erfolgen, so ist die getroffene Bestimmung für den anderen Theil nur verbindlich, wenn sie der Billigkeit entspricht. Entspricht sie nicht der Billigkeit, so wird die Bestimmung durch Urtheil getroffen; das Gleiche gilt, wenn die Bestimmung verzögert wird.

§. 310. (I 354, II 267.)

Ist der Umfang der für eine Leistung versprochenen Gegenleistung nicht bestimmt, so steht die Bestimmung im Zweifel demjenigen Theile zu, welcher die Gegenleistung zu fordern hat.

§. 311. (I 355, II 268.)

Ist die Bestimmung der Leistung einem Dritten überlassen, so ist im Zweifel anzunehmen, daß sie nach billigem Ermessen zu treffen ist.

Soll die Bestimmung durch mehrere Dritte erfolgen, so ist im Zweifel Uebereinstimmung aller erforderlich; soll eine Summe bestimmt werden, so ist, wenn verschiedene Summen bestimmt werden, im Zweifel die Durchschnittssumme maßgebend.

§. 312. (I 356, II 269.)

Die einem Dritten überlassene Bestimmung der Leistung erfolgt durch Erklärung gegenüber einem der Vertragschließenden.

Die Anfechtung der getroffenen Bestimmung wegen Irrthums, Drohung oder arglistiger Täuschung steht nur den Vertragschließenden zu; Anfechtungsgegner ist der andere Theil. Die Anfechtung muß unverzüglich erfolgen, nachdem der Anfechtungsberechtigte von dem Anfechtungsgrunde Kenntniß erlangt hat. Sie ist ausgeschlossen, wenn dreißig Jahre verstrichen sind, nachdem die Bestimmung getroffen worden ist.

§. 313. (I 357, II 270.)

Soll der Dritte die Leistung nach billigem Ermessen bestimmen, so ist die getroffene Bestimmung für die Vertragschließenden nicht verbindlich, wenn sie offenbar unbillig ist. Die Bestimmung erfolgt in diesem Falle durch Urtheil; das Gleiche gilt, wenn der Dritte die Bestimmung nicht treffen kann oder will oder wenn er sie verzögert.

Soll der Dritte die Bestimmung nach freiem Belieben treffen, so ist der Vertrag unwirksam, wenn der Dritte die Bestimmung nicht treffen kann oder will oder wenn er sie verzögert.

Zweiter Titel.

Gegenseitiger Vertrag.

§. 314. (I 362, 363, 364, II 271.)

Wer aus einem gegenseitigen Vertrage verpflichtet ist, kann die ihm obliegende Leistung bis zur Bewirkung der Gegenleistung verweigern, es sei denn, daß er vorzuleisten verpflichtet ist. Hat die Leistung an Mehrere zu erfolgen, so kann dem Einzelnen der ihm gebührende Theil bis zur Bewirkung der ganzen Gegenleistung verweigert werden. Die Vorschrift des §. 267 Abs. 3 findet keine Anwendung.

Ist von der einen Seite theilweise geleistet worden, so kann die Gegenleistung insoweit nicht verweigert werden, als die Verweigerung nach den Umständen, insbesondere wegen verhältnißmäßiger Geringfügigkeit des rückständigen Theiles, gegen Treu und Glauben verstoßen würde.

§. 315. (II 272.)

Wer aus einem gegenseitigen Vertrage vorzuleisten verpflichtet ist, kann, wenn nach dem Abschlusse des Vertrags in den Vermögensverhältnissen des anderen Theiles eine wesentliche Verschlechterung eintritt, durch die der Anspruch auf die Gegenleistung gefährdet wird, die ihm obliegende Leistung verweigern, bis die Gegenleistung bewirkt oder Sicherheit für sie geleistet wird.

§. 316. (I 365, 366, II 273.)

Erhebt aus einem gegenseitigen Vertrage der eine Theil Klage auf die ihm geschuldete Leistung, so hat die Geltendmachung des dem anderen Theile zustehenden Rechtes, die Leistung bis zur Bewirkung der Gegenleistung zu verweigern, nur die Wirkung, daß der andere Theil zur Erfüllung Zug um Zug zu verurtheilen ist.

Hat der klagende Theil vorzuleisten, so kann er, wenn der andere Theil im Verzuge der Annahme ist, auf Leistung nach Empfang der Gegenleistung klagen.

Auf die Zwangsvollstreckung findet die Vorschrift des §. 268 Abs. 2 Anwendung.

§. 317. (I 368 Abs. 1, 3, II 274.)

Wird die aus einem gegenseitigen Vertrage dem einen Theile obliegende Leistung in Folge eines Umstandes unmöglich, den weder er noch der andere Theil zu vertreten hat, so verliert er den Anspruch auf die Gegenleistung; bei theilweiser Unmöglichkeit mindert sich die Gegenleistung nach Maßgabe der §§. 465, 466.

Verlangt der andere Theil nach § 275 Herausgabe des für den geschuldeten Gegenstand erlangten Ersatzes oder Abtretung des Ersatzanspruchs, so bleibt er zur Gegenleistung verpflichtet; diese mindert sich jedoch nach Maßgabe der §§. 465, 466 insoweit, als der Werth des Ersatzes oder des Ersatzanspruchs hinter dem Werthe der geschuldeten Leistung zurückbleibt.

Soweit die nach diesen Vorschriften nicht geschuldete Gegenleistung bewirkt ist, kann das Geleistete nach den Vorschriften über die Herausgabe einer ungerechtfertigten Bereicherung zurückgefordert werden.

§. 318. (I 368 Abs. 2, II 275.)

Wird die aus einem gegenseitigen Vertrage dem einen Theile obliegende Leistung in Folge eines Umstandes, den der andere Theil zu vertreten hat, unmöglich, so behält er den Anspruch auf die Gegenleistung. Er muß sich jedoch dasjenige anrechnen lassen, was er in Folge der Befreiung von der Leistung erspart oder durch anderweitige Verwendung seiner Arbeitskraft erwirbt oder zu erwerben böswillig unterläßt.

Das Gleiche gilt, wenn die dem einen Theile obliegende Leistung in Folge eines von ihm nicht zu vertretenden Umstandes zu einer Zeit unmöglich wird, zu welcher der andere Theil im Verzuge der Annahme ist.

§. 319. (I 369 Abs. 1, 2, II 276.)

Wird die aus einem gegenseitigen Vertrage dem einen Theile obliegende Leistung in Folge eines Umstandes, den er zu vertreten hat, unmöglich, so kann der andere Theil Schadensersatz wegen Nichterfüllung verlangen oder von dem Vertrage zurücktreten. Bei theilweiser Unmöglichkeit ist er, wenn die theilweise Erfüllung des Vertrags für ihn kein Interesse hat, berechtigt, Schadensersatz wegen Nichterfüllung der ganzen Verbindlichkeit nach Maßgabe des §. 274 Abs. 2 zu verlangen oder von dem ganzen Vertrage zurückzutreten. Statt des Anspruchs auf Schadensersatz und des Rücktrittsrechts kann er auch die für den Fall des §. 317 bestimmten Rechte geltend machen.

Das Gleiche gilt in dem Falle des §. 277, wenn nicht die Leistung bis zum Ablaufe der Frist bewirkt wird oder wenn sie zu dieser Zeit theilweise nicht bewirkt ist.

§. 320. (I 369 Abs. 2, II 277.)

Ist bei einem gegenseitigen Vertrage der eine Theil mit der ihm obliegenden Leistung im Verzuge, so kann ihm der andere Theil zur Bewirkung der Leistung eine angemessene Frist mit der Erklärung bestimmen, daß er die Annahme der Leistung nach dem Ablaufe der Frist ablehne. Nach dem Ablaufe der Frist ist er berechtigt, Schadensersatz wegen Nichterfüllung zu verlangen oder von dem Vertrage zurückzutreten, wenn nicht die Leistung rechtzeitig erfolgt ist; der Anspruch auf Erfüllung ist ausgeschlossen. Wird die Leistung bis zum Ablaufe der Frist theilweise nicht bewirkt, so findet die Vorschrift des §. 319 Abs. 1 Satz 2 entsprechende Anwendung.

Hat die Erfüllung des Vertrags in Folge des Verzugs für den anderen Theil kein Interesse, so stehen ihm die im Abs. 1 bezeichneten Rechte zu, ohne daß es der Bestimmung einer Frist bedarf.

§. 321. (I 361 Abs. 1, II 278.)

Ergiebt sich aus einem gegenseitigen Vertrage, daß die Leistung des einen Theiles genau zu einer festbestimmten Zeit oder innerhalb einer festbestimmten

Frist bewirkt werden soll, so kann der andere Theil von dem Vertrage zurücktreten, wenn nicht die Leistung zu der bestimmten Zeit oder innerhalb der bestimmten Frist erfolgt. Der Schuldner kann den Gläubiger unter Bestimmung einer angemessenen Frist zur Erklärung darüber auffordern, ob er noch auf Erfüllung bestehe. Mit dem Ablaufe der Frist ist der Anspruch auf Erfüllung ausgeschlossen, wenn nicht der Gläubiger sich rechtzeitig erklärt hat.

Ist der Schuldner im Verzuge, so kann der Gläubiger, sofern er nicht von dem Vertrage zurücktritt, statt der Erfüllung Schadensersatz wegen Nichterfüllung verlangen.

§. 322. (I 361 Abs. 2, 369 Abs. 3, II 279.)

Auf das in den §§. 319 bis 321 bestimmte Rücktrittsrecht finden die für das vertragsmäßige Rücktrittsrecht geltenden Vorschriften der §§. 341 bis 351 entsprechende Anwendung. Erfolgt der Rücktritt wegen eines Umstandes, den der andere Theil nicht zu vertreten hat, so haftet dieser nur nach den Vorschriften über die Herausgabe einer ungerechtfertigten Bereicherung.

Dritter Titel.

Versprechen der Leistung an einen Dritten.

§. 323. (I 412 Abs. 1, 413, 414, II 280.)

Durch Vertrag kann eine Leistung an einen Dritten mit der Wirkung bedungen werden, daß der Dritte unmittelbar das Recht erwirbt, die Leistung zu fordern.

In Ermangelung einer besonderen Bestimmung ist aus den Umständen, insbesondere aus dem Zwecke des Vertrags, zu entnehmen, ob der Dritte das Recht erwerben, ob das Recht des Dritten sofort oder nur unter gewissen Voraussetzungen entstehen und ob den Vertragschließenden die Befugniß vorbehalten sein soll, das Recht des Dritten ohne dessen Zustimmung aufzuheben oder zu ändern.

§. 324. (I 318 Abs. 1, II 281.)

Verpflichtet sich in einem Vertrage der eine Theil zur Befriedigung eines Gläubigers des anderen Theiles, ohne die Schuld zu übernehmen, so ist im Zweifel nicht anzunehmen, daß der Gläubiger unmittelbar das Recht erwerben soll, die Befriedigung von ihm zu fordern.

§. 325. (II 282.)

Wird in einem Lebensversicherungs- oder einem Leibrentenvertrage die Zahlung der Versicherungssumme oder der Leibrente an einen Dritten bedungen, so ist im Zweifel anzunehmen, daß der Dritte unmittelbar das Recht erwerben soll, die Leistung zu fordern. Das Gleiche gilt, wenn bei einer unentgeltlichen Zuwendung dem Bedachten eine Leistung an einen Dritten auferlegt oder bei einer Vermögens- oder Gutsübernahme von dem Uebernehmer eine Leistung an einen Dritten zum Zwecke der Abfindung versprochen wird.

§. 326. (II 283.)

Soll die Leistung an den Dritten nach dem Tode desjenigen erfolgen, welchem sie versprochen wird, so erwirbt der Dritte das Recht auf die Leistung im Zweifel mit dem Tode des Versprechensempfängers.

Stirbt der Versprechensempfänger vor der Geburt des Dritten, so kann das Versprechen, an den Dritten zu leisten, nur dann noch aufgehoben oder geändert werden, wenn die Befugniß dazu vorbehalten worden ist.

§. 327. (II 284.)

Hat sich der Versprechensempfänger die Befugniß vorbehalten, ohne Zustimmung des Versprechenden an die Stelle des in dem Vertrage bezeichneten Dritten einen Anderen zu setzen, so kann dies im Zweifel auch in einer Verfügung von Todeswegen geschehen.

§. 328. (I 415, II 285.)

Weist der Dritte das aus dem Vertrage erworbene Recht dem Versprechenden gegenüber zurück, so gilt das Recht als nicht erworben.

§. 329. (I 416, II 286.)

Einwendungen aus dem Vertrage stehen dem Versprechenden auch gegenüber dem Dritten zu.

§. 330. (I 412 Abs. 2, II 287.)

Der Versprechensempfänger kann, sofern nicht ein anderer Wille der Vertragschließenden anzunehmen ist, die Leistung an den Dritten auch dann fordern, wenn diesem das Recht auf die Leistung zusteht.

Vierter Titel.

Draufgabe. Vertragsstrafe.

§. 331. (I 417, II 288.)

Wird bei der Eingehung eines Vertrags etwas als Draufgabe gegeben, so gilt dies als Zeichen des Abschlusses des Vertrags.

Die Draufgabe gilt im Zweifel nicht als Reugeld.

§. 332. (I 418, II 289.)

Die Draufgabe ist im Zweifel auf die von dem Geber geschuldete Leistung anzurechnen oder, wenn dies nicht geschehen kann, bei der Erfüllung des Vertrags zurückzugeben.

Wird der Vertrag wiederaufgehoben, so ist die Draufgabe zurückzugeben.

§. 333. (I 419, II 290.)

Wird die von dem Geber geschuldete Leistung in Folge eines Umstandes, den er zu vertreten hat, unmöglich oder verschuldet der Geber die Wieder=

aufhebung des Vertrags, so ist der Empfänger berechtigt, die Draufgabe zu behalten. Verlangt der Empfänger Schadensersatz wegen Nichterfüllung, so ist die Draufgabe im Zweifel anzurechnen oder, wenn dies nicht geschehen kann, bei der Leistung des Schadensersatzes zurückzugeben.

§. 334. (I 422, II 291.)

Verspricht der Schuldner dem Gläubiger für den Fall, daß er seine Verbindlichkeit nicht oder nicht in gehöriger Weise erfüllt, die Zahlung einer Geldsumme als Strafe, so ist die Strafe verwirkt, wenn er in Verzug kommt. Besteht die geschuldete Leistung in einem Unterlassen, so tritt die Verwirkung mit der Zuwiderhandlung ein.

§. 335. (I 420, II 292.)

Hat der Schuldner die Strafe für den Fall versprochen, daß er seine Verbindlichkeit nicht erfüllt, so kann der Gläubiger die verwirkte Strafe statt der Erfüllung verlangen. Erklärt der Gläubiger dem Schuldner, daß er die Strafe verlange, so ist der Anspruch auf Erfüllung ausgeschlossen.

Steht dem Gläubiger ein Anspruch auf Schadensersatz wegen Nichterfüllung zu, so kann er die verwirkte Strafe als Mindestbetrag des Schadens verlangen. Die Geltendmachung eines weiteren Schadens ist nicht ausgeschlossen.

§. 336. (I 421, II 293.)

Hat der Schuldner die Strafe für den Fall versprochen, daß er seine Verbindlichkeit nicht in gehöriger Weise, insbesondere nicht zu der bestimmten Zeit, erfüllt, so kann der Gläubiger die verwirkte Strafe neben der Erfüllung verlangen.

Steht dem Gläubiger ein Anspruch auf Schadensersatz wegen der nicht gehörigen Erfüllung zu, so finden die Vorschriften des §. 335 Abs. 2 Anwendung.

Nimmt der Gläubiger die Erfüllung an, so kann er die Strafe nur verlangen, wenn er sich das Recht dazu bei der Annahme vorbehält.

§. 337. (I 420 bis 422, II 294.)

Wird als Strafe eine andere Leistung als die Zahlung einer Geldsumme versprochen, so finden die Vorschriften der §§. 334 bis 336 Anwendung; der Anspruch auf Schadensersatz ist ausgeschlossen, wenn der Gläubiger die Strafe verlangt.

§. 338. (II 295.)

Ist eine verwirkte Strafe unverhältnißmäßig hoch, so kann sie auf Antrag des Schuldners durch Urtheil auf den angemessenen Betrag herabgesetzt werden. Bei der Beurtheilung der Angemessenheit ist jedes berechtigte Interesse des Gläubigers, nicht blos das Vermögensinteresse, in Betracht zu ziehen. Nach der Entrichtung der Strafe ist die Herabsetzung ausgeschlossen.

Das Gleiche gilt auch außer den Fällen der §§. 334, 337, wenn Jemand eine Strafe für den Fall verspricht, daß er eine Handlung vornimmt oder unterläßt.

§. 339. (I 424, II 296.)

Erklärt das Gesetz das Versprechen einer Leistung für unwirksam, so ist auch die für den Fall der Nichterfüllung des Versprechens getroffene Vereinbarung einer Strafe unwirksam, selbst wenn die Parteien die Unwirksamkeit des Versprechens gekannt haben.

§. 340. (I 425, II 297.)

Bestreitet der Schuldner die Verwirkung der Strafe, weil er seine Verbindlichkeit erfüllt habe, so hat er die Erfüllung zu beweisen, sofern nicht die geschuldete Leistung in einem Unterlassen besteht.

Fünfter Titel.

Rücktritt.

§. 341. (I 427 Abs. 1, 2, II 298 Abs. 1.)

Hat sich in einem Vertrag ein Theil den Rücktritt vorbehalten, so sind die Parteien, wenn der Rücktritt erfolgt, verpflichtet, einander die empfangenen Leistungen zurückzugewähren. Für geleistete Dienste sowie für die Ueberlassung der Benutzung einer Sache ist der Werth zu vergüten oder, falls in dem Vertrag eine Gegenleistung in Geld bestimmt ist, diese zu entrichten.

§. 342. (I 427 Abs. 2, 3, II 298 Abs. 2.)

Der Anspruch auf Schadensersatz wegen Verschlechterung, Unterganges oder einer aus einem anderen Grunde eintretenden Unmöglichkeit der Herausgabe bestimmt sich im Falle des Rücktritts von dem Empfange der Leistung an nach den Vorschriften, welche für das Verhältniß zwischen dem Eigenthümer und dem Besitzer von dem Eintritte der Rechtshängigkeit des Eigenthumsanspruchs an gelten. Das Gleiche gilt von dem Anspruch auf Herausgabe oder Vergütung von Nutzungen und von dem Anspruch auf Ersatz von Verwendungen. Eine Geldsumme ist von der Zeit des Empfanges an zu verzinsen.

§. 343. (I 428, II 299.)

Die sich aus dem Rücktritt ergebenden Verpflichtungen der Parteien sind Zug um Zug zu erfüllen. Die Vorschriften der §§. 314, 316 finden entsprechende Anwendung.

§. 344. (I 426, II 300.)

Der Rücktritt erfolgt durch Erklärung gegenüber dem anderen Theile.

§. 345. (I 429, II 301.)

Der Rücktritt wird nicht dadurch ausgeschlossen, daß der Gegenstand, welchen der Berechtigte empfangen hat, durch Zufall untergegangen ist.

§. 346. (I 430 Nr. 1, II 302 Nr. 1.)

Der Rücktritt ist ausgeschlossen, wenn der Berechtigte eine wesentliche Verschlechterung, den Untergang oder die anderweitige Unmöglichkeit der Herausgabe des empfangenen Gegenstandes verschuldet hat. Der Untergang eines erheblichen Theiles steht einer wesentlichen Verschlechterung des Gegenstandes, das von dem Berechtigten nach §. 272 zu vertretende Verschulden eines Anderen steht dem eigenen Verschulden des Berechtigten gleich.

§. 347. (I 430 Nr. 3, II 302 Nr. 2.)

Der Rücktritt ist ausgeschlossen, wenn der Berechtigte die empfangene Sache durch Verarbeitung oder Umbildung in eine Sache anderer Art umgestaltet hat.

§. 348. (II 303 Satz 2.)

Hat der Berechtigte den empfangenen Gegenstand oder einen erheblichen Theil des Gegenstandes veräußert oder mit dem Rechte eines Dritten belastet, so ist der Rücktritt ausgeschlossen, wenn bei demjenigen, welcher den Gegenstand in Folge der Verfügung erlangt hat, die Voraussetzungen des §. 346 oder des §. 347 eingetreten sind.

Einer Verfügung des Berechtigten steht eine Verfügung gleich, die im Wege der Zwangsvollstreckung oder der Arrestvollziehung oder durch den Konkursverwalter erfolgt.

§. 349. (I 430 Nr. 1, 2, II 303.)

Kommt der Berechtigte mit der Rückgewähr des empfangenen Gegenstandes oder eines erheblichen Theiles des Gegenstandes in Verzug, so kann ihm der andere Theil eine angemessene Frist mit der Erklärung bestimmen, daß er die Annahme nach dem Ablaufe der Frist ablehne. Der Rücktritt wird unwirksam, wenn nicht die Rückgewähr vor dem Ablaufe der Frist erfolgt.

§. 350. (I 432, II 304.)

Ist für die Ausübung des Rücktrittsrechts eine Frist nicht vereinbart, so kann dem Berechtigten von dem anderen Theile für die Ausübung eine angemessene Frist bestimmt werden. Das Rücktrittsrecht erlischt, wenn nicht der Rücktritt vor dem Ablaufe der Frist erklärt wird.

§. 351. (I 433, II 305.)

Sind bei einem Vertrag auf der einen oder der anderen Seite Mehrere betheiligt, so kann das Rücktrittsrecht nur von allen und gegen alle ausgeübt werden. Erlischt das Rücktrittsrecht für einen der Berechtigten, so erlischt es auch für die übrigen.

§. 352. (II 306.)

Hat sich der eine Theil den Rücktritt für den Fall vorbehalten, daß der andere Theil seine Verbindlichkeit nicht erfüllt, so ist der Rücktritt unwirksam, wenn der andere Theil sich von der Verbindlichkeit durch Aufrechnung befreien konnte und unverzüglich nach dem Rücktritte die Aufrechnung erklärt.

§. 353. (I 434, II 307.)

Hat sich der eine Theil den Rücktritt für den Fall vorbehalten, daß der andere Theil seine Verbindlichkeit nicht erfüllt, und bestreitet dieser die Zulässigkeit des erklärten Rücktritts, weil er erfüllt habe, so hat er die Erfüllung zu beweisen, sofern nicht die geschuldete Leistung in einem Unterlassen besteht.

§. 354. (I 435, II 308.)

Ist der Rücktritt gegen Zahlung eines Reugeldes vorbehalten, so ist der Rücktritt unwirksam, wenn das Reugeld nicht vor oder bei der Erklärung entrichtet wird und der andere Theil aus diesem Grunde die Erklärung unverzüglich zurückweist. Die Erklärung ist jedoch wirksam, wenn das Reugeld unverzüglich nach der Zurückweisung entrichtet wird.

§ 355. (I 436, II 309.)

Ist ein Vertrag mit dem Vorbehalte geschlossen, daß der Schuldner seiner Rechte aus dem Vertrage verlustig sein soll, wenn er seine Verbindlichkeit nicht erfüllt, so ist der Gläubiger bei dem Eintritte dieses Falles zum Rücktritte von dem Vertrage berechtigt.

Dritter Abschnitt.

Erlöschen der Schuldverhältnisse.

Erster Titel.

Erfüllung.

§. 356. (I 263, 266, II 311.)

Das Schuldverhältniß erlischt, wenn die geschuldete Leistung an den Gläubiger bewirkt wird.

Wird an einen Dritten zum Zwecke der Erfüllung geleistet, so finden die Vorschriften des §. 181 Anwendung.

§. 357. (I 367, II 312.)

Hat der Gläubiger eine ihm als Erfüllung angebotene Leistung als Erfüllung angenommen, so trifft ihn die Beweislast, wenn er die Leistung deshalb nicht als Erfüllung gelten lassen will, weil sie eine andere als die geschuldete Leistung oder weil sie unvollständig gewesen sei.

§. 358. (I 264, II 313.)

Das Schuldverhältniß erlischt, wenn der Gläubiger eine andere als die geschuldete Leistung an Erfüllungsstatt annimmt.

Uebernimmt der Schuldner zum Zwecke der Befriedigung des Gläubigers diesem gegenüber eine neue Verbindlichkeit, so ist im Zweifel nicht anzunehmen, daß er die Verbindlichkeit an Erfüllungsstatt übernimmt.

§. 359. (I 265, II 314.)

Wird eine Sache, eine Forderung gegen einen Dritten oder ein anderes Recht an Erfüllungsstatt gegeben, so hat der Schuldner wegen eines Mangels im Rechte oder wegen eines Mangels der Sache in gleicher Weise wie ein Verkäufer Gewähr zu leisten.

§. 360. (I 267, II 315.)

Ist der Schuldner dem Gläubiger aus mehreren Schuldverhältnissen zu gleichartigen Leistungen verpflichtet und reicht das von ihm Geleistete nicht zur Tilgung sämmtlicher Schulden aus, so wird diejenige Schuld getilgt, welche er bei der Leistung bestimmt.

Trifft der Schuldner keine Bestimmung, so wird zunächst die fällige Schuld, unter mehreren fälligen Schulden diejenige, welche dem Gläubiger geringere Sicherheit bietet, unter mehreren gleich sicheren die dem Schuldner lästigere, unter mehreren gleich lästigen die ältere Schuld und bei gleichem Alter jede Schuld verhältnißmäßig getilgt.

§. 361. (I 268, II 316.)

Hat der Schuldner außer der Hauptleistung Zinsen und Kosten zu entrichten, so wird eine zur Tilgung der ganzen Schuld nicht ausreichende Leistung zunächst auf die Kosten, dann auf die Zinsen und zuletzt auf die Hauptleistung angerechnet.

Bestimmt der Schuldner eine andere Anrechnung, so kann der Gläubiger die Annahme der Leistung ablehnen.

§. 362. (I 269, II 317.)

Der Gläubiger hat gegen Empfang der Leistung auf Verlangen ein schriftliches Empfangsbekenntniß (Quittung) zu ertheilen. Hat der Schuldner ein rechtliches Interesse, daß die Quittung in anderer Form ertheilt wird, so kann er die Ertheilung in dieser Form verlangen.

§. 363. (I 270, II 318.)

Die Kosten der Quittung hat der Schuldner zu tragen und vorzuschießen, sofern nicht aus dem zwischen ihm und dem Gläubiger bestehenden Rechtsverhältnisse sich ein Anderes ergiebt.

Treten in Folge einer Uebertragung der Forderung oder im Wege der Erbfolge an die Stelle des ursprünglichen Gläubigers mehrere Gläubiger, so fallen die Mehrkosten den Gläubigern zur Last.

§. 364. (II 319.)

Der Ueberbringer einer Quittung gilt als ermächtigt, die Leistung zu empfangen, sofern nicht die dem Leistenden bekannten Umstände der Annahme einer solchen Ermächtigung entgegenstehen.

§. 365. (I 271, II 320.)

Ist über die Forderung ein Schuldschein ausgestellt worden, so kann der Schuldner neben der Quittung Rückgabe des Schuldscheins verlangen. Behauptet der Gläubiger, zur Rückgabe außer Stande zu sein, so kann der Schuldner das öffentlich beglaubigte Anerkenntniß verlangen, daß die Schuld erloschen sei.

Zweiter Titel.

Hinterlegung.

§. 366. (I 272 Abs. 1, II 321.)

Geld, Werthpapiere und sonstige Urkunden sowie Kostbarkeiten kann der Schuldner bei einer dazu bestimmten öffentlichen Stelle für den Gläubiger hinterlegen, wenn der Gläubiger im Verzuge der Annahme ist. Das Gleiche gilt, wenn der Schuldner aus einem anderen in der Person des Gläubigers liegenden Grunde oder in Folge einer nicht auf Fahrlässigkeit beruhenden Ungewißheit über die Person des Gläubigers seine Verbindlichkeit nicht oder nicht mit Sicherheit erfüllen kann.

§. 367. (II 322.)

Ist der Schuldner nur gegen eine Leistung des Gläubigers zu leisten verpflichtet, so kann er das Recht des Gläubigers zum Empfange der hinterlegten Sache von der Bewirkung der Gegenleistung abhängig machen.

§. 368. (I 273 Abs. 1, II 323.)

Die Hinterlegung hat bei der Hinterlegungsstelle des Leistungsorts zu erfolgen; hinterlegt der Schuldner bei einer anderen Stelle, so hat er dem Gläubiger den daraus entstehenden Schaden zu ersetzen.

Der Schuldner hat dem Gläubiger die Hinterlegung unverzüglich anzuzeigen; im Falle der Unterlassung ist er zum Schadensersatze verpflichtet. Die Anzeige darf unterbleiben, wenn sie unthunlich ist.

§. 369. (II 324.)

Ist die hinterlegte Sache der Hinterlegungsstelle durch die Post übersendet worden, so wirkt die Hinterlegung auf die Zeit der Aufgabe der Sache zur Post zurück.

§. 370. (I 274, II 325.)

Der Schuldner hat das Recht, die hinterlegte Sache zurückzunehmen.

Die Rücknahme ist ausgeschlossen:

1. wenn der Schuldner der Hinterlegungsstelle erklärt, daß er auf das Recht zur Rücknahme verzichte;
2. wenn der Gläubiger der Hinterlegungsstelle die Annahme erklärt;
3. wenn der Hinterlegungsstelle ein zwischen dem Gläubiger und dem Schuldner ergangenes rechtskräftiges Urtheil vorgelegt wird, das die Hinterlegung für rechtmäßig erklärt.

§. 371. (I 277, II 326.)

Das Recht zur Rücknahme ist der Pfändung nicht unterworfen.

Wird über das Vermögen des Schuldners der Konkurs eröffnet, so kann während des Konkurses das Recht zur Rücknahme auch nicht von dem Schuldner ausgeübt werden.

§. 372. (I 272 Abs. 2, II 327 Abs. 1.)

Ist die Rücknahme der hinterlegten Sache ausgeschlossen, so wird der Schuldner durch die Hinterlegung von seiner Verbindlichkeit in gleicher Weise befreit, wie wenn er zur Zeit der Hinterlegung an den Gläubiger geleistet hätte.

§. 373. (I 275, 276, II 327 Abs. 2.)

Ist die Rücknahme der hinterlegten Sache nicht ausgeschlossen, so kann der Schuldner den Gläubiger auf die hinterlegte Sache verweisen.

Solange die Sache hinterlegt ist, trägt der Gläubiger die Gefahr und ist der Schuldner nicht verpflichtet Zinsen zu zahlen oder Ersatz für nicht gezogene Nutzungen zu leisten.

Nimmt der Schuldner die hinterlegte Sache zurück, so gilt die Hinterlegung als nicht erfolgt.

§. 374. (II 328.)

Soweit nach den für die Hinterlegungsstelle geltenden Bestimmungen zum Nachweise der Empfangsberechtigung des Gläubigers eine diese Berechtigung anerkennende Erklärung des Schuldners erforderlich oder genügend ist, kann der Gläubiger von dem Schuldner die Abgabe der Erklärung unter denselben Voraussetzungen verlangen, unter denen er die Leistung zu fordern berechtigt sein würde, wenn die Hinterlegung nicht erfolgt wäre.

§. 375. (I 279 Satz 1, II, 329.)

Die Kosten der Hinterlegung fallen dem Gläubiger zur Last, sofern nicht der Schuldner die hinterlegte Sache zurücknimmt.

§. 376.

Das Recht des Gläubigers auf den hinterlegten Betrag erlischt mit dem Ablaufe von dreißig Jahren nach dem Empfange der Anzeige von der Hinterlegung, wenn nicht der Gläubiger sich vorher bei der Hinterlegungsstelle meldet; der Schuldner ist zur Rücknahme berechtigt, auch wenn er auf das Recht zur Rücknahme verzichtet hat.

§. 377. (I 278 Abs. 1 Satz 1, II 330 Abs. 1.)

Ist die geschuldete bewegliche Sache zur Hinterlegung nicht geeignet, so kann der Schuldner sie im Falle des Verzugs des Gläubigers am Leistungsorte versteigern lassen und den Erlös hinterlegen. Das Gleiche gilt in den Fällen des §. 366 Satz 2, wenn der Verderb der Sache zu besorgen oder die Aufbewahrung mit unverhältnißmäßigen Kosten verbunden ist.

Ist von der Versteigerung am Leistungsort ein angemessener Erfolg nicht zu erwarten, so ist die Sache an einem geeigneten anderen Orte zu versteigern.

Die Versteigerung hat durch einen für den Versteigerungsort bestellten Gerichtsvollzieher oder zu Versteigerungen befugten anderen Beamten oder öffentlich angestellten Versteigerer öffentlich zu erfolgen (öffentliche Versteigerung). Zeit und Ort der Versteigerung sind unter allgemeiner Bezeichnung der Sache öffentlich bekannt zu machen.

§. 378. (I 278 Abs. 1 Satz 2, 3, Abs. 3, II 330 Abs. 2.)

Die Versteigerung ist erst zulässig, nachdem sie dem Gläubiger angedroht worden ist; die Androhung darf unterbleiben, wenn die Sache dem Verderb ausgesetzt und mit dem Aufschube der Versteigerung Gefahr verbunden ist.

Der Schuldner hat den Gläubiger von der Versteigerung unverzüglich zu benachrichtigen; im Falle der Unterlassung ist er zum Schadensersatze verpflichtet.

Die Androhung und die Benachrichtigung dürfen unterbleiben, wenn sie unthunlich sind.

§. 379.

Hat die Sache einen Börsen- oder Marktpreis, so kann der Schuldner den Verkauf aus freier Hand durch einen zu solchen Verkäufen öffentlich ermächtigten Handelsmäkler oder durch eine zur öffentlichen Versteigerung befugte Person zum laufenden Preise bewirken.

§. 380. (I 279, II 330 Abs. 3.)

Die Kosten der Versteigerung oder des nach §. 379 erfolgten Verkaufs fallen dem Gläubiger zur Last, sofern nicht der Schuldner den hinterlegten Erlös zurücknimmt.

Dritter Titel.

Aufrechnung.

§. 381. (I 281 Abs. 1, II 331.)

Schulden zwei Personen einander Leistungen, die ihrem Gegenstande nach gleichartig sind, so kann jeder Theil seine Forderung gegen die Forderung des anderen Theiles aufrechnen, sobald er die ihm gebührende Leistung fordern und die ihm obliegende Leistung bewirken kann.

§. 382. (I 282, II 332.)

Die Aufrechnung erfolgt durch Erklärung gegenüber dem anderen Theile. Die Erklärung ist unwirksam, wenn sie unter einer Bedingung oder einer Zeitbestimmung abgegeben wird.

§. 383. (I 283, II 333.)

Die Aufrechnung bewirkt, daß die Forderungen, soweit sie sich decken, als in dem Zeitpunkt erloschen gelten, in welchem sie zur Aufrechnung geeignet einander gegenübergetreten sind.

§. 384. (I 281 Abs. 2, II 334.)

Eine Forderung, der eine Einrede entgegensteht, kann nicht aufgerechnet werden. Die Verjährung schließt die Aufrechnung nicht aus, wenn die verjährte Forderung zu der Zeit, zu welcher sie gegen die andere Forderung aufgerechnet werden konnte, noch nicht verjährt war.

§. 385. (I 285, II 335.)

Die Aufrechnung wird nicht dadurch ausgeschlossen, daß für die Forderungen verschiedene Leistungs- oder Ablieferungsorte bestehen. Der aufrechnende Theil hat jedoch den Schaden zu ersetzen, den der andere Theil dadurch erleidet, daß er in Folge der Aufrechnung die Leistung nicht an dem bestimmten Orte erhält oder bewirken kann.

Ist vereinbart, daß die Leistung zu einer bestimmten Zeit an einem bestimmten Orte erfolgen soll, so ist im Zweifel anzunehmen, daß die Aufrechnung einer Forderung, für die ein anderer Leistungsort besteht, ausgeschlossen sein soll.

§. 386. (I. 286, II 336.)

Durch die Beschlagnahme einer Forderung wird die Aufrechnung einer dem Schuldner gegen den Gläubiger zustehenden Forderung nur dann ausgeschlossen, wenn der Schuldner seine Forderung nach der Beschlagnahme erworben hat oder wenn seine Forderung erst nach der Beschlagnahme und später als die in Beschlag genommene Forderung fällig geworden ist.

§. 387. (I. 287, II 337.)

Gegen eine Forderung aus einer vorsätzlich begangenen unerlaubten Handlung ist die Aufrechnung nicht zulässig.

§. 388. (I 288, II 338.)

Soweit eine Forderung der Pfändung nicht unterworfen ist, findet die Aufrechnung gegen die Forderung nicht statt. Gegen die aus Kranken-, Hülfs- oder Sterbekassen, insbesondere aus Knappschaftskassen und Kassen der Knappschaftsvereine, zu beziehenden Hebungen können jedoch geschuldete Beiträge aufgerechnet werden.

§. 389. (I 289, II 339.)

Gegen eine Forderung des Reiches oder eines Bundesstaats sowie gegen eine Forderung einer Gemeinde oder eines anderen Kommunalverbandes ist die Aufrechnung nur zulässig, wenn die Leistung an dieselbe Kasse zu erfolgen hat, aus der die Forderung des Aufrechnenden zu berichtigen ist.

§. 390. (I 284, II 340.)

Hat der eine oder der andere Theil mehrere zur Aufrechnung geeignete Forderungen, so kann der aufrechnende Theil die Forderungen bestimmen, die gegen einander aufgerechnet werden sollen. Wird die Aufrechnung ohne eine solche Bestimmung erklärt oder widerspricht der andere Theil unverzüglich, so findet die Vorschrift des §. 360 Abs. 2 entsprechende Anwendung.

Schuldet der aufrechnende Theil dem anderen Theile außer der Hauptleistung Zinsen und Kosten, so finden die Vorschriften des §. 361 entsprechende Anwendung.

Vierter Titel.

Erlaß.

§. 391. (I 290, II 341.)

Das Schuldverhältniß erlischt, wenn der Gläubiger dem Schuldner durch Vertrag die Schuld erläßt.

Das Gleiche gilt, wenn der Gläubiger durch Vertrag mit dem Schuldner anerkennt, daß das Schuldverhältniß nicht besteht.

Vierter Abschnitt.

Uebertragung der Forderung.

§. 392. (I 293, 294 Abs. 1, 2 II 342.)

Eine Forderung kann von dem Gläubiger durch Vertrag mit einem Anderen auf diesen übertragen werden (Abtretung). Mit dem Abschlusse des Vertrags tritt der neue Gläubiger an die Stelle des bisherigen Gläubigers.

§. 393. (I 295, II 343.)

Eine Forderung kann nicht abgetreten werden, wenn die Leistung an einen anderen als den ursprünglichen Gläubiger nicht ohne Veränderung ihres Inhalts erfolgen kann oder wenn die Abtretung durch Vereinbarung mit dem Schuldner ausgeschlossen ist.

§. 394. (I 296 Abs. 1, II 344.)

Eine Forderung kann nicht abgetreten werden, soweit sie der Pfändung nicht unterworfen ist.

§. 395. (I 297, II 345.)

Mit der abgetretenen Forderung gehen die Hypotheken oder Pfandrechte, die für sie bestehen, sowie die Rechte aus einer für sie bestellten Bürgschaft auf den neuen Gläubiger über.

Ein mit der Forderung für den Fall der Zwangsvollstreckung oder des Konkurses verbundenes Vorzugsrecht kann auch der neue Gläubiger geltend machen.

§. 396. (I 301, II 346 Satz 1.)

Der bisherige Gläubiger ist verpflichtet, dem neuen Gläubiger die zur Geltendmachung der Forderung nöthige Auskunft zu ertheilen und ihm die zum Beweise der Forderung dienenden Urkunden, soweit sie sich in seinem Besitze befinden, auszuliefern.

§. 397. (I 301, II 346 Satz 2.)

Der bisherige Gläubiger hat dem neuen Gläubiger auf Verlangen eine öffentlich beglaubigte Urkunde über die Abtretung auszustellen. Die Kosten hat der neue Gläubiger zu tragen und vorzuschießen.

§. 398. (I 302, II 347.)

Der Schuldner kann dem neuen Gläubiger die Einwendungen entgegensetzen, die zur Zeit der Abtretung der Forderung gegen den bisherigen Gläubiger begründet waren.

§. 399. (II 348.)

Hat der Schuldner eine Urkunde über die Schuld ausgestellt, so kann er sich, wenn die Forderung unter Vorlegung der Urkunde abgetreten wird, dem neuen Gläubiger gegenüber nicht darauf berufen, daß die Eingehung oder Anerkennung des Schuldverhältnisses nur zum Schein erfolgt oder daß die Abtretung durch Vereinbarung mit dem ursprünglichen Gläubiger ausgeschlossen sei, es sei denn, daß der neue Gläubiger bei der Abtretung den Sachverhalt kannte oder kennen mußte.

§. 400. (I 303, II 349.)

Der Schuldner kann eine ihm gegen den bisherigen Gläubiger zustehende Forderung auch dem neuen Gläubiger gegenüber aufrechnen, es sei denn, daß er bei dem Erwerbe der Forderung von der Abtretung Kenntniß hatte oder daß die Forderung erst nach der Erlangung der Kenntniß und später als die abgetretene Forderung fällig geworden ist.

§. 401. (I 304, II 350.)

Der neue Gläubiger muß eine Leistung, die der Schuldner nach der Abtretung an den bisherigen Gläubiger bewirkt, sowie jedes Rechtsgeschäft, das nach der Abtretung zwischen dem Schuldner und dem bisherigen Gläubiger in Ansehung der Forderung vorgenommen wird, gegen sich gelten lassen, es sei denn, daß der Schuldner die Abtretung bei der Leistung oder der Vornahme des Rechtsgeschäfts kennt.

Ist in einem nach der Abtretung zwischen dem Schuldner und dem bisherigen Gläubiger anhängig gewordenen Rechtsstreit ein rechtskräftiges Urtheil über die Forderung ergangen, so muß der neue Gläubiger das Urtheil gegen sich gelten lassen, es sei denn, daß der Schuldner die Abtretung bei dem Eintritte der Rechtshängigkeit gekannt hat.

§. 402. (I 305, II 351.)

Wird eine abgetretene Forderung von dem bisherigen Gläubiger nochmals an einen Dritten abgetreten, so finden, wenn der Schuldner an den Dritten leistet oder wenn zwischen dem Schuldner und dem Dritten ein Rechtsgeschäft vorgenommen oder ein Rechtsstreit anhängig wird, zu Gunsten des Schuldners die Vorschriften des §. 401 dem früheren Erwerber gegenüber entsprechende Anwendung.

Das Gleiche gilt, wenn die bereits abgetretene Forderung durch gerichtlichen Beschluß einem Dritten überwiesen wird oder wenn der bisherige Gläubiger dem Dritten gegenüber anerkennt, daß die bereits abgetretene Forderung kraft Gesetzes auf den Dritten übergegangen sei.

§. 403. (I 306, II 352.)

Zeigt der Gläubiger dem Schuldner an, daß er die Forderung abgetreten habe, so muß er dem Schuldner gegenüber die angezeigte Abtretung gegen sich gelten lassen, auch wenn sie nicht erfolgt oder nicht wirksam ist. Der Anzeige steht es gleich, wenn der Gläubiger eine Urkunde über die Abtretung dem in der Urkunde bezeichneten neuen Gläubiger ausgestellt hat und dieser sie dem Schuldner vorlegt.

Die Anzeige kann nur mit Zustimmung desjenigen zurückgenommen werden, welcher als der neue Gläubiger bezeichnet worden ist.

§. 404. (I 308, II 353.)

Der Schuldner ist dem neuen Gläubiger gegenüber zur Leistung nur gegen Aushändigung einer von dem bisherigen Gläubiger über die Abtretung ausgestellten Urkunde verpflichtet. Eine Kündigung oder eine Mahnung des neuen Gläubigers ist unwirksam, wenn sie ohne Vorlegung einer solchen Urkunde erfolgt und der Schuldner sie aus diesem Grunde unverzüglich zurückweist.

Diese Vorschriften finden keine Anwendung, wenn der bisherige Gläubiger dem Schuldner die Abtretung schriftlich angezeigt hat.

§. 405. (I 311, II 354.)

Tritt eine Militärperson, ein Beamter, ein Geistlicher oder ein Lehrer an einer öffentlichen Unterrichtsanstalt den übertragbaren Theil des Diensteinkommens, des Wartegeldes oder des Ruhegehalts ab, so ist die auszahlende Kasse durch Aushändigung einer von dem bisherigen Gläubiger ausgestellten, öffentlich beglaubigten Urkunde von der Abtretung zu benachrichtigen. Bis zur Benachrichtigung gilt die Abtretung als der Kasse nicht bekannt.

§. 406. (I 293 bis 297, 301 bis 306, 308, II 355.)

Auf die Uebertragung einer Forderung kraft Gesetzes finden die Vorschriften der §§. 393 bis 398, 400 bis 404 entsprechende Anwendung.

§. 407. (I 312 Satz 1, II 356.)

Die Vorschriften über die Uebertragung von Forderungen finden auf die Uebertragung anderer Rechte entsprechende Anwendung, soweit nicht das Gesetz ein Anderes vorschreibt.

Fünfter Abschnitt.

Schuldübernahme.

§. 408. (I 314, II 357.)

Eine Schuld kann von einem Dritten durch Vertrag mit dem Gläubiger in der Weise übernommen werden, daß der Dritte an die Stelle des bisherigen Schuldners tritt.

§. 409. (I 315, II 358.)

Wird die Schuldübernahme von dem Dritten mit dem Schuldner vereinbart, so hängt ihre Wirksamkeit von der Genehmigung des Gläubigers ab. Die Genehmigung kann erst erfolgen, wenn der Schuldner oder der Dritte dem Gläubiger die Schuldübernahme mitgetheilt hat. Bis zur Genehmigung können die Parteien den Vertrag ändern oder aufheben.

Wird die Genehmigung verweigert, so gilt die Schuldübernahme als nicht erfolgt. Fordert der Schuldner oder der Dritte den Gläubiger unter Bestimmung einer Frist zur Erklärung über die Genehmigung auf, so kann die Genehmigung nur bis zum Ablaufe der Frist erklärt werden; wird sie nicht erklärt, so gilt sie als verweigert.

Solange nicht der Gläubiger die Genehmigung ertheilt hat, ist im Zweifel der Uebernehmer dem Schuldner gegenüber verpflichtet, den Gläubiger rechtzeitig zu befriedigen. Das Gleiche gilt, wenn der Gläubiger die Genehmigung verweigert.

§. 410. (I 318 Abs. 2, II 359.)

Uebernimmt der Erwerber eines Grundstücks durch Vertrag mit dem Veräußerer eine Schuld des Veräußerers, für die eine Hypothek an dem Grundstücke besteht, so kann der Gläubiger die Schuldübernahme nur genehmigen, wenn der Veräußerer sie ihm mittheilt. Sind seit dem Empfange der Mittheilung sechs Monate verstrichen, so gilt die Genehmigung als ertheilt, wenn nicht der Gläubiger sie dem Veräußerer gegenüber vorher verweigert hat; die Vorschrift des §. 409 Abs. 2 Satz 2 findet keine Anwendung.

Die Mittheilung des Veräußerers kann erst erfolgen, wenn der Erwerber als Eigenthümer im Grundbuch eingetragen ist. Sie muß schriftlich geschehen und den Hinweis enthalten, daß der Uebernehmer an die Stelle des bisherigen Schuldners tritt, wenn nicht der Gläubiger die Verweigerung innerhalb der sechs Monate erklärt.

Der Veräußerer hat auf Verlangen des Erwerbers dem Gläubiger die Schuldübernahme mitzutheilen. Sobald die Ertheilung oder Verweigerung der Genehmigung feststeht, hat der Veräußerer den Erwerber zu benachrichtigen.

§. 411. (I 316, II 360.)

Der Uebernehmer kann dem Gläubiger die Einwendungen entgegensetzen, welche sich aus dem Rechtsverhältnisse zwischen dem Gläubiger und dem bisherigen Schuldner ergeben. Eine dem bisherigen Schuldner zustehende Forderung kann er nicht aufrechnen.

Aus dem der Schuldübernahme zu Grunde liegenden Rechtsverhältnisse zwischen dem Uebernehmer und dem bisherigen Schuldner kann der Uebernehmer dem Gläubiger gegenüber Einwendungen nicht herleiten.

§. 412. (I 317, II 361.)

In Folge der Schuldübernahme erlöschen die für die Forderung bestellten Bürgschaften und Pfandrechte. Besteht für die Forderung eine Hypothek, so tritt das Gleiche ein, wie wenn der Gläubiger auf die Hypothek verzichtet. Diese Vorschriften finden keine Anwendung, wenn der Bürge oder derjenige, welchem der verhaftete Gegenstand zur Zeit der Schuldübernahme gehört, in diese einwilligt.

Ein mit der Forderung für den Fall des Konkurses verbundenes Vorzugsrecht kann nicht im Konkurs über das Vermögen des Uebernehmers geltend gemacht werden.

§. 413. (I 319, II 362.)

Uebernimmt Jemand durch Vertrag das Vermögen eines Anderen, so können dessen Gläubiger, unbeschadet der Fortdauer der Haftung des bisherigen Schuldners, von dem Abschlusse des Vertrags an ihre zu dieser Zeit bestehenden Ansprüche auch gegen den Uebernehmer geltend machen.

Die Haftung des Uebernehmers beschränkt sich auf den Bestand des übernommenen Vermögens und die ihm aus dem Vertrage zustehenden Ansprüche. Beruft sich der Uebernehmer auf die Beschränkung seiner Haftung, so finden die für die Haftung des Erben geltenden Vorschriften der §§. 1967, 1968 entsprechende Anwendung.

Die Haftung des Uebernehmers kann nicht durch Vereinbarung zwischen ihm und dem bisherigen Schuldner ausgeschlossen oder beschränkt werden.

Sechster Abschnitt.
Mehrheit von Schuldnern und Gläubigern.

§. 414. (I 320, II 363.)

Schulden Mehrere eine theilbare Leistung oder haben Mehrere eine theilbare Leistung zu fordern, so ist im Zweifel jeder Schuldner nur zu einem gleichen Antheile verpflichtet, jeder Gläubiger nur zu einem gleichen Antheile berechtigt.

§. 415. (I 321 Abs. 1, 324, II, 364.)

Schulden Mehrere eine Leistung in der Weise, daß jeder die ganze Leistung zu bewirken verpflichtet, der Gläubiger aber die Leistung nur einmal zu fordern berechtigt ist (Gesammtschuldner), so kann der Gläubiger die Leistung nach seinem Belieben von jedem der Schuldner ganz oder zu einem Theile fordern. Bis zur Bewirkung der ganzen Leistung bleiben sämmtliche Schuldner verpflichtet.

§. 416. (I 329 bis 331, II 365.)

Die Erfüllung durch einen Gesammtschuldner wirkt auch für die übrigen Schuldner. Das Gleiche gilt von der Leistung an Erfüllungsstatt, der Hinterlegung und der Aufrechnung.

Eine Forderung, die einem Gesammtschuldner zusteht, kann nicht von den übrigen Schuldnern aufgerechnet werden.

§. 417. (I 332, II 366.)

Ein zwischen dem Gläubiger und einem Gesammtschuldner vereinbarter Erlaß wirkt auch für die übrigen Schuldner, wenn die Vertragschließenden das ganze Schuldverhältniß aufheben wollten.

§. 418. (I 326 Abs. 2, II 367.)

Der Verzug des Gläubigers gegenüber einem Gesammtschuldner wirkt auch für die übrigen Schuldner.

§. 419. (I 325, 326 Abs. 2, 327, 333 bis 336, II 368.)

Andere als die in den §§. 416 bis 418 bezeichneten Thatsachen wirken, soweit sich nicht aus dem Schuldverhältniß ein Anderes ergiebt, nur für und gegen den Gesammtschuldner, in dessen Person sie eintreten.

Dies gilt insbesondere von der Kündigung, dem Verzuge, dem Verschulden, von der Unmöglichkeit der Leistung in der Person eines Gesammtschuldners, von der Verjährung, deren Unterbrechung und Hemmung, von der Vereinigung der Forderung mit der Schuld und von dem rechtskräftigen Urtheile.

§. 420. (I 337, II 369.)

Die Gesammtschuldner sind im Verhältnisse zu einander zu gleichen Antheilen verpflichtet, soweit nicht ein Anderes bestimmt ist. Kann von einem

Gesammtschuldner der auf ihn entfallende Beitrag nicht erlangt werden, so ist der Ausfall von den übrigen zur Ausgleichung verpflichteten Schuldnern zu tragen.

Soweit ein Gesammtschuldner den Gläubiger befriedigt und von den übrigen Schuldnern Ausgleichung verlangen kann, geht die Forderung des Gläubigers gegen die übrigen Schuldner auf ihn über. Der Uebergang kann nicht zum Nachtheile des Gläubigers geltend gemacht werden.

§. 421. (II 370.)

Verpflichten sich Mehrere durch Vertrag gemeinschaftlich zu einer theilbaren Leistung, so haften sie im Zweifel als Gesammtschuldner.

§. 422. (I 321 Abs. 1, 323, II 371 Abs. 1.)

Sind Mehrere eine Leistung in der Weise zu fordern berechtigt, daß jeder die ganze Leistung fordern kann, der Schuldner aber die Leistung nur einmal zu bewirken verpflichtet ist (Gesammtgläubiger), so kann der Schuldner nach seinem Belieben an jeden der Gläubiger leisten. Dies gilt auch dann, wenn einer der Gläubiger bereits Klage auf die Leistung erhoben hat.

§. 423. (I 325, 326 Abs. 1, 327 bis 336, II 371 Abs. 2 bis 4.)

Der Verzug eines Gesammtgläubigers wirkt auch gegen die übrigen Gläubiger.

Vereinigen sich Forderung und Schuld in der Person eines Gesammtgläubigers, so erlöschen die Rechte der übrigen Gläubiger gegen den Schuldner.

Im Uebrigen finden die Vorschriften der §§. 416, 417, 419 entsprechende Anwendung. Insbesondere bleiben, wenn ein Gesammtgläubiger seine Forderung auf einen Anderen überträgt, die Rechte der übrigen Gläubiger unberührt.

§. 424. (I 337 Abs. 1, II 372.)

Die Gesammtgläubiger sind im Verhältnisse zu einander zu gleichen Antheilen berechtigt, soweit nicht ein Anderes bestimmt ist.

§. 425. (I 340, II 373.)

Schulden Mehrere eine untheilbare Leistung, so haften sie als Gesammtschuldner.

§. 426. (I 339, II 374.)

Haben Mehrere eine untheibare Leistung zu fordern, so kann, sofern sie nicht Gesammtgläubiger sind, der Schuldner nur an alle gemeinschaftlich leisten und jeder Gläubiger nur die Leistung an alle fordern. Jeder Gläubiger kann verlangen, daß der Schuldner die geschuldete Sache für alle Gläubiger hinterlegt oder, wenn sie sich nicht zur Hinterlegung eignet, an einem gerichtlich zu bestellenden Verwahrer abliefert.

Im Uebrigen wirkt eine Thatsache, die nur in der Person eines der Gläubiger eintritt, nicht für und gegen die übrigen Gläubiger.

Siebenter Abschnitt.

Einzelne Schuldverhältnisse.

Erster Titel.

Kauf. Tausch.

I. Allgemeine Vorschriften.

§. 427. (I 459, 370, II 375.)

Durch den Kaufvertrag wird der Verkäufer einer Sache verpflichtet, dem Käufer die Sache zu übergeben und das Eigenthum an der Sache zu verschaffen. Der Verkäufer eines Rechtes ist verpflichtet, dem Käufer das Recht zu verschaffen und, wenn das Recht zum Besitz einer Sache berechtigt, die Sache zu übergeben.

Der Käufer ist verpflichtet, dem Verkäufer den vereinbarten Kaufpreis zu zahlen und die gekaufte Sache abzunehmen.

§. 428. (I 371, II 376.)

Der Verkäufer ist verpflichtet, dem Käufer den verkauften Gegenstand frei von Rechten zu verschaffen, die von Dritten gegen den Käufer geltend gemacht werden können.

§. 429. (I 378, II 377.)

Der Verkäufer eines Grundstücks oder eines Rechtes an einem Grundstück ist verpflichtet, im Grundbuch eingetragene Rechte, die nicht bestehen, auf seine Kosten zur Löschung zu bringen, wenn sie im Falle ihres Bestehens das dem Käufer zu verschaffende Recht beeinträchtigen würden.

Das Gleiche gilt bei dem Verkauf eines Schiffes oder eines Rechtes an einem Schiffe für die im Schiffsregister eingetragenen Rechte.

§. 430. (I 372, II 378.)

Der Verkäufer eines Grundstücks haftet nicht für die Freiheit des Grundstücks von öffentlichen Abgaben und von anderen Lasten, die zur Eintragung in das Grundbuch nicht geeignet sind.

§. 431. (I 298, II 379.)

Der Verkäufer einer Forderung oder eines sonstigen Rechtes haftet für den rechtlichen Bestand der Forderung oder des Rechtes.

Der Verkäufer eines Werthpapiers haftet auch dafür, daß es nicht zum Zwecke der Kraftloserklärung aufgeboten ist.

§. 432. (I 299, II 380.)

Uebernimmt der Verkäufer einer Forderung die Haftung für die Zahlungsfähigkeit des Schuldners, so ist die Haftung im Zweifel nur auf die Zahlungsfähigkeit zur Zeit der Abtretung zu beziehen.

§. 433. (I 373, II 381.)

Der Verkäufer hat einen Mangel im Rechte nicht zu vertreten, wenn der Käufer den Mangel bei dem Abschlusse des Kaufes kennt.

Eine Hypothek, eine Grundschuld, eine Rentenschuld oder ein Pfandrecht hat der Verkäufer zu beseitigen, auch wenn der Käufer die Belastung kennt. Das Gleiche gilt von einer Vormerkung zur Sicherung des Anspruchs auf Bestellung eines dieser Rechte.

§. 434. (I 374 bis 377, II 382 Abs. 1, 2.)

Erfüllt der Verkäufer die ihm nach den §§. 427 bis 431, 433 obliegenden Verpflichtungen nicht, so bestimmen sich die Rechte des Käufers nach den Vorschriften der §§. 314 bis 322.

Ist eine bewegliche Sache verkauft und dem Käufer zum Zwecke der Eigenthumsübertragung übergeben worden, so kann der Käufer wegen des Rechtes eines Dritten, das zum Besitze der Sache berechtigt, Schadensersatz wegen Nichterfüllung nur verlangen, wenn er die Sache dem Dritten mit Rücksicht auf dessen Recht herausgegeben hat oder sie dem Verkäufer zurückgewährt oder wenn die Sache untergegangen ist.

Der Herausgabe der Sache an den Dritten steht es gleich, wenn der Dritte den Käufer oder dieser den Dritten beerbt oder wenn der Käufer das Recht des Dritten anderweit erwirbt oder den Dritten abfindet.

Steht dem Käufer ein Anspruch auf Herausgabe gegen einen Anderen zu, so genügt an Stelle der Rückgewähr die Abtretung des Anspruchs.

§. 435. (I 374 bis 377, II 382 Abs. 3.)

Die Vorschriften des §. 434 Abs. 2 bis 4 gelten auch dann, wenn ein Recht an einer beweglichen Sache verkauft ist, das zum Besitze der Sache berechtigt.

§. 436. (I 379, II 383.)

Bestreitet der Verkäufer den vom Käufer geltend gemachten Mangel im Rechte, so hat der Käufer den Mangel zu beweisen.

§. 437. (I 380, II 384.)

Eine Vereinbarung, durch welche die nach den §§. 427 bis 431, 433 bis 436 wegen eines Mangels im Rechte dem Verkäufer obliegende Verpflichtung zur Gewährleistung erlassen oder beschränkt wird, ist nichtig, wenn der Verkäufer den Mangel arglistig verschweigt.

§. 438. (I 462, II 385.)

Der Verkäufer ist verpflichtet, dem Käufer über die den verkauften Gegenstand betreffenden rechtlichen Verhältnisse, insbesondere im Falle des Verkaufs eines Grundstücks über die Grenzen, Gerechtsame und Lasten, die nöthige Auskunft zu ertheilen und ihm die zum Beweise des Rechtes dienenden Urkunden, soweit sie sich in seinem Besitze befinden, auszuliefern. Erstreckt sich der Inhalt einer solchen Urkunde auch auf andere Angelegenheiten, so ist der Verkäufer nur zur Ertheilung eines öffentlich beglaubigten Auszugs verpflichtet.

§. 439. (II 386.)

Die Vorschriften der §§. 427 bis 438 finden auf andere Verträge, die auf Veräußerung oder Belastung eines Gegenstandes gegen Entgelt gerichtet sind, entsprechende Anwendung.

§. 440. (I 463 Abs. 1, 2, II 387.)

Mit der Uebergabe der verkauften Sache geht die Gefahr des zufälligen Unterganges und einer zufälligen Verschlechterung auf den Käufer über. Von der Uebergabe an gebühren dem Käufer die Nutzungen und trägt er die Lasten der Sache.

Wird der Käufer eines Grundstücks vor der Uebergabe als Eigenthümer in das Grundbuch eintragen, so treten diese Wirkungen mit der Eintragung ein.

§. 441. (I 465, II 388.)

Versendet der Verkäufer auf Verlangen des Käufers die verkaufte Sache nach einem anderen Orte als dem Erfüllungsorte, so geht die Gefahr auf den Käufer über, sobald der Verkäufer die Sache dem Spediteur, dem Frachtführer oder der sonst zur Ausführung der Versendung bestimmten Person oder Anstalt ausgeliefert hat.

Hat der Käufer eine besondere Anweisung über die Art der Versendung ertheilt und weicht der Verkäufer ohne dringenden Grund von der Anweisung ab, so ist der Verkäufer dem Käufer für den daraus entstehenden Schaden verantwortlich.

§. 442. (I 466 Abs. 1, II 390 Abs. 1.)

Die Kosten der Uebergabe der verkauften Sache, insbesondere die Kosten des Messens und Wägens, fallen dem Verkäufer, die Kosten der Abnahme und der Versendung der Sache nach einem anderen Orte als dem Erfüllungsorte fallen dem Käufer zur Last.

Ist ein Recht verkauft, so fallen die Kosten der Begründung oder Uebertragung des Rechtes dem Verkäufer zur Last.

§. 443. (I 466 Abs. 2, II 390 Abs. 2.)

Der Käufer eines Grundstücks hat die Kosten der Auflassung und der Eintragung, der Käufer eines Rechtes an einem Grundstücke hat die Kosten der zur Begründung oder Uebertragung des Rechtes nöthigen Eintragung in das Grundbuch, mit Einschluß der Kosten der zu der Eintragung erforderlichen Erklärungen, zu tragen. Dem Käufer fallen in beiden Fällen auch die Kosten der Beurkundung des Kaufes zur Last.

§. 444. (I 464, II 389.)

Ist vor der Uebergabe der verkauften Sache die Gefahr auf den Käufer übergegangen und macht der Verkäufer vor der Uebergabe Verwendungen auf die Sache, die nach dem Uebergange der Gefahr nothwendig geworden sind, so kann er von dem Käufer Ersatz verlangen, wie wenn der Käufer ihn mit der Verwaltung der Sache beauftragt hätte.

Die Verpflichtung des Käufers zum Ersatze sonstiger Verwendungen bestimmt sich nach den Vorschriften über die Geschäftsführung ohne Auftrag.

§. 445. (I 463 Abs. 3, II 391.)

Ist ein Recht an einer Sache verkauft, das zum Besitze der Sache berechtigt, so finden die Vorschriften der §§. 440 bis 444 entsprechende Anwendung.

§. 446. (I 461, II 392.)

Ist als Kaufpreis der Marktpreis bestimmt, so gilt im Zweifel der für den Erfüllungsort zur Erfüllungszeit maßgebende Marktpreis als vereinbart.

§. 447. (II 393.)

Hat der Verkäufer den Vertrag erfüllt und den Kaufpreis gestundet, so steht ihm das im §. 319 Abs. 2 und im §. 320 bestimmte Rücktrittsrecht nicht zu.

§. 448. (II 394.)

Hat sich der Verkäufer einer beweglichen Sache das Eigenthum bis zur Zahlung des Kaufpreises vorbehalten, so ist im Zweifel anzunehmen, daß die Uebertragung des Eigenthums unter der aufschiebenden Bedingung vollständiger Zahlung des Kaufpreises erfolgt und daß der Verkäufer zum Rücktritte von dem Vertrage berechtigt ist, wenn der Käufer mit der Zahlung in Verzug kommt.

§. 449. (I 468 Abs. 1, II 395 Abs. 1.)

Bei einem Verkauf im Wege der Zwangsvollstreckung dürfen der mit der Vornahme oder Leitung des Verkaufs Beauftragte und die von ihm zugezogenen Gehülfen, mit Einschluß des Protokollführers, den zum Verkaufe gestellten Gegenstand weder für sich persönlich oder durch einen Anderen noch als Vertreter eines Anderen kaufen.

§. 450. (I 469, II 395 Abs. 2.)

Die Vorschrift des §. 449 gilt auch bei einem Verkauf außerhalb der Zwangsvollstreckung, wenn der Auftrag zu dem Verkauf auf Grund einer gesetzlichen Vorschrift ertheilt worden ist, die den Auftraggeber ermächtigt, den Gegenstand für Rechnung eines Anderen verkaufen zu lassen, insbesondere in den Fällen des Pfandverkaufs und des in den §§. 377, 379 zugelassenen Verkaufs, sowie bei einem Verkaufe durch den Konkursverwalter.

§. 451. (I 468 Abs. 2, 3, 469, II 396.)

Die Wirksamkeit eines den Vorschriften der §§. 449, 450 zuwider erfolgten Kaufes und der Uebertragung des gekauften Gegenstandes hängt von der Zustimmung der bei dem Verkauf als Schuldner, Eigenthümer oder Gläubiger Betheiligten ab. Fordert der Käufer einen Betheiligten zur Erklärung über die Genehmigung auf, so finden die Vorschriften des §. 173 Abs. 2 entsprechende Anwendung.

Wird in Folge der Verweigerung der Genehmigung ein neuer Verkauf vorgenommen, so hat der frühere Käufer für die Kosten des neuen Verkaufs sowie für einen Mindererlös aufzukommen.

II. Gewährleistung wegen Mängel der Sache.

§. 452. (I 381, II 397.)

Der Verkäufer einer Sache haftet dem Käufer dafür, daß sie zu der Zeit, zu welcher die Gefahr auf den Käufer übergeht, nicht mit Fehlern behaftet ist, die den Werth oder die Tauglichkeit zu dem gewöhnlichen oder dem nach dem Vertrage vorausgesetzten Gebrauch aufheben oder mindern. Eine unerhebliche Minderung des Werthes oder der Tauglichkeit kommt nicht in Betracht.

Der Verkäufer haftet auch dafür, daß die Sache zur Zeit des Ueberganges der Gefahr die zugesicherten Eigenschaften hat.

§. 453. (I 382, II 398.)

Der Verkäufer hat einen Mangel der verkauften Sache nicht zu vertreten, wenn der Käufer den Mangel bei dem Abschlusse des Kaufes kennt. Ist dem Käufer ein Mangel der im §. 452 Abs. 1 bezeichneten Art in Folge grober Fahrlässigkeit unbekannt geblieben, so haftet der Verkäufer, sofern er nicht die Abwesenheit des Fehlers zugesichert hat, nur, wenn er den Fehler arglistig verschwiegen hat.

§. 454. (II 398a.)

Der Verkäufer hat einen Mangel der verkauften Sache nicht zu vertreten, wenn die Sache auf Grund eines Pfandrechts in öffentlicher Versteigerung unter der Bezeichnung als Pfand verkauft wird.

§. 455. (I 383, II 399.)

Wegen eines Mangels, den der Verkäufer nach den Vorschriften der §§. 452, 453 zu vertreten hat, kann der Käufer Rückgängigmachung des Kaufes (Wandelung) oder Herabsetzung des Kaufpreises (Minderung) verlangen.

§. 456. (I 385, II 400.)

Fehlt der verkauften Sache zur Zeit des Kaufes eine zugesicherte Eigenschaft, so kann der Käufer statt der Wandelung oder der Minderung Schadensersatz wegen Nichterfüllung verlangen. Das Gleiche gilt, wenn der Verkäufer einen Fehler arglistig verschwiegen hat.

§. 457. (I 386, II 401.)

Nimmt der Käufer eine mangelhafte Sache an, obschon er den Mangel kennt, so stehen ihm die in den §§. 455, 456 bestimmten Ansprüche nur zu, wenn er sich seine Rechte wegen des Mangels bei der Annahme vorbehält.

§. 458. (I 384, II 402 Abs. 1.)

Die Wandelung oder die Minderung ist vollzogen, wenn sich der Verkäufer auf Verlangen des Käufers mit ihr einverstanden erklärt.

§. 459. (I 384, II 402 Abs. 2.)

Behauptet der Käufer dem Verkäufer gegenüber einen Mangel der Sache, so kann der Verkäufer ihn unter dem Erbieten zur Wandelung und unter Bestimmung einer angemessenen Frist zur Erklärung darüber auffordern, ob er Wandelung verlange. Die Wandelung kann in diesem Falle nur bis zum Ablaufe der Frist verlangt werden.

§. 460. (I 387, II 403.)

Auf die Wandelung finden die für das vertragsmäßige Rücktrittsrecht geltenden Vorschriften der §§. 341 bis 343, 345 bis 349, 351 entsprechende Anwendung; im Falle des §. 347 ist jedoch die Wandelung nicht ausgeschlossen, wenn der Mangel sich erst bei der Umgestaltung der Sache gezeigt hat. Der Verkäufer hat dem Käufer auch die Vertragskosten zu ersetzen.

§. 461. (I 388, II 404.)

Sichert der Verkäufer eines Grundstücks dem Käufer eine bestimmte Größe des Grundstücks zu, so haftet er für die Größe wie für eine zugesicherte Eigenschaft. Der Käufer kann jedoch wegen Mangels der zugesicherten Größe Wandelung nur verlangen, wenn der Mangel so erheblich ist, daß die Erfüllung des Vertrags für den Käufer kein Interesse hat.

§. 462. (I 389, II 405.)

Sind von mehreren verkauften Sachen nur einzelne mangelhaft, so kann nur in Ansehung dieser Wandelung verlangt werden, auch wenn ein Gesammtpreis für alle Sachen festgesetzt ist. Sind jedoch die Sachen als zusammengehörend verkauft, so kann jeder Theil verlangen, daß die Wandelung auf alle Sachen erstreckt wird, wenn die mangelhaften Sachen nicht ohne Nachtheil für ihn von den übrigen getrennt werden können.

§. 463. (I 390, II 406.)

Die Wandelung wegen eines Mangels der Hauptsache erstreckt sich auch auf die Nebensache. Ist die Nebensache mangelhaft, so kann nur in Ansehung dieser Wandelung verlangt werden.

§. 464. (I 391, II 407.)

Findet im Falle des Verkaufs mehrerer Sachen für einen Gesammtpreis die Wandelung nur in Ansehung einzelner Sachen statt, so ist der Gesammtpreis in dem Verhältnisse herabzusetzen in welchem zur Zeit des Verkaufs der Gesammtwerth der Sachen in mangelfreiem Zustande zu dem Werthe der von der Wandelung nicht betroffenen Sachen gestanden haben würde.

§. 465. (I 392, II 408.)

Bei der Minderung ist der Kaufpreis in dem Verhältnisse herabzusetzen, in welchem zur Zeit des Verkaufs der Werth der Sache in mangelfreiem Zustande zu dem wirklichen Werthe gestanden haben würde.

Findet im Falle des Verkaufs mehrerer Sachen für einen Gesammtpreis die Minderung nur wegen einzelner Sachen statt, so ist bei der Herabsetzung des Preises der Gesammtwerth aller Sachen zu Grunde zu legen.

§. 466. (II 409.)

Sind neben dem in Geld festgesetzten Kaufpreise Leistungen bedungen, die nicht vertretbare Sachen zum Gegenstande haben, so sind diese Leistungen in den Fällen der §§. 464, 465 nach dem Werthe zur Zeit des Verkaufs in Geld zu veranschlagen. Die Herabsetzung der Gegenleistung des Käufers erfolgt an dem in Geld festgesetzten Preise; ist dieser geringer als der abzusetzende Betrag, so hat der Verkäufer den überschießenden Betrag dem Käufer zu vergüten.

§. 467. (I 394, II 410.)

Sind auf der einen oder der anderen Seite Mehrere betheiligt, so kann von jedem und gegen jeden Minderung verlangt werden.

Mit der Vollziehung der von einem der Käufer verlangten Minderung ist die Wandelung ausgeschlossen.

§. 468. (I 393, II 411.)

Durch die wegen eines Mangels erfolgte Minderung wird das Recht des Käufers, wegen eines anderen Mangels Wandelung oder von neuem Minderung zu verlangen, nicht ausgeschlossen.

§. 469. (I 396, II 412.)

Eine Vereinbarung, durch welche die Verpflichtung des Verkäufers zur Gewährleistung wegen Mängel der Sache erlassen oder beschränkt wird, ist nichtig, wenn der Verkäufer den Mangel arglistig verschweigt.

§. 470. (I 397, II 413.)

Der Anspruch auf Wandelung oder auf Minderung sowie der Anspruch auf Schadensersatz wegen Mangels einer zugesicherten Eigenschaft verjährt, sofern nicht der Verkäufer den Mangel arglistig verschwiegen hat, bei beweglichen Sachen in sechs Monaten von der Ablieferung, bei Grundstücken in einem Jahre von der Uebergabe an. Die Verjährungsfrist kann durch Vertrag verlängert werden.

Beantragt der Käufer gerichtliche Beweisaufnahme zur Sicherung des Beweises, so wird die Verjährung unterbrochen. Die Unterbrechung dauert bis zur Beendigung des Verfahrens fort. Die Vorschriften des §. 206 Abs. 2 und des §. 207 finden entsprechende Anwendung.

Die Hemmung oder Unterbrechung der Verjährung eines der im Abs. 1 bezeichneten Ansprüche bewirkt auch die Hemmung oder Unterbrechung der Verjährung der anderen Ansprüche.

§. 471. (II 414 Abs. 1 Satz 1, Abs. 2.)

Hat der Käufer den Mangel dem Verkäufer angezeigt oder die Anzeige an ihn abgesendet, bevor der Anspruch auf Wandelung oder auf Minderung verjährt war, so kann er auch nach der Vollendung der Verjährung die Zahlung des Kaufpreises insoweit verweigern, als er auf Grund der Wandelung oder der Minderung dazu berechtigt sein würde. Das Gleiche gilt, wenn der Käufer vor der Vollendung der Verjährung gerichtliche Beweisaufnahme zur Sicherung des Beweises beantragt oder in einem zwischen ihm und einem späteren Erwerber der Sache wegen des Mangels anhängigen Rechtsstreite dem Verkäufer den Streit verkündet hat.

Hat der Verkäufer den Mangel arglistig verschwiegen, so bedarf es der Anzeige oder einer ihr nach Abs. 1 gleichstehenden Handlung nicht.

§. 472. (II 414 Abs. 1 Satz 2.)

Der Anspruch auf Schadensersatz kann nach der Vollendung der Verjährung nur aufgerechnet werden, wenn der Käufer vorher eine der im §. 471 bezeichneten Handlungen vorgenommen hat. Diese Beschränkung tritt nicht ein, wenn der Verkäufer den Mangel arglistig verschwiegen hat.

§. 473. (I 398, II 415.)

Der Käufer einer nur der Gattung nach bestimmten Sache kann statt der Wandelung oder der Minderung verlangen, daß ihm an Stelle der mangelhaften Sache eine mangelfreie geliefert wird. Auf diesen Anspruch finden die für die Wandelung geltenden Vorschriften der §§. 457 bis 459, des §. 460 Satz 1 und der §§. 462, 463, 467 bis 472 entsprechende Anwendung.

Fehlt der Sache zu der Zeit, zu welcher die Gefahr auf den Käufer übergeht, eine zugesicherte Eigenschaft oder hat der Verkäufer einen Fehler arglistig verschwiegen, so kann der Käufer statt der Wandelung, der Minderung oder der Lieferung einer mangelfreien Sache Schadensersatz wegen Nichterfüllung verlangen.

§. 474. (I 399, II 416.)

Für den Verkauf von Pferden, Eseln, Mauleseln und Maulthieren, von Rindvieh, Schafen und Schweinen gelten die Vorschriften der §§. 452 bis 460, 462 bis 473 nur insoweit, als sich nicht aus den §§. 475 bis 486 ein Anderes ergiebt.

§. 475. (I 400, II 417.)

Der Verkäufer hat nur bestimmte Fehler (Hauptmängel) und diese nur dann zu vertreten, wenn sie sich innerhalb bestimmter Fristen (Gewährfristen) zeigen.

Die Hauptmängel und die Gewährfristen werden durch eine mit Zustimmung des Bundesraths zu erlassende Kaiserliche Verordnung bestimmt. Die Bestimmung kann auf demselben Wege ergänzt und abgeändert werden.

§. 476. (I 401, II 418.)

Die Gewährfrist beginnt mit dem Ablaufe des Tages, an welchem die Gefahr auf den Käufer übergeht.

§. 477. (I 402 Satz 1, II 419.)

Zeigt sich ein Hauptmangel innerhalb der Gewährfrist, so wird vermuthet, daß der Mangel schon zu der Zeit vorhanden gewesen sei, zu welcher die Gefahr auf den Käufer übergegangen ist.

§. 478. (I 402 Satz 2, II 420.)

Der Käufer verliert die ihm wegen des Mangels zustehenden Rechte, wenn er nicht spätestens zwei Tage nach dem Ablaufe der Gewährfrist oder, falls das Thier vor dem Ablaufe der Frist getödtet worden oder sonst verendet ist, nach dem Tode des Thieres den Mangel dem Verkäufer anzeigt oder die Anzeige an ihn absendet oder wegen des Mangels Klage gegen den Verkäufer erhebt oder diesem den Streit verkündet oder gerichtliche Beweisaufnahme zur Sicherung des Beweises beantragt. Der Rechtsverlust tritt nicht ein, wenn der Verkäufer den Mangel arglistig verschwiegen hat.

§. 479. (I 410, II 421.)

Die Gewährfrist kann durch Vertrag verlängert oder abgekürzt werden. Die vereinbarte Frist tritt an die Stelle der gesetzlichen Frist.

§. 480. (I 404, II 422.)

Der Käufer kann nur Wandelung, nicht Minderung verlangen.

Die Wandelung kann auch in den Fällen der §§. 346 bis 348, insbesondere wenn das Thier geschlachtet ist, verlangt werden; an Stelle der Rückgewähr hat der Käufer den Werth des Thieres zu vergüten. Das Gleiche gilt in anderen Fällen, in denen der Käufer in Folge eines Umstandes, den er zu vertreten hat, insbesondere einer Verfügung über das Thier, außer Stande ist, das Thier zurückzugewähren.

Ist vor der Vollziehung der Wandelung eine unwesentliche Verschlechterung des Thieres in Folge eines von dem Käufer zn vertretenden Umstandes eingetreten, so hat der Käufer die Werthminderung zu vergüten.

Nutzungen hat der Käufer nur insoweit zu ersetzen, als er sie gezogen hat.

§. 481. (I 405, II 423.)

Der Verkäufer hat im Falle der Wandelung dem Käufer auch die Kosten der Fütterung und Pflege, die Kosten der thierärztlichen Untersuchung und Behandlung sowie die Kosten der nothwendig gewordenen Tödtung und Wegschaffung des Thieres zu ersetzen.

§. 482. (I 406, II 424.)

Ist über den Anspruch auf Wandelung ein Rechtsstreit anhängig, so ist auf Antrag der einen oder der anderen Partei die öffentliche Versteigerung des

Thieres und die Hinterlegung des Erlöses durch einstweilige Verfügung anzuordnen, sobald die Besichtigung des Thieres nicht mehr erforderlich ist.

§. 483. (I 407, II 425.)

Der Anspruch auf Wandelung sowie der Anspruch auf Schadensersatz wegen eines Hauptmangels, dessen Nichtvorhandensein der Verkäufer zugesichert hat, verjährt in sechs Wochen von dem Ende der Gewährfrist an. Im Uebrigen bleiben die Vorschriften des §. 470 unberührt.

An die Stelle der in den §§. 205, 207, 210 bestimmten Fristen tritt eine Frist von sechs Wochen.

Der Käufer kann auch nach der Verjährung des Anspruchs auf Wandelung die Zahlung des Kaufpreises verweigern. Die Aufrechnung des Anspruchs auf Schadensersatz unterliegt nicht der im §. 472 bestimmten Beschränkung.

§. 484. (I 408, II 426.)

Der Käufer eines nur der Gattung nach bestimmten Thieres kann statt der Wandelung verlangen, daß ihm an Stelle des mangelhaften Thieres ein mangelfreies geliefert wird. Auf diesen Anspruch finden die Vorschriften der §§. 481 bis 483 entsprechende Anwendung.

§. 485. (I 411, II 427.)

Uebernimmt der Verkäufer die Gewährleistung wegen eines nicht zu den Hauptmängeln gehörenden Fehlers oder sichert er eine Eigenschaft des Thieres zu, so finden die Vorschriften der §§. 480 bis 484 und, wenn eine Gewährfrist vereinbart wird, auch die Vorschriften der §§. 476 bis 478 entsprechende Anwendung. Die im §. 483 bestimmte Verjährung beginnt, wenn eine Gewährfrist nicht vereinbart wird, mit der Ablieferung des Thieres.

§. 486. (I 409, II 428.)

Ein allgemeines Versprechen, durch welches der Verkäufer die Gewährleistung wegen aller Fehler übernimmt, ist im Zweifel nur auf die Hauptmängel zu beziehen.

§. 487. (II 429.)

Die Vorschriften über die Verpflichtung des Verkäufers zur Gewährleistung wegen Mängel der Sache finden auf andere Verträge, die auf Veräußerung oder Belastung einer Sache gegen Entgelt gerichtet sind, entsprechende Anwendung.

III. Besondere Arten des Kaufes.

1. Kauf nach Probe. Kauf auf Probe.

§. 488. (I 470, II 430.)

Bei einem Kaufe nach Probe oder nach Muster sind die Eigenschaften der Probe oder des Musters als zugesichert anzusehen.

§. 489. (I 471, 472, II 431.)

Bei einem Kaufe auf Probe oder auf Besicht steht die Billigung des gekauften Gegenstandes im Belieben des Käufers. Der Kauf ist im Zweifel unter der aufschiebenden Bedingung der Billigung geschlossen.

Der Verkäufer ist verpflichtet, dem Käufer die Untersuchung des Gegenstandes zu gestatten.

§. 490. (I 473, II 432.)

Die Billigung eines auf Probe oder auf Besicht gekauften Gegenstandes kann nur innerhalb der vereinbarten Frist und in Ermangelung einer solchen nur bis zum Ablauf einer dem Käufer von dem Verkäufer bestimmten angemessenen Frist erklärt werden. War die Sache dem Käufer zum Zwecke der Probe oder der Besichtigung übergeben, so gilt sein Schweigen als Billigung.

2. Wiederkauf.

§. 491. (I 476, 477, II 433.)

Hat sich der Verkäufer in dem Kaufvertrage das Recht des Wiederkaufs vorbehalten, so kommt der Wiederkauf mit der Erklärung des Verkäufers gegenüber dem Käufer, daß er das Wiederkaufsrecht ausübe, zu Stande. Die Erklärung bedarf nicht der für den Kaufvertrag bestimmten Form.

Der Preis, zu welchem verkauft worden ist, gilt im Zweifel auch für den Wiederkauf.

§. 492. (I 478, II 434 Abs. 1, 2.)

Der Wiederverkäufer ist verpflichtet, dem Wiederkäufer den gekauften Gegenstand nebst Zubehör herauszugeben.

Hat der Wiederverkäufer vor der Ausübung des Wiederkaufsrechts eine Verschlechterung, den Untergang oder eine aus einem anderen Grunde eingetretene Unmöglichkeit der Herausgabe des gekauften Gegenstandes verschuldet oder den Gegenstand wesentlich verändert, so ist er für den daraus entstehenden Schaden verantwortlich. Ist der Gegenstand ohne Verschulden des Wiederverkäufers verschlechtert oder ist er nur unwesentlich verändert, so kann der Wiederkäufer Minderung des Kaufpreises nicht verlangen.

§. 493. (I 478 Satz 1, II 434 Abs. 3.)

Hat der Wiederverkäufer vor der Ausübung des Wiederkaufsrechts über den gekauften Gegenstand verfügt, so ist er verpflichtet, die dadurch begründeten Rechte Dritter zu beseitigen. Einer Verfügung des Wiederverkäufers steht eine Verfügung gleich, die im Wege der Zwangsvollstreckung oder der Arrestvollziehung oder durch den Konkursverwalter erfolgt.

§. 494. (I 479 Abs. 3, II 435.)

Der Wiederverkäufer kann für Verwendungen, die er auf den gekauften Gegenstand vor dem Wiederkaufe gemacht hat, insoweit Ersatz verlangen, als der Werth des Gegenstandes durch die Verwendungen erhöht ist. Eine Einrichtung, mit der er die herauszugebende Sache versehen hat, kann er wegnehmen.

§. 495. (I 480, II 436.)

Ist als Wiederkaufpreis der Schätzungswerth vereinbart, den der gekaufte Gegenstand zur Zeit des Wiederkaufs hat, so ist der Wiederverkäufer für eine Verschlechterung, den Untergang oder die aus einem anderen Grunde eingetretene Unmöglichkeit der Herausgabe des Gegenstandes nicht verantwortlich, der Wiederkäufer zum Ersatze von Verwendungen nicht verpflichtet.

§. 496. (II 437.)

Steht das Wiederkaufsrecht Mehreren gemeinschaftlich zu, so kann es nur im Ganzen ausgeübt werden. Ist es für einen der Berechtigten erloschen oder übt einer von ihnen sein Recht nicht aus, so sind die übrigen berechtigt, das Wiederkaufsrecht im Ganzen auszuüben.

§. 497. (II 438.)

Das Wiederkaufsrecht kann bei Grundstücken nur bis zum Ablaufe von dreißig, bei anderen Gegenständen nur bis zum Ablaufe von drei Jahren nach der Vereinbarung des Vorbehalts ausgeübt werden. Ist für die Ausübung eine Frist bestimmt, so tritt diese an die Stelle der gesetzlichen Frist.

3. Vorkauf.

§. 498. (I 481 Abs. 1, II 439 Abs. 1.)

Wer in Ansehung eines Gegenstandes zum Vorkaufe berechtigt ist, kann das Vorkaufsrecht ausüben, sobald der Verpflichtete mit einem Dritten einen Kaufvertrag über den Gegenstand geschlossen hat.

§. 499. (I 482 Satz 1, II 439 Abs. 2.)

Die Ausübung des Vorkaufsrechts erfolgt durch Erklärung gegenüber dem Verpflichteten. Die Erklärung bedarf nicht der für den Kaufvertrag bestimmten Form.

Mit der Ausübung des Vorkaufsrechts kommt der Kauf zwischen dem Berechtigten und dem Verpflichteten unter den Bestimmungen zu Stande, welche der Verpflichtete mit dem Dritten vereinbart hat.

§. 500. (I 481 Abs. 2, II 440.)

Eine Vereinbarung des Verpflichteten mit dem Dritten, durch welche der Kauf von der Nichtausübung des Vorkaufsrechts abhängig gemacht oder dem Verpflichteten für den Fall der Ausübung des Vorkaufsrechts der Rücktritt vorbehalten wird, ist dem Vorkaufsberechtigten gegenüber unwirksam.

§. 501. (I 484, II 441.)

Hat sich der Dritte in dem Vertrage zu einer Nebenleistung verpflichtet, die der Vorkaufsberechtigte zu bewirken außer Stande ist, so hat der Vorkaufsberechtigte statt der Nebenleistung ihren Werth zu entrichten. Läßt sich die

Nebenleistung nicht in Geld schätzen, so ist die Ausübung des Vorkaufsrechts ausgeschlossen: die Vereinbarung der Nebenleistung kommt jedoch nicht in Betracht, wenn der Vertrag mit dem Dritten auch ohne sie geschlossen sein würde.

§. 502. (II 442.)

Hat der Dritte den Gegenstand, auf den sich das Vorkaufsrecht bezieht, mit anderen Gegenständen zu einem Gesammtpreise gekauft, so hat der Vorkaufsberechtigte einen verhältnißmäßigen Theil des Gesammtpreises zu entrichten. Der Verpflichtete kann verlangen, daß der Vorkauf auf alle Sachen erstreckt wird, die nicht ohne Nachtheil für ihn getrennt werden können.

§. 503. (II 443.)

Ist dem Dritten in dem Vertrage der Kaufpreis gestundet worden, so kann der Vorkaufsberechtigte die Stundung nur in Anspruch nehmen, wenn er für den gestundeten Betrag Sicherheit leistet.

Ist ein Grundstück Gegenstand des Vorkaufs, so bedarf es der Sicherheitsleistung insoweit nicht, als für den gestundeten Kaufpreis die Bestellung einer Hypothek an dem Grundstück vereinbart oder in Anrechnung auf den Kaufpreis eine Schuld, für die eine Hypothek an dem Grundstücke besteht, übernommen worden ist.

§. 504. (I 483, 487 Nr. 2, II 444.)

Der Verpflichtete hat dem Vorkaufsberechtigten den Inhalt des mit dem Dritten geschlossenen Vertrags unverzüglich mitzutheilen. Die Mittheilung des Verpflichteten wird durch die Mittheilung des Dritten ersetzt.

Das Vorkaufsrecht kann bei Grundstücken nur bis zum Ablaufe von zwei Monaten, bei anderen Gegenständen nur bis zum Ablauf einer Woche nach dem Empfange der Mittheilung ausgeübt werden. Ist für die Ausübung eine Frist bestimmt, so tritt diese an die Stelle der gesetzlichen Frist.

§. 505.

Das Vorkaufsrecht erstreckt sich im Zweifel nicht auf einen Verkauf, der mit Rücksicht auf ein künftiges Erbrecht an einen gesetzlichen Erben erfolgt.

§. 506. (I 485, II 445.)

Das Vorkaufsrecht ist ausgeschlossen, wenn der Verkauf im Wege der Zwangsvollstreckung oder durch den Konkursverwalter erfolgt.

§. 507. (II 446.)

Steht das Vorkaufsrecht Mehreren gemeinschaftlich zu, so kann es nur im Ganzen ausgeübt werden. Ist es für einen der Berechtigten erloschen oder übt einer von ihnen sein Recht nicht aus, so sind die übrigen berechtigt, das Vorkaufsrecht im Ganzen auszuüben.

§. 508. (I 486, 487 Nr. 1, II 447.)

Das Vorkaufsrecht ist nicht übertragbar und geht nicht auf die Erben des Berechtigten über, sofern nicht ein Anderes bestimmt ist. Ist das Recht auf eine bestimmte Zeit beschränkt, so ist es im Zweifel vererblich.

IV. Tausch.

§. 509. (I 502, II 462.)

Auf den Tausch finden die Vorschriften über den Kauf entsprechende Anwendung.

Zweiter Titel.

Schenkung.

§. 510. (I 437, 438, II 463.)

Eine Zuwendung, durch die Jemand aus seinem Vermögen einen Anderen bereichert, ist Schenkung, wenn beide Theile darüber einig sind, daß die Zuwendung unentgeltlich erfolgt.

Ist die Zuwendung ohne den Willen des Anderen erfolgt, so kann ihn der Zuwendende unter Bestimmung einer angemessenen Frist zur Erklärung über die Annahme auffordern. Nach dem Ablaufe der Frist gilt die Schenkung als angenommen, wenn nicht der Andere sie vorher abgelehnt hat. Im Falle der Ablehnung kann die Herausgabe des Zugewendeten nach den Vorschriften über die Herausgabe einer ungerechtfertigten Bereicherung gefordert werden.

§. 511. (I 439, II 464.)

Eine Schenkung liegt nicht vor, wenn Jemand zum Vortheil eines Anderen einen Vermögenserwerb unterläßt oder auf ein angefallenes, noch nicht endgültig erworbenes Recht verzichtet oder eine Erbschaft oder ein Vermächtniß ausschlägt.

§. 512. (I 440, 441, II 465.)

Zur Gültigkeit eines Vertrags, durch den eine Leistung schenkweise versprochen wird, ist die gerichtliche oder notarielle Beurkundung des Versprechens erforderlich. Das Gleiche gilt, wenn ein Schuldversprechen oder ein Schuldanerkenntniß der in den §§. 765, 766 bezeichneten Art schenkweise ertheilt wird, von dem Versprechen oder der Anerkennungserklärung.

Der Mangel an Form wird durch die Bewirkung der versprochenen Leistung geheilt.

§. 513. (II 466.)

Der Schenker ist berechtigt, die Erfüllung eines schenkweise ertheilten Versprechens zu verweigern, soweit er bei Berücksichtigung seiner sonstigen Verpflichtungen außer Stande ist, das Versprechen ohne Gefährdung seines standesmäßigen Unterhalts zu erfüllen.

Treffen die Ansprüche mehrerer Beschenkten zusammen, so geht der früher entstandene Anspruch vor.

§. 514. (I 447, II 467.)

Verspricht der Schenker eine in wiederkehrenden Leistungen bestehende Unterstützung, so erlischt die Verbindlichkeit mit seinem Tode, sofern nicht aus dem Versprechen sich ein Anderes ergiebt.

§. 515. (I 442, II 468.)

Der Schenker hat nur Vorsatz und grobe Fahrlässigkeit zu vertreten.

§. 516. (I 445, II 469.)

Zur Entrichtung von Verzugszinsen ist der Schenker nicht verpflichtet.

§. 517. (I 443, II 470.)

Verschweigt der Schenker arglistig einen Mangel im Rechte, so ist er verpflichtet, dem Beschenkten den daraus entstehenden Schaden zu ersetzen.

Hatte der Schenker die Leistung eines Gegenstandes versprochen, den er erst erwerben sollte, so kann der Beschenkte wegen eines Mangels im Rechte Schadensersatz wegen Nichterfüllung verlangen, wenn der Mangel dem Schenker bei dem Erwerbe der Sache bekannt gewesen oder in Folge grober Fahrlässigkeit unbekannt geblieben ist. Die für die Gewährleistungspflicht des Verkäufers geltenden Vorschriften des §. 427 Abs. 1, der §§. 428 bis 431, des §. 434 Abs. 2 bis 4 und der §§. 435 bis 438 finden entsprechende Anwendung.

§. 518. (I 444, II 471.)

Verschweigt der Schenker arglistig einen Fehler der verschenkten Sache, so ist er verpflichtet, dem Beschenkten den daraus entstehenden Schaden zu ersetzen.

Hatte der Schenker die Leistung einer nur der Gattung nach bestimmten Sache versprochen, die er erst erwerben sollte, so kann der Beschenkte, wenn die geleistete Sache fehlerhaft und der Mangel dem Schenker bei dem Erwerbe der Sache bekannt gewesen oder in Folge grober Fahrlässigkeit unbekannt geblieben ist, verlangen, daß ihm an Stelle der fehlerhaften Sache eine fehlerfreie geliefert wird. Hat der Schenker den Fehler arglistig verschwiegen, so kann der Beschenkte statt der Lieferung einer fehlerfreien Sache Schadensersatz wegen Nichterfüllung verlangen. Auf diese Ansprüche finden die für die Gewährleistung wegen Fehler einer verkauften Sache geltenden Vorschriften entsprechende Anwendung.

§. 519. (I 448 Abs. 1, II 472.)

Wer eine Schenkung unter einer Auflage macht, kann die Vollziehung der Auflage verlangen, wenn er seinerseits geleistet hat.

Liegt die Vollziehung der Auflage im öffentlichen Interesse, so kann nach dem Tode des Schenkers auch die zuständige Behörde die Vollziehung verlangen.

§. 520. (I 448 Abs. 2, II 473.)

Soweit in Folge eines Mangels im Rechte oder eines Mangels der verschenkten Sache der Werth der Zuwendung die Höhe der zur Vollziehung der

Auflage erforderlichen Aufwendungen nicht erreicht, ist der Beschenkte berechtigt, die Vollziehung der Auflage zu verweigern, bis der durch den Mangel entstandene Fehlbetrag ausgeglichen wird. Vollzieht der Beschenkte die Auflage ohne Kenntniß des Mangels, so kann er von dem Schenker Ersatz der durch die Vollziehung verursachten Aufwendungen insoweit verlangen, als sie in Folge des Mangels den Werth der Zuwendung übersteigen.

§. 521. (II 474.)

Unterbleibt die Vollziehung der Auflage, so kann der Schenker die Herausgabe des Geschenkes unter den für das Rücktrittsrecht bei gegenseitigen Verträgen bestimmten Voraussetzungen nach den Vorschriften über die Herausgabe einer ungerechtfertigten Bereicherung insoweit fordern, als das Geschenk zur Vollziehung der Auflage hätte verwendet werden müssen.

Der Anspruch ist ausgeschlossen, wenn ein Dritter berechtigt ist, die Vollziehung der Auflage zu verlangen.

§. 522. (I 449, 450, II 475.)

Eine Schenkung kann widerrufen werden, wenn sich der Beschenkte durch eine schwere Verfehlung gegen den Schenker oder einen nahen Angehörigen des Schenkers groben Undankes schuldig macht.

Dem Erben des Schenkers steht das Recht des Widerrufs nur zu, wenn der Beschenkte vorsätzlich und widerrechtlich den Schenker getödtet oder am Widerrufe gehindert hat.

§. 523. (II 476.)

Schenkungen, durch die einer sittlichen Pflicht oder einer auf den Anstand zu nehmenden Rücksicht entsprochen wird, unterliegen nicht dem Widerrufe.

§. 524. (I 449, 452, II 477.)

Der Widerruf erfolgt durch Erklärung gegenüber dem Beschenkten.

Ist die Schenkung widerrufen, so kann die Herausgabe des Geschenkes nach den Vorschriften über die Herausgabe einer ungerechtfertigten Bereicherung gefordert werden.

§. 525. (I 451 Abs. 1, II 478.)

Der Widerruf ist ausgeschlossen, wenn der Schenker dem Beschenkten verziehen hat oder wenn seit dem Zeitpunkt, in welchem der Widerrufsberechtigte von dem Eintritte der Voraussetzungen seines Rechtes Kenntniß erlangt hat, ein Jahr verstrichen ist. Nach dem Tode des Beschenkten ist der Widerruf nicht mehr zulässig.

§. 526. (I 451 Abs. 2, II 479.)

Auf das Widerrufsrecht kann erst verzichtet werden, wenn der Undank dem Widerrufsberechtigten bekannt geworden ist.

Dritter Titel.

Miethe. Pacht.

I. Miethe.

§. 527. (I 503, II 480 Abs. 1.)

Durch den Miethvertrag wird der Vermiether verpflichtet, dem Miether den Gebrauch der vermietheten Sache während der Miethzeit zu gewähren. Der Miether ist verpflichtet, dem Vermiether den vereinbarten Miethzins zu entrichten.

§. 528. (I 504, II 481.)

Der Vermiether hat die vermiethete Sache dem Miether in einem zu dem vertragsmäßigen Gebrauche geeigneten Zustande zu überlassen und sie während der Miethzeit in diesem Zustande zu erhalten.

§. 529. (I 505, II 482.)

Ist die vermiethete Sache zur Zeit der Ueberlassung an den Miether mit einem Fehler behaftet, der ihre Tauglichkeit zu dem vertragsmäßigen Gebrauch aufhebt oder mindert, oder entsteht im Laufe der Miethe ein solcher Fehler, so ist der Miether für die Zeit, während deren die Tauglichkeit aufgehoben ist, von der Entrichtung des Miethzinses befreit, für die Zeit, während deren die Tauglichkeit gemindert ist, nur zur Entrichtung eines nach den §§. 465, 466 zu bemessenden Theiles des Miethzinses verpflichtet.

Das Gleiche gilt, wenn eine zugesicherte Eigenschaft fehlt oder später wegfällt. Bei der Vermiethung eines Grundstücks steht die Zusicherung einer bestimmten Größe der Zusicherung einer Eigenschaft gleich.

§. 530. (I 506, 514 Abs. 3, II 483.)

Ist ein Mangel der im §. 529 bezeichneten Art bei dem Abschlusse des Vertrags vorhanden oder entsteht ein solcher Mangel später in Folge eines Umstandes, den der Vermiether zu vertreten hat, oder kommt der Vermiether mit der Beseitigung eines Mangels in Verzug, so kann der Miether, statt die im § 529 bestimmten Rechte geltend zu machen, Schadensersatz wegen Nichterfüllung verlangen.

Im Falle des Verzuges des Vermiethers kann der Miether den Mangel selbst beseitigen und Ersatz der erforderlichen Aufwendungen verlangen.

§. 531. (I 507, II 484.)

Kennt der Miether bei dem Abschlusse des Vertrags den Mangel der gemietheten Sache, so stehen ihm die in den §§. 529, 530 bestimmten Rechte nicht zu. Ist dem Miether ein Mangel der im §. 529 Abs. 1 bezeichneten Art in Folge grober Fahrlässigkeit unbekannt geblieben oder nimmt er eine mangelhafte Sache an, obschon er den Mangel kennt, so kann er diese Rechte nur unter den Voraussetzungen geltend machen, unter welchen dem Käufer einer mangelhaften Sache nach den §§. 453, 457 Gewähr zu leisten ist.

§. 532. (I 507, II 485.)

Eine Vereinbarung, durch welche die Verpflichtung des Vermiethers zur Vertretung von Mängeln der vermietheten Sache erlassen oder beschränkt wird, ist nichtig, wenn der Vermiether den Mangel arglistig verschweigt.

§. 533. (I 508, II 486.)

Wird durch das Recht eines Dritten dem Miether der vertragsmäßige Gebrauch der gemietheten Sache ganz oder zum Theil entzogen, so finden die Vorschriften der §§. 529, 530, des §. 531 Satz 1 und des §. 532 entsprechende Anwendung.

§. 534. (I 529, II 487 Abs. 1, 2.)

Wird dem Miether der vertragsmäßige Gebrauch der gemietheten Sache ganz oder zum Theil nicht rechtzeitig gewährt oder wiederentzogen, so kann der Miether ohne Einhaltung einer Kündigungsfrist das Miethverhältniß kündigen. Die Kündigung ist erst zulässig, wenn der Vermiether eine ihm von dem Miether bestimmte angemessene Frist hat verstreichen lassen, ohne Abhülfe zu schaffen. Der Bestimmung einer Frist bedarf es nicht, wenn die Erfüllung des Vertrags in Folge des die Kündigung rechtfertigenden Umstandes für den Miether kein Interesse hat.

Wegen einer unerheblichen Hinderung oder Vorenthaltung des Gebrauchs ist die Kündigung nur zulässig, wenn sie durch ein besonderes Interesse des Miethers gerechtfertigt wird.

Bestreitet der Vermiether die Zulässigkeit der erfolgten Kündigung, weil er den Gebrauch der Sache rechtzeitig gewährt oder vor dem Ablaufe der Frist die Abhülfe bewirkt habe, so trifft ihn die Beweislast.

§. 535. (I 530, II 487 Abs. 3.)

Auf das dem Miether nach §. 534 zustehende Kündigungsrecht finden die Vorschriften der §§. 531 bis 533 sowie die für die Wandelung bei dem Kaufe geltenden Vorschriften der §§. 462 bis 464 entsprechende Anwendung.

Ist der Miethzins für eine spätere Zeit im voraus entrichtet, so hat ihn der Vermiether nach Maßgabe des §. 342 oder, wenn die Kündigung wegen eines Umstandes erfolgt, den er nicht zu vertreten hat, nach den Vorschriften über die Herausgabe einer ungerechtfertigten Bereicherung zurückzuerstatten.

§. 536. (II 488.)

Ist eine gemiethete Wohnung so beschaffen, daß ihre Benutzung mit einer erheblichen Gefährdung der Gesundheit verbunden ist, so kann der Miether das Miethverhältniß ohne Einhaltung einer Kündigungsfrist kündigen, auch wenn er die gefahrbringende Beschaffenheit bei dem Abschlusse des Vertrags gekannt oder auf die Geltendmachung der ihm wegen dieser Beschaffenheit zustehenden Rechte verzichtet hat.

§. 537. (I 519, II 489.)

Zeigt sich im Laufe der Miethe ein Mangel der gemietheten Sache oder wird eine Vorkehrung zum Schutze der Sache gegen eine nicht vorhergesehene Gefahr erforderlich, so hat der Miether dem Vermiether unverzüglich Anzeige zu machen. Das Gleiche gilt, wenn sich ein Dritter ein Recht an der Sache anmaßt.

Unterläßt der Miether die Anzeige, so ist er zum Ersatze des daraus entstehenden Schadens verpflichtet; er ist, soweit der Vermiether in Folge der Unterlassung der Anzeige Abhülfe zu schaffen außer Stande war, nicht berechtigt, die im §. 529 bestimmten Rechte geltend zu machen oder nach §. 534 Abs. 1 Satz 3 ohne Bestimmung einer Frist zu kündigen oder Schadensersatz wegen Nichterfüllung zu verlangen.

§. 538. (I 515, II 490.)

Die auf der vermietheten Sache ruhenden Lasten hat der Vermiether zu tragen.

§. 539. (I 513, 514 Abs. 1, 2, II 491.)

Der Vermiether ist verpflichtet, dem Miether die auf die Sache gemachten nothwendigen Verwendungen zu ersetzen. Der Miether eines Thieres hat jedoch die Fütterungskosten zu tragen.

Die Verpflichtung des Vermiethers zum Ersatze sonstiger Verwendungen bestimmt sich nach den Vorschriften über die Geschäftsführung ohne Auftrag. Der Miether ist berechtigt, eine Einrichtung, mit der er die Sache versehen hat, wegzunehmen.

§. 540. (I 520, II 492.)

Veränderungen oder Verschlechterungen der gemietheten Sache, die durch den vertragsmäßigen Gebrauch herbeigeführt werden, hat der Miether zu vertreten.

§. 541. (I 516, II 493.)

Der Miether ist ohne die Erlaubniß des Vermiethers nicht berechtigt, den Gebrauch der gemietheten Sache einem Dritten zu überlassen, insbesondere die Sache weiter zu vermiethen (Untermiethe). Verweigert der Vermiether die Erlaubniß, so kann der Miether das Miethverhältniß unter Einhaltung der gesetzlichen Frist kündigen, sofern nicht in der Person des Dritten ein wichtiger Grund vorliegt.

Ueberläßt der Miether den Gebrauch einem Dritten, so hat er ein dem Dritten bei dem Gebrauche zur Last fallendes Verschulden zu vertreten, auch wenn der Vermiether die Erlaubniß zur Ueberlassung ertheilt hat.

§. 542. (II 542.)

Macht der Miether von der gemietheten Sache einen vertragswidrigen Gebrauch und setzt er den Gebrauch ungeachtet einer Abmahnung des Vermiethers fort, so kann der Vermiether auf Unterlassung klagen.

§. 543. (I 517, II 495.)

Der Miethzins ist am Ende der Miethzeit zu entrichten. Ist der Miethzins nach Zeitabschnitten bemessen, so ist er nach dem Ablaufe der einzelnen Zeitabschnitte zu entrichten.

Der Miethzins für ein Grundstück ist, sofern er nicht nach kürzeren Zeitabschnitten bemessen ist, nach dem Ablaufe je eines Kalendervierteljahrs am ersten Werktage des folgenden Monats zu entrichten.

§. 544. (I 518, II 496.)

Der Miether wird von der Entrichtung des Miethzinses nicht dadurch befreit, daß er durch einen in seiner Person liegenden Grund an der Ausübung des ihm zustehenden Gebrauchsrechts verhindert wird. Der Vermiether muß sich jedoch den Werth der ersparten Aufwendungen sowie derjenigen Vortheile anrechnen lassen, welche er aus einer anderweitigen Verwerthung des Gebrauchs erlangt. Solange der Vermiether in Folge der Ueberlassung des Gebrauchs an einen Dritten außer Stande ist, dem Miether den Gebrauch zu gewähren, ist der Miether zur Entrichtung des Miethzinses nicht verpflichtet.

§. 545. (I 528 Nr. 1, II 497 Abs. 1 Nr. 1.)

Der Vermiether kann ohne Einhaltung einer Kündigungsfrist das Miethverhältniß kündigen, wenn der Miether oder derjenige, welchem der Miether den Gebrauch der gemietheten Sache überlassen hat, ungeachtet einer Abmahnung des Vermiethers einen vertragswidrigen Gebrauch der Sache fortsetzt, insbesondere einem Dritten den ihm unbefugt überlassenen Gebrauch beläßt, oder die Sache durch Vernachlässigung der dem Miether obliegenden Sorgfalt erheblich gefährdet.

§. 546. (I 528 Nr. 2, II 497 Abs. 1 Nr. 2.)

Der Vermiether kann ohne Einhaltung einer Kündigungsfrist das Miethverhältniß kündigen, wenn der Miether für zwei auf einander folgende Termine mit der Entrichtung des Miethzinses oder eines Theiles des Miethzinses im Verzug ist. Die Kündigung ist ausgeschlossen, wenn der Miether den Vermiether befriedigt, bevor sie erfolgt.

Die Kündigung ist unwirksam, wenn sich der Miether von seiner Schuld durch Aufrechnung befreien konnte und unverzüglich nach der Kündigung die Aufrechnung erklärt.

§. 547. (I 530, II 497 Abs. 2.)

Macht der Vermiether von dem ihm nach den §§. 545, 546 zustehenden Kündigungsrechte Gebrauch, so hat er den für eine spätere Zeit im voraus entrichteten Miethzins nach Maßgabe des §. 342 zurückzuerstatten.

§. 548. (I 520, II 498.)

Der Miether ist verpflichtet, die gemiethete Sache nach der Beendigung des Miethverhältnisses zurückzugeben.

Dem Miether eines Grundstücks steht wegen seiner Ansprüche gegen den Vermiether ein Zurückbehaltungsrecht nicht zu.

Hat der Miether den Gebrauch der Sache einem Dritten überlassen, so kann der Vermiether die Sache nach der Beendigung des Miethverhältnisses auch von dem Dritten zurückfordern.

§. 549. (I 525, II 499.)

Giebt der Miether die gemiethete Sache nach der Beendigung des Miethverhältnisses nicht zurück, so kann der Vermiether für die Dauer der Vorenthaltung als Entschädigung den vereinbarten Miethzins verlangen. Die Geltendmachung eines weiteren Schadens ist nicht ausgeschlossen.

§. 550. (II 500.)

Die Ersatzansprüche des Vermiethers wegen Veränderungen oder Verschlechterungen der vermietheten Sache sowie die Ansprüche des Miethers auf Ersatz von Verwendungen oder auf Gestattung der Wegnahme einer Einrichtung verjähren in sechs Monaten.

Die Verjährung der Ersatzansprüche des Vermiethers beginnt mit dem Zeitpunkt, in welchem er die Sache zurückerhält, die Verjährung der Ansprüche des Miethers beginnt mit der Beendigung des Miethverhältnisses.

Mit der Verjährung des Anspruchs des Vermiethers auf Rückgabe der Sache verjähren auch die Ersatzansprüche des Vermiethers.

§. 551. (I 521 Abs. 1 Satz 1, 2, II 501.)

Der Vermiether eines Grundstücks hat für seine Forderungen aus dem Miethverhältniß ein Pfandrecht an den eingebrachten Sachen des Miethers. Für künftige Entschädigungsforderungen und für den Miethzins für eine spätere Zeit als das laufende und das folgende Miethjahr kann das Pfandrecht nicht geltend gemacht werden. Es erstreckt sich nicht auf die der Pfändung nicht unterworfenen Sachen.

§. 552. (I 521 Abs. 1 Satz 3, Abs. 2 Satz 1, II 502.)

Das Pfandrecht des Vermiethers erlischt mit der Entfernung der Sachen von dem Grundstück, es sei denn, daß die Entfernung ohne Wissen oder unter Widerspruch des Vermiethers erfolgt. Der Vermiether kann der Entfernung nicht widersprechen, wenn sie im regelmäßigen Betriebe des Geschäfts des Miethers oder den gewöhnlichen Lebensverhältnissen entsprechend erfolgt oder wenn die zurückbleibenden Sachen zur Sicherung des Vermiethers offenbar ausreichen.

§. 553. (I 521 Abs. 2 Satz 2, Abs. 3, II 503.)

Der Vermiether darf die Entfernung der seinem Pfandrecht unterliegenden Sachen, soweit er ihr zu widersprechen berechtigt ist, auch ohne Anrufen des Gerichts verhindern und, wenn der Miether auszieht, die Sachen in seinen Besitz nehmen.

Sind die Sachen ohne Wissen oder unter Widerspruch des Vermiethers entfernt worden, so kann er die Herausgabe zum Zwecke der Zurückschaffung in das Grundstück und, wenn der Miether ausgezogen ist, die Ueberlassung des Besitzes verlangen. Das Pfandrecht erlischt mit dem Ablauf eines Monats, nachdem der Vermiether von der Entfernung der Sachen Kenntniß erlangt hat, wenn nicht der Vermiether diesen Anspruch vorher gerichtlich geltend gemacht hat.

§. 554. (I 521 Abs. 4, II 504.)

Der Miether kann die Geltendmachung des Pfandrechts des Vermiethers durch Sicherheitsleistung abwenden; er kann jede einzelne Sache dadurch von dem Pfandrechte befreien, daß er in Höhe ihres Werthes Sicherheit leistet.

§. 555. (I 521 Abs. 5, II 505.)

Wird eine dem Pfandrechte des Vermiethers unterliegende Sache für einen anderen Gläubiger gepfändet, so kann diesem gegenüber das Pfandrecht nicht wegen des Miethzinses für eine frühere Zeit als das letzte Jahr vor der Pfändung geltend gemacht werden.

§. 556. (I 522 Abs. 1, 2, II 506 Abs. 1, 2.)

Das Miethverhältniß endigt mit dem Ablaufe der Zeit, für die es eingegangen ist.

Ist die Miethzeit nicht bestimmt, so kann jeder Theil das Miethverhältniß nach den Vorschriften des §. 557 kündigen.

§. 557. (I 522 Abs. 3 bis 7, II 506 Abs. 3 bis 6.)

Bei Grundstücken ist die Kündigung nur für den Schluß eines Kalendervierteljahrs zulässig; sie hat spätestens am ersten Werktage des Vierteljahrs zu erfolgen. Ist der Miethzins nach Monaten bemessen, so ist die Kündigung nur für den Schluß eines Kalendermonats zulässig; sie hat spätestens am fünfzehnten des Monats zu erfolgen. Ist der Miethzins nach Wochen bemessen, so ist die Kündigung nur für den Schluß einer Kalenderwoche zulässig; sie hat spätestens am ersten Werktage der Woche zu erfolgen.

Bei beweglichen Sachen hat die Kündigung spätestens am dritten Tage vor dem Tage zu erfolgen, an welchem das Miethverhältniß endigen soll.

Ist der Miethzins für ein Grundstück oder für eine bewegliche Sache nach Tagen bemessen, so ist die Kündigung an jedem Tage für den folgenden Tag zulässig.

Die Vorschriften des Abs. 1 Satz 1 und des Abs. 2 gelten auch für die Fälle, in denen das Miethverhältniß unter Einhaltung der gesetzlichen Frist vorzeitig gekündigt werden kann.

§. 558. (II 507.)

Ein Miethvertrag über ein Grundstück, der für längere Zeit als ein Jahr geschlossen wird, bedarf der schriftlichen Form. Wird die Form nicht beobachtet, so gilt der Vertrag als für unbestimmte Zeit geschlossen; die Kündigung ist jedoch nicht für eine frühere Zeit als für den Schluß des ersten Jahres zulässig.

§. 559. (I 523, II 508.)

Wird ein Miethvertrag für eine längere Zeit als dreißig Jahre geschlossen, so kann nach dreißig Jahren jeder Theil das Miethverhältniß unter Einhaltung der gesetzlichen Frist kündigen. Die Kündigung ist unzulässig, wenn der Vertrag für die Lebenszeit des Vermiethers oder des Miethers geschlossen ist.

§. 560. (I 524, II 509.)

Wird nach dem Ablaufe der Miethzeit der Gebrauch der Sache von dem Miether fortgesetzt, so gilt das Miethverhältniß als auf unbestimmte Zeit verlängert, sofern nicht der Vermiether oder der Miether seinen entgegenstehenden Willen binnen einer Frist von zwei Wochen dem anderen Theile gegenüber erklärt. Die Frist beginnt für den Miether mit der Fortsetzung des Gebrauchs, für den Vermiether mit dem Zeitpunkt, in welchem er von der Fortsetzung Kenntniß erlangt.

§. 561. (I 526, II 510.)

Stirbt der Miether, so ist sowohl der Erbe als der Vermiether berechtigt, das Miethverhältniß unter Einhaltung der gesetzlichen Frist zu kündigen. Die Kündigung kann nur für den ersten Termin erfolgen, für den sie zulässig ist.

§. 562. (I 527, II 511.)

Militärpersonen, Beamte, Geistliche und Lehrer an öffentlichen Unterrichtsanstalten können im Falle der Versetzung nach einem anderen Orte das Miethverhältniß in Ansehung der Räume, welche sie für sich oder ihre Familie an dem bisherigen Garnison- oder Wohnorte gemiethet haben, unter Einhaltung der gesetzlichen Frist kündigen. Die Kündigung kann nur für den ersten Termin erfolgen, für den sie zulässig ist.

§. 563. (I 509, II 512.)

Wird das vermiethete Grundstück nach der Ueberlassung an den Miether von dem Vermiether an einen Dritten veräußert, so tritt der Erwerber an Stelle des Vermiethers in die sich während der Dauer seines Eigenthums aus dem Miethverhältniß ergebenden Rechte und Verpflichtungen ein.

Erfüllt der Erwerber die Verpflichtungen nicht, so haftet der Vermiether für den von dem Erwerber zu ersetzenden Schaden wie ein Bürge, der auf die Einrede der Vorausklage verzichtet hat. Erlangt der Miether von dem Uebergange des Eigenthums durch Mittheilung des Vermiethers Kenntniß, so wird der Vermiether von der Haftung befreit, wenn nicht der Miether das Miethverhältniß für den ersten Termin kündigt, für den die Kündigung zulässig ist.

§. 564. (II 513.)

Hat der Miether des veräußerten Grundstücks dem Vermiether für die Erfüllung seiner Verpflichtungen Sicherheit geleistet, so tritt der Erwerber in die dadurch begründeten Rechte ein. Zur Rückgewähr der Sicherheit ist er nur verpflichtet, wenn sie ihm ausgehändigt wird oder wenn er dem Vermiether gegenüber die Verpflichtung zur Rückgewähr übernimmt.

§. 565. (II 514.)

Eine Verfügung, die der Vermiether vor dem Uebergange des Eigenthums über den auf die Zeit der Berechtigung des Erwerbers entfallenden Miethzins getroffen hat, ist insoweit wirksam, als sie sich auf den Miethzins für das zur Zeit des Ueberganges des Eigenthums laufende und das folgende Kalendervierteljahr bezieht. Eine Verfügung über den Miethzins für eine spätere Zeit muß der Erwerber gegen sich gelten lassen, wenn er sie zur Zeit des Ueberganges des Eigenthums kennt.

§. 566. (II 515.)

Ein Rechtsgeschäft, das zwischen dem Miether und dem Vermiether in Ansehung der Miethzinsforderung vorgenommen wird, insbesondere die Entrichtung des Miethzinses, ist dem Erwerber gegenüber wirksam, soweit es sich nicht auf den Miethzins für eine spätere Zeit als das Kalendervierteljahr, in welchem der Miether von dem Uebergange des Eigenthums Kenntniß erlangt, und das folgende Vierteljahr bezieht. Ein Rechtsgeschäft, das nach dem Uebergange des Eigenthums vorgenommen wird, ist jedoch unwirksam, wenn der Miether bei der Vornahme des Rechtsgeschäfts von dem Uebergange des Eigenthums Kenntniß hat.

§. 567. (II 516.)

Soweit die Entrichtung des Miethzinses an den Vermiether nach §. 566 dem Erwerber gegenüber wirksam ist, kann der Miether gegen die Miethzinsforderung des Erwerbers eine ihm gegen den Vermiether zustehende Forderung aufrechnen. Die Aufrechnung ist ausgeschlossen, wenn der Miether die Gegenforderung erworben hat, nachdem er von dem Uebergange des Eigenthums Kenntniß erlangt hat, oder wenn die Gegenforderung erst nach der Erlangung der Kenntniß und später als der Miethzins fällig geworden ist.

§. 568. (II 517.)

Zeigt der Vermiether dem Miether an, daß er das Eigenthum an dem vermietheten Grundstück auf einen Dritten übertragen habe, so muß er in Ansehung der Miethzinsforderung die angezeigte Uebertragung dem Miether gegenüber gegen sich gelten lassen, auch wenn sie nicht erfolgt oder nicht wirksam ist.

Die Anzeige kann nur mit Zustimmung desjenigen zurückgenommen werden, welcher als der neue Eigenthümer bezeichnet worden ist.

§. 569. (I 510, II 518.)

Wird das vermiethete Grundstück nach der Ueberlassung an den Miether von dem Vermiether mit dem Rechte eines Dritten belastet, so finden die Vorschriften der §§. 563 bis 568 entsprechende Anwendung, wenn durch die Ausübung des Rechtes dem Miether der vertragsmäßige Gebrauch entzogen wird.

Hat die Ausübung des Rechtes nur eine Beschränkung des Miethers in dem vertragsmäßigen Gebrauche zur Folge, so ist der Dritte dem Miether gegenüber verpflichtet, die Ausübung zu unterlassen, soweit sie den vertragsmäßigen Gebrauch beeinträchtigen würde.

§. 570. (I 512, II 519.)

Hat vor der Ueberlassung des vermietheten Grundstücks an den Miether der Vermiether das Grundstück an einen Dritten veräußert oder mit einem Rechte belastet, durch dessen Ausübung der vertragsmäßige Gebrauch dem Miether entzogen oder beschränkt wird, so gilt das Gleiche wie in den Fällen des §. 563 Abs. 1 und des §. 569, wenn der Erwerber dem Vermiether gegenüber die Erfüllung der sich aus dem Miethverhältniß ergebenden Verpflichtungen übernommen hat.

§. 571. (II 520.)

Wird das vermiethete Grundstück von dem Erwerber weiter veräußert oder belastet, so finden die Vorschriften des §. 563 Abs. 1 und der §§. 564 bis 570 entsprechende Anwendung. Erfüllt der neue Erwerber die sich aus dem Miethverhältniß ergebenden Verpflichtungen nicht, so haftet der Vermiether dem Miether nach §. 563 Abs. 2.

§. 572. (I 503, II 480 Abs. 2.)

Die Vorschriften über die Miethe von Grundstücken gelten auch für die Miethe von Wohnräumen und anderen Räumen.

II. Pacht.

§. 573. (I 531, 532, II 521.)

Durch den Pachtvertrag wird der Pächter verpflichtet, dem Pächter den Gebrauch und den Fruchtgenuß des verpachteten Gegenstandes während der Pachtzeit zu gewähren. Der Pächter ist verpflichtet, dem Verpächter den vereinbarten Pachtzins zu entrichten.

Auf die Pacht finden, soweit sich nicht aus den §§. 574 bis 589 ein Anderes ergiebt, die Vorschriften über die Miethe entsprechende Anwendung.

§. 574. (I 540, II 522.)

Der Pächter eines landwirthschaftlichen Grundstücks hat die gewöhnlichen Ausbesserungen, insbesondere die der Wohn- und Wirthschaftsgebäude, der Wege, Gräben und Einfriedigungen, auf seine Kosten zu bewirken.

§. 575. (I 541, II 523.)

Der Pächter eines landwirthschaftlichen Grundstücks darf nicht ohne die Erlaubniß des Verpächters Aenderungen in der wirthschaftlichen Bestimmung des Grundstücks vornehmen, die auf die Art der Bewirthschaftung über die Pachtzeit hinaus von Einfluß sind.

§. 576. (I 539, II 524.)

Ist bei der Pacht eines landwirthschaftlichen Grundstücks der Pachtzins nach Jahren bemessen, so ist er nach dem Ablaufe je eines Pachtjahrs am ersten Werktage des folgenden Jahres zu entrichten.

§. 577. (I 543, II 525.)

Das Pfandrecht des Verpächters eines landwirthschaftlichen Grundstücks kann für den gesammten Pachtzins geltend gemacht werden und unterliegt nicht der im §. 555 bestimmten Beschränkung. Es erstreckt sich auf die Früchte des Grundstücks sowie auf die nach §. 715 Nr. 5 der Civilprozeßordnung der Pfändung nicht unterworfenen Sachen.

§. 578. (I 535, II 526.)

Wird ein Grundstück sammt Inventar verpachtet, so liegt dem Pächter die Erhaltung der einzelnen Inventarstücke ob.

Der Verpächter ist verpflichtet, Inventarstücke, die in Folge eines von dem Pächter nicht zu vertretenden Umstandes in Abgang kommen, zu ergänzen. Der Pächter hat jedoch den gewöhnlichen Abgang der zu dem Inventar gehörenden Thiere aus den Jungen insoweit zu ersetzen, als dies einer ordnungsmäßigen Wirthschaft entspricht.

§. 579. (I 544 Abs. 1, II 527.)

Uebernimmt der Pächter eines Grundstücks das Inventar zum Schätzungswerthe mit der Verpflichtung, es bei der Beendigung der Pacht zum Schätzungswerthe zurückzugewähren, so gelten die Vorschriften der §§. 580, 581.

§. 580. (I 544 Abs. 2 bis 5, II 528.)

Der Pächter trägt die Gefahr des zufälligen Unterganges und einer zufälligen Verschlechterung des Inventars. Er kann über die einzelnen Stücke innerhalb der Grenzen einer ordnungsmäßigen Wirthschaft verfügen.

Der Pächter hat das Inventar nach den Regeln einer ordnungsmäßigen Wirthschaft in dem Zustande zu erhalten, in welchem es ihm übergeben wird. Die von ihm angeschafften Stücke werden mit der Einverleibung in das Inventar Eigenthum des Verpächters.

§. 581. (I 544 Abs. 6 bis 8, II 529.)

Der Pächter hat das bei der Beendigung der Pacht vorhandene Inventar dem Verpächter zurückzugewähren.

Der Verpächter kann die Uebernahme derjenigen von dem Pächter angeschafften Inventarstücke ablehnen, welche nach den Regeln einer ordnungsmäßigen Wirthschaft für das Grundstück überflüssig oder zu werthvoll sind; mit der Ablehnung geht das Eigenthum an den abgelehnten Stücken auf den Pächter über.

Ist der Gesammtschätzungswerth der übernommenen Stücke höher oder niedriger als der Gesammtschätzungswerth der zurückzugewährenden Stücke, so hat im ersteren Falle der Pächter dem Verpächter, im letzteren Falle der Verpächter dem Pächter den Mehrbetrag zu ersetzen.

§. 582. (I 536, II 530.)

Dem Pächter eines Grundstücks steht für die Forderungen gegen den Verpächter, die sich auf das mitgepachtete Inventar beziehen, ein Pfandrecht an den in seinen Besitz gelangten Inventarstücken zu. Auf das Pfandrecht findet die Vorschrift des §. 554 Anwendung.

§. 583. (I 545, II 531.)

Der Pächter eines landwirthschaftlichen Grundstücks ist verpflichtet, das Grundstück nach der Beendigung der Pacht in dem Zustande zurückzugewähren, der sich bei einer während der Pachtzeit bis zur Rückgewähr fortgesetzten ordnungsmäßigen Bewirthschaftung ergiebt. Dies gilt insbesondere auch für die Bestellung.

§. 584. (II 532.)

Endigt die Pacht eines landwirthschaftlichen Grundstücks im Laufe eines Pachtjahrs, so hat der Verpächter die Kosten, die der Pächter auf die noch nicht getrennten, jedoch nach den Regeln einer ordnungsmäßigen Wirthschaft vor dem Ende des Pachtjahrs zu trennenden Früchte verwendet hat, insoweit zu ersetzen, als sie einer ordnungsmäßigen Wirthschaft entsprechen und den Werth dieser Früchte nicht übersteigen.

§. 585. (I 547, II 533.)

Der Pächter eines Landguts hat von den bei der Beendigung der Pacht vorhandenen landwirthschaftlichen Erzeugnissen ohne Rücksicht darauf, ob er bei dem Antritte der Pacht solche Erzeugnisse übernommen hat, so viel zurückzulassen, als zur Fortführung der Wirthschaft bis zu der Zeit erforderlich ist, zu welcher gleiche oder ähnliche Erzeugnisse voraussichtlich gewonnen werden.

Soweit der Pächter landwirthschaftliche Erzeugnisse in größerer Menge oder besserer Beschaffenheit zurückzulassen verpflichtet ist, als er bei dem Antritte der Pacht übernommen hat, kann er von dem Verpächter Ersatz des Werthes verlangen.

Den vorhandenen auf dem Gute gewonnenen Dünger hat der Pächter zurückzulassen, ohne daß er Ersatz des Werthes verlangen kann.

§. 586. (I 548, II 534.)

Uebernimmt der Pächter eines Landsguts das Gut auf Grund einer Schätzung des wirthschaftlichen Zustandes mit der Bestimmung, daß nach der Beendigung der Pacht die Rückgewähr gleichfalls auf Grund einer solchen Schätzung zu erfolgen hat, so finden auf die Rückgewähr des Gutes die Vorschriften des §. 581 Abs. 2, 3 entsprechende Anwendung.

Das Gleiche gilt, wenn der Pächter Vorräthe auf Grund einer Schätzung mit einer solchen Bestimmung übernimmt, für die Rückgewähr der Vorräthe, die er zurückzulassen verpflichtet ist.

§. 587. (I 537, II 535.)

Ist bei der Pacht eines Grundstücks oder eines Rechtes die Pachtzeit nicht bestimmt, so ist die Kündigung nur für den Schluß eines Pachtjahrs zulässig; sie hat spätestens am ersten Werktage des halben Jahres zu erfolgen, mit dessen Ablaufe die Pacht endigen soll.

Diese Vorschriften gelten bei der Pacht eines Grundstücks oder eines Rechtes auch für die Fälle, in denen das Pachtverhältniß unter Einhaltung der gesetzlichen Frist vorzeitig gekündigt werden kann.

§. 588. (I 533, 538, II 536.)

Dem Pächter steht das im §. 541 Abs. 1 bestimmte Kündigungsrecht nicht zu.

Der Verpächter ist nicht berechtigt, das Pachtverhältniß nach §. 561 zu kündigen.

Eine Kündigung des Pachtverhältnisses nach §. 562 findet nicht statt.

§. 589. (I 542, II 537.)

Giebt der Pächter den gepachteten Gegenstand nach der Beendigung der Pacht nicht zurück, so kann der Verpächter für die Dauer der Vorenthaltung als Entschädigung den vereinbarten Pachtzins nach dem Verhältnisse verlangen, in welchem die Nutzungen, die der Pächter während dieser Zeit gezogen hat oder hätte ziehen können, zu den Nutzungen des ganzen Pachtjahrs stehen. Die Geltendmachung eines weiteren Schadens ist nicht ausgeschlossen.

Vierter Titel.

Leihe.

§. 590. (I 549 Satz 2, II 538.)

Durch den Leihvertrag wird der Verleiher einer Sache verpflichtet, dem Entleiher den Gebrauch der Sache unentgeltlich zu gestatten.

§. 591. (I 550, II 539.)

Der Verleiher hat nur Vorsatz und grobe Fahrlässigkeit zu vertreten.

§. 592. (I 551, II 540.)

Verschweigt der Verleiher arglistig einen Mangel im Rechte oder einen Fehler der verliehenen Sache, so ist er verpflichtet, dem Entleiher den daraus entstehenden Schaden zu ersetzen.

§. 593. (I 553, II 541.)

Der Entleiher hat die gewöhnlichen Kosten der Erhaltung der geliehenen Sache, bei der Leihe eines Thieres insbesondere die Fütterungskosten, zu tragen.

Die Verpflichtung des Verleihers zum Ersatz anderer Verwendungen bestimmt sich nach den Vorschriften über die Geschäftsführung ohne Auftrag. Der Entleiher ist berechtigt, eine Einrichtung, mit der er die Sache versehen hat, wegzunehmen.

§. 594. (I 554, II 542.)

Veränderungen oder Verschlechterungen der geliehenen Sache, die durch den vertragsmäßigen Gebrauch herbeigeführt werden, hat der Entleiher nicht zu vertreten.

§. 595. (I 549 Satz 1, 552, II 543.)

Der Entleiher darf von der geliehenen Sache keinen anderen als den vertragsmäßigen Gebrauch machen. Er ist ohne die Erlaubniß des Verleihers nicht berechtigt, den Gebrauch der Sache einem Dritten zu überlassen.

§. 596. (I 549 Satz 1, 555, 556, II 544.)

Der Entleiher ist verpflichtet, die geliehene Sache nach dem Ablaufe der für die Leihe bestimmten Zeit zurückzugeben.

Ist eine Zeit nicht bestimmt, so ist die Sache zurückzugeben, nachdem der Entleiher den sich aus dem Zwecke der Leihe ergebenden Gebrauch gemacht hat. Der Verleiher kann die Sache schon vorher zurückfordern, wenn so viel Zeit verstrichen ist, daß der Entleiher den Gebrauch hätte machen können.

Ist die Dauer der Leihe weder bestimmt noch aus dem Zwecke zu entnehmen, so kann der Verleiher die Sache jederzeit zurückfordern.

Ueberläßt der Entleiher den Gebrauch der Sache einem Dritten, so kann der Verleiher sie nach der Beendigung der Leihe auch von dem Dritten zurückfordern.

§. 597. (I 557, II 545.)

Der Verleiher kann die Leihe kündigen:

1. wenn er in Folge eines nicht vorhergesehenen Umstandes der verliehenen Sache bedarf;
2. wenn der Entleiher einen vertragswidrigen Gebrauch von der Sache macht, insbesondere unbefugt den Gebrauch einem Dritten überläßt, oder die Sache durch Vernachlässigung der ihm obliegenden Sorgfalt erheblich gefährdet;
3. wenn der Entleiher stirbt.

§. 598. (II 546.)

Die Ersatzansprüche des Verleihers wegen Veränderungen oder Verschlechterungen der verliehenen Sache sowie die Ansprüche des Entleihers auf

Ersatz von Verwendungen oder auf Gestattung der Wegnahme einer Einrichtung verjähren in sechs Monaten. Die Vorschriften des §. 550 Abs. 2, 3 finden entsprechende Anwendung.

Fünfter Titel.

Darlehen.

§. 599. (I 453 Abs. 1, 454, II 547.)

Wer Geld oder andere vertretbare Sachen als Darlehen empfangen hat, ist verpflichtet, dem Darleiher das Empfangene in Sachen von gleicher Art, Güte und Menge zurückzuerstatten.

Wer Geld oder andere vertretbare Sachen aus einem anderen Grunde schuldet, kann mit dem Gläubiger vereinbaren, daß das Geld oder die Sachen als Darlehen geschuldet werden sollen.

§. 600. (I 456, II 548 Abs. 2.)

Sind für ein Darlehen Zinsen bedungen, so sind sie, sofern nicht ein Anderes bestimmt ist, nach dem Ablaufe je eines Jahres und, wenn das Darlehen vor dem Ablauf eines Jahres zurückzuerstatten ist, bei der Rückerstattung zu entrichten.

§. 601. (I 457, II 549.)

Ist für die Rückerstattung eines Darlehens eine Zeit nicht bestimmt, so hängt die Fälligkeit davon ab, daß der Gläubiger oder der Schuldner kündigt.

Die Kündigungsfrist beträgt bei Darlehen von mehr als dreihundert Mark drei Monate, bei Darlehen von geringerem Betrag einen Monat.

Sind Zinsen nicht bedungen, so ist der Schuldner auch ohne Kündigung zur Rückerstattung berechtigt.

§. 602. (I 458, II 550.)

Wer die Hingabe eines Darlehens verspricht, kann im Zweifel das Versprechen widerrufen, wenn in den Vermögensverhältnissen des anderen Theiles eine wesentliche Verschlechterung eintritt, durch die der Anspruch auf die Rückerstattung gefährdet wird.

Sechster Titel.

Dienstvertrag.

§. 603. (I 559 Abs. 1, II 551.)

Durch den Dienstvertrag wird derjenige, welcher Dienste zusagt, zur Leistung der versprochenen Dienste, der andere Theil zur Gewährung der vereinbarten Vergütung verpflichtet.

Gegenstand des Dienstvertrags können Dienste jeder Art sein.

§. 604. (I 559 Abs. 2, II 552.)

Eine Vergütung gilt als stillschweigend vereinbart, wenn die Dienstleistung den Umständen nach nur gegen eine Vergütung zu erwarten ist.

Ist die Höhe der Vergütung nicht bestimmt, so ist bei dem Bestehen einer Taxe die taxmäßige Vergütung, in Ermangelung einer Taxe die übliche Vergütung als vereinbart anzusehen.

§. 605. (II 553.)

Wer zur Leistung gewisser Dienste öffentlich bestellt ist oder sich öffentlich erboten hat, ist, wenn er einen auf solche Dienste gerichteten Antrag nicht annimmt, verpflichtet, die Ablehnung dem Antragsteller unverzüglich anzuzeigen. Das Gleiche gilt, wenn sich Jemand dem Antragsteller gegenüber zur Leistung gewisser Dienste erboten hat.

§. 606. (II 554.)

Der zur Dienstleistung Verpflichtete hat die Dienste im Zweifel in Person zu leisten. Der Anspruch auf die Dienste ist im Zweifel nicht übertragbar.

§. 607. (I 560, II 555.)

Die Vergütung ist nach der Leistung der Dienste zu entrichten. Ist die Vergütung nach Zeitabschnitten bemessen, so ist sie nach dem Ablaufe der einzelnen Zeitabschnitte zu entrichten.

§. 608. (I 561, II 556.)

Kommt der Dienstberechtigte mit der Annahme der Dienste in Verzug, so kann der Verpflichtete für die in Folge des Verzugs nicht geleisteten Dienste die vereinbarte Vergütung verlangen, ohne zur Nachleistung verpflichtet zu sein. Er muß sich jedoch den Werth desjenigen anrechnen lassen, was er in Folge des Unterbleibens der Dienstleistung erspart oder durch anderweitige Verwendung seiner Dienste erwirbt oder zu erwerben böswillig unterläßt.

§. 609. (I 562, II 557.)

Ist die Vergütung nach Zeitabschnitten bemessen, so wird der zur Dienstleistung Verpflichtete des Anspruchs auf die Vergütung nicht dadurch verlustig, daß er für eine verhältnißmäßig nicht erhebliche Zeit durch einen in seiner Person liegenden Grund ohne sein Verschulden an der Dienstleistung verhindert wird. Er muß sich jedoch den Betrag anrechnen lassen, welcher ihm für die Zeit der Verhinderung aus einer auf Grund gesetzlicher Verpflichtung bestehenden Kranken- oder Unfallversicherung zukommt.

§. 610. (II 558.)

Der Dienstberechtigte ist verpflichtet, Räume, Vorrichtungen oder Geräthschaften, die er zur Verrichtung der Dienste zu beschaffen hat, so einzurichten und zu unterhalten und Dienstleistungen, die unter seiner Anordnung oder seiner Leitung vorzunehmen sind, so zu regeln, daß der zur Dienstleistung Verpflichtete gegen Gefahr für Leben und Gesundheit soweit geschützt ist, als die Natur der Dienstleistung es gestattet. Erfüllt er diese Verpflichtung nicht, so hat er, wenn ihm ein Verschulden zur Last fällt, den daraus entstehenden Schaden zu ersetzen. Die für den Schadensersatz wegen unerlaubter Handlungen geltenden Vorschriften der §§. 827 bis 831 finden entsprechende Anwendung.

Die Verpflichtung des Dienstberechtigten kann nicht im voraus durch Vertrag aufgehoben oder beschränkt werden.

§. 611. (I 563, II 559.)

Das Dienstverhältniß endigt mit dem Ablaufe der Zeit, für die es eingegangen ist.

Ist das Dienstverhältniß nicht für bestimmte Zeit eingegangen und ergiebt sich die Dauer auch nicht aus dem Zwecke der Dienste, so kann jeder Theil das Dienstverhältniß nach Maßgabe der §§. 612 bis 614 kündigen.

§. 612. (I 563, II 560.)

Ist die Vergütung nach Tagen bemessen, so ist die Kündigung an jedem Tage für den folgenden Tag zulässig.

Ist die Vergütung nach Wochen bemessen, so ist die Kündigung nur für den Schluß einer Kalenderwoche zulässig; sie hat spätestens am ersten Werktage der Woche zu erfolgen.

Ist die Vergütung nach Monaten bemessen, so ist die Kündigung nur für den Schluß eines Kalendermonats zulässig; sie hat spätestens am fünfzehnten des Monats zu erfolgen.

Ist die Vergütung nach Vierteljahren oder längeren Zeitabschnitten bemessen, so ist die Kündigung nur für den Schluß eines Kalendervierteljahrs und nur unter Einhaltung einer Kündigungsfrist von sechs Wochen zulässig.

§. 613. (I 563, II 561.)

Das Dienstverhältniß der mit festen Bezügen zur Leistung von Diensten höherer Art Angestellten, deren Erwerbsthätigkeit durch das Dienstverhältniß vollständig oder hauptsächlich in Anspruch genommen wird, insbesondere der Lehrer, Erzieher, Privatbeamten, Gesellschafterinnen, kann nur für den Schluß eines Kalendervierteljahrs und nur unter Einhaltung einer Kündigungsfrist von sechs Wochen gekündigt werden, auch wenn die Vergütung nach kürzeren Zeitabschnitten als Vierteljahren bemessen ist.

§. 614. (I 563, II 562.)

Ist die Vergütung nicht nach Zeitabschnitten bemessen, so kann das Dienstverhältniß jederzeit gekündigt werden; bei einem die Erwerbsthätigkeit des Verpflichteten vollständig oder hauptsächlich in Anspruch nehmenden Dienstverhältniß ist jedoch eine Kündigungsfrist von zwei Wochen einzuhalten.

§. 615. (I 564, II 563.)

Ist das Dienstverhältniß für die Lebenszeit einer Person oder für längere Zeit als fünf Jahre eingegangen, so kann es von dem zur Dienstleistung Verpflichteten nach dem Ablaufe von fünf Jahren gekündigt werden. Die Kündigungsfrist beträgt sechs Monate. Die Kündigung ist nicht zulässig, wenn der Verpflichtete die Dienste durch einen Anderen leisten lassen darf.

§. 616. (I 565, II 564.)

Wird das Dienstverhältniß nach dem Ablaufe der Dienstzeit von dem zur Dienstleistung Verpflichteten mit Wissen des anderen Theiles fortgesetzt, so gilt es als auf unbestimmte Zeit verlängert, sofern nicht der andere Theil unverzüglich widerspricht.

§. 617. (I 566 Abs. 1 Satz 1, II 565 Abs. 1.)

Das Dienstverhältniß kann von jedem Theile ohne Einhaltung einer Kündigungsfrist gekündigt werden, wenn ein wichtiger Grund vorliegt.

§. 618. (II 565 Abs. 2, 567 Abs. 2.)

Hat der zur Dienstleistung Verpflichtete, ohne in einem dauernden Dienstverhältnisse mit festen Bezügen zu stehen, Dienste höherer Art zu leisten, die auf Grund besonderen Vertrauens übertragen zu werden pflegen, so ist die Kündigung auch ohne die im §. 617 bezeichnete Voraussetzung zulässig.

Der Verpflichtete darf nur in der Art kündigen, daß sich der Dienstberechtigte die Dienste anderweit beschaffen kann, es sei denn, daß ein wichtiger Grund für die unzeitige Kündigung vorliegt. Kündigt er ohne solchen Grund zur Unzeit, so hat er dem Dienstberechtigten den daraus entstehenden Schaden zu ersetzen.

§. 619. (I 566 Abs. 1 Satz 2, Abs. 2, II 566.)

Wird nach dem Beginne der Dienstleistung das Dienstverhältniß auf Grund des §. 617 oder des §. 618 gekündigt, so kann der Verpflichtete einen seinen bisherigen Leistungen entsprechenden Theil der Vergütung verlangen. Kündigt er, ohne durch vertragswidriges Verhalten des anderen Theiles dazu veranlaßt zu sein, oder veranlaßt er durch sein vertragswidriges Verhalten die Kündigung des anderen Theiles, so steht ihm ein Anspruch auf die Vergütung insoweit nicht zu, als seine bisherigen Leistungen in Folge der Kündigung für den anderen Theil kein Interesse haben. Ist die Vergütung für eine spätere Zeit im voraus entrichtet, so hat der Verpflichtete sie nach Maßgabe des §. 342 oder, wenn die Kündigung wegen eines Umstandes erfolgt, den er nicht zu vertreten hat, nach den Vorschriften über die Herausgabe einer ungerechtfertigten Bereicherung zurückzuerstatten.

Wird die Kündigung durch vertragswidriges Verhalten des anderen Theiles veranlaßt, so ist dieser zum Ersatze des durch die Aufhebung des Dienstverhältnisses entstehenden Schadens verpflichtet.

§. 620. (II 568.)

Bei der Beendigung eines dauernden Dienstverhältnisses kann der zur Dienstleistung Verpflichtete von dem anderen Theile ein schriftliches Zeugniß über das Dienstverhältniß und dessen Dauer fordern. Das Zeugniß ist auf Verlangen auf die Leistungen und die Führung im Dienste zu erstrecken.

Siebenter Titel.

Werkvertrag.

§. 621. (I 567 Abs. 1, 579, II 569.)

Durch den Werkvertrag wird der Unternehmer zur Herstellung des versprochenen Werkes, der Besteller zur Entrichtung der vereinbarten Vergütung verpflichtet.

Gegenstand des Werkvertrags kann sowohl die Herstellung oder Veränderung einer Sache als ein anderer durch Arbeit oder Dienstleistung herbeizuführender Erfolg sein.

§. 622. (I 567 Abs. 2, II 570.)

Eine Vergütung gilt als stillschweigend vereinbart, wenn die Herstellung des Werkes den Umständen nach nur gegen eine Vergütung zu erwarten ist.

Ist die Höhe der Vergütung nicht bestimmt, so ist bei dem Bestehen einer Taxe die taxmäßige Vergütung, in Ermangelung einer Taxe die übliche Vergütung als vereinbart anzusehen.

§. 623. (I 569 Abs. 1, II 571.)

Der Unternehmer ist verpflichtet, das Werk so herzustellen, daß es die zugesicherten Eigenschaften hat und nicht mit Fehlern behaftet ist, die den Werth oder die Tauglichkeit zu dem gewöhnlichen oder dem nach dem Vertrage vorausgesetzten Gebrauch aufheben oder mindern.

Ist das Werk nicht von dieser Beschaffenheit, so kann der Besteller die Beseitigung des Mangels verlangen. Der Unternehmer ist berechtigt, die Beseitigung zu verweigern, wenn sie einen unverhältnißmäßigen Aufwand erfordert.

Ist der Unternehmer mit der Beseitigung des Mangels im Verzuge, so kann der Besteller den Mangel selbst beseitigen und Ersatz der erforderlichen Aufwendungen verlangen.

§. 624. (I 569 Abs. 1 Satz 2, Abs. 2, II 572.)

Zur Beseitigung eines Mangels der im §. 623 bezeichneten Art kann der Besteller dem Unternehmer eine angemessene Frist mit der Erklärung bestimmen, daß er die Beseitigung des Mangels nach dem Ablaufe der Frist ablehne. Zeigt sich schon vor der Ablieferung des Werkes ein Mangel, so kann der Besteller die Frist sofort bestimmen; die Frist muß so bemessen werden, daß sie nicht vor der für die Ablieferung bestimmten Frist abläuft. Nach dem Ablaufe der

Frist kann der Besteller Rückgängigmachung des Vertrags (Wandelung) oder Herabsetzung der Vergütung (Minderung) verlangen, wenn nicht der Mangel rechtzeitig beseitigt worden ist; der Anspruch auf Beseitigung des Mangels ist ausgeschlossen.

Der Bestimmung einer Frist bedarf es nicht, wenn die Beseitigung des Mangels unmöglich ist oder von dem Unternehmer verweigert wird oder wenn die sofortige Geltendmachung des Anspruchs auf Wandelung oder auf Minderung durch ein besonderes Interesse des Bestellers gerechtfertigt wird.

Die Wandelung ist ausgeschlossen, wenn der Mangel den Werth oder die Tauglichkeit des Werkes nur unerheblich mindert.

Auf die Wandelung und die Minderung finden die für den Kauf geltenden Vorschriften der §§. 458 bis 460, 462 bis 468 entsprechende Anwendung.

§. 625. (I 569 Abs. 3, II 573.)

Beruht der Mangel des Werkes auf einem Umstande, den der Unternehmer zu vertreten hat, so kann der Besteller statt der Wandelung oder der Minderung Schadensersatz wegen Nichterfüllung verlangen.

§. 626. (I 569 Abs. 4, II 574.)

Wird das Werk ganz oder zum Theil nicht rechtzeitig hergestellt, so finden die für die Wandelung geltenden Vorschriften des §. 624 Abs. 1 bis 3 entsprechende Anwendung; an die Stelle des Anspruchs auf Wandelung tritt das Recht des Bestellers, nach §. 322 von dem Vertrage zurückzutreten. Die im Falle des Verzugs des Unternehmers sowie die im Falle des §. 321 dem Besteller zustehenden Rechte bleiben unberührt.

Bestreitet der Unternehmer die Zulässigkeit des erklärten Rücktritts, weil er das Werk rechtzeitig hergestellt habe, so trifft ihn die Beweislast.

§. 627. (I 570, II 575.)

Eine Vereinbarung, durch welche die Verpflichtung des Unternehmers, einen Mangel des Werkes zu vertreten, erlassen oder beschränkt wird, ist nichtig, wenn der Unternehmer den Mangel arglistig verschweigt.

§. 628. (I 571, 579 Nr. 2, II 576 Abs. 1.)

Der Anspruch des Bestellers auf Beseitigung eines Mangels des Werkes sowie die wegen des Mangels dem Besteller zustehenden Ansprüche auf Wandelung, Minderung oder Schadensersatz verjähren, sofern nicht der Unternehmer den Mangel arglistig verschwiegen hat, in sechs Monaten, bei Arbeiten an einem Grundstücke in einem Jahre, bei Bauwerken in fünf Jahren. Die Verjährung beginnt mit der Abnahme des Werkes.

Die Verjährungsfrist kann durch Vertrag verlängert werden.

§. 629. (II 576 Abs. 2.)

Auf die Verjährung der im §. 628 bezeichneten Ansprüche des Bestellers finden die für die Verjährung der Ansprüche des Käufers geltenden

Vorschriften des §. 470 Abs. 2, 3 und der §§. 471, 472 entsprechende Anwendung.

Unterzieht sich der Unternehmer im Einverständnisse mit dem Besteller der Prüfung des Vorhandenseins des Mangels oder der Beseitigung des Mangels, so ist die Verjährung so lange gehemmt, bis der Unternehmer das Ergebniß der Prüfung dem Besteller mittheilt oder ihm gegenüber den Mangel für beseitigt erklärt oder die Fortsetzung der Beseitigung verweigert.

§. 630. (I 572, 579, II 577.)

Der Besteller ist verpflichtet, das vertragsmäßig hergestellte Werk abzunehmen, sofern nicht nach der Beschaffenheit des Werkes die Abnahme ausgeschlossen ist.

Nimmt der Besteller ein mangelhaftes Werk ab, obschon er den Mangel kennt, so stehen ihm die in den §§. 623, 624 bestimmten Ansprüche nur zu, wenn er sich seine Rechte wegen des Mangels bei der Abnahme vorbehält.

§. 631. (I 573, II 578.)

Die Vergütung ist bei der Abnahme des Werkes zu entrichten. Ist das Werk in Theilen abzunehmen und die Vergütung für die einzelnen Theile bestimmt, so ist die Vergütung für jeden Theil bei dessen Abnahme zu entrichten.

§. 632. (I 575, II 579 Abs. 1.)

Ist bei der Herstellung des Werkes eine Handlung des Bestellers erforderlich, so kann der Unternehmer, wenn der Besteller durch das Unterlassen der Handlung in Verzug der Annahme kommt, eine angemessene Entschädigung verlangen.

Die Höhe der Entschädigung bestimmt sich einerseits nach der Dauer des Verzugs und der Höhe der vereinbarten Vergütung, andererseits nach demjenigen, was der Unternehmer in Folge des Verzugs an Aufwendungen erspart oder durch anderweitige Verwendung seiner Arbeitskraft erwerben kann.

§. 633. (II 579 Abs. 2.)

Der Unternehmer ist im Falle des §. 632 berechtigt, dem Besteller zur Nachholung der Handlung eine angemessene Frist mit der Erklärung zu bestimmen, daß er den Vertrag kündige, wenn die Handlung nicht bis zum Ablaufe der Frist vorgenommen werde. Der Vertrag gilt als aufgehoben, wenn nicht die Nachholung bis zum Ablaufe der Frist erfolgt.

§. 634. (I 576, II 580.)

Der Unternehmer trägt die Gefahr bis zur Abnahme des Werkes. Kommt der Besteller in Verzug der Annahme, so geht die Gefahr auf ihn über. Für den zufälligen Untergang und eine zufällige Verschlechterung des von dem Besteller gelieferten Stoffes ist der Unternehmer nicht verantwortlich.

Versendet der Unternehmer das Werk auf Verlangen des Bestellers nach einem anderen Orte als dem Erfüllungsorte, so finden die für den Kauf geltenden Vorschriften des §. 441 entsprechende Anwendung.

§. 635. (I 577, II 581.)

Ist das Werk vor der Abnahme in Folge eines Mangels des von dem Besteller gelieferten Stoffes oder in Folge einer von dem Besteller für die Ausführung ertheilten Anweisung untergegangen, verschlechtert oder unausführbar geworden, ohne daß ein Umstand mitgewirkt hat, den der Unternehmer zu vertreten hat, so kann der Unternehmer einen der geleisteten Arbeit entsprechenden Theil der Vergütung und Ersatz der in der Vergütung nicht inbegriffenen Auslagen verlangen. Das Gleiche gilt, wenn der Vertrag in Gemäßheit des §. 633 aufgehoben wird.

Eine weitergehende Haftung des Bestellers wegen Verschuldens bleibt unberührt.

§. 636. (I 579 Nr. 1, II 582.)

Ist nach der Beschaffenheit des Werkes die Abnahme ausgeschlossen, so tritt in den Fällen der §§. 628, 631, 634, 635 an die Stelle der Abnahme die Vollendung des Werkes.

§. 637. (I 574, II 583 Abs. 1.)

Der Unternehmer hat für seine Forderungen aus dem Vertrag ein Pfandrecht an den von ihm hergestellten oder ausgebesserten beweglichen Sachen des Bestellers, wenn sie bei der Herstellung oder zum Zwecke der Ausbesserung in seinen Besitz gelangt sind.

§. 638. (II 583 Abs. 2.)

Der Unternehmer eines Bauwerkes oder eines einzelnen Theiles eines Bauwerkes kann für seine Forderungen aus dem Vertrage die Einräumung einer Sicherungshypothek an dem Baugrundstücke des Bestellers verlangen. Ist das Werk noch nicht vollendet, so kann er die Einräumung der Sicherungshypothek für einen der geleisteten Arbeit entsprechenden Theil der Vergütung und für die in der Vergütung nicht inbegriffenen Auslagen verlangen.

§. 639. (I 578, II 584.)

Der Besteller kann bis zur Vollendung des Werkes jederzeit den Vertrag kündigen. Kündigt der Besteller, so ist der Unternehmer berechtigt, die vereinbarte Vergütung zu verlangen; er muß sich jedoch dasjenige anrechnen lassen, was er in Folge der Aufhebung des Vertrags an Aufwendungen erspart oder durch anderweitige Verwendung seiner Arbeitskraft erwirbt oder zu erwerben böswillig unterläßt.

§. 640. (II 585.)

Ist dem Vertrag ein Kostenanschlag zu Grunde gelegt worden, ohne daß der Unternehmer die Gewähr für die Richtigkeit des Anschlags übernommen hat, und ergiebt sich, daß das Werk nicht ohne eine wesentliche Ueberschreitung des Anschlags ausführbar ist, so steht dem Unternehmer, wenn der Besteller den Vertrag aus diesem Grunde kündigt, nur der im §. 635 Abs. 1 bestimmte Anspruch zu.

Ist eine solche Ueberschreitung des Anschlags zu erwarten, so hat der Unternehmer dem Besteller unverzüglich Anzeige zu machen.

§. 641. (I 568, II 586.)

Verpflichtet sich der Unternehmer, das Werk aus einem von ihm zu beschaffenden Stoffe herzustellen, so hat er dem Besteller die hergestellte Sache zu übergeben und das Eigenthum an der Sache zu verschaffen. Auf einen solchen Vertrag finden die Vorschriften über den Kauf Anwendung; ist eine nicht vertretbare Sache herzustellen, so treten an die Stelle des §. 427, des §. 440 Abs. 1 Satz 1 und der §§. 441, 452, 453, 455 bis 457, 470 bis 472 die Vorschriften über den Werkvertrag mit Ausnahme der §§. 637, 638.

Verpflichtet sich der Unternehmer nur zur Beschaffung von Zuthaten oder sonstigen Nebensachen, so finden ausschließlich die Vorschriften über den Werkvertrag Anwendung.

Achter Titel.

Mäklervertrag.

§. 642. (I 580, II 587.)

Wer für den Nachweis der Gelegenheit zum Abschluß eines Vertrags oder für die Vermittelung eines Vertrags einen Mäklerlohn verspricht, ist zur Entrichtung des Lohnes nur verpflichtet, wenn der Vertrag in Folge des Nachweises oder in Folge der Vermittelung des Mäklers zu Stande kommt. Wird der Vertrag unter einer aufschiebenden Bedingung geschlossen, so kann der Mäklerlohn erst verlangt werden, wenn die Bedingung eintritt.

Aufwendungen sind dem Mäkler nur zu ersetzen, wenn es vereinbart ist. Dies gilt auch dann, wenn ein Vertrag nicht zu Stande kommt.

§. 643. (II 588.)

Ein Mäklerlohn gilt als stillschweigend vereinbart, wenn die dem Mäkler übertragene Leistung den Umständen nach nur gegen eine Vergütung zu erwarten ist.

Ist die Höhe der Vergütung nicht bestimmt, so ist bei dem Bestehen einer Taxe der taxmäßige Lohn, in Ermangelung einer Taxe der übliche Lohn als vereinbart anzusehen.

Neunter Titel.

Auslobung.

§. 644. (I 581, II 589.)

Wer durch öffentliche Bekanntmachung eine Belohnung für die Vornahme einer Handlung, insbesondere für die Herbeiführung eines Erfolges, aussetzt, ist verpflichtet, die Belohnung demjenigen zu entrichten, welcher die Handlung vorgenommen hat, auch wenn dieser nicht mit Rücksicht auf die Auslobung gehandelt hat.

§. 645. (I 582, II 590.)

Die Auslobung kann bis zur Vornahme der Handlung widerrufen werden. Der Widerruf ist nur wirksam, wenn er in derselben Weise wie die Auslobung bekannt gemacht wird oder wenn er durch besondere Mittheilung erfolgt.

Auf die Widerruflichkeit kann in der Auslobung verzichtet werden; ein Verzicht liegt im Zweifel in der Bestimmung einer Frist für die Vornahme der Handlung.

§. 646. (I 583 Abs. 1, Abs. 2 Satz 1, II 591 Abs. 1, 3.)

Ist die Handlung, für welche die Belohnung ausgesetzt ist, mehrmals vorgenommen worden, so gebührt die Belohnung demjenigen, welcher die Handlung zuerst vorgenommen hat.

Ist die Handlung von Mehreren gleichzeitig vorgenommen worden, so gebührt jedem ein gleicher Theil der Belohnung. Läßt sich die Belohnung wegen ihrer Beschaffenheit nicht theilen oder soll nach dem Inhalte der Auslobung nur Einer die Belohnung erhalten, so entscheidet das Loos.

§. 647. (I 583 Abs. 2, II 591 Abs. 2, 3.)

Haben Mehrere zu dem Erfolge mitgewirkt, für den die Belohnung ausgesetzt ist, so hat der Auslobende die Belohnung unter Berücksichtigung des Antheils eines jeden an dem Erfolge nach billigem Ermessen unter sie zu vertheilen. Die Vertheilung ist nicht verbindlich, wenn sie offenbar unbillig ist; sie erfolgt in einem solchen Falle durch Urtheil.

Wird die Vertheilung des Auslobenden von einem der Betheiligten nicht als verbindlich anerkannt, so ist der Auslobende berechtigt, die Erfüllung zu verweigern, bis die Betheiligten den Streit über ihre Berechtigung unter sich ausgetragen haben; jeder von ihnen kann verlangen, daß die Belohnung für alle hinterlegt wird.

Die Vorschrift des §. 646 Abs. 2 Satz 2 findet Anwendung.

§. 648. (I 584, II 592.)

Eine Auslobung, die eine Preisbewerbung zum Gegenstande hat, ist nur gültig, wenn in der Bekanntmachung eine Frist für die Bewerbung bestimmt wird.

Die Entscheidung darüber, ob eine innerhalb der Frist erfolgte Bewerbung der Auslobung entspricht oder welche von mehreren Bewerbungen den Vorzug verdient, ist durch die in der Auslobung bezeichnete Person, in Ermangelung einer solchen durch den Auslobenden zu treffen. Die Entscheidung ist für die Betheiligten verbindlich.

Bei Bewerbungen von gleicher Würdigkeit finden auf die Zuertheilung des Preises die Vorschriften des §. 646 Abs. 2 Anwendung.

Die Uebertragung des Eigenthums an dem Werke kann der Auslobende nur verlangen, wenn er in der Auslobung bestimmt hat, daß die Uebertragung erfolgen soll.

Zehnter Titel.

Auftrag.

§. 649. (I 585, II 593.)

Durch die Annahme eines Auftrags verpflichtet sich der Beauftragte, ein ihm von dem Auftraggeber übertragenes Geschäft für diesen unentgeltlich zu besorgen.

§. 650. (I 587, II 594.)

Wer sich öffentlich zur Besorgung gewisser Geschäfte erboten hat, ist, wenn er einen auf solche Geschäfte gerichteten Auftrag nicht annimmt, verpflichtet, die Ablehnung dem Auftraggeber unverzüglich anzuzeigen. Das Gleiche gilt, wenn sich Jemand dem Auftraggeber gegenüber zur Besorgung gewisser Geschäfte erboten hat.

§. 651. (I 588, 589, II 595.)

Der Beauftragte darf im Zweifel die Ausführung des Auftrags nicht einem Dritten übertragen. Ist die Uebertragung gestattet, so hat er nur ein ihm bei der Uebertragung zur Last fallendes Verschulden zu vertreten. Für das Verschulden eines Gehülfen ist er nach §. 272 verantwortlich.

Der Anspruch auf Ausführung des Auftrags ist im Zweifel nicht übertragbar.

§. 652. (I 590, II 596.)

Der Beauftragte ist berechtigt, von den Weisungen des Auftraggebers abzuweichen, wenn er den Umständen nach annehmen darf, daß der Auftraggeber bei Kenntniß der Sachlage die Abweichung billigen würde. Der Beauftragte hat vor der Abweichung dem Auftraggeber Anzeige zu machen und dessen Entschließung abzuwarten, wenn nicht mit dem Aufschube Gefahr verbunden ist.

§. 653. (I 591 Satz 1, II 597.)

Der Beauftragte ist verpflichtet, dem Auftraggeber die erforderlichen Nachrichten zu geben, auf Verlangen über den Stand des Geschäfts Auskunft zu ertheilen und nach der Ausführung des Auftrags Rechenschaft abzulegen.

§. 654. (I 592, II 598.)

Der Beauftragte ist verpflichtet, dem Auftraggeber Alles, was er zur Ausführung des Auftrags erhält und was er aus der Geschäftsbesorgung erlangt, herauszugeben.

§. 655. (I 593, II 599.)

Verwendet der Beauftragte Geld für sich, das er dem Auftraggeber herauszugeben oder für ihn zu verwenden hat, so ist er verpflichtet, es von der Zeit der Verwendung an zu verzinsen.

§. 656. (I 594, II 600.)

Für die zur Ausführung des Auftrags erforderlichen Aufwendungen hat der Auftraggeber dem Beauftragten auf Verlangen Vorschuß zu leisten.

§. 657. (I 595 Abs. 1, 2, II 601 Abs. 1.)

Macht der Beauftragte zum Zwecke der Ausführung des Auftrags Aufwendungen, die er den Umständen nach für erforderlich halten darf, so ist der Auftraggeber zum Ersatze verpflichtet. Aufgewendetes Geld hat der Auftraggeber von der Zeit der Aufwendung an zu verzinsen.

§. 658. (I 597, 598, II 602.)

Der Auftrag kann von dem Auftraggeber jederzeit widerrufen, von dem Beauftragten jederzeit gekündigt werden.

Der Beauftragte darf nur in der Art kündigen, daß der Auftraggeber für die Besorgung des Geschäfts anderweit Fürsorge treffen kann, es sei denn, daß ein wichtiger Grund für die unzeitige Kündigung vorliegt. Kündigt er ohne solchen Grund zur Unzeit, so hat er dem Auftraggeber den daraus entstehenden Schaden zu ersetzen.

Liegt ein wichtiger Grund vor, so ist der Beauftragte zur Kündigung auch dann berechtigt, wenn er auf das Kündigungsrecht verzichtet hat.

§. 659. (I 599, 600 II 603.)

Der Auftrag erlischt im Zweifel nicht durch den Tod oder den Eintritt der Geschäftsunfähigkeit des Auftraggebers. Erlischt der Auftrag, so hat der Beauftragte, wenn mit dem Aufschube Gefahr verbunden ist, die Besorgung des aufgetragenen Geschäfts fortzusetzen, bis der Erbe oder der gesetzliche Vertreter des Auftraggebers anderweit Fürsorge treffen kann; der Auftrag gilt insoweit als fortbestehend.

§. 660. (I 601, II 604.)

Der Auftrag erlischt im Zweifel durch den Tod des Beauftragten. Erlischt der Auftrag, so hat der Erbe des Beauftragten den Tod dem Auftraggeber unverzüglich anzuzeigen und, wenn mit dem Aufschube Gefahr verbunden ist, die Besorgung des übertragenen Geschäfts fortzusetzen, bis der Auftraggeber anderweit Fürsorge treffen kann; der Auftrag gilt insoweit als fortbestehend.

§. 661. (I 603, II 605.)

Erlischt der Auftrag in anderer Weise als durch Widerruf, so gilt er zu Gunsten des Beauftragten gleichwohl als fortbestehend, bis der Beauftragte von dem Erlöschen Kenntniß erlangt oder das Erlöschen kennen muß.

§. 662. (II 567 Abs. 1, 606.)

Wird die Verpflichtung zu einer Geschäftsbesorgung durch einen Dienstvertrag oder einen Werkvertrag übernommen, so finden die Vorschriften der §§. 652 bis 657, 659 bis 661 und, wenn dem Verpflichteten das Recht zusteht, ohne Einhaltung einer Kündigungsfrist zu kündigen, auch die Vorschriften des §. 658 Abs. 2 entsprechende Anwendung.

§. 663. (I 604, II 607.)

Wer einem Anderen einen Rath oder eine Empfehlung ertheilt, ist, unbeschadet der sich aus einem Vertragsverhältniß oder einer unerlaubten Handlung ergebenden Verantwortlichkeit, zum Ersatze des aus der Befolgung des Rathes oder der Empfehlung entstehenden Schadens nicht verpflichtet.

Elfter Titel.

Geschäftsführung ohne Auftrag.

§. 664. (I 749 Abs. 1, II 608.)

Wer ein Geschäft für einen Anderen besorgt, ohne von ihm beauftragt oder ihm gegenüber sonst dazu berechtigt zu sein, hat das Geschäft so zu führen, wie das Interesse des Geschäftsherrn mit Rücksicht auf dessen wirklichen oder muthmaßlichen Willen es erfordert.

§. 665. (I 749 Abs. 2, II 609.)

Steht die Uebernahme der Geschäftsführung mit dem wirklichen oder dem muthmaßlichen Willen des Geschäftsherrn in Widerspruch und mußte der Geschäftsführer dies erkennen, so ist er dem Geschäftsherrn zum Ersatze des aus der Geschäftsführung entstehenden Schadens auch dann verpflichtet, wenn ihm ein sonstiges Verschulden nicht zur Last fällt.

§. 666. (I 749 Abs. 2, 755, II 610.)

Ein der Geschäftsführung entgegenstehender Wille des Geschäftsherrn kommt nicht in Betracht, wenn ohne die Geschäftsführung eine Pflicht des Geschäftsherrn, deren Erfüllung im öffentlichen Interesse liegt, oder eine gesetzliche Unterhaltspflicht des Geschäftsherrn nicht rechtzeitig erfüllt werden würde.

§. 667. (I 750, II 611.)

Bezweckt die Geschäftsführung die Abwendung einer dem Geschäftsherrn drohenden dringenden Gefahr, so hat der Geschäftsführer nur Vorsatz und grobe Fahrlässigkeit zu vertreten.

§. 668. (I 751, II 612.)

Der Geschäftsführer hat die Uebernahme der Geschäftsführung, sobald es thunlich ist, dem Geschäftsherrn anzuzeigen und, wenn nicht mit dem Aufschube Gefahr verbunden ist, dessen Entschließung abzuwarten. Im Uebrigen finden auf die Verpflichtungen des Geschäftsführers die für einen Beauftragten geltenden Vorschriften der §§. 653 bis 655 entsprechende Anwendung.

§. 669. (I 752, II 613.)

Ist der Geschäftsführer geschäftsunfähig oder in der Geschäftsfähigkeit beschränkt, so ist er nur nach den Vorschriften über den Schadensersatz wegen unerlaubter Handlungen und über die Herausgabe einer ungerechtfertigten Bereicherung verantwortlich.

§. 670. (I 753, 755, II 614.)

Entspricht die Uebernahme der Geschäftsführung dem Interesse und dem wirklichen oder dem muthmaßlichen Willen des Geschäftsherrn, so kann der Geschäftsführer wie ein Beauftragter Ersatz seiner Aufwendungen verlangen. In den Fällen des §. 666 steht dieser Anspruch dem Geschäftsführer zu, auch wenn die Uebernahme der Geschäftsführung mit dem Willen des Geschäftsherrn in Widerspruch steht.

§. 671. (I 758, II 615.)

Liegen die Voraussetzungen des §. 670 nicht vor, so ist der Geschäftsherr verpflichtet, dem Geschäftsführer Alles, was er durch die Geschäftsführung erlangt, nach den Vorschriften über die Herausgabe einer ungerechtfertigten Bereicherung herauszugeben. Genehmigt der Geschäftsherr die Geschäftsführung, so steht dem Geschäftsführer der im §. 670 bestimmte Anspruch zu.

§. 672. (I 754, II 616.)

Dem Geschäftsführer steht ein Anspruch nicht zu, wenn er nicht die Absicht hatte, von dem Geschäftsherrn Ersatz zu verlangen.

Gewähren Eltern oder Voreltern ihren Abkömmlingen oder diese jenen Unterhalt, so ist im Zweifel anzunehmen, daß die Absicht fehlt, von dem Empfänger Ersatz zu verlangen.

§. 673. (I 757, II 617.)

Ist der Geschäftsführer über die Person des Geschäftsherrn im Irrthume, so wird der wirkliche Geschäftsherr aus der Geschäftsführung berechtigt und verpflichtet.

§. 674. (I 761, II 618.)

Die Vorschriften der §§. 664 bis 673 finden keine Anwendung, wenn Jemand ein fremdes Geschäft in der Meinung besorgt, daß es sein eigenes sei.

Behandelt Jemand ein fremdes Geschäft als sein eigenes, obwohl er weiß, daß er nicht dazu berechtigt ist, so kann der Geschäftsherr die sich aus den §§. 664, 665, 668, 569 ergebenden Ansprüche geltend machen. Macht er sie geltend, so ist er dem Geschäftsführer nach § 671 Satz 1 verpflichtet.

Zwölfter Titel.

Hinterlegungsvertrag.

§. 675. (I 614, II 628.)

Durch den Hinterlegungsvertrag wird der Verwahrer verpflichtet, eine ihm von dem Hinterleger übergebene bewegliche Sache aufzubewahren.

§. 676. (I 615 Satz 2, II 629 Satz 2.)

Eine Vergütung für die Aufbewahrung gilt als stillschweigend vereinbart, wenn die Aufbewahrung den Umständen nach nur gegen eine Verhütung zu erwarten ist.

§. 677. (II 630.)

Wird die Aufbewahrung unentgeltlich übernommen, so hat der Verwahrer nur für diejenige Sorgfalt einzustehen, welche er in eigenen Angelegenheiten anzuwenden pflegt.

§. 678. (I 616, II 631.)

Der Verwahrer ist im Zweifel nicht berechtigt, die hinterlegte Sache bei einem Dritten zu hinterlegen. Ist die Hinterlegung bei einem Dritten gestattet, so hat der Verwahrer nur ein ihm bei dieser Hinterlegung zur Last fallendes Verschulden zu vertreten. Für das Verschulden eines Gehülfen ist er nach §. 272 verantwortlich.

§. 679. (I 617, II 632.)

Der Verwahrer ist berechtigt, die vereinbarte Art der Aufbewahrung zu ändern, wenn er den Umständen nach annehmen darf, daß der Hinterleger bei Kenntniß der Sachlage die Aenderung billigen würde. Der Verwahrer hat vor der Aenderung dem Hinterleger Anzeige zu machen und dessen Entschließung abzuwarten, wenn nicht mit dem Aufschube Gefahr verbunden ist.

§. 680. (I 621, II 633.)

Macht der Verwahrer zum Zwecke der Aufbewahrung Aufwendungen, die er den Umständen nach für erforderlich halten darf, so ist der Hinterleger zum Ersatze verpflichtet. Aufgewendetes Geld hat der Hinterleger von der Zeit der Aufwendung an zu verzinsen.

§. 681. (I 622, II 634.)

Der Hinterleger hat den durch die Beschaffenheit der hinterlegten Sache dem Verwahrer entstehenden Schaden zu ersetzen, es sei denn, daß er die gefahrdrohende Beschaffenheit der Sache bei der Hinterlegung weder kennt noch kennen muß oder daß er sie dem Verwahrer angezeigt oder dieser sie ohne Anzeige gekannt hat.

§. 682. (I 624, II 635.)

Der Hinterleger kann die hinterlegte Sache jederzeit zurückfordern, auch wenn für die Aufbewahrung eine Zeit bestimmt ist.

§. 683. (I 625, II 636.)

Der Verwahrer kann, wenn eine Zeit für die Aufbewahrung nicht bestimmt ist, jederzeit die Rücknahme der hinterlegten Sache verlangen. Ist eine Zeit bestimmt, so kann er die vorzeitige Rücknahme nur verlangen, wenn ein wichtiger Grund vorliegt.

§. 684. (I 619 Satz 1, 620, II 637 Abs. 1.)

Die Rückgabe der hinterlegten Sache hat an dem Orte zu erfolgen, wo die Sache aufzubewahren war; der Verwahrer ist nicht verpflichtet, die Sache dem Hinterleger zu bringen.

§. 685. (I 619 Satz 2, II 638.)

Verwendet der Verwahrer hinterlegtes Geld für sich, so ist er verpflichtet, es von der Zeit der Verwendung an zu verzinsen.

§. 686. (I 623, II 639.)

Der Hinterleger hat die vereinbarte Vergütung bei der Beendigung der Hinterlegung zu entrichten. Ist die Vergütung nach Zeitabschnitten bemessen, so ist sie nach dem Ablaufe der einzelnen Zeitabschnitte zu entrichten.

Endigt die Hinterlegung vor dem Ablaufe der für sie bestimmten Zeit, so kann der Verwahrer einen seinen bisherigen Leistungen entsprechenden Theil der Vergütung verlangen, sofern nicht aus der Vereinbarung über die Vergütung sich ein Anderes ergiebt.

§. 687. (I 618, II 640.)

Werden vertretbare Sachen in der Art hinterlegt, daß das Eigenthum auf den Verwahrer übergehen und dieser verpflichtet sein soll, Sachen von gleicher Art, Güte und Menge zurückzugewähren, so finden die Vorschriften über das Darlehen Anwendung. Gestattet der Hinterleger dem Verwahrer, hinterlegte vertretbare Sachen zu verbrauchen, so finden die Vorschriften über das Darlehen von dem Zeitpunkt an Anwendung, in welchem der Verwahrer sich die Sachen aneignet. In beiden Fällen bestimmen sich jedoch Zeit und Ort der Rückgabe im Zweifel nach den Vorschriften über den Hinterlegungsvertrag.

Bei der Hinterlegung von Werthpapieren ist eine Vereinbarung der im Abs. 1 bezeichneten Art nur gültig, wenn sie ausdrücklich getroffen wird.

Dreizehnter Titel.

Einbringung von Sachen bei Gastwirthen.

§. 688. (I 626, II 641.)

Ein Gastwirth, der gewerbsmäßig Fremde zur Beherbergung aufnimmt, hat einem im Betriebe dieses Gewerbes aufgenommenen Gaste den Schaden zu ersetzen, den der Gast durch den Verlust oder die Beschädigung eingebrachter Sachen erleidet. Die Ersatzpflicht tritt nicht ein, wenn der Schaden von dem Gaste, einem Begleiter des Gastes oder einer Person, die er bei sich aufgenommen hat, verursacht wird oder durch die Beschaffenheit der Sachen oder durch höhere Gewalt entsteht.

Als eingebracht gelten die Sachen, welche der Gast dem Gastwirth oder Leuten des Gastwirths, die zur Entgegennahme der Sachen bestellt oder nach den Umständen als dazu bestellt anzusehen waren, übergeben oder an einen ihm von diesen angewiesenen Ort oder in Ermangelung einer Anweisung an den hierzu bestimmten Ort gebracht hat.

Ein Anschlag, durch den der Gastwirth die Haftung ablehnt, ist ohne Wirkung.

§. 689. (I 627, II 642.)

Für Geld, Werthpapiere und Kostbarkeiten haftet der Gastwirth nach §. 688 nur bis zu dem Betrage von eintausend Mark, es sei denn, daß er diese Gegenstände in Kenntniß ihrer Eigenschaft als Werthsachen zur Aufbewahrung übernimmt oder die Aufbewahrung ablehnt oder daß der Schaden von ihm oder von seinen Leuten verschuldet wird.

§. 690. (II 643.)

Der dem Gaste auf Grund der §§. 688, 689 zustehende Anspruch erlischt, wenn nicht der Gast unverzüglich, nachdem er von dem Verlust oder der Beschädigung Kenntniß erlangt hat, dem Gastwirth Anzeige macht. Der Anspruch erlischt nicht, wenn die Sachen dem Gastwirthe zur Aufbewahrung übergeben waren.

§. 691. (I 628, II 644.)

Der Gastwirth hat für seine Forderungen für Wohnung und andere dem Gaste zur Befriedigung seiner Bedürfnisse gewährte Leistungen, mit Einschluß der Auslagen, ein Pfandrecht an den eingebrachten Sachen des Gastes. Die für das Pfandrecht des Vermiethers geltenden Vorschriften des §. 551 Satz 3 und der §§. 552 bis 555 finden entsprechende Anwendung.

Vierzehnter Titel.
Gesellschaft.

§. 692. (I 629, 632, II 645.)

Durch den Gesellschaftsvertrag verpflichten sich die Gesellschafter gegenseitig, die Erreichung eines gemeinsamen Zweckes in der durch den Vertrag bestimmten Weise zu fördern, insbesondere die vereinbarten Beiträge zu leisten.

§. 693. (I 630 Abs. 1, 2, 631, II 646.)

Die Gesellschafter haben in Ermangelung einer anderen Vereinbarung gleiche Beiträge zu leisten.

Sind vertretbare oder verbrauchbare Sachen beizutragen, so ist im Zweifel anzunehmen, daß sie gemeinschaftliches Eigenthum der Gesellschafter werden sollen. Das Gleiche gilt von nicht vertretbaren und nicht verbrauchbaren Sachen, wenn sie nach einer Schätzung beizutragen sind, die nicht blos für die Gewinnvertheilung bestimmt ist.

Der Beitrag eines Gesellschafters kann auch in der Leistung von Diensten bestehen.

§. 694. (I 630 Abs. 3, II 647.)

Zur Erhöhung des vereinbarten Beitrags oder zur Ergänzung der durch Verlust verminderten Einlage ist ein Gesellschafter nicht verpflichtet.

§. 695. (I 633, II 648.)

Ein Gesellschafter hat bei der Erfüllung der ihm obliegenden Verpflichtungen nur für diejenige Sorgfalt einzustehen, welche er in eigenen Angelegenheiten anzuwenden pflegt.

§. 696. (I 634, 635, II 649.)

Die Führung der Geschäfte der Gesellschaft steht den Gesellschaftern gemeinschaftlich zu; für jedes Geschäft ist die Zustimmung aller Gesellschafter erforderlich.

Hat nach dem Gesellschaftsvertrage die Mehrheit der Stimmen zu entscheiden, so ist die Mehrheit im Zweifel nach der Zahl der Gesellschafter zu berechnen.

§. 697. (I 636, II 650.)

Ist in dem Gesellschaftsvertrage die Führung der Geschäfte einem Gesellschafter oder mehreren Gesellschaftern übertragen, so sind die übrigen Gesellschafter von der Geschäftsführung ausgeschlossen. Ist die Geschäftsführung mehreren Gesellschaftern übertragen, so finden die Vorschriften des §. 696 entsprechende Anwendung.

§. 698. (I 637, II 651.)

Steht nach dem Gesellschaftsvertrage die Führung der Geschäfte allen oder mehreren Gesellschaftern in der Art zu, daß jeder allein zu handeln berechtigt ist, so kann jeder der Vornahme eines Geschäfts durch den anderen widersprechen. Im Falle des Widerspruchs muß das Geschäft unterbleiben.

§. 699. (I 638, II 652.)

Die einem Gesellschafter durch den Gesellschaftsvertrag übertragene Befugniß zur Geschäftsführung kann ihm durch einstimmigen Beschluß oder, falls nach dem Gesellschaftsvertrage die Mehrheit der Stimmen entscheidet, durch Mehrheitsbeschluß der übrigen Gesellschafter entzogen werden, wenn ein wichtiger Grund vorliegt; ein solcher Grund ist insbesondere grobe Pflichtverletzung oder Unfähigkeit zur ordnungsmäßigen Geschäftsführung.

Der Gesellschafter kann auch seinerseits die Geschäftsführung kündigen, wenn ein wichtiger Grund vorliegt; die für den Auftrag geltenden Vorschriften des §. 658 Abs. 2, 3 finden entsprechende Anwendung.

§. 700. (I 639, II 653.)

Die Rechte und Verpflichtungen der geschäftsführenden Gesellschafter bestimmen sich nach den für den Auftrag geltenden Vorschriften der §§. 651 bis 657, soweit sich nicht aus dem Gesellschaftsverhältniß ein Anderes ergiebt.

§. 701. (I 640 Abs. 1, II 654.)

Soweit einem Gesellschafter nach dem Gesellschaftsvertrage die Befugniß zur Geschäftsführung zusteht, ist er im Zweifel auch ermächtigt, die anderen Gesellschafter Dritten gegenüber zu vertreten.

§. 702. (I 640 Abs. 2, II 655.)

Ist im Gesellschaftsvertrag ein Gesellschafter ermächtigt, die anderen Gesellschafter Dritten gegenüber zu vertreten, so kann die Vertretungsmacht nur nach Maßgabe des § 699 Abs. 1 und, wenn sie in Verbindung mit der Befugniß zur Geschäftsführung ertheilt worden ist, nur mit dieser entzogen werden.

§. 703. (I 643, II 656.)

Ein Gesellschafter kann, auch wenn er von der Geschäftsführung ausgeschlossen ist, sich von den Angelegenheiten der Gesellschaft persönlich unterrichten, die Geschäftsbücher und die Papiere der Gesellschaft einsehen und sich aus ihnen eine Uebersicht über den Stand des Gesellschaftsvermögens anfertigen.

Eine dieses Recht ausschließende oder beschränkende Vereinbarung steht der Geltendmachung des Rechtes nicht entgegen, wenn Grund zu der Annahme unredlicher Geschäftsführung besteht.

§. 704. (I 644, II 657.)

Die Ansprüche, die den Gesellschaftern aus dem Gesellschaftsverhältnisse gegen einander zustehen, sind nicht übertragbar. Ausgenommen sind die einem Gesellschafter aus seiner Geschäftsführung zustehenden Ansprüche, soweit deren Befriedigung vor der Auseinandersetzung verlangt werden kann, sowie die Ansprüche auf einen Gewinnantheil oder auf dasjenige, was dem Gesellschafter bei der Auseinandersetzung zukommt.

§. 705. (I 631 Abs. 4, II 658 Abs 1. Satz 2.)

Die Beiträge der Gesellschafter und die durch die Geschäftsführung für die Gesellschaft erworbenen Gegenstände werden gemeinschaftliches Vermögen der Gesellschafter (Gesellschaftsvermögen).

Zu dem Gesellschaftsvermögen gehört auch, was auf Grund eines zu dem Gesellschaftsvermögen gehörenden Rechtes oder als Ersatz für die Zerstörung, Beschädigung oder Entziehung eines zu dem Gesellschaftsvermögen gehörenden Gegenstandes erworben wird.

§. 706. (I 645, II 658 Abs. 1 Satz 1, 3.)

Ein Gesellschafter kann nicht über seinen Antheil an dem Gesellschaftsvermögen und an den einzelnen dazu gehörenden Gegenständen verfügen; er ist nicht berechtigt, Theilung zu verlangen.

Gegen eine Forderung, die zum Gesellschaftsvermögen gehört, kann der Schuldner nicht eine ihm gegen einen einzelnen Gesellschafter zustehende Forderung aufrechnen.

§. 707. (II 658 Abs. 2.)

Die Zugehörigkeit einer nach §. 705 Abs. 1. erworbenen Forderung zum Gesellschaftsvermögen hat der Schuldner erst dann gegen sich gelten zu lassen, wenn er von der Zugehörigkeit Kenntniß erlangt; die Vorschriften der §§. 400 bis 402 finden entsprechende Anwendung.

§. 708. (I 646, II 659.)

Ein Gesellschafter kann den Rechnungsabschluß und die Vertheilung des Gewinns und Verlustes erst nach der Auflösung der Gesellschaft verlangen.

Ist die Gesellschaft von längerer Dauer, so hat der Rechnungsabschluß und die Gewinnvertheilung im Zweifel am Schlusse jedes Geschäftsjahrs zu erfolgen.

§. 709. (I 647, II 660.)

Sind die Antheile der Gesellschafter am Gewinn und Verluste nicht bestimmt, so hat jeder Gesellschafter ohne Rücksicht auf die Art und die Größe seines Beitrags einen gleichen Antheil am Gewinn und Verluste.

Ist nur der Antheil am Gewinn oder am Verluste bestimmt, so gilt die Bestimmung im Zweifel für Gewinn und Verlust.

§. 710. (I 648, 649, II 661.)

Ist die Gesellschaft nicht für eine bestimmte Zeit eingegangen, so kann jeder Gesellschafter sie jederzeit kündigen. Ist eine Zeitdauer bestimmt, so ist die Kündigung vor dem Ablaufe der Zeit zulässig, wenn ein wichtiger Grund vorliegt; ein solcher Grund ist insbesondere vorhanden, wenn ein anderer Gesellschafter eine ihm nach dem Gesellschaftsvertrag obliegende wesentliche

Verpflichtung vorsätzlich oder aus grober Fahrlässigkeit verletzt oder wenn die Erfüllung einer solchen Verpflichtung unmöglich wird. Unter der gleichen Voraussetzung ist, wenn eine Kündigungsfrist bestimmt ist, die Kündigung ohne Einhaltung der Frist zulässig.

Die Kündigung darf nicht zur Unzeit geschehen, es sei denn, daß ein wichtiger Grund für die unzeitige Kündigung vorliegt. Kündigt ein Gesellschafter ohne solchen Grund zur Unzeit, so hat er den übrigen Gesellschaftern den daraus entstehenden Schaden zu ersetzen.

Eine Vereinbarung, durch welche das Kündigungsrecht ausgeschlossen oder diesen Vorschriften zuwider beschränkt wird, ist nichtig.

§. 711. (I 650, II 662.)

Ist eine Gesellschaft für die Lebenszeit eines Gesellschafters eingegangen, so kann sie in gleicher Weise gekündigt werden wie eine für unbestimmte Zeit eingegangene Gesellschaft. Dasselbe gilt, wenn eine Gesellschaft nach dem Ablaufe der bestimmten Zeit stillschweigend fortgesetzt wird.

§. 712. (II 663.)

Hat ein Gläubiger eines Gesellschafters die Pfändung des Antheils des Gesellschafters an dem Gesellschaftsvermögen erwirkt, so kann er die Gesellschaft ohne Einhaltung einer Kündigungsfrist kündigen, sofern der Schuldtitel nicht blos vorläufig vollstreckbar ist.

Solange die Gesellschaft besteht, kann der Gläubiger die sich aus dem Gesellschaftsverhältniß ergebenden Rechte des Gesellschafters, mit Ausnahme des Anspruchs auf einen Gewinnantheil, nicht geltend machen.

§. 713. (I 651, II 664.)

Die Gesellschaft endigt, wenn der vereinbarte Zweck erreicht oder dessen Erreichung unmöglich geworden ist.

§. 714. (I 652, II 665.)

Die Gesellschaft wird durch den Tod eines der Gesellschafter aufgelöst, sofern nicht aus dem Gesellschaftsvertrage sich ein Anderes ergiebt.

Im Falle der Auflösung hat der Erbe des verstorbenen Gesellschafters den übrigen Gesellschaftern den Tod unverzüglich anzuzeigen und, wenn mit dem Aufschube Gefahr verbunden ist, die seinem Erblasser durch den Gesellschaftsvertrag übertragenen Geschäfte fortzuführen, bis die übrigen Gesellschafter in Gemeinschaft mit ihm anderweit Fürsorge treffen können. Die übrigen Gesellschafter sind in gleicher Weise zur einstweiligen Fortführung der ihnen übertragenen Geschäfte verpflichtet. Die Gesellschaft gilt insoweit als fortbestehend.

§. 715. (I 653, II Anm. zu §. 675.)

Die Gesellschaft wird durch die Eröffnung des Konkurses über das Vermögen eines Gesellschafters aufgelöst. Die Vorschriften des §. 714 Abs. 2 Satz 2, 3 finden Anwendung.

§. 716. (I 654, II 666.)

Wird die Gesellschaft in anderer Weise als durch Kündigung aufgelöst, so gilt die einem Gesellschafter durch den Gesellschaftsvertrag übertragene Befugniß zur Geschäftsführung zu seinen Gunsten gleichwohl als fortbestehend, bis er von der Auflösung Kenntniß erlangt oder die Auflösung kennen muß.

§. 717. (I 655, II 667 Abs. 1, 2.)

Nach der Auflösung der Gesellschaft findet in Ansehung des Gesellschaftsvermögens die Auseinandersetzung unter den Gesellschaftern statt.

Für die Beendigung der schwebenden Geschäfte, für die dazu erforderliche Eingehung neuer Geschäfte sowie für die Erhaltung und Verwaltung des Gesellschaftsvermögens gilt die Gesellschaft als fortbestehend, soweit der Zweck der Auseinandersetzung es erfordert. Die einem Gesellschafter nach dem Gesellschaftsvertrage zustehende Befugniß zur Geschäftsführung erlischt jedoch, wenn nicht aus dem Vertrage sich ein Anderes ergiebt, mit der Auflösung der Gesellschaft; die Geschäftsführung steht von der Auflösung an allen Gesellschaftern gemeinschaftlich zu.

§. 718. (I 656 Abs. 5. 773, II 667 Abs. 3.)

Die Auseinandersetzung erfolgt in Ermangelung einer anderen Vereinbarung in Gemäßheit der §§. 719 bis 722. Im Uebrigen gelten für die Theilung die Vorschriften über die Gemeinschaft.

§. 719. (I 656 Abs. 1, II 668.)

Gegenstände, die ein Gesellschafter der Gesellschaft zur Benutzung überlassen hat, sind ihm zurückzugeben. Für einen durch Zufall in Abgang gekommenen oder verschlechterten Gegenstand kann er nicht Ersatz verlangen.

§. 720. (I 656 Abs. 2 Satz 1, Abs. 3 Satz 1 bis 3, Abs. 4, II 669.)

Aus dem Gesellschaftsvermögen sind zunächst die gemeinschaftlichen Schulden mit Einschluß derjenigen zu berichtigen, welche den Gläubigern gegenüber unter den Gesellschaftern getheilt sind oder für welche einem Gesellschafter die übrigen Gesellschafter als Schuldner haften. Ist eine Schuld noch nicht fällig oder ist sie streitig, so ist das zur Berichtigung Erforderliche zurückzubehalten.

Aus dem nach der Berichtigung der Schulden übrig bleibenden Gesellschaftsvermögen sind die Einlagen zurückzuerstatten. Für Einlagen, die nicht in Geld bestanden haben, ist der Werth zu ersetzen, den sie zur Zeit der Einbringung gehabt haben. Für Einlagen, die in der Leistung von Diensten oder in der Ueberlassung der Benutzung eines Gegenstandes bestanden haben, kann nicht Ersatz verlangt werden.

Zur Berichtigung der Schulden und zur Rückerstattung der Einlagen ist das Gesellschaftsvermögen, soweit erforderlich, in Geld umzusetzen.

§. 721. (I 656 Abs. 3 Satz 5, II 670 Abs. 1.)

Verbleibt nach der Berichtigung der gemeinschaftlichen Schulden und der Rückerstattung der Einlagen ein Ueberschuß, so gebührt er den Gesellschaftern nach dem Verhältniß ihrer Antheile am Gewinne.

§. 722. (I 656 Abs. 2 Satz 2, 3, II 670 Abs. 2.)

Reicht das Gesellschaftsvermögen zur Berichtigung der gemeinschaftlichen Schulden und zur Rückerstattung der Einlagen nicht aus, so haben die Gesellschafter für den Fehlbetrag nach dem Verhältniß aufzukommen, nach welchem sie den Verlust zu tragen haben. Kann von einem Gesellschafter der auf ihn entfallende Beitrag nicht erlangt werden, so haben die übrigen Gesellschafter den Ausfall nach dem gleichen Verhältnisse zu tragen.

§. 723. (I 657, II 671.)

Ist im Gesellschaftsvertrage bestimmt, daß, wenn ein Gesellschafter kündigt oder stirbt oder wenn der Konkurs über sein Vermögen eröffnet wird, die Gesellschaft unter den übrigen Gesellschaftern fortbestehen soll, so scheidet bei dem Eintritt eines solchen Ereignisses der Gesellschafter, in dessen Person es eintritt, aus der Gesellschaft aus.

§. 724. (II 672.)

Ist im Gesellschaftsvertrage bestimmt, daß, wenn ein Gesellschafter kündigt, die Gesellschaft unter den übrigen Gesellschaftern fortbestehen soll, so kann ein Gesellschafter, in dessen Person ein die übrigen Gesellschafter nach §. 710 Abs. 1 Satz 2 zur Kündigung berechtigender Umstand eintritt, aus der Gesellschaft ausgeschlossen werden. Das Ausschließungsrecht steht den übrigen Gesellschaftern gemeinschaftlich zu. Die Ausschließung erfolgt durch Erklärung gegenüber dem auszuschließenden Gesellschafter.

§. 725. (I 658 Abs. 1, 4, 5, II 673 Abs. 1, 3.)

Scheidet ein Gesellschafter aus der Gesellschaft aus, so wächst sein Antheil am Gesellschaftsvermögen den übrigen Gesellschaftern zu. Diese sind verpflichtet, dem Ausscheidenden die Gegenstände, die er der Gesellschaft zur Benutzung überlassen hat, nach Maßgabe des §. 719 zurückzugeben, ihn von den gemeinschaftlichen Schulden zu befreien und ihm dasjenige zu zahlen, was er bei der Auseinandersetzung erhalten würde, wenn die Gesellschaft zur Zeit seines Ausscheidens aufgelöst worden wäre. Sind gemeinschaftliche Schulden noch nicht fällig, so können die übrigen Gesellschafter dem Ausscheidenden, statt ihn zu befreien, Sicherheit leisten.

Der Werth des Gesellschaftsvermögens ist, soweit erforderlich, im Wege der Schätzung zu ermitteln.

§. 726. (I 658 Abs. 6, II 673 Abs. 2.)

Reicht der Werth des Gesellschaftsvermögens zur Deckung der gemeinschaftlichen Schulden und der Einlagen nicht aus, so hat der Ausscheidende den übrigen Gesellschaftern für den Fehlbetrag nach dem Verhältnisse seines Antheils am Verlust aufzukommen.

§. 727. (I 658 Abs. 2, 3, II 674.)

Der Ausgeschiedene nimmt an dem Gewinn und dem Verluste Theil, welcher sich aus den zur Zeit seines Ausscheidens schwebenden Geschäften ergiebt. Die übrigen Gesellschafter sind berechtigt, diese Geschäfte so zu beendigen, wie es ihnen am vortheilhaftesten erscheint.

Der Ausgeschiedene kann am Schlusse jedes Geschäftsjahrs Rechenschaft über die inzwischen beendigten Geschäfte, Auszahlung des ihm gebührenden Betrags und Auskunft über den Stand der noch schwebenden Geschäfte verlangen.

§. 728. (I 659, II 675.)

Wird eine Gesellschaft zum Betrieb eines Erwerbsgeschäfts eingegangen, so kann in dem Gesellschaftsvertrage bestimmt werden, daß die Gesellschaft den für die offene Handelsgesellschaft oder den für die Kommanditgesellschaft geltenden Vorschriften unterliegen soll. Die Gesellschaft entsteht in einem solchen Falle mit der Eintragung in das Handelsregister. Die Anmeldung zum Handelsregister sowie die Eintragung muß die Angabe enthalten, daß der Gesellschaftsvertrag mit der bezeichneten Bestimmung geschlossen worden ist. Im Uebrigen finden auf die Gesellschaft die für die offene Handelsgesellschaft oder die für die Kommanditgesellschaft sowie die für Kaufleute geltenden Vorschriften Anwendung.

Fünfzehnter Titel.

Gemeinschaft.

§. 729. (I 762, II 667.)

Steht ein Recht Mehreren gemeinschaftlich zu, so finden, sofern sich nicht aus dem Gesetz ein Anderes ergiebt, die Vorschriften der §§. 730 bis 746 Anwendung (Gemeinschaft nach Bruchtheilen).

§. 730. (I 764, II 678.)

Im Zweifel ist anzunehmen, daß den Theilhabern gleiche Antheile zustehen.

§. 731. (I 765 Abs. 2, II 679.)

Jedem Theilhaber gebührt ein seinem Antheil entsprechender Bruchtheil der Früchte.

Jeder Theilhaber ist zum Gebrauche des gemeinschaftlichen Gegenstandes insoweit befugt, als nicht der Mitgebrauch der übrigen Theilhaber beeinträchtigt wird.

§. 732. (I 765 Abs. 1, 766 Satz 3, II 680.)

Die Verwaltung des gemeinschaftlichen Gegenstandes steht den Theilhabern gemeinschaftlich zu.

Jeder Theilhaber ist berechtigt, die zur Erhaltung des Gegenstandes nothwendigen Maßregeln ohne Zustimmung der anderen Theilhaber zu treffen; er kann verlangen, daß diese ihre Einwilligung zu einer solchen Maßregel im voraus ertheilen.

§. 733. (I 763 Satz 3, 765 Abs. 3, 772 Satz 1, II 681.)

Durch Stimmenmehrheit kann eine der Beschaffenheit des gemeinschaftlichen Gegenstandes entsprechende ordnungsmäßige Verwaltung und Benutzung beschlossen werden. Die Stimmenmehrheit ist nach der Größe der Antheile zu berechnen.

Jeder Theilhaber kann, sofern nicht die Verwaltung und Benutzung durch Vereinbarung oder durch Mehrheitsbeschluß geregelt ist, eine dem Interesse aller Theilhaber nach billigem Ermessen entsprechende Verwaltung und Benutzung verlangen.

Eine wesentliche Veränderung des Gegenstandes kann nicht beschlossen oder verlangt werden. Das Recht des einzelnen Theilhabers auf einen seinem Antheil entsprechenden Bruchtheil der Nutzungen kann nicht ohne seine Zustimmung beeinträchtigt werden.

§. 734. (II 682.)

Haben die Theilhaber die Verwaltung und Benutzung des gemeinschaftlichen Gegenstandes geregelt, so wirkt die getroffene Bestimmung auch für und gegen die Sondernachfolger..

§. 735. (I 763 Satz 1, 2, II 683.)

Jeder Theilhaber kann über seinen Antheil verfügen. Ueber den gemeinschaftlichen Gegenstand im Ganzen können die Theilhaber nur gemeinschaftlich verfügen.

§. 736. (I 766 Satz 1, 2, II 684.)

Jeder Theilhaber ist den andern Theilhabern gegenüber verpflichtet, die Lasten des gemeinschaftlichen Gegenstandes sowie die Kosten der Erhaltung, der Verwaltung und einer gemeinschaftlichen Benutzung nach dem Verhältnisse seines Antheils zu tragen.

§. 737. (I 767 Abs. 1, Abs. 2 Satz 1, II 685.)

Jeder Theilhaber kann jederzeit die Aufhebung der Gemeinschaft verlangen.

Wird das Recht, die Aufhebung zu verlangen, durch Vereinbarung für immer oder auf Zeit ausgeschlossen, so kann die Aufhebung gleichwohl verlangt werden, wenn ein wichtiger Grund vorliegt. Unter der gleichen Voraussetzung kann, wenn eine Kündigungsfrist bestimmt wird, die Aufhebung ohne Einhaltung der Frist verlangt werden.

Eine Vereinbarung, durch welche das Recht, die Aufhebung zu verlangen, diesen Vorschriften zuwider ausgeschlossen oder beschränkt wird, ist nichtig.

§. 738. (I 767 Abs. 2 Satz 2, II 686.)

Haben die Theilhaber das Recht, die Aufhebung der Gemeinschaft zu verlangen, auf Zeit ausgeschlossen, so tritt die Vereinbarung im Zweifel mit dem Tode eines Theilhabers außer Kraft.

§. 739. (II 687.)

Haben die Theilhaber das Recht, die Aufhebung der Gemeinschaft zu verlangen, für immer oder auf Zeit ausgeschlossen oder eine Kündigungsfrist bestimmt, so wirkt die Vereinbarung auch für und gegen die Sondernachfolger. Hat ein Gläubiger die Pfändung des Antheils eines Theilhabers erwirkt, so kann er ohne Rücksicht auf die Vereinbarung die Aufhebung der Gemeinschaft verlangen, sofern der Schuldtitel nicht blos vorläufig vollstreckbar ist.

§. 740. (I 769 Abs. 1, II 688.)

Die Aufhebung der Gemeinschaft erfolgt durch Theilung in Natur, wenn der gemeinschaftliche Gegenstand oder, falls mehrere Gegenstände gemeinschaftlich sind, diese sich ohne Verminderung des Werthes in gleichartige, den Antheilen der Theilhaber entsprechende Theile zerlegen lassen. Die Vertheilung gleicher Theile unter die Theilhaber geschieht durch das Loos.

§. 741. (I 769 Abs. 2, 4, 772, II 689.)

Ist die Theilung in Natur ausgeschlossen, so erfolgt die Aufhebung der Gemeinschaft durch Verkauf des gemeinschaftlichen Gegenstandes nach den Vorschriften über die Zwangsvollstreckung und durch Theilung des Erlöses. Ist die Veräußerung an einen Dritten unstatthaft, so ist der Gegenstand unter den Theilhabern zu versteigern.

Hat der Versuch den Gegenstand zu verkaufen, keinen Erfolg, so kann jeder Theilhaber die Wiederholung verlangen; er hat jedoch die Kosten zu tragen, wenn der wiederholte Versuch mißlingt.

§. 742. (I 769 Abs. 3, II 690.)

Der Verkauf einer gemeinschaftlichen Forderung ist nur zulässig, wenn sie noch nicht eingezogen werden kann. Ist die Einziehung möglich, so kann jeder Theilhaber gemeinschaftliche Einziehung verlangen.

§. 743. (II 691.)

Haften die Theilhaber als Gesammtschuldner für eine Verbindlichkeit, die sie in Gemäßheit des §. 736 nach dem Verhältniß ihrer Antheile zu erfüllen haben oder die sie zum Zwecke der Erfüllung einer solchen Verbindlichkeit eingegangen sind, so kann jeder Theilhaber bei der Aufhebung der Gemeinschaft verlangen, daß die Schuld aus dem gemeinschaftlichen Gegenstande berichtigt wird.

Der Anspruch kann auch gegen die Sondernachfolger geltend gemacht werden.

Soweit zur Berichtigung der Schuld der Verkauf des gemeinschaftlichen Gegenstandes erforderlich ist, hat der Verkauf nach §. 741 zu erfolgen.

§. 744. (I 770, II 692.)

Hat ein Theilhaber gegen einen anderen Theilhaber eine Forderung, die sich auf die Gemeinschaft gründet, so kann er bei der Aufhebung der Gemeinschaft die Berichtigung seiner Forderung aus dem auf den Schuldner entfallenden Theile des gemeinschaftlichen Gegenstandes verlangen. Die Vorschriften des §. 743 Abs. 2, 3 finden Anwendung.

§. 745. (I 771, II 693.)

Wird bei der Aufhebung der Gemeinschaft ein gemeinschaftlicher Gegenstand einem der Theilhaber zugetheilt, so hat wegen eines Mangels im Rechte oder wegen eines Mangels der Sache jeder der übrigen Theilhaber zu seinem Antheil in gleicher Weise wie ein Verkäufer Gewähr zu leisten.

§. 746. (I 768, II 694.)

Der Anspruch auf Aufhebung der Gemeinschaft unterliegt nicht der Verjährung.

Sechszehnter Titel.

Leibrente.

§. 747. (I 660, 662, 663, II 701, 703.)

Wer zur Gewährung einer Leibrente verpflichtet ist, hat die Rente im Zweifel für die Lebensdauer des Gläubigers zu entrichten.

Der für die Rente bestimmte Betrag ist im Zweifel der Jahresbetrag der Rente.

§. 748. (I 661, II 702.)

Die Leibrente ist im voraus zu entrichten,

Eine Geldrente ist für drei Monate vorauszuzahlen; bei einer anderen Rente bestimmt sich der Zeitabschnitt, für den sie im voraus zu entrichten ist, nach der Beschaffenheit und dem Zwecke der Rente.

Hat der Gläubiger den Beginn des Zeitabschnitts erlebt, für den die Rente im voraus zu entrichten ist, so gebührt ihm der volle auf den Zeitabschnitt entfallende Betrag.

Siebzehnter Titel.

Spiel. Wette.

§. 749. (I 664, II 704.)

Durch Spiel oder durch Wette wird eine Verbindlichkeit nicht begründet. Das auf Grund des Spieles oder der Wette Geleistete kann nicht deshalb zurückgefordert werden, weil eine Verbindlichkeit nicht bestanden hat.

Diese Vorschriften gelten auch für eine Vereinbarung, durch die der verlierende Theil zum Zwecke der Erfüllung einer Spiel- oder einer Wettschuld dem gewinnenden Theile gegenüber eine Verbindlichkeit eingeht, insbesondere für ein Schuldanerkenntniß.

§. 750. (I 665, II 705.)

Ein Lotterievertrag oder ein Ausspielvertrag ist verbindlich, wenn die Lotterie oder die Ausspielung staatlich genehmigt ist. Anderenfalls finden die Vorschriften des §. 749 Anwendung.

Achtzehnter Titel.

Bürgschaft.

§. 751. (I 668, 669, II 706.)

Durch den Bürgschaftsvertrag verpflichtet sich der Bürge gegenüber dem Gläubiger eines Dritten, für die Erfüllung der Verbindlichkeit des Dritten einzustehen.

Die Bürgschaft kann auch für eine künftige oder eine bedingte Verbindlichkeit übernommen werden.

§. 752. (I 672, II 708.)

Für die Verpflichtung des Bürgen ist der jeweilige Bestand der Hauptverbindlichkeit maßgebend. Dies gilt insbesondere auch, wenn die Hauptverbindlichkeit durch Verschulden oder Verzug des Hauptschuldners geändert wird. Durch ein Rechtsgeschäft, das der Hauptschuldner nach der Uebernahme der Bürgschaft vornimmt, wird die Verpflichtung des Bürgen nicht erweitert.

Der Bürge haftet für die dem Gläubiger von dem Hauptschuldner zu ersetzenden Kosten der Kündigung und der Rechtsverfolgung.

§. 753. (I 671, 672 Abs. 2 Satz 2, II 707.)

Der Bürge kann die dem Hauptschuldner zustehenden Einreden geltend machen. Stirbt der Hauptschuldner, so kann sich der Bürge nicht darauf berufen, daß der Erbe für die Verbindlichkeit nur beschränkt haftet.

Der Bürge verliert eine Einrede nicht dadurch, daß der Hauptschuldner auf sie verzichtet.

§. 754. (I 673, II 709.)

Verbürgen sich Mehrere für dieselbe Verbindlichkeit, so haften sie als Gesammtschuldner, auch wenn sie die Bürgschaft nicht gemeinschaftlich übernehmen.

§. 755. (II 710.)

Der Bürge kann die Befriedigung des Gläubigers verweigern, solange dem Hauptschuldner das Recht zusteht, das seiner Verbindlichkeit zu Grunde liegende Rechtsgeschäft anzufechten.

Die gleiche Befugniß hat der Bürge, solange sich der Gläubiger durch Aufrechnung gegen eine fällige Forderung des Hauptschuldners befriedigen kann.

§. 756. (I 674 Abs. 1, II 711 Abs. 2.)

Der Bürge kann die Befriedigung des Gläubigers verweigern, solange nicht der Gläubiger eine Zwangsvollstreckung gegen den Hauptschuldner ohne Erfolg versucht hat (Einrede der Vorausklage).

§. 757. (I 674 Abs. 2, II 711 Abs. 2.)

Besteht die Bürgschaft für eine Geldforderung, so muß die Zwangsvollstreckung in die beweglichen Sachen des Hauptschuldners an seinem Wohnsitz und, wenn der Hauptschuldner an einem anderen Orte eine gewerbliche Niederlassung hat, auch an diesem Orte, in Ermangelung eines Wohnsitzes und einer gewerblichen Niederlassung an seinem Aufenthaltsorte versucht werden.

Steht dem Gläubiger ein Pfandrecht oder ein Zurückbehaltungsrecht an einer beweglichen Sache des Hauptschuldners zu, so muß er auch aus dieser Sache Befriedigung suchen. Steht dem Gläubiger ein solches Recht an der Sache auch für eine andere Forderung zu, so gilt dies nur, wenn beide Forderungen durch den Werth der Sache gedeckt werden.

§. 758. (I 675, II 712.)

Die Einrede der Vorausklage ist ausgeschlossen:

1. wenn der Bürge auf die Einrede verzichtet, insbesondere wenn er sich als Selbstschuldner verbürgt hat;
2. wenn die Rechtsverfolgung gegen den Hauptschuldner in Folge einer nach der Uebernahme der Bürgschaft eingetretenen Aenderung des Wohnsitzes, der gewerblichen Niederlassung oder des Aufenthaltsorts des Hauptschuldners wesentlich erschwert ist;
3. wenn über das Vermögen des Hauptschuldners der Konkurs eröffnet ist;
4. wenn anzunehmen ist, daß die Zwangsvollstreckung in das Vermögen des Hauptschuldners nicht zur Befriedigung des Gläubigers führen wird.

In den Fällen der Nr. 3, 4 ist die Einrede insoweit zulässig, als sich der Gläubiger aus einer beweglichen Sache des Hauptschuldners befriedigen kann, an der er ein Pfandrecht oder ein Zurückbehaltungsrecht hat; die Vorschrift des §. 757 Abs. 2 Satz 2 findet Anwendung.

§. 759. (I 676, II 713.)

Soweit der Bürge den Gläubiger befriedigt, geht die Forderung des Gläubigers gegen den Hauptschuldner auf ihn über. Der Uebergang kann nicht zum Nachtheile des Gläubigers geltend gemacht werden. Einwendungen des Hauptschuldners aus einem zwischen ihm und dem Bürgen bestehenden Rechtsverhältnisse bleiben unberührt.

Mitbürgen haften einander nur nach §. 420.

§. 760. (I 677, II 714.)

Hat sich der Bürge im Auftrage des Hauptschuldners verbürgt oder stehen ihm nach den Vorschriften über die Geschäftsführung ohne Auftrag wegen der

Uebernahme der Bürgschaft die Rechte eines Beauftragten gegen den Hauptschuldner zu, so kann er von diesem Befreiung von der Bürgschaft verlangen:

1. wenn sich die Vermögensverhältnisse des Hauptschuldners wesentlich verschlechtert haben;
2. wenn die Rechtsverfolgung gegen den Hauptschuldner in Folge einer nach der Uebernahme der Bürgschaft eingetretenen Aenderung des Wohnsitzes, der gewerblichen Niederlassung oder des Aufenthaltsorts des Hauptschuldners wesentlich erschwert ist;
3. wenn der Hauptschuldner mit der Erfüllung seiner Verbindlichkeit im Verzug ist;
4. wenn der Gläubiger gegen den Bürgen ein vollstreckbares Urtheil auf Erfüllung erwirkt hat.

Ist die Hauptverbindlichkeit noch nicht fällig, so kann der Hauptschuldner dem Bürgen, statt ihn zu befreien, Sicherheit leisten.

§. 761. (I 679, II 715.)

Giebt der Gläubiger ein mit der Forderung verbundenes Vorzugsrecht, eine für sie bestehende Hypothek, ein für sie bestehendes Pfandrecht oder das Recht gegen einen Mitbürgen auf, so wird der Bürge insoweit frei, als er aus dem aufgegebenen Rechte nach §. 759 hätte Ersatz erlangen können. Dies gilt auch dann, wenn das aufgegebene Recht erst nach der Uebernahme der Bürgschaft entstanden ist.

§. 762. (II 716.)

Hat sich der Bürge für eine bestehende Verbindlichkeit auf bestimmte Zeit verbürgt, so wird er nach dem Ablaufe der bestimmten Zeit frei, wenn nicht der Gläubiger die Einziehung der Forderung unverzüglich nach Maßgabe des §. 757 betreibt, das Verfahren ohne wesentliche Verzögerung fortsetzt und unverzüglich nach der Beendigung des Verfahrens dem Bürgen anzeigt, daß er ihn in Anspruch nehme. Steht dem Bürgen die Einrede der Vorausklage nicht zu, so wird er nach dem Ablaufe der bestimmten Zeit frei, wenn nicht der Gläubiger ihm unverzüglich diese Anzeige macht.

Erfolgt die Anzeige rechtzeitig, so beschränkt sich die Haftung des Bürgen im Falle des Abs. 1 Satz 1 auf den Umfang, den die Hauptverbindlichkeit zur Zeit der Beendigung des Verfahrens hat, im Falle des Abs. 1 Satz 2 auf den Umfang, den die Hauptverbindlichkeit bei dem Ablaufe der bestimmten Zeit hat.

§. 763. (I 680, II 717.)

Wer einen Anderen beauftragt, im eigenen Namen und auf eigene Rechnung einem Dritten Kredit zu geben, haftet dem Beauftragten für die aus der Kreditgewährung entstehende Verbindlichkeit des Dritten als Bürge.

Neunzehnter Titel.

Vergleich.

§. 764. (I 666, 667, II 718.)

Ein Vertrag, durch den der Streit oder die Ungewißheit der Parteien über ein Rechtsverhältniß im Wege gegenseitigen Nachgebens beseitigt wird (Vergleich), ist unwirksam, wenn der nach dem Inhalte des Vertrags als feststehend zu Grunde gelegte Sachverhalt der Wirklichkeit nicht entspricht und der Streit oder die Ungewißheit bei Kenntniß der Sachlage nicht entstanden sein würde.

Der Ungewißheit über ein Rechtsverhältniß steht es gleich, wenn die Verwirklichung eines Anspruchs unsicher ist.

Zwanzigster Titel.

Schuldversprechen. Schuldanerkenntniß.

§. 765. (I 683, II 719.)

Zur Gültigkeit eines Vertrags, durch den eine Leistung in der Weise versprochen wird, daß das Versprechen die Verpflichtung selbständig begründen soll (Schuldversprechen), ist, soweit nicht eine andere Form vorgeschrieben ist, schriftliche Ertheilung des Versprechens erforderlich.

§. 766. (I 683, II 720.

Zur Gültigkeit eines Vertrages, durch den das Bestehen eines Schuldverhältnisses anerkannt wird (Schuldanerkenntniß), ist schriftliche Ertheilung der Anerkennungserklärung erforderlich. Ist für die Begründung des Schuldverhältnisses, dessen Bestehen anerkannt wird, eine andere Form vorgeschrieben, so bedarf der Anerkennungsvertrag dieser Form.

§. 767. (II 721.)

Wird ein Schuldversprechen oder ein Schuldanerkenntniß auf Grund einer Abrechnung oder im Wege des Vergleichs ertheilt, so ist die Beobachtung der in den §§. 765, 766 vorgeschriebenen schriftlichen Form nicht erforderlich.

Einundzwanzigster Titel.

Anweisung.

§. 768. (I 605, II 619.)

Händigt Jemand eine Urkunde, in der er einen Anderen anweist, Geld, Werthpapiere oder andere vertretbare Sachen an einen Dritten zu leisten, dem Dritten aus, so ist dieser ermächtigt, die Leistung bei dem Angewiesenen im eigenen Namen zu erheben; der Angewiesene ist ermächtigt, für Rechnung des Anweisenden an den Anweisungsempfänger zu leisten.

§. 769. (I 607, II 620 Abs. 1, 2.)

Nimmt der Angewiesene die Anweisung an, so ist er dem Anweisungsempfänger gegenüber zur Leistung verpflichtet; er kann ihm nur solche Einwendungen entgegensetzen, welche die Gültigkeit der Annahme betreffen oder sich aus dem Inhalte der Anweisung oder dem Inhalte der Annahme ergeben oder dem Angewiesenen unmittelbar gegen den Anweisungsempfänger zustehen.

Die Annahme erfolgt durch einen schriftlichen Vermerk auf der Anweisung. Ist der Vermerk auf die Anweisung vor der Aushändigung an den Anweisungsempfänger gesetzt worden, so wird die Annahme diesem gegenüber erst mit der Aushändigung wirksam.

§. 770. (II 621.)

Der Angewiesene ist nur gegen Aushändigung der Anweisung zur Leistung verpflichtet.

§. 771. (II 620 Abs. 3.)

Der Anspruch des Anweisungsempfängers gegen den Angewiesenen aus der Annahme verjährt in drei Jahren.

§. 772. (I 608 Satz 2, II 623 Abs. 1 Satz 2, Abs. 2.)

Im Falle einer Anweisung auf Schuld wird der Angewiesene durch die Leistung in deren Höhe von der Schuld befreit.

Zur Annahme der Anweisung oder zur Leistung an den Anweisungsempfänger ist der Angewiesene dem Anweisenden gegenüber nicht schon deshalb verpflichtet, weil er Schuldner des Anweisenden ist.

§. 773. (I 609, II 622.)

Ertheilt der Anweisende die Anweisung zu dem Zwecke, um seinerseits eine Leistung an den Anweisungsempfänger zu bewirken, so wird die Leistung, auch wenn der Angewiesene die Anweisung annimmt, erst mit der Leistung des Angewiesenen an den Anweisungsempfänger bewirkt.

§. 774. (I 611, II 624 Abs. 2.)

Verweigert der Angewiesene vor dem Eintritte der Leistungszeit die Annahme der Anweisung oder verweigert er die Leistung, so hat der Anweisungsempfänger dem Anweisenden unverzüglich Anzeige zu machen. Das Gleiche gilt, wenn der Anweisungsempfänger die Anweisung nicht geltend machen kann oder will.

§. 775. (I 612, II 625.)

Der Anweisende kann die Anweisung dem Angewiesenen gegenüber widerrufen, solange nicht der Angewiesene sie dem Anweisungsempfänger gegenüber angenommen oder die Leistung bewirkt hat. Dies gilt auch dann, wenn der Anweisende durch den Widerruf einer ihm gegen den Anweisungsempfänger obliegenden Verpflichtung zuwiderhandelt.

§. 776. (I 613, II 626.)

Die Anweisung erlischt nicht durch den Tod oder den Eintritt der Geschäftsunfähigkeit eines der Betheiligten.

§. 777. (II 627.)

Der Anweisungsempfänger kann die Anweisung durch Vertrag mit einem Dritten auf diesen übertragen, auch wenn sie noch nicht angenommen worden ist. Die Uebertragungserklärung bedarf der schriftlichen Form. Zur Uebertragung ist die Aushändigung der Anweisung an den Dritten erforderlich.

Der Anweisende kann die Uebertragung ausschließen. Die Ausschließung ist dem Angewiesenen gegenüber nur wirksam, wenn sie aus der Anweisung zu entnehmen ist oder wenn sie von dem Anweisenden dem Angewiesenen mitgetheilt wird, bevor dieser die Anweisung annimmt oder die Leistung bewirkt.

Nimmt der Angewiesene die Anweisung dem Erwerber gegenüber an, so kann er aus einem zwischen ihm und dem Anweisungsempfänger bestehenden Rechtsverhältniß Einwendungen nicht herleiten. Im Uebrigen finden auf die Uebertragung der Anweisung die für die Abtretung einer Forderung geltenden Vorschriften entsprechende Anwendung.

Zweiundzwanzigster Titel.

Schuldverschreibung auf den Inhaber.

§. 778. (I 685, 687, II 722.)

Hat Jemand eine Urkunde ausgestellt, in der er dem Inhaber der Urkunde eine Leistung verspricht (Schuldverschreibung auf den Inhaber), so kann der Inhaber von ihm die Leistung nach Maßgabe des Versprechens verlangen, es sei denn, daß er zur Verfügung über die Urkunde nicht berechtigt ist. Der Aussteller wird jedoch auch durch die Leistung an einen nicht zur Verfügung berechtigten Inhaber befreit.

Die Gültigkeit der Unterzeichnung kann durch eine in die Urkunde aufgenommene Bestimmung von der Beobachtung einer besonderen Form abhängig gemacht werden. Zur Unterzeichnung genügt eine im Wege der mechanischen Vervielfältigung hergestellte Namensunterschrift.

§. 779. (I 686, II 723.)

Der Aussteller wird aus einer Schuldverschreibung auf den Inhaber auch dann verpflichtet, wenn sie ihm gestohlen worden oder verloren gegangen oder wenn sie sonst ohne seinen Willen in den Verkehr gelangt ist.

Auf die Wirksamkeit einer Schuldverschreibung auf den Inhaber ist es ohne Einfluß, wenn die Urkunde ausgegeben wird, nachdem der Aussteller gestorben oder geschäftsunfähig geworden ist.

§. 780. (I 701 Abs. 1 bis 3, II 724.)

Im Inland ausgestellte Schuldverschreibungen auf den Inhaber, in denen die Zahlung einer bestimmten Geldsumme versprochen wird, dürfen nur mit Genehmigung des Bundesraths in den Verkehr gebracht werden. Die Ertheilung der Genehmigung und die Bestimmungen, unter denen sie erfolgt, sollen durch den Deutschen Reichsanzeiger bekannt gemacht werden.

Eine ohne die Genehmigung des Bundesraths in den Verkehr gelangte Schuldverschreibung ist nichtig; der Aussteller hat dem Inhaber den durch die Ausgabe verursachten Schaden zu ersetzen.

Diese Vorschriften finden keine Anwendung auf Schuldverschreibungen, die von dem Reiche oder einem Bundesstaat ausgegeben werden.

§. 781. (I 689, II 725.)

Der Aussteller kann dem Inhaber der Schuldverschreibung nur solche Einwendungen entgegensetzen, welche die Gültigkeit der Ausstellung betreffen oder sich aus der Urkunde ergeben oder dem Aussteller unmittelbar gegen den Inhaber zustehen.

§. 782. (I 688, II 726.)

Der Aussteller ist nur gegen Aushändigung der Schuldverschreibung zur Leistung verpflichtet. Mit der Aushändigung erwirbt er das Eigenthum an der Urkunde, auch wenn der Inhaber zur Verfügung über sie nicht berechtigt ist.

§. 783. (I 699, II 727.)

Ist eine Schuldverschreibung auf den Inhaber in Folge einer Beschädigung oder einer Verunstaltung zum Umlaufe nicht mehr geeignet, so kann der Inhaber, sofern ihr wesentlicher Inhalt und ihre Unterscheidungsmerkmale noch mit Sicherheit erkennbar sind, von dem Aussteller die Ertheilung einer neuen Schuldverschreibung auf den Inhaber gegen Aushändigung der beschädigten oder verunstalteten verlangen. Die Kosten hat er zu tragen und vorzuschießen.

§. 784. (I 692, II 728 Abs. 1.)

Eine abhanden gekommene oder vernichtete Schuldverschreibung auf den Inhaber kann, wenn nicht in der Urkunde das Gegentheil bestimmt ist, im Wege des Aufgebotsverfahrens für kraftlos erklärt werden. Ausgenommen sind Zins-, Renten- und Gewinnantheilscheine sowie die auf Sicht zahlbaren unverzinslichen Schuldverschreibungen.

Der Aussteller ist verpflichtet, dem bisherigen Inhaber auf Verlangen die zur Erwirkung des Aufgebots oder der Zahlungssperre erforderliche Auskunft zu ertheilen und die erforderlichen Zeugnisse auszustellen. Die Kosten der Zeugnisse hat der bisherige Inhaber zu tragen und vorzuschießen.

§. 785. (I 695, II 728 Abs. 2.)

Ist eine Schuldverschreibung auf den Inhaber für kraftlos erklärt, so kann derjenige, welcher das Ausschlußurtheil erwirkt hat, von dem Aussteller, unbeschadet der Befugniß, den Anspruch aus der Urkunde geltend zu machen, die Ertheilung einer neuen Schuldverschreibung auf den Inhaber an Stelle der für kraftlos erklärten verlangen. Die Kosten hat er zu tragen und vorzuschießen.

§. 786. (I 691, II 729.)

Der Anspruch aus einer Schuldverschreibung auf den Inhaber erlischt mit dem Ablaufe von dreißig Jahren nach dem Eintritte der für die Leistung bestimmten Zeit, wenn nicht die Urkunde vor dem Ablaufe der dreißig Jahre dem Aussteller zur Einlösung vorgelegt wird. Erfolgt die Vorlegung, so verjährt der Anspruch in zwei Jahren von dem Ende der Vorlegungsfrist an. Der Vorlegung steht die gerichtliche Geltendmachung des Anspruchs aus der Urkunde gleich.

Bei Zins-, Renten- und Gewinnantheilscheinen beträgt die Vorlegungsfrist vier Jahre. Die Frist beginnt mit dem Schlusse des Jahres, in welchem die für die Leistung bestimmte Zeit eintritt.

Die Dauer und der Beginn der Vorlegungsfrist können von dem Aussteller in der Urkunde anders bestimmt werden.

§. 787. (I 694, II 730.)

Der Beginn und der Lauf der Vorlegungsfrist sowie der Verjährung werden durch die Zahlungssperre zu Gunsten des Antragstellers gehemmt. Die Hemmung beginnt mit der Stellung des Antrags auf Zahlungssperre; sie endigt mit der Erledigung des Aufgebotsverfahrens und, falls die Zahlungssperre vor der Einleitung des Verfahrens verfügt worden ist, auch dann, wenn seit der Beseitigung des der Einleitung entgegenstehenden Hindernisses sechs Monate verstrichen sind und nicht vorher die Einleitung beantragt worden ist. Auf diese Frist finden die Vorschriften der §§. 198, 201, 202 entsprechende Anwendung.

§. 788. (I 690, II 731.)

Werden für eine Schuldverschreibung auf den Inhaber Zinsscheine ausgegeben, so bleiben die Scheine, sofern sie nicht eine gegentheilige Bestimmung enthalten, in Kraft, auch wenn die Hauptforderung erlischt oder die Verpflichtung zur Verzinsung aufgehoben oder geändert wird.

Werden solche Zinsscheine bei der Einlösung der Hauptschuldverschreibung nicht zurückgegeben, so ist der Aussteller berechtigt, den Betrag zurückzubehalten, den er nach Abs. 1 für die Scheine zu zahlen verpflichtet ist.

§. 789. (I 697, II 732.)

Ist ein Zins-, Renten- oder Gewinnantheilschein abhanden gekommen oder vernichtet und hat der bisherige Inhaber den Verlust dem Aussteller vor dem Ablaufe der Vorlegungsfrist angezeigt, so kann der bisherige Inhaber nach dem Ablaufe der Frist die Leistung von dem Aussteller verlangen. Der Anspruch ist ausgeschlossen, wenn der abhanden gekommene Schein dem Aussteller zur Einlösung vorgelegt oder der Anspruch aus dem Scheine gerichtlich geltend gemacht worden ist, es sei denn, daß die Vorlegung oder die gerichtliche Geltendmachung nach dem Ablaufe der Frist erfolgt ist. Der Anspruch verjährt in vier Jahren.

In dem Zins-, Renten- oder Gewinnantheilscheine kann der im Abs. 1 bestimmte Anspruch ausgeschlossen werden.

§. 790. (I 698, II 733.)

Neue Zins- oder Rentenscheine für eine Schuldverschreibung auf den Inhaber dürfen an den Inhaber der zum Empfange der Scheine ermächtigenden Urkunde (Erneuerungsschein) nicht ausgegeben werden, wenn der Inhaber der Schuldverschreibung der Ausgabe widersprochen hat. Die Scheine sind in diesem Falle dem Inhaber der Schuldverschreibung auszuhändigen, wenn er die Schuldverschreibung vorlegt.

§. 791. (I 700, II 734.)

Die Umschreibung einer auf den Inhaber lautenden Schuldverschreibung auf den Namen eines bestimmten Berechtigten kann nur durch den Aussteller erfolgen. Der Aussteller ist zur Umschreibung nicht verpflichtet.

§. 792. (I 702, II 735.)

Werden Karten, Marken oder ähnliche Urkunden, in denen ein Gläubiger nicht bezeichnet ist, von dem Aussteller unter Umständen ausgegeben, aus welchen sich ergiebt, daß er dem Inhaber zu einer Leistung verpflichtet sein will, so finden die Vorschriften des §. 778 Abs. 1 und der §§. 779, 781, 782 entsprechende Anwendung.

§. 793. (I 703, II 736.)

Wird eine Urkunde, in welcher der Gläubiger benannt ist, mit der Bestimmung ausgegeben, daß die in der Urkunde versprochene Leistung an jeden Inhaber bewirkt werden kann, so wird der Schuldner durch die Leistung an den Inhaber der Urkunde befreit. Der Inhaber ist nicht berechtigt, die Leistung zu verlangen.

Der Schuldner ist nur gegen Aushändigung der Urkunde zur Leistung verpflichtet. Ist die Urkunde abhanden gekommen oder vernichtet, so kann sie, wenn nicht ein Anderes bestimmt ist, im Wege des Aufgebotsverfahrens für kraftlos erklärt werden. Die im §. 787 für die Verjährung gegebenen Vorschriften finden Anwendung.

Dreiundzwanzigster Titel.

Vorlegung von Sachen.

§. 794. (I 774, II 695.)

Wer gegen den Besitzer einer Sache einen Anspruch in Ansehung der Sache hat oder sich Gewißheit verschaffen will, ob ihm ein solcher Anspruch zusteht, kann, wenn die Besichtigung der Sache aus diesem Grunde für ihn von Interesse ist, verlangen, daß der Besitzer ihm die Sache zur Besichtigung vorlegt oder die Besichtigung gestattet.

§. 795. (I 775, II 696.)

Wer ein rechtliches Interesse daran hat, eine in fremdem Besitze befindliche Urkunde einzusehen, kann von dem Besitzer die Gestattung der Einsicht verlangen, wenn die Urkunde in seinem Interesse errichtet oder in der Urkunde ein zwischen ihm und einem Anderen bestehendes Rechtsverhältniß beurkundet ist oder wenn die Urkunde Verhandlungen über ein Rechtsgeschäft enthält, die zwischen ihm und einem Anderen oder zwischen einem von beiden und einem gemeinschaftlichen Vermittler gepflogen worden sind.

§. 796. (I 776, II 697.)

Die Vorlegung hat in den Fällen der §§. 794, 795 an dem Orte zu erfolgen, an welchem sich die vorzulegende Sache befindet. Jeder Theil kann die Vorlegung an einem anderen Orte verlangen, wenn ein wichtiger Grund vorliegt.

Die Gefahr und die Kosten hat derjenige zu tragen, welcher die Vorlegung verlangt. Der Besitzer kann die Vorlegung verweigern, bis ihm der andere Theil die Kosten vorschießt und wegen der Gefahr Sicherheit leistet.

Vierundzwanzigster Titel.

Ungerechtfertigte Bereicherung.

§. 797. (I 737 Abs. 1, 3, 742, 745 Abs. 1, 748; 290 Abs. 4, 684 Abs. 1, 2, II 737.)

Wer durch die Leistung eines Anderen oder in sonstiger Weise auf dessen Kosten etwas ohne rechtlichen Grund erlangt, ist ihm zur Herausgabe verpflichtet. Diese Verpflichtung besteht auch dann, wenn der rechtliche Grund später wegfällt oder der mit einer Leistung nach dem Inhalte des Rechtsgeschäfts bezweckte Erfolg nicht eintritt.

Als Leistung gilt auch die durch Vertrag erfolgte Anerkennung des Bestehens oder des Nichtbestehens eines Schuldverhältnisses.

§. 798. (I 737 Abs. 2, 738, II 738.)

Das zum Zwecke der Erfüllung einer Verbindlichkeit Geleistete kann auch dann zurückgefordert werden, wenn dem Anspruch eine Einrede entgegenstand, durch welche die Geltendmachung des Anspruchs dauernd ausgeschlossen wurde.

Wird eine betagte Verbindlichkeit vorzeitig erfüllt, so ist die Rückforderung ausgeschlossen; die Erstattung von Zwischenzinsen kann nicht verlangt werden.

§. 799. (I 737 Abs. 4, II 739.)

Das zum Zwecke der Erfüllung einer Verbindlichkeit Geleistete kann nicht zurückgefordert werden, wenn der Leistende gewußt hat, daß er zur Leistung nicht verpflichtet war, oder wenn die Leistung einer sittlichen Pflicht oder einer auf den Anstand zu nehmenden Rücksicht entsprach.

§. 800. (I 743 Nr. 2, 3, II 740.)

Die Rückforderung wegen Nichteintritts des mit einer Leistung bezweckten Erfolges ist ausgeschlossen, wenn der Eintritt des Erfolges von Anfang an unmöglich war und der Leistende dies gewußt hat oder wenn der Leistende den Eintritt des Erfolges wider Treu und Glauben verhindert hat.

§. 801. (I 839, 880, 2081 Nr. 3, II 812, 850, 2232.)

Trifft ein Nichtberechtigter über einen Gegenstand eine Verfügung, die dem Berechtigten gegenüber wirksam ist, so ist er dem Berechtigten zur Herausgabe des durch die Verfügung Erlangten verpflichtet. Erfolgt die Verfügung unentgeltlich, so trifft die gleiche Verpflichtung denjenigen, welcher auf Grund der Verfügung unmittelbar einen rechtlichen Vortheil erlangt.

Wird an einen Nichtberechtigten eine Leistung bewirkt, die dem Berechtigten gegenüber wirksam ist, so ist der Nichtberechtigte dem Berechtigten zur Herausgabe des Geleisteten verpflichtet.

§. 802. (I 743 Nr. 1, 747 Abs. 1, 3, 684 Abs. 3, II 741.)

War der Zweck einer Leistung in der Art bestimmt, daß der Empfänger durch die Annahme gegen ein gesetzliches Verbot oder gegen die guten Sitten verstoßen hat, so ist der Empfänger zur Herausgabe verpflichtet, es sei denn, daß dem Leistenden gleichfalls ein solcher Verstoß zur Last fällt. Die Rückforderung ist auch in einem Falle zulässig, wenn die Leistung in der Eingehung einer Verbindlichkeit bestand; das zur Erfüllung einer solchen Verbindlichkeit Geleistete kann nicht zurückgefordert werden.

§. 803. (I 739, 740, 744, 745 Abs. 2, 748 Abs. 3, II 742.)

Die Verpflichtung zur Herausgabe erstreckt sich auf die gezogenen Nutzungen sowie auf dasjenige, was der Empfänger auf Grund eines erlangten Rechtes oder als Ersatz für die Zerstörung, Beschädigung oder Entziehung des erlangten Gegenstandes erwirbt.

Ist die Herausgabe wegen der Beschaffenheit des Erlangten nicht möglich oder ist der Empfänger aus einem anderen Grunde zur Herausgabe außer Stande, so hat er den Werth zu ersetzen.

Die Verpflichtung zur Herausgabe oder zum Ersatze des Werthes ist ausgeschlossen, soweit der Empfänger nicht mehr bereichert ist.

Von dem Eintritte der Rechtshängigkeit an haftet der Empfänger nach den allgemeinen Vorschriften.

§. 804. (I 741, 744, 745 Abs. 2, 747 Abs. 2, 748 Abs. 3, II 743.)

Kennt der Empfänger den Mangel des rechtlichen Grundes bei dem Empfang oder erfährt er ihn später, so ist er von dem Empfang oder der Erlangung der Kenntniß an zur Herausgabe verpflichtet, wie wenn der Anspruch auf Herausgabe zu dieser Zeit rechtshängig geworden wäre.

Verstößt der Empfänger durch die Annahme der Leistung gegen ein gesetzliches Verbot oder gegen die guten Sitten, so ist er von dem Empfange der Leistung an in der gleichen Weise verpflichtet.

§. 805. (II 744.)

War mit der Leistung ein Erfolg bezweckt, dessen Eintritt nach dem Inhalte des Rechtsgeschäfts als ungewiß angesehen wurde, so ist der Empfänger, falls der Erfolg nicht eintritt, zur Herausgabe so verpflichtet, wie wenn der Anspruch auf Herausgabe zur Zeit des Empfanges rechtshängig geworden wäre. Das Gleiche gilt, wenn die Leistung aus einem Rechtsgrunde, dessen Wegfall nach dem Inhalte des Rechtsgeschäfts als möglich angesehen wurde, erfolgt ist und der Rechtsgrund wegfällt.

Zinsen hat der Empfänger erst von dem Zeitpunkt an zu entrichten, in welchem er erfährt, daß der Erfolg nicht eingetreten oder daß der Rechtsgrund weggefallen ist; zur Herausgabe von Nutzungen ist er insoweit nicht verpflichtet, als er zu dieser Zeit nicht mehr bereichert ist.

§. 806. (I 684 Abs. 1, II 745.)

Wer ohne rechtlichen Grund eine Verbindlichkeit eingeht, kann die Erfüllung auch dann verweigern, wenn der Anspruch auf Befreiung von der Verbindlichkeit verjährt ist.

§. 807.

Wendet der Empfänger das Erlangte unentgeltlich einem Dritten zu, so ist, soweit in Folge dessen die Verpflichtung des Empfängers zur Herausgabe der Bereicherung ausgeschlossen ist, der Dritte zur Herausgabe verpflichtet, wie wenn er die Zuwendung von dem Gläubiger ohne rechtlichen Grund erhalten hätte.

Fünfundzwanzigster Titel.

Unerlaubte Handlungen.

§. 808. (I 704, II 746 Abs. 1, 747.)

Wer vorsätzlich oder fahrlässig das Leben, den Körper, die Gesundheit, die Freiheit, das Eigenthum oder ein sonstiges Recht eines Anderen widerrechtlich verletzt, ist dem Anderen zum Ersatze des daraus entstehenden Schadens verpflichtet.

Die gleiche Verpflichtung trifft denjenigen, welcher gegen ein den Schutz eines Anderen bezweckendes Gesetz verstößt. Ist nach dem Inhalte des Gesetzes ein Verstoß gegen dieses auch ohne Verschulden möglich, so tritt die Ersatzpflicht nur im Falle des Verschuldens ein.

§. 809. (I 704 Abs. 2 Satz 2, II 748.)

Wer der Wahrheit zuwider eine Thatsache behauptet oder verbreitet, die geeignet ist, den Kredit eines Anderen zu gefährden oder sonstige Nachtheile für dessen Erwerb oder Fortkommen herbeizuführen, hat dem Anderen den daraus entstehenden Schaden auch dann zu ersetzen, wenn er die Unwahrheit zwar nicht kennt, aber kennen muß.

Durch eine Mittheilung, deren Unwahrheit dem Mittheilenden unbekannt ist, wird dieser nicht zum Schadensersatze verpflichtet, wenn er oder der Empfänger der Mittheilung an ihr ein berechtigtes Interesse hat.

§. 810. (II 748a.)

Wer eine Frauensperson durch Anwendung hinterlistiger Kunstgriffe zur Gestattung der außerehelichen Beiwohnung verleitet, ist ihr zum Ersatze des daraus entstehenden Schadens verpflichtet.

§. 811. (I 705, II 749.)

Wer durch eine Handlung, die er nicht in Ausübung eines ihm zustehenden Rechtes vornimmt, in einer gegen die guten Sitten verstoßenden Weise einem Anderen vorsätzlich Schaden zufügt, ist dem Anderen zum Ersatze des Schadens verpflichtet.

§. 812. (I 708, II 750.)

Wer im Zustande der Bewußtlosigkeit oder in einem die freie Willensbestimmung ausschließenden Zustande krankhafter Störung der Geistesthätigkeit einem Anderen Schaden zufügt, ist für den Schaden nicht verantwortlich. Hat er sich durch geistige Getränke oder ähnliche Mittel in einen vorübergehenden Zustand dieser Art versetzt, so ist er für einen Schaden, den er in diesem Zustande widerrechtlich verursacht, in gleicher Weise verantwortlich, wie wenn ihm Fahrlässigkeit zur Last fiele; die Verantwortlichkeit tritt nicht ein, wenn er ohne Verschulden in den Zustand gerathen ist.

§. 813. (I 709, II 751.)

Wer nicht das siebente Lebensjahr vollendet hat, ist für einen Schaden, den er einem Anderen zufügt, nicht verantwortlich.

Wer das siebente, aber nicht das achtzehnte Lebensjahr vollendet hat, ist für einen Schaden, den er einem Anderen zufügt, nicht verantwortlich, wenn er bei der Begehung der schädigenden Handlung nicht die zur Erkenntniß der Verantwortlichkeit erforderliche Einsicht hat. Das Gleiche gilt von einem Taubstummen.

§. 814. (II 752.)

Wer in einem der in den §§. 808, 809 bezeichneten Fälle für einen von ihm verursachten Schaden deshalb nicht verantwortlich ist, weil ihm Vorsatz oder Fahrlässigkeit nicht zur Last fällt, hat gleichwohl den Schaden insoweit zu ersetzen, als die Billigkeit nach den Umständen, insbesondere nach den Verhältnissen der Betheiligten, eine Schadloshaltung erfordert und ihm nicht die Mittel entzogen werden, deren er zum standesmäßigen Unterhalte sowie zur Erfüllung seiner gesetzlichen Unterhaltspflichten bedarf.

Das Gleiche gilt, wenn Jemand in einem der in den §§. 808 bis 811 bezeichneten Fälle für einen von ihm verursachten Schaden auf Grund der §§. 812, 813 nicht verantwortlich ist und der Ersatz des Schadens nicht von einem aufsichtspflichtigen Dritten erlangt werden kann.

§. 815. (I 714, II 753.)

Haben Mehrere durch eine gemeinschaftlich begangene unerlaubte Handlung einen Schaden verursacht, so ist jeder für den Schaden verantwortlich. Das Gleiche gilt, wenn sich nicht ermitteln läßt, wer von mehreren Betheiligten den Schaden durch seine Handlung verursacht hat.

Anstifter und Gehülfen stehen Mitthätern gleich.

§. 816. (I 711, 712, II 754.)

Wer einen Anderen zu einer Verrichtung bestellt, ist zum Ersatze des Schadens verpflichtet, den der Andere in Ausführung der Verrichtung einem Dritten widerrechtlich zufügt. Die Ersatzpflicht tritt nicht ein, wenn der Geschäftsherr bei der Auswahl der bestellten Person und, sofern er Vorrichtungen oder Geräthschaften zu beschaffen oder die Ausführung der Verrichtung zu leiten hat, bei der Beschaffung oder der Leitung die im Verkehr erforderliche Sorgfalt beobachtet oder wenn der Schaden auch bei Anwendung dieser Sorgfalt entstanden sein würde.

Die gleiche Verantwortlichkeit trifft denjenigen, welcher für den Geschäftsherrn die Besorgung eines der im Abs. 1 Satz 2 bezeichneten Geschäfte übernimmt.

§. 817. (I 710, II 755.)

Wer kraft Gesetzes zur Führung der Aufsicht über eine Person verpflichtet ist, die wegen Minderjährigkeit oder wegen ihres geistigen oder körperlichen Zustandes der Beaufsichtigung bedarf, ist zum Ersatze des Schadens verpflichtet, den diese Person einem Dritten widerrechtlich zufügt. Die Ersatzpflicht tritt nicht ein, wenn er seiner Aufsichtspflicht genügt oder wenn der Schaden auch bei gehöriger Aufsichtsführung entstanden sein würde.

Die gleiche Verantwortlichkeit trifft denjenigen, welcher die Führung der Aufsicht für den kraft Gesetzes Verpflichteten übernimmt.

§. 818. (I 734 Abs. 1, II 756.)

Wird durch ein Thier ein Mensch getödtet oder der Körper oder die Gesundheit eines Menschen verletzt oder eine Sache beschädigt, so ist derjenige, welcher das Thier hält, verpflichtet, dem Verletzten den daraus entstehenden

Schaden zu ersetzen. Die Ersatzpflicht tritt nicht ein, wenn der Schaden durch ein Hausthier verursacht wird und derjenige, welcher das Thier hält, bei dessen Beaufsichtigung die im Verkehr erforderliche Sorgfalt beobachtet oder wenn der Schaden auch bei Anwendung dieser Sorgfalt entstanden sein würde.

§. 819. (I 734 Abs. 2, II 757.)

Wer für denjenigen, welcher ein Thier hält, die Führung der Aufsicht über das Thier übernimmt, ist für den Schaden verantwortlich, den das Thier einem Dritten in der im §. 818 bezeichneten Weise zufügt. Die Verantwortlichkeit tritt nicht ein, wenn er bei der Führung der Aufsicht die im Verkehr erforderliche Sorgfalt beobachtet oder wenn der Schaden auch bei Anwendung dieser Sorgfalt entstanden sein würde.

§. 820. (II 758.)

Wird durch Schwarz=, Roth=, Elch=, Dam=, oder Rehwild ein Grundstück beschädigt, an welchem dem Eigenthümer das Jagdrecht nicht zusteht, so ist der Jagdberechtigte verpflichtet, dem Verletzten den Schaden zu ersetzen. Die Ersatzpflicht erstreckt sich auf den Schaden, den die Thiere an den getrennten, aber noch nicht eingeernteten Erzeugnissen des Grundstücks anrichten.

Ist dem Eigenthümer die Ausübung des ihm zustehenden Jagdrechts durch das Gesetz entzogen, so hat derjenige den Schaden zu ersetzen, welcher zur Ausübung des Jagdrechts nach dem Gesetze berechtigt ist. Hat der Eigenthümer eines Grundstücks, auf dem das Jagdrecht wegen der Lage des Grundstücks nur gemeinschaftlich mit dem Jagdrecht auf einem anderen Grundstück ausgeübt werden darf, das Jagdrecht dem Eigenthümer dieses Grundstücks verpachtet, so ist der letztere für den Schaden verantwortlich.

Sind die Eigenthümer der Grundstücke eines Bezirkes zum Zwecke der gemeinschaftlichen Ausübung des Jagdrechts durch das Gesetz zu einem Verbande vereinigt, der nicht als solcher haftet, so sind sie nach dem Verhältnisse der Größe ihrer Grundstücke ersatzpflichtig.

§. 821. (I 735 Abs. 1, II 759.)

Wird durch den Einsturz eines Gebäudes oder eines anderen mit einem Grundstücke verbundenen Werkes oder durch die Ablösung von Theilen des Gebäudes oder des Werkes ein Mensch getödtet, der Körper oder die Gesundheit eines Menschen verletzt oder eine Sache beschädigt, so ist der Besitzer des Grundstücks, sofern der Einsturz oder die Ablösung die Folge fehlerhafter Errichtung oder mangelhafter Unterhaltung ist, verpflichtet, dem Verletzten den daraus entstehenden Schaden zu ersetzen. Die Ersatzpflicht tritt nicht ein, wenn der Besitzer zum Zwecke der Abwendung der Gefahr die im Verkehr erforderliche Sorgfalt beobachtet hat.

Ein früherer Besitzer des Grundstücks ist für den Schaden verantwortlich, wenn der Einsturz oder die Ablösung innerhalb eines Jahres nach der Beendigung seines Besitzes eintritt, es sei denn, daß er während seines Besitzes die im Verkehr erforderliche Sorgfalt beobachtet hat oder ein späterer Besitzer durch Beobachtung dieser Sorgfalt die Gefahr hätte abwenden können.

Besitzer im Sinne dieser Vorschriften ist der Eigenbesitzer.

§. 822. (I 735 Abs. 2, II 760.)

Besitzt Jemand auf einem fremden Grundstück in Ausübung eines Rechtes ein Gebäude oder ein anderes Werk, so trifft ihn an Stelle des Besitzers des Grundstücks die im §. 821 bestimmte Verantwortlichkeit.

§. 823. (I 735 Abs. 3, II 761.)

Wer die Unterhaltung eines Gebäudes oder eines mit einem Grundstücke verbundenen Werkes für den Besitzer übernimmt oder das Gebäude oder das Werk vermöge eines ihm zustehenden Nutzungsrechts zu unterhalten hat, ist für den durch den Einsturz oder die Ablösung von Theilen verursachten Schaden in gleicher Weise verantwortlich wie der Besitzer.

§. 824. (I 736 Abs. 1, 3, II 762.)

Verletzt ein Beamter vorsätzlich oder fahrlässig die ihm einem Dritten gegenüber obliegende Amtspflicht, so hat er dem Dritten den daraus entstehenden Schaden zu ersetzen. Fällt dem Beamten nur Fahrlässigkeit zur Last, so kann er nur dann in Anspruch genommen werden, wenn der Beschädigte nicht auf andere Weise Ersatz zu erlangen vermag.

Verletzt ein Beamter bei der Leitung oder Entscheidung einer Rechtssache seine Amtspflicht, so ist er für den daraus entstehenden Schaden nur dann verantwortlich, wenn die Pflichtverletzung mit einer im Wege des gerichtlichen Strafverfahrens zu verhängenden öffentlichen Strafe bedroht ist. Auf eine pflichtwidrige Verweigerung oder Verzögerung der Ausübung des Amtes findet diese Vorschrift keine Anwendung.

§. 825. (II 763.)

Hat ein Beamter vermöge seiner Amtspflicht einen Anderen zur Geschäftsführung für einen Dritten zu bestellen oder eine solche Geschäftsführung zu beaufsichtigen oder durch Genehmigung von Rechtsgeschäften bei ihr mitzuwirken, so erstreckt sich seine Verpflichtung zum Schadensersatze wegen Verletzung der Amtspflicht nicht auf einen Schaden, dessen Entstehung außerhalb des Bereichs der Wahrscheinlichkeit lag oder nach den Umständen, die der Beamte kannte oder kennen mußte, als außerhalb dieses Bereichs liegend angesehen werden durfte.

§. 826. (I 713, 714, 736 Abs. 2, II 764.)

Sind für den aus einer unerlaubten Handlung entstehenden Schaden Mehrere neben einander verantwortlich, so haften sie, vorbehaltlich der Vorschrift des §. 820 Abs. 3, als Gesammtschuldner.

Ist neben demjenigen, welcher nach den §§. 816, 817 zum Ersatze des von einem Anderen verursachten Schadens verpflichtet ist, auch der Andere für den Schaden verantwortlich, so ist in ihrem Verhältnisse zu einander der Andere allein, im Falle des §. 814 Abs. 2 der Aufsichtspflichtige allein verpflichtet.

Ist neben demjenigen, welcher nach den §§. 818 bis 823, 825 zum Ersatze des Schadens verpflichtet ist, ein Dritter für den Schaden verantwortlich, so ist in ihrem Verhältnisse zu einander der Dritte allein verpflichtet.

§. 827. (II 765.)

Die Verpflichtung zum Schadensersatze wegen einer gegen die Person gerichteten unerlaubten Handlung erstreckt sich auf die Nachtheile, welche die Handlung für den Erwerb oder das Fortkommen des Verletzten herbeiführt.

§. 828. (I 724 Abs. 1, 2, 5, 7, 8, 726, II 766.)

Wird in Folge einer Verletzung des Körpers oder der Gesundheit die Erwerbsfähigkeit des Verletzten aufgehoben oder gemindert oder tritt eine Vermehrung seiner Bedürfnisse ein, so ist dem Verletzten durch Entrichtung einer Geldrente Schadensersatz zu leisten.

Auf die Rente finden die Vorschriften des §. 748 Anwendung. Ob, in welcher Art und für welchen Betrag der Ersatzpflichtige Sicherheit zu leisten hat, bestimmt sich nach den Umständen.

Statt der Rente kann der Verletzte eine Abfindung in Kapital verlangen, wenn ein wichtiger Grund vorliegt.

Der Anspruch wird nicht dadurch ausgeschlossen, daß ein Anderer dem Verletzten Unterhalt zu gewähren hat.

§. 829. (I 722, 723, II 767.)

Im Falle der Tödtung hat der Ersatzpflichtige die Kosten der Beerdigung demjenigen zu ersetzen, welchem die Verpflichtung obliegt, diese Kosten zu tragen.

Stand der Getödtete zur Zeit der Verletzung zu einem Dritten in einem Verhältnisse, vermöge dessen er diesem gegenüber kraft Gesetzes unterhaltspflichtig war oder unterhaltspflichtig werden konnte, und ist dem Dritten in Folge der Tödtung das Recht auf den Unterhalt entzogen, so hat der Ersatzpflichtige dem Dritten durch Entrichtung einer Geldrente insoweit Schadensersatz zu leisten, als der Getödtete während der muthmaßlichen Dauer seines Lebens zur Gewährung des Unterhalts verpflichtet gewesen sein würde; die Vorschriften des §. 828 Abs. 2 bis 4 finden entsprechende Anwendung. Die Ersatzpflicht tritt auch dann ein, wenn der Dritte zur Zeit der Verletzung erzeugt, aber noch nicht geboren war.

§. 830. (II 768.)

Im Falle der Tödtung, der Verletzung des Körpers oder der Gesundheit sowie im Falle der Freiheitsentziehung hat der Ersatzpflichtige, wenn der Verletzte kraft Gesetzes einem Dritten zur Leistung von Diensten in dessen Hauswesen oder Gewerbe verpflichtet war, dem Dritten für die entgehenden Dienste durch Entrichtung einer Geldrente Ersatz zu leisten. Die Vorschriften des §. 828 Abs. 2 bis 4 finden entsprechende Anwendung.

§. 831. (II 769.)

Hat in den Fällen der §§. 829, 830 bei der Entstehung des Schadens, den der Dritte erleidet, ein Verschulden des Verletzten mitgewirkt, so finden auf den Anspruch des Dritten die Vorschriften des §. 249 Anwendung.

§. 832. (I 728, II 770.)

Im Falle der Verletzung des Körpers oder der Gesundheit sowie im Falle der Freiheitsentziehung kann der Verletzte auch wegen des Schadens, der nicht Vermögensschaden ist, eine billige Entschädigung in Geld verlangen. Der Anspruch ist nicht übertragbar und geht nicht auf die Erben über, es sei denn, daß er durch Vertrag anerkannt oder daß er rechtshängig geworden ist.

Ein gleicher Anspruch steht einer Frauensperson zu, gegen die durch Beiwohnung eine der in den §§. 176, 177, 179, 182 des Strafgesetzbuchs bezeichneten Handlungen begangen oder die durch Anwendung hinterlistiger Kunstgriffe zur Gestattung der außerehelichen Beiwohnung verleitet wird.

§. 833. (I 716, II 771.)

Wer zur Rückgabe einer Sache verpflichtet ist, die er einem Anderen durch eine unerlaubte Handlung entzogen hat, ist auch für den zufälligen Untergang, eine aus einem anderen Grunde eintretende zufällige Unmöglichkeit der Herausgabe oder eine zufällige Verschlechterung der Sache verantwortlich, es sei denn, daß der Untergang, die anderweitige Unmöglichkeit der Herausgabe oder die Verschlechterung auch ohne die Entziehung eingetreten sein würde.

§. 834. (I 717, II 772.)

Ist wegen der Entziehung einer Sache der Werth oder wegen der Beschädigung einer Sache die Werthminderung zu ersetzen, so kann der Verletzte Zinsen des zu ersetzenden Betrags von der Zeit der Entziehung oder der Beschädigung an verlangen. Für die Zeit, für welche der Verletzte Zinsen fordert, kann er nicht Ersatz für entzogene Nutzungen verlangen.

§. 835. (I 718, II 773.)

Macht der zur Herausgabe einer entzogenen Sache Verpflichtete Verwendungen auf die Sache, so stehen ihm dem Verletzten gegenüber die Rechte zu, die der Besitzer dem Eigenthümer gegenüber wegen Verwendungen hat.

§. 836. (II 774.)

Leistet der wegen der Entziehung oder Beschädigung einer beweglichen Sache zum Schadensersatze Verpflichtete den Ersatz an denjenigen, in dessen Besitze sich die Sache zur Zeit der Entziehung oder der Beschädigung befunden hat, so wird er durch die Leistung auch dann befreit, wenn ein Dritter Eigenthümer der Sache war oder ein sonstiges Recht an der Sache hatte, es sei denn, daß ihm das Recht des Dritten bekannt oder in Folge grober Fahrlässigkeit unbekannt ist.

§. 837. (I 719, 720, II 775.)

Der Anspruch auf Ersatz des aus einer unerlaubten Handlung entstandenen Schadens verjährt in drei Jahren von dem Zeitpunkt an, in welchem der Verletzte von dem Schaden und der Person des Ersatzpflichtigen Kenntniß erlangt, ohne Rücksicht auf diese Kenntniß in dreißig Jahren von der Begehung der Handlung an.

Hat der Ersatzpflichtige durch die unerlaubte Handlung auf Kosten des Verletzten etwas erlangt, so ist er auch nach der Vollendung der Verjährung zur Herausgabe nach den für die Herausgabe einer ungerechtfertigten Bereicherung geltenden Vorschriften verpflichtet.

§. 838. (II 776.)

Erlangt Jemand durch eine von ihm begangene unerlaubte Handlung eine Forderung gegen den Verletzten, so kann der Verletzte die Erfüllung auch dann verweigern, wenn der Anspruch auf Aufhebung der Forderung verjährt ist.

Drittes Buch.

Sachenrecht.

Erster Abschnitt.

Besitz.

§. 839. (I 797, 803 Abs. 2, II 777.)

Der Besitz einer Sache wird durch die Erlangung der thatsächlichen Gewalt über die Sache erworben.

Die Einigung des bisherigen Besitzers und des Erwerbers genügt zum Erwerbe, wenn der Erwerber in der Lage ist, die Gewalt über die Sache auszuüben.

§. 840. (II 778.)

Uebt Jemand die thatsächliche Gewalt über eine Sache für einen Anderen in dessen Haushalt oder Erwerbsgeschäft oder in einem ähnlichen Verhältniß aus, vermöge dessen er den sich auf die Sache beziehenden Weisungen des Anderen Folge zu leisten hat, so ist nur der Andere Besitzer.

§. 841. (I 808, 810, II 779.)

Der Besitz wird dadurch beendigt, daß der Besitzer die thatsächliche Gewalt über die Sache aufgiebt oder in anderer Weise verliert.

Durch eine ihrer Natur nach vorübergehende Behinderung in der Ausübung der Gewalt wird der Besitz nicht beendigt.

§. 842. (I 2052 bis 2054, II 779a.)

Der Besitz geht auf den Erben über.

§. 843. (I 814, 818, II 780.)

Wer dem Besitzer ohne dessen Willen den Besitz entzieht oder ihn im Besitze stört, handelt, sofern nicht das Gesetz die Entziehung oder die Störung gestattet, widerrechtlich (verbotene Eigenmacht).

Der durch verbotene Eigenmacht erlangte Besitz ist fehlerhaft. Die Fehlerhaftigkeit muß der Nachfolger im Besitze gegen sich gelten lassen, wenn er Erbe des Besitzers ist oder die Fehlerhaftigkeit des Besitzes seines Vorgängers bei dem Erwerbe kennt.

§. 844. (I 815 Abs. 1 bis 3, II 781.)

Der Besitzer darf sich verbotener Eigenmacht mit Gewalt erwehren.

Wird eine bewegliche Sache dem Besitzer mittelst verbotener Eigenmacht weggenommen, so darf er sie dem auf frischer That betroffenen oder verfolgten Thäter mit Gewalt wiederabnehmen.

Wird dem Besitzer eines Grundstücks der Besitz durch verbotene Eigenmacht entzogen, so darf er sofort nach der Entziehung sich des Besitzes durch Entsetzung des Thäters wiederbemächtigen.

Die gleichen Rechte stehen dem Besitzer gegen denjenigen zu, welcher nach §. 843 Abs. 2 die Fehlerhaftigkeit des Besitzes gegen sich gelten lassen muß.

§. 845. (I 815 Abs. 4, II 782.)

Zur Ausübung der dem Besitzer nach §. 844 zustehenden Rechte ist auch derjenige befugt, welcher die thatsächliche Gewalt nach §. 840 für den Besitzer ausübt.

§. 846. (I 819, 824, II 783.)

Wird der Besitz durch verbotene Eigenmacht dem Besitzer entzogen, so kann dieser die Wiedereinräumung des Besitzes von demjenigen verlangen, welcher ihm gegenüber fehlerhaft besitzt.

Der Anspruch ist ausgeschlossen, wenn der entzogene Besitz dem gegenwärtigen Besitzer oder dessen Rechtsvorgänger gegenüber fehlerhaft war und in dem letzten Jahre vor der Entziehung erlangt worden ist.

§. 847. (I 820, 824, II 784.)

Wird der Besitzer durch verbotene Eigenmacht im Besitze gestört, so kann er von dem Störer die Beseitigung der Störung verlangen. Sind weitere Störungen zu besorgen, so kann der Besitzer auf Unterlassung klagen.

Der Anspruch ist ausgeschlossen, wenn der Besitzer dem Störer oder dessen Rechtsvorgänger gegenüber fehlerhaft besitzt und der Besitz in dem letzten Jahre vor der Störung erlangt worden ist.

§. 848. (I 822, II 785.)

Gegenüber den in den §§. 846, 847 bestimmten Ansprüchen kann ein Recht zum Besitz oder zur Vornahme der störenden Handlung nur zur Begründung der Behauptung geltend gemacht werden, daß die Entziehung oder die Störung des Besitzes nicht verbotene Eigenmacht sei.

§. 849. (I 823 Abs. 2, 824, II 786.)

Ein nach den §§. 846, 847 begründeter Anspruch erlischt mit dem Ablauf eines Jahres nach der Verübung der verbotenen Eigenmacht, wenn nicht vorher der Anspruch im Wege der Klage geltend gemacht wird.

Das Erlöschen tritt auch dann ein, wenn nach der Verübung der verbotenen Eigenmacht durch rechtskräftiges Urtheil festgestellt wird, daß dem Thäter ein Recht an der Sache zusteht, vermöge dessen er die Herstellung eines seiner Handlungsweise entsprechenden Besitzstandes verlangen kann.

§. 850. (I 816, II 787.)

Die Vorschriften der §§. 843 bis 849 gelten auch zu Gunsten desjenigen, welcher nur einen Theil einer Sache, insbesondere abgesonderte Wohnräume oder andere Räume, besitzt.

§. 851. (I 817, II 788.)

Besitzen Mehrere eine Sache gemeinschaftlich, so findet in ihrem Verhältnisse zu einander ein Besitzschutz insoweit nicht statt, als es sich um die Grenzen des den Einzelnen zustehenden Gebrauchs handelt.

§. 852. (I 867, II 789.)

Ist eine Sache aus der Gewalt des Besitzers auf ein im Besitz eines Anderen befindliches Grundstück gelangt, so hat ihm der Besitzer des Grundstücks die Aufsuchung und die Wegschaffung zu gestatten, sofern nicht die Sache inzwischen in Besitz genommen worden ist. Der Besitzer des Grundstücks kann Ersatz des durch die Aufsuchung und die Wegschaffung entstehenden Schadens verlangen. Er kann, wenn die Entstehung eines Schadens zu besorgen ist, die Gestattung verweigern, bis ihm Sicherheit geleistet wird; die Verweigerung ist unzulässig, wenn mit dem Aufschube Gefahr verbunden ist.

§. 853. (II 790 Abs. 1.)

Besitzt Jemand eine Sache als Nießbraucher, Pfandgläubiger, Pächter, Miether, Verwahrer oder in einem ähnlichen Verhältnisse, vermöge dessen er einem Anderen gegenüber auf Zeit zum Besitze berechtigt oder verpflichtet ist, so ist auch der Andere Besitzer (mittelbarer Besitz).

§. 854. (I 821 Abs. 1, II 790 Abs. 2.)

Wird gegen den Besitzer verbotene Eigenmacht verübt, so stehen die in den §§. 846, 847 bestimmten Ansprüche auch dem mittelbaren Besitzer zu. Im

Falle der Entziehung des Besitzes ist, wenn der bisherige Besitzer den Besitz nicht wiederübernehmen kann oder will, der mittelbare Besitzer zu verlangen berechtigt, daß ihm der Besitz eingeräumt wird. Unter der gleichen Voraussetzung kann er im Falle des §. 852 verlangen, daß ihm die Aufsuchung und Wegschaffung der Sache gestattet wird.

§. 855. (I 804, II 792.)

Der mittelbare Besitz kann dadurch auf einen Anderen übertragen werden, daß diesem der Anspruch auf Herausgabe der Sache abgetreten wird.

§. 856. (I 821 Abs. 2, II 791.)

Steht der mittelbare Besitzer zu einem Dritten in einem Verhältnisse der im §. 853 bezeichneten Art, so ist auch der Dritte mittelbarer Besitzer.

§. 857. (I 797, II 793.)

Wer eine Sache als ihm gehörend besitzt, ist Eigenbesitzer.

Zweiter Abschnitt.

Allgemeine Vorschriften über Rechte an Grundstücken.

§. 858. (I 828 Abs. 1 bis 3, II 794.)

Zur Uebertragung des Eigenthums an einem Grundstücke, zur Belastung eines Grundstücks mit einem Rechte sowie zur Uebertragung oder Belastung eines solchen Rechtes ist die Einigung des Berechtigten und des anderen Theiles über den Eintritt der Rechtsänderung und die Eintragung der Rechtsänderung in das Grundbuch erforderlich, soweit nicht das Gesetz ein Anderes vorschreibt.

Vor der Eintragung sind die Betheiligten an die Einigung nur gebunden, wenn die Erklärungen gerichtlich oder notariell beurkundet oder vor dem Grundbuchamt abgegeben oder bei diesem eingereicht sind oder wenn der Berechtigte dem anderen Theile eine den Vorschriften der Grundbuchordnung entsprechende Eintragsbewilligung ausgehändigt hat.

§. 859. (I 962 Abs. 2 Satz 2, 969, 982, 1048, 1054, II 795.)

Bei der Eintragung eines Rechtes, mit dem ein Grundstück belastet wird, kann zur näheren Bezeichnung des Inhalts des Rechtes auf die Eintragungsbewilligung Bezug genommen werden, soweit nicht das Gesetz ein Anderes vorschreibt.

§. 860. (I 834, 960 Abs. 1, 965 Abs. 1, 977 Abs. 1, 1015, 1048, 1061 Abs. 1, II 796.)

Zur Aufhebung eines Rechtes an einem Grundstück ist, soweit nicht das Gesetz ein Anderes vorschreibt, die Erklärung des Berechtigten, daß er das Recht aufgebe, und die Löschung des Rechtes im Grundbuch erforderlich. Die

Erklärung ist dem Grundbuchamt oder demjenigen gegenüber abzugeben, zu dessen Gunsten sie erfolgt.

Vor der Löschung ist der Berechtigte an seine Erklärung nur gebunden, wenn er sie dem Grundbuchamte gegenüber abgegeben oder demjenigen, zu dessen Gunsten sie erfolgt, eine den Vorschriften der Grundbuchordnung entsprechende Löschungsbewilligung ausgehändigt hat.

§. 861. (I 960 Abs. 2, 965 Abs. 2, 977 Abs. 2, 1015, 1048, 1061 Abs. 2, II 797.)

Ist ein Recht an einem Grundstücke mit dem Rechte eines Dritten belastet, so ist zur Aufhebung des belasteten Rechtes die Zustimmung des Dritten erforderlich. Steht das aufzuhebende Recht dem jeweiligen Eigenthümer eines anderen Grundstücks zu, so ist, wenn dieses Grundstück mit dem Rechte eines Dritten belastet ist, die Zustimmung des Dritten erforderlich, es sei denn, daß dessen Recht durch die Aufhebung nicht berührt wird. Die Zustimmung ist dem Grundbuchamt oder demjenigen gegenüber zu erklären, zu dessen Gunsten sie erfolgt; sie ist unwiderruflich.

§. 862. (I 1134 Satz 3, 1144 Satz 3, II 798.)

Die Vorschriften der §§. 858, 859, 861 finden auch auf Aenderungen des Inhalts eines Rechtes an einem Grundstück Anwendung.

§. 863. (I 831, 834 Satz 1, 1134 Satz 3, 1144 Satz 3, II 799.)

Eine von dem Berechtigten in Gemäßheit der §§. 858, 860, 862 abgegebene Erklärung wird nicht dadurch unwirksam, daß der Berechtigte in der Verfügung beschränkt wird, nachdem die Erklärung für ihn bindend geworden und der Antrag auf Eintragung bei dem Grundbuchamte gestellt worden ist.

§. 864. (I 840, II 800.)

Das Rangverhältniß unter mehreren Rechten, mit denen ein Grundstück belastet ist, bestimmt sich, wenn die Rechte in derselben Abtheilung des Grundbuchs eingetragen sind, nach der Reihenfolge der Eintragungen. Sind die Rechte in verschiedenen Abtheilungen eingetragen, so hat das unter Angabe eines früheren Tages eingetragene Recht den Vorrang; Rechte, die unter Angabe desselben Tages eingetragen sind, haben gleichen Rang.

Die Eintragung ist für das Rangverhältniß auch dann maßgebend, wenn die nach §. 858 zum Erwerbe des Rechtes erforderliche Einigung erst nach der Eintragung zu Stande gekommen ist.

Eine abweichende Bestimmung des Rangverhältnisses bedarf der Eintragung in das Grundbuch.

§. 865. (I 841, II 801.)

Das Rangverhältniß kann nachträglich geändert werden.

Zu der Rangänderung ist die Einigung des zurücktretenden und des vortretenden Berechtigten und die Eintragung der Aenderung in das Grundbuch erforderlich; die Vorschriften des §. 858 Abs. 2 und des §. 863 finden Anwendung. Soll eine Hypothek, eine Grundschuld oder eine Rentenschuld zurücktreten, so ist außerdem die Zustimmung des Eigenthümers erforderlich. Die Zustimmung ist dem Grundbuchamt oder einem der Betheiligten gegenüber zu erklären; sie ist unwiderruflich.

Ist das zurücktretende Recht mit dem Rechte eines Dritten belastet, so finden die Vorschriften des §. 861 entsprechende Anwendung.

Der dem vortretenden Rechte eingeräumte Rang geht nicht dadurch verloren, daß das zurücktretende Recht durch Rechtsgeschäft aufgehoben wird.

Rechte, die den Rang zwischen dem zurücktretenden und dem vortretenden Rechte haben, werden durch die Rangänderung nicht berührt.

§. 866. (I 842, II 802.)

Der Eigenthümer kann sich bei der Belastung des Grundstücks mit einem Rechte die Befugniß vorbehalten, ein anderes, dem Umfange nach bestimmtes Recht mit dem Range vor jenem Rechte eintragen zu lassen.

Der Vorbehalt bedarf der Eintragung in das Grundbuch; die Eintragung muß bei dem Rechte erfolgen, das zurücktreten soll.

Wird das Grundstück veräußert, so geht die vorbehaltene Befugniß auf den Erwerber über.

Ist das Grundstück vor der Eintragung des Rechtes, dem der Vorrang beigelegt ist, mit einem Rechte ohne einen entsprechenden Vorbehalt belastet worden, so hat der Vorrang insoweit keine Wirkung, als das mit dem Vorbehalt eingetragene Recht in Folge der inzwischen eingetretenen Belastung eine über den Vorbehalt hinausgehende Beeinträchtigung erleiden würde.

§. 867.

Wird ein Grundstück mit einem Rechte belastet, für welches nach den für die Zwangsversteigerung geltenden Vorschriften dem Berechtigten im Falle des Erlöschens durch den Zuschlag der Werth aus dem Erlöse zu ersetzen ist, so kann der Höchstbetrag des Ersatzes bestimmt werden. Die Bestimmung bedarf der Eintragung in das Grundbuch.

§. 868. (II 803.)

Zur Sicherung des Anspruchs auf Einräumung oder Aufhebung eines Rechtes an einem Grundstück oder an einem das Grundstück belastenden Rechte oder auf Aenderung des Inhalts oder des Ranges eines solchen Rechtes kann eine Vormerkung in das Grundbuch eingetragen werden. Die Eintragung einer Vormerkung ist auch zur Sicherung eines künftigen oder eines bedingten Anspruchs zulässig.

Eine Verfügung, die nach der Eintragung der Vormerkung über das Grundstück oder das Recht getroffen wird, ist insoweit unwirksam, als sie den Anspruch vereiteln oder beeinträchtigen würde. Dies gilt auch, wenn die Verfügung im Wege der Zwangsvollstreckung oder der Arrestvollziehung oder durch den Konkursverwalter erfolgt.

Der Rang des Rechtes auf dessen Einräumung der Anspruch gerichtet ist, bestimmt sich nach der Eintragung der Vormerkung.

§. 869. (II 804 a.)

Soweit der Anspruch durch die Vormerkung gesichert ist, kann sich der Erbe des Verpflichteten nicht auf die Beschränkung seiner Haftung berufen.

§. 870. (II 804.)

Die Eintragung einer Vormerkung erfolgt auf Grund einer einstweiligen Verfügung oder auf Grund der Bewilligung desjenigen, dessen Grundstück oder dessen Recht von der Vormerkung betroffen wird. Zur Erlassung der einstweiligen Verfügung ist nicht erforderlich, daß eine Gefährdung des zu sichernden Anspruchs glaubhaft gemacht wird.

Bei der Eintragung kann zur näheren Bezeichnung des zu sichernden Anspruchs auf die einstweilige Verfügung oder die Eintragungsbewilligung Bezug genommen werden.

§. 871. (II 805 Abs. 1.)

Steht demjenigen, dessen Grundstück oder dessen Recht von der Vormerkung betroffen wird, eine Einrede zu, durch welche die Geltendmachung des durch die Vormerkung gesicherten Anspruchs dauernd ausgeschlossen wird, so kann er von dem Gläubiger die Beseitigung der Vormerkung verlangen.

§. 872. (II 805 Abs. 2.)

Ist der Gläubiger, dessen Anspruch durch die Vormerkung gesichert ist, unbekannt, so kann er im Wege des Aufgebotsverfahrens mit seinem Rechte ausgeschlossen werden, wenn die im §. 1154 für die Ausschließung eines Hypothekengläubigers bestimmten Voraussetzungen vorliegen. Mit der Erlassung des Ausschlußurtheils erlischt die Wirkung der Vormerkung.

§. 873. (II 806.)

Soweit der Erwerb eines eingetragenen Rechtes oder eines Rechtes an einem solchen Rechte gegenüber demjenigen, zu dessen Gunsten die Vormerkung besteht, unwirksam ist, kann dieser von dem Erwerber die Zustimmung zu der Eintragung oder der Löschung verlangen, die zur Verwirklichung des durch die Vormerkung gesicherten Anspruchs erforderlich ist.

Das Gleiche gilt, wenn der Anspruch durch ein Veräußerungsverbot gesichert ist.

§. 874. (I 835, II 807.)

Ein Recht an einem fremden Grundstück erlischt nicht dadurch, daß der Eigenthümer des Grundstücks das Recht oder der Berechtigte das Eigenthum an dem Grundstück erwirbt.

§. 875. (I 787 Abs. 2, II 808.)

Mehrere Grundstücke können dadurch zu einem Grundstücke vereinigt werden, daß der Eigenthümer sie als ein Grundstück in das Grundbuch eintragen läßt.

Ein Grundstück kann dadurch zum Bestandtheil eines anderen Grundstücks gemacht werden, daß der Eigenthümer es diesem im Grundbuche zuschreiben läßt.

§. 876. (I 826, II 809.)

Ist im Grundbuche für Jemand ein Recht eingetragen, so wird vermuthet, daß ihm das Recht zustehe.

Ist im Grundbuch ein eingetragenes Recht gelöscht, so wird vermuthet, daß das Recht nicht bestehe.

§. 877. (I 837 Abs. 1, Abs. 2 Satz 1, 844 Abs. 2, II 810.)

Zu Gunsten desjenigen, welcher ein Recht an einem Grundstück oder ein Recht an einem solchen Rechte durch Rechtsgeschäft erwirbt, gilt der Inhalt des Grundbuchs als richtig, es sei denn, daß ein Widerspruch gegen die Richtigkeit eingetragen oder die Unrichtigkeit dem Erwerber bekannt ist. Ist der Berechtigte in der Verfügung über ein im Grundbuch eingetragenes Recht zu Gunsten einer bestimmten Person beschränkt, so ist die Beschränkung dem Erwerber gegenüber nur wirksam, wenn sie aus dem Grundbuch ersichtlich oder dem Erwerber bekannt ist.

Ist zu dem Erwerbe des Rechtes die Eintragung erforderlich, so ist für die Kenntniß des Erwerbers die Zeit der Stellung des Antrags auf Eintragung oder, wenn die nach §. 858 erforderliche Einigung erst später zu Stande kommt, die Zeit der Einigung maßgebend.

§. 878. (I 838, II 811.)

Die Vorschriften des §. 877 finden entsprechende Anwendung, wenn an denjenigen, für welchen ein Recht im Grundbuch eingetragen ist, auf Grund dieses Rechtes eine Leistung bewirkt oder wenn zwischen ihm und einem Anderen in Ansehung dieses Rechtes ein nicht unter die Vorschriften des §. 877 fallendes Rechtsgeschäft vorgenommen wird, das eine Verfügung über das Recht enthält.

§. 879. (I 843 Abs. 1, II 813 Abs. 1.)

Steht der Inhalt des Grundbuchs in Ansehung eines Rechtes an dem Grundstück, eines Rechtes an einem solchen Rechte oder einer Verfügungsbeschränkung der im §. 877 Abs. 1 bezeichneten Art mit der wirklichen Rechtslage nicht im Einklange, so kann derjenige, dessen Recht nicht oder nicht richtig eingetragen oder durch die Eintragung einer nicht bestehenden Belastung oder Beschränkung beeinträchtigt ist, die Zustimmung zu der Berichtigung des Grundbuchs von demjenigen verlangen, dessen Recht durch die Berichtigung betroffen wird.

§. 880. (I 1826 Abs. 2.)

Kann die Berichtigung des Grundbuchs erst erfolgen, nachdem das Recht des nach §. 879 Verpflichteten eingetragen worden ist, so hat dieser auf Verlangen sein Recht eintragen zu lassen.

§. 881. (I 1109 Abs. 2, II 1091.)

Ist zur Berichtigung des Grundbuchs die Vorlegung eines Hypotheken-, Grundschuld- oder Rentenschuldbriefs erforderlich, so kann derjenige, zu dessen Gunsten die Berichtigung erfolgen soll, von dem Besitzer des Briefes verlangen, daß der Brief dem Grundbuchamte vorgelegt wird.

§. 882. (I 843 Abs. 2, II 813 Abs. 2.)

Die Kosten der Berichtigung des Grundbuchs und der dazu erforderlichen Erklärungen hat derjenige zu tragen, welcher die Berichtigung verlangt, sofern nicht aus einem zwischen ihm und dem Verpflichteten bestehenden Rechtsverhältnisse sich ein Anderes ergiebt.

§. 883. (II 813 Abs. 3.)

Die in den §§. 879 bis 881 bestimmten Ansprüche unterligen nicht der Verjährung.

§. 884. (I 844 Abs. 1, 845, II 814.)

In den Fällen des §. 879 kann ein Widerspruch gegen die Richtigkeit des Grundbuchs eingetragen werden.

Die Eintragung erfolgt auf Grund einer einstweiligen Verfügung oder auf Grund einer Bewilligung desjenigen, dessen Recht durch die Berichtigung des Grundbuchs betroffen wird. Zur Erlassung der einstweiligen Verfügung ist nicht erforderlich, daß eine Gefährdung des Rechtes des Widersprechenden glaubhaft gemacht wird.

§. 885. (II 815.)

Wer als Eigenthümer eines Grundstücks im Grundbuch eingetragen ist, ohne daß er das Eigenthum erlangt hat, erwirbt das Eigenthum, wenn die Eintragung dreißig Jahre bestanden und er während dieser Zeit das Grundstück im Eigenbesitze gehabt hat. Die dreißigjährige Frist wird in derselben Weise berechnet wie die Frist für die Ersitzung einer beweglichen Sache. Der Lauf der Frist ist gehemmt, solange ein Widerspruch gegen die Richtigkeit der Eintragung im Grundbuch eingetragen ist.

Diese Vorschriften finden entsprechende Anwendung, wenn für Jemand ein ihm nicht zustehendes anderes Recht im Grundbuch eingetragen ist, das zum Besitze des Grundstücks berechtigt oder dessen Ausübung nach den für den Besitz geltenden Vorschriften geschützt ist. Für den Rang des Rechtes ist die Eintragung maßgebend.

§. 886. (II 816.)

Ist ein Recht an einem fremden Grundstück im Grundbuche mit Unrecht gelöscht, so erlischt es, wenn der Anspruch des Berechtigten gegen den Eigenthümer verjährt ist. Das Gleiche gilt, wenn ein kraft Gesetzes entstandenes Recht an einem fremden Grundstücke nicht in das Grundbuch eingetragen worden ist.

§. 887. (I 847, II 817.)

Die Ansprüche aus eingetragenen Rechten unterliegen nicht der Verjährung. Dies gilt nicht für Ansprüche, die auf Rückstände wiederkehrender Leistungen oder auf Schadensersatz gerichtet sind.

Ein Recht, wegen dessen ein Widerspruch gegen die Richtigkeit des Grundbuchs eingetragen ist, steht einem eingetragenen Rechte gleich.

Dritter Abschnitt.

Eigenthum.

Erster Titel.

Inhalt des Eigenthums.

§. 888. (I 848, II 818.)

Der Eigenthümer einer Sache kann, soweit nicht das Gesetz oder Rechte Dritter entgegenstehen, mit der Sache nach Belieben verfahren und Andere von jeder Einwirkung ausschließen.

§. 889.

Der Eigenthümer einer Sache ist nicht berechtigt, die Einwirkung eines Anderen auf die Sache zu verbieten, wenn die Einwirkung zur Abwendung einer gegenwärtigen Gefahr nothwendig und der drohende Schaden gegenüber dem aus der Einwirkung dem Eigenthümer entstehenden Schaden unverhältnißmäßig groß ist. Der Eigenthümer kann Ersatz des ihm entstehenden Schadens verlangen.

§. 890. (I 849, II 819.)

Das Recht des Eigenthümers eines Grundstücks erstreckt sich auf den Raum über der Oberfläche und auf den Erdkörper unter der Oberfläche. Der Eigenthümer kann jedoch Einwirkungen nicht verbieten, die in solcher Höhe oder Tiefe vorgenommen werden, daß er an der Ausschließung kein Interesse hat.

§. 891. (I 850, II 820.)

Der Eigenthümer eines Grundstücks kann die Zuführung von Gasen, Dämpfen, Gerüchen, Rauch, Ruß, Wärme, Geräusch, Erschütterungen und ähnliche von einem anderen Grundstück ausgehende Einwirkungen insoweit nicht verbieten, als die Einwirkung die Benutzung seines Grundstücks nicht oder nur unwesentlich beeinträchtigt oder durch eine Benutzung des anderen Grundstücks herbeigeführt wird, die nach den örtlichen Verhältnissen bei Grundstücken dieser Lage gewöhnlich ist. Die Zuführung durch eine besondere Leitung ist unzulässig.

§. 892. (I 864, II 821.)

Der Eigenthümer eines Grundstücks kann verlangen, daß auf den Nachbargrundstücken nicht Anlagen hergestellt oder gehalten werden, von denen mit Sicherheit vorauszusehen ist, daß ihr Bestand oder ihre Benutzung eine unzulässige

Einwirkung auf sein Grundstück zur Folge hat. Genügt eine Anlage den landesgesetzlichen Vorschriften, die einen bestimmten Abstand von der Grenze oder sonstige Schutzmaßregeln vorschreiben, so kann die Beseitigung der Anlage erst verlangt werden, wenn die unzulässige Einwirkung thatsächlich hervortritt.

Bäume und Sträucher gehören nicht zu den Anlagen im Sinne dieser Vorschriften.

§. 893. (II 822.)

Droht einem Grundstücke die Gefahr, daß es durch den Einsturz eines Gebäudes oder eines anderen Werkes, das mit einem Nachbargrundstücke verbunden ist, oder durch die Ablösung von Theilen des Gebäudes oder des Werkes beschädigt wird, so kann der Eigenthümer von demjenigen, welcher nach dem §. 821 Abs. 1 oder den §§. 822, 823 für den eintretenden Schaden verantwortlich sein würde, verlangen, daß er die zur Abwendung der Gefahr erforderliche Vorkehrung trifft.

§. 894. (I 865, II 823.)

Ein Grundstück darf nicht in der Weise vertieft werden, daß der Boden des Nachbargrundstücks die erforderliche Stütze verliert, es sei denn, daß für eine genügende anderweitige Befestigung gesorgt ist.

§. 895. (I 861, II 824.)

Der Eigenthümer eines Grundstücks kann Wurzeln eines Baumes oder eines Strauches, die von einem Nachbargrundstück eingedrungen sind, abschneiden und behalten. Das Gleiche gilt von herrüberragenden Zweigen, wenn der Eigenthümer dem Besitzer des Nachbargrundstücks eine angemessene Frist zur Beseitigung bestimmt hat und die Beseitigung nicht innerhalb der Frist erfolgt.

Dem Eigenthümer steht dieses Recht nicht zu, wenn die Wurzeln oder die Zweige die Benutzung des Grundstücks nicht beeinträchtigen.

§. 896. (I 862, II 825.)

Früchte, die von einem Baume oder einem Strauche auf ein Nachbargrundstück hinüberfallen, gelten als Früchte dieses Grundstücks. Diese Vorschrift findet keine Anwendung, wenn das Nachbargrundstück dem öffentlichen Gebrauche dient.

§. 897. (I 857, II 826.)

Hat der Eigenthümer eines Grundstücks bei der Errichtung eines Gebäudes über die Grenze gebaut, ohne daß ihm Vorsatz oder grobe Fahrlässigkeit zur Last fällt, so hat der Nachbar den Ueberbau zu dulden, es sei denn, daß er vor oder sofort nach der Grenzüberschreitung Widerspruch erhoben hat.

Der Nachbar ist durch eine Geldrente zu entschädigen. Für die Höhe der Rente ist die Zeit der Grenzüberschreitung maßgebend.

§. 898. (I 857 Abs. 2, 858 Abs 1 Satz 1, II 827 Abs. 1, Abs. 2 Satz 1.)

Die Rente für den Ueberbau ist dem jeweiligen Eigenthümer des Nachbargrundstücks von dem jeweiligen Eigenthümer des anderen Grundstücks zu entrichten.

Die Rente ist jährlich im Voraus zu entrichten.

§. 899. (I 858 Abs. 1 Satz 2 bis 5, Abs. 2, II 827 Abs. 2 Satz 2, 3, Abs. 3.)

Das Recht auf die Rente geht allen Rechten an dem belasteten Grundstück, auch den älteren, vor. Es erlischt mit der Beseitigung des Ueberbaues.

Das Recht wird nicht in das Grundbuch eingetragen. Zum Verzicht auf das Recht sowie zur Feststellung der Höhe der Rente durch Vertrag ist die Eintragung erforderlich.

Im Uebrigen finden die Vorschriften Anwendung, die für eine zu Gunsten des jeweiligen Eigenthümers eines Grundstücks bestehende Reallast gelten.

§. 900. (I 859, II 828.)

Der Rentenberechtigte kann jederzeit verlangen, daß der Rentenpflichtige ihm gegen Uebertragung des Eigenthums an dem überbauten Theile des Grundstücks den Werth ersetzt, den dieser Theil zur Zeit der Grenzüberschreitung gehabt hat. Macht er von dieser Befugniß Gebrauch, so bestimmen sich die Rechte und Verpflichtungen beider Theile nach den Vorschriften über den Kauf.

Für die Zeit bis zur Uebertragung des Eigenthums ist die Rente fortzuentrichten.

§. 901. (I 860, II 829.)

Wird durch den Ueberbau ein Erbbaurecht oder eine Dienstbarkeit an dem Nachbargrundstücke beeinträchtigt, so finden zu Gunsten des Berechtigten die Vorschriften der §§. 897 bis 899 entsprechende Anwendung.

§. 902. (I 863, II 830.)

Fehlt einem Grundstücke die zur ordnungsmäßigen Benutzung nothwendige Verbindung mit einem öffentlichen Wege, so kann der Eigenthümer von den Nachbarn verlangen, daß sie bis zur Hebung des Mangels die Benutzung ihrer Grundstücke zur Herstellung der erforderlichen Verbindung dulden. Die Richtung des Nothwegs und der Umfang des Benutzungsrechts werden erforderlichen Falles durch Urtheil bestimmt.

Die Nachbarn, über deren Grundstücke der Nothweg führt, sind durch eine Geldrente zu entschädigen. Die Vorschriften des §. 897 Abs. 2 Satz 2 und der §§. 898, 899, 901 finden entsprechende Anwendung.

§. 903. (I 863 Satz 1, II 831.)

Die Verpflichtung zur Duldung des Nothwegs tritt nicht ein, wenn die bisherige Verbindung des Grundstücks mit dem öffentlichen Wege durch eine willkürliche Handlung des Eigenthümers aufgehoben wird.

Wird in Folge der Veräußerung eines Theiles des Grundstücks der veräußerte oder der zurückbehaltene Theil von der Verbindung mit dem öffentlichen Wege abgeschnitten, so hat der Eigenthümer desjenigen Theiles, über welchen die Verbindung bisher stattgefunden hat, den Nothweg zu dulden. Der Veräußerung eines Theiles steht die Veräußerung eines von mehreren demselben Eigenthümer gehörenden Grundstücken gleich.

§. 904. (I 851, II 832.)

Der Eigenthümer eines Grundstücks kann von dem Eigenthümer eines Nachbargrundstücks verlangen, daß dieser zur Errichtung fester Grenzzeichen und, wenn ein Grenzzeichen verrückt oder unkenntlich geworden ist, zur Wiederherstellung mitwirkt.

Die Art der Abmarkung und das Verfahren bestimmen sich nach den Landesgesetzen; enthalten diese keine Vorschriften, so entscheidet die Ortsüblichkeit.

Die Kosten der Abmarkung sind von den Betheiligten zu gleichen Theilen zu tragen, sofern nicht aus einem zwischen ihnen bestehenden Rechtsverhältnisse sich ein Anderes ergiebt.

§. 905. (I 852, II 833.)

Läßt sich im Falle einer Grenzverwirrung die richtige Grenze nicht ermitteln, so ist für die Abgrenzung der Besitzstand maßgebend. Kann der Besitzstand nicht festgestellt werden, so ist jedem der Grundstücke ein gleich großes Stück der streitigen Fläche zuzutheilen.

Soweit eine diesen Vorschriften entsprechende Bestimmung der Grenze zu einem Ergebnisse führt, das mit den ermittelten Umständen, insbesondere mit der feststehenden Größe der Grundstücke, nicht übereinstimmt, ist die Grenze so zu ziehen, wie es unter Berücksichtigung dieser Umstände der Billigkeit entspricht.

§. 906. (I 854 Abs. 1, II 834.)

Werden zwei Grundstücke durch einen Zwischenraum, Rain, Winkel, einen Graben, eine Mauer, Hecke, Planke oder eine andere Einrichtung, die zum Vortheile beider Grundstücke dient, von einander geschieden, so wird vermuthet, daß die Eigenthümer der Grundstücke zur Benutzung der Einrichtung gemeinschaftlich berechtigt seien, sofern nicht äußere Merkmale darauf hinweisen, daß die Einrichtung einem der Nachbarn allein gehört.

§. 907. (I 854 Abs. 2, II 835.)

Sind die Nachbarn zur Benutzung einer der im §. 906 bezeichneten Einrichtungen gemeinschaftlich berechtigt, so kann jeder sie zu dem Zwecke, der sich aus ihrer Beschaffenheit ergiebt, insoweit benutzen, als nicht die Mitbenutzung des anderen beeinträchtigt wird. Die Unterhaltungskosten sind von den Nachbarn zu gleichen Theilen zu tragen. Solange einer der Nachbarn an dem Fortbestande der Einrichtung ein Interesse hat, darf sie nicht ohne seine Zustimmung beseitigt oder geändert werden. Im Uebrigen bestimmt sich das

Rechtsverhältniß zwischen den Nachbarn nach den Vorschriften über die Gemeinschaft.

§. 908. (I 855, II 836.)

Steht auf der Grenze ein Baum, so gebühren die Früchte und, wenn der Baum gefällt wird, auch der Baum den Nachbarn zu gleichen Theilen.

Jeder der Nachbarn kann die Beseitigung des Baumes verlangen. Die Kosten der Beseitigung fallen den Nachbarn zu gleichen Theilen zur Last. Der Nachbar, der die Beseitigung verlangt, hat jedoch die Kosten allein zu tragen, wenn der andere auf sein Recht an dem Baume verzichtet; er erwirbt in diesem Falle mit der Trennung das Alleineigenthum. Der Anspruch auf die Beseitigung ist ausgeschlossen, wenn der Baum als Grenzzeichen dient und den Umständen nach nicht durch ein anderes zweckmäßiges Grenzzeichen ersetzt werden kann.

Diese Vorschriften gelten auch für einen auf der Grenze stehenden Strauch.

§. 909. (I 853, II 837.)

Die Ansprüche, die sich aus den §§. 892 bis 894, 900, dem §. 902 Abs. 1, dem §. 903 Abs. 2, den §§. 904, 905 und dem §. 908 Abs. 2 ergeben, unterliegen nicht der Verjährung.

Zweiter Titel.

Erwerb und Verlust des Eigenthums an Grundstücken.

§. 910. (I 868, 870, 871, II 838.)

Die zur Uebertragung des Eigenthums an einem Grundstücke nach §. 858 erforderliche Einigung des Veräußerers und des Erwerbers (Auflassung) muß bei gleichzeitiger Anwesenheit beider Theile vor dem Grundbuchamte, vor Gericht oder vor einem Notar erklärt werden.

Eine Auflassung, die unter einer Bedingung oder einer Zeitbestimmung erfolgt, ist unwirksam.

§. 911. (II 839.)

Sind der Veräußerer und der Erwerber darüber einig, daß sich die Veräußerung auf das Zubehör des Grundstücks erstrecken soll, so erlangt der Erwerber mit dem Eigenthum an dem Grundstück auch das Eigenthum an den zur Zeit des Erwerbes vorhandenen Zubehörstücken, soweit sie dem Veräußerer gehören. Im Zweifel ist anzunehmen, daß sich die Veräußerung auf das Zubehör erstrecken soll.

Erlangt der Erwerber auf Grund der Veräußerung den Besitz von Zubehörstücken, die dem Veräußerer nicht gehören oder mit Rechten Dritter belastet sind, so finden die Vorschriften der §§. 917 bis 921 Anwendung; für den guten Glauben des Erwerbers ist die Zeit der Erlangung des Besitzes maßgebend.

§. 912. (I 873 Abs. 1, 2, 5, 6, II 840.)

Der Eigenthümer eines Grundstücks kann, wenn das Grundstück seit dreißig Jahren im Eigenbesitz eines Anderen ist, im Wege des Aufgebotsverfahrens mit seinem Rechte ausgeschlossen werden. Die Besitzzeit wird in gleicher Weise berechnet wie die Frist für die Ersitzung einer beweglichen Sache. Ist der Eigenthümer im Grundbuch eingetragen, so ist das Aufgebotsverfahren nur zulässig, wenn er gestorben ist und seit seinem Tode dreißig Jahre verstrichen sind.

Derjenige, welcher das Ausschlußurtheil erwirkt hat, erlangt das Eigenthum dadurch, daß er sich als Eigenthümer in das Grundbuch eintragen läßt.

Ist vor der Erlassung des Ausschlußurtheils ein Dritter als Eigenthümer oder wegen des Eigenthums eines Dritten ein Widerspruch gegen die Richtigkeit des Grundbuchs eingetragen worden, so wirkt das Urtheil nicht gegen den Dritten.

§. 913. (I 872 Abs. 1, 2, II 841.)

Das Eigenthum an einem Grundstücke kann dadurch aufgehoben werden, daß der Eigenthümer den Verzicht dem Grundbuchamte gegenüber erklärt und der Verzicht in das Grundbuch eingetragen wird.

Das Recht zur Aneignung des aufgegebenen Grundstücks steht dem Fiskus des Bundesstaats zu, in dessen Gebiete das Grundstück liegt. Der Fiskus erwirbt das Eigenthum dadurch, daß er sich als Eigenthümer in das Grundbuch eintragen läßt.

Dritter Titel.

Erwerb und Verlust des Eigenthums an beweglichen Sachen.

I. Uebertragung.

§. 914. (I 874, II 842.)

Zur Uebertragung des Eigenthums an einer beweglichen Sache ist erforderlich, daß der Eigenthümer die Sache dem Erwerber übergiebt und beide darüber einig sind, daß das Eigenthum übergehen soll. Ist der Erwerber im Besitze der Sache, so genügt die Einigung über den Uebergang des Eigenthums.

§. 915. (I 805, 874 Abs. 1, II 843.)

Ist der Eigenthümer im Besitze der Sache, so kann die Uebergabe dadurch ersetzt werden, daß zwischen ihm und dem Erwerber ein Rechtsverhältniß vereinbart wird, vermöge dessen der Erwerber den mittelbaren Besitz erlangt.

§. 916. (I 804, 874 Abs. 1, II 844.)

Ist ein Dritter im Besitze der Sache, so kann die Uebergabe dadurch ersetzt werden, daß der Eigenthümer dem Erwerber den Anspruch auf Herausgabe der Sache abtritt.

§. 917. (I 877 Satz 1, II 846.)

Durch eine nach §. 914 erfolgte Veräußerung wird der Erwerber auch dann Eigenthümer, wenn die Sache nicht dem Veräußerer gehört, es sei denn, daß er zu der Zeit, zu der er nach diesen Vorschriften das Eigenthum erwerben würde, nicht in gutem Glauben ist. In dem Falle des §. 914 Satz 2 gilt dies jedoch nur dann, wenn der Erwerber den Besitz von dem Veräußerer erlangt hatte.

Der Erwerber ist nicht in gutem Glauben, wenn ihm bekannt oder in Folge grober Fahrlässigkeit unbekannt ist, daß die Sache nicht dem Veräußerer gehört.

§. 918. (I 879 Satz 1, II 847 Abs. 1.)

Gehört eine nach §. 915 veräußerte Sache nicht dem Veräußerer, so wird der Erwerber Eigenthümer, wenn ihm die Sache von dem Veräußerer übergeben wird, es sei denn, daß er zu dieser Zeit nicht in gutem Glauben ist.

§. 919. (II 847 Abs. 2.)

Gehört eine nach §. 916 veräußerte Sache nicht dem Veräußerer, so wird der Erwerber, wenn der Veräußerer mittelbarer Besitzer der Sache ist, mit der Abtretung des Anspruchs, anderenfalls dann Eigenthümer, wenn er den Besitz der Sache von dem Dritten erlangt, es sei denn, daß er zur Zeit der Abtretung oder des Besitzerwerbes nicht in gutem Glauben ist.

§. 920. (I 879 Satz 2, II 848.)

Der Erwerb des Eigenthums auf Grund der §§. 917 bis 919 tritt nicht ein, wenn die Sache dem Eigenthümer gestohlen worden, verloren gegangen oder sonst abhanden gekommen war. Das Gleiche gilt, falls der Eigenthümer nur mittelbarer Besitzer ist, dann, wenn die Sache dem Besitzer abhanden gekommen war.

Diese Vorschriften finden keine Anwendung auf Geld oder Inhaberpapiere sowie auf Sachen, die im Wege öffentlicher Versteigerung veräußert werden.

§. 921. (I 804 Satz 2, 878, II 849.)

Ist eine veräußerte Sache mit dem Rechte eines Dritten belastet, so erlischt das Recht mit dem Erwerbe des Eigenthums. In dem Falle des §. 914 Satz 2 gilt dies jedoch nur dann, wenn der Erwerber den Besitz von dem Veräußerer erlangt hatte. Erfolgt die Veräußerung nach §. 915 oder war die nach §. 916 veräußerte Sache nicht im mittelbaren Besitze des Veräußerers, so erlischt das Recht des Dritten erst dann, wenn der Erwerber auf Grund der Veräußerung den Besitz der Sache erlangt.

Das Recht des Dritten erlischt nicht, wenn der Erwerber zu der nach Abs. 1 maßgebenden Zeit in Ansehung des Rechtes nicht in gutem Glauben ist.

Steht im Falle des §. 916 das Recht dem dritten Besitzer zu, so erlischt es auch dem gutgläubigen Erwerber gegenüber nicht.

II. Ersitzung.

§. 922. (I 881 Abs. 1, Abs. 2 Satz 1, 886, II 851.)

Wer eine bewegliche Sache zehn Jahre im Eigenbesitze hat, erwirbt das Eigenthum (Ersitzung).

Die Ersitzung ist ausgeschlossen, wenn der Erwerber bei dem Erwerbe des Eigenbesitzes nicht in gutem Glauben ist oder wenn er später erfährt, daß ihm das Eigenthum nicht zusteht.

§. 923. (I 883, II 852.)

Hat Jemand eine Sache am Anfang und am Ende eines Zeitraums im Eigenbesitze gehabt, so wird vermuthet, daß sein Eigenbesitz auch in der Zwischenzeit bestanden habe.

§. 924. (I 884, II 853.)

Die Ersitzung kann nicht beginnen und, falls sie begonnen hat, nicht fortgesetzt werden, solange die Verjährung des Eigenthumsanspruchs gehemmt ist oder ihrer Vollendung die Vorschriften der §§. 201, 202 entgegenstehen.

§. 925. (I 885 Abs. 1, 3, II 854.)

Die Ersitzung wird durch den Verlust des Eigenbesitzes unterbrochen.

Die Unterbrechung gilt als nicht erfolgt, wenn der Eigenbesitzer den Eigenbesitz ohne seinen Willen verloren und ihn binnen Jahresfrist oder mittelst einer innerhalb dieser Frist erhobenen Klage wiedererlangt hat.

§. 926. (I 887, II 926.)

Die Ersitzung wird unterbrochen, wenn der Eigenthumsanspruch gegen den Eigenbesitzer oder im Falle eines mittelbaren Eigenbesitzes gegen den Besitzer gerichtlich geltend gemacht wird, der sein Recht zum Besitze von dem Eigenbesitzer ableitet; die Unterbrechung tritt jedoch nur zu Gunsten desjenigen ein, welcher sie herbeiführt. Die für die Verjährung geltenden Vorschriften der §§. 204 bis 207, 211, 214, 215 finden entsprechende Anwendung.

§. 927. (I 885 Abs. 2, II 856.)

Wird die Ersitzung unterbrochen, so kommt die bis zur Unterbrechung verstrichene Zeit nicht in Betracht; eine neue Ersitzung kann erst nach der Beendigung der Unterbrechung beginnen.

§. 928. (I 882 Abs. 1, II 857.)

Gelangt die Sache durch Rechtsnachfolge in den Eigenbesitz eines Dritten, so kommt die während des Besitzes des Rechtsvorgängers verstrichene Ersitzungszeit dem Dritten zu Statten.

§. 929. (II 858 Abs. 2.)

Die Ersitzungszeit, die zu Gunsten eines Erbschaftsbesitzers verstrichen ist, kommt dem Erben zu Statten.

§. 930. (I 889, II 860.)

Mit dem Erwerbe des Eigenthums durch Ersitzung erlöschen die an der Sache vor dem Erwerbe des Eigenbesitzes begründeten Rechte Dritter, es sei denn, daß der Eigenbesitzer bei dem Erwerbe des Eigenbesitzes in Ansehung dieser Rechte nicht in gutem Glauben ist oder ihr Bestehen später erfährt. Die Ersitzungsfrist muß auch in Ansehung des Rechtes des Dritten verstrichen sein; die Vorschriften der §§. 924 bis 929 finden entsprechende Anwendung.

III. Verbindung. Vermischung. Verarbeitung.

§. 931. (I 890, II 861.)

Wird eine bewegliche Sache mit einem Grundstücke dergestalt verbunden, daß sie wesentlicher Bestandtheil des Grundstücks wird, so erstreckt sich das Eigenthum an dem Grundstück auf diese Sache.

§. 932. (I 891, II 862.)

Werden bewegliche Sachen mit einander dergestalt verbunden, daß sie wesentliche Bestandtheile einer einheitlichen Sache werden, so werden die bisherigen Eigenthümer Miteigenthümer dieser Sache; die Antheile bestimmen sich nach dem Verhältnisse des Werthes, den die Sachen zur Zeit der Verbindung haben.

Ist eine der Sachen als die Hauptsache anzusehen, so erwirbt ihr Eigenthümer das Alleineigenthum.

§. 933. (I 892, II 863.)

Werden bewegliche Sachen mit einander untrennbar vermischt oder vermengt, so finden die Vorschriften des §. 932 entsprechende Anwendung.

Der Untrennbarkeit steht es gleich, wenn die Trennung der vermischten oder vermengten Sachen mit unverhältnißmäßigen Kosten verbunden sein würde.

§. 934. (I 895, II 864.)

Erlischt nach den §§. 931 bis 933 das Eigenthum an einer Sache, so erlöschen auch die sonstigen an der Sache bestehenden Rechte. Erwirbt der Eigenthümer der belasteten Sache Miteigenthum, so bestehen die Rechte an dem Antheile fort, der an die Stelle der Sache tritt. Wird der Eigenthümer der belasteten Sache Alleineigenthümer, so erstrecken sich die Rechte auf die hinzutretende Sache.

§. 935. (I 893, 894, 895 Abs. 1, II 865.)

Wer durch Verarbeitung oder Umbildung eines oder mehrerer Stoffe eine neue bewegliche Sache herstellt, erwirbt das Eigenthum an der neuen Sache, sofern nicht der Werth der Verarbeitung oder der Umbildung erheblich geringer ist als der Werth des Stoffes. Als Verarbeitung gilt auch das Schreiben, Zeichnen, Malen, Drucken, Graviren oder eine ähnliche Bearbeitung der Oberfläche.

Mit dem Erwerbe des Eigenthums an der neuen Sache erlöschen die an dem Stoffe bestehenden Rechte.

§. 936. (I 897, II 866.)

Wer in Folge der Vorschriften der §§. 931 bis 935 einen Rechtsverlust erleidet, kann von demjenigen, zu dessen Gunsten die Rechtsänderung eintritt, Vergütung in Geld nach den Vorschriften über die Herausgabe einer ungerechtfertigten Bereicherung fordern. Die Wiederherstellung des früheren Zustandes kann nicht verlangt werden.

Die Vorschriften über die Verpflichtung zum Schadensersatze wegen unerlaubter Handlungen sowie die Vorschriften über den Ersatz von Verwendungen und über das Recht zur Wegnahme einer Einrichtung bleiben unberührt. In den Fällen der §§. 931, 932 ist die Wegnahme nach den für das Wegnahmerecht des Besitzers gegenüber dem Eigenthümer geltenden Vorschriften auch dann zulässig, wenn die Verbindung nicht von dem Besitzer der Hauptsache bewirkt worden ist.

§. 937. (I 1109 Abs. 1, II 867.)

Das Eigenthum an dem über eine Forderung ausgestellten Schuldscheine steht dem Gläubiger zu. Das Recht eines Dritten an der Forderung erstreckt sich auf den Schuldschein.

Das Gleiche gilt für Urkunden über andere Rechte, kraft deren eine Leistung gefordert werden kann, insbesondere für Hypotheken-, Grundschuld- und Rentenschuldbriefe.

IV. Erwerb von Erzeugnissen und sonstigen Bestandtheilen einer Sache.

§. 938. (I 898, II 868.)

Erzeugnisse und sonstige Bestandtheile einer Sache gehören auch nach der Trennung dem Eigenthümer der Sache, soweit sich nicht aus den §§. 939 bis 942 ein Anderes ergiebt.

§. 939. (I 899 Abs. 1, II 869.)

Wer vermöge eines Rechtes an einer fremden Sache befugt ist, sich Erzeugnisse oder sonstige Bestandtheile der Sache anzueignen, erwirbt das Eigenthum an ihnen, unbeschadet der Vorschriften der §§. 940 bis 942, mit der Trennung.

§. 940. (I 900 Satz 1, Satz 2 Nr. 1, II 870.)

Wer eine Sache im Eigenbesitze hat, erwirbt das Eigenthum an den Erzeugnissen und sonstigen zu den Früchten der Sache gehörenden Bestandtheilen, unbeschadet der Vorschriften der §§. 941, 942, mit der Trennung. Der Erwerb ist ausgeschlossen, wenn der Eigenbesitzer nicht zum Eigenbesitz oder ein Anderer vermöge eines Rechtes an der Sache zum Fruchtbezuge berechtigt ist und der Eigenbesitzer bei dem Erwerbe des Eigenbesitzes nicht in gutem Glauben ist oder vor der Trennung den Rechtsmangel erfährt.

Dem Eigenbesitzer steht derjenige gleich, welcher die Sache zum Zwecke der Ausübung eines Nutzungsrechts an ihr besitzt.

Auf den Eigenbesitz und den ihm gleichgestellten Besitz findet die Vorschrift des §. 925 Abs. 2 entsprechende Anwendung.

§. 941. (I 901, 902, II 871.)

Gestattet der Eigenthümer einem Anderen, sich Erzeugnisse oder sonstige Bestandtheile der Sache anzueignen, so erwirbt dieser das Eigenthum an ihnen, wenn der Besitz der Sache ihm überlassen ist, mit der Trennung, anderenfalls mit der Besitzergreifung. Ist der Eigenthümer zu der Gestattung verpflichtet, so kann er sie nicht widerrufen, solange sich der Andere in dem ihm überlassenen Besitze der Sache befindet.

Das Gleiche gilt, wenn die Gestattung nicht von dem Eigenthümer, sondern von einem Anderen ausgeht, dem Erzeugnisse oder sonstige Bestandtheile einer Sache nach der Trennung gehören.

§. 942. (II 872.)

Die Vorschriften des §. 941 finden auch dann Anwendung, wenn derjenige, welcher die Aneignung einem Anderen gestattet, hierzu nicht berechtigt ist, es sei denn, daß der Andere, falls ihm der Besitz der Sache überlassen wird, bei der Ueberlassung, anderenfalls bei der Ergreifung des Besitzes der Erzeugnisse oder der sonstigen Bestandtheile nicht in gutem Glauben ist oder vor der Trennung den Rechtsmangel erfährt.

V. Aneignung.

§. 943. (I 903, II 873.)

Wer eine herrenlose bewegliche Sache in Eigenbesitz nimmt, erwirbt das Eigenthum an der Sache.

Das Eigenthum wird nicht erworben, wenn die Aneignung gesetzlich verboten ist oder wenn durch die Besitzergreifung das Aneignungsrecht eines Anderen verletzt wird.

§. 944. (I 904, II 874.)

Eine bewegliche Sache wird herrenlos, wenn der Eigenthümer in der Absicht, auf das Eigenthum zu verzichten, den Besitz der Sache aufgiebt.

§. 945. (I 905, II 875.)

Wilde Thiere sind herrenlos, solange sie sich in der Freiheit befinden. Wilde Thiere in Thiergärten und Fische in Teichen oder anderen geschlossenen Privatgewässern sind nicht herrenlos.

Erlangt ein gefangenes wildes Thier die Freiheit wieder, so wird es herrenlos, wenn nicht der Eigenthümer das Thier unverzüglich verfolgt oder wenn er die Verfolgung aufgiebt.

Ein gezähmtes Thier wird herrenlos, wenn es die Gewohnheit ablegt, an den ihm bestimmten Ort zurückzukehren.

§. 946. (I 906, II 876.)

Zieht ein Bienenschwarm aus, so wird er herrenlos, wenn nicht der Eigenthümer ihn unverzüglich verfolgt oder wenn der Eigenthümer die Verfolgung aufgiebt oder ihn dergestalt aus dem Gesichte verliert, daß er nicht mehr weiß, wo sich der Schwarm befindet.

§. 947. (I 907, II 877.)

Der Eigenthümer des Bienenschwarmes darf bei der Verfolgung fremde Grundstücke betreten. Ist der Schwarm in eine fremde nicht besetzte Bienenwohnung eingezogen, so darf der Eigenthümer des Schwarmes zum Zwecke des Einfangens die Wohnung öffnen und die Waben herausnehmen oder herausbrechen. Er hat den entstehenden Schaden zu ersetzen.

§. 948. (I 908, II 878.)

Vereinigen sich ausgezogene Bienenschwärme mehrerer Eigenthümer, so werden die Eigenthümer, welche ihre Schwärme verfolgt haben, Miteigenthümer des eingefangenen Gesammtschwarmes; die Antheile bestimmen sich nach der Zahl der verfolgten Schwärme.

§. 949. (I 909 Satz 1, 2, II 879.)

Ist ein Bienenschwarm in eine fremde besetzte Bienenwohnung eingezogen, so erstrecken sich das Eigenthum und die sonstigen Rechte an den Bienen, mit denen die Wohnung besetzt war, auf den eingezogenen Schwarm. Das Eigenthum und die sonstigen Rechte an dem eingezogenen Schwarme erlöschen.

VI. Fund.

§. 950. (I 910 Abs. 1, 2, 921 Abs. 1, II 880.)

Wer eine verlorene Sache findet und an sich nimmt, hat dem Verlierer oder dem Eigenthümer oder einem sonstigen Empfangsberechtigten unverzüglich Anzeige zu machen.

Kennt der Finder die Empfangsberechtigten nicht oder ist ihm ihr Aufenthalt unbekannt, so hat er den Fund und die Umstände, welche für die Ermittelung der Empfangsberechtigten erheblich sein können, unverzüglich der Polizeibehörde anzuzeigen. Ist die Sache nicht mehr als drei Mark werth, so bedarf es der Anzeige nicht.

§. 951. (I 911, 913, II 881.)

Der Finder ist zur Verwahrung der Sache verpflichtet.

Ist der Verderb der Sache zu besorgen oder ist die Aufbewahrung mit unverhältnißmäßigen Kosten verbunden, so hat der Finder die Sache öffentlich versteigern zu lassen. Vor der Versteigerung ist der Polizeibehörde Anzeige zu machen. Der Erlös tritt an die Stelle der Sache.

§. 952. (I 912 Abs. 1, II 882.)

Der Finder ist berechtigt und auf Anordnung der Polizeibehörde verpflichtet, die Sache oder den Versteigerungserlös an die Polizeibehörde abzuliefern.

§. 953. (II 883.)

Der Finder hat nur Vorsatz und grobe Fahrlässigkeit zu vertreten.

§. 954. (II 884.)

Der Finder wird durch die Herausgabe der Sache an den Verlierer auch den sonstigen Empfangsberechtigten gegenüber befreit.

§. 955. (I 914 Nr. 1, II 885.)

Macht der Finder zum Zwecke der Verwahrung oder Erhaltung der Sache oder zum Zwecke der Ermittelung eines Empfangsberechtigten Aufwendungen, die er nach den Umständen für erforderlich halten darf, so kann er von dem Empfangsberechtigten Ersatz verlangen.

§. 956. (I 914 Nr. 2, 921 Abs. 2, II 886.)

Der Finder kann von dem Empfangsberechtigten einen Finderlohn verlangen. Der Finderlohn beträgt von dem Werthe der Sache bis zu dreihundert Mark fünf vom Hundert, von dem Mehrwerth eins vom Hundert, bei Thieren eins vom Hundert. Hat die Sache nur für den Empfangsberechtigten einen Werth, so ist der Finderlohn nach billigem Ermessen zu bestimmen.

Der Anspruch ist ausgeschlossen, wenn der Finder die Anzeigepflicht verletzt oder den Fund auf Nachfrage verheimlicht.

§. 957. (I 915, II 887.)

Auf die in den §§. 955, 956 bestimmten Ansprüche finden die für die Ansprüche des Besitzers gegen den Eigenthümer wegen Verwendungen geltenden Vorschriften der §§. 985 bis 987 entsprechende Anwendung.

§. 958. (I 918, 919 Abs. 1, 920, 921, II 888.)

Mit dem Ablauf eines Jahres nach der Anzeige des Fundes bei der Polizeibehörde erwirbt der Finder das Eigenthum an der Sache, es sei denn, daß vorher ein Empfangsberechtigter dem Finder bekannt geworden ist oder sein Recht bei der Polizeibehörde angemeldet hat. Mit dem Erwerbe des Eigenthums erlöschen die sonstigen Rechte an der Sache.

Ist die Sache nicht mehr als drei Mark werth, so beginnt die einjährige Frist mit dem Funde. Der Finder erwirbt das Eigenthum nicht, wenn er den Fund auf Nachfrage verheimlicht. Die Anmeldung eines Rechtes bei der Polizeibehörde steht dem Erwerbe des Eigenthums nicht entgegen.

§. 959. (I 919 Abs. 2, II 889.)

Sind vor dem Ablaufe der einjährigen Frist Empfangsberechtigte dem Finder bekannt geworden oder haben sie bei einer Sache, die mehr als drei Mark werth ist, ihre Rechte bei der Polizeibehörde rechtzeitig angemeldet, so kann der Finder die Empfangsberechtigten nach den Vorschriften des §. 988 zur Erklärung über die ihm nach den §§. 955 bis 957 zustehenden Ansprüche auffordern. Mit dem Ablaufe der für die Erklärung bestimmten Frist erwirbt der Finder das Eigenthum und erlöschen die sonstigen Rechte an der Sache, wenn nicht die Empfangsberechtigten sich rechtzeitig zu der Befriedigung der Ansprüche bereit erklären.

§. 960. (I 913, 916, II 890.)

Durch die Ablieferung der Sache oder des Versteigerungserlöses an die Polizeibehörde werden die Rechte des Finders nicht berührt. Läßt die Polizeibehörde die Sache versteigern, so tritt der Erlös an die Stelle der Sache. Die Polizeibehörde darf die Sache oder den Erlös nur mit Zustimmung des Finders einem Empfangsberechtigten herausgeben.

§. 961. (I 923 Abs. 1, II 891.)

Verzichtet der Finder der Polizeibehörde gegenüber auf das Recht zum Erwerbe des Eigenthums an der Sache, so geht sein Recht auf die Gemeinde des Fundorts über.

Hat der Finder nach der Ablieferung der Sache oder des Versteigerungserlöses an die Polizeibehörde auf Grund der Vorschriften der §§. 958, 959 das Eigenthum erworben, so geht es auf die Gemeinde des Fundorts über, wenn nicht der Finder vor dem Ablauf einer ihm von der Polizeibehörde bestimmten Frist die Herausgabe verlangt.

§. 962. (I 922, 923 Abs. 2, II 892.)

Wer in Folge der Vorschriften der §§. 958, 959, 961 einen Rechtsverlust erleidet, kann in den Fällen der §§. 958, 959 von dem Finder, in den Fällen des §. 961 von der Gemeinde des Fundorts die Herausgabe des durch die Rechtsänderung Erlangten nach den Vorschriften über die Herausgabe einer ungerechtfertigten Bereicherung fordern. Der Anspruch erlischt mit dem Ablaufe von drei Jahren nach dem Uebergange des Eigenthums auf den Finder oder die Gemeinde, wenn nicht die gerichtliche Geltendmachung vorher erfolgt.

§. 963. (I 924, II 893.)

Wer eine Sache in den Geschäftsräumen oder den Beförderungsmitteln einer öffentlichen Behörde oder einer dem öffentlichen Verkehre dienenden Verkehrsanstalt findet und an sich nimmt, hat die Sache unverzüglich an die Behörde oder die Verkehrsanstalt oder an einen ihrer Angestellten abzuliefern. Die Vorschriften der §§. 950 bis 962 finden keine Anwendung.

§. 964. (I 925 Abs. 1, 926 Abs. 2, II 894 Abs. 1, 3.)

Die Behörde oder die Verkehrsanstalt kann die an sie abgelieferte Sache öffentlich versteigern lassen. Die öffentlichen Behörden und die Verkehrsanstalten des Reiches, der Bundesstaaten und der Gemeinden können die Versteigerung durch einen ihrer Beamten vornehmen lassen.

Der Erlös tritt an die Stelle der Sache.

§. 965. (I 925 Abs. 1, II 894 Abs. 2.)

Die Versteigerung ist erst zulässig, nachdem die Empfangsberechtigten in einer öffentlichen Bekanntmachung des Fundes zur Anmeldung ihrer Rechte unter Bestimmung einer Frist aufgefordert worden sind und die Frist verstrichen ist; sie ist unzulässig, wenn eine Anmeldung rechtzeitig erfolgt ist.

Die Bekanntmachung ist nicht erforderlich, wenn der Verderb der Sache zu besorgen oder die Aufbewahrung mit unverhältnißmäßigen Kosten verbunden ist.

§. 966. (I 926, II 895.)

Sind seit dem Ablaufe der in der öffentlichen Bekanntmachung bestimmten Frist drei Jahre verstrichen, so fällt der Versteigerungserlös, wenn nicht ein Empfangsberechtigter sein Recht angemeldet hat, bei Reichsbehörden und Reichsanstalten an den Reichsfiskus, bei Landesbehörden und Landesanstalten an den Fiskus des Bundesstaats, bei Gemeindebehörden und Gemeindeanstalten an die Gemeinde, bei Verkehrsanstalten, die von einer Privatperson betrieben werden, an diese.

Ist die Versteigerung ohne die öffentliche Bekanntmachung erfolgt, so beginnt die dreijährige Frist erst, nachdem die Empfangsberechtigten in einer öffentlichen Bekanntmachung des Fundes zur Anmeldung ihrer Rechte aufgefordert worden sind. Das Gleiche gilt, wenn gefundenes Geld abgeliefert worden ist.

Die Kosten werden von dem herauszugebenden Betrag abgezogen.

§. 967. (I 925 Abs. 2, II 896.)

Die in den §§. 965, 966 vorgeschriebene Bekanntmachung erfolgt bei Reichsbehörden und Reichsanstalten nach den von dem Bundesrath, in den übrigen Fällen nach den von der Zentralbehörde des Bundesstaats erlassenen Vorschriften.

§. 968. (I 927, II 897.)

Ist eine öffentliche Behörde im Besitz einer Sache, zu deren Herausgabe sie verpflichtet ist, ohne daß die Verpflichtung auf Vertrag beruht, so finden, wenn der Behörde der Empfangsberechtigte oder dessen Aufenthalt unbekannt ist, die Vorschriften der §§. 964 bis 967 entsprechende Anwendung.

§. 969. (I 928, II 898.)

Wird eine Sache, die so lange verborgen gelegen hat, daß der Eigenthümer nicht mehr zu ermitteln ist (Schatz), entdeckt und in Folge der Entdeckung in Besitz genommen, so wird das Eigenthum zur Hälfte von dem Entdecker, zur Hälfte von dem Eigenthümer der Sache erworben, in welcher der Schatz verborgen war.

Vierter Titel.

Ansprüche aus dem Eigenthume.

§. 970. (I 929, II 899.)

Der Eigenthümer kann von dem Besitzer die Herausgabe der Sache verlangen.

§. 971. (I 804 Satz 2, 942, II 900.)

Der Besitzer kann die Herausgabe der Sache verweigern, wenn er oder der mittelbare Besitzer, von dem er sein Recht zum Besitz ableitet, dem Eigenthümer gegenüber zum Besitze berechtigt ist. Ist der mittelbare Besitzer dem Eigenthümer gegenüber zur Ueberlassung des Besitzes an den Besitzer nicht befugt, so kann der Eigenthümer von dem Besitzer die Herausgabe der Sache an den mittelbaren Besitzer oder, wenn dieser den Besitz nicht wiederübernehmen kann oder will, an sich selbst verlangen.

Der Besitzer einer Sache, die nach §. 916 durch Abtretung des Anspruchs auf Herausgabe veräußert worden ist, kann dem neuen Eigenthümer die Einwendungen entgegensetzen, welche ihm gegen den abgetretenen Anspruch zustehen.

§. 972. (I 933, II 901.)

Der Besitzer hat dem Eigenthümer die Nutzungen herauszugeben, die er nach dem Eintritte der Rechtshängigkeit zieht.

Zieht der Besitzer nach dem Eintritte der Rechtshängigkeit Nutzungen nicht, die er nach den Regeln einer ordnungsmäßigen Wirthschaft ziehen könnte, so ist er dem Eigenthümer zum Ersatze verpflichtet, soweit ihm ein Verschulden zur Last fällt.

§. 973. (II 902.)

Hat ein Besitzer, der die Sache als ihm gehörig oder zum Zwecke der Ausübung eines ihm in Wirklichkeit nicht zustehenden Nutzungsrechts an der Sache besitzt, den Besitz unentgeltlich erlangt, so ist er dem Eigenthümer gegenüber zur Herausgabe der Nutzungen, die er vor dem Eintritte der Rechtshängigkeit zieht, nach den Vorschriften über die Herausgabe einer ungerechtfertigten Bereicherung verpflichtet.

§. 974. (I 933, II 903.)

Der Besitzer ist von dem Eintritte der Rechtshängigkeit an dem Eigenthümer für den Schaden verantwortlich, der dadurch entsteht, daß in Folge seines Verschuldens die Sache verschlechtert wird, untergeht oder aus einem anderen Grunde von ihm nicht herausgegeben werden kann.

§. 975. (I 931 Abs. 1, 932 Abs. 1 Satz 1, 934, II 904.)

War der Besitzer bei dem Erwerbe des Besitzes nicht in gutem Glauben, so haftet er dem Eigenthümer von der Zeit des Erwerbes an nach den §§. 972,

974. Erfährt der Besitzer später, daß er zum Besitze nicht berechtigt ist, so haftet er in gleicher Weise von der Erlangung der Kenntniß an.

Eine weitergehende Haftung des Besitzers wegen Verzugs bleibt unberührt.

§. 976. (I 932 Abs. 2, II 905.)

Leitet der Besitzer das Recht zum Besitze von einem mittelbaren Besitzer ab, so finden die Vorschriften des §. 975 in Ansehung der Nutzungen nur Anwendung, wenn die Voraussetzungen des §. 975 auch bei dem mittelbaren Besitzer vorliegen oder diesem gegenüber die Rechtshängigkeit eingetreten ist.

War der Besitzer bei dem Erwerbe des Besitzes in gutem Glauben, so hat er gleichwohl von dem Erwerb an den im §. 974 bezeichneten Schaden dem Eigenthümer gegenüber insoweit zu vertreten, als er dem mittelbaren Besitzer verantwortlich ist.

§. 977. (I 935, II 906.)

Hat sich der Besitzer durch verbotene Eigenmacht oder durch eine strafbare Handlung den Besitz verschafft, so haftet er dem Eigenthümer nach den Vorschriften über den Schadensersatz wegen unerlaubter Handlungen.

§. 978. (I 794 Abs. 2, 930 Abs. 1, II 907.)

Liegen die in den §§. 972 bis 977 bezeichneten Voraussetzungen nicht vor, so ist der Besitzer weder zur Herausgabe von Nutzungen noch zum Schadensersatze verpflichtet.

Für die Zeit, für welche dem Besitzer die Nutzungen verbleiben, finden auf ihn die Vorschriften des §. 97 Anwendung.

§. 979. (I 936 Abs. 1, 2, II 908 Abs. 1.)

Der Besitzer kann für die auf die Sache gemachten nothwendigen Verwendungen von dem Eigenthümer Ersatz verlangen. Die gewöhnlichen Erhaltungskosten sind ihm jedoch für die Zeit, für welche ihm die Nutzungen verbleiben, nicht zu ersetzen.

Macht der Besitzer nach dem Eintritte der Rechtshängigkeit oder nach dem Beginne der im §. 975 bestimmten Haftung nothwendige Verwendungen, so bestimmt sich die Ersatzpflicht des Eigenthümers nach den Vorschriften über die Geschäftsführung ohne Auftrag.

§. 980. (II 909.)

Zu den nothwendigen Verwendungen im Sinne des §. 979 gehören auch die Aufwendungen, die der Besitzer zur Bestreitung von Lasten der Sache macht. Für die Zeit, für welche dem Besitzer die Nutzungen verbleiben, sind ihm nur die Aufwendungen für solche außerordentliche Lasten zu ersetzen, die als auf den Stammwerth der Sache gelegt anzusehen sind.

§. 981. (I 936 Abs. 1, 2, II 908 Abs. 2.)

Für andere als nothwendige Verwendungen kann der Besitzer Ersatz nur insoweit verlangen, als sie vor dem Eintritte der Rechtshängigkeit und vor dem

Beginne der im §. 975 bestimmten Haftung gemacht werden und der Werth der Sache durch sie noch zu der Zeit erhöht ist, zu welcher der Eigenthümer die Sache wiedererlangt.

§. 982. (I 936 Abs. 3, II 910.)

Hat der Besitzer mit der Sache eine andere Sache als wesentlichen Bestandtheil verbunden, so kann er sie abtrennen und sich aneignen. Die Vorschriften des §. 252 finden Anwendung.

Das Recht zur Abtrennung ist ausgeschlossen, wenn der Besitzer nach §. 979 Abs. 1 Satz 2 für die Verwendung Ersatz nicht verlangen kann oder die Abtrennung für ihn keinen Nutzen hat oder ihm mindestens der Werth ersetzt wird, den der Bestandtheil nach der Abtrennung für ihn haben würde.

§. 983. (II 911.)

Ist ein landwirthschaftliches Grundstück herauszugeben, so hat der Eigenthümer die Kosten, die der Besitzer auf die noch nicht getrennten, jedoch nach den Regeln einer ordnungsmäßigen Wirthschaft vor dem Ende des Wirthschaftsjahrs zu trennenden Früchte verwendet hat, insoweit zu ersetzen, als sie einer ordnungsmäßigen Wirthschaft entsprechen und den Werth dieser Früchte nicht übersteigen.

§. 984. (I 937, II 912.)

Der Besitzer kann für die Verwendungen eines Vorbesitzers, dessen Rechtsnachfolger er geworden ist, in demselben Umfang Ersatz verlangen, in welchem ihn der Vorbesitzer fordern könnte, wenn er die Sache herauszugeben hätte.

Die Verpflichtung des Eigenthümers zum Ersatze von Verwendungen erstreckt sich auch auf die Verwendungen, die gemacht worden sind, bevor er das Eigenthum erworben hat.

§. 985. (I 938 Abs. 2, II 913 Abs. 3.)

Der Besitzer kann die Herausgabe der Sache verweigern, bis er wegen der ihm zu ersetzenden Verwendungen befriedigt wird. Das Zurückbehaltungsrecht steht ihm nicht zu, wenn er die Sache durch eine vorsätzlich begangene unerlaubte Handlung erlangt hat.

§. 986. (I 938 Abs. 1, II 913 Abs. 1.)

Der Besitzer kann den Anspruch auf den Ersatz der Verwendungen nur geltend machen, wenn der Eigenthümer die Sache wiedererlangt oder die Verwendungen genehmigt. Bis zur Genehmigung der Verwendungen kann sich der Eigenthümer von dem Anspruche dadurch befreien, daß er die wiedererlangte Sache zurückgiebt. Die Genehmigung gilt als ertheilt, wenn der Eigenthümer die ihm von dem Besitzer unter Vorbehalt des Anspruchs angebotene Sache annimmt.

§. 987. (I 938 Abs. 3, II 913 Abs. 2.)

Giebt der Besitzer die Sache dem Eigenthümer heraus, so erlischt der Anspruch auf den Ersatz der Verwendungen mit dem Ablauf eines Monats, bei einem Grundstücke mit dem Ablaufe von sechs Monaten nach der Herausgabe, wenn nicht vorher die gerichtliche Geltendmachung erfolgt oder der Eigenthümer die Verwendungen genehmigt.

Auf diese Fristen finden die für die Verjährung geltenden Vorschriften der §§. 198, 201, 202 entsprechende Anwendung.

§. 988. (II 914.)

Der Besitzer kann den Eigenthümer unter Angabe des als Ersatz verlangten Betrags auffordern, sich innerhalb einer von ihm bestimmten angemessenen Frist darüber zu erklären, ob er die Verwendungen genehmige. Nach dem Ablaufe der Frist ist der Besitzer berechtigt, Befriedigung aus der Sache nach den Vorschriften über den Pfandverkauf, bei einem Grundstücke nach den Vorschriften über die Zwangsvollstreckung in das unbewegliche Vermögen zu suchen, wenn nicht die Genehmigung rechtzeitig erfolgt.

Bestreitet der Eigenthümer den Anspruch vor dem Ablaufe der Frist, so kann sich der Besitzer aus der Sache erst dann befriedigen, wenn er nach rechtskräftiger Feststellung des Betrags der Verwendungen den Eigenthümer unter Bestimmung einer angemessenen Frist zur Erklärung aufgefordert hat und die Frist verstrichen ist; das Recht auf Befriedigung aus der Sache ist ausgeschlossen, wenn die Genehmigung rechtzeitig erfolgt.

§. 989. (I 943, 944, II 916.)

Wird das Eigenthum in anderer Weise als durch Entziehung oder Vorenthaltung des Besitzes beeinträchtigt, so kann der Eigenthümer von dem Störer die Beseitigung der Beeinträchtigung verlangen. Sind weitere Beeinträchtigungen zu besorgen, so kann der Eigenthümer auf Unterlassung klagen.

Der Anspruch ist ausgeschlossen, wenn der Eigenthümer zur Duldung verpflichtet ist.

§. 990. (I 867, II 917.)

Befindet sich eine Sache auf einem Grundstücke, das ein Anderer als der Eigenthümer der Sache besitzt, so steht diesem gegen den Besitzer des Grundstücks der im §. 852 bestimmte Anspruch zu.

§. 991. (I 825, II 918.)

Zu Gunsten des Besitzers einer beweglichen Sache wird vermuthet, daß er Eigenthümer der Sache sei. Dies gilt jedoch nicht einem früheren Besitzer gegenüber, dem die Sache gestohlen worden, verloren gegangen oder sonst abhanden gekommen ist, es sei denn, daß es sich um Geld oder Inhaberpapiere handelt.

Zu Gunsten eines früheren Besitzers wird vermuthet, daß er während der Dauer seines Besitzes Eigenthümer der Sache gewesen sei.

Im Falle eines mittelbaren Besitzes gilt die Vermuthung für den mittelbaren Besitzer.

§. 992. (I 945 Abs. 1 Satz 1, Abs. 2, II 919.)

Wer eine bewegliche Sache im Besitze gehabt hat, kann von dem Besitzer die Herausgabe der Sache verlangen, wenn dieser bei dem Erwerbe des Besitzes nicht in gutem Glauben war.

Ist die Sache dem früheren Besitzer gestohlen worden, verloren gegangen oder sonst abhanden gekommen, so kann er die Herausgabe auch von einem gutgläubigen Besitzer verlangen, es sei denn, daß dieser Eigenthümer der Sache ist oder die Sache ihm vor der Besitzzeit des früheren Besitzers abhanden gekommen war. Auf Geld und Inhaberpapiere findet diese Vorschrift keine Anwendung.

Der Anspruch ist ausgeschlossen, wenn der frühere Besitzer bei dem Erwerbe des Besitzes nicht in gutem Glauben war oder wenn er den Besitz aufgegeben hat. Im Uebrigen finden die Vorschriften der §§. 971 bis 988 entsprechende Anwendung.

Fünfter Titel.

Miteigenthum.

§. 993. (I 946, II 920.)

Steht das Eigenthum an einer Sache Mehreren nach Bruchtheilen zu, so gelten die Vorschriften der §§. 994 bis 996.

§. 994. (I 947, II 921.)

Die gemeinschaftliche Sache kann auch zu Gunsten eines Miteigenthümers belastet werden.

Die Belastung eines gemeinschaftlichen Grundstücks zu Gunsten des jeweiligen Eigenthümers eines anderen Grundstücks sowie die Belastung eines anderen Grundstücks zu Gunsten der jeweiligen Eigenthümer des gemeinschaftlichen Grundstücks wird nicht dadurch ausgeschlossen, daß das andere Grundstück einem Miteigenthümer des gemeinschaftlichen Grundstücks gehört.

§. 995. (I 949, II 922.)

Haben die Miteigenthümer eines Grundstücks die Verwaltung und Benutzung geregelt oder das Recht, die Aufhebung der Gemeinschaft zu verlangen, für immer oder auf Zeit ausgeschlossen, oder eine Kündigungsfrist bestimmt, so wirkt die getroffene Bestimmung gegen den Sondernachfolger eines Miteigenthümers nur, wenn sie als Belastung des Antheils im Grundbuch eingetragen ist.

Die in den §§. 743, 744 bestimmten Ansprüche können gegen den Sondernachfolger eines Miteigenthümers nur geltend gemacht werden, wenn sie im Grundbuch eingetragen sind.

§. 996. (I 951, II 923.)

Jeder Miteigenthümer kann die Ansprüche aus dem Eigenthume Dritten gegenüber in Ansehung der ganzen Sache geltend machen, den Anspruch auf Herausgabe jedoch nur in Gemäßheit des §. 426.

Vierter Abschnitt.

Erbbaurecht.

§. 997. (I 961 Abs. 1, II 924 Abs. 1.)

Ein Grundstück kann in der Weise belastet werden, daß demjenigen, zu dessen Gunsten die Belastung erfolgt, das veräußerliche und vererbliche Recht zusteht, auf oder unter der Oberfläche des Grundstücks ein Bauwerk zu haben (Erbbaurecht).

§. 998. (II 924 Abs. 2.)

Das Erbbaurecht kann auf die Benutzung eines für das Bauwerk nicht erforderlichen Theiles des Grundstücks erstreckt werden, wenn sie für die Benutzung des Bauwerkes Vortheil bietet.

§. 999. (I 961 Abs. 2, II 924 Abs. 3.)

Die Beschränkung des Erbbaurechts auf einen Theil eines Gebäudes, insbesondere ein Stockwerk, ist unzulässig.

§. 1000. (I 962, Abs. 1, II 925.)

Die zur Bestellung des Erbbaurechts nach §. 858 erforderliche Einigung des Eigenthümers und des Erwerbers muß bei gleichzeitiger Anwesenheit beider Theile vor dem Grundbuchamte, vor Gericht oder vor einem Notar erklärt werden.

§. 1001. (I 963, II 927.)

Das Erbbaurecht erlischt nicht dadurch, daß das Bauwerk untergeht.

§. 1002. (I 781 Abs. 2, 962 Abs. 2 Satz 1, 964, II 928).

Für das Erbbaurecht gelten die sich auf Grundstücke beziehenden Vorschriften. Die für den Erwerb des Eigenthums und die Ansprüche aus dem Eigenthume geltenden Vorschriften finden auf das Erbbaurecht entsprechende Anwendung.

Fünfter Abschnitt.

Dienstbarkeiten.

Erster Titel.

Grunddienstbarkeiten.

§. 1003. (I 966, II 929.)

Ein Grundstück kann zu Gunsten des jeweiligen Eigenthümers eines anderen Grundstücks in der Weise belastet werden, daß dieser das Grundstück in einzelnen Beziehungen benutzen darf oder daß auf dem Grundstücke gewisse Handlungen nicht vorgenommen werden dürfen oder daß die Ausübung eines Rechtes ausgeschlossen ist, das sich aus dem Eigenthum an dem belasteten Grundstücke dem anderen Grundstücke gegenüber ergiebt (Grunddienstbarkeit).

§. 1004. (I 967, II 930.)

Eine Grunddienstbarkeit kann nur in einer Belastung bestehen, die für die Benutzung des Grundstücks des Berechtigten Vortheil bietet. Ueber das sich hieraus ergebende Maß hinaus kann der Inhalt der Dienstbarkeit nicht erstreckt werden.

§. 1005. (I 970, II 931.)

Bei der Ausübung einer Grunddienstbarkeit hat der Berechtigte das Interesse des Eigenthümers des belasteten Grundstücks thunlichst zu schonen. Hält er zur Ausübung der Dienstbarkeit auf dem belasteten Grundstück eine Anlage, so hat er sie in ordnungsmäßigem Zustande zu erhalten, soweit das Interesse des Eigenthümers es erfordert.

§. 1006. (I 971 Abs. 1, 3, II 932.)

Gehört zur Ausübung einer Grunddienstbarkeit eine Anlage auf dem belasteten Grundstücke, so kann bestimmt werden, daß der Eigenthümer dieses Grundstücks die Anlage zu unterhalten hat, soweit das Interesse des Berechtigten es erfordert. Steht dem Eigenthümer das Recht zur Mitbenutzung der Anlage zu, so kann bestimmt werden, daß der Berechtigte die Anlage zu unterhalten hat, soweit es für das Benutzungsrecht des Eigenthümers erforderlich ist.

Auf eine solche Unterhaltungspflicht finden die Vorschriften über die Reallasten entsprechende Anwendung.

§. 1007. (I 971 Abs. 2, 3, II 933.)

Besteht die Grunddienstbarkeit in dem Rechte, auf einer baulichen Anlage des belasteten Grundstücks eine bauliche Anlage zu halten, so hat, wenn nicht ein Anderes bestimmt ist, der Eigenthümer des belasteten Grundstücks seine Anlage zu unterhalten, soweit das Interesse des Berechtigten es erfordert. Die Vorschrift des §. 1006 Abs. 2 gilt auch für diese Unterhaltungspflicht.

§. 1008. (I 972, II 934.)

Beschränkt sich die jeweilige Ausübung einer Grunddienstbarkeit auf einen Theil des belasteten Grundstücks, so kann der Eigenthümer die Verlegung der Ausübung auf eine andere, für den Berechtigten ebenso geeignete Stelle verlangen, wenn die Ausübung an der bisherigen Stelle für ihn besonders beschwerlich ist; die Kosten der Verlegung hat er zu tragen und vorzuschießen. Dies gilt auch dann, wenn der Theil des Grundstücks, auf den sich die Ausübung beschränkt, durch Rechtsgeschäft bestimmt ist.

Das Recht auf die Verlegung kann nicht durch Rechtsgeschäft ausgeschlossen oder beschränkt werden.

§. 1009. (I 973, II 935.)

Trifft eine Grunddienstbarkeit mit einer anderen Grunddienstbarkeit oder einem sonstigen Nutzungsrecht an dem Grundstücke dergestalt zusammen, daß die Rechte nebeneinander nicht oder nicht vollständig ausgeübt werden können, und haben die Rechte gleichen Rang, so kann jeder Berechtigte eine den Interessen aller Berechtigten nach billigem Ermessen entsprechende Regelung der Ausübung verlangen.

§. 1010. (I 976, II 936.)

Wird das Grundstück des Berechtigten getheilt, so besteht die Grunddienstbarkeit für die einzelnen Theile fort; die Ausübung ist jedoch im Zweifel nur in der Weise zulässig, daß sie für den Eigenthümer des belasteten Grundstücks nicht beschwerlicher wird. Gereicht die Dienstbarkeit nur einem der Theile zum Vortheile, so erlischt sie für die übrigen Theile.

§. 1011. (I 975, II 937.)

Wird das belastete Grundstück getheilt, so werden, wenn die Ausübung der Grunddienstbarkeit auf einen bestimmten Theil des belasteten Grundstücks beschränkt ist, die Theile, welche außerhalb des Bereichs der Ausübung liegen, von der Dienstbarkeit frei.

§. 1012. (I 978, II 938.)

Wird eine Grunddienstbarkeit beeinträchtigt, so stehen dem Berechtigten die im §. 989 bestimmten Rechte zu.

§. 1013. (I 979, II 939.)

Wird der Besitzer eines Grundstücks in der Ausübung einer für den Eigenthümer im Grundbuch eingetragenen Grunddienstbarkeit gestört, so finden die für den Besitzschutz geltenden Vorschriften entsprechende Anwendung, soweit die Dienstbarkeit innerhalb eines Jahres vor der Störung, sei es auch nur einmal, ausgeübt worden ist.

Zweiter Titel.

Nießbrauch.

I. Nießbrauch an Sachen.

§. 1014. (I 980, II 940.)

Eine Sache kann in der Weise belastet werden, daß derjenige, zu dessen Gunsten die Belastung erfolgt, berechtigt ist, die Nutzungen der Sache zu ziehen (Nießbrauch).

Der Nießbrauch kann durch den Ausschluß einzelner Nutzungen beschränkt werden.

§. 1015. (II 941.)

Mit dem Nießbrauch an einem Grundstück erlangt der Nießbraucher den Nießbrauch an dem Zubehöre nach den für den Erwerb des Eigenthums geltenden Vorschriften des §. 911.

§. 1016. (I 983, II 942.)

Zur Bestellung des Nießbrauchs an einer beweglichen Sache ist erforderlich, daß der Eigenthümer die Sache dem Erwerber übergiebt und beide darüber einig sind, daß diesem der Nießbrauch zustehen soll. Die Vorschriften des §. 914 Satz 2 und der §§. 915 bis 921 finden entsprechende Anwendung; in den Fällen des §. 921 tritt nur die Wirkung ein, daß der Nießbrauch dem Rechte des Dritten vorgeht.

§. 1017. (II 943.)

Der Nießbrauch in einer beweglichen Sache kann durch Ersitzung erworben werden. Die für den Erwerb des Eigenthums durch Ersitzung geltenden Vorschriften finden entsprechende Anwendung.

§. 1018. (I 992 Abs. 1 Satz 1, II 944.)

Der Nießbraucher kann den Zustand der Sache auf seine Kosten durch Sachverständige feststellen lassen. Das gleiche Recht steht dem Eigenthümer zu.

§. 1019. (I 993, 1042, II 945.)

Bei dem Nießbrauch an einem Inbegriffe von Sachen sind der Nießbraucher und der Eigenthümer einander verpflichtet, zur Aufnahme eines Verzeichnisses der Sachen mitzuwirken. Das Verzeichniß ist mit der Angabe des Tages der Aufnahme zu versehen und von beiden Theilen zu unterzeichnen; jeder Theil kann verlangen, daß die Unterzeichnung öffentlich beglaubigt wird. Jeder Theil kann auch verlangen, daß das Verzeichniß durch die zuständige Behörde oder durch einen zuständigen Beamten oder Notar aufgenommen wird. Die Kosten hat derjenige zu tragen und vorzuschießen, welcher die Aufnahme oder die Beglaubigung verlangt.

§. 1020. (I 984, 991, 994 Satz 1, II 946.)

Der Nießbraucher ist zum Besitze der Sache berechtigt.

Er hat bei der Ausübung des Nutzungsrechts die bisherige wirthschaftliche Bestimmung der Sache aufrechtzuerhalten und nach den Regeln einer ordnungsmäßigen Wirthschaft zu verfahren.

§. 1021. (I 989 Abs. 1 Satz 1, 994 Satz 2, 995, II 947.)

Der Nießbraucher ist nicht berechtigt, die Sache umzugestalten oder wesentlich zu verändern.

Der Nießbraucher eines Grundstücks darf neue Anlagen zur Gewinnung von Steinen, Kies, Sand, Lehm, Thon, Mergel, Torf und sonstigen Bodenbestandtheilen errichten, sofern nicht die wirthschaftliche Bestimmung des Grundstücks dadurch wesentlich verändert wird.

§. 1022. (II 948.)

Ist ein Wald Gegenstand des Nießbrauchs, so kann sowohl der Eigenthümer als der Nießbraucher verlangen, daß das Maß der Nutzung und die Art der wirthschaftlichen Behandlung durch einen Wirthschaftsplan festgestellt werden. Tritt eine erhebliche Aenderung der Umstände ein, so kann jeder Theil eine entsprechende Aenderung des Wirthschaftsplans verlangen. Die Kosten hat jeder Theil zur Hälfte zu tragen.

Das Gleiche gilt, wenn ein Bergwerk oder eine andere auf Gewinnung von Bodenbestandtheilen gerichtete Anlage Gegenstand des Nießbrauchs ist.

§. 1023. (I 988 Abs. 2, 3, II 949.)

Der Nießbraucher erwirbt das Eigenthum auch an solchen Früchten, die er den Regeln einer ordnungsmäßigen Wirthschaft zuwider oder die er deshalb im Uebermaße zieht, weil dies in Folge eines besonderen Ereignisses nothwendig geworden ist. Er ist jedoch, unbeschadet seiner Verantwortlichkeit für ein Verschulden, verpflichtet, den Werth der Früchte dem Eigenthümer bei der Beendigung des Nießbrauchs zu ersetzen und für die Erfüllung dieser Verpflichtung Sicherheit zu leisten. Sowohl der Eigenthümer als der Nießbraucher kann verlangen, daß der zu ersetzende Betrag zur Wiederherstellung der Sache insoweit verwendet wird, als es einer ordnungsmäßigen Wirthschaft entspricht.

Wird die Verwendung zur Wiederherstellung der Sache nicht verlangt, so fällt die Ersatzpflicht weg, soweit durch den ordnungswidrigen oder den übermäßigen Fruchtbezug die dem Nießbraucher gebührenden Nutzungen beeinträchtigt werden.

§. 1024. (I 990 Satz 2, II 950.)

Das Recht des Nießbrauchers erstreckt sich nicht auf den Antheil des Eigenthümers an einem Schatze, der in der Sache gefunden wird.

§. 1025. (I 991, 997, 998 Abs. 1, II 951.)

Der Nießbraucher hat für die Erhaltung der Sache in ihrem wirthschaftlichen Bestande zu sorgen. Ausbesserungen und Erneuerungen liegen ihm nur insoweit ob, als sie zu der gewöhnlichen Unterhaltung der Sache gehören.

§. 1026. (I 996, 998 Abs. 2, II 952.)

Wird die Sache zerstört oder beschädigt oder wird eine außergewöhnliche Ausbesserung oder Erneuerung der Sache oder eine Vorkehrung zum Schutze der Sache gegen eine nicht vorhergesehene Gefahr erforderlich, so hat der Nießbraucher dem Eigenthümer unverzüglich Anzeige zu machen. Das Gleiche gilt, wenn sich ein Dritter ein Recht an der Sache anmaßt.

§. 1027. (I 999 Abs. 1, II 953.)

Nimmt der Nießbraucher eines Grundstücks eine erforderlich gewordene außergewöhnliche Ausbesserung oder Erneuerung selbst vor, so darf er zu diesem Zwecke innerhalb der Grenzen einer ordnungsmäßigen Wirthschaft auch Bestandtheile des Grundstücks verwenden, die nicht zu den ihm gebührenden Früchten gehören.

§. 1028. (I 998 Abs. 2, 999 Abs. 2, II 954.)

Nimmt der Nießbraucher eine erforderlich gewordene Ausbesserung oder Erneuerung der Sache nicht selbst vor, so hat er dem Eigenthümer die Vornahme und, wenn ein Grundstück Gegenstand des Nießbrauchs ist, die Verwendung der im §. 1027 bezeichneten Bestandtheile des Grundstücks zu gestatten.

§. 1029. (I 1001, 1003 Nr. 4, II 955.)

Der Nießbraucher hat die Sache für die Dauer des Nießbrauchs gegen Brandschaden und sonstige Unfälle auf seine Kosten unter Versicherung zu bringen, wenn die Versicherung einer ordnungsmäßigen Wirthschaft entspricht. Die Versicherung ist so zu nehmen, daß die Forderung gegen den Versicherer dem Eigenthümer zusteht.

Ist die Sache bereits versichert, so fallen die für die Versicherung zu leistenden Zahlungen dem Nießbraucher für die Dauer des Nießbrauchs zur Last, soweit er zur Versicherung verpflichtet sein würde.

§. 1030. (I 1002, II 956.)

An der Forderung gegen den Versicherer steht dem Nießbraucher der Nießbrauch nach den Vorschriften zu, die für den Nießbrauch an einer auf Zinsen ausstehenden Forderung gelten.

Tritt ein unter die Versicherung fallender Schaden ein, so kann sowohl der Eigenthümer als der Nießbraucher verlangen, daß die Versicherungssumme zur Wiederherstellung der Sache oder zur Beschaffung eines Ersatzes insoweit verwendet wird, als es einer ordnungsmäßigen Wirthschaft entspricht. Der Eigenthümer kann die Verwendung selbst besorgen oder dem Nießbraucher überlassen.

§. 1031. (I 1003 Nr. 1 bis 3, II 957.)

Der Nießbraucher ist dem Eigenthümer gegenüber verpflichtet, für die Dauer des Nießbrauchs die auf der Sache ruhenden öffentlichen Lasten mit Ausschluß der außerordentlichen Lasten, die als auf den Stammwerth der Sache gelegt anzusehen sind, sowie diejenigen privatrechtlichen Lasten zu tragen, welche schon zur Zeit der Bestellung des Nießbrauchs auf der Sache ruhten, insbesondere die Zinsen der Hypothekenforderungen und Grundschulden sowie die auf Grund einer Rentenschuld zu entrichtenden Leistungen.

§. 1032. (I 1000, II 958.)

Ist ein Grundstück sammt Inventar Gegenstand des Nießbrauchs, so kann der Nießbraucher über die einzelnen Stücke des Inventars innerhalb der Grenzen einer ordnungsmäßigen Wirthschaft verfügen. Er hat für den gewöhnlichen Abgang sowie für die nach den Regeln einer ordnungsmäßigen Wirthschaft ausscheidenden Stücke Ersatz zu beschaffen; die von ihm angeschafften Stücke werden mit der Einverleibung in das Inventar Eigenthum desjenigen, welchem das Inventar gehört.

Uebernimmt der Nießbraucher das Inventar zum Schätzungswerthe mit der Verpflichtung, es bei der Beendigung des Nießbrauchs zum Schätzungswerthe zurückzugewähren, so finden die Vorschriften der §§. 580, 581 entsprechende Anwendung.

§. 1033. (I 1010, II 959.)

Macht der Nießbraucher Verwendungen auf die Sache, zu denen er nicht verpflichtet ist, so bestimmt sich die Ersatzpflicht des Eigenthümers nach den Vorschriften über die Geschäftsführung ohne Auftrag. Die Verzinsung des aufgewendeten Geldes kann der Nießbraucher für die Dauer des Nießbrauchs nicht verlangen.

Der Nießbraucher ist berechtigt, eine Einrichtung, mit der er die Sache versehen hat, wegzunehmen.

§. 1034. (I 1007 Abs. 1, II 960.)

Veränderungen oder Verschlechterungen der Sache, welche durch die ordnungsmäßige Ausübung des Nießbrauchs herbeigeführt werden, hat der Nießbraucher nicht zu vertreten.

§. 1035. (I 1005, II 961 Abs. 1 Satz 1.)

Wird durch das Verhalten des Nießbrauchers die Besorgniß einer erheblichen Verletzung der Rechte des Eigenthümers begründet, so kann der Eigenthümer Sicherheitsleistung verlangen.

§. 1036. (I 1006, II 961 Abs. 1 Satz 2, Abs. 2, 3.)

Ist der Nießbraucher zur Sicherheitsleistung rechtskräftig verurtheilt, so kann der Eigenthümer statt der Sicherheitsleistung verlangen, daß die Ausübung des Nießbrauchs für Rechnung des Nießbrauchers einem von dem Gerichte zu bestellenden Verwalter übertragen wird. Die Anordnung der Verwaltung ist nur zulässig, wenn dem Nießbraucher auf Antrag des Eigenthümers von dem Gericht eine Frist zur Sicherheitsleistung bestimmt worden und die Frist verstrichen ist; sie ist unzulässig, wenn die Sicherheit vor dem Ablaufe der Frist geleistet wird.

Der Verwalter steht unter der Aufsicht des Gerichts wie ein für die Zwangsverwaltung eines Grundstücks bestellter Verwalter. Verwalter kann auch der Eigenthümer sein.

Die Verwaltung ist aufzuheben, wenn die Sicherheit nachträglich geleistet wird.

§. 1037. (I 1004, II 962.)

Macht der Nießbraucher einen Gebrauch von der Sache, zu dem er nicht befugt ist, und setzt er den Gebrauch ungeachtet einer Abmahnung des Eigenthümers fort, so kann der Eigenthümer auf Unterlassung klagen.

§. 1038. (I 1006 Abs. 1, II 963.)

Verletzt der Nießbraucher die Rechte des Eigenthümers in erheblichem Maße und setzt er das verletzende Verhalten ungeachtet einer Abmahnung des Eigenthümers fort, so kann der Eigenthümer die Anordnung einer Verwaltung nach §. 1036 verlangen.

§. 1039. (I 991, 1007, 1009, II 964.)

Der Nießbraucher ist verpflichtet, die Sache nach der Beendigung des Nießbrauchs dem Eigenthümer zurückzugeben.

Bei dem Nießbrauch an einem landwirthschaftlichen Grundstücke finden die Vorschriften der §§. 583, 584, bei dem Nießbrauch an einem Landgute finden die Vorschriften der §§. 583 bis 585 entsprechende Anwendung.

§. 1040. (I 1008, II 965.)

Hat der Nießbraucher ein Grundstück über die Dauer des Nießbrauchs hinaus vermiethet oder verpachtet, so finden nach der Beendigung des Nießbrauchs die für den Fall der Veräußerung geltenden Vorschriften der §§. 563, 564, des §. 565 Satz 1 und der §§. 566 bis 568, 571 entsprechende Anwendung.

Der Eigenthümer ist berechtigt, das Mieth- oder Pachtverhältniß unter Einhaltung der gesetzlichen Kündigungsfrist zu kündigen. Verzichtet der Nießbraucher auf den Nießbrauch, so ist die Kündigung erst von der Zeit an zulässig, zu welcher der Nießbrauch ohne den Verzicht erlöschen würde.

Der Miether oder der Pächter ist berechtigt, den Eigenthümer unter Bestimmung einer angemessenen Frist zur Erklärung darüber aufzufordern, ob er von dem Kündigungsrechte Gebrauch mache. Die Kündigung kann nur bis zum Ablaufe der Frist erfolgen.

§. 1041. (II 966.)

Die Ersatzansprüche des Eigenthümers wegen Veränderungen oder Verschlechterungen der Sache sowie die Ansprüche des Nießbrauchers auf Ersatz von

Verwendungen oder auf Gestattung der Wegnahme einer Einrichtung verjähren in sechs Monaten. Die Vorschriften des §. 550 Abs. 2, 3 finden entsprechende Anwendung.

§. 1042. (II 967.)

Im Verhältnisse zwischen dem Nießbraucher und dem Eigenthümer gilt zu Gunsten des Nießbrauchers der Besteller als Eigenthümer, es sei denn, daß der Nießbraucher weiß, daß der Besteller nicht Eigenthümer ist.

§. 1043. (I 1011 bis 1013, II 968.)

Der Nießbrauch ist nicht übertragbar. Die Ausübung des Nießbrauchs kann einem Anderen überlassen werden.

§. 1044. (I 986, II 969.)

Trifft ein Nießbrauch mit einem anderen Nießbrauch oder mit einem sonstigen Nutzungsrecht an der Sache dergestalt zusammen, daß die Rechte neben einander nicht oder nicht vollständig ausgeübt werden können, und haben die Rechte gleichen Rang, so findet die Vorschrift des §. 1009 Anwendung.

§. 1045. (I 1014, II 970.)

Der Nießbrauch erlischt mit dem Tode des Nießbrauchers. Steht der Nießbrauch einer juristischen Person zu, so erlischt er mit dieser.

§. 1046. (II 971.)

Wird der Nießbrauch an einem Grundstücke durch Rechtsgeschäft aufgehoben, so erstreckt sich die Aufhebung im Zweifel auf den Nießbrauch an dem Zubehöre.

§. 1047. (I 1016 Abs. 1, II 972.)

Der Nießbrauch an einer beweglichen Sache erlischt, wenn er mit dem Eigenthum in derselben Person zusammentrifft.

Der Nießbrauch gilt als nicht erloschen, soweit der Eigenthümer ein rechtliches Interesse an dem Fortbestehen des Nießbrauchs hat.

§. 1048. (I 1016 Abs. 2, II 973.)

Zur Aufhebung des Nießbrauchs an einer beweglichen Sache durch Rechtsgeschäft genügt die Erklärung des Nießbrauchers gegenüber dem Eigenthümer oder dem Besteller, daß er den Nießbrauch aufgebe.

§. 1049. (I 1017, II 974.)

Wird das Recht des Nießbrauchers beeinträchtigt, so finden auf die Ansprüche des Nießbrauchers die für die Ansprüche aus dem Eigenthume geltenden Vorschriften entsprechende Anwendung.

§. 1050. (I 985 Abs. 1, II 975.)

Besteht ein Nießbrauch an dem Antheil eines Miteigenthümers, so übt der Nießbraucher die Rechte aus, die sich aus der Gemeinschaft der Miteigenthümer in Ansehung der Verwaltung der Sache und der Art ihrer Benutzung ergeben.

Die Aufhebung der Gemeinschaft kann nur von dem Miteigenthümer und dem Nießbraucher gemeinschaftlich verlangt werden.

Wird die Gemeinschaft aufgehoben, so gebührt dem Nießbraucher der Nießbrauch an den Gegenständen, welche an die Stelle des Antheils treten.

§. 1051. (I 1018 Abs. 1, 1019, 1020 Satz 1, II 976).

Sind verbrauchbare Sachen Gegenstand des Nießbrauchs, so wird der Nießbraucher Eigenthümer der Sachen; nach der Beendigung des Nießbrauchs hat er dem Besteller den Werth zu ersetzen, den die Sachen zur Zeit der Bestellung hatten. Sowohl der Besteller als der Nießbraucher kann den Werth auf seine Kosten durch Sachverständige feststellen lassen.

Der Besteller kann Sicherheitsleistung verlangen, wenn der Anspruch auf Ersatz des Werthes gefährdet ist.

II. Nießbrauch an Rechten.

§. 1052. (I 1021, II 977.)

Gegenstand des Nießbrauchs kann auch ein Recht sein.

Auf den Nießbrauch an Rechten finden die Vorschriften über den Nießbrauch an Sachen entsprechende Anwendung, soweit sich nicht aus den §§. 1053 bis 1068 ein Anderes ergiebt.

§. 1053. (I 1022, 1023 Satz 1, II 978.)

Die Bestellung des Nießbrauchs an einem Rechte erfolgt nach den für die Uebertragung des Rechtes geltenden Vorschriften.

An einem Rechte, das nicht übertragbar ist, kann ein Nießbrauch nicht bestellt werden.

§. 1054. (I 1023 Satz 1, II 979.)

Ist ein Recht, kraft dessen eine Leistung gefordert werden kann, Gegenstand des Nießbrauchs, so finden auf das Rechtsverhältniß zwischen dem Nießbraucher und dem Verpflichteten die Vorschriften entsprechende Anwendung, welche im Falle der Uebertragung des Rechtes für das Rechtsverhältniß zwischen dem Erwerber und dem Verpflichteten gelten.

Wird die Ausübung des Nießbrauchs nach §. 1036 einem Verwalter übertragen, so ist die Uebertragung dem Verpflichteten gegenüber erst wirksam, wenn er von der getroffenen Anordnung Kenntniß erlangt oder wenn ihm eine Mittheilung von der Anordnung zugestellt wird. Das Gleiche gilt von der Aufhebung der Verwaltung.

§. 1055. (I 1024, II 980.)

Ein dem Nießbrauch unterliegendes Recht kann durch Rechtsgeschäft nur mit Zustimmung des Nießbrauchers aufgehoben werden. Die Zustimmung ist demjenigen gegenüber zu erklären, zu dessen Gunsten sie erfolgt; sie ist unwiderruflich. Die Vorschrift des §. 861 Satz 3 bleibt unberührt.

Das Gleiche gilt im Falle einer Aenderung des Rechtes, sofern sie den Nießbrauch beeinträchtigt.

§. 1056. (I 1025, II 981.)

Die Beendigung des Nießbrauchs tritt nach den Vorschriften der §§. 1047, 1048 auch dann ein, wenn das dem Nießbrauch unterliegende Recht nicht ein Recht an einer beweglichen Sache ist.

§. 1057. (I 1027, II 982.)

Dem Nießbraucher einer Leibrente, eines Auszugs oder eines ähnlichen Rechtes gebühren die einzelnen Leistungen, die auf Grund des Rechtes gefordert werden können.

§. 1058. (I 1028, II 983.)

Der Nießbraucher einer Forderung ist zur Einziehung der Forderung und, wenn die Fälligkeit von einer Kündigung des Gläubigers abhängt, zur Kündigung berechtigt. Er hat für die ordnungsmäßige Einziehung zu sorgen. Zu andern Verfügungen über die Forderung ist er nicht berechtigt.

§. 1059. (I 1029 Abs. 1, 3, II 984.)

Mit der Leistung des Schuldners an den Nießbraucher erwirbt der Gläubiger den geleisteten Gegenstand und der Nießbraucher den Nießbrauch an dem Gegenstande.

Werden verbrauchbare Sachen geleistet, so erwirbt der Nießbraucher das Eigenthum; die Vorschriften des §. 1051 finden entsprechende Anwendung.

§. 1060. (I 1033, II 985.)

Ist eine auf Zinsen ausstehende Forderung Gegenstand des Nießbrauchs, so gelten die Vorschriften der §§. 1061 bis 1063.

§. 1061. (I 1033 Abs. 1, 2, 4, 5, II 986.)

Der Schuldner kann das Kapital nur an den Nießbraucher und den Gläubiger gemeinschaftlich zahlen. Jeder von beiden kann verlangen, daß an sie gemeinschaftlich gezahlt wird; jeder kann statt der Zahlung die Hinterlegung für beide fordern.

Der Nießbraucher und der Gläubiger können nur gemeinschaftlich kündigen. Die Kündigung des Schuldners ist nur wirksam, wenn sie dem Nießbraucher und dem Gläubiger erklärt wird.

§. 1062. (I 1033 Abs. 3, II 987.)

Ist die Forderung fällig, so sind der Nießbraucher und der Gläubiger einander verpflichtet, zur Einziehung mitzuwirken. Hängt die Fälligkeit von einer Kündigung ab, so kann jeder Theil die Mitwirkung des anderen zur Kündigung verlangen, wenn die Einziehung der Forderung wegen Gefährdung ihrer Sicherheit nach den Regeln einer ordnungsmäßigen Vermögensverwaltung geboten ist.

§. 1063. (I 1034, II 988.)

Der Nießbraucher und der Gläubiger sind einander verpflichtet, dazu mitzuwirken, daß das eingezogene Kapital nach den für die Anlegung von Mündelgeld geltenden Vorschriften verzinslich angelegt und gleichzeitig dem Nießbraucher der Nießbrauch bestellt wird. Die Art der Anlegung bestimmt der Nießbraucher.

§. 1064. (I 1035, II 989.)

Die Vorschriften über den Nießbrauch an einer Forderung gelten auch für den Nießbrauch an einer Grundschuld und an einer Rentenschuld.

§. 1065. (I 1036 Abs. 1, 2, 1037, II 990.)

Ist ein Inhaberpapier oder ein Orderpapier, das mit Blankoindossament versehen ist, Gegenstand des Nießbrauchs, so steht der Besitz des Papiers und des zu dem Papiere gehörenden Erneuerungsscheins dem Nießbraucher und dem Eigenthümer gemeinschaftlich zu. Der Besitz der zu dem Papiere gehörenden Zins-, Renten- oder Gewinnantheilscheine steht dem Nießbraucher zu.

Zur Bestellung des Nießbrauchs genügt an Stelle der Uebergabe des Papiers die Einräumung des Mitbesitzes.

§. 1066. (I 1036 Abs. 2, II 991.)

Das Papier ist nebst dem Erneuerungsschein auf Verlangen des Nießbrauchers oder des Eigenthümers bei einer Hinterlegungsstelle mit der Bestimmung zu hinterlegen, daß die Herausgabe nur von dem Nießbraucher und dem Eigenthümer gemeinschaftlich verlangt werden kann. Der Nießbraucher kann auch Hinterlegung bei der Reichsbank verlangen.

§. 1067. (I 1036 Abs. 3, 4, II 992.)

Der Nießbraucher und der Eigenthümer des Papiers sind einander verpflichtet, zur Einziehung des fälligen Kapitals, zur Beschaffung neuer Zins-, Renten- oder Gewinnantheilscheine sowie zu sonstigen Maßnahmen mitzuwirken, die zur ordnungsmäßigen Vermögensverwaltung erforderlich sind.

Im Falle der Einlösung des Papiers finden die Vorschriften des §. 1063 Anwendung. Eine bei der Einlösung gezahlte Prämie gilt als Theil des Kapitals.

§. 1068. (I 1036 Abs. 1, II 993.)

Ist ein Inhaberpapier oder ein Orderpapier, das mit Blankoindossament versehen ist, als verbrauchbare Sache Gegenstand des Nießbrauchs, so bewendet es bei den Vorschriften des §. 1051.

III. Nießbrauch an einem Vermögen.

§. 1069. (I 1038, II 994.)

Der Nießbrauch an dem Vermögen einer Person kann nur in der Weise bestellt werden, daß der Nießbraucher den Nießbrauch an den einzelnen zu dem

Vermögen gehörenden Gegenständen erlangt. Soweit der Nießbrauch bestellt ist, gelten die Vorschriften der §§. 1070 bis 1072.

§. 1070. (II 995.)

Die Gläubiger des Bestellers können, soweit ihre Forderungen vor der Bestellung entstanden sind, ohne Rücksicht auf den Nießbrauch Befriedigung aus den dem Nießbrauch unterliegenden Gegenständen verlangen. Hat der Nießbraucher das Eigenthum an verbrauchbaren Sachen erlangt, so tritt an die Stelle der Sachen der Anspruch des Bestellers auf Ersatz des Werthes; der Nießbraucher ist den Gläubigern gegenüber zum sofortigen Ersatze verpflichtet.

§. 1071. (I 1040, II 996.)

Der Besteller kann, wenn eine vor der Bestellung entstandene Forderung fällig ist, von dem Nießbraucher Rückgabe der zur Befriedigung des Gläubigers erforderlichen Gegenstände verlangen. Die Auswahl steht ihm zu; er kann jedoch nur die vorzugsweise geeigneten Gegenstände auswählen. Soweit die zurückgegebenen Gegenstände ausreichen, ist der Besteller dem Nießbraucher gegenüber zur Befriedigung des Gläubigers verpflichtet.

Der Nießbraucher kann die Verbindlichkeit durch Leistung des geschuldeten Gegenstandes erfüllen. Gehört der geschuldete Gegenstand nicht zu dem Vermögen, das dem Nießbrauch unterliegt, so ist der Nießbraucher berechtigt, zum Zwecke der Befriedigung des Gläubigers einen zu dem Vermögen gehörenden Gegenstand zu veräußern, wenn die Befriedigung durch den Besteller nicht ohne Gefahr abgewartet werden kann. Er hat einen vorzugsweise geeigneten Gegenstand auszuwählen. Soweit er zum Ersatze des Werthes verbrauchbarer Sachen verpflichtet ist, darf er eine Veräußerung nicht vornehmen.

§. 1072. (I 1041, II 997.)

Die Gläubiger des Bestellers, deren Forderungen schon zur Zeit der Bestellung verzinslich waren, können die Zinsen für die Dauer des Nießbrauchs auch von dem Nießbraucher verlangen. Das Gleiche gilt von anderen wiederkehrenden Leistungen, die bei ordnungsmäßiger Verwaltung aus den Einkünften des Vermögens bestritten werden, wenn die Forderung vor der Bestellung des Nießbrauchs entstanden ist.

Die Haftung des Nießbrauchers kann nicht durch Vereinbarung zwischen ihm und dem Besteller ausgeschlossen oder beschränkt werden.

Der Nießbraucher ist dem Besteller gegenüber zur Befriedigung der Gläubiger wegen der im Abs. 1 bezeichneten Ansprüche verpflichtet. Die Rückgabe von Gegenständen zum Zwecke der Befriedigung kann der Besteller nur verlangen, wenn der Nießbraucher mit der Erfüllung dieser Verbindlichkeit in Verzug kommt.

§. 1073. (I 1043, II 998.)

Die Vorschriften der §§. 1069 bis 1072 finden auf den Nießbrauch an einer Erbschaft entsprechende Anwendung.

Dritter Titel.

Beschränkte persönliche Dienstbarkeiten.

§. 1074. (I 1044, 1048, 1049, II 999.)

Ein Grundstück kann in der Weise belastet werden, daß derjenige, zu dessen Gunsten die Belastung erfolgt, berechtigt ist, das Grundstück in einzelnen Beziehungen zu benutzen, oder daß ihm eine sonstige Befugniß zusteht, die den Inhalt einer Grunddienstbarkeit bilden kann (beschränkte persönliche Dienstbarkeit)

Die Vorschriften der §§. 1005 bis 1009, 1011 bis 1013, 1045 finden entsprechende Anwendung.

§. 1075. (I 1046, II 1000.)

Der Umfang einer beschränkten persönlichen Dienstbarkeit bestimmt sich im Zweifel nach dem persönlichen Bedürfnisse des Berechtigten.

§. 1076. (I 1047, II 1001.)

Eine beschränkte persönliche Dienstbarkeit ist nicht übertragbar. Die Ausübung der Dienstbarkeit kann einem Anderen nur überlassen werden, wenn die Ueberlassung gestattet ist.

§. 1077. (I 1050, II 1002.)

Als beschränkte persönliche Dienstbarkeit kann auch das Recht bestellt werden, ein Gebäude oder einen Theil eines Gebäudes unter Ausschluß des Eigenthümers als Wohnung zu benutzen. Auf dieses Recht finden die für den Nießbrauch geltenden Vorschriften der §§. 1015, 1018, 1020, des §. 1021 Abs. 1 und der §§. 1025, 1026, 1028, 1033, 1034, 1041, 1046 entsprechende Anwendung.

Der Berechtigte ist befugt, seine Familie sowie die zur standesmäßigen Bedienung und zur Pflege erforderlichen Personen in die Wohnung aufzunehmen.

Ist das Recht auf einen Theil des Gebäudes beschränkt, so kann der Berechtigte die zum gemeinschaftlichen Gebrauche der Bewohner bestimmten Anlagen und Einrichtungen mitbenutzen.

Sechster Abschnitt.

Vorkaufsrecht.

§. 1078. (I 952 Abs. 1, Abs. 2 Nr. 2, II 1003.)

Ein Grundstück kann in der Weise belastet werden, daß derjenige, zu dessen Gunsten die Belastung erfolgt, dem Eigenthümer gegenüber zum Vorkaufe berechtigt ist.

Das Vorkaufsrecht kann auch zu Gunsten des jeweiligen Eigenthümers eines anderen Grundstücks bestellt werden.

§. 1079. (I 953, II 1004.)

Ein Bruchtheil eines Grundstücks kann mit dem Vorkaufsrechte nur belastet werden, wenn er in dem Antheil eines Miteigenthümers besteht.

§. 1080. (II 1005.)

Das Vorkaufsrecht kann auf das Zubehör erstreckt werden, das mit dem Grundstücke verkauft wird. Im Zweifel ist anzunehmen, daß sich das Vorkaufsrecht auf dieses Zubehör erstrecken soll.

§. 1081. (I 952 Abs. 2 Nr. 1, II 1006.)

Das Vorkaufsrecht beschränkt sich auf den Fall des Verkaufs durch den Eigenthümer, welchem das Grundstück zur Zeit der Bestellung gehört, oder durch dessen Erben; es kann jedoch auch für mehrere oder für alle Verkaufsfälle bestellt werden.

§. 1082. (I 954, 957 Abs. 1, 4, 958, II 1007.)

Das Rechtsverhältniß zwischen dem Berechtigten und dem Verpflichteten bestimmt sich nach den Vorschriften der §§. 498 bis 508. Das Vorkaufsrecht kann auch dann ausgeübt werden, wenn das Grundstück von dem Konkursverwalter aus freier Hand verkauft wird.

Dritten gegenüber hat das Vorkaufsrecht die Wirkung einer Vormerkung zur Sicherung des durch die Ausübung des Rechtes entstehenden Anspruchs auf Uebertragung des Eigenthums.

§. 1083. (I 956, II 1008.)

Gelangt das Grundstück in das Eigenthum eines Dritten, so kann dieser in gleicher Weise wie der Verpflichtete dem Berechtigten den Inhalt des Kaufvertrags mit der im §. 504 Abs. 2 bestimmten Wirkung mittheilen.

Der Verpflichtete hat den neuen Eigenthümer zu benachrichtigen, sobald die Ausübung des Vorkaufsrechts erfolgt oder ausgeschlossen ist.

§. 1084. (I 957 Abs. 2, 5, II 1009.)

Der neue Eigenthümer kann, wenn er der Käufer oder ein Rechtsnachfolger des Käufers ist, die Zustimmung zur Eintragung des Berechtigten als Eigenthümer und die Herausgabe des Grundstücks verweigern, bis ihm der zwischen dem Verpflichteten und dem Käufer vereinbarte Kaufpreis, soweit er berichtigt ist, erstattet wird. Erlangt der Berechtigte die Eintragung als Eigenthümer, so kann der bisherige Eigenthümer von ihm die Erstattung des berichtigten Kaufpreises gegen Herausgabe des Grundstücks fordern.

§. 1085. (II 1010.)

Soweit der Berechtigte nach §. 1084 dem Käufer oder dessen Rechtsnachfolger den Kaufpreis zu erstatten hat, wird er von der Verpflichtung zur Zahlung des aus dem Vorkaufe geschuldeten Kaufpreises frei.

§. 1086. (II 1011.)

Verliert der Käufer oder sein Rechtsnachfolger in Folge der Geltendmachung des Vorkaufsrechts das Eigenthum, so wird der Käufer, soweit der von ihm geschuldete Kaufpreis noch nicht berechtigt ist, von seiner Verpflichtung frei; den berichtigten Kaufpreis kann er nicht zurückfordern.

§. 1087. (II 1012.)

Ein zu Gunsten des jeweiligen Eigenthümers eines Grundstücks bestehendes Vorkaufsrecht kann nicht von dem Eigenthum an diesem Grundstücke getrennt werden.

Ein zu Gunsten einer bestimmten Person bestehendes Vorkaufsrecht kann nicht mit dem Eigenthum an einem Grundstücke verbunden werden.

§. 1088. (II 1013.)

Ist der Berechtigte unbekannt, so kann er im Wege des Aufgebotsverfahrens mit seinem Rechte ausgeschlossen werden, wenn er im §. 1154 für die Ausschließung eines Hypothekengläubigers bestimmten Voraussetzungen vorliegen. Mit der Erlassung des Ausschlußurtheils erlischt das Vorkaufsrecht.

Auf ein Vorkaufsrecht, das zu Gunsten des jeweiligen Eigenthümers eines Grundstücks besteht, finden diese Vorschriften keine Anwendung.

Siebenter Abschnitt.

Reallasten.

§. 1089. (I 1051, II 1014.)

Ein Grundstück kann in der Weise belastet werden, daß an denjenigen, zu dessen Gunsten die Belastung erfolgt, wiederkehrende Leistungen aus dem Grundstücke zu entrichten sind (Reallast).

Die Reallast kann auch zu Gunsten des jeweiligen Eigenthümers eines anderen Grundstücks bestellt werden.

§. 1090. (I 1053, II 1015.)

Ein Bruchtheil eines Grundstücks kann mit einer Reallast nur belastet werden, wenn er in dem Antheil eines Miteigenthümers besteht.

§. 1091. (I 1051, 1060, II 1016.)

Auf die einzelnen Leistungen finden die für die Zinsen einer Hypothekenforderung geltenden Vorschriften entsprechende Anwendung.

§. 1092. (I 1056, II 1017.)

Der Eigenthümer haftet für die während der Dauer seines Eigenthums fällig werdenden Leistungen auch persönlich, soweit nicht ein Anderes bestimmt ist.

Wird das Grundstück getheilt, so haften die Eigenthümer der einzelnen Theile als Gesammtschuldner.

§. 1093. (I 1058, II 1019.)

Wird das Grundstück des Berechtigten getheilt, so besteht die Reallast für die einzelnen Theile fort. Ist die Leistung theilbar, so bestimmen sich die Antheile der Eigenthümer nach dem Verhältnisse der Größe der Theile; ist sie nicht theilbar, so finden die Vorschriften des §. 426 Anwendung. Die Ausübung des Rechtes ist im Zweifel nur in der Weise zulässig, daß sie für den Eigenthümer des belasteten Grundstücks nicht beschwerlicher wird.

Der Berechtigte kann bestimmen, daß das Recht nur mit einem der Theile verbunden sein soll. Die Bestimmung hat dem Grundbuchamte gegenüber zu erfolgen und bedarf der Eintragung in das Grundbuch; die Vorschriften der §§. 861, 863 finden entsprechende Anwendung. Veräußert der Berechtigte einen Theil des Grundstücks, ohne eine solche Bestimmung zu treffen, so bleibt das Recht mit dem Theile verbunden, den er behält.

Gereicht die Reallast nur einem der Theile zum Vortheile, so bleibt sie mit diesem Theile allein verbunden.

§. 1094. (I 1057, II 1018.)

Eine zu Gunsten des jeweiligen Eigenthümers eines Grundstücks bestehende Reallast kann nicht von dem Eigenthum an diesem Grundstücke getrennt werden.

§. 1095. (I 1059, II 1020.)

Eine zu Gunsten einer bestimmten Person bestehende Reallast kann nicht mit dem Eigenthum an einem Grundstücke verbunden werden.

Ist der Anspruch auf die einzelne Leistung nicht übertragbar, so kann das Recht nicht veräußert oder belastet werden.

§. 1096. (II 1021.)

Ist der Berechtigte unbekannt, so finden auf die Ausschließung seines Rechtes die Vorschriften des §. 1088 entsprechende Anwendung.

Achter Abschnitt.

Hypothek. Grundschuld. Rentenschuld.

Erster Titel.

Hypothek.

§. 1097. (I 1062, II 1022.)

Ein Grundstück kann in der Weise belastet werden, daß an denjenigen, zu dessen Gunsten die Belastung erfolgt, eine bestimmte Geldsumme zur Befriedigung wegen einer ihm zustehenden Forderung aus dem Grundstücke zu zahlen ist (Hypothek).

Die Hypothek kann auch für eine künftige oder eine bedingte Forderung bestellt werden.

§. 1098. (I 1063, II 1023.)

Ein Bruchtheil eines Grundstücks kann mit einer Hypothek nur belastet werden, wenn er in dem Antheil eines Miteigenthümers besteht.

§. 1099. (I 1064, II 1024.)

Bei der Eintragung der Hypothek müssen der Gläubiger, der Geldbetrag der Forderung und, wenn die Forderung verzinslich ist, der Zinssatz, wenn andere Nebenleistungen zu entrichten sind, ihr Geldbetrag im Grundbuch angegeben werden; im Uebrigen kann zur Bezeichnung der Forderung auf die Eintragsbewilligung Bezug genommen werden.

Bei der Eintragung der Hypothek für ein Darlehen einer Kreditanstalt, deren Satzung von der zuständigen Behörde öffentlich bekannt gemacht worden ist, genügt zur Bezeichnung der außer den Zinsen satzungsgemäß zu entrichtenden Nebenleistungen die Bezugnahme auf die Satzung.

§. 1100. (I 1106 bis 1108, II 1025.)

Ueber die Hypothek wird ein Hypothekenbrief ertheilt.

Die Ertheilung des Briefes kann ausgeschlossen werden. Die Ausschließung kann auch nachträglich erfolgen. Zu der Ausschließung ist die Einigung des Gläubigers und des Eigenthümers sowie die Eintragung in das Grundbuch erforderlich; die Vorschriften des §. 858 Abs. 2 und der §§. 861, 863 finden entsprechende Anwendung.

Die Ausschließung der Ertheilung des Briefes kann aufgehoben werden; die Aufhebung erfolgt in gleicher Weise wie die Ausschließung.

§. 1101. (I 1110, II 1026.)

Der Gläubiger erwirbt, sofern nicht die Ertheilung des Hypothekenbriefs ausgeschlossen ist, die Hypothek erst, wenn ihm der Brief von dem Eigenthümer des Grundstücks übergeben wird. Auf die Uebergabe finden die Vorschriften des §. 914 Satz 2 und der §§. 915, 916 Anwendung.

Die Uebergabe des Briefes kann durch die Vereinbarung ersetzt werden, daß der Gläubiger berechtigt sein soll, sich den Brief von dem Grundbuchamt aushändigen zu lassen.

Ist der Gläubiger im Besitze des Briefes, so wird vermuthet, daß die Uebergabe erfolgt sei.

§. 1102. (I 1066, II 1027.)

Kraft der Hypothek haftet das Grundstück auch für die gesetzlichen Zinsen der Forderung sowie für die Kosten der Kündigung und der die Befriedigung aus dem Grundstücke bezweckenden Rechtsverfolgung.

§. 1103. (I 1065, II 1028.)

Ist die Forderung unverzinslich oder ist der Zinssatz niedriger als fünf vom Hundert, so kann die Hypothek ohne Zustimmung der im Range gleich-

oder nachstehenden Berechtigten dahin erweitert werden, daß das Grundstück für Zinsen bis zu fünf vom Hundert haftet.

Zu einer Aenderung der Zahlungszeit und des Zahlungsorts ist die Zustimmung dieser Berechtigten gleichfalls nicht erforderlich.

§. 1104. (I 1067 Nr. 2, 3, II 1029.)

Die Hypothek erstreckt sich auf die von dem Grundstücke getrennten Erzeugnisse und sonstigen Bestandtheile, soweit sie nicht mit der Trennung nach den §§. 939 bis 942 in das Eigenthum eines Anderen als des Eigenthümers oder des Eigenbesitzers des Grundstücks gelangt sind, sowie auf das Zubehör des Grundstücks mit Ausnahme der Zubehörstücke, welche nicht in das Eigenthum des Eigenthümers des Grundstücks gelangt sind.

§. 1105. (I 1068, II 1030.)

Erzeugnisse und sonstige Bestandtheile des Grundstücks sowie Zubehörstücke werden von der Haftung frei, wenn sie veräußert und von dem Grundstück entfernt werden, bevor sie zu Gunsten des Gläubigers in Beschlag genommen worden sind.

Erfolgt die Veräußerung vor der Entfernung, so kann sich der Erwerber dem Gläubiger gegenüber nicht darauf berufen, daß er in Ansehung der Hypothek in gutem Glauben gewesen sei. Entfernt der Erwerber die Sache von dem Grundstücke, so ist eine vor der Entfernung erfolgte Beschlagnahme ihm gegenüber nur wirksam, wenn er bei der Entfernung in Ansehung der Beschlagnahme nicht in gutem Glauben ist.

§. 1106. (I 1068 Abs. 1, II 1030 Abs. 1.)

Sind die Erzeugnisse oder Bestandtheile innerhalb der Grenzen einer ordnungsmäßigen Wirthschaft von dem Grundstücke getrennt worden, so erlischt ihre Haftung auch ohne Veräußerung, wenn sie vor der Beschlagnahme von dem Grundstück entfernt werden, es sei denn, daß die Entfernung zu einem vorübergehenden Zwecke erfolgt.

Zubehörstücke werden ohne Veräußerung von der Haftung frei, wenn die Zubehöreigenschaft innerhalb der Grenzen einer ordnungsmäßigen Wirthschaft vor der Beschlagnahme aufgehoben wird.

§. 1107. (I 1067 Nr. 4, 1069 Abs. 3, II 1031.)

Ist das Grundstück vermiethet oder verpachtet, so erstreckt sich die Hypothek auf die Mieth- oder Pachtzinsforderung.

Soweit die Forderung fällig ist, wird sie mit dem Ablauf eines Jahres nach dem Eintritte der Fälligkeit von der Haftung frei, wenn nicht vorher die Beschlagnahme zu Gunsten des Hypothekengläubigers erfolgt. Ist der Mieth- oder Pachtzins im voraus zu entrichten, so erstreckt sich die Befreiung nicht auf den Mieth- oder Pachtzins für eine spätere Zeit als das zur Zeit der Beschlagnahme laufende und das folgende Kalendervierteljahr.

§. 1108. (I 1069 Abs. 1, 2, II 1032.)

Wird der Mieth- oder Pachtzins eingezogen, bevor er zu Gunsten des Hypothekengläubigers in Beschlag genommen worden ist, oder wird vor der Beschlagnahme in anderer Weise über ihn verfügt, so ist die Verfügung dem Hypothekengläubiger gegenüber wirksam. Besteht die Verfügung in der Uebertragung der Forderung auf einen Dritten, so erlischt die Haftung der Forderung; erlangt ein Dritter ein Recht an der Forderung, so geht es der Hypothek im Range vor.

Die Verfügung ist dem Hypothekengläubiger gegenüber unwirksam, soweit sie sich auf den Mieth- oder Pachtzins für eine spätere Zeit als das zur Zeit der Beschlagnahme laufende und das folgende Kalendervierteljahr bezieht.

Der Uebertragung der Forderung auf einen Dritten steht es gleich, wenn das Grundstück ohne die Forderung veräußert wird.

§. 1109. (II 1033.)

Soweit die Einziehung des Mieth- oder Pachtzinses dem Hypothekengläubiger gegenüber unwirksam ist, kann der Miether oder der Pächter nicht eine ihm gegen den Vermiether oder den Verpächter zustehende Forderung gegen den Hypothekengläubiger aufrechnen.

§. 1110. (I 1067 Nr. 4, 1069, II 1034.)

Ist mit dem Eigenthum an dem Grundstück ein Recht auf wiederkehrende Leistungen verbunden, so erstreckt sich die Hypothek auf die Ansprüche auf diese Leistungen. Die Vorschriften des §. 1107 Abs. 2 Satz 1, des §. 1108 Abs. 1, 3 und des §. 1109 finden entsprechende Anwendung. Eine vor der Beschlagnahme erfolgte Verfügung über den Anspruch auf eine Leistung, die erst drei Monate nach der Beschlagnahme fällig wird, ist dem Hypothekengläubiger gegenüber unwirksam.

§. 1111. (I 1067 Nr. 5, 1070 Abs. 1 Satz 1, II 1035.)

Sind Gegenstände, die der Hypothek unterliegen, für den Eigenthümer oder den Eigenbesitzer des Grundstücks unter Versicherung gebracht, so erstreckt sich die Hypothek auf die Forderung gegen den Versicherer.

Die Haftung der Forderung gegen den Versicherer erlischt, wenn der versicherte Gegenstand wiederhergestellt oder Ersatz für ihn beschafft ist.

§§. 1112. (I 1070 Abs. 2, II 1036.)

Ist ein Gebäude versichert, so kann der Versicherer die Versicherungssumme mit Wirkung gegen den Hypothekengläubiger an den Versicherten erst zahlen, wenn er oder der Versicherte den Eintritt des Schadens dem Hypothekengläubiger angezeigt hat und seit dem Empfange der Anzeige ein Monat verstrichen ist. Der Hypothekengläubiger kann bis zum Ablaufe der Frist dem Versicherer gegenüber der Zahlung widersprechen. Im Uebrigen finden die für eine verpfändete Forderung geltenden Vorschriften Anwendung; der Versicherer kann sich jedoch nicht darauf berufen, daß er eine aus dem Grundbuch ersichtliche Hypothek nicht gekannt habe.

§. 1113. (I 1070 Abs. 2, 3, II 1037.)

Ist ein anderer Gegenstand als ein Gebäude versichert, so bestimmt sich die Haftung der Forderung gegen den Versicherer nach den Vorschriften des §. 1107 Abs. 2 Satz 1 und des §. 1108 Abs. 1, 3.

§. 1114. (I 1070 Abs. 1 Satz 2, II 1038.)

Ist der Versicherer nach den Versicherungsbestimmungen nur verpflichtet, die Versicherungssumme zur Wiederherstellung des versicherten Gegenstandes zu zahlen, so ist eine diesen Bestimmungen entsprechende Zahlung an den Versicherten dem Hypothekengläubiger gegenüber wirksam.

§. 1115. (I 1067 Nr. 1, II 1039.)

Wird ein Grundstück nach §. 875 Abs. 2 einem anderen Grundstück im Grundbuche zugeschrieben, so erstrecken sich die an diesem Grundstücke bestehenden Hypotheken auf das zugeschriebene Grundstück. Rechte, mit denen das zugeschriebene Grundstück belastet ist, gehen diesen Hypotheken im Range vor.

§. 1116. (I 1071, 1078 Abs. 1, II 1040.)

Besteht für die Forderung eine Hypothek an mehreren Grundstücken (Gesammthypothek), so haftet jedes Grundstück für die ganze Forderung. Der Gläubiger kann die Befriedigung nach seinem Belieben aus jedem der Grundstücke ganz oder zu einem Theile suchen.

Der Gläubiger ist berechtigt, den Betrag der Forderung auf die einzelnen Grundstücke in der Weise zu vertheilen, daß jedes Grundstück nur für den zugetheilten Betrag haftet. Auf die Vertheilung finden die Vorschriften der §§. 860, 861, 863 entsprechende Anwendung.

§. 1117. (I 1073, II 1041.)

Ist in Folge einer Verschlechterung des Grundstücks die Sicherheit der Hypothek gefährdet, so kann der Gläubiger dem Eigenthümer eine angemessene Frist zur Beseitigung der Gefährdung bestimmen. Nach dem Ablaufe der Frist ist der Gläubiger berechtigt, sofort Befriedigung aus dem Grundstücke zu suchen, wenn nicht die Gefährdung durch Verbesserung des Grundstücks oder durch anderweitige Hypothekenbestellung beseitigt worden ist. Ist die Forderung unverzinslich und noch nicht fällig, so gebührt dem Gläubiger nur die Summe, welche mit Hinzurechnung der gesetzlichen Zinsen für die Zeit von der Zahlung bis zur Fälligkeit dem Betrage der Forderung gleichkommt.

§. 1118. (I 1072, II 1042.)

Wirkt der Eigenthümer oder ein Dritter auf das Grundstück in solcher Weise ein, daß eine die Sicherheit der Hypothek gefährdende Verschlechterung des Grundstücks zu besorgen ist, so kann der Gläubiger auf Unterlassung klagen.

Geht die Einwirkung von dem Eigenthümer aus, so hat das Gericht auf Antrag des Gläubigers die zur Abwendung der Gefährdung erforderlichen Maßregeln anzuordnen. Das Gleiche gilt, wenn die Verschlechterung deshalb zu besorgen ist, weil der Eigenthümer die erforderlichen Vorkehrungen gegen Einwirkungen Dritter oder gegen andere Beschädigungen unterläßt.

§. 1119. (I 1074, II 1043.)

Einer Verschlechterung des Grundstücks im Sinne der §§. 1117, 1118 steht es gleich, wenn Zubehörstücke, auf die sich die Hypothek erstreckt, verschlechtert oder den Regeln einer ordnungsmäßigen Wirthschaft zuwider von dem Grundstück entfernt werden.

§. 1120. (I 1077, II 1044.)

Eine Vereinbarung, durch die sich der Eigenthümer dem Gläubiger gegenüber verpflichtet, das Grundstück nicht zu veräußern oder nicht weiter zu belasten, ist nichtig.

§. 1121. (I 1084 Abs. 3, II 1045.)

Der Eigenthümer kann gegen die Hypothek die dem persönlichen Schuldner gegen die Forderung sowie die nach §. 755 einem Bürgen zustehenden Einreden geltend machen. Stirbt der persönliche Schuldner, so kann sich der Eigenthümer nicht darauf berufen, daß der Erbe für die Schuld nur beschränkt haftet.

Ist der Eigenthümer nicht der persönliche Schuldner, so verliert er eine Einrede nicht dadurch, daß dieser auf sie verzichtet.

§. 1122. (I 1083, 1085 Abs. 1, II 1046.)

Die Vorschriften der §§. 876 bis 884 gelten für die Hypothek auch in Ansehung der Forderung und der dem Eigenthümer nach §. 1121 zustehenden Einreden.

§. 1123. (I 1085 Abs. 2, 1111, II 1047.)

Ist bei der Bestellung einer Hypothek für ein Darlehen die Ertheilung des Hypothekenbriefs ausgeschlossen worden, so genügt zur Eintragung eines Widerspruchs, der sich darauf gründet, daß die Hingabe des Darlehns unterblieben sei, der von dem Eigenthümer an das Grundbuchamt gerichtete Antrag, sofern er vor dem Ablauf eines Monats nach der Eintragung der Hypothek gestellt wird. Wird der Widerspruch innerhalb des Monats eingetragen, so hat die Eintragung die gleiche Wirkung, wie wenn der Widerspruch zugleich mit der Hypothek eingetragen worden wäre.

§. 1124. (I 1116, II 1048.)

Soweit die Unrichtigkeit des Grundbuchs aus dem Hypothekenbrief oder einem Vermerk auf dem Briefe hervorgeht, ist die Berufung auf die Vorschriften der §§. 877, 878 ausgeschlossen. Ein Widerspruch gegen die Richtigkeit des Grundbuchs, der aus dem Briefe oder einem Vermerk auf dem Briefe hervorgeht, steht einem im Grundbuch eingetragenen Widerspruche gleich.

§. 1125. (I 1079, II 1049.)

Hängt die Fälligkeit der Forderung von einer Kündigung ab, so ist die Kündigung für die Hypothek nur wirksam, wenn sie von dem Gläubiger dem Eigenthümer oder von dem Eigenthümer dem Gläubiger erklärt wird. Zu Gunsten des Gläubigers gilt derjenige, welcher im Grundbuch als Eigenthümer eingetragen ist, als der Eigenthümer.

§. 1126. (I 1080, 1082, II 1050.)

Der Eigenthümer ist berechtigt, den Gläubiger zu befriedigen, wenn die Forderung ihm gegenüber fällig geworden oder wenn der persönliche Schuldner zur Leistung berechtigt ist.

Die Befriedigung kann auch durch Hinterlegung oder durch Aufrechnung erfolgen.

§. 1127. (I 1094 Abs. 1, 2, 4, 1095, II 1051.)

Ist der Eigenthümer nicht der persönliche Schuldner, so geht, soweit er den Gläubiger befriedigt, die Forderung auf ihn über. Die für einen Bürgen geltenden Vorschriften des §. 759 Abs. 1 finden entsprechende Anwendung.

Besteht für die Forderung eine Gesammthypothek, so gelten für diese die Vorschriften des §. 1157.

§. 1128. (I 1096 Abs. 1, 1119 Abs. 1, II 1052 Abs. 1.)

Der Eigenthümer kann gegen Befriedigung des Gläubigers die Aushändigung des Hypothekenbriefs und der sonstigen Urkunden verlangen, die zur Berichtigung des Grundbuchs oder zur Löschung der Hypothek erforderlich sind.

§. 1129. (I 1119 Abs. 2, II 1052 Abs. 2.)

Befriedigt der Eigenthümer den Gläubiger nur theilweise, so kann er die Aushändigung des Hypothekenbriefs nicht verlangen. Der Gläubiger ist verpflichtet, die theilweise Befriedigung auf dem Briefe zu vermerken und den Brief zum Zwecke der Berichtigung des Grundbuchs oder der Löschung dem Grundbuchamt oder zum Zwecke der Herstelluug eines Theilhypothekenbriefs für den Eigenthümer der zuständigen Behörde oder einem zuständigen Notar vorzulegen.

Die Vorschrift des Abs. 1 Satz 2 gilt für Zinsen und andere Nebenleistungen nur, wenn sie später als in dem Kalendervierteljahr, in welchem der Gläubiger befriedigt wird, oder dem folgenden Vierteljahr fällig werden. Auf Kosten, für die das Grundstück nach §. 1102 haftet, findet die Vorschrift keine Anwendung.

§. 1130. (I 1140, II 1053.)

Liegen dem Eigenthümer gegenüber die Voraussetzungen vor, unter denen ein Schuldner in Verzug kommt, so gebühren dem Gläubiger Verzugszinsen aus dem Grundstücke.

§. 1131. (I 1075, II 1054.)

Die Befriedigung des Gläubigers aus dem Grundstück und den Gegenständen, auf die sich die Hypothek erstreckt, erfolgt im Wege der Zwangsvollstreckung.

§. 1132. (II 1055.)

Bei der Verfolgung des Rechtes aus der Hypothek gilt zu Gunsten des Gläubigers derjenige, welcher im Grundbuch als Eigenthümer eingetragen ist, als der Eigenthümer. Das Recht des nicht eingetragenen Eigenthümers, die ihm gegen die Hypothek zustehenden Einwendungen geltend zu machen, bleibt unberührt.

§. 1133. (I 1077, II 1056.)

Der Eigenthümer kann, solange nicht die Forderung ihm gegenüber fällig geworden ist, dem Gläubiger nicht das Recht einräumen, zum Zwecke der Befriedigung die Uebertragung des Eigenthums an dem Grundstücke zu verlangen oder die Veräußerung des Grundstücks auf andere Weise als im Wege der Zwangsvollstreckung zu bewirken.

§. 1134. (I 1081, 1082, 1119, II 1057.)

Verlangt der Gläubiger Befriedigung aus dem Grundstücke, so kann Jeder, der im Falle der Zwangsversteigerung Gefahr läuft, ein Recht an dem Grundstück oder den Besitz des Grundstücks zu verlieren, den Gläubiger befriedigen. Die Vorschriften des §. 1126 Abs. 2 und der §§. 1127 bis 1129 finden entsprechende Anwendung.

§. 1135. (II 1058.)

Wird die Forderung getheilt, so ist zur Aenderung des Rangverhältnisses der Theilhypotheken unter einander die Zustimmung des Eigenthümers nicht erforderlich.

§. 1136. (I 1122, II 1059.)

Im Falle einer Theilung der Forderung kann, sofern nicht die Ertheilung des Hypothekenbriefs ausgeschlossen ist, für jeden Theil ein Theilhypothekenbrief hergestellt werden; die Zustimmung des Eigenthümers des Grundstücks ist nicht erforderlich. Der Theilhypothekenbrief tritt für den Theil, auf den er sich bezieht, an die Stelle des bisherigen Briefes.

§. 1137. (I 1086, II 1060.)

Mit der Uebertragung der Forderung geht die Hypothek auf den neuen Gläubiger über.

Die Forderung kann nicht ohne die Hypothek, die Hypothek kann nicht ohne die Forderung übertragen werden.

§. 1138. (I 1087 Abs. 1, 1112 Abs. 1, II 1061.)

Zur Abtretung der Forderung ist Ertheilung der Abtretungserklärung in schriftlicher Form und Uebergabe des Hypothekenbriefs erforderlich; die Vorschriften des §. 1101 finden Anwendung. Der bisherige Gläubiger hat auf Verlangen des neuen Gläubigers die Abtretungserklärung auf seine Kosten öffentlich beglaubigen zu lassen.

Die schriftliche Form der Abtretungserklärung kann dadurch ersetzt werden, daß die Abtretung in das Grundbuch eingetragen wird.

Ist die Ertheilung des Hypothenbriefs ausgeschlossen, so finden auf die Abtretung der Forderung die Vorschriften der §§. 858, 863 entsprechende Anwendung.

§. 1139. (I 1114, II 1062.)

Ergiebt sich das Gläubigerrecht des Besitzers des Hypothekenbriefs aus einer zusammenhängenden, auf einen eingetragenen Gläubiger zurückführenden Reihe von öffentlich beglaubigten Abtretungserklärungen, so finden die Vorschriften der §§. 876 bis 884 in gleicher Weise Anwendung, wie wenn der Besitzer des Briefes als Gläubiger im Grundbuch eingetragen wäre. Einer öffentlich beglaubigten Abtretungserklärung steht gleich ein gerichtlicher Ueberweisungsbeschluß und das öffentlich beglaubigte Anerkenntniß einer kraft Gesetzes erfolgten Uebertragung der Forderung.

§. 1140. (I 1089, II 1063.)

Die für die Uebertragung der Forderung geltenden Vorschriften der §§. 400 bis 402 finden auf das Rechtsverhältniß zwischen dem Eigenthümer und dem neuen Gläubiger in Ansehung der Hypothek keine Anwendung. Der neue Gläubiger muß jedoch eine dem bisherigen Gläubiger gegenüber erfolgte Kündigung des Eigenthümers gegen sich gelten lassen, es sei denn, daß die Uebertragung zur Zeit der Kündigung dem Eigenthümer bekannt oder im Grundbuch eingetragen ist.

§. 1141. (II 1064.)

Eine Einrede, die dem Eigenthümer auf Grund eines zwischen ihm und dem bisherigen Gläubiger bestehenden Rechtsverhältnisses gegen die Hypothek zusteht, kann auch dem neuen Gläubiger entgegengesetzt werden. Die Vorschriften der §§. 877, 879 bis 884, 1124 gelten auch für diese Einrede.

§. 1142. (I 1090 Abs. 1 Satz 2, Abs. 2, 1112 Abs. 3, II 1068.)

Soweit die Forderung auf Zinsen oder andere Nebenleistungen gerichtet ist, die nicht später als in dem Kalendervierteljahr, in welchem der Eigenthümer von der Uebertragung Kenntniß erlangt, oder dem folgenden Vierteljahre fällig werden, finden auf das Rechtsverhältniß zwischen dem Eigenthümer und dem neuen Gläubiger die Vorschriften der §§. 400 bis 402 Anwendung; der Gläubiger kann sich gegenüber den Einwendungen, welche dem Eigenthümer nach den §§. 398, 400 bis 402, 1141 zustehen, nicht auf die Vorschriften des §. 877 berufen.

§. 1143. (I 1090 Abs. 1 Satz 1, Abs. 2, 1112 Abs. 3, 1121, II 1069.)

Soweit die Forderung auf Rückstände von Zinsen oder anderen Nebenleistungen gerichtet ist, bestimmt sich die Uebertragung sowie das Rechtsverhältniß zwischen dem Eigenthümer und dem neuen Gläubiger nach den für die Uebertragung von Forderungen, geltenden allgemeinen Vorschriften. Das Gleiche gilt für den Anspruch auf Erstattung von Kosten, für die das Grundstück nach § 1102 haftet, und für die nach §. 1130 zu entrichtenden Verzugszinsen.

Die Vorschriften des §. 877 finden auf die im Abs. 1 bezeichneten Ansprüche keine Anwendung.

§. 1144. (I 1117, 1118, 1123 Abs. 2 Satz 2, II 1065.)

Der Geltendmachung der Hypothek kann, sofern nicht die Ertheilung des Hypothekenbriefs ausgeschlossen ist, widersprochen werden, wenn der Gläubiger nicht den Brief vorlegt; ist der Gläubiger nicht im Grundbuch eingetragen, so sind auch die im §. 1139 bezeichneten Urkunden vorzulegen.

Eine dem Eigenthümer gegenüber erfolgte Kündigung oder Mahnung ist unwirksam, wenn der Gläubiger die nach Abs. 1 erforderlichen Urkunden nicht vorlegt und der Eigenthümer die Kündigung oder die Mahnung aus diesem Grunde unverzüglich zurückweist.

Diese Vorschriften gelten nicht für die im §. 1143 bezeichneten Ansprüche.

§. 1145. (I 1120, II 1066.)

Ist der Eigenthümer der persönliche Schuldner, so finden die Vorschriften des §. 1144 auch auf die Geltendmachung der Forderung Anwendung.

§. 1146. (I 1123 Abs. 1, Abs. 2 Satz 1, II 1067.)

Ist der Hypothekenbrief abhanden gekommen oder vernichtet, so kann er im Wege des Aufgebotsverfahrens für kraftlos erklärt werden.

An Stelle des für kraftlos erklärten Briefes ist dem Gläubiger auf Antrag ein neuer Brief zu ertheilen.

§. 1147. (I 1092, 1094 Abs. 3 Satz 1, Abs. 4, 1097 Abs. 1, II 1070.)

Ist die Forderung, für welche die Hypothek bestellt ist, nicht zur Entstehung gelangt, so steht die Hypothek dem Eigenthümer zu. Erlischt die Forderung, so erwirbt der Eigenthümer die Hypothek.

Eine Hypothek, für welche die Ertheilung des Hypothekenbriefs nicht ausgeschlossen ist, steht bis zur Uebergabe des Briefes an den Gläubiger dem Eigenthümer zu.

§. 1148. (II 1071.)

Befriedigt der persönliche Schuldner den Gläubiger, so geht die Hypothek insoweit auf ihn über, als er von dem Eigenthümer oder einem Rechtsvorgänger des Eigenthümers Ersatz verlangen kann. Ist dem Schuldner nur theilweise Ersatz zu leisten, so kann der Eigenthümer die Hypothek, soweit sie auf ihn übergegangen ist, nicht zum Nachtheile der Hypothek des Schuldners geltend machen.

Der Befriedigung des Gläubigers steht es gleich, wenn sich Forderung und Schuld in einer Person vereinigen.

§. 1149. (II 1072.)

Verzichtet der Gläubiger auf die Hypothek oder hebt er sie nach §. 1167 auf oder räumt er einem anderen Rechte den Vorrang ein, so wird der persönliche Schuldner insoweit frei, als er ohne diese Verfügung nach §. 1148 aus der Hypothek hätte Ersatz erlangen können.

§. 1150. (II 1073.)

Ist der persönliche Schuldner berechtigt, von dem Eigenthümer Ersatz zu verlangen, falls er den Gläubiger befriedigt, so kann er, wenn der Gläubiger die Zwangsversteigerung des Grundstücks betreibt, ohne ihn unverzüglich zu benachrichtigen, die Befriedigung des Gläubigers wegen eines Ausfalls bei der Zwangsversteigerung insoweit verweigern, als er in Folge der Unterlassung der Benachrichtigung einen Schaden erleidet. Die Benachrichtigung darf unterbleiben, wenn sie unthunlich ist.

§. 1151. (I 1096 Abs. 2, 1119, II 1074.)

Erwirbt der persönliche Schuldner, falls er den Gläubiger befriedigt, die Hypothek oder hat er im Falle der Befriedigung ein sonstiges rechtliches Interesse an der Berichtigung des Grundbuchs, so stehen ihm die in den §§. 1128, 1129 bestimmten Rechte zu.

§. 1152. (I 1091 Abs. 1 bis 3, II 1075.)

Verzichtet der Gläubiger auf die Hypothek, so erwirbt sie der Eigenthümer. Der Verzicht ist dem Grundbuchamt oder dem Eigenthümer gegenüber zu erklären und bedarf der Eintragung in das Grundbuch. Die Vorschriften des §. 860 Abs. 2 und der §§. 861, 863 finden entsprechende Anwendung.

Verzichtet der Gläubiger für einen Theil der Forderung auf die Hypothek, so stehen dem Eigenthümer die im §. 1129 bestimmten Rechte zu.

§. 1153. (I 1093, II 1076.)

Steht dem Eigenthümer eine Einrede zu, durch welche die Geltendmachung der Hypothek dauernd ausgeschlossen wird, so kann er verlangen, daß der Gläubiger auf die Hypothek verzichtet.

§. 1154. (I 1103 Abs. 1, 3, 1124 Satz 1, II 1077.)

Ist der Gläubiger unbekannt, so kann er im Wege des Aufgebotsverfahrens mit seinem Rechte ausgeschlossen werden, wenn seit der letzten sich auf die Hypothek beziehenden Eintragung in das Grundbuch zehn Jahre verstrichen sind und das Recht des Gläubigers nicht innerhalb dieser Frist von dem Eigenthümer in einer nach §. 203 zur Unterbrechung der Verjährung geeigneten Weise anerkannt worden ist. Besteht für die Forderung eine nach dem Kalender bestimmte Zahlungszeit, so beginnt die Frist nicht vor dem Ablaufe des Zahlungstags.

Mit der Erlassung des Ausschlußurtheils erwirbt der Eigenthümer die Hypothek. Der dem Gläubiger ertheilte Hypothekenbrief wird kraftlos.

§. 1155. (I 1104 Abs. 1, 5 Satz 2, Abs. 6, 1124 Satz 1, II 1078.)

Der unbekannte Gläubiger kann im Wege des Aufgebotsverfahrens mit seinem Rechte auch dann ausgeschlossen werden, wenn der Eigenthümer zur Befriedigung des Gläubigers oder zur Kündigung berechtigt ist und den Betrag der Forderung für den Gläubiger unter Verzicht auf das Recht zur Rücknahme hinterlegt. Die Hinterlegung von Zinsen ist nur erforderlich, wenn der Zinssatz im Grundbuch eingetragen ist; Zinsen für frühere Zeit als das vierte Kalenderjahr vor der Erlassung des Ausschlußurtheils sind nicht zu hinterlegen.

Mit der Erlassung des Ausschlußurtheils gilt der Gläubiger als befriedigt, sofern nicht nach den Vorschriften über die Hinterlegung die Befriedigung schon vorher eingetreten ist. Der dem Gläubiger ertheilte Hypothekenbrief wird kraftlos.

Das Recht des Gläubigers auf den hinterlegten Betrag erlischt mit dem Ablaufe von dreißig Jahren nach der Erlassung des Ausschlußurtheils, wenn nicht der Gläubiger sich vorher bei der Hinterlegungsstelle meldet; der Hinterleger ist zur Rücknahme berechtigt, auch wenn er auf das Recht zur Rücknahme verzichtet hat.

§. 1156. (II 1079.)

Eine Gesammthypothek steht in den Fällen des §. 1147 den Eigenthümern der belasteten Grundstücke gemeinschaftlich zu.

Jeder Eigenthümer kann, sofern nicht ein Anderes vereinbart ist, verlangen, daß die Hypothek an seinem Grundstück auf den Theilbetrag, der dem Verhältnisse des Werthes seines Grundstücks zu dem Werthe der sämmtlichen Grundstücke entspricht, nach §. 1116 Abs. 2 beschränkt und in dieser Beschränkung ihm zugetheilt wird. Der Werth wird unter Abzug der Belastungen berechnet, die der Gesammthypothek im Range vorgehen.

§. 1157. (I 1094 Abs. 3 Satz 2, Abs. 4, II 1080.)

Befriedigt der Eigenthümer eines der mit einer Gesammthypothek belasteten Grundstücke den Gläubiger, so erwirbt er die Hypothek an seinem Grundstücke; die Hypothek an den übrigen Grundstücken erlischt. Der Befriedigung des Gläubigers durch den Eigenthümer steht es gleich, wenn das Gläubigerrecht auf den Eigenthümer übertragen wird oder wenn sich Forderung und Schuld in der Person des Eigenthümers vereinigen.

Kann der Eigenthümer, der den Gläubiger befriedigt, von dem Eigenthümer eines der anderen Grundstücke oder einem Rechtsvorgänger dieses Eigenthümers Ersatz verlangen, so geht in Höhe des Ersatzanspruchs auch die Hypothek an dem Grundstücke dieses Eigenthümers auf ihn über; sie bleibt mit der Hypothek an seinem eigenen Grundstücke Gesammthypothek.

§. 1158. (II 1081.)

Befriedigt der persönliche Schuldner den Gläubiger, dem eine Gesammthypothek zusteht, oder vereinigen sich bei einer Gesammthypothek Forderung und Schuld in einer Person, so geht, wenn der Schuldner nur von dem Eigenthümer eines der Grundstücke oder von einem Rechtsvorgänger des Eigenthümers

Ersatz verlangen kann, die Hypothek an diesem Grundstück auf ihn über; die Hypothek an den übrigen Grundstücken erlischt.

Ist dem Schuldner nur theilweise Ersatz zu leisten und geht deshalb die Hypothek nur zu einem Theilbetrag auf ihn über, so hat sich der Eigenthümer diesen Betrag auf den ihm nach §. 1156 gebührenden Theil des übrigbleibenden Betrags der Gesammthypothek anrechnen zu lassen.

§. 1159. (II 1082.)

Verzichtet der Gläubiger auf die Gesammthypothek, so fällt sie den Eigenthümern der belasteten Grundstücke gemeinschaftlich zu; die Vorschriften des §. 1156 Abs. 2 finden Anwendung. Verzichtet der Gläubiger auf die Hypothek an einem der Grundstücke, so erlischt die Hypothek an diesem.

Das Gleiche gilt, wenn der Gläubiger nach §. 1154 mit seinem Rechte ausgeschlossen wird.

§. 1160. (I 1095, 1097 Abs. 2, II 1083.)

Liegen die Voraussetzungen der §§. 1147, 1148, 1152, 1156 bis 1159 nur in Ansehung eines Theilbetrags der Hypothek vor, so kann die auf Grund dieser Vorschriften dem Eigenthümer oder einem der Eigenthümer oder dem persönlichen Schuldner zufallende Hypothek nicht zum Nachtheile der dem Gläubiger verbleibenden Hypothek geltend gemacht werden.

§. 1161. (I 1098, II 1084.)

Vereinigt sich die Hypothek mit dem Eigenthum in einer Person, ohne daß dem Eigenthümer auch die Forderung zusteht, so verwandelt sich die Hypothek in eine Grundschuld. In Ansehung der Verzinslichkeit, des Zinssatzes, der Zahlungszeit, der Kündigung und des Zahlungsorts bleiben die für die Forderung getroffenen Bestimmungen maßgebend.

Steht dem Eigenthümer auch die Forderung zu, so bestimmen sich seine Rechte aus der Hypothek, solange die Vereinigung besteht, nach den für eine Grundschuld des Eigenthümers geltenden Vorschriften.

§. 1162. (I 1091 Abs. 4, 1101, II 1085.)

Die Hypothek für Rückstände von Zinsen und anderen Nebenleistungen sowie für Kosten, die dem Gläubiger zu erstatten sind, erlischt, wenn sie sich mit dem Eigenthum in einer Person vereinigt. Das Erlöschen tritt nicht ein, solange einem Dritten ein Recht an dem Anspruch auf eine solche Leistung zusteht.

Zum Verzicht auf die Hypothek für die in Abs. 1 bezeichneten Leistungen genügt die Erklärung des Gläubigers gegenüber dem Eigenthümer. Solange einem Dritten ein Recht an dem Anspruch auf eine solche Leistung zusteht, ist die Zustimmung des Dritten erforderlich. Die Zustimmung ist demjenigen gegenüber zu erklären, zu dessen Gunsten sie erfolgt; sie ist unwiderruflich.

§. 1163. (II 1086.)

Verpflichtet sich der Eigenthümer einem Anderen gegenüber, die Hypothek löschen zu lassen, wenn sie sich mit dem Eigenthum in einer Person vereinigt, so kann zur Sicherung des Anspruchs auf Löschung eine Vormerkung in das Grundbuch eingetragen werden.

§. 1164. (II 1087.)

An die Stelle der Forderung, für welche die Hypothek besteht, kann eine andere Forderung gesetzt werden. Zu der Aenderung ist die Einigung des Gläubigers und des Eigenthümers sowie die Eintragung in das Grundbuch erforderlich; die Vorschriften des §. 858 Abs. 2 und der §§. 861, 863 finden entsprechende Anwendung.

Steht die Forderung, die an die Stelle der bisherigen Forderung treten soll, nicht dem bisherigen Hypothekengläubiger zu, so ist dessen Zustimmung erforderlich; die Zustimmung ist dem Grundbuchamt oder demjenigen gegenüber zu erklären, zu dessen Gunsten sie erfolgt. Die Vorschriften des §. 860 Abs. 2 und des §. 861 finden entsprechende Anwendung.

§. 1165. (I 1078 Abs. 2, 1092, II 1088.)

Wird der Gläubiger aus dem Grundstücke befriedigt, so erlischt die Hypothek. Erfolgt die Befriedigung des Gläubigers aus einem der mit einer Gesammthypothek belasteten Grundstücke, so werden auch die übrigen Grundstücke frei.

Der Befriedigung aus dem Grundstücke steht die Befriedigung aus den Gegenständen gleich, auf die sich die Hypothek erstreckt.

§. 1166. (II 1089.)

Soweit im Falle einer Gesammthypothek der Eigenthümer des Grundstücks, aus dem der Gläubiger befriedigt wird, von dem Eigenthümer eines der andern Grundstücke oder einem Rechtsvorgänger dieses Eigenthümers Ersatz verlangen kann, geht die Hypothek an dem Grundstücke dieses Eigenthümers auf ihn über. Die Hypothek kann jedoch, wenn der Gläubiger nur theilweise befriedigt wird, nicht zum Nachtheile der dem Gläubiger verbleibenden Hypothek und, wenn das Grundstück mit einem im Range gleich- oder nachstehenden Rechte belastet ist, nicht zum Nachtheile dieses Rechtes geltend gemacht werden.

§. 1167. (I 1091 Abs. 1 bis 3, II 1090.)

Zur Aufhebung der Hypothek durch Rechtsgeschäft ist die Zustimmung des Eigenthümers erforderlich. Die Zustimmung ist dem Grundbuchamt oder dem Gläubiger gegenüber zu erklären; sie ist unwiderruflich.

§. 1168. (I 1125, 1126, II 1092.)

Eine Hypothek kann in der Weise bestellt werden, daß das Recht des Gläubigers aus der Hypothek sich nur nach der Forderung bestimmt und der Gläubiger sich zum Beweise der Forderung nicht auf die Eintragung berufen kann (Sicherungshypothek).

Die Hypothek muß im Grundbuch als Sicherungshypothek bezeichnet werden.

§. 1169. (I 1127, 1128, II 1093.)

Bei der Sicherungshypothek ist die Ertheilung des Hypothekenbriefs ausgeschlossen.

Die Vorschriften der §§. 1122, 1123, 1125, des §. 1138 Abs. 3 und des §. 1140 finden keine Anwendung.

§. 1170. (II 1094.)

Im Falle der Uebertragung der Forderung kann der Uebergang der Sicherungshypothek ausgeschlossen werden. Die Ausschließung hat die Wirkung eines Verzichts auf die Hypothek.

§. 1171. (I 1134 Satz 1, 2, II 1095.)

Eine Sicherungshypothek kann in eine gewöhnliche Hypothek, eine gewöhnliche Hypothek kann in eine Sicherungshypothek umgewandelt werden. Die Zustimmung der im Range gleich- oder nachstehenden Berechtigten ist nicht erforderlich.

§. 1172. (II 1097.)

Für die Forderung aus einer Schuldverschreibung auf den Inhaber, aus einem Wechsel oder aus einem anderen Papiere, das durch Indossament übertragen werden kann, kann nur eine Sicherungshypothek bestellt werden. Die Hypothek gilt als Sicherungshypothek, auch wenn sie im Grundbuche nicht als solche bezeichnet ist.

§. 1173. (II 1098.)

Zur Bestellung einer Hypothek für die Forderung aus einer Schuldverschreibung auf den Inhaber genügt die Erklärung des Eigenthümers gegenüber dem Grundbuchamte, daß er die Hypothek bestelle, und die Eintragung in das Grundbuch; die Vorschrift des §. 863 findet Anwendung.

Die Ausschließung des Gläubigers mit seinem Rechte nach §. 1154 ist nur zulässig, wenn die im §. 786 bezeichnete Vorlegungsfrist verstrichen ist. Ist innerhalb der Frist die Schuldverschreibung vorgelegt oder der Anspruch aus der Urkunde gerichtlich geltend gemacht worden, so kann die Ausschließung erst erfolgen, wenn die Verjährung eingetreten ist.

§. 1174. (II 1099.)

Bei einer Hypothek der im §. 1172 bezeichneten Art kann für den jeweiligen Gläubiger ein Vertreter mit der Befugniß bestellt werden, mit Wirkung für und gegen jeden späteren Gläubiger bestimmte Verfügungen über die Hypothek zu treffen und den Gläubiger bei der Geltendmachung der Hypothek zu vertreten. Zur Bestellung des Vertreters ist die Eintragung in das Grundbuch erforderlich.

Ist der Eigenthümer berechtigt, von dem Gläubiger eine Verfügung zu verlangen, zu welcher der Vertreter befugt ist, so kann er die Vornahme der Verfügung von dem Vertreter verlangen.

§. 1175. (I 1129, II 1096.)

Eine Hypothek kann in der Weise bestellt werden, daß nur der Höchstbetrag, bis zu dem das Grundstück haften soll, bestimmt, im Uebrigen die Feststellung der Forderung vorbehalten wird. Der Höchstbetrag muß in das Grundbuch eingetragen werden.

Ist die Forderung verzinslich, so werden die Zinsen in den Höchstbetrag eingerechnet.

Die Hypothek gilt als Sicherungshypothek, auch wenn sie im Grundbuche nicht als solche bezeichnet ist.

Zweiter Titel.

Grundschuld. Rentenschuld.

I. Grundschuld.

§. 1176. (I 1135, II 1100.)

Ein Grundstück kann in der Weise belastet werden, daß an denjenigen, zu dessen Gunsten die Belastung erfolgt, eine bestimmte Geldsumme aus dem Grundstücke zu zahlen ist (Grundschuld).

Die Belastung kann auch in der Weise erfolgen, daß Zinsen von der Geldsumme, sowie andere Nebenleistungen aus dem Grundstücke zu entrichten sind.

§. 1177. (I 1136, 1138, 1141, II 1101.)

Auf die Grundschuld finden die Vorschriften über die Hypothek entsprechende Anwendung, soweit sich nicht daraus ein Anderes ergiebt, daß die Grundschuld nicht eine Forderung voraussetzt.

Für Zinsen der Grundschuld gelten die Vorschriften über die Zinsen einer Hypothekenforderung.

§. 1178. (I 1139 Abs. 1, 3, II 1102.)

Das Kapital der Grundschuld wird erst nach vorgängiger Kündigung fällig. Die Kündigung steht sowohl dem Eigenthümer als dem Gläubiger zu. Die Kündigungsfrist beträgt sechs Monate.

Abweichende Bestimmungen sind zulässig.

§. 1179. (I 1139 Abs. 2, 3, II 1103.)

Die Zahlung des Kapitals sowie der Zinsen und anderen Nebenleistungen hat, soweit nicht ein Anderes bestimmt ist, an dem Orte zu erfolgen, an dem das Grundbuchamt seinen Sitz hat.

§. 1180. (II 1104.)

Eine Grundschuld kann in der Weise bestellt werden, daß der Grundschuldbrief auf den Inhaber ausgestellt wird. Auf einen solchen Brief finden die Vorschriften über Schuldverschreibungen auf den Inhaber entsprechende Anwendung.

§. 1181. (I 1142, II 1105.)

Eine Grundschuld kann auch für den Eigenthümer bestellt werden.

Zu der Bestellung ist die Erklärung des Eigenthümers gegenüber dem Grundbuchamte, daß die Grundschuld für ihn in das Grundbuch eingetragen werden soll, und die Eintragung erforderlich; die Vorschrift des §. 863 findet Anwendung.

§. 1182. (I 1076 Satz 2, 1099, 1143, II 1106.)

Ist der Eigenthümer der Gläubiger, so kann er nicht die Zwangsvollstreckung zum Zwecke seiner Befriedigung betreiben.

Zinsen gebühren dem Eigenthümer nur, wenn das Grundstück auf Antrag eines Anderen zum Zwecke der Zwangsverwaltung in Beschlag genommen ist, und nur für die Dauer der Zwangsverwaltung.

§. 1183. (I 1144 Satz 1, 2, II 1107.)

Eine Hypothek kann in eine Grundschuld, eine Grundschuld kann in eine Hypothek umgewandelt werden. Die Zustimmung der im Range gleich- oder nachstehenden Berechtigten ist nicht erforderlich.

II. Rentenschuld.

§. 1184. (II 1108.)

Eine Grundschuld kann in der Weise bestellt werden, daß in regelmäßig wiederkehrenden Terminen eine bestimmte Geldsumme aus dem Grundstücke zu zahlen ist (Rentenschuld).

Bei der Bestellung der Rentenschuld muß der Betrag bestimmt werden, durch dessen Zahlung die Rentenschuld abgelöst werden kann. Die Ablösungssumme muß im Grundbuch angegeben werden.

§. 1185. (II 1109.)

Auf die einzelnen Leistungen finden die für Hypothekenzinsen, auf die Ablösungssumme finden die für ein Grundschuldkapital geltenden Vorschriften entsprechende Anwendung.

Die Zahlung der Ablösungssumme an den Gläubiger hat die gleiche Wirkung wie die Zahlung des Kapitals einer Grundschuld.

§. 1186. (II 1110.)

Das Recht zur Ablösung steht dem Eigenthümer zu.

Dem Gläubiger kann das Recht, die Ablösung zu verlangen, nicht eingeräumt werden. Im Falle des §. 1117 Satz 2 ist der Gläubiger berechtigt, die Zahlung der Ablösungssumme aus dem Grundstücke zu verlangen.

§. 1187. (II 1111.)

Der Eigenthümer kann das Ablösungsrecht erst nach vorgängiger Kündigung ausüben. Die Kündigungsfrist beträgt sechs Monate, wenn nicht ein Anderes bestimmt ist.

Eine Beschränkung des Kündigungsrechts ist nur soweit zulässig, daß der Eigenthümer nach dreißig Jahren unter Einhaltung der sechsmonatigen Frist kündigen kann.

Hat der Eigenthümer gekündigt, so kann der Gläubiger nach dem Ablaufe der Kündigungsfrist die Zahlung der Ablösungssumme aus dem Grundstücke verlangen.

§. 1188. (II 1112.)

Eine Rentenschuld kann in eine gewöhnliche Grundschuld, eine gewöhnliche Grundschuld kann in eine Rentenschuld umgewandelt werden. Die Zustimmung der im Range gleich- oder nachstehenden Berechtigten ist nicht erforderlich.

Neunter Abschnitt.

Pfandrecht an beweglichen Sachen und an Rechten.

Erster Titel.

Pfandrecht an beweglichen Sachen.

§. 1189. (I 1145, II 1113.)

Eine bewegliche Sache kann zur Sicherung einer Forderung in der Weise belastet werden, daß der Gläubiger berechtigt ist, Befriedigung aus der Sache zu suchen (Pfandrecht).

Das Pfandrecht kann auch für eine künftige oder eine bedingte Forderung bestellt werden.

§. 1190. (I 1147 Abs. 1, 2, II 1114.)

Zur Bestellung des Pfandrechts ist erforderlich, daß der Eigenthümer die Sache dem Gläubiger übergiebt und beide darüber einig sind, daß dem Gläubiger das Pfandrecht zustehen soll. Ist der Gläubiger im Besitze der Sache, so genügt die Einigung über die Entstehung des Pfandrechts.

Die Uebergabe einer im mittelbaren Besitze des Eigenthümers befindlichen Sache kann dadurch ersetzt werden, daß der Eigenthümer den mittelbaren Besitz auf den Pfandgläubiger überträgt und die Verpfändung dem Besitzer anzeigt.

§. 1191. (I 1147 Abs. 3, II 1115.)

An Stelle der Uebergabe der Sache genügt die Einräumung des Mitbesitzes, wenn sich die Sache unter dem Mitverschlusse des Gläubigers befindet oder, falls sie im Besitz eines Dritten ist, die Herausgabe nur an den Eigenthümer und den Gläubiger gemeinschaftlich erfolgen kann.

§. 1192. (I 1147 Abs. 2, II 1116.)

Gehört die Sache nicht dem Verpfänder, so finden auf die Verpfändung die für den Erwerb des Eigenthums geltenden Vorschriften der §§. 917, 919, 920 entsprechende Anwendung.

§. 1193. (I 1152, II 1117.)

Ist die Sache mit dem Rechte eines Dritten belastet, so geht das Pfandrecht dem Rechte vor, es sei denn, daß der Pfandgläubiger zur Zeit des Erwerbes des Pfandrechts in Ansehung des Rechtes nicht in gutem Glauben ist. Die Vorschriften des §. 917 Abs. 1 Satz 2, des §. 920 und des §. 921 Abs. 3 finden entsprechende Anwendung.

§. 1194. (I 1151, II 1118.)

Für den Rang des Pfandrechts ist die Zeit der Bestellung auch dann maßgebend, wenn es für eine künftige oder eine bedingte Forderung bestellt ist.

§. 1195. (I 1148, 1149, II 1120.)

Das Pfand haftet für die Forderung in deren jeweiligem Bestand, insbesondere auch für Zinsen und Vertragsstrafen. Ist der persönliche Schuldner nicht der Eigenthümer des Pfandes, so wird durch ein Rechtsgeschäft, das der Schuldner nach der Verpfändung vornimmt, die Haftung nicht erweitert.

Das Pfand haftet für die Ansprüche des Pfandgläubigers auf Ersatz von Verwendungen, für die dem Pfandgläubiger zu ersetzenden Kosten der Kündigung und der Rechtsverfolgung sowie für die Kosten des Pfandverkaufs.

§. 1196. (I 1149, 1160, II 1119.)

Der Verpfänder kann dem Pfandgläubiger gegenüber die dem persönlichen Schuldner gegen die Forderung sowie die nach §. 755 einem Bürgen zustehenden Einreden geltend machen. Stirbt der persönliche Schuldner, so kann sich der Verpfänder nicht darauf berufen, daß der Erbe für die Schuld nur beschränkt haftet.

Ist der Verpfänder nicht der persönliche Schuldner, so verliert er eine Einrede nicht dadurch, daß dieser auf sie verzichtet.

§. 1197. (I 1150 Abs. 2, II 1121.)

Das Pfandrecht erstreckt sich auf die Erzeugnisse, die von dem Pfande getrennt werden.

§. 1198. (I 1154 Abs. 1, 4, II 1122.)

Das Pfandrecht kann in der Weise bestellt werden, daß der Pfandgläubiger berechtigt ist, die Nutzungen des Pfandes zu ziehen.

Ist eine von Natur fruchttragende Sache dem Pfandgläubiger zum Alleinbesitz übergeben, so ist im Zweifel anzunehmen, daß der Pfandgläubiger zum Fruchtbezuge berechtigt sein soll.

§. 1199. (I 1154 Abs. 2, 3, II 1123.)

Steht dem Pfandgläubiger das Recht zu, die Nutzungen zu ziehen, so ist er verpflichtet, für die Gewinnung der Nutzungen zu sorgen und Rechenschaft abzulegen.

Der Reinertrag der Nutzungen wird auf die geschuldete Leistung und, wenn Kosten und Zinsen zu entrichten sind, zunächst auf diese angerechnet.

Abweichende Bestimmungen sind zulässig.

§. 1200. (I 1156 Abs. 1, II 1124.)

Der Pfandgläubiger ist zur Verwahrung des Pfandes verpflichtet.

§. 1201. (I 1159, II 1125.)

Macht der Pfandgläubiger Verwendungen auf das Pfand, so bestimmt sich die Ersatzpflicht des Verpfänders nach den Vorschriften über die Geschäftsführung ohne Auftrag. Der Pfandgläubiger ist berechtigt, eine Einrichtung, mit der er das Pfand versehen hat, wegzunehmen.

§. 1202. (I 1156 Abs. 2, II 1126.)

Verletzt der Pfandgläubiger die Rechte des Verpfänders in erheblichem Maße und setzt er das verletzende Verhalten ungeachtet einer Abmahnung des Verpfänders fort, so kann der Verpfänder verlangen, daß das Pfand auf Kosten des Pfandgläubigers hinterlegt oder, wenn es sich nicht zur Hinterlegung eignet, an einen gerichtlich zu bestellenden Verwahrer abgeliefert wird.

Statt der Hinterlegung oder der Ablieferung der Sache an einen Verwahrer kann der Verpfänder die Rückgabe des Pfandes gegen Befriedigung des Gläubigers verlangen. Ist die Forderung unverzinslich und noch nicht fällig, so gebührt dem Pfandgläubiger nur die Summe, welche mit Hinzurechnung der gesetzlichen Zinsen für die Zeit von der Zahlung bis zur Fälligkeit dem Betrage der Forderung gleichkommt.

§. 1203. (I 1157 Abs. 1 Satz 1, 3, Abs. 2 Satz 1, II 1127.)

Ist der Verderb des Pfandes oder eine wesentliche Minderung des Werthes zu besorgen, so kann der Verpfänder die Rückgabe des Pfandes gegen anderweitige Sicherheitsleistung verlangen; die Sicherheitsleistung durch Bürgen ist ausgeschlossen.

Der Pfandgläubiger hat dem Verpfänder von dem drohenden Verderb unverzüglich Anzeige zu machen, sofern nicht die Anzeige unthunlich ist.

§. 1204. (I 1157 Abs. 1 Satz 1, 2, Abs. 3, II 1128 Abs. 1, 3.)

Wird durch den drohenden Verderb des Pfandes oder durch eine zu besorgende wesentliche Minderung des Werthes die Sicherheit des Pfandgläubigers gefährdet, so kann dieser das Pfand öffentlich versteigern lassen.

Der Erlös tritt an die Stelle des Pfandes. Auf Verlangen des Verpfänders ist der Erlös zu hinterlegen.

§. 1205. (I 1157 Abs. 1 Satz 1, 3, 4, Abs. 2, II 1128 Abs. 2.)

Die Versteigerung des Pfandes ist erst zulässig, nachdem sie dem Verpfänder angedroht worden ist; die Androhung darf unterbleiben, wenn das Pfand dem

Verderb ausgesetzt und mit dem Aufschube der Versteigerung Gefahr verbunden ist. Im Falle der Werthminderung ist außer der Androhung erforderlich, daß der Pfandgläubiger dem Verpfänder zur Leistung anderweitiger Sicherheit eine angemessene Frist bestimmt hat und diese verstrichen ist.

Der Pfandgläubiger hat den Verpfänder von der Versteigerung unverzüglich zu benachrichtigen; im Falle der Unterlassung ist er zum Schadensersatze verpflichtet.

Die Androhung, die Fristbestimmung und die Benachrichtigung dürfen unterbleiben, wenn sie unthunlich sind.

§. 1206.

Hat das Pfand einen Börsen- oder Marktpreis, so kann der Pfandgläubiger den Verkauf aus freier Hand durch einen zu solchen Verkäufen öffentlich ermächtigten Handelsmäkler oder durch eine zur öffentlichen Versteigung befugte Person zum laufenden Preise bewirken.

§. 1207. (I 1150 Abs. 1, II 1129.)

Besteht das Pfandrecht an mehreren Sachen, so haftet jede für die ganze Forderung.

§. 1208. (I 1156 Abs. 1, 1158 Abs. 1, 1161, II 1130.)

Der Pfandgläubiger ist verpflichtet, das Pfand nach dem Erlöschen des Pfandrechts dem Verpfänder zurückzugeben.

Der Verpfänder kann die Rückgabe des Pfandes gegen Befriedigung des Pfandgläubigers verlangen, sobald der Schuldner zur Leistung berechtigt ist.

§. 1209. (I 1163, II 1131.)

Die Befriedigung des Pfandgläubigers durch den Verpfänder kann auch durch Hinterlegung oder durch Aufrechnung erfolgen.

§. 1210. (I 1164, 1132.)

Ist der Verpfänder nicht der persönliche Schuldner, so geht, soweit er den Pfandgläubiger befriedigt, die Forderung auf ihn über. Die für einen Bürgen geltenden Vorschriften des §. 759 finden entsprechende Anwendung.

§. 1211. (II 1133.)

Die Ersatzansprüche des Verpfänders wegen Veränderungen oder Verschlechterungen des Pfandes sowie die Ansprüche des Pfandgläubigers auf Ersatz von Verwendungen oder auf Gestattung der Wegnahme einer Einrichtung verjähren in sechs Monaten. Die Vorschriften des §. 550 Abs. 2, 3 finden entsprechende Anwendung.

§. 1212. (I 1155, II 1134.)

Wird das Recht des Pfandgläubigers beeinträchtigt, so finden auf die Ansprüche des Pfandgläubigers die für die Ansprüche aus dem Eigenthume geltenden Vorschriften entsprechende Anwendung.

§. 1213. (I 1165, II 1135.)

Die Befriedigung des Pfandgläubigers aus dem Pfande erfolgt durch Verkauf.

Der Pfandgläubiger ist zum Verkaufe berechtigt, sobald die Forderung ganz oder zum Theil fällig ist. Besteht der geschuldete Gegenstand nicht in Geld, so ist der Verkauf erst zulässig, wenn die Forderung in eine Geldforderung übergegangen ist.

§. 1214. (I 1167, II 1136.)

Eine vor dem Eintritte der Verkaufsberechtigung getroffene Vereinbarung, nach welcher dem Pfandgläubiger, falls er nicht oder nicht rechtzeitig befriedigt wird, das Eigenthum an der Sache zufallen oder übertragen werden soll, ist nichtig.

§. 1215. (I 1176, II 1137.)

Unter mehreren Pfändern kann der Pfandgläubiger, soweit nicht ein Anderes bestimmt ist, diejenigen auswählen, welche verkauft werden sollen. Er kann nur so viele Pfänder zum Verkaufe bringen, als zu seiner Befriedigung erforderlich sind.

§. 1216. (II 1138.)

Ist der Pfandgläubiger nicht im Alleinbesitze des Pfandes, so kann er nach dem Eintritte der Verkaufsberechtigung die Herausgabe des Pfandes zum Zwecke des Verkaufs fordern. Auf Verlangen des Verpfänders hat an Stelle der Herausgabe die Ablieferung an einen gemeinschaftlichen Verwahrer zu erfolgen; der Verwahrer hat sich bei der Ablieferung zu verpflichten, das Pfand zum Verkaufe bereitzustellen.

§. 1217. (I 1166, II 1139.)

Der Pfandgläubiger ist nicht verpflichtet, einem ihm im Range nachstehenden Pfandgläubiger das Pfand zum Zwecke des Verkaufs herauszugeben. Ist er nicht im Besitze des Pfandes, so kann er, sofern er nicht selbst den Verkauf betreibt, dem Verkaufe durch einen nachstehenden Pfandgläubiger nicht widersprechen.

§. 1218. (I 1169, II 1140.)

Der Verkauf des Pfandes ist nach den Vorschriften der §§. 1219 bis 1225 zu bewirken.

Hat der Pfandgläubiger für sein Recht zum Verkauf einen vollstreckbaren Titel gegen den Eigenthümer erlangt, so kann er den Verkauf auch nach den für den Verkauf einer gepfändeten Sache geltenden Vorschriften bewirken lassen.

§. 1219. (I 1170, II 1141.)

Der Pfandgläubiger hat dem Eigenthümer den Verkauf vorher anzudrohen und dabei den Geldbetrag zu bezeichnen, wegen dessen der Verkauf stattfinden soll. Die Androhung kann erst nach dem Eintritte der Verkaufsberechtigung erfolgen; sie darf unterbleiben, wenn sie unthunlich ist.

Der Verkauf darf nicht vor dem Ablauf eines Monats nach der Androhung erfolgen. Ist die Androhung unthunlich, so wird der Monat von dem Eintritte der Verkaufsberechtigung an berechnet.

§. 1220. (I 1171 Abs. 1, II 1142.)

Der Verkauf des Pfandes ist im Wege öffentlicher Versteigerung zu bewirken. Hat das Pfand einen Börsen- oder Marktpreis, so findet die Vorschrift des §. 1206 Anwendung.

§. 1221. (I 1172 Abs. 1, II 1143.)

Die Versteigerung hat an dem Orte zu erfolgen, an dem das Pfand aufbewahrt wird. Ist von einer Versteigerung an dem Aufbewahrungsort ein angemessener Erfolg nicht zu erwarten, so ist das Pfand an einem geeigneten anderen Orte zu versteigern.

§. 1222. (I 1171 Abs. 2, 1172 Abs. 2, II 1144.)

Zeit und Ort der Versteigerung sind unter allgemeiner Bezeichnung des Pfandes öffentlich bekannt zu machen. Der Eigenthümer und Dritte, denen Rechte an dem Pfande zustehen, sind besonders zu benachrichtigten; die Benachrichtigung darf unterbleiben, wenn sie unthunlich ist.

§. 1223. (I 1173 Abs. 1 Satz 2, 1175, II 1146.)

Das Pfand darf nur mit der Bestimmung verkauft werden, daß der Käufer den Kaufpreis sofort baar zu entrichten hat und seiner Rechte verlustig sein soll, wenn dies nicht geschieht.

Erfolgt der Verkauf ohne diese Bestimmung, so ist der Kaufpreis als von dem Pfandgläubiger empfangen anzusehen; die Rechte des Pfandgläubigers gegen den Ersteher bleiben unberührt. Unterbleibt die sofortige Entrichtung des Kaufpreises, so gilt das Gleiche, wenn nicht vor dem Schlusse des Versteigerungstermins von dem Vorbehalte der Rechtsverwirkung Gebrauch gemacht wird.

§. 1224. (I 1173 Abs. 1 Satz 1, Abs. 2, 3, II 1145.)

Der Pfandgläubiger und der Eigenthümer können bei der Versteigerung mitbieten. Erhält der Pfandgläubiger den Zuschlag, so ist der Kaufpreis als von ihm empfangen anzusehen.

Das Gebot des Eigenthümers darf zurückgewiesen werden, wenn nicht der Betrag baar erlegt wird. Das Gleiche gilt von dem Gebote des Schuldners, wenn das Pfand für eine fremde Schuld haftet.

§. 1225. (I 1174, II 1147.)

Gold- und Silbersachen dürfen nicht unter dem Gold- oder Silberwerthe zugeschlagen werden.

Wird ein genügendes Gebot nicht abgegeben, so kann der Verkauf durch eine zur öffentlichen Versteigerung befugte Person aus freier Hand zu einem den Gold- oder Silberwerth erreichenden Preise erfolgen.

§. 1226. (I 1179, II 1148.)

Der Pfandgläubiger hat den Eigenthümer von dem Verkaufe des Pfandes und dem Ergebniß unverzüglich zu benachrichtigen, sofern nicht die Benachrichtigung unthunlich ist.

§. 1227. (I 1180 Abs. 1, 2, II 1149.)

Durch die rechtmäßige Veräußerung des Pfandes erlangt der Erwerber die gleichen Rechte, wie wenn er die Sache von dem Eigenthümer erworben hätte. Dies gilt auch dann, wenn dem Pfandgläubiger der Zuschlag ertheilt wird.

Pfandrechte an der Sache erlöschen, auch wenn sie dem Erwerber bekannt waren. Das Gleiche gilt von einem Nießbrauch, es sei denn, daß er allen Pfandrechten im Range vorgeht.

§. 1228. (I 1181 Abs. 1, 2, II 1150.)

Die Veräußerung des Pfandes ist nicht rechtmäßig, wenn gegen die Vorschriften des §. 1213 Abs. 2, des §. 1215 Satz 2, des §. 1220, des §. 1222 Satz 1 oder des §. 1225 verstoßen wird.

Verletzt der Pfandgläubiger ein andere für den Verkauf geltende Vorschrift, so ist er zum Schadensersatze verpflichtet, wenn ihm ein Verschulden zur Last fällt.

§. 1229. (I 1182, II 1151.)

Wird eine Sache als Pfand veräußert, ohne daß dem Veräußerer ein Pfandrecht zusteht oder den Erfordernissen genügt wird, von denen die Rechtmäßigkeit der Veräußerung abhängt, so finden die Vorschriften der §§. 917 bis 919, 921 entsprechende Anwendung, wenn die Veräußerung nach §. 1218 Abs. 2 erfolgt ist oder die Vorschriften des §. 1220 oder des §. 1225 Abs. 2 beobachtet worden sind.

§. 1230. (I 1177, II 1152.)

Der Eigenthümer und der Pfandgläubiger können eine von den Vorschriften der §§. 1219 bis 1225 abweichende Art des Pfandverkaufs vereinbaren. Steht einem Dritten an dem Pfande ein Recht zu, das durch die Veräußerung erlischt, so ist die Zustimmung des Dritten erforderlich. Die Zustimmung ist demjenigen gegenüber zu erklären, zu dessen Gunsten sie erfolgt; sie ist unwiderruflich.

Auf die Beobachtung der Vorschriften des §. 1220, des §. 1222 Satz 1 und des §. 1225 kann nicht vor dem Eintritte der Verkaufsberechtigung verzichtet werden.

§. 1231. (I 1178, II 1153.)

Entspricht eine von den Vorschriften der §§. 1220 bis 1225 abweichende Art des Pfandverkaufs nach billigem Ermessen den Interessen der Betheiligten, so kann jeder von ihnen verlangen, daß der Verkauf in dieser Art erfolgt.

Kommt eine Einigung nicht zu Stande, so entscheidet das Gericht.

§. 1232. (I 1183, II 1154.)

Soweit der Erlös aus dem Pfande dem Pfandgläubiger zu seiner Befriedigung gebührt, gilt die Forderung als von dem Eigenthümer berichtigt. Im Uebrigen tritt der Erlös an die Stelle des Pfandes.

§. 1233. (I 1195 Abs. 2, II 1155.)

Bei dem Verkaufe des Pfandes gilt zu Gunsten des Pfandgläubigers der Verpfänder als der Eigenthümer, es sei denn, daß der Pfandgläubiger weiß, daß der Verpfänder nicht der Eigenthümer ist.

§. 1234. (I 1161 bis 1164, II 1156.)

Wer durch die Veräußerung des Pfandes ein Recht an dem Pfande verlieren würde, kann den Pfandgläubiger befriedigen, sobald der Schuldner zur Leistung berechtigt ist. Die Vorschriften der §§. 1209, 1210 finden entsprechende Anwendung.

§. 1235. (I 1186, 1190, II 1157.)

Mit der Uebertragung der Forderung geht das Pfandrecht auf den neuen Gläubiger über. Das Pfandrecht kann nicht ohne die Forderung übertragen werden.

Wird bei der Uebertragung der Forderung der Uebergang des Pfandrechts ausgeschlossen, so erlischt das Pfandrecht.

§. 1236. (I 1187 Abs. 1, 2, II 1158.)

Der neue Pfandgläubiger kann von dem bisherigen Pfandgläubiger die Herausgabe des Pfandes verlangen.

Mit der Erlangung des Besitzes tritt der neue Pfandgläubiger an Stelle des bisherigen Pfandgläubigers in die mit dem Pfandrechte verbundenen Verpflichtungen gegen den Verpfänder ein. Erfüllt er die Verpflichtungen nicht, so haftet für den von ihm zu ersetzenden Schaden der bisherige Pfandgläubiger wie ein Bürge, der auf die Einrede der Vorausklage verzichtet hat. Die Haftung des bisherigen Pfandgläubigers tritt nicht ein, wenn die Forderung kraft Gesetzes auf den neuen Pfandgläubiger übergeht oder ihm auf Grund einer gesetzlichen Verpflichtung abgetreten wird.

§. 1237. (I 1192 Abs. 1, II 1159.)

Das Pfandrecht erlischt mit der Forderung, für die es besteht.

§. 1238. (I 1191, II 1160.)

Das Pfandrecht erlischt, wenn der Pfandgläubiger das Pfand dem Verpfänder oder dem Eigenthümer zurückgiebt. Der Vorbehalt der Fortdauer des Pfandrechts ist unwirksam.

Ist das Pfand im Besitze des Verpfänders oder des Eigenthümers, so wird vermuthet, daß das Pfand ihm von dem Pfandgläubiger zurückgegeben worden sei. Diese Vermuthung gilt auch dann, wenn sich das Pfand im Besitz eines Dritten befindet, der den Besitz nach der Entstehung des Pfandrechts von dem Verpfänder oder dem Eigenthümer erlangt hat.

§. 1239. (I 1192 Abs. 2, II 1161.)

Steht dem Pfandrecht eine Einrede entgegen, durch welche die Geltendmachung des Pfandrechts dauernd ausgeschlossen wird, so kann der Verpfänder die Rückgabe des Pfandes verlangen. Das gleiche Recht hat der Eigenthümer.

§. 1240. (I 1189, II 1162.)

Zur Aufhebung des Pfandrechts durch Rechtsgeschäft genügt die Erklärung des Pfandgläubigers gegenüber dem Verpfänder oder dem Eigenthümer, daß er das Pfandrecht aufgebe.

Ist das Pfandrecht mit dem Rechte eines Dritten belastet, so ist die Zustimmung des Dritten erforderlich. Die Zustimmung ist demjenigen gegenüber zu erklären, zu dessen Gunsten sie erfolgt; sie ist unwiderruflich.

§. 1241. (I 1193, II 1163.)

Das Pfandrecht erlischt, wenn es mit dem Eigenthum in derselben Person zusammentrifft. Das Erlöschen tritt nicht ein, solange die Forderung, für welche das Pfandrecht besteht, mit dem Rechte eines Dritten belastet ist.

Das Pfandrecht gilt als nicht erloschen, soweit der Eigenthümer ein rechtliches Interesse an dem Fortbestehen des Pfandrechts hat.

§. 1242. (II 1164.)

Die Vorschriften über das durch Rechtsgeschäft bestellte Pfandrecht finden auf ein kraft Gesetzes entstandenes Pfandrecht entsprechende Anwendung.

§. 1243. (I 1184, II 1165.)

Besteht ein Pfandrecht an dem Antheil eines Miteigenthümers, so übt der Pfandgläubiger die Rechte aus, die sich aus der Gemeinschaft der Miteigenthümer in Ansehung der Verwaltung der Sache und der Art ihrer Benutzung ergeben.

Die Aufhebung der Gemeinschaft kann vor dem Eintritte der Verkaufsberechtigung des Pfandgläubigers nur von dem Miteigenthümer und dem Pfandgläubiger gemeinschaftlich verlangt werden. Nach dem Eintritte der Verkaufsberechtigung kann der Pfandgläubiger die Aufhebung der Gemeinschaft verlangen, ohne daß es der Zustimmung des Miteigenthümers bedarf; er ist nicht an eine Vereinbarung gebunden, durch welche die Miteigenthümer das Recht, die Aufhebung der Gemeinschaft zu verlangen, für immer oder auf Zeit ausgeschlossen oder eine Kündigungsfrist bestimmt haben.

Wird die Gemeinschaft aufgehoben, so gebührt dem Pfandgläubiger das Pfandrecht an den Gegenständen, welche an die Stelle des Antheils treten.

Das Recht des Pfandgläubigers zum Verkaufe des Antheils bleibt unberührt.

§. 1244. (I 1197, II 1166.)

Für das Pfandrecht an einem im Schiffsregister eingetragenen Schiffe gelten die besonderen Vorschriften der §§. 1245 bis 1256.

§. 1245. (I 1196, 1198 Abs. 3, II 1167.)

Zur Bestellung des Pfandrechts ist die Einigung des Eigenthümers des Schiffes und des Gläubigers darüber, daß dem Gläubiger das Pfandrecht zustehen soll, und die Eintragung des Pfandrechts in das Schiffsregister erforderlich. Die Vorschriften des §. 858 Abs. 2 und des §. 863 finden entsprechende Anwendung.

In der Eintragung müssen der Gläubiger, der Geldbetrag der Forderung und, wenn die Forderung verzinslich ist, der Zinssatz angegeben werden. Zur näheren Bezeichnung der Forderung kann auf die Eintragungsbewilligung Bezug genommen werden.

§. 1246. (II 1168.)

Das Rangverhältniß der an dem Schiffe bestellten Pfandrechte bestimmt sich nach den Vorschriften der §§. 864 bis 866 und des §. 1135.

§. 1247. (I 1201, II 1169.)

Solange das Pfandrecht im Schiffsregister eingetragen ist, behält es im Falle der Veräußerung oder Belastung des Schiffes seine Kraft, auch wenn der Erwerber in gutem Glauben ist.

Ist das Pfandrecht mit Unrecht gelöscht, so gelten im Falle der Veräußerung des Schiffes die Vorschriften des §. 921 Abs. 1 Satz 1, Abs. 2 auch dann, wenn der Erwerber das Eigenthum ohne Uebergabe erlangt; die Vorschrift des §. 921 Abs. 3 findet keine Anwendung. Wird ein Pfandrecht, welches dem mit Unrecht gelöschten Pfandrecht im Range nachsteht, auf einen Dritten übertragen, so findet die Vorschrift des §. 1193 Satz 1 Anwendung.

§. 1248. (I 1203, II 1170.)

Steht der Inhalt des Schiffsregisters in Ansehung eines Pfandrechts mit der wirklichen Rechtslage nicht im Einklange, so kann die Berichtigung des Registers nach den für die Berichtigung des Grundbuchs geltenden Vorschriften der §§. 879, 880, 882, 883 verlangt werden.

Ist ein Pfandrecht mit Unrecht gelöscht worden, so kann ein Widerspruch gegen die Richtigkeit des Schiffsregisters nach §. 884 Abs. 2 eingetragen werden. Solange der Widerspruch eingetragen ist, gilt im Falle der Veräußerung oder Belastung des Schiffes dem Erwerber gegenüber das Gleiche, wie wenn das Pfandrecht eingetragen wäre.

§. 1249. (II 1171.)

Die Haftung des Schiffes beschränkt sich auf den eingetragenen Betrag der Forderung und die Zinsen nach dem eingetragenen Zinssatze. Die Haftung für gesetzliche Zinsen und für Kosten bestimmt sich nach der für die Hypothek geltenden Vorschrift des §. 1102.

Ist die Forderung unverzinslich oder ist der Zinssatz niedriger als fünf vom Hundert, so kann das Pfandrecht ohne Zustimmung der im Range gleich- oder nachstehenden Berechtigten dahin erweitert werden, daß das Schiff für Zinsen bis zu fünf vom Hundert haftet.

§. 1250. (II 1172.)

Das Pfandrecht erstreckt sich auf das Zubehör des Schiffes mit Ausnahme der Zubehörstücke, die nicht in das Eigenthum des Eigenthümers des Schiffes gelangt sind.

Auf die Haftung der Zubehörstücke finden die für die Hypothek geltenden Vorschriften der §§. 1105, 1106 entsprechende Anwendung.

§. 1251. (I 1197, II 1173.)

Die Vorschriften der §§. 1190 bis 1242 finden insoweit keine Anwendung, als sich daraus, daß der Pfandgläubiger nicht den Besitz des Schiffes erlangt, Abweichungen ergeben. In dem Falle des §. 1239 tritt an die Stelle des Anspruchs auf Rückgabe des Pfandes das Recht, die Aufhebung des Pfandrechts zu verlangen.

§. 1252. (II 1174.)

Der Verpfänder kann gegen Befriedigung des Pfandgläubigers die Aushändigung der zur Löschung des Pfandrechts erforderlichen Urkunden verlangen. Das gleiche Recht steht dem persönlichen Schuldner zu, wenn er ein rechtliches Interesse an der Berichtigung des Schiffsregisters hat.

§. 1253. (I 1204, II 1175.)

Der Pfandgläubiger kann seine Befriedigung aus dem Schiffe und dem Zubehöre nur auf Grund eines vollstreckbaren Titels nach den für die Zwangsvollstreckung geltenden Vorschriften suchen.

§. 1254. (II 1176.)

Ist der Gläubiger unbekannt, so kann er im Wege des Aufgebotsverfahrens mit seinem Pfandrecht ausgeschlossen werden, wenn die im §. 1154 oder die im §. 1155 für die Ausschließung eines Hypothekengläubigers bestimmten Voraussetzungen vorliegen. Mit der Erlassung des Ausschlußurtheils erlischt das Pfandrecht. Die Vorschrift des §. 1155 Abs. 3 findet Anwendung.

§. 1255. (II 1178.)

Auf das Pfandrecht für die Forderung aus einer Schuldverschreibung auf den Inhaber, aus einem Wechsel oder aus einem anderen Papiere, das durch Indossament übertragen werden kann, finden die Vorschriften des §. 1174, auf das Pfandrecht für die Forderung aus einer Schuldverschreibung auf den Inhaber finden auch die Vorschriften des §. 1173 entsprechende Anwendung.

§. 1256. (II 1177.)

Das Pfandrecht kann in der Weise bestellt werden, daß nur der Höchstbetrag, bis zu dem das Schiff haften soll, bestimmt, im Uebrigen die Feststellung der Forderung vorbehalten wird. Der Höchstbetrag muß in das Schiffsregister eingetragen werden.

Ist die Forderung verzinslich, so werden die Zinsen in den Höchstbetrag eingerechnet.

§. 1257. (I 1205, II 1179.)

Die Vorschriften der §§. 1245 bis 1256 gelten auch für das Pfandrecht an einer Schiffspart.

Zweiter Titel.

Pfandrecht an Rechten.

§. 1258. (I 1206, 1209, 1214 Abs. 1 II 1180.)

Gegenstand des Pfandrechts kann auch ein Recht sein.

Auf das Pfandrecht an Rechten finden die Vorschriften über das Pfandrecht an beweglichen Sachen entsprechende Anwendung, soweit sich nicht aus den §§. 1259 bis 1281 ein Anderes ergiebt. Die Anwendung der Vorschriften des §. 1193 und des §. 1198 Abs. 2 ist ausgeschlossen.

§. 1259. (I 1207, 1208 Satz 1, 1210, II 1181.)

Die Bestellung des Pfandrechts an einem Rechte erfolgt nach den für die Uebertragung des Rechtes geltenden Vorschrtften. Ist zur Uebertragung des Rechtes die Uebergabe einer Sache erforderlich, so finden die Vorschriften der §§. 1190, 1191 Anwendung.

Soweit ein Recht nicht übertragbar ist, kann ein Pfandrecht an dem Rechte nicht bestellt werden.

§. 1260. (I 1208 Satz 1, II 1182.)

Ist ein Recht, kraft dessen eine Leistung gefordert werden kann, Gegenstand des Pfandrechts, so finden auf das Rechtsverhältniß zwischen dem Pfandgläubiger und dem Verpflichteten die Vorschriften, welche im Falle der Uebertragung des Rechtes für das Rechtsverhältniß zwischen dem Erwerber und dem Verpflichteten gelten, und im Falle einer nach §. 1202 Absatz 1 getroffenen gerichtlichen Anordnung die Vorschrift des §. 1054 Abs. 2 entsprechende Anwendung.

§. 1261. (I 1213, II 1183.)

Ein verpfändetes Recht kann durch Rechtsgeschäft nur mit Zustimmung des Pfandgläubigers aufgehoben werden. Die Zustimmung ist demjenigen gegenüber zu erklären, zu dessen Gunsten sie erfolgt; sie ist unwiderruflich. Die Vorschrift des §. 861 Satz 3 bleibt unberührt.

Das Gleiche gilt im Falle einer Aenderung des Rechtes, sofern sie das Pfandrecht beeinträchtigt.

§. 1262. (I 1215, II 1184.)

Der Pfandgläubiger kann seine Befriedigung aus dem Rechte nur auf Grund eines vollstreckbaren Titels nach den für die Zwangsvollstreckung geltenden Vorschriften suchen, sofern nicht ein Anderes bestimmt ist. Die Vorschriften des §. 1214 und des §. 1230 Abs. 2 bleiben unberührt.

§. 1263. (I 1216, II 1185.)

Ist ein Recht, zu dessen Verpfändung die Uebergabe einer Sache erforderlich ist, Gegenstand des Pfandrechts, so finden auf das Erlöschen des Pfandrechts durch die Rückgabe der Sache die Vorschriften des §. 1238 entsprechende Anwendung.

§. 1264. (II 1186.)

Für das Pfandrecht an einer Forderung gelten die besonderen Vorschriften der §§. 1265 bis 1275.

§. 1265. (I 1211, II 1187.)

Die Verpfändung einer Forderung, zu deren Uebertragung der Abtretungsvertrag genügt, ist nur wirksam, wenn der Gläubiger sie dem Schuldner anzeigt.

§. 1266. (I 1217 Abs. 4, Abs. 5 Satz 2, II 1188.)

Der Schuldner kann nur an den Pfandgläubiger und den Gläubiger gemeinschaftlich leisten. Jeder von beiden kann verlangen, daß an sie gemeinschaftlich geleistet wird; jeder kann statt der Leistung verlangen, daß die geschuldete Sache für beide hinterlegt oder, wenn sie sich nicht zur Hinterlegung eignet, an einen gerichtlich zu bestellenden Verwahrer abgeliefert wird.

§. 1267. (I 1218 Abs. 1, 2, II 1189.)

Sind die Voraussetzungen des §. 1213 Abs. 2 eingetreten, so ist der Pfandgläubiger zur Einziehung der Forderung berechtigt und kann der Schuldner nur an ihn leisten. Die Einziehung einer Geldforderung steht dem Pfandgläubiger nur insoweit zu, als sie zu seiner Befriedigung erforderlich ist. Soweit er zur Einziehung berechtigt ist, kann er auch verlangen, daß ihm die Geldforderung an Zahlungsstatt abgetreten wird.

Zu anderen Verfügungen über die Forderung ist der Pfandgläubiger nicht berechtigt; das Recht, die Befriedigung aus der Forderung nach §. 1262 zu suchen, bleibt unberührt.

§. 1268. (I 1217 Abs. 1, 3, 1218 Abs. 1 Satz 1, Abs. 5, II 1190.)

Hängt die Fälligkeit der verpfändeten Forderung von einer Kündigung ab, so bedarf der Gläubiger zur Kündigung der Zustimmung des Pfandgläubigers nur, wenn dieser berechtigt ist, die Nutzungen zu ziehen.

Die Kündigung des Schuldners ist nur wirksam, wenn sie dem Pfandgläubiger und dem Gläubiger erklärt wird.

Sind die Voraussetzungen des §. 1213 Abs. 2 eingetreten, so ist auch der Pfandgläubiger zur Kündigung berechtigt; für die Kündigung des Schuldners genügt die Erklärung gegenüber dem Pfandgläubiger.

§. 1269. (II 1191.)

Die Vorschriften der §§. 1266 bis 1268 finden keine Anwendung, soweit der Pfandgläubiger und der Gläubiger ein Anderes vereinbaren.

§. 1270. (I 1217 Abs. 5 Satz 1, 1218 Abs. 4, 1226 Abs. 3 Satz 1, II 1192.)

Hat die Leistung an den Pfandgläubiger und den Gläubiger gemeinschaftlich zu erfolgen, so sind beide einander verpflichtet, zur Einziehung mitzuwirken, wenn die Forderung fällig ist.

Soweit der Pfandgläubiger berechtigt ist, die Forderung ohne Mitwirkung des Gläubigers einzuziehen, hat er für die ordnungsmäßige Einziehung zu sorgen. Von der Einziehung hat er den Gläubiger unverzüglich zu benachrichtigen, sofern nicht die Benachrichtigung unthunlich ist.

§. 1271. (I 1217 Abs. 2, II 1193.)

Hängt die Fälligkeit der verpfändeten Forderung von einer Kündigung ab, so kann der Pfandgläubiger, sofern nicht das Kündigungsrecht ihm zusteht, von dem Gläubiger die Kündigung verlangen, wenn die Einziehung der Forderung wegen Gefährdung ihrer Sicherheit nach den Regeln einer ordnungsmäßigen Vermögensverwaltung geboten ist. Unter der gleichen Voraussetzung kann der Gläubiger von dem Pfandgläubiger die Zustimmung zur Kündigung verlangen, sofern die Zustimmung erforderlich ist.

§. 1272. (I 1219 Abs. 1, 2, 1226 Abs. 3 Satz 2, II 1194.)

Leistet der Schuldner in Gemäßheit der §§. 1266, 1267, so erwirbt mit der Leistung der Gläubiger den geleisteten Gegenstand und der Pfandgläubiger ein Pfandrecht an dem Gegenstande. Besteht die Leistung in der Uebertragung des Eigenthums an einem Grundstücke, so erwirbt der Pfandgläubiger eine Sicherungshypothek.

§. 1273. (I 1219 Abs. 3, 1221, II 1195.)

Wird eine Geldforderung in Gemäßheit des §. 1266 eingezogen, so sind der Pfandgläubiger und der Gläubiger einander verpflichtet, dazu mitzuwirken, daß der eingezogene Betrag, soweit es ohne Beeinträchtigung des Interesses des Pfandgläubigers thunlich ist, nach den für die Anlegung von Mündelgeld geltenden Vorschriften verzinslich angelegt und gleichzeitig dem Pfandgläubiger das Pfandrecht bestellt wird. Die Art der Anlegung bestimmt der Gläubiger.

Erfolgt die Einziehung in Gemäßheit des §. 1267, so gilt die Forderung des Pfandgläubigers, soweit ihm der eingezogene Betrag zu seiner Befriedigung gebührt, als von dem Gläubiger berichtigt.

§. 1274. (I 1222, II 1196.)

Das Pfandrecht an einer Forderung erstreckt sich auf die Zinsen der Forderung. Die Vorschriften des §. 1107 Abs. 2 und der §§. 1108, 1109 finden entsprechende Anwendung; an die Stelle der Beschlagnahme tritt die Anzeige des Pfandgläubigers an den Schuldner, daß er von dem Einziehungsrechte Gebrauch mache.

§. 1275. (I 1218 Abs. 3, II 1197.)

Bestehen mehrere Pfandrechte an einer Forderung, so ist zur Einziehung nur derjenige Pfandgläubiger berechtigt, dessen Pfandrecht den übrigen Pfandrechten vorgeht.

§. 1276. (I 1224, II 1198.)

Die Vorschriften über das Pfandrecht an einer Forderung gelten auch für das Pfandrecht an einer Grundschuld und an einer Rentenschuld.

§. 1277. (I 1225, II 1199.)

Zur Verpfändung eines Wechsels oder eines anderen Papiers, das durch Indossament übertragen werden kann, genügt die Einigung des Gläubigers und des Pfandgläubigers und die Uebergabe des indossirten Papiers.

§. 1278. (I 1226 Abs. 1, 2, II 1200.)

Für das Pfandrecht an einem Inhaberpapiere gelten die Vorschriften über das Pfandrecht an beweglichen Sachen.

§. 1279. (I 1226 Abs. 3, II 1201.)

Ist ein Wechsel, ein anderes Papier, das durch Indossament übertragen werden kann, oder ein Inhaberpapier Gegenstand des Pfandrechts, so ist, auch wenn die Voraussetzungen des §. 1213 Abs. 2 noch nicht eingetreten sind, der Pfandgläubiger zur Einziehung und, falls Kündigung erforderlich ist, zur Kündigung berechtigt und kann der Schuldner nur an ihn leisten.

§. 1280.

Hat ein verpfändetes Papier, das durch Indossament übertragen werden kann, einen Börsen- oder Marktpreis, so ist der Gläubiger nach dem Eintritte der Voraussetzungen des §. 1213 Abs. 2 berechtigt, das Papier nach §. 1206 verkaufen zu lassen.

§. 1281. (II 1202.)

Das Pfandrecht an einem Werthpapier erstreckt sich auf die zu dem Papiere gehörenden Zins-, Renten- oder Gewinnantheilscheine nur dann, wenn sie dem Pfandgläubiger übergeben sind. Der Verpfänder kann, sofern nicht ein Anderes bestimmt ist, die Herausgabe der Scheine verlangen, soweit sie vor dem Eintritte der Voraussetzungen des §. 1213 Abs. 2 fällig werden.

Viertes Buch.

Familienrecht.

Erster Abschnitt.

Ehe.

Erster Titel.

Verlöbniß.

§. 1282. (I 1227, II 1203.)

Aus einem Verlöbnisse kann nicht auf Eingehung der Ehe geklagt werden. Das Versprechen einer Strafe für den Fall, daß die Eingehung der Ehe unterbleibt, ist nichtig.

§. 1283. (I 1228 Abs. 1, II 1204.)

Tritt ein Verlobter von dem Verlöbnisse zurück, so hat er dem anderen Verlobten und dessen Eltern den Schaden zu ersetzen, der daraus entstanden ist, daß sie in Erwartung der Ehe Aufwendungen gemacht haben oder Verbindlichkeiten eingegangen sind. Dem anderen Verlobten hat er auch den Schaden zu ersetzen, den dieser dadurch erleidet, daß er in Erwartung der Ehe sonstige sein Vermögen oder seine Erwerbsstellung berührende Maßnahmen getroffen hat.

Der Schaden ist nur insoweit zu ersetzen, als die Aufwendungen, die Eingehung der Verbindlichkeiten und die sonstigen Maßnahmen den Umständen nach angemessen waren.

Die Ersatzpflicht tritt nicht ein, wenn ein wichtiger Grund für den Rücktritt vorliegt.

§. 1284. (I 1228 Abs. 2, II 1205.)

Veranlaßt ein Verlobter den Rücktritt des anderen durch ein Verschulden, das einen wichtigen Grund für den Rücktritt bildet, so ist er nach Maßgabe des §. 1283 Abs. 1, 2 zum Schadensersatze verpflichtet.

§. 1285. (II 1206.)

Hat eine unbescholtene Verlobte ihrem Verlobten die Beiwohnung gestattet, so kann sie, wenn die Voraussetzungen des §. 1283 oder des §. 1284 vorliegen, auch wegen des Schadens, der nicht Vermögensschaden ist, eine billige Entschädigung in Geld verlangen.

Der Anspruch ist nicht übertragbar und geht nicht auf die Erben über, es sei denn, daß er durch Vertrag anerkannt oder daß er rechtshängig geworden ist.

§. 1286. (I 1229, II 1207.)

Unterbleibt die Eheschließung, so kann jeder Verlobte von dem anderen die Herausgabe desjenigen, was er ihm geschenkt oder zum Zeichen des Verlöbnisses gegeben hat, nach den Vorschriften über die Herausgabe einer ungerechtfertigten Bereicherung fordern. Im Zweifel ist anzunehmen, daß die Rückforderung ausgeschlossen sein soll, wenn das Verlöbniß durch den Tod eines der Verlobten aufgelöst wird.

§. 1287. (I 1230, II 1208.)

Die in den §§. 1283 bis 1286 bestimmten Ansprüche verjähren in einem Jahre von der Auflösung des Verlöbnisses an.

Zweiter Titel.

Eingehung der Ehe.

§. 1288. (I 1233, II 1209.)

Ein Mann darf nicht vor dem Eintritte der Volljährigkeit, eine Frau darf nicht vor der Vollendung des sechszehnten Lebensjahrs eine Ehe eingehen.

Einer Frau kann Befreiung von dieser Vorschrift bewilligt werden.

§. 1289. (I 1232 Abs. 1, 2, II 1210.)

Wer in der Geschäftsfähigkeit beschränkt ist, bedarf zur Eingehung einer Ehe der Einwilligung seines gesetzlichen Vertreters.

Ist der gesetzliche Vertreter ein Vormund, so kann die Einwilligung, wenn sie von ihm verweigert wird, auf Antrag des Mündels durch das Vormundschaftsgericht ersetzt werden. Das Vormundschaftsgericht hat die Einwilligung zu ersetzen, wenn die Eingehung der Ehe im Interesse des Mündels liegt.

§. 1290. (I 1238 Abs. 1, II 1211.)

Ein eheliches Kind bedarf bis zur Vollendung des fünfundzwanzigsten Lebensjahrs zur Eingehung einer Ehe der Einwilligung des Vaters, ein uneheliches Kind bedarf bis zum gleichen Lebensalter der Einwilligung der Mutter. An die Stelle des Vaters tritt die Mutter, wenn der Vater gestorben ist oder wenn ihm die sich aus der Vaterschaft ergebenden Rechte nach §. 1679 nicht zustehen. Ein für ehelich erklärtes Kind bedarf der Einwilligung der Mutter auch dann nicht, wenn der Vater gestorben ist.

Dem Tode des Vaters oder der Mutter steht es gleich, wenn sie zur Abgabe einer Erklärung dauernd außer Stande sind oder wenn ihr Aufenthalt dauernd unbekannt ist.

§. 1291. (I 1239, II 1212.)

Einem an Kindesstatt angenommenen Kinde gegenüber steht die Einwilligung zur Eingehung einer Ehe an Stelle der leiblichen Eltern demjenige zu, welcher das Kind angenommen hat. Hat ein Ehepaar das Kind gemeinschaftlich oder hat ein Ehegatte das Kind des anderen Ehegatten angenommen, so finden die Vorschriften des §. 1290 Abs. 1 Satz 1, 2, Abs. 2 Anwendung.

Die leiblichen Eltern erlangen das Recht zur Einwilligung auch dann nicht wieder, wenn das durch die Annahme an Kindesstatt begründete Rechtsverhältniß aufgehoben wird.

§. 1292. (I 1238 Abs. 2, II 1213.)

Die elterliche Einwilligung kann nicht durch einen Vertreter ertheilt werden. Ist der Vater oder die Mutter in der Geschäftsfähigkeit beschränkt, so ist die Zustimmung des gesetzlichen Vertreters nicht erforderlich.

§. 1293. (I 1238 Abs. 3, II 1214.)

Wird die elterliche Einwilligung einem volljährigen Kinde verweigert, so kann sie auf dessen Antrag durch das Vormundschaftsgericht ersetzt werden. Das Vormundschaftsgericht hat die Einwilligung zu ersetzen, wenn sie ohne wichtigen Grund verweigert wird.

Vor der Entscheidung soll das Vormundschaftsgericht Verwandte oder Verschwägerte des Kindes hören, wenn es ohne erhebliche Verzögerung und ohne unverhältnißmäßige Kosten geschehen kann. Für den Ersatz der Kosten gilt die Vorschrift des §. 1825 Abs. 2.

§. 1294. (I 1234, II 1215 Abs. 1.)

Niemand darf eine Ehe eingehen, bevor seine frühere Ehe aufgelöst oder für nichtig erklärt worden ist. Wollen Ehegatten die Eheschließung wiederholen, so ist die vorgängige Nichtigkeitserklärung nicht erforderlich.

Wird gegen ein Urtheil, durch das die frühere Ehe aufgelöst oder für nichtig erklärt worden ist, die Nichtigkeitsklage oder die Restitutionsklage erhoben, so dürfen die Ehegatten nicht vor der Erledigung des Rechtsstreits eine neue Ehe eingehen, es sei denn, daß die Klage erst nach dem Ablaufe der vorgeschriebenen fünfjährigen Frist erhoben worden ist.

§. 1295. (I 1236, II 1216.)

Eine Ehe darf nicht geschlossen werden zwischen Verwandten in gerader Linie, zwischen vollbürtigen oder halbbürtigen Geschwistern sowie zwischen Verschwägerten in gerader Linie.

Eine Ehe darf nicht geschlossen werden zwischen Personen, von denen die eine mit Eltern, Voreltern oder Abkömmlingen der anderen Geschlechtsgemeinschaft gepflogen hat.

Verwandtschaft im Sinne dieser Vorschriften besteht auch zwischen einem unehelichen Kinde und dessen Abkömmlingen einerseits und dem Vater und dessen Verwandten andererseits.

§. 1296. (I 1240, II 1217.)

Wer einen Anderen an Kindesstatt angenommen hat, darf mit ihm oder dessen Abkömmlingen eine Ehe nicht eingehen, solange das durch die Annahme begründete Rechtsverhältniß besteht.

§. 1297. (I 1237, II 1218.)

Eine Ehe darf nicht geschlossen werden zwischen einem wegen Ehebruchs geschiedenen Ehegatten und demjenigen, mit welchem der geschiedene Ehegatte den Ehebruch begangen hat, wenn dieser Ehebruch in dem Scheidungsurtheil als Grund der Scheidung festgestellt ist.

Von dieser Vorschrift kann Befreiung bewilligt werden.

§. 1298. (I 1241, II 1219.)

Eine Frau darf erst zehn Monate nach der Auflösung oder Nichtigkeitserklärung ihrer früheren Ehe eine neue Ehe eingehen.

Von dieser Vorschrift kann Befreiung bewilligt werden.

§. 1299. (I 1242, II 1220.)

Wer ein eheliches Kind hat, das minderjährig ist oder unter seiner Vormundschaft steht, darf eine Ehe erst eingehen, nachdem ihm das Vormundschaftsgericht ein Zeugniß darüber ertheilt hat, daß er die im §. 1648 bezeichneten Verpflichtungen erfüllt hat oder daß sie ihm nicht obliegen.

Ist im Falle der fortgesetzten Gütergemeinschaft ein antheilsberechtigter Abkömmling minderjährig oder bevormundet, so darf der überlebende Ehegatte eine Ehe erst eingehen, nachdem ihm das Vormundschaftsgericht ein Zeugniß darüber ertheilt hat, daß er die im §. 1478 Abs. 2 bezeichneten Verpflichtungen erfüllt hat oder daß sie ihm nicht obliegen.

§. 1300. (I 1243, II 1221.)

Militärpersonen und solche Landesbeamte, für die nach den Landesgesetzen zur Eingehung einer Ehe eine besondere Erlaubniß erforderlich ist, dürfen nicht ohne die vorgeschriebene Erlaubniß eine Ehe eingehen.

Ausländer, für die nach den Landesgesetzen zur Eingehung einer Ehe eine Erlaubniß oder ein Zeugniß erforderlich ist, dürfen nicht ohne diese Erlaubniß oder ohne dieses Zeugniß eine Ehe eingehen.

§. 1301. (II 1225.)

Der Eheschließung soll ein Aufgebot vorhergehen. Das Aufgebot verliert seine Kraft, wenn die Ehe nicht binnen sechs Monaten nach der Vollziehung des Aufgebots geschlossen wird.

Das Aufgebot darf unterbleiben, wenn die lebensgefährliche Erkrankung eines der Verlobten den Aufschub der Eheschließung nicht gestattet.

Von dem Aufgebote kann Befreiung bewilligt werden.

§. 1302. (I 1248, II 1226.)

Die Ehe wird dadurch geschlossen, daß die Verlobten vor einem Standesbeamten persönlich und bei gleichzeitiger Anwesenheit erklären, die Ehe mit einander eingehen zu wollen, und daß hierauf der Standesbeamte die Ehe für geschlossen erklärt.

Die Erklärungen können nicht unter einer Bedingung oder einer Zeitbestimmung abgegeben werden.

§. 1303. (I 1249, II 1227.)

Der Standesbeamte soll bei der Eheschließung in Gegenwart von zwei Zeugen an die Verlobten einzeln und nach einander die Frage richten, ob sie die Ehe mit einander eingehen wollen, und, nachdem die Verlobten die Frage bejaht haben, aussprechen, daß er kraft Gesetzes sie für rechtmäßig verbundene Eheleute erkläre.

Als Zeugen sollen Personen, die der bürgerlichen Ehrenrechte für verlustig erklärt sind, während der Zeit, für welche die Aberkennung der Ehrenrechte erfolgt ist, sowie Minderjährige nicht zugezogen werden. Personen, die mit einem der Verlobten, mit dem Standesbeamten oder mit einander verwandt oder verschwägert sind, dürfen als Zeugen zugezogen werden.

§. 1304. (I 1245 Abs. 2, II 1222 Abs. 2.)

Als Standesbeamter im Sinne des §. 1302 gilt auch derjenige, welcher, ohne Standesbeamter zu sein, das Amt eines Standesbeamten öffentlich ausübt, es sei denn, daß die Verlobten den Mangel der amtlichen Befugniß bei der Eheschließung kennen.

§. 1305. (I 1246, II 1223.)

Die Ehe soll vor dem zuständigen Standesbeamten geschlossen werden.

Zuständig ist der Standesbeamte, in dessen Bezirk einer der Verlobten seinen Wohnsitz oder seinen gewöhnlichen Aufenthalt hat.

Hat keiner der Verlobten seinen Wohnsitz oder seinen gewöhnlichen Aufenthalt im Inland und ist auch nur einer von ihnen ein Deutscher, so wird der zuständige Standesbeamte von der obersten Aufsichtsbehörde des Bundesstaats, dem der Deutsche angehört, und, wenn dieser keinem Bundesstaat angehört, von dem Reichskanzler bestimmt.

Unter mehreren zuständigen Standesbeamten haben die Verlobten die Wahl

§. 1306. (I 1247, II 1224.)

Auf Grund einer schriftlichen Ermächtigung des zuständigen Standesbeamten darf die Ehe auch vor dem Standesbeamten eines anderen Bezirkes geschlossen werden.

§. 1307. (I 1244, II 1228.)

Die Bewilligung einer nach den §§. 1288, 1298 zulässigen Befreiung steht dem Bundesstaate zu, dem die Frau, die Bewilligung einer nach §. 1297 zulässigen Befreiung steht dem Bundesstaate zu, dem der geschiedene Ehegatte angehört. Für Deutsche, die keinem Bundesstaat angehören, steht die Bewilligung dem Reichskanzler zu.

Die Bewilligung einer nach §. 1301 zulässigen Befreiung steht dem Bundesstaate zu, in dessen Gebiete die Ehe geschlossen werden soll.

Ueber die Ertheilung der einem Bundesstaate zustehenden Bewilligung hat die Landesregierung zu bestimmen.

Dritter Titel.

Nichtigkeit und Anfechtbarkeit der Ehe.

§. 1308. (I 1250, II 1229.)

Eine Ehe ist nur in den Fällen der §§. 1309 bis 1313 nichtig.

§. 1309. (I 1250 Nr. 1, II 1230.)

Eine Ehe ist nichtig, wenn bei der Eheschließung die im §. 1302 vorgeschriebene Form nicht beobachtet worden ist.

Ist die Ehe in das Heirathsregister eingetragen worden und haben die Ehegatten nach der Eheschließung zehn Jahre als Ehegatten mit einander gelebt, so ist die Ehe als von Anfang an gültig anzusehen.

§. 1310. (I 1250 Nr. 2, 1251, II 1231.)

Eine Ehe ist nichtig, wenn einer der Ehegatten zur Zeit der Eheschließung geschäftsunfähig war oder sich im Zustande der Bewußtlosigkeit oder vorübergehender Störung der Geistesthätigkeit befand.

Die Ehe ist als von Anfang an gültig anzusehen, wenn der Ehegatte sie nach dem Wegfalle der Geschäftsunfähigkeit, der Bewußtlosigkeit oder der Störung der Geistesthätigkeit bestätigt, bevor sie für nichtig erklärt oder aufgelöst worden ist. Die Bestätigung bedarf nicht der für die Eheschließung vorgeschriebenen Form.

§. 1311. (I 1250 Nr. 3, II 1232.

Eine Ehe ist nichtig, wenn einer der Ehegatten zur Zeit der Eheschließung mit einem Dritten in einer gültigen Ehe lebte.

§. 1312. (I 1250 Nr. 3, II 1233.)

Eine Ehe ist nichtig, wenn sie zwischen Verwandten oder Verschwägerten dem Verbote des §. 1295 Abs. 1 zuwider geschlossen worden ist.

§. 1313. (II 1234.)

Eine Ehe ist nichtig, wenn sie wegen Ehebruchs nach §. 1297 verboten war. Wird nachträglich Befreiung von der Vorschrift des §. 1297 bewilligt, so ist die Ehe als von Anfang an gültig anzusehen.

§. 1314. (I 1252, II 1235.)

Die Nichtigkeit einer nach den §§. 1310 bis 1313 nichtigen Ehe kann, solange nicht die Ehe für nichtig erklärt oder aufgelöst ist, nur im Wege der

Nichtigkeitsklage geltend gemacht werden. Das Gleiche gilt von einer nach §. 1309 nichtigen Ehe, wenn sie in das Heirathsregister eingetragen worden ist.

§. 1315. (I 1259, II 1238.)

Eine Ehe kann nur in den Fällen der §§. 1316 bis 1320 und des §. 1335 angefochten werden.

§. 1316. (I 1259 Nr. 4, 1261 Nr. 4, II 1239.)

Eine Ehe kann von dem Ehegatten angefochten werden, der zur Zeit der Eheschließung oder im Falle des §. 1310 zur Zeit der Bestätigung in der Geschäftsfähigkeit beschränkt war, wenn die Eheschließung oder die Bestätigung ohne Einwilligung seines gesetzlichen Vertreters erfolgt ist.

§. 1317. (I 1259 Nr. 2, 1261 Nr. 2, II 1240.)

Eine Ehe kann von dem Ehegatten angefochten werden, der bei der Eheschließung nicht gewußt hat, daß es sich um eine Eheschließung handle, oder dies zwar gewußt hat, aber eine Erklärung, die Ehe eingehen zu wollen, nicht hat abgeben wollen.

§. 1318. (I 1259 Nr. 1, 1261 Nr. 1, II 1241.)

Eine Ehe kann von dem Ehegatten angefochten werden, der sich bei der Eheschließung in der Person des anderen Ehegatten oder über solche persönliche Eigenschaften oder solche persönliche Verhältnisse des anderen Ehegatten geirrt hat, die ihn bei Kenntniß der Sachlage und bei verständiger Würdigung des Wesens der Ehe von der Eingehung der Ehe abgehalten haben würden.

§. 1319. (I 1259 Nr. 1, 1261 Nr. 1, II 1242.)

Eine Ehe kann von dem Ehegatten angefochten werden, der zur Eingehung der Ehe durch arglistige Täuschung über solche Umstände bestimmt worden ist, die ihn bei Kenntniß der Sachlage und bei verständiger Ueberlegung von der Eingehung der Ehe abgehalten haben würden. Ist die Täuschung nicht von dem anderen Ehegatten verübt worden, so ist die Ehe nur dann anfechtbar, wenn dieser die Täuschung bei der Eheschließung gekannt hat.

§. 1320. (I 1259 Nr. 1, 1261 Nr. 1, II 1243.)

Eine Ehe kann von dem Ehegatten angefochten werden, der zur Eingehung der Ehe durch Drohung widerrechtlich bestimmt worden ist.

§. 1321. (I 1265 Satz 1, 3, II 1246 Abs. 1, 2.)

Die Anfechtung der Ehe kann nicht durch einen Vertreter erfolgen. Ist der anfechtungsberechtigte Ehegatte in der Geschäftsfähigkeit beschränkt, so bedarf er nicht der Zustimmung seines gesetzlichen Vertreters.

Für einen geschäftsunfähigen Ehegatten kann sein gesetzlicher Vertreter mit Genehmigung des Vormundschaftsgerichts die Ehe anfechten. In den Fällen des

§. 1316 kann, solange der anfechtungsberechtigte Ehegatte in der Geschäftsfähigkeit beschränkt ist, nur sein gesetzlicher Vertreter die Ehe anfechten.

§. 1322. (I 1263 Abs. 1, 3, II 1244, 1246 Abs. 3.)

Die Anfechtung der Ehe ist in den Fällen des §. 1316 ausgeschlossen, wenn der gesetzliche Vertreter die Ehe genehmigt, oder der anfechtungsberechtigte Ehegatte, nachdem er unbeschränkt geschäftsfähig geworden ist, die Ehe bestätigt. Ist der gesetzliche Vertreter ein Vormund, so kann die Genehmigung, wenn sie von ihm verweigert wird, auf Antrag des Ehegatten durch das Vormundschaftsgericht ersetzt werden; das Vormundschaftsgericht hat die Genehmigung zu ersetzen, wenn die Aufrechterhaltung der Ehe im Interesse des Ehegatten liegt.

In den Fällen der §§. 1317 bis 1320 ist die Anfechtung ausgeschlossen, wenn der anfechtungsberechtigte Ehegatte nach der Entdeckung des Irrthums oder der Täuschung oder nach dem Aufhören der Zwangslage die Ehe bestätigt.

Die Vorschriften des §. 1321 Abs. 1 gelten auch für die Bestätigung.

§. 1323. (I 1262, II 1245.)

Die Anfechtung ist nach der Auflösung der Ehe ausgeschlossen, es sei denn, daß die Auflösung durch den Tod des zur Anfechtung nicht berechtigten Ehegatten herbeigeführt worden ist.

§. 1324. (I 1264, II 1247.)

Die Anfechtung kann nur binnen sechs Monaten erfolgen.

Die Frist beginnt in den Fällen des §. 1316 mit dem Zeitpunkt, in welchem die Eingehung oder die Bestätigung der Ehe dem gesetzlichen Vertreter bekannt wird oder der Ehegatte die unbeschränkte Geschäftsfähigkeit erlangt, in den Fällen der §§. 1317 bis 1319 mit dem Zeitpunkt, in welchem der Ehegatte den Irrthum oder die Täuschung entdeckt, in dem Falle des §. 1320 mit dem Zeitpunkt, in welchem die Zwangslage aufhört.

Auf die Frist finden die für die Verjährung geltenden Vorschriften der §§. 198, 201 entsprechende Anwendung.

§. 1325. (II 1248.)

Hat der gesetzliche Vertreter eines geschäftsunfähigen Ehegatten die Ehe nicht rechtzeitig angefochten, so kann nach dem Wegfalle der Geschäftsunfähigkeit der Ehegatte selbst die Ehe in gleicher Weise anfechten, wie wenn er ohne gesetzlichen Vertreter gewesen wäre.

§. 1326. (I 1266 Abs. 1, 1268, II 1249.)

Die Anfechtung erfolgt, solange nicht die Ehe aufgelöst ist, durch Erhebung der Anfechtungsklage.

Wird die Klage zurückgenommen, so ist die Anfechtung als nicht erfolgt anzusehen. Das Gleiche gilt, wenn die angefochtene Ehe, bevor sie für nichtig erklärt oder aufgelöst worden ist, nach Maßgabe des §. 1322 genehmigt oder bestätigt wird.

§. 1327. (I 1266 Abs. 2, II 1250.)

Ist die Ehe durch den Tod des zur Anfechtung nicht berechtigten Ehegatten aufgelöst worden, so erfolgt die Anfechtung durch Erklärung gegenüber dem Nachlaßgerichte; die Erklärung ist in öffentlich beglaubigter Form abzugeben.

Das Nachlaßgericht soll die Erklärung sowohl demjenigen mittheilen, welcher im Falle der Gültigkeit der Ehe, als auch demjenigen, welcher im Falle der Nichtigkeit der Ehe Erbe des verstorbenen Ehegatten ist. Es hat die Einsicht der Erklärung Jedem zu gestatten, der ein rechtliches Interesse glaubhaft macht.

§. 1328. (I 1260, II 1251.)

Wird eine anfechtbare Ehe angefochten, so ist sie als von Anfang an nichtig anzusehen. Die Vorschrift des §. 138 Abs. 2 findet Anwendung.

Die Nichtigkeit einer anfechtbaren Ehe, die im Wege der Klage angefochten worden ist, kann, solange nicht die Ehe für nichtig erklärt oder aufgelöst ist, nicht anderweit geltend gemacht werden.

§. 1329. (I 1257, II 1236.)

Einem Dritten gegenüber können aus der Nichtigkeit der Ehe Einwendungen gegen ein zwischen ihm und einem der Ehegatten vorgenommenes Rechtsgeschäft oder gegen ein zwischen ihnen ergangenes rechtskräftiges Urtheil nur hergeleitet werden, wenn zur Zeit der Vornahme des Rechtsgeschäfts oder zur Zeit des Eintritts der Rechtshängigkeit die Ehe für nichtig erklärt oder die Nichtigkeit dem Dritten bekannt war.

Die Nichtigkeit kann ohne diese Beschränkung geltend gemacht werden, wenn sie auf einem Formmangel beruht und die Ehe nicht in das Heirathsregister eingetragen worden ist.

§. 1330. (I 1258 Abs. 1, II 1237 Abs. 1, 3.)

War dem einen Ehegatten die Nichtigkeit der Ehe bei der Eheschließung bekannt, so kann der andere Ehegatte, sofern nicht auch ihm die Nichtigkeit bekannt war, nach der Nichtigkeitserklärung oder der Auflösung der Ehe verlangen, daß ihr Verhältniß in vermögensrechtlicher Beziehung, insbesondere auch in Ansehung der Unterhaltspflicht, so behandelt wird, wie wenn die Ehe zur Zeit der Nichtigkeitserklärung oder der Auflösung geschieden und der Ehegatte, dem die Nichtigkeit bekannt war, für schuldig erklärt worden wäre.

Diese Vorschrift findet keine Anwendung, wenn die Nichtigkeit auf einem Formmangel beruht und die Ehe nicht in das Heirathsregister eingetragen worden ist.

§. 1331. (I 1270, II 1252.)

Wird eine wegen Drohung anfechtbare Ehe für nichtig erklärt, so steht das im §. 1330 Abs. 1 bestimmte Recht dem anfechtungsberechtigten Ehegatten zu. Wird eine wegen Irrthums anfechtbare Ehe für nichtig erklärt, so steht dieses Recht dem zur Anfechtung nicht berechtigten Ehegatten zu, es sei denn, daß dieser den Irrthum bei der Eingehung der Ehe kannte oder kennen mußte.

§. 1332. (I 1258 Abs. 2, II 1237 Abs. 2.)

Erklärt der Ehegatte, dem das im §. 1330 Abs. 1 bestimmte Recht zusteht, dem anderen Ehegatten, daß er von dem Rechte Gebrauch mache, so kann er die Folgen der Nichtigkeit der Ehe nicht mehr geltend machen; erklärt er dem anderen Ehegatten, daß es bei diesen Folgen bewenden solle, so erlischt das im §. 1330 Abs. 1 bestimmte Recht.

Der andere Ehegatte kann den berechtigten Ehegatten unter Bestimmung einer angemessenen Frist zur Erklärung darüber auffordern, ob er von dem Rechte Gebrauch mache. Das Recht kann in diesem Falle nur bis zum Ablaufe der Frist ausgeübt werden.

Vierter Titel.
Wiederverheirathung im Falle der Todeserklärung.

§. 1333. (I 1464, II 1482.)

Geht ein Ehegatte, nachdem der andere Ehegatte für todt erklärt worden ist, eine neue Ehe ein, so ist die neue Ehe nicht deshalb nichtig, weil der für todt erklärte Ehegatte noch lebt, es sei denn, daß beide Ehegatten bei der Eheschließung wissen, daß er die Todeserklärung überlebt hat.

Mit der Schließung der neuen Ehe wird die frühere Ehe aufgelöst. Sie bleibt auch dann aufgelöst, wenn die Todeserklärung in Folge einer Anfechtungsklage aufgehoben wird oder wenn die neue Ehe nach den §§. 1316 bis 1320 anfechtbar ist und angefochten wird. Die Auflösung tritt nicht ein, wenn die neue Ehe nichtig ist.

§. 1334. (I 1235 Abs. 2, II 1215 Abs. 2.)

Ist das Urtheil, durch das einer der Ehegatten für todt erklärt worden ist, im Wege der Klage angefochten, so darf der andere Ehegatte nicht vor der Erledigung des Rechtsstreits eine neue Ehe eingehen, es sei denn, daß die Anfechtung erst zehn Jahre nach der Verkündung des Urtheils erfolgt ist.

§. 1335. (II 1483.)

Jeder Ehegatte der neuen Ehe kann, wenn der für todt erklärte Ehegatte noch lebt, die neue Ehe anfechten, es sei denn, daß er bei der Eheschließung von dessen Leben Kenntniß hatte. Die Anfechtung kann nur binnen sechs Monaten von dem Zeitpunkt an erfolgen, in welchem der anfechtende Ehegatte erfährt, daß der für todt erklärte Ehegatte noch lebt.

Die Anfechtung ist ausgeschlossen, wenn der anfechtungsberechtigte Ehegatte die Ehe bestätigt, nachdem er von dem Leben des für todt erklärten Ehegatten Kenntniß erlangt hat, oder wenn die neue Ehe durch den Tod eines der Ehegatten aufgelöst worden ist.

§. 1336. (II 1484.)

Wird die Ehe nach §. 1335 von dem Ehegatten der früheren Ehe angefochten, so hat dieser dem anderen Ehegatten nach den für die Scheidung geltenden Vorschriften der §§. 1561 bis 1565 Unterhalt zu gewähren, wenn nicht der andere Ehegatte bei der Eheschließung wußte, daß der für todt erklärte Ehegatte die Todeserklärung überlebt hat.

§. 1337. (I 1465, II 1485 Satz 2.)

Wird die frühere Ehe nach §. 1333 Abs. 2 aufgelöst, so bestimmt sich die Verpflichtung der Frau, dem Manne zur Bestreitung des Unterhalts eines gemeinschaftlichen Kindes einen Beitrag zu leisten, nach den für die Scheidung geltenden Vorschriften des §. 1568.

Fünfter Titel.

Wirkungen der Ehe im Allgemeinen.

§. 1338. (I 1272, II 1253.)

Die Ehegatten sind einander zur ehelichen Lebensgemeinschaft verpflichtet. Stellt sich das Verlangen eines Ehegatten nach Herstellung der Gemeinschaft als Mißbrauch seines Rechtes dar, so ist der andere Ehegatte nicht verpflichtet, dem Verlangen Folge zu leisten.

§. 1339. (I 1273, II 1254.)

Dem Manne steht die Entscheidung in allen das gemeinschaftliche eheliche Leben betreffenden Angelegenheiten zu; er bestimmt insbesondere Wohnort und Wohnung.

Die Frau ist nicht verpflichtet, der Entscheidung des Mannes Folge zu leisten, wenn sich die Entscheidung als Mißbrauch seines Rechtes darstellt.

§. 1340. (I 1274, II 1255.)

Die Frau erhält den Familiennamen des Mannes.

§. 1341. (I 1275, II 1256.)

Die Frau ist, unbeschadet der Vorschriften des §. 1339, berechtigt und verpflichtet, das gemeinschaftliche Hauswesen zu leiten.

Zu Arbeiten im Hauswesen und im Geschäfte des Mannes ist die Frau verpflichtet, soweit eine solche Thätigkeit nach den Verhältnissen, in denen die Ehegatten leben, üblich ist.

§. 1342. (I 1278, II 1257.)

Die Frau ist berechtigt, innerhalb ihres häuslichen Wirkungskreises die Geschäfte des Mannes für ihn zu besorgen und ihn zu vertreten. Rechtsgeschäfte, die sie innerhalb dieses Wirkungskreises vornimmt, gelten als im Namen des Mannes vorgenommen, wenn nicht aus den Umständen sich ein Anderes ergiebt.

Der Mann kann das Recht der Frau beschränken oder ausschließen. Stellt sich die Beschränkung oder die Ausschlieußng als Mißbrauch des Rechtes des

Mannes dar, so kann sie auf Antrag der Frau durch das Vormundschaftsgericht aufgehoben werden. Dritten gegenüber ist die Beschränkung oder die Ausschließung nur nach Maßgabe des §. 1420 wirksam.

§. 1343. (I 1277, II 1258.)

Hat sich die Frau einem Dritten gegenüber zu einer von ihr in Person zu bewirkenden Leistung verpflichtet, so kann der Mann das Rechtsverhältniß ohne Einhaltung einer Kündigungsfrist kündigen, es sei denn, daß er der Verpflichtung zugestimmt hat oder seine Zustimmung auf Antrag der Frau durch das Vormundschaftsgericht ersetzt worden ist.

Das Vormundschaftsgericht kann die Zustimmung ersetzen, wenn der Mann durch Krankheit oder durch Abwesenheit an der Abgabe einer Erklärung verhindert und mit dem Aufschube Gefahr verbunden ist oder wenn die Verweigerung der Zustimmung sich als Mißbrauch seines Rechtes darstellt.

Die Zustimmung sowie die Kündigung kann nicht durch einen Vertreter erfolgen; ist der Mann in der Geschäftsfähigkeit beschränkt, so bedarf er nicht der Zustimmung seines gesetzlichen Vertreters.

Das Kündigungsrecht des Mannes ist ausgeschlossen, solange die häusliche Gemeinschaft aufgehoben ist.

§. 1344. (I 1279, II 1259.)

Die Ehegatten haben bei der Erfüllung der sich aus dem ehelichen Verhältniß ergebenden Verpflichtungen einander nur für diejenige Sorgfalt einzustehen, welche sie in eigenen Angelegenheiten anzuwenden pflegen.

§. 1345. (I 1280, 1281, II 1260.)

Der Mann hat der Frau nach Maßgabe seiner Lebensstellung, seines Vermögens und seiner Erwerbsfähigkeit Unterhalt zu gewähren.

Die Frau hat dem Manne, wenn er außer Stande ist, sich selbst zu unterhalten, den seiner Lebensstellung entsprechenden Unterhalt nach Maßgabe ihres Vermögens und ihrer Erwerbsfähigkeit zu gewähren.

Der Unterhalt ist in der durch die eheliche Lebensgemeinschaft gebotenen Weise zu gewähren. Die für die Unterhaltspflicht der Verwandten geltenden Vorschriften der §§. 1585, 1593 bis 1595 finden entsprechende Anwendung.

§. 1346. (I 1460, II 1261.)

Leben die Ehegatten getrennt, so ist, solange einer von ihnen die Herstellung des ehelichen Lebens verweigern darf und verweigert, der Unterhalt durch Entrichtung einer Geldrente zu gewähren; auf die Rente finden die Vorschriften des §. 748 Anwendung. Der Mann hat der Frau auch die zur Führung eines abgesonderten Haushalts erforderlichen Sachen aus dem gemeinschaftlichen Haushalte zum Gebrauche herauszugeben, es sei denn, daß die Sachen für ihn unentbehrlich sind oder daß sich solche Sachen in dem der Verfügung der Frau unterliegenden Vermögen befinden.

Die Unterhaltspflicht des Mannes fällt weg oder beschränkt sich auf die Zahlung eines Beitrags, wenn der Wegfall oder die Beschränkung mit Rücksicht auf die Bedürfnisse sowie auf die Vermögens- und Erwerbsverhältnisse der Ehegatten der Billigkeit entspricht.

§. 1347. (I 1282, II 1262.)

Es wird vermuthet, daß die im Besitz eines der Ehegatten oder beider Ehegatten befindlichen beweglichen Sachen dem Manne gehören. Dies gilt insbesondere auch für Inhaberpapiere und für Orderpapiere, die mit Blankoindossament versehen sind.

Die Vermuthung gilt nicht für die ausschließlich zum persönlichen Gebrauche der Frau bestimmten Sachen, insbesondere nicht für Kleider und Schmucksachen.

Sechster Titel.

Eheliches Güterrecht.

I. Gesetzliches Güterrecht.

1. Allgemeine Vorschriften.

§. 1348. (I 1283, II 1263.)

Das Vermögen der Frau wird durch die Eheschließung der Verwaltung und Nutznießung des Mannes unterworfen (eingebrachtes Gut).

Zum eingebrachten Gute gehört auch das Vermögen, das die Frau während der Ehe erwirbt.

§. 1349. (I 1284 Theilsatz 1, II 1264.)

Die Verwaltung und Nutznießung des Mannes tritt nicht ein, wenn er die Ehe mit einer in der Geschäftsfähigkeit beschränkten Frau ohne Einwilligung ihres gesetzlichen Vertreters eingeht.

§. 1350. (I 1286, II 1265.)

Die Verwaltung und Nutznießung des Mannes erstreckt sich nicht auf das Vorbehaltsgut der Frau.

§. 1351. (I 1289, II 1266.)

Vorbehaltsgut ist, was die Frau durch ihre Arbeit oder durch den selbständigen Betrieb eines Erwerbsgeschäfts erwirbt.

§. 1352. (I 1286, II 1267.)

Vorbehaltsgut ist, was durch Ehevertrag für Vorbehaltsgut erklärt ist.

§. 1353. (I 1287, II 1268.)

Vorbehaltsgut ist, was die Frau durch Erbfolge, durch Vermächtniß oder als Pflichttheil erwirbt (Erwerb von Todeswegen) oder was ihr unter Lebenden von einem Dritten unentgeltlich zugewendet wird, wenn der Erblasser durch letztwillige Verfügung, der Dritte bei der Zuwendung bestimmt hat, daß der Erwerb Vorbehaltsgut sein soll.

§. 1354. (I 1290, II 1269.)

Vorbehaltsgut ist, was die Frau auf Grund eines zu ihrem Vorbehaltsgute gehörenden Rechtes oder als Ersatz für die Zerstörung, Beschädigung oder Entziehung eines zu dem Vorbehaltsgute gehörenden Gegenstandes oder durch ein Rechtsgeschäft erwirbt, das sich auf das Vorbehaltsgut bezieht.

§. 1355. (I 1291, II 1270.)

Auf das Vorbehaltsgut finden die bei der Gütertrennung für das Vermögen der Frau geltenden Vorschriften entsprechende Anwendung; die Frau hat jedoch einen Beitrag zur Bestreitung des ehelichen Aufwandes nur insoweit zu leisten, als der Mann nicht schon durch die Nutzungen des eingebrachten Gutes einen angemessenen Beitrag erhält.

§. 1356. (I 1285, II 1282 Abs. 2.)

Die ausschließlich zum persönlichen Gebrauche der Frau bestimmten Sachen, insbesondere Kleider und Schmucksachen, unterliegen nicht der Nutznießung des Mannes.

§. 1357. (I 1292, 992, 993, 1042, II 1271.)

Jeder Ehegatte kann verlangen, daß der Bestand des eingebrachten Gutes durch Aufnahme eines Verzeichnisses unter Mitwirkung des anderen Ehegatten festgestellt wird. Auf die Aufnahme des Verzeichnisses finden die für den Nießbrauch geltenden Vorschriften des §. 1019 Anwendung.

Jeder Ehegatte kann den Zustand der zum eingebrachten Gute gehörenden Sachen auf seine Kosten durch Sachverständige feststellen lassen.

2. Verwaltung und Nutznießung.

§. 1358. (I 1292, 984, II 1272.)

Der Mann ist zum Besitze der zum eingebrachten Gute gehörenden Sachen berechtigt.

§. 1359. (I 1317 Satz 1, 1324 Abs. 1, 591, II 1273.)

Der Mann hat das eingebrachte Gut ordnungsmäßig zu verwalten. Ueber den Stand der Verwaltung hat er der Frau auf Verlangen Auskunft zu ertheilen.

§. 1360. (I 1319 Abs. 1, II 1274.)

Das Verwaltungsrecht des Mannes umfaßt nicht die Befugniß, die Frau durch Rechtsgeschäfte zu verpflichten oder über eingebrachtes Gut ohne ihre Zustimmung zu verfügen.

§. 1361. (I 1318 Nr. 1, 2, II 1275.)

Ohne Zustimmung der Frau kann der Mann
1. über Geld und andere verbrauchbare Sachen der Frau verfügen;
2. Forderungen der Frau, die nicht auf Zinsen ausstehen, einziehen;
3. Forderungen der Frau gegen solche Forderungen an die Frau, deren Berichtigung aus dem eingebrachten Gute verlangt werden kann, aufrechnen;
4. Verbindlichkeiten der Frau zur Leistung eines zum eingebrachten Gute gehörenden Gegenstandes durch Leistung des Gegenstandes erfüllen.

§. 1362. (I 1294 Satz 2, 3, 1296, 1323, II 1276.)

Der Mann soll Verfügungen, zu denen er nach §. 1361 ohne Zustimmung der Frau berechtigt ist, nur zum Zwecke ordnungsmäßiger Verwaltung des eingebrachten Gutes vornehmen.

Das zum eingebrachten Gute gehörende Geld hat der Mann nach den für die Anlegung von Mündelgeld geltenden Vorschriften für die Frau verzinslich anzulegen, soweit es nicht zur Bestreitung von Ausgaben bereit zu halten ist.

Andere verbrauchbare Sachen darf der Mann auch für sich veräußern oder verbrauchen. Macht er von dieser Befugniß Gebrauch, so hat er den Werth der Sachen nach der Beendigung der Verwaltung und Nutznießung zu ersetzen; der Ersatz ist schon vorher zu leisten, soweit die ordnungsmäßige Verwaltung des eingebrachten Gutes es erfordert.

§. 1363. (I 1292, 1000, II 1277.)

Gehört zum eingebrachten Gute ein Grundstück sammt Inventar, so bestimmen sich die Rechte und die Pflichten des Mannes in Ansehung des Inventars nach den für den Nießbrauch geltenden Vorschriften des §. 1032 Abs. 1.

§. 1364. (I 1319 Abs. 2, II 1278.)

Ist zur ordnungsmäßigen Verwaltung des eingebrachten Gutes ein Rechtsgeschäft erforderlich, zu dem der Mann der Zustimmung der Frau bedarf, so kann die Zustimmung auf Antrag des Mannes durch das Vormundschaftsgericht ersetzt werden, wenn die Frau sie ohne ausreichenden Grund verweigert.

Das Gleiche gilt, wenn die Frau durch Krankheit oder durch Abwesenheit an der Abgabe einer Erklärung verhindert und mit dem Aufschube Gefahr verbunden ist.

§. 1365. (I 1322, II 1281.)

Der Mann kann ein zum eingebrachten Gute gehörendes Recht im eigenen Namen gerichtlich geltend machen. Ist er befugt, über das Recht ohne Zustimmung der Frau zu verfügen, so wirkt das Urtheil auch für und gegen die Frau.

§. 1366. (II 1279.)

Erwirbt der Mann mit Mitteln des eingebrachten Gutes bewegliche Sachen, so geht mit dem Erwerbe das Eigenthum auf die Frau über, es sei denn, daß der Mann nicht für Rechnung des eingebrachten Gutes erwerben will. Dies gilt insbesondere auch von Inhaberpapieren und von Orderpapieren, die mit Blankoindossament versehen sind.

Die Vorschriften des Abs. 1 finden entsprechende Anwendung, wenn der Mann mit Mitteln des eingebrachten Gutes ein Recht an Sachen der bezeichneten Art oder ein anderes Recht erwirbt, zu dessen Uebertragung der Abtretungsvertrag genügt.

§. 1367. (II 1280.)

Haushaltsgegenstände, die der Mann an Stelle der von der Frau eingebrachten, nicht mehr vorhandenen oder werthlos gewordenen Stücke anschafft, werden eingebrachtes Gut.

§. 1368. (I 1292, II 1282 Abs. 1.)

Der Mann erwirbt die Nutzungen des eingebrachten Gutes in derselben Weise und in demselben Umfange wie ein Nießbraucher.

§. 1369. (I 1297 Abs. 1 Halbsatz 1, II 1283.)

Der Mann hat außer den Kosten, welche durch die Gewinnung der Nutzungen entstehen, die Kosten der Erhaltung der zum eingebrachten Gute gehörenden Gegenstände nach den für den Nießbrauch geltenden Vorschriften zu tragen.

§. 1370. (I 1297 Abs. 1 Nr. 1 bis 3, II 1284.)

Der Mann ist der Frau gegenüber verpflichtet, für die Dauer der Verwaltung und Nutznießung zu tragen:

1. die der Frau obliegenden öffentlichen Lasten mit Ausschluß der auf dem Vorbehaltsgute ruhenden Lasten und der außerordentlichen Lasten, die als auf den Stammwerth des eingebrachten Gutes gelegt anzusehen sind;
2. die privatrechtliche Lasten, die auf den zum eingebrachten Gute gehörenden Gegenständen ruhen;
3. die Zahlungen, die für die Versicherung der zum eingebrachten Gute gehörenden Gegenstände zu leisten sind.

§. 1371. (I 1297 Abs. 1 Nr. 4, II 1285.)

Der Mann ist der Frau gegenüber verpflichtet, für die Dauer der Verwaltung und Nutznießung die Zinsen derjenigen Verbindlichkeiten der Frau zu tragen, deren Berichtigung aus dem eingebrachten Gute verlangt werden kann. Das Gleiche gilt von wiederkehrenden Leistungen anderer Art, einschließlich der von der Frau auf Grund ihrer gesetzlichen Unterhaltspflicht geschuldeten Leistungen, sofern sie bei ordnungsmäßiger Verwaltung aus den Einkünften des Vermögens bestritten werden.

Die Verpflichtung des Mannes tritt nicht ein, wenn die Verbindlichkeiten oder die Leistungen im Verhältnisse der Ehegatten zu einander dem Vorbehaltsgute der Frau zur Last fallen.

§. 1372. (I 1297 Abs. 1 Nr. 5, 6, II 1286.)

Der Mann ist der Frau gegenüber verpflichtet, zu tragen:

1. die Kosten eines Rechtsstreits, in welchem er ein zum eingebrachten Gute gehörendes Recht geltend macht, sowie die Kosten eines Rechtsstreits, den die Frau führt, sofern nicht die Kosten dem Vorbehaltsgute zur Last fallen;
2. die Kosten eines gegen die Frau gerichteten Strafverfahrens, sofern die Aufwendung der Kosten den Umständen nach geboten ist oder mit Zustimmung des Mannes erfolgt, vorbehaltlich der Ersatzpflicht der Frau im Falle ihrer Verurtheilung.

§. 1373. (II 1287.)

Soweit der Mann nach den §§. 1370 bis 1372 der Frau gegenüber deren Verbindlichkeiten zu tragen hat, haftet er den Gläubigern neben der Frau als Gesammtschuldner.

§. 1374. (I 1328 Nr. 2 Halbsatz 2, II 1288.)

Der Mann hat den ehelichen Aufwand zu tragen.

Die Frau kann verlangen, daß der Mann den Reinertrag des eingebrachten Gutes, soweit dieser zur Bestreitung des eigenen und des der Frau und den gemeinschaftlichen Abkömmlingen zu gewährenden Unterhalts erforderlich ist, ohne Rücksicht auf seine sonstigen Verpflichtungen zu diesem Zwecke verwendet.

§. 1375. (I 1324 Abs. 4, 595, II 1289.)

Macht der Mann zum Zwecke der Verwaltung des eingebrachten Gutes Aufwendungen, die er den Umständen nach für erforderlich halten darf, so kann er von der Frau Ersatz verlangen, sofern nicht die Aufwendungen ihm selbst zur Last fallen.

§. 1376. (I 1292, 1005, II 1290.)

Wird durch das Verhalten des Mannes die Besorgniß begründet, daß die Rechte der Frau in einer das eingebrachte Gut erheblich gefährdenden Weise verletzt werden, so kann die Frau von dem Manne Sicherheitsleistung verlangen.

Das Gleiche gilt, wenn die der Frau aus der Verwaltung und Nutznießung des Mannes zustehenden Ansprüche auf Ersatz des Werthes verbrauchbarer Sachen erheblich gefährdet sind.

§. 1377. (I 1292, 1036, II 1291.)

Liegen die Voraussetzungen vor, unter denen der Mann zur Sicherheitsleistung verpflichtet ist, so kann die Frau auch verlangen, daß der Mann die zum eingebrachten Gute gehörenden Inhaberpapiere nebst den Erneuerungsscheinen bei einer Hinterlegungsstelle oder bei der Reichsbank mit der Bestimmung hinterlegt, daß die Herausgabe von dem Manne nur mit Zustimmung der Frau verlangt werden kann. Die Hinterlegung von Inhaberpapieren, die zu den verbrauchbaren Sachen gehören, sowie von Zins-, Renten- oder Gewinnantheilscheinen kann nicht verlangt werden. Den Inhaberpapieren stehen Orderpapiere gleich, die mit Blankoindossament versehen sind.

Ueber die hinterlegten Papiere kann der Mann auch eine Verfügung, zu der er nach §. 1361 berechtigt ist, nur mit Zustimmung der Frau treffen.

§. 1378. (II 1292.)

Der Mann kann die Inhaberpapiere, statt sie nach §. 1377 zu hinterlegen, auf den Namen der Frau umschreiben oder, wenn sie von dem Reiche oder einem Bundesstaat ausgestellt sind, in Buchforderungen gegen das Reich oder den Bundesstaat umwandeln lassen.

§. 1379. (I 1292, 1004, 1324 Abs. 2, II 1293 Abs. 1.)

Die Frau kann Ansprüche, die ihr auf Grund der Verwaltung und Nutznießung gegen den Mann zustehen, erst nach der Beendigung der Verwaltung und Nutznießung gerichtlich geltend machen, es sei denn, daß die Voraussetzungen vorliegen, unter denen die Frau nach §. 1376 Sicherheitsleistung verlangen kann. Der im §. 1374 Abs. 2 bestimmte Anspruch unterliegt dieser Beschränkung nicht.

§. 1380. (I 1300 Satz 1, II 1294.)

Die Frau bedarf zur Verfügung über eingebrachtes Gut der Einwilligung des Mannes.

§. 1381. (I 1300 Satz 2, 3, II 1295.)

Verfügt die Frau durch Vertrag ohne Einwilligung des Mannes über eingebrachtes Gut, so hängt die Wirksamkeit des Vertrags von der Genehmigung des Mannes ab.

Fordert der andere Theil den Mann zur Erklärung über die Genehmigung auf, so kann die Erklärung nur ihm gegenüber erfolgen; eine vor der Aufforderung der Frau gegenüber erklärte Genehmigung oder Verweigerung der Genehmigung wird unwirksam. Die Genehmigung kann nur bis zum Ablaufe von zwei Wochen nach dem Empfange der Aufforderung erklärt werden; wird sie nicht erklärt, so gilt sie als verweigert.

Verweigert der Mann die Genehmigung, so wird der Vertrag nicht dadurch wirksam, daß die Verwaltung und Nutznießung aufhört.

§. 1382. (I 1300 Satz 2, 3, II 1296.)

Bis zur Genehmigung des Vertrags ist der andere Theil zum Widerrufe berechtigt. Der Widerruf kann auch der Frau gegenüber erklärt werden.

Hat der andere Theil gewußt, daß die Frau Ehefrau ist, so kann er nur widerrufen, wenn die Frau der Wahrheit zuwider die Einwilligung des Mannes behauptet hat: er kann auch in diesem Falle nicht widerrufen, wenn ihm das Fehlen der Einwilligung bei dem Abschlusse des Vertrags bekannt war.

§. 1383. (I 1300 Satz 1, II 1297.)

Ein einseitiges Rechtsgeschäft, durch das die Frau ohne Einwilligung des Mannes über eingebrachtes Gut verfügt, ist unwirksam.

§. 1384. (I 1301, 1312 Nr. 1 Theilsatz 2, 3, II 1298.)

Zu Rechtsgeschäften, durch die sich die Frau zu einer Leistung verpflichtet, ist die Zustimmung des Mannes nicht erforderlich.

Stimmt der Mann einem solchen Rechtsgeschäfte zu, so ist es in Ansehung des eingebrachten Gutes ihm gegenüber wirksam. Stimmt er nicht zu, so muß er das Rechtsgeschäft, soweit das eingebrachte Gut bereichert wird, nach den Vorschriften über die Herausgabe einer ungerechtfertigten Bereicherung gegen sich gelten lassen.

§. 1385. (I 1302, 1303, II 1299.)

Führt die Frau einen Rechtsstreit ohne Zustimmung des Mannes, so ist das Urtheil dem Manne gegenüber in Ansehung des eingebrachten Gutes unwirksam.

Ein zum eingebrachten Gute gehörendes Recht kann die Frau im Wege der Klage nur mit Zustimmung des Mannes geltend machend.

§. 1386. (I 1306, II 1300.)

Die Zustimmung des Mannes ist in den Fällen der §§. 1380 bis 1383, des §. 1384 Abs. 2 und des §. 1385 nicht erforderlich, wenn der Mann durch Krankheit oder durch Abwesenheit an der Abgabe einer Erklärung verhindert und mit dem Aufschube Gefahr verbunden ist.

§. 1387. (I 1321, II 1303.)

Ist zur ordnungsmäßigen Besorgung der persönlichen Angelegenheiten der Frau ein Rechtsgeschäft erforderlich, zu dem die Frau der Zustimmung des Mannes bedarf, so kann die Zustimmung auf Antrag der Frau durch das Vormundschaftsgericht ersetzt werden, wenn der Mann sie ohne ausreichenden Grund verweigert.

§. 1388. (I 1304, II 1301.)

Ein einseitiges Rechtsgeschäft, das sich auf das eingebrachte Gut bezieht, ist dem Manne gegenüber vorzunehmen.

Ein einseitiges Rechtsgeschäft, das sich auf eine Verbindlichkeit der Frau bezieht, ist der Frau gegenüber vorzunehmen; das Rechtsgeschäft muß jedoch auch dem Manne gegenüber vorgenommen werden, wenn es in Ansehung des eingebrachten Gutes ihm gegenüber wirksam sein soll.

§. 1389. (I 1305, II 1302.)

Die Beschränkungen, denen die Frau nach den §§. 1380 bis 1388 unterliegt, muß ein Dritter auch dann gegen sich gelten lassen, wenn er nicht gewußt hat, daß die Frau eine Ehefrau ist.

§. 1390. (I 1307, II 1304.)

Ertheilt der Mann der Frau die Einwilligung zum selbständigen Betrieb eines Erwerbsgeschäfts, so ist seine Zustimmung zu solchen Rechtsgeschäften und Rechtsstreitigkeiten nicht erforderlich, die der Geschäftsbetrieb mit sich bringt. Einseitige Rechtsgeschäfte, die sich auf das Erwerbsgeschäft beziehen, sind der Frau gegenüber vorzunehmen.

Der Einwilligung des Mannes in den Geschäftsbetrieb steht es gleich, wenn die Frau mit Wissen und ohne Einspruch den Mannes das Erwerbsgeschäft betreibt.

Dritten gegenüber ist ein Einspruch und der Widerruf der Einwilligung nur nach Maßgabe des §. 1420 wirksam.

§. 1391. (I 1308, 2148 Nr. 4, II 1305.)

Die Frau bedarf nicht der Zustimmung des Mannes:

1. zur Annahme oder Ausschlagung einer Erbschaft oder eines Vermächtnisses, zum Verzicht auf den Pflichttheil sowie zur Errichtung des Inventars über eine angefallene Erbschaft;
2. zur Ablehnung eines Vertragsantrags oder einer Schenkung;
3. zur Vornahme eines Rechtsgeschäfts gegenüber dem Manne.

§. 1392. (I 1309, II 1306.)

Die Frau bedarf nicht der Zustimmung des Mannes:

1. zur Fortsetzung eines zur Zeit der Eheschließung anhängigen Rechtstreits;
2. zur gerichtlichen Geltendmachung eines zum eingebrachten Gute gehörenden Rechtes gegen den Mann;
3. zur gerichtlichen Geltendmachung eines zum eingebrachten Gute gehörenden Rechtes gegen einen Dritten, wenn der Mann ohne die erforderliche Zustimmung der Frau über das Recht verfügt hat;
4. zur gerichtlichen Geltendmachung eines Widerspruchrechts gegenüber einer Zwangsvollstreckung.

§. 1393. (I 1298 Halbsatz 1, II 1307.)

Das Recht, das dem Manne an dem eingebrachten Gute kraft seiner Verwaltung und Nutznießung zusteht, ist nicht übertragbar.

§. 1394. (I 1326, II 1308.)

Steht der Mann unter Vormundschaft, so hat ihn der Vormund in den Rechten und Pflichten zu vertreten, die sich aus der Verwaltung und Nutznießung des eingebrachten Gutes ergeben. Dies gilt auch dann, wenn die Frau Vormund des Mannes ist.

3. Schuldenhaftung.

§. 1395. (II 1309.)

Die Gläubiger des Mannes können nicht Befriedigung aus dem eingebrachten Gute verlangen.

§. 1396. (I 1311, II 1293 Abs. 2, 1310.)

Die Gläubiger der Frau können ohne Rücksicht auf die Verwaltung und Nutznießung des Mannes Befriedigung aus dem eingebrachten Gute verlangen, soweit sich nicht aus den §§. 1397 bis 1399 ein Anderes ergiebt. Sie unterliegen bei der Geltendmachung der Ansprüche der Frau nicht der im §. 1379 bestimmten Beschränkung.

Hat der Mann verbrauchbare Sachen nach §. 1362 Abs. 3 veräußert oder verbraucht, so ist er den Gläubigern gegenüber zum sofortigen Ersatze verpflichtet.

§. 1397. (I 1312 Nr. 1 Theilsatz 1, 4, II 1311.)

Das eingebrachte Gut haftet für eine Verbindlichkeit der Frau, die aus einem nach der Eingehung der Ehe vorgenommenen Rechtsgeschäft entsteht, nur dann, wenn der Mann seine Zustimmung zu dem Rechtsgeschäft ertheilt oder wenn das Rechtsgeschäft ohne seine Zustimmung ihm gegenüber wirksam ist.

Für die Kosten eines Rechtsstreits der Frau haftet das eingebrachte Gut auch dann, wenn das Urtheil dem Manne gegenüber in Ansehung des eingebrachten Gutes nicht wirksam ist.

§. 1398. (I 1312 Nr. 2, II 1312.)

Das eingebrachte Gut haftet nicht für eine Verbindlichkeit der Frau, die in Folge des Erwerbes einer Erbschaft oder eines Vermächtnisses entsteht, wenn die Frau die Erbschaft oder das Vermächtniß nach der Eingehung der Ehe als Vorbehaltsgut erwirbt.

§. 1399. (I 1312 Nr. 3, II 1313.)

Das eingebrachte Gut haftet nicht für eine Verbindlichkeit der Frau, die nach der Eingehung der Ehe in Folge eines zu dem Vorbehaltsgute gehörenden Rechtes oder des Besitzes einer dazu gehörenden Sache entsteht, es sei denn, daß das Recht oder die Sache zu einem Erwerbsgeschäfte gehört, das die Frau mit Einwilligung des Mannes selbständig betreibt.

§. 1400. (I 1316 Abs. 2 Nr. 1 bis 3, II 1314.)

Im Verhältnisse der Ehegatten zu einander fallen dem Vorbehaltsgute zur Last:

1. die Verbindlichkeiten der Frau aus einer unerlaubten Handlung, die sie während der Ehe begeht, oder aus einem Strafverfahren, das wegen einer solchen Handlung gegen sie gerichtet wird;
2. die Verbindlichkeiten der Frau aus einem sich auf das Vorbehaltsgut beziehenden Rechtsverhältniß, auch wenn sie vor der Eingehung der Ehe oder vor der Zeit entstanden sind, zu der das Gut Vorbehaltsgut geworden ist;
3. die Kosten eines Rechtsstreits, den die Frau über eine der in Nr. 1, 2 bezeichneten Verbindlichkeiten führt.

§. 1401. (I 1316 Abs. 2 Nr. 4, II 1315.)

Im Verhältnisse der Ehegatten zu einander fallen die Kosten eines Rechtsstreits zwischen ihnen dem Vorbehaltsgute zur Last, soweit nicht der Mann sie zu tragen hat.

Das Gleiche gilt von den Kosten eines Rechtsstreits zwischen der Frau und einem Dritten, es sei denn, daß das Urtheil dem Manne gegenüber in Ansehung des eingebrachten Gutes wirksam ist. Betrifft jedoch der Rechtsstreit eine persönliche Angelegenheit der Frau oder eine nicht unter die Vorschriften des §. 1400 Nr. 1, 2 fallende Verbindlichkeit, für die das eingebrachte Gut haftet, so findet diese Vorschrift keine Anwendung, wenn die Aufwendung der Kosten den Umständen nach geboten ist.

§. 1402. (I 1316 Abs. 3, II 1316.)

Wird eine Verbindlichkeit, die nach den §§. 1400, 1401 dem Vorbehaltsgute zur Last fällt, aus dem eingebrachten Gute berichtigt, so hat die Frau aus dem Vorbehaltsgute, soweit dieses reicht, zu dem eingebrachten Gute Ersatz zu leisten.

Wird eine Verbindlichkeit der Frau, die im Verhältnisse der Ehegatten zu einander nicht dem Vorbehaltsgute zur Last fällt, aus dem Vorbehaltsgute berichtigt, so hat der Mann aus dem eingebrachten Gute, soweit dieses reicht, zu dem Vorbehaltsgut Ersatz zu leisten.

4. Beendigung der Verwaltung und Nutznießung.

§. 1403. (I 1327 Abs. 1 Nr. 2, 1328, II 1317.)

Die Frau kann auf Aufhebung der Verwaltung und Nutznießung klagen:

1. wenn die Voraussetzungen vorliegen, unter denen die Frau nach §. 1376 Sicherheitsleistung verlangen kann;
2. wenn der Mann seine Verpflichtung, der Frau und den gemeinschaftlichen Abkömmlingen Unterhalt zu gewähren, verletzt hat und für die Zukunft eine erhebliche Gefährdung des Unterhalts zu besorgen ist. Eine Verletzung der Unterhaltspflicht liegt schon dann vor, wenn der Frau und den gemeinschaftlichen Abkömmlingen nicht mindestens der Unterhalt gewährt wird, welcher ihnen bei ordnungsmäßiger Verwaltung und Nutznießung des eingebrachten Gutes zukommen würde;
3. wenn der Mann entmündigt ist;
4. wenn der Mann nach §. 1888 zur Besorgung seiner Vermögensangelegenheiten einen Pfleger erhalten hat;
5. wenn für den Mann ein Abwesenheitspfleger bestellt und die baldige Aufhebung der Pflegschaft nicht zu erwarten ist.

Die Aufhebung der Verwaltung und Nutznießung tritt mit der Rechtskraft des Urtheils ein.

§. 1404. (I 1327 Abs. 1 Nr. 3, II 1318.)

Die Verwaltung und Nutznießung endigt mit der Rechtskraft des Beschlusses, durch den der Konkurs über das Vermögen des Mannes eröffnet wird.

§. 1405. (I 1327 Abs. 1 Nr. 4, II 1319.)

Die Verwaltung und Nutznießung endigt, wenn der Mann für todt erklärt wird, mit dem Zeitpunkte, der als Zeitpunkt des Todes gilt.

§. 1406. (I 1292, 1007, 1009, 1324 Abs. 1, 591, 593, II 1320.)

Nach der Beendigung der Verwaltung und Nutznießung hat der Mann das eingebrachte Gut der Frau herauszugeben und ihr über die Verwaltung Rechenschaft abzulegen. Auf die Herausgabe eines landwirthschaftlichen Grundstücks findet die Vorschrift des §. 584, auf die Herausgabe eines Landguts finden die Vorschriften der §§. 584, 585 entsprechende Anwendung.

§. 1407. (I 1329, II 1321.)

Wird die Verwaltung und Nutznießung auf Grund des §. 1403 durch Urtheil aufgehoben, so ist der Mann zur Herausgabe des eingebrachten Gutes so verpflichtet, wie wenn der Anspruch auf Herausgabe mit der Erhebung der Klage auf Aufhebung der Verwaltung und Nutznießung rechtshängig geworden wäre.

§. 1408. (I 1292, 1008, II 1322.)

Hat der Mann ein zum eingebrachten Gute gehörendes Grundstück vermiethet oder verpachtet, so finden, wenn das Mieth- oder Pachtverhältniß bei der Beendigung der Verwaltung und Nutznießung noch besteht, die Vorschriften des §. 1040 entsprechende Anwendung.

§. 1409. (I 1327 Abs. 2, 599 Abs. 2, 603, II 1323.)

Der Mann ist auch nach der Beendigung der Verwaltung und Nutznießung zur Fortführung der Verwaltung berechtigt, bis er von der Beendigung Kenntniß erlangt oder sie kennen muß. Ein Dritter kann sich auf diese Berechtigung nicht berufen, wenn er bei der Vornahme eines Rechtsgeschäfts die Beendigung der Verwaltung und Nutznießung kennt oder kennen muß.

Endigt die Verwaltung und Nutznießung in Folge des Todes der Frau, so hat der Mann diejenigen zur Verwaltung gehörenden Geschäfte, mit deren Aufschube Gefahr verbunden ist, zu besorgen, bis der Erbe anderweit Fürsorge treffen kann.

§. 1410. (I 1331, 1332, II 1324.)

Wird die Entmündigung oder Pflegschaft, wegen deren die Aufhebung der Verwaltung und Nutznießung erfolgt ist, wiederaufgehoben oder wird der die Entmündigung aussprechende Beschluß mit Erfolg angefochten, so kann der Mann auf Wiederherstellung seiner Rechte klagen. Das Gleiche gilt, wenn der für todt erklärte Mann noch lebt.

Die Wiederherstellung der Rechte des Mannes tritt mit der Rechtskraft des Urtheils ein. Die Vorschrift des §. 1407 findet entsprechende Anwendung.

Im Falle der Wiederherstellung wird Vorbehaltsgut, was ohne die Aufhebung der Rechte des Mannes Vorbehaltsgut geblieben oder geworden sein würde.

5. Gütertrennung.

§. 1411. (I 1284 Theilsatz 2, 1330 Halbsatz 1, II 1325.)

Tritt nach §. 1349 die Verwaltung und Nutznießung des Mannes nicht ein oder endigt sie auf Grund der §§. 1403 bis 1405, so tritt Gütertrennung ein.

Für die Gütertrennung gelten die Vorschriften der §§. 1412 bis 1416.

§. 1412. (I 1339 Abs. 1 bis 3, II 1326.)

Der Mann hat den ehelichen Aufwand zu tragen.

Zur Bestreitung des ehelichen Aufwandes hat die Frau dem Manne einen angemessenen Beitrag aus den Einkünften ihres Vermögens und dem Ertrag ihrer Arbeit oder eines von ihr selbständig betriebenen Erwerbsgeschäfts zu leisten. Für die Vergangenheit kann der Mann die Leistung nur insoweit verlangen, als die Frau ungeachtet seiner Aufforderung mit der Leistung im Rückstande geblieben ist. Der Anspruch des Mannes ist nicht übertragbar.

§. 1413. (I 1339 Abs. 4, 5, II 1327.)

Ist eine erhebliche Gefährdung des Unterhalts zu besorgen, den der Mann der Frau und den gemeinschaftlichen Abkömmlingen zu gewähren hat, so kann die Frau den Beitrag zu dem ehelichen Aufwand insoweit zur eigenen Verwendung zurückbehalten, als er zur Bestreitung des Unterhalts erforderlich ist.

Das Gleiche gilt, wenn der Mann entmündigt ist oder wenn er nach §. 1888 zur Besorgung seiner Vermögensangelegenheiten einen Pfleger erhalten hat oder wenn für ihn ein Abwesenheitspfleger bestellt ist.

§. 1414. (II 1328.)

Macht die Frau zur Bestreitung des ehelichen Aufwandes aus ihrem Vermögen eine Aufwendung oder überläßt sie dem Manne zu diesem Zwecke etwas aus ihrem Vermögen, so ist im Zweifel anzunehmen, daß die Absicht fehlt, Ersatz zu verlangen.

§. 1415. (I 1340 Abs. 1, II 1329.)

Ueberläßt die Frau ihr Vermögen ganz oder theilweise der Verwaltung des Mannes, so kann der Mann die Einkünfte, die er während seiner Verwaltung bezieht, nach freiem Ermessen verwenden, soweit nicht ihre Verwendung zur Bestreitung der Kosten der ordnungsmäßigen Verwaltung und zur Erfüllung solcher Verpflichtungen der Frau erforderlich ist, die bei ordnungsmäßiger Verwaltung aus den Einkünften des Vermögens bestritten werden. Die Frau kann eine abweichende Bestimmung treffen.

§. 1416. (I 1284 Theilsatz 3, 1330 Halbsatz 2, 1331 Abs. 2, II 1330.)

Die Gütertrennung ist Dritten gegenüber nur nach Maßgabe des §. 1420 wirksam.

Das Gleiche gilt im Falle des §. 1410 von der Wiederherstellung der Verwaltung und Nutznießung, wenn die Aufhebung in das Güterrechtsregister eingetragen worden ist.

II. Vertragsmäßiges Güterrecht.

1. Allgemeine Vorschriften.

§. 1417. (I 1333, II 1331.)

Die Ehegatten können ihre güterrechtlichen Verhältnisse durch Vertrag (Ehevertrag) regeln, insbesondere auch nach der Eingehung der Ehe den Güterstand aufheben oder ändern.

§. 1418. (I 1334, II 1332.)

Der Güterstand kann nicht durch Verweisung auf ein nicht mehr geltendes oder auf ein ausländisches Gesetz bestimmt werden.

Hat der Mann zur Zeit der Eingehung der Ehe oder, falls der Vertrag nach der Eingehung der Ehe geschlossen wird, zur Zeit des Vertragsabschlusses seinen Wohnsitz im Auslande, so ist die Verweisung auf ein an diesem Wohnsitze geltendes Güterrecht zulässig.

§. 1419. (I 1335 Abs. 1, II 1333.)

Der Ehevertrag muß bei gleichzeitiger Anwesenheit beider Theile vor Gericht oder vor einem Notar geschlossen werden.

§. 1420. (I 1336, 1337, 1435 Abs. 1, II 1334, 1453 Abs. 1.)

Wird durch Ehevertrag die Verwaltung und Nutznießung des Mannes ausgeschlossen oder geändert, so können einem Dritten gegenüber aus der Ausschließung oder der Aenderung Einwendungen gegen ein zwischen ihm und einem der Ehegatten vorgenommenes Rechtsgeschäft oder gegen ein zwischen ihnen ergangenes rechtskräftiges Urtheil nur hergeleitet werden, wenn zur Zeit der Vornahme des Rechtsgeschäfts oder zur Zeit des Eintritts der Rechtshängigkeit die Ausschließung oder die Aenderung in dem Güterrechtsregister des zuständigen Amtsgerichts eingetragen oder dem Dritten bekannt war.

Das Gleiche gilt, wenn eine in dem Güterrechtsregister eingetragene Regelung des güterrechtlichen Verhältnisses durch Ehevertrag aufgehoben oder geändert wird.

§. 1421. (I 1338, 1381 Abs. 1, 1429 Abs. 1, 1431 Abs. 1, II 1335.)

Wird durch Ehevertrag die Verwaltung und Nutznießung des Mannes ausgeschlossen oder die allgemeine Gütergemeinschaft, die Errungenschaftsgemeinschaft oder die Fahrnißgemeinschaft aufgehoben, so tritt Gütertrennung ein, sofern sich nicht aus dem Vertrag ein Anderes ergiebt.

2. Allgemeine Gütergemeinschaft.

§. 1422. (I 1341 Abs. 2, II 1336.)

Ein Ehevertrag, durch den die allgemeine Gütergemeinschaft vereinbart wird, kann nicht durch einen gesetzlichen Vertreter geschlossen werden.

Ist einer der Vertragschließenden in der Geschäftsfähigkeit beschränkt, so bedarf er der Zustimmung seines gesetzlichen Vertreters. Ist der gesetzliche Vertreter ein Vormund, so ist die Genehmigung des Vormundschaftsgerichts erforderlich.

§. 1423. (I 1342, 1343, II 1337.)

Das Vermögen des Mannes und das Vermögen der Frau werden durch die allgemeine Gütergemeinschaft gemeinschaftliches Vermögen beider Ehegatten (Gesammtgut). Zu dem Gesammtgute gehört auch das Vermögen, das der Mann oder die Frau während der Gütergemeinschaft erwirbt.

Die einzelnen Gegenstände werden gemeinschaftlich, ohne daß es einer Uebertragung durch Rechtsgeschäft bedarf.

Wird ein Recht gemeinschaftlich, das im Grundbuch eingetragen ist oder in das Grundbuch eingetragen werden kann, so kann jeder Ehegatte von dem anderen die Mitwirkung zur Berichtigung des Grundbuchs verlangen.

§. 1424. (I 1351, II 1339.)

Von dem Gesammtgut ausgeschlossen sind Gegenstände, die nicht durch Rechtsgeschäft übertragen werden können. Auf solche Gegenstände finden die bei der Errungenschaftsgemeinschaft für das eingebrachte Gut geltenden Vorschriften, mit Ausnahme des §. 1509, entsprechende Anwendung.

§. 1425. (I 1346, 1347, 1349, II 1340.)

Von dem Gesammtgut ausgeschlossen ist das Vorbehaltsgut.

Vorbehaltsgut ist, was durch Ehevertrag für Vorbehaltsgut eines der Ehegatten erklärt ist oder von einem der Ehegatten nach §. 1353 oder §. 1354 erworben wird.

§. 1426. (I 1350, II 1341.)

Auf das Vorbehaltsgut der Frau finden die bei der Gütertrennung für das Vermögen der Frau geltenden Vorschriften entsprechende Anwendung; die Frau hat jedoch dem Manne zur Bestreitung des ehelichen Aufwandes einen Beitrag nur insoweit zu leisten, als die in das Gesammtgut fallenden Einkünfte zur Bestreitung des Aufwandes nicht ausreichen.

§. 1427. (I 1344 Satz 2, 1345 Abs. 1 Halbsatz 1, Abs. 2, II 1338.)

Ein Ehegatte kann nicht über seinen Antheil an dem Gesammtgut und an den einzelnen dazu gehörenden Gegenständen verfügen; er ist nicht berechtigt, Theilung zu verlangen.

Gegen eine Forderung, die zu dem Gesammtgute gehört, kann der Schuldner nur eine Forderung aufrechnen, deren Berichtigung aus dem Gesammtgute verlangt werden kann.

§. 1428. (I 1352, II 1342.)

Das Gesammtgut unterliegt der Verwaltung des Mannes. Der Mann ist insbesondere zum Besitze der zu dem Gesammtgute gehörenden Sachen berechtigt und befugt, über das Gesammtgut zu verfügen sowie Rechtsstreitigkeiten, die sich auf das Gesammtgut beziehen, im eigenen Namen zu führen.

Die Frau wird durch die Verwaltungshandlungen des Mannes weder Dritten noch dem Manne gegenüber persönlich verpflichtet.

§. 1429. (I 1353 Abs. 1, II 1343.)

Der Mann bedarf der Einwilligung der Frau zu einem Rechtsgeschäfte, durch das er sich zu einer Verfügung über das Gesammtgut im Ganzen verpflichtet, sowie zu einer Verfügung über Gesammtgut, durch die eine ohne Zustimmung der Frau eingegangene Verpflichtung dieser Art erfüllt werden soll.

§. 1430. (I 1353 Abs. 1, II 1344.)

Der Mann bedarf der Einwilligung der Frau zur Verfügung über ein zu dem Gesammtgute gehörendes Grundstück sowie zur Eingehung der Verpflichtung zu einer solchen Verfügung.

§. 1431. (I 1353 Abs. 2, 3, II 1345.)

Der Mann bedarf der Einwilligung der Frau zu einer Schenkung aus dem Gesammtgute sowie zu einer Verfügung über Gesammtgut, durch welche das ohne Zustimmung der Frau ertheilte Versprechen einer solchen Schenkung erfüllt werden soll. Das Gleiche gilt von einem Schenkungsversprechen, das sich nicht auf das Gesammtgut bezieht.

Ausgenommen sind Schenkungen, durch die einer sittlichen Pflicht oder einer auf den Anstand zu nehmenden Rücksicht entsprochen wird.

§. 1432. (I 1353 Abs. 4, II 1346.)

Ist zur ordnungsmäßigen Verwaltung des Gesammtguts ein Rechtsgeschäft der in den §§. 1429, 1430 bezeichneten Art erforderlich, so kann die Zustimmung der Frau auf Antrag des Mannes durch das Vormundschaftsgericht ersetzt werden, wenn die Frau sie ohne ausreichenden Grund verweigert.

Das Gleiche gilt, wenn die Frau durch Krankheit oder durch Abwesenheit an der Abgabe einer Erklärung verhindert und mit dem Aufschube Gefahr verbunden ist.

§. 1433. (I 1353 Abs. 1, II 1347.)

Nimmt der Mann ohne Einwilligung der Frau ein Rechtsgeschäft der in den §§. 1429 bis 1431 bezeichneten Art vor, so finden die für eine Verfügung der Frau über eingebrachtes Gut geltenden Vorschriften des §. 1381 Abs. 1, 3 und der §§. 1382, 1383 entsprechende Anwendung.

Fordert bei einem Vertrage der andere Theil den Mann auf, die Genehmigung der Frau zu beschaffen, so kann die Erklärung über die Genehmigung nur ihm gegenüber erfolgen; eine vor der Aufforderung dem Manne gegenüber erklärte

Genehmigung oder Verweigerung der Genehmigung wird unwirksam. Die Genehmigung kann nur bis zum Ablaufe von zwei Wochen nach dem Empfange der Aufforderung erklärt werden; wird sie nicht erklärt, so gilt sie als verweigert.

Wird die Genehmigung der Frau durch das Vormundschaftsgericht ersetzt, so ist im Falle einer Aufforderung nach Abs. 2 der Beschluß nur wirksam, wenn der Mann ihn dem anderen Theile mittheilt; die Vorschriften des Abs. 2 Satz 2 finden entsprechende Anwendung.

§. 1434. (I 1354, II 1349.)

Verfügt der Mann ohne die erforderliche Zustimmung der Frau über ein zu dem Gesammtgute gehörendes Recht, so kann die Frau das Recht ohne Mitwirkung des Mannes gegen Dritte gerichtlich geltend machen.

§. 1435. (I 1358, II 1353.)

Ist der Mann durch Krankheit oder durch Abwesenheit verhindert, ein sich auf das Gesammtgut beziehendes Rechtsgeschäft vorzunehmen oder einen sich auf das Gesammtgut beziehenden Rechtsstreit zu führen, so kann die Frau im eigenen Namen oder im Namen des Mannes das Rechtsgeschäft vornehmen oder den Rechtsstreit führen, wenn mit dem Aufschube Gefahr verbunden ist.

§. 1436. (I 1366, II 1354.)

Ist zur ordnungsmäßigen Besorgung der persönlichen Angelegenheiten der Frau ein Rechtsgeschäft erforderlich, das die Frau mit Wirkung für das Gesammtgut nicht ohne Zustimmung des Mannes vornehmen kann, so kann die Zustimmung auf Antrag der Frau durch das Vormundschaftsgericht ersetzt werden, wenn der Mann sie ohne ausreichenden Grund verweigert.

§. 1437. (I 1356, II 1351.)

Auf den selbständigen Betrieb eines Erwerbsgeschäfts durch die Frau finden die Vorschriften des §. 1390 entsprechende Anwendung.

§. 1438. (I 1355, 2148 Nr. 4, II 1350.)

Zur Annahme oder Ausschlagung einer der Frau angefallenen Erbschaft oder eines ihr angefallenen Vermächtnisses ist nur die Frau berechtigt; die Zustimmung des Mannes ist nicht erforderlich. Das Gleiche gilt von dem Verzicht auf den Pflichttheil sowie von der Ablehnung eines der Frau gemachten Vertragsantrags oder einer Schenkung.

Zur Errichtung des Inventars über eine der Frau angefallene Erbschaft bedarf die Frau nicht der Zustimmung des Mannes.

§. 1439. (I 1357, II 1352.)

Zur Fortsetzung eines bei dem Eintritte der Gütergemeinschaft anhängigen Rechtsstreits bedarf die Frau nicht der Zustimmung des Mannes.

§. 1440. (I 1362 Nr. 1, II 1357 Abs. 1.)

Wird durch ein Rechtsgeschäft, das der Mann oder die Frau ohne die erforderliche Zustimmung des anderen Ehegatten vornimmt, das Gesammtgut bereichert, so kann die Herausgabe der Bereicherung aus dem Gesammtgute nach den Vorschriften über die Herausgabe einer ungerechtfertigten Bereicherung gefordert werden.

§. 1441. (I 1364, II 1348.)

Der Mann ist der Frau für die Verwaltung des Gesammtguts nicht verantwortlich. Er hat jedoch für eine Verminderung des Gesammtguts zu diesem Ersatz zu leisten, wenn er die Verminderung in der Absicht, die Frau zu benachtheiligen, oder durch ein Rechtsgeschäft herbeiführt, das er ohne die erforderliche Zustimmung der Frau vornimmt.

§. 1442. (I 1370, II 1355.)

Steht der Mann unter Vormundschaft, so hat ihn der Vormund in den Rechten und Pflichten zu vertreten, die sich aus der Verwaltung des Gesammtguts ergeben. Dies gilt auch dann, wenn die Frau Vormund des Mannes ist.

§. 1443. (II 1360.)

Der eheliche Aufwand fällt dem Gesammtgute zur Last.

§. 1444. (I 1359, II 1356.)

Aus dem Gesammtgute können die Gläubiger des Mannes und, soweit sich nicht aus den §§. 1445 bis 1447 ein Anderes ergiebt, auch die Gläubiger der Frau Befriedigung verlangen (Gesammtgutsverbindlichkeiten).

Für Verbindlichkeiten der Frau, die Gesammtgutsverbindlichkeiten sind, haftet der Mann auch persönlich als Gesammtschuldner. Die Haftung erlischt mit der Beendigung der Gütergemeinschaft, wenn die Verbindlichkeiten im Verhältnisse der Ehegatten zu einander nicht dem Gesammtgute zur Last fallen.

§. 1445. (I 1362 Nr. 1, II 1357.)

Das Gesammtgut haftet für eine Verbindlichkeit der Frau, die aus einem nach dem Eintritte der Gütergemeinschaft vorgenommenen Rechtsgeschäft entsteht, nur dann, wenn der Mann seine Zustimmung zu dem Rechtsgeschäft ertheilt oder wenn das Rechtsgeschäft ohne seine Zustimmung für das Gesammtgut wirksam ist.

Für die Kosten eines Rechtsstreits der Frau haftet das Gesammtgut auch dann, wenn das Urtheil dem Gesammtgute gegenüber nicht wirksam ist.

§. 1446. (I 1362 Nr. 2, II 1358.)

Das Gesammtgut haftet nicht für Verbindlichkeiten der Frau, die in Folge des Erwerbes einer Erbschaft oder eines Vermächtnisses entstehen, wenn die Frau die Erbschaft oder das Vermächtniß nach dem Eintritte der Gütergemeinschaft als Vorbehaltsgut erwirbt.

§. 1447. (I 1362 Nr. 3, II 1359.)

Das Gesammtgut haftet nicht für eine Verbindlichkeit der Frau, die nach dem Eintritte der Gütergemeinschaft in Folge eines zu dem Vorbehaltsgute gehörenden Rechtes oder des Besitzes einer dazu gehörenden Sache entsteht, es sei denn, daß das Recht oder die Sache zu einem Erwerbsgeschäfte gehört, das die Frau mit Einwilligung des Mannes selbständig betreibt.

§. 1448. (I 1367 Abs. 2 Nr. 1, 2, 4, II 1361.)

Im Verhältnisse der Ehegatten zu einander fallen folgende Gesammtgutsverbindlichkeiten dem Ehegatten zur Last, in dessen Person sie entstehen:

1. die Verbindlichkeiten aus einer unerlaubten Handlung, die er nach dem Eintritte der Gütergemeinschaft begeht, oder aus einem Strafverfahren, das wegen einer solchen Handlung gegen ihn gerichtet wird;
2. die Verbindlichkeiten aus einem sich auf sein Vorbehaltsgut beziehenden Rechtsverhältniß, auch wenn sie vor dem Eintritte der Gütergemeinschaft oder vor der Zeit entstanden sind, zu der das Gut Vorbehaltsgut geworden ist;
3. die Kosten eines Rechtsstreits über eine der in Nr. 1, 2 bezeichneten Verbindlichkeiten.

§. 1449. (I 1367 Abs. 2 Nr. 4, II 1362.)

Im Verhältnisse der Ehegatten zu einander fallen die Kosten eines Rechtsstreits zwischen ihnen der Frau zur Last, soweit nicht der Mann sie zu tragen hat.

Das Gleiche gilt von den Kosten eines Rechtsstreits zwischen der Frau und einem Dritten, es sei denn, daß das Urtheil dem Gesammtgute gegenüber wirksam ist. Betrifft jedoch der Rechtsstreit eine persönliche Angelegenheit der Frau oder eine nicht unter die Vorschriften des §. 1448 Nr. 1, 2 fallende Gesammtgutsverbindlichkeit der Frau, so findet diese Vorschrift keine Anwendung, wenn die Aufwendung der Kosten den Umständen nach geboten ist.

§. 1450. (I 1368, II 1363.)

Im Verhältnisse der Ehegatten zu einander fällt eine Ausstattung, die der Mann einem gemeinschaftlichen Kinde aus dem Gesammtgute verspricht oder gewährt, dem Manne insoweit zur Last, als sie das dem Gesammtgut entsprechende Maß übersteigt.

Verspricht oder gewährt der Mann einem nicht gemeinschaftlichen Kinde eine Ausstattung aus dem Gesammtgute, so fällt sie im Verhältnisse der Ehegatten zu einander dem Vater oder der Mutter des Kindes zur Last, der Mutter jedoch nur insoweit, als sie zustimmt oder die Ausstattung nicht das dem Gesammtgut entsprechende Maß übersteigt.

§. 1451. (I 1365, II 1364.)

Verwendet der Mann Gesammtgut in sein Vorbehaltsgut, so hat er den Werth des Verwendeten zu dem Gesammtgute zu ersetzen.

Verwendet der Mann Vorbehaltsgut in das Gesammtgut, so kann er Ersatz aus dem Gesammtgute verlangen.

§. 1452. (I 1369, II 1365.)

Was ein Ehegatte zu dem Gesammtgut oder die Frau zu dem Vorbehaltsgute des Mannes schuldet, ist erst nach der Beendigung der Gütergemeinschaft zu leisten; soweit jedoch zur Berichtigung einer Schuld der Frau deren Vorbehaltsgut ausreicht, hat sie die Schuld schon vorher zu berichtigen.

Was der Mann aus dem Gesammtgute zu fordern hat, kann er erst nach der Beendigung der Gütergemeinschaft fordern.

§. 1453. (I 1372, II 1366.)

Die Frau kann auf Aufhebung der Gütergemeinschaft klagen:

1. wenn der Mann ein Rechtsgeschäft der in den §§. 1429 bis 1431 bezeichneten Art ohne Zustimmung der Frau vorgenommen hat und für die Zukunft eine erhebliche Gefährdung der Frau zu besorgen ist;
2. wenn der Mann das Gesammtgut in der Absicht, die Frau zu benachtheiligen, vermindert hat;
3. wenn der Mann seine Verpflichtung, der Frau und den gemeinschaftlichen Abkömmlingen Unterhalt zu gewähren, verletzt hat und für die Zukunft eine erhebliche Gefährdung des Unterhalts zu besorgen ist;
4. wenn der Mann wegen Verschwendung entmündigt ist oder wenn er das Gesammtgut durch Verschwendung erheblich gefährdet;
5. wenn das Gesammtgut in Folge von Verbindlichkeiten, die in der Person des Mannes entstanden sind, in solchem Maße überschuldet ist, daß ein späterer Erwerb der Frau erheblich gefährdet wird.

§. 1454. (II 1367.)

Der Mann kann auf Aufhebung der Gütergemeinschaft klagen, wenn das Gesammtgut in Folge von Verbindlichkeiten der Frau, die im Verhältnisse der Ehegatten zu einander nicht dem Gesammtgute zur Last fallen, in solchem Maße überschuldet ist, daß ein späterer Erwerb des Mannes erheblich gefährdet wird.

§. 1455. (I 1371 Nr. 2, 1381 Abs. 2, II 1368.)

Die Aufhebung der Gütergemeinschaft tritt in den Fällen der §§. 1453, 1454 mit der Rechtskraft des Urtheils ein. Für die Zukunft gilt Gütertrennung.

Dritten gegenüber ist die Aufhebung der Gütergemeinschaft nur nach Maßgabe des §. 1420 wirksam.

§. 1456. (I 1373 Abs. 1 Satz 1 Halbsatz 1, 1376, II 1369 Satz 1, 1370.)

Nach der Beendigung der Gütergemeinschaft findet in Ansehung des Gesammtguts die Auseinandersetzung statt.

Bis zur Auseinandersetzung gelten für das Gesammtgut die Vorschriften des §. 1427.

§. 1457. (I 1373 Abs. 1 Satz 2, 3, II 1371.)

Die Verwaltung des Gesammtguts steht bis zur Auseinandersetzung beiden Ehegatten gemeinschaftlich zu. Die Vorschriften des §. 1409 finden entsprechende Anwendung.

Jeder Ehegatte ist dem anderen gegenüber verpflichtet, zu Maßregeln mitzuwirken, die zur ordnungsmäßigen Verwaltung erforderlich sind; die zur Erhaltung nothwendigen Maßregeln kann jeder Ehegatte ohne Mitwirkung des anderen treffen.

§. 1458. (I 1373 Abs. 2, II 1372.)

Was auf Grund eines zu dem Gesammtgute gehörenden Rechtes oder als Ersatz für die Zerstörung, Beschädigung oder Entziehung eines zu dem Gesammtgute gehörenden Gegenstandes oder durch ein Rechtsgeschäft erworben wird, das sich auf das Gesammtgut bezieht, wird Gesammtgut.

Die Zugehörigkeit einer durch Rechtsgeschäft erworbenen Forderung zum Gesammtgute hat der Schuldner erst dann gegen sich gelten zu lassen, wenn er von der Zuhörigkeit Kenntniß erlangt; die Vorschriften der §§. 400 bis 402 finden entsprechende Anwendung.

§. 1459. (I 1376, II 1369 Satz 2.)

Die Auseinandersetzung erfolgt, soweit nicht eine andere Vereinbarung getroffeu wird, nach den §§. 1460 bis 1466.

§. 1460. (I 1377 Abs. 1, 1378 Abs. 1, II 1373.)

Aus dem Gesammtgute sind zunächst die Gesammtgutsverbindlichkeiten zu berichtigen. Ist eine Gesammtgutsverbindlichkeit noch nicht fällig oder ist sie streitig, so ist das zur Berichtigung Erforderliche zurückzubehalten.

Fällt eine Gesammtgutsverbindlichkeit im Verhältnisse der Ehegatten zu einander einem der Ehegatten allein zur Last, so kann dieser die Berichtigung aus dem Gesammtgute nicht verlangen.

Zur Berichtigung der Gesammtgutsverbindlichkeiten ist das Gesammtgut, soweit erforderlich, in Geld umzusetzen.

§. 1461. (I 1377 Abs. 2 bis 4, II 1374.)

Der nach der Berichtigung der Gesammtgutsverbindlichkeiten verbleibende Ueberschuß gebührt den Ehegatten zu gleichen Theilen.

Was einer der Ehegatten zu dem Gesammtgute zu ersetzen verpflichtet ist, muß er sich auf seinen Theil anrechnen lassen. Soweit die Ersatzleistung nicht durch Anrechnung erfolgt, bleibt er dem anderen Ehegatten verpflichtet.

§. 1462. (I 1378 Abs. 2, II 1375.)

Die Theilung des Ueberschusses erfolgt nach den Vorschriften über die Gemeinschaft.

Jeder Ehegatte kann gegen Ersatz des Werthes die ausschließlich zu seinem persönlichen Gebrauche bestimmten Sachen, insbesondere Kleider und Schmucksachen, sowie diejenigen Gegenstände übernehmen, welche er in die Gütergemeinschaft eingebracht oder während der Gütergemeinschaft durch Erbfolge, durch Vermächtniß oder mit Rücksicht auf ein künftiges Erbrecht, durch Schenkung oder als Ausstattung erworben hat.

§. 1463. (II 1376.)

Sind die Ehegatten geschieden und ist einer von ihnen allein für schuldig erklärt, so kann der andere verlangen, daß jedem von ihnen der Werth desjenigen zurückerstattet wird, was er in die Gütergemeinschaft eingebracht hat; reicht der Werth des Gesammtguts zur Rückerstattung nicht aus, so hat jeder Ehegatte die Hälfte des Fehlbetrags zu tragen.

Als eingebracht ist anzusehen, was eingebrachtes Gut gewesen sein würde, wenn Errungenschaftsgemeinschaft bestanden hätte. Der Werth des Eingebrachten bestimmt sich nach der Zeit der Einbringung.

Das im Abs. 1 bestimmte Recht steht auch dem Ehegatten zu, dessen Ehe wegen seiner Geisteskrankheit geschieden worden ist.

§. 1464. (I 1379, II 1377.)

Wird die Gütergemeinschaft auf Grund des §. 1453 oder des §. 1454 durch Urtheil aufgehoben, so kann der Ehegatte, welcher das Urtheil erwirkt hat, verlangen, daß die Auseinandersetzung so erfolgt, wie wenn der Anspruch auf Auseinandersetzung mit der Erhebung der Klage auf Aufhebung der Gütergemeinschaft rechtshängig geworden wäre.

§. 1465. (II 1378.)

Wird eine Gesammtgutsverbindlichkeit nicht vor der Theilung des Gesammtguts berichtigt, so haftet dem Gläubiger auch der Ehegatte persönlich als Gesammtschuldner, für den zur Zeit der Theilung eine solche Haftung nicht besteht. Seine Haftung beschränkt sich auf die ihm zugetheilten Gegenstände; die für die Haftung des Erben geltenden Vorschriften der §§. 1967, 1968 finden entsprechende Anwendung.

§. 1466. (I 1380, II 1379.)

Unterbleibt bei der Auseinandersetzung die Berichtigung einer Gesammtgutsverbindlichkeit, die im Verhältnisse der Ehegatten zu einander dem Gesammtgut oder dem Manne zur Last fällt, so hat der Mann dafür einzustehen, daß die Frau von dem Gläubiger nicht in Anspruch genommen wird. Die gleiche Verpflichtung hat die Frau dem Manne gegenüber, wenn die Berichtigung einer Gesammtgutsverbindlichkeit unterbleibt, die im Verhältnisse der Ehegatten zu einander der Frau zur Last fällt.

§. 1467. (I 1382, 1383 Abs. 1, II 1380.)

Wird die Ehe durch den Tod eines der Ehegatten aufgelöst und ist ein gemeinschaftlicher Abkömmling nicht vorhanden, so gehört der Antheil des verstorbenen Ehegatten am Gesammtgute zum Nachlasse. Die Beerbung des Ehegatten erfolgt nach den allgemeinen Vorschriften.

§. 1468. (I 1383 Abs. 2 Satz 1, 1384, II 1381.)

Sind bei dem Tode eines Ehegatten gemeinschaftliche Abkömmlinge vorhanden, so wird zwischen dem überlebenden Ehegatten und den gemeinschaftlichen Abkömmlingen, die im Falle der gesetzlichen Erbfolge als Erben berufen sind, die Gütergemeinschaft fortgesetzt. Der Antheil des verstorbenen Ehegatten am Gesammtgute gehört in diesem Falle nicht zum Nachlasse; im Uebrigen erfolgt die Beerbung des Ehegatten nach den allgemeinen Vorschriften.

Sind neben den gemeinschaftlichen Abkömmlingen andere Abkömmlinge vorhanden, so bestimmen sich ihr Erbrecht und ihre Erbtheile so, wie wenn fortgesetzte Gütergemeinschaft nicht eingetreten wäre.

§. 1469. (I 1386, II 1382.)

Der überlebende Ehegatte kann die Fortsetzung der Gütergemeinschaft ablehnen.

Auf die Ablehnung finden die für die Ausschlagung einer Erbschaft geltenden Vorschriften der §§. 1921 bis 1925, 1928, 1930, 1932 bis 1935, 1937 entsprechende Anwendung. Steht der überlebende Ehegatte unter elterlicher Gewalt oder unter Vormundschaft, so ist zur Ablehnung die Genehmigung des Vormundschaftsgerichts erforderlich.

Lehnt der Ehegatte die Fortsetzung der Gütergemeinschaft ab, so gilt das Gleiche wie im Falle des §. 1467.

§. 1470. (I 1396 Abs. 1, 5, 1397 Abs. 1, II 1393.)

Das Gesammtgut der fortgesetzten Gütergemeinschaft besteht aus dem ehelichen Gesammtgute, soweit es nicht nach §. 1468 Abs. 2 einem nicht antheilsberechtigten Abkömmlinge zufällt, und aus dem Vermögen, das der überlebende Ehegatte aus dem Nachlasse des verstorbenen Ehegatten oder nach dem Eintritte der fortgesetzten Gütergemeinschaft erwirbt.

Das Vermögen, das ein gemeinschaftlicher Abkömmling zur Zeit des Eintritts der fortgesetzten Gütergemeinschaft hat oder später erwirbt, gehört nicht zu dem Gesammtgute.

Auf das Gesammtgut finden die für die eheliche Gütergemeinschaft geltenden Vorschriften des §. 1423 Abs. 2, 3 entsprechende Anwendung.

§. 1471. (I 1396 Abs. 2 bis 4, II 1394.)

Vorbehaltsgut des überlebenden Ehegatten ist, was er bisher als Vorbehaltsgut gehabt hat oder nach §. 1353 oder §. 1354 erwirbt.

Gehören zu dem Vermögen des überlebenden Ehegatten Gegenstände, die nicht durch Rechtsgeschäft übertragen werden können, so finden auf sie die bei der Errungenschaftsgemeinschaft für das eingebrachte Gut des Mannes geltenden Vorschriften, mit Ausnahme des §. 1509, entsprechende Anwendung.

§. 1472. (I 1399 Abs. 1, II 1398.)

Die Rechte und Verbindlichkeiten des überlebenden Ehegatten sowie der antheilsberechtigten Abkömmlinge in Ansehung des Gesammtguts der fortgesetzten Gütergemeinschaft bestimmen sich nach den für die eheliche Gütergemeinschaft geltenden Vorschriften der §§. 1427 bis 1434, 1440 bis 1442, 1451; der überlebende Ehegatte hat die rechtliche Stellung des Mannes, die antheilsberechtigten Abkömmlinge haben die rechtliche Stellung der Frau.

Was der überlebende Ehegatte zu dem Gesammtgute schuldet oder aus dem Gesammtgute zu fordern hat, ist erst nach der Beendigung der fortgesetzten Gütergemeinschaft zu leisten.

§. 1473. (I 1384 Abs. 1 Satz 2 Halbsatz 2, 1399 Abs. 2, II 1399.)

Gesammtgutsverbindlichkeiten der fortgesetzten Gütergemeinschaft sind die Verbindlichkeiten des überlebenden Ehegatten sowie solche Verbindlichkeiten des verstorbenen Ehegatten, die Gesammtgutsverbindlichkeiten der ehelichen Gütergemeinschaft waren.

§. 1474. (I 1384 Abs. 1 Satz 2 Halbsatz 2, 1399 Abs. 2, II 1400.)

Für die Gesammtgutsverbindlichkeiten der fortgesetzten Gütergemeinschaft haftet der überlebende Ehegatte persönlich.

Soweit die persönliche Haftung den überlebenden Ehegatten nur in Folge des Eintritts der fortgesetzten Gütergemeinschaft trifft, finden die für die Haftung des Erben für die Nachlaßverbindlichkeiten geltenden Vorschriften entsprechende Anwendung; an die Stelle des Nachlasses tritt das Gesammtgut in dem Bestande, den es zur Zeit des Eintritts der fortgesetzten Gütergemeinschaft hat.

Eine persönliche Haftung der antheilsberechtigten Abkömmlinge für die Verbindlichkeiten des verstorbenen oder des überlebenden Ehegatten wird durch die fortgesetzte Gütergemeinschaft nicht begründet.

§. 1475. (I 1397 Abs. 2, II 1395.)

Stirbt ein antheilsberechtigter Abkömmling, so gehört sein Antheil an dem Gesammtgute nicht zu seinem Nachlasse. Hinterläßt er Abkömmlinge, die antheilsberechtigt sein würden, wenn er den verstorbenen Ehegatten nicht überlebt hätte, so treten die Abkömmlinge an seine Stelle. Hinterläßt er solche Abkömmlinge nicht, so wächst sein Antheil den übrigen antheilsberechtigten Abkömmlingen und, wenn solche nicht vorhanden sind, dem überlebenden Ehegatten an.

§. 1476. (I 1398 Abs. 1 bis 3, II 1396.)

Ein antheilsberechtigter Abkömmling kann auf seinen Antheil an dem Gesammtgute verzichten. Der Verzicht erfolgt durch Erklärung gegenüber dem für den Nachlaß des verstorbenen Ehegatten zuständigen Gerichte; die Erklärung ist in öffentlich beglaubigter Form abzugeben. Das Nachlaßgericht soll die Erklärung dem überlebenden Ehegatten und den übrigen antheilsberechtigten Abkömmlingen mittheilen.

Der Verzicht kann auch durch Vertrag mit dem überlebenden Ehegatten und den übrigen antheilsberechtigten Abkömmlingen erfolgen. Der Vertrag bedarf der gerichtlichen oder notariellen Beurkundung.

Steht der Abkömmling unter elterlicher Gewalt oder unter Vormundschaft, so ist zu dem Verzichte die Genehmigung des Vormundschaftsgerichts erforderlich.

Der Verzicht hat die gleichen Wirkungen, wie wenn der Verzichtende zur Zeit des Verzichts ohne Hinterlassung von Abkömmlingen gestorben wäre.

§. 1477. (I 1403 Nr. 4, 5, II 1403.)

Der überlebende Ehegatte kann die fortgesetzte Gütergemeinschaft jederzeit aufheben. Die Aufhebung erfolgt durch Erklärung gegenüber dem für den Nachlaß des verstorbenen Ehegatten zuständigen Gerichte; die Erklärung ist in öffentlich beglaubigter Form abzugeben. Das Nachlaßgericht soll die Erklärung den antheilsberechtigten Abkömmlingen und, wenn der überlebende Ehegatte gesetzlicher Vertreter eines der Abkömmlinge ist, dem Vormundschaftsgerichte mittheilen.

Die Aufhebung kann auch durch Vertrag zwischen dem überlebenden Ehegatten und den antheilsberechtigten Abkömmlingen erfolgen. Der Vertrag bedarf der gerichtlichen oder notariellen Beurkundung.

§. 1478. (I 1403 Nr. 1, 2, 1404, II 1404.)

Die fortgesetzte Gütergemeinschaft endigt mit der Wiederverheirathung des überlebenden Ehegatten.

Der überlebende Ehegatte hat, wenn ein antheilsberechtigter Abkömmling minderjährig ist oder bevormundet wird, die Absicht der Wiederverheirathung dem Vormundschaftsgericht anzuzeigen, ein Verzeichniß des Gesammtguts einzureichen, die Gütergemeinschaft aufzuheben und die Auseinandersetzung herbeizuführen. Das Vormundschaftsgericht kann gestatten, daß die Aufhebung der Gütergemeinschaft bis zur Eheschließung unterbleibt und daß die Auseinandersetzung erst später erfolgt.

§. 1479. (II 1405.)

Die fortgesetzte Gütergemeinschaft endigt mit dem Tode des überlebenden Ehegatten.

Wird der überlebende Ehegatte für todt erklärt, so endigt die fortgesetzte Gütergemeinschaft mit dem Zeitpunkte, der als Zeitpunkt des Todes gilt.

§. 1480. (I 1405 Abs. 1, II 1406.)

Ein antheilsberechtigter Abkömmling kann gegen den überlebenden Ehegatten auf Aufhebung der fortgesetzten Gütergemeinschaft klagen:

1. wenn der überlebende Ehegatte ein Rechtsgeschäft der in den §§. 1429 bis 1431 bezeichneten Art ohne Zustimmung des Abkömmlings vorgenommen hat und für die Zukunft eine erhebliche Gefährdung des Abkömmlinges zu besorgen ist;

2. wenn der überlebende Ehegatte das Gesammtgut in der Absicht, den Abkömmling zu benachtheiligen, vermindert hat;
3. wenn der überlebende Ehegatte seine Verpflichtung, dem Abkömmling Unterhalt zu gewähren, verletzt hat und für die Zukunft eine erhebliche Gefährdung des Unterhalts zu besorgen ist;
4. wenn der überlebende Ehegatte wegen Verschwendung entmündigt ist oder wenn er das Gesammtgut durch Verschwendung erheblich gefährdet;
5. wenn der überlebende Ehegatte die elterliche Gewalt über den Abkömmling verwirkt hat oder, falls sie ihm zugestanden hätte, verwirkt haben würde.

§. 1481. (I 1403 Nr. 3, 1405 Abs. 2, II 1407.)

Die Aufhebung der fortgesetzten Gütergemeinschaft tritt in den Fällen des §. 1480 mit der Rechtskraft des Urtheils ein. Sie tritt für alle Abkömmlinge ein, auch wenn das Urtheil auf die Klage eines der Abkömmlinge ergangen ist.

§. 1482. (I 1406 Abs. 1, II 1408.)

Nach der Beendigung der fortgesetzten Gütergemeinschaft findet in Ansehung des Gesammtguts die Auseinandersetzung statt.

Bis zur Auseinandersetzung bestimmt sich das Rechtsverhältniß der Theilhaber am Gesammtgute nach den §§. 1427, 1457, 1458.

§. 1483. (I 1406 Abs. 1, 2, 4, 6, 1407 Abs. 1, II 1409.)

Auf die Auseinandersetzung finden die Vorschriften der §§. 1460, 1461, des §. 1462 Abs. 1 und der §§. 1464 bis 1466 Anwendung; an die Stelle des Mannes tritt der überlebende Ehegatte, an die Stelle der Frau treten die antheilsberechtigten Abkömmlinge. Die im §. 1461 Abs. 2 Satz 2 bezeichnete Verpflichtung besteht nur für den überlebenden Ehegatten.

§. 1484. (I 1400 Abs. 2 Nr. 1, 2, Abs. 3, 1401, II 1401.)

Bei der Auseinandersetzung fallen dem überlebenden Ehegatten zur Last:
1. die ihm bei dem Eintritte der fortgesetzten Gütergemeinschaft obliegenden Gesammtgutsverbindlichkeiten, für die das eheliche Gesammtgut nicht haftete oder die im Verhältnisse der Ehegatten zu einander ihm zur Last fielen;
2. die nach dem Eintritte der fortgesetzten Gütergemeinschaft entstandenen Gesammtgutsverbindlichkeiten, die, wenn sie während der ehelichen Gütergemeinschaft in seiner Person entstanden wären, im Verhältnisse der Ehegatten zu einander ihm zur Last gefallen sein würden;
3. eine Ausstattung, die er einem antheilsberechtigten Abkömmling über das dem Gesammtgut entsprechende Maß hinaus oder die er einem nicht antheilsberechtigten Abkömmlinge versprochen oder gewährt hat.

§. 1485. (I 1400 Abs. 2 Nr. 3, Abs. 3, 4, 1402 Abs. 2, II 1402.)

Die antheilsberechtigten Abkömmlinge müssen sich Verbindlichkeiten des verstorbenen Ehegatten, die diesem im Verhältnisse der Ehegatten zu einander zur Last fielen, bei der Auseinandersetzung auf ihren Antheil insoweit anrechnen lassen, als der überlebende Ehegatte nicht von dem Erben des verstorbenen Ehegatten Deckung hat erlangen können.

In gleicher Weise haben sich die antheilsberechtigten Abkömmlinge anrechnen zu lassen, was der verstorbene Ehegatte zu dem Gesammtgute zu ersetzen hatte.

§. 1486. (I 1398 Abs. 4, II 1397.)

Ist einem antheilsberechtigten Abkömmlinge für den Verzicht auf seinen Antheil eine Abfindung aus dem Gesammtgute gewährt worden, so wird sie bei der Auseinandersetzung in das Gesammtgut eingerechnet und auf die den Abkömmlingen gebührende Hälfte angerechnet.

Der überlebende Ehegatte kann mit den übrigen antheilsberechtigten Abkömmlingen schon vor der Aufhebung der fortgesetzten Gütergemeinschaft eine abweichende Vereinbarung treffen. Die Vereinbarung bedarf der gerichtlichen oder notariellen Beurkundung; sie ist auch denjenigen Abkömmlingen gegenüber wirksam, welche erst später in die fortgesetzte Gütergemeinschaft eintreten.

§. 1487. (I 1406 Abs. 5, 1407 Abs. 2, 3, II 1410.)

Der überlebende Ehegatte ist berechtigt, das Gesammtgut oder einzelne dazu gehörende Gegenstände gegen Ersatz des Werthes zu übernehmen. Das Recht geht nicht auf den Erben über.

Wird die fortgesetzte Gütergemeinschaft auf Grund des §. 1480 durch Urtheil aufgehoben, so steht dem überlebenden Ehegatten das im Abs. 1 bestimmte Recht nicht zu. Die antheilsberechtigten Abkömmlinge können in diesem Falle diejenigen Gegenstände gegen Ersatz des Werthes übernehmen, welche der verstorbene Ehegatte nach §. 1462 Abs. 2 zu übernehmen berechtigt sein würde. Das Recht kann von ihnen nur gemeinschaftlich ausgeübt werden.

§. 1488. (I 1408, II 1411.)

Mehrere antheilsberechtigte Abkömmlinge theilen die ihnen zufallende Hälfte des Gesammtguts nach dem Verhältnisse der Antheile, zu denen sie im Falle der gesetzlichen Erbfolge als Erben des verstorbenen Ehegatten berufen sein würden, wenn dieser erst zur Zeit der Beendigung der fortgesetzten Gütergemeinschaft gestorben wäre.

Das Vorempfangene kommt nach den für die Ausgleichung unter Abkömmlingen geltenden Vorschriften zur Ausgleichung, soweit nicht eine solche bereits bei der Theilung des Nachlasses des verstorbenen Ehegatten erfolgt ist.

Ist einem Abkömmlinge, der auf seinen Antheil verzichtet hat, eine Abfindung aus dem Gesammtgute gewährt worden, so fällt sie den Abkömmlingen zur Last, denen der Verzicht zu Statten kommt.

§. 1489. (II 1412.)

Soweit die antheilsberechtigten Abkömmlinge nach §. 1465 den Gesammtgutsgläubigern haften, sind sie im Verhältnisse zu einander nach der Größe ihres Antheils an dem Gesammtgute verpflichtet. Die Verpflichtung beschränkt sich auf die ihnen zugetheilten Gegenstände; die für die Haftung des Erben geltenden Vorschriften der §§. 1967, 1968 finden entsprechende Anwendung.

§. 1490. (I 1391, II 1389.)

Die Vorschriften über das Recht auf Ergänzung des Pflichttheils finden zu Gunsten eines antheilsberechtigten Abkömmlinges entsprechende Anwendung; an die Stelle des Erbfalls tritt die Beendigung der fortgesetzten Gütergemeinschaft, als gesetzlicher Erbtheil gilt der dem Abkömmlinge zur Zeit der Beendigung gebührende Antheil an dem Gesammtgut, als Pflichttheil gilt die Hälfte des Werthes dieses Antheils.

§. 1491. (I 1392, II 1390.)

Ist ein gemeinschaftlicher Abkömmling erbunwürdig, so ist er auch des Antheils an dem Gesammtgut unwürdig. Die Vorschriften über die Erbunwürdigkeit finden entsprechende Anwendung.

§. 1492. (II 1392 a.)

Das Nachlaßgericht hat dem überlebenden Ehegatten auf Antrag ein Zeugniß über die Fortsetzung der Gütergemeinschaft zu ertheilen. Die Vorschriften über den Erbschein finden entsprechende Anwendung.

§. 1493. (I 1383 Abs. 2 Satz 2, II 1413 Halbsatz 1.)

Die Ehegatten können die Fortsetzung der Gütergemeinschaft durch Ehevertrag ausschließen.

§. 1494. (I 1387 Abs. 1 bis 3, II 1383 Abs. 1.)

Jeder Ehegatte kann für den Fall, daß die Ehe durch seinen Tod aufgelöst wird, die Fortsetzung der Gütergemeinschaft durch letztwillige Verfügung ausschließen, wenn er berechtigt ist, dem anderen Ehegatten den Pflichttheil zu entziehen oder auf Aufhebung der Gütergemeinschaft zu klagen. Auf die Ausschließung finden die Vorschriften über die Entziehung des Pflichttheils entsprechende Anwendung.

§. 1495. (I 1387 Abs. 4, II 1383 Abs. 2.)

Wird die Fortsetzung der Gütergemeinschaft ausgeschlossen, so gilt das Gleiche wie im Falle des §. 1467.

§. 1496. (I 1388, II 1384.)

Jeder Ehegatte kann für den Fall, daß die Ehe durch seinen Tod aufgelöst wird, einen gemeinschaftlichen Abkömmling von der fortgesetzten Gütergemeinschaft durch letztwillige Verfügung ausschließen.

Der ausgeschlossene Abkömmling kann, unbeschadet seines Erbrechts, aus dem Gesammtgute der fortgesetzten Gütergemeinschaft die Zahlung des Betrags verlangen, der ihm von dem Gesammtgute der ehelichen Gütergemeinschaft als Pflichttheil gebühren würde, wenn die fortgesetzte Gütergemeinschaft nicht eingetreten wäre. Die für den Pflichttheilsanspruch geltenden Vorschriften finden entsprechende Anwendung.

Der dem ausgeschlossenen Abkömmlinge gezahlte Betrag wird bei der Auseinandersetzung den antheilsberechtigten Abkömmlingen nach Maßgabe des §. 1485 angerechnet. Im Verhältnisse der Abkömmlinge zu einander fällt er den Abkömmlingen zur Last, denen die Ausschließung zu Statten kommt.

§. 1497. (I 1389 Abs. 1, II 1385 Satz 1.)

Jeder Ehegatte kann für den Fall, daß mit seinem Tode die fortgesetzte Gütergemeinschaft eintritt, den einem antheilsberechtigten Abkömmlinge nach der Beendigung der fortgesetzten Gütergemeinschaft gebührenden Antheil an dem Gesammtgute durch letztwillige Verfügung bis auf die Hälfte herabsetzen.

§. 1498. (I 1389 Abs. 2, II 1386.)

Jeder Ehegatte kann für den Fall, daß mit seinem Tode die fortgesetzte Gütergemeinschaft eintritt, einem antheilsberechtigten Abkömmlinge den diesem nach der Beendigung der fortgesetzten Gütergemeinschaft gebührenden Antheil an dem Gesammtgute durch letztwillige Verfügung entziehen, wenn er berechtigt ist, dem Abkömmlinge den Pflichttheil zu entziehen. Die Vorschriften des §. 2310 Abs. 2 bis 4 finden entsprechende Anwendung.

Der Ehegatte kann, wenn er nach §. 2312 berechtigt ist, das Pflichttheilsrecht des Abkömmlinges zu beschränken, den Antheil des Abkömmlinges am Gesammtgut einer entsprechenden Beschränkung unterwerfen.

§. 1499. (II 1387.)

Jeder Ehegatte kann den Betrag, den er nach §. 1497 oder nach §. 1498 Abs. 1 einem Abkömmling entzieht, auch einem Dritten durch letztwillige Verfügung zuwenden.

§. 1500. (I 1389 Abs. 1, II 1385 Satz 2.)

Jeder Ehegatte kann für den Fall, daß mit seinem Tode die fortgesetzte Gütergemeinschaft eintritt, durch letztwillige Verfügung anordnen, daß ein antheilsberechtigter Abkömmlung das Recht haben soll, bei der Theilung das Gesammtgut oder einzelne dazu gehörende Gegenstände gegen Ersatz des Werthes zu übernehmen.

Gehört zu dem Gesammtgut ein Landgut, so kann angeordnet werden, daß das Landgut mit dem Ertragswerth angesetzt werden soll. Die für die Erbfolge geltenden Vorschriften des §. 2026 finden Anwendung.

Das Recht, das Landgut zu dem Ertragswerthe zu übernehmen, kann auch dem überlebenden Ehegatten eingeräumt werden.

§. 1501. (I 1390, II 1388.)

Zur Wirksamkeit der in den §§. 1496 bis 1500 bezeichneten Verfügungen eines Ehegatten ist die Zustimmung des anderen Ehegatten erforderlich.

Die Zustimmung kann nicht durch einen Vertreter ertheilt werden. Ist der Ehegatte in der Geschäftsfähigkeit beschränkt, so ist die Zustimmung seines gesetzlichen Vertreters nicht erforderlich. Die Zustimmungserklärung bedarf der gerichtlichen oder notariellen Beurkundung. Die Zustimmung ist unwiderruflich.

Die Ehegatten können die in den §§. 1496 bis 1500 bezeichneten Verfügungen auch in einem gemeinschaftlichen Testamente treffen.

§. 1502. (I 1393, II 1391.)

Zur Wirksamkeit eines Vertrags, durch den ein gemeinschaftlicher Abkömmling einem der Ehegatten gegenüber für den Fall, daß die Ehe durch dessen Tod aufgelöst wird, auf seinen Antheil am Gesammtgute der fortgesetzten Gütergemeinschaft verzichtet oder durch den ein solcher Verzicht aufgehoben wird, ist die Zustimmung des anderen Ehegatten erforderlich. Für die Zustimmung gelten die Vorschriften des §. 1501 Abs. 2 Satz 3, 4.

Die für den Erbverzicht geltenden Vorschriften finden entsprechende Anwendung.

§. 1503. (I 1383 Abs. 2 Satz 2, II 1413 Halbsatz 2.)

Anordnungen, die mit den Vorschriften der §§. 1468 bis 1502 in Widerspruch stehen, können von den Ehegatten weder durch letztwillige Verfügung noch durch Vertrag getroffen werden.

3. Errungenschaftsgemeinschaft.

§. 1504. (I 1411 Abs. 1, 1417, II 1414.)

Was der Mann oder die Frau während der Errungenschaftsgemeinschaft erwirbt, wird gemeinschaftliches Vermögen beider Ehegatten (Gesammtgut).

Auf das Gesammtgut finden die für die allgemeine Gütergemeinschaft geltenden Vorschriften des §. 1423 Abs. 2, 3 und der §§. 1427 bis 1438, 1440 bis 1442 Anwendung.

§. 1505. (I 1412, II 1415.)

Eingebrachtes Gut eines Ehegatten ist, was ihm bei dem Eintritte der Errungenschaftsgemeinschaft gehört.

§. 1506. (I 1412, II 1418.)

Eingebrachtes Gut eines Ehegatten ist, was er von Todeswegen oder mit Rücksicht auf ein künftiges Erbrecht, durch Schenkung oder als Ausstattung erwirbt. Ausgenommen ist ein Erwerb, der den Umständen nach zu den Einkünften zu rechnen ist.

§. 1507. (I 1415, II 1416.)

Eingebrachtes Gut eines Ehegatten sind Gegenstände, die nicht durch Rechtsgeschäft übertragen werden können, sowie Rechte, die mit seinem Tode erlöschen oder deren Erwerb durch den Tod eines der Ehegatten bedingt ist.

§. 1508. (I 1413, II 1417.)

Eingebrachtes Gut eines Ehegatten ist, was durch Ehevertrag für eingebrachtes Gut erklärt ist.

§. 1509. (I 1414, II 1419.)

Eingebrachtes Gut eines Ehegatten ist, was er auf Grund eines zu seinem eingebrachten Gute gehörenden Rechtes oder als Ersatz für die Zerstörung, Beschädigung oder Entziehung eines zum eingebrachten Gute gehörenden Gegenstandes oder durch ein Rechtsgeschäft erwirbt, das sich auf das eingebrachte Gut bezieht. Ausgenommen ist der Erwerb aus dem Betrieb eines Erwerbsgeschäfts.

Die Zugehörigkeit einer durch Rechtsgeschäft erworbenen Forderung zum eingebrachten Gute hat der Schuldner erst dann gegen sich gelten zu lassen, wenn er von der Zugehörigkeit Kenntniß erlangt; die Vorschriften der §§. 400 bis 402 finden entsprechende Anwendung.

§. 1510. (I 1411 Abs. 2, 1417, II 1420.)

Das eingebrachte Gut wird für Rechnung des Gesammtguts in der Weise verwaltet, daß die Nutzungen, welche nach den für den Güterstand der Verwaltung und Nutznießung geltenden Vorschriften dem Manne zufallen, zu dem Gesammtgute gehören.

Auf das eingebrachte Gut der Frau finden im Uebrigen die Vorschriften der §§. 1356, 1358 bis 1368, 1375 bis 1402 entsprechende Anwendung.

§. 1511. (I 1416, 1417, II 1421.)

Vorbehaltsgut der Frau ist, was durch Ehevertrag für Vorbehaltsgut erklärt ist oder von der Frau nach §. 1353 oder §. 1354 erworben wird.

Vorbehaltsgut des Mannes ist ausgeschlossen.

Für das Vorbehaltsgut der Frau gilt das Gleiche wie für das Vorbehaltsgut bei der allgemeinen Gütergemeinschaft.

§. 1512. (I 1421 Abs. 1, II 1422.)

Es wird vermuthet, daß das vorhandene Vermögen Gesammtgut sei.

§. 1513. (I 1422, II 1423.)

Jeder Ehegatte kann verlangen, daß der Bestand seines eigenen und des dem anderen Ehegatten gehörenden eingebrachten Gutes durch Aufnahme eines Verzeichnisses unter Mitwirkung des anderen Ehegatten festgestellt wird. Auf die Aufnahme des Verzeichnisses finden die für den Nießbrauch geltenden Vorschriften des §. 1019 Anwendung.

Jeder Ehegatte kann den Zustand der zum eingebrachten Gute gehörenden Sachen auf seine Kosten durch Sachverständige feststellen lassen.

§. 1514. (I 1418, 1419, II 1424.)

Der eheliche Aufwand fällt dem Gesammtgute zur Last.

Das Gesammtgut trägt auch die Lasten des eingebrachten Gutes beider Ehegatten; der Umfang der Lasten bestimmt sich nach den bei dem Güterstande der Verwaltung und Nutznießung für das eingebrachte Gut der Frau geltenden Vorschriften der §§. 1369 bis 1372.

§. 1515. (I 1423 Abs. 1, 2, 4, II 1425.)

Das Gesammtgut haftet für die Verbindlichkeiten des Mannes und für die in den §§. 1516 bis 1519 bezeichneten Verbindlichkeiten der Frau (Gesammtgutsverbindlichkeiten).

Für Verbindlichkeiten der Frau, die Gesammtgutsverbindlichkeiten sind, haftet der Mann auch persönlich als Gesammtschuldner. Die Haftung erlischt mit der Beendigung der Errungenschaftsgemeinschaft, wenn die Verbindlichkeiten im Verhältnisse der Ehegatten zu einander nicht dem Gesammtgute zur Last fallen.

§. 1516. (I 1423 Abs. 2 Nr. 1, II 1426.)

Das Gesammtgut haftet für Verbindlichkeiten der Frau, die zu den im §. 1514 Abs. 2 bezeichneten Lasten des eingebrachten Gutes gehören.

§. 1517. (I 1423 Abs. 2 Nr. 2, 3, Abs. 3, II 1427.)

Das Gesammtgut haftet für eine Verbindlichkeit der Frau, die aus einem nach dem Eintritte der Errungenschaftsgemeinschaft vorgenommenen Rechtsgeschäft entsteht, sowie für die Kosten eines Rechtsstreits, den die Frau nach dem Eintritte der Errungenschaftsgemeinschaft führt, wenn die Vornahme des Rechtsgeschäfts oder die Führung des Rechtsstreits mit Zustimmung des Mannes erfolgt oder ohne seine Zustimmung für das Gesammtgut wirksam ist.

§. 1518. (I 1423 Abs. 2 Nr. 4, II 1428.)

Das Gesammtgut haftet für eine Verbindlichkeit der Frau, die nach dem Eintritte der Errungenschaftsgemeinschaft in Folge eines ihr zustehenden Rechtes oder des Besitzes einer ihr gehörenden Sache entsteht, wenn das Recht oder die Sache zu einem Erwerbsgeschäfte gehört, das die Frau mit Einwilligung des Mannes selbständig betreibt.

§. 1519. (I 1425, II 1429.)

Das Gesammtgut haftet für Verbindlichkeiten der Frau, die ihr auf Grund der gesetzlichen Unterhaltspflicht ihren Verwandten gegenüber obliegen.

§. 1520. (I 1426 Abs. 2 Nr. 1, 5, II 1430.)

Im Verhältnisse der Ehegatten zu einander fallen folgende Gesammtgutsverbindlichkeiten dem Ehegatten zur Last, in dessen Person sie entstehen:

1. die Verbindlichkeiten aus einem sich auf sein eingebrachtes Gut oder sein Vorbehaltsgut beziehenden Rechtsverhältniß, auch wenn sie vor dem Eintritte der Errungenschaftsgemeinschaft oder vor der Zeit entstanden sind, zu der das Gut eingebrachtes Gut oder Vorbehaltsgut geworden ist;
2. die Kosten eines Rechtsstreits, den der Ehegatte über eine der in Nr. 1 bezeichneten Verbindlichkeiten führt.

§. 1521. (I 1426 Abs. 2 Nr. 2 bis 5, II 1431.)

Im Verhältnisse der Ehegatten zu einander fallen dem Manne zur Last:
1. die vor dem Eintritte der Errungenschaftsgemeinschaft entstandenen Verbindlichkeiten des Mannes;
2. die Verbindlichkeiten des Mannes, die der Frau gegenüber aus der Verwaltung ihres eingebrachten Gutes entstehen, soweit nicht das Gesammtgut zur Zeit der Beendigung der Errungenschaftsgemeinschaft bereichert ist;
3. die Verbindlichkeiten des Mannes aus einer unerlaubten Handlung, die er nach dem Eintritte der Errungenschaftsgemeinschaft begeht, oder aus einem Strafverfahren, das wegen einer unerlaubten Handlung gegen ihn gerichtet wird;
4. die Kosten eines Rechtsstreits, den der Mann über eine der in Nr. 1 bis 3 bezeichneten Verbindlichkeiten führt.

§. 1522. (I 1426 Abs. 2 Nr. 1, 2, 5, II 1432.)

Die Vorschriften des §. 1520 und des §. 1521 Nr. 1, 4 finden insoweit keine Anwendung, als die Verbindlichkeiten nach §. 1514 Abs. 2 von dem Gesammtgute zu tragen sind.

Das Gleiche gilt von den Vorschriften des §. 1520 insoweit, als die Verbindlichkeiten durch den Betrieb eines Erwerbsgeschäfts, der für Rechnung des Gesammtguts geführt wird, oder in Folge eines zu einem solchen Erwerbsgeschäfte gehörenden Rechtes oder des Besitzes einer dazu gehörenden Sache entstehen.

§. 1523. (I 1427, II 1433.)

Verspricht oder gewährt der Mann einem Kinde eine Ausstattung, so finden die Vorschriften §. 1450 Anwendung.

§. 1524. (I 1420, II 1434.)

Soweit das eingebrachte Gut eines Ehegatten auf Kosten des Gesammtguts oder das Gesammtgut auf Kosten des eingebrachten Gutes eines Ehegatten zur Zeit der Beendigung der Errungenschaftsgemeinschaft bereichert ist, muß aus dem bereicherten Gute zu dem anderen Gute Ersatz geleistet werden. Weitergehende, auf besonderen Gründen beruhende Ansprüche bleiben unberührt.

§. 1525. (I 1421 Abs. 2, II 1435.)

Sind verbrauchbare Sachen, die zum eingebrachten Gute eines Ehegatten gehört haben, nicht mehr vorhanden, so wird zu Gunsten des Ehegatten vermuthet, daß die Sachen in das Gesammtgut verwendet worden seien und dieses um den Werth der Sachen bereichert sei.

§. 1526. (I 1428, II 1436.)

Was ein Ehegatte zu dem Gesammtgut oder die Frau zu dem eingebrachten Gute des Mannes schuldet, ist erst nach der Beendigung der Errungenschaftsgemeinschaft zu leisten; soweit jedoch zur Berichtigung einer Schuld der Frau ihr eingebrachtes Gut und ihr Vorbehaltsgut ausreichen, hat sie die Schuld schon vorher zu berichtigen.

Was der Mann aus dem Gesammtgute zu fordern hat, kann er erst nach der Beendigung der Errungenschaftsgemeinschaft fordern.

§. 1527. (I 1429 Abs. 1, 3, II 1439.)

Die Frau kann unter den Voraussetzungen des §. 1403 Nr. 1, 3 bis 5 und des §. 1453, der Mann kann unter den Voraussetzungen des §. 1454 auf Aufhebung der Errungenschaftsgemeinschaft klagen.

Die Aufhebung tritt mit der Rechtskraft des Urtheils ein.

§. 1528. (I 1429 Abs. 2 Satz 1, II 1437.)

Die Errungenschaftsgemeinschaft endigt mit der Rechtskraft des Beschlusses, durch den der Konkurs über das Vermögen des Mannes eröffnet wird.

§. 1529. (I 1429 Abs. 2 Satz 1, II 1438.)

Die Errungenschaftsgemeinschaft endigt, wenn ein Ehegatte für todt erklärt wird, mit dem Zeitpunkte, der als Zeitpunkt des Todes gilt.

§. 1530. (I 1429 Abs. 1, 2 Satz 2, II 1440.)

Endigt die Errungenschaftsgemeinschaft nach den §§. 1527 bis 1529, so gilt für die Zukunft Gütertrennung.

Dritten gegenüber ist die Beendigung der Gemeinschaft nur nach Maßgabe des §. 1420 wirksam.

§. 1531. (I 1417, 1429 Abs. 1, 4, II 1441.)

Nach der Beendigung der Errungenschaftsgemeinschaft findet in Ansehung des Gesammtguts die Auseinandersetzung statt. Bis zur Auseinandersetzung bestimmt sich das Rechtsverhältniß der Ehegatten nach den §§. 1427, 1457, 1458.

Die Auseinandersetzung erfolgt, soweit nicht eine andere Vereinbarung getroffen wird, nach den für die allgemeine Gütergemeinschaft geltenden Vorschriften der §§. 1460 bis 1462, 1464 bis 1466.

Auf das eingebrachte Gut der Frau finden die für den Güterstand der Verwaltung und Nutznießung geltenden Vorschriften der §§. 1406 bis 1409 Anwendung.

§. 1532. (I 1430 Abs. 1, 2 Satz 1, II 1442.)

Endigt die Errungenschaftsgemeinschaft durch die Eröffnung des Konkurses über das Vermögen des Mannes, so kann die Frau auf Wiederherstellung der Gemeinschaft klagen. Das gleiche Recht steht, wenn die Gemeinschaft in Folge einer Todeserklärung endigt, dem für todt erklärten Ehegatten zu, falls er noch lebt.

Wird die Gemeinschaft auf Grund des §. 1403 Nr. 3 bis 5 aufgehoben, so kann der Mann unter den Voraussetzungen des §. 1410 Abs. 1 auf Wiederherstellung der Gemeinschaft klagen.

§. 1533. (I 1430 Abs. 3, II 1443.)

Die Wiederherstellung der Errungenschaftsgemeinschaft tritt in den Fällen des §. 1532 mit der Rechtskraft des Urtheils ein. Die Vorschrift des §. 1407 findet entsprechende Anwendung.

Dritten gegenüber ist die Wiederherstellung, wenn die Beendigung in das Güterrechtsregister eingetragen worden ist, nur nach Maßgabe des §. 1420 wirksam.

Im Falle der Wiederherstellung wird Vorbehaltsgut der Frau, was ohne die Beendigung der Gemeinschaft Vorbehaltsgut geblieben oder geworden sein würde.

4. Fahrnißgemeinschaft.

§. 1534. (I 1431, II 1444.)

Auf die Gemeinschaft des beweglichen Vermögens und der Errungenschaft (Fahrnißgemeinschaft) finden die für die allgemeine Gütergemeinschaft geltenden Vorschriften Anwendung, soweit sich nicht aus den §§. 1535 bis 1542 ein Anderes ergiebt.

§. 1535. (I 1431 Abs. 1, 1432 Abs. 1, II 1445.)

Von dem Gesammtgut ausgeschlossen ist das eingebrachte Gut eines Ehegatten.

Auf das eingebrachte Gut finden die bei der Errungenschaftsgemeinschaft für das eingebrachte Gut geltenden Vorschriften Anwendung.

§. 1536. (I 1432, II 1446.)

Eingebrachtes Gut eines Ehegatten ist das unbewegliche Vermögen, das er bei dem Eintritte der Fahrnißgemeinschaft hat oder während der Gemeinschaft durch Erbfolge, durch Vermächtniß oder mit Rücksicht auf ein künftiges Erbrecht, durch Schenkung oder als Ausstattung erwirbt.

Zum unbeweglichen Vermögen im Sinne dieser Vorschrift gehören Grundstücke nebst Zubehör, Rechte an Grundstücken, mit Ausnahme der Hypotheken, Grundschulden und Rentenschulden, sowie Forderungen, die auf die Uebertragung des Eigenthums an Grundstücken oder auf die Begründung oder Uebertragung eines der bezeichneten Rechte oder auf die Befreiung eines Grundstücks von einem solchen Rechte gerichtet sind.

§. 1537. (I 1432 Abs. 1, II 1447.)

Eingebrachtes Gut eines Ehegatten sind Gegenstände, die nicht durch Rechtsgeschäft übertragen werden können.

§. 1538. (I 1432 Abs. 1, II 1448.)

Eingebrachtes Gut eines Ehegatten ist:

1. was durch Ehevertrag für eingebrachtes Gut erklärt ist,
2. was er nach §. 1353 erwirbt, sofern die Bestimmung dahin getroffen ist, daß der Erwerb eingebrachtes Gut sein soll.

§. 1539. (I 1432 Abs. 1, II 1449.)

Eingebrachtes Gut eines Ehegatten ist, was er in der im §. 1509 bezeichneten Weise erwirbt. Ausgenommen ist, was an Stelle von Gegenständen erworben wird, die nur deshalb eingebrachtes Gut sind, weil sie nicht durch Rechtsgeschäft übertragen werden können.

§. 1540. (I 1431 Abs. 1, 1346, II 1450.)

Vorbehaltsgut des Mannes ist ausgeschlossen.

§. 1541. (I 1433, II 1451.)

Erwirbt ein Ehegatte während der Fahrnißgemeinschaft durch Erbfolge, durch Vermächtniß oder mit Rücksicht auf ein künftiges Erbrecht, durch Schenkung oder als Ausstattung Gegenstände, die theils Gesammtgut, theils eingebrachtes Gut werden, so fallen die in Folge des Erwerbes entstehenden Verbindlichkeiten im Verhältnisse der Ehegatten zu einander dem Gesammtgut und dem Ehegatten, der den Erwerb macht, verhältnißmäßig zur Last.

§. 1542. (I 1434, II 1452.)

Fortgesetzte Gütergemeinschaft tritt nur ein, wenn sie durch Ehevertrag vereinbart ist.

III. Güterrechtsregister.

§. 1543. (I 1436 Satz 1, II 1453 Abs. 1, 1454.)

Die Eintragungen in das Güterrechtsregister haben bei dem Amtsgerichte zu geschehen, in dessen Bezirke der Mann seinen Wohnsitz hat.

Durch Anordnung der Landesjustizverwaltung kann die Führung des Registers für mehrere Amtsgerichtsbezirke einem Amtsgericht übertragen werden.

§. 1544. (I 1436 Satz 2, II 1453 Abs. 2 Satz 1, 3.)

Verlegt der Mann nach der Eintragung seinen Wohnsitz in einen anderen Bezirk, so muß die Eintragung im Register dieses Bezirkes wiederholt werden. Die frühere Eintragung gilt als von neuem erfolgt, wenn der Mann den Wohnsitz in den früheren Bezirk zurückverlegt.

§. 1545. (I 1437 Abs. 1 Satz 1, 2, Abs. 2, Satz 1, 3, II 1455.)

Eine Eintragung in das Register soll nur auf Antrag und nur insoweit erfolgen, als sie beantragt ist. Der Antrag ist in öffentlich beglaubigter Form zu stellen.

§. 1546. (I 1437 Abs. 1 Satz 1, 3, Abs. 2 Satz 2, 1438, II 1456.)

Die Eintragung erfolgt in den Fällen des §. 1342 Abs. 2 und des §. 1390 Abs. 3 auf Antrag des Mannes.

In den anderen Fällen ist der Antrag beider Ehegatten erforderlich; jeder Ehegatte ist dem anderen gegenüber zur Mitwirkung verpflichtet.

Der Antrag eines der Ehegatten genügt:

1. zur Eintragung eines Ehevertrags oder einer auf gerichtlicher Entscheidung beruhenden Aenderung der vermögensrechtlichen Verhältnisse der Ehegatten, wenn mit dem Antrage der Ehevertrag oder die mit dem Zeugnisse der Rechtskraft versehene Entscheidung vorgelegt wird;
2. zur Wiederholung einer Eintragung in dem Register eines anderen Bezirkes, wenn mit dem Antrag eine nach der Aufhebung des bisherigen Wohnsitzes ertheilte, öffentlich beglaubigte Abschrift der früheren Eintragung vorgelegt wird.

§. 1547. (I 1439, II 1457.)

Das Amtsgericht hat die Eintragung durch das für seine Bekanntmachungen bestimmte Blatt zu veröffentlichen.

Wird eine Aenderung des Güterstandes eingetragen, so hat sich die Bekanntmachung auf die Bezeichnung des Güterstandes und, wenn dieser abweichend von dem Gesetze geregelt ist, auf eine allgemeine Bezeichnung der Abweichung zu beschränken.

§. 1548. (I 1435 Abs. 2, II 1458.)

Die Einsicht des Registers ist Jedem gestattet. Von den Eintragungen kann eine Abschrift gefordert werden; die Abschrift ist auf Verlangen zu beglaubigen.

Siebenter Titel.

Scheidung der Ehe.

§. 1549. (I 1440 Abs. 1, 2, 1452, II 1459, 1470.)

Die Ehe kann aus den in den §§. 1550 bis 1554 bestimmten Gründen geschieden werden. Die Scheidung erfolgt durch Urtheil. Die Auflösung der Ehe tritt mit der Rechtskraft des Urtheils ein.

§. 1550. (I 1441, II 1460.)

Ein Ehegatte kann auf Scheidung klagen, wenn der andere Ehegatte sich des Ehebruchs oder einer nach den §§. 171, 175 des Strafgesetzbuchs strafbaren Handlung schuldig macht.

Das Recht des Ehegatten auf Scheidung ist ausgeschlossen, wenn er dem Ehebruch oder der strafbaren Handlung zustimmt oder sich der Theilnahme schuldig macht.

§. 1551. (I 1442, II 1461.)

Ein Ehegatte kann auf Scheidung klagen, wenn der andere Ehegatte ihm nach dem Leben trachtet.

§. 1552. (I 1443, II 1462.)

Ein Ehegatte kann auf Scheidung klagen, wenn der andere Ehegatte ihn böslich verlassen hat.

Bösliche Verlassung liegt nur vor:

1. wenn ein Ehegatte, nachdem er zur Herstellung der häuslichen Gemeinschaft rechtskräftig verurtheilt worden ist, ein Jahr lang gegen den Willen des anderen Ehegatten in böslicher Absicht dem Urtheile nicht Folge geleistet hat;
2. wenn ein Ehegatte sich ein Jahr lang gegen den Willen des anderen Ehegatten in böslicher Absicht von der häuslichen Gemeinschaft fern gehalten hat und die Voraussetzungen für die öffentliche Zustellung seit Jahresfrist gegen ihn bestanden haben.

Die Scheidung ist im Falle des Abs. 2 Nr. 2 unzulässig, wenn die Voraussetzungen für die öffentliche Zustellung am Schlusse der mündlichen Verhandlung, auf die das Urtheil ergeht, nicht mehr bestehen.

§. 1553. (I 1444 Abs. 1, II 1463.)

Ein Ehegatte kann auf Scheidung klagen, wenn der andere Ehegatte durch schwere Verletzung der durch die Ehe begründeten Pflichten oder durch ehrloses oder unsittliches Verhalten eine so tiefe Zerrüttung des ehelichen Verhältnisses verschuldet hat, daß dem Ehegatten die Fortsetzung der Ehe nicht zugemuthet werden kann. Als schwere Verletzung der Pflichten gilt auch grobe Mißhandlung.

§. 1554. (II 1464.)

Ein Ehegatte kann auf Scheidung klagen, wenn der andere Ehegatte in Geisteskrankheit verfallen ist, die Krankheit während der Ehe mindestens drei Jahre gedauert und einen solchen Grad erreicht hat, daß die geistige Gemeinschaft zwischen den Ehegatten aufgehoben, auch jede Aussicht auf Wiederherstellung dieser Gemeinschaft ausgeschlossen ist.

§. 1555. (I 1446 Satz 1, II 1465.)

Das Recht auf Scheidung erlischt in den Fällen der §§. 1550 bis 1553 durch Verzeihung.

§. 1556. (I 1447 Abs. 1 bis 4, II 1466.)

Die Scheidungsklage muß in den Fällen der §§. 1550 bis 1553 binnen sechs Monaten von dem Zeitpunkt an erhoben werden, in dem der Ehegatte von dem Scheidungsgrunde Kenntniß erlangt. Die Klage ist ausgeschlossen, wenn seit dem Eintritte des Scheidungsgrundes zehn Jahre verstrichen sind.

Die sechsmonatige Frist läuft nicht, solange die häusliche Gemeinschaft der Ehegatten aufgehoben ist. Wird der zur Klage berechtigte Ehegatte von dem anderen Ehegatten aufgefordert, entweder die häusliche Gemeinschaft herzustellen oder die Klage zu erheben, so läuft die Frist von dem Empfange der Aufforderung an.

Der Erhebung der Klage steht die Ladung zum Sühnetermine gleich. Die Ladung verliert ihre Wirkung, wenn der zur Klage berechtigte Ehegatte im Sühnetermine nicht erscheint oder wenn drei Monate nach der Beendigung des Sühneverfahrens verstrichen sind und nicht vorher die Klage erhoben worden ist.

Auf den Lauf der sechsmonatigen und der dreimonatigen Frist finden die für die Verjährung geltenden Vorschriften der §§. 198, 201 entsprechende Anwendung.

§. 1557. (I 1447 Abs. 5, II 1467.)

Ein Scheidungsgrund kann, auch wenn die für seine Geltendmachung im §. 1556 bestimmte Frist verstrichen ist, im Laufe des Rechtsstreits geltend gemacht werden, sofern die Frist zur Zeit der Erhebung der Klage noch nicht verstrichen war.

§. 1558. (I 1448, II 1468.)

Thatsachen, auf die eine Scheidungsklage nicht mehr gegründet werden kann, dürfen zur Unterstützung einer auf andere Thatsachen gegründeten Scheidungsklage geltend gemacht werden.

§. 1559. (I 1449, II 1469.)

Wird die Ehe aus einem der in den §§. 1550 bis 1553 bestimmten Gründen geschieden, so ist in dem Urtheil auszusprechen, daß der Beklagte die Schuld an der Scheidung trägt.

Hat der Beklagte Widerklage erhoben und wird auch diese für begründet erkannt, so sind beide Ehegatten für schuldig zu erklären.

Ohne Erhebung einer Widerklage ist auf Antrag des Beklagten auch der Kläger für schuldig zu erklären, wenn Thatsachen vorliegen, wegen deren der Beklagte auf Scheidung klagen könnte oder, falls sein Recht auf Scheidung durch Verzeihung oder durch Zeitablauf ausgeschlossen ist, zur Zeit des Eintritts des von dem Kläger geltend gemachten Scheidungsgrundes berechtigt war, auf Scheidung zu klagen.

§. 1560. (I 1455, II 1478.)

Die geschiedene Frau behält den Familiennamen des Mannes.

Die Frau kann ihren Familiennamen wiederannehmen. War sie vor der Eingehung der geschiedenen Ehe verheirathet, so kann sie auch den Namen wiederannehmen, den sie zur Zeit der Eingehung dieser Ehe hatte, es sei denn, daß sie allein für schuldig erklärt ist. Die Wiederannahme des Namens erfolgt durch Erklärung gegenüber der zuständigen Behörde; die Erklärung ist in öffentlich beglaubigter Form abzugeben.

Ist die Frau allein für schuldig erklärt, so kann der Mann ihr die Führung seines Namens untersagen. Die Untersagung erfolgt durch Erklärung gegenüber der zuständigen Behörde; die Erklärung ist in öffentlich beglaubigter Form abzugeben. Die Behörde soll der Frau die Erklärung mittheilen. Mit dem Verluste des Namens des Mannes erhält die Frau ihren Familiennamen wieder.

§. 1561. (I 1454 Abs. 1, II 1472.)

Der allein für schuldig erklärte Mann hat der geschiedenen Frau den standesgemäßen Unterhalt insoweit zu gewähren, als sie ihn nicht aus den Einkünften ihres Vermögens und, sofern nach den Verhältnissen, in denen die Ehegatten gelebt haben, Erwerb durch Arbeit der Frau üblich ist, aus dem Ertrag ihrer Arbeit bestreiten kann.

Die allein für schuldig erklärte Frau hat dem geschiedenen Manne den standesmäßigen Unterhalt insoweit zu gewähren, als er außer Stande ist, sich selbst zu unterhalten.

§. 1562. (I 1454 Abs. 1, 1483 Abs. 3, II 1473, 1504 Abs. 2 Satz 2.)

Soweit der allein für schuldig erklärte Ehegatte bei Berücksichtigung seiner sonstigen Verpflichtungen außer Stande ist, ohne Gefährdung seines standesmäßigen Unterhalts dem anderen Ehegatten Unterhalt zu gewähren, ist er berechtigt, von den zu seinem Unterhalte verfügbaren Einkünften zwei Drittheile oder, wenn diese zu seinem nothdürftigen Unterhalte nicht ausreichen, so viel zurückzubehalten, als zu dessen Bestreitung erforderlich ist. Hat er einem minderjährigen unverheiratheten Kinde oder in Folge seiner Wiederverheirathung dem neuen Ehegatten Unterhalt zu gewähren, so beschränkt sich seine Verpflichtung dem geschiedenen Ehegatten gegenüber auf dasjenige, was mit Rücksicht auf die Bedürfnisse sowie auf die Vermögens- und Erwerbsverhältnisse der Betheiligten der Billigkeit entspricht.

Der Mann ist der Frau gegenüber unter den Voraussetzungen des Abs. 1 von der Unterhaltspflicht ganz befreit, wenn die Frau den Unterhalt aus dem Stamme ihres Vermögens bestreiten kann.

§. 1563. (I 1454 Abs. 1, II 1474.)

Der Unterhalt ist durch Entrichtung einer Geldrente nach Maßgabe des §. 748 zu gewähren. Ob, in welcher Art und für welchen Betrag der Unterhaltspflichtige Sicherheit zu leisten hat, bestimmt sich nach den Umständen.

Statt der Rente kann der Berechtigte eine Abfindung in Kapital verlangen, wenn ein wichtiger Grund vorliegt.

Im Uebrigen finden die für die Unterhaltspflicht der Verwandten geltenden Vorschriften der §§. 1587, 1590, des §. 1591 Abs. 1, des §. 1593 und für den Fall des Todes des Berechtigten die Vorschriften des §. 1595 entsprechende Anwendung.

§. 1564. (I 1454 Abs. 1, 2, II 1475.)

Die Unterhaltungspflicht erlischt mit der Wiederverheirathung des Berechtigten.

Im Falle der Wiederverheirathung des Verpflichteten finden die Vorschriften des §. 1584 entsprechende Anwendung.

§. 1565. (I 1454 Abs. 1, II 1476.)

Die Unterhaltspflicht erlischt nicht mit dem Tode des Verpflichteten.

Die Verpflichtung des Erben unterliegt nicht den Beschränkungen des §. 1562. Der Berechtigte muß sich jedoch die Herabsetzung der Rente bis auf die Hälfte der Einkünfte gefallen lassen, die der Verpflichtete zur Zeit des Todes aus seinem Vermögen bezogen hat. Einkünfte aus einem Rechte, das mit dem Eintritt eines bestimmten Zeitpunkts oder eines bestimmten Ereignisses erlischt, bleiben von dem Eintritte des Zeitpunkts oder des Ereignisses an außer Betracht.

Sind mehrere Berechtigte vorhanden, so kann der Erbe die Renten nach dem Verhältniß ihrer Höhe soweit herabsetzen, daß sie zusammen der Hälfte der Einkünfte gleichkommen.

§. 1566. (II 1477.)

Ist die Ehe wegen Geisteskrankheit eines Ehegatten geschieden, so hat ihm der andere Ehegatte Unterhalt in gleicher Weise zu gewähren wie ein allein für schuldig erklärter Ehegatte.

§. 1567. (I 1453, II 1471.)

Ist ein Ehegatte allein für schuldig erklärt, so kann der andere Ehegatte Schenkungen, die er ihm während des Brautstandes oder während der Ehe gemacht hat, widerrufen. Die Vorschriften des §. 524 finden Anwendung.

Der Widerruf ist ausgeschlossen, wenn seit der Rechtskraft des Scheidungsurtheils ein Jahr verstrichen oder wenn der Schenker oder der Beschenkte gestorben ist.

§. 1568. (I 1458, II 1481.)

Hat der Mann einem gemeinschaftlichen Kinde Unterhalt zu gewähren, so ist die Frau verpflichtet, ihm aus den Einkünften ihres Vermögens und dem Ertrag ihrer Arbeit oder eines von ihr selbständig betriebenen Erwerbsgeschäfts einen angemessenen Beitrag zu den Kosten des Unterhalts zu leisten, soweit nicht diese durch die dem Manne an dem Vermögen des Kindes zustehende Nutznießung gedeckt werden. Der Anspruch des Mannes ist nicht übertragbar.

Steht der Frau die Sorge für die Person des Kindes zu und ist eine erhebliche Gefährdung des Unterhalts des Kindes zu besorgen, so kann die Frau den Beitrag zur eigenen Verwendung für den Unterhalt des Kindes zurückbehalten.

Zweiter Abschnitt.

Verwandtschaft.

Erster Titel.

Allgemeine Vorschriften.

§. 1569. (I 30, 31, II 15.)

Personen, deren eine von der anderen abstammt, sind in gerader Linie verwandt. Personen, die nicht in gerader Linie verwandt sind, aber von derselben dritten Person abstammen, sind in der Seitenlinie verwandt. Der Grad der Verwandtschaft bestimmt sich nach der Zahl der sie vermittelnden Geburten.

Zwischen einem unehelichen Kinde und dessen Vater besteht keine Verwandtschaft.

§. 1570. (I 32, 33, II 16.)

Die Verwandten eines Ehegatten sind mit dem anderen Ehegatten verschwägert. Die Linie und der Grad der Schwägerschaft bestimmen sich nach der Linie und dem Grade der sie vermittelnden Verwandtschaft.

Die Schwägerschaft dauert fort, auch wenn die Ehe, durch die sie begründet wurde, aufgelöst ist.

Zweiter Titel.

Eheliche Abstammung.

§. 1571. (I 1466, 1468 bis 1470, II 1486.)

Ein Kind, das nach der Eingehung der Ehe geboren wird, ist ehelich, wenn die Frau es vor oder während der Ehe empfangen und der Mann innerhalb der Empfängnißzeit der Frau beigewohnt hat. Das Kind ist nicht ehelich, wenn es den Umständen noch offenbar unmöglich ist, daß die Frau das Kind von dem Manne empfangen hat.

Es wird vermuthet, daß der Mann innerhalb der Empfängnißzeit der Frau beigewohnt habe. Soweit die Empfängnißzeit in die Zeit vor der Ehe fällt, gilt die Vermuthung nur, wenn der Mann gestorben ist, ohne die Ehelichkeit des Kindes angefochten zu haben.

§. 1572. (I 1467, II 1487.)

Als Empfängnißzeit gilt die Zeit von dem einhunderteinundachtzigsten bis zu dem dreihundertundzweiten Tage vor dem Tage der Geburt des Kindes, mit Einschluß sowohl des einhunderteinundachtzigsten als des dreihundertundzweiten Tages.

Steht fest, daß das Kind innerhalb eines Zeitraums empfangen worden ist, der weiter als dreihundertundzwei Tage vor dem Tage der Geburt zurückliegt, so gilt zu Gunsten der Ehelichkeit des Kindes dieser Zeitraum als Empfängnißzeit.

§. 1573. (I 1471 Abs. 1, II 1488.)

Die Unehelichkeit eines Kindes, das während der Ehe oder innerhalb dreihundertundzwei Tagen nach der Auflösung der Ehe geboren ist, kann nur geltend gemacht werden, wenn der Mann die Ehelichkeit angefochten hat oder, ohne das Anfechtungsrecht verloren zu haben, gestorben ist.

§. 1574. (I 1473, II 1490.)

Die Anfechtung der Ehelichkeit kann nur binnen Jahresfrist erfolgen.

Die Frist beginnt mit dem Zeitpunkt, in welchem der Mann die Geburt des Kindes erfährt.

Auf den Lauf der Frist finden die für die Verjährung geltenden Vorschriften der §§. 198, 201 entsprechende Anwendung.

§. 1575. (I 1474 Satz 1, 3, II 1491 Abs. 1, 2.)

Die Anfechtung der Ehelichkeit kann nicht durch einen Vertreter erfolgen. Ist der Mann in der Geschäftsfähigkeit beschränkt, so bedarf er nicht der Zustimmung seines gesetzlichen Vertreters.

Für einen geschäftsunfähigen Mann kann sein gesetzlicher Vertreter mit Genehmigung des Vormundschaftsgerichts die Ehelichkeit anfechten. Hat der gesetzliche Vertreter die Ehelichkeit nicht rechtzeitig angefochten, so kann nach dem Wegfalle der Geschäftsunfähigkeit der Mann selbst die Ehelichkeit in gleicher Weise anfechten, wie wenn er ohne gesetzlichen Vertreter gewesen wäre.

§. 1576. (I 1471 Abs. 2, 1475 Abs. 1, 1476 Satz 2, 3, II 1492.)

Die Anfechtung der Ehelichkeit erfolgt bei Lebzeiten des Kindes durch Erhebung der Anfechtungsklage. Die Klage ist gegen das Kind zu richten.

Wird die Klage zurückgenommen, so ist die Anfechtung als nicht erfolgt anzusehen. Das Gleiche gilt, wenn der Mann vor der Erledigung des Rechtsstreits das Kind als das seinige anerkennt.

Vor der Erledigung des Rechtsstreits kann die Unehelichkeit nicht anderweit geltend gemacht werden.

§. 1577. (I 1475 Abs. 2, II 1493.)

Nach dem Tode des Kindes erfolgt die Anfechtung der Ehelichkeit durch Erklärung gegenüber dem Nachlaßgerichte; die Erklärung ist in öffentlich beglaubigter Form abzugeben.

Das Nachlaßgericht soll die Erklärung sowohl demjenigen mittheilen, welcher im Falle der Ehelichkeit, als auch demjenigen, welcher im Falle der Unehelichkeit Erbe des Kindes ist. Es hat die Einsicht der Erklärung Jedem zu gestatten, der ein rechtliches Interesse glaubhaft macht.

§. 1578. (I 1472 Satz 1, 3, 1474 Satz 1, 3, II 1489, 1491 Abs. 3.)

Die Anfechtung der Ehelichkeit ist ausgeschlossen, wenn der Mann das Kind nach der Geburt als das seinige anerkennt.

Die Anerkennung kann nicht unter einer Bedingung oder einer Zeitbestimmung erfolgen.

Für die Anerkennung gelten die Vorschriften des §. 1575 Abs. 1. Die Anerkennung kann auch in einer Verfügung von Todeswegen erfolgen.

§. 1579. (I 1478, II 1494.)

Ist die Anerkennung der Ehelichkeit anfechtbar, so finden die Vorschriften der §§. 1575 bis 1577 und, wenn die Anfechtbarkeit ihren Grund in arglistiger Täuschung oder in Drohung hat, neben den Vorschriften des §. 198 Abs. 2 und des §. 201 auch die Vorschrift des §. 198 Abs. 1 entsprechende Anwendung.

§. 1580. (I 1479, II 1495.)

Wird von einer Frau, die sich nach der Auflösung ihrer Ehe wiederverheirathet hat, ein Kind geboren, das nach den §§. 1571 bis 1579 ein eheliches Kind sowohl des ersten als des zweiten Mannes sein würde, so gilt das Kind, wenn es innerhalb zweihundertundsiebzig Tagen nach der Auflösung der früheren Ehe geboren wird, als Kind des ersten Mannes, wenn es später geboren wird, als Kind des zweiten Mannes.

Dritter Titel.

Unterhaltspflicht.

§. 1581. (I 1480, II 1496.)

Verwandte in gerader Linie sind verpflichtet, einander Unterhalt zu gewähren.

§. 1582. (I 1481 Abs. 1, 3, II 1497.)

Unterhaltsberechtigt ist nur, wer außer Stande ist, sich selbst zu unterhalten.

Ein minderjähriges unverheirathetes Kind kann von seinen Eltern, auch wenn es Vermögen hat, die Gewährung des Unterhalts insoweit verlangen, als die Einkünfte seines Vermögens und der Ertrag seiner Arbeit zum Unterhalte nicht ausreichen.

§. 1583. (I 1482, II 1498.)

Unterhaltspflichtig ist nicht, wer bei Berücksichtigung seiner sonstigen Verpflichtungen außer Stande ist, ohne Gefährdung seines standesmäßigen Unterhalts den Unterhalt zu gewähren.

Befinden sich Eltern in dieser Lage, so sind sie ihren minderjährigen unverheiratheten Kindern gegenüber verpflichtet, alle verfügbaren Mittel zu ihrem und der Kinder Unterhalte gleichmäßig zu verwenden. Diese Verpflichtung tritt nicht ein, wenn ein anderer unterhaltspflichtiger Verwandter vorhanden ist; sie tritt auch nicht ein gegenüber einem Kinde, dessen Unterhalt aus dem Stamme seines Vermögens bestritten werden kann.

§. 1584. (I 1313, 1363 Abs. 1, 2 Satz 1, 1425, 1431 Abs. 1, II 1499.)

Soweit die Unterhaltspflicht einer Frau ihren Verwandten gegenüber davon abhängt, daß sie zur Gewährung des Unterhalts im Stande ist, kommt die dem Manne an dem eingebrachten Gute zustehende Verwaltung und Nutznießung nicht in Betracht.

Besteht allgemeine Gütergemeinschaft, Errungenschaftsgemeinschaft oder Fahrnißgemeinschaft, so bestimmt sich die Unterhaltspflicht des Mannes oder der Frau Verwandten gegenüber so, wie wenn das Gesammtgut dem unterhaltspflichtigen Ehegatten gehörte. Sind bedürftige Verwandte beider Ehegatten vorhanden, so ist der Unterhalt aus dem Gesammtgute so zu gewähren, wie wenn die Bedürftigen zu beiden Ehegatten in dem Verwandtschaftsverhältnisse ständen, auf dem die Unterhaltspflicht des verpflichteten Ehegatten beruht.

§. 1585. (I 1529, II 1500.)

Soweit die Unterhaltspflicht eines minderjährigen Kindes seinen Verwandten gegenüber davon abhängt, daß es zur Gewährung des Unterhalts im Stande ist, kommt die elterliche Nutznießung an dem Vermögen des Kindes nicht in Betracht.

§. 1586. (I 1485, 1486 Satz 1, II 1501.)

Die Abkömmlinge sind vor den Verwandten der aufsteigenden Linie unterhaltspflichtig. Die Unterhaltspflicht der Abkömmlinge bestimmt sich nach der gesetzlichen Erbfolgeordnung und dem Verhältnisse der Erbtheile.

Unter den Verwandten der aufsteigenden Linie haften die näheren vor den entfernteren, mehrere gleich nahe zu gleichen Theilen. Der Vater haftet jedoch vor der Mutter; steht die Nutznießung an dem Vermögen des Kindes der Mutter zu, so haftet die Mutter vor dem Vater.

§. 1587. (I 1487, II 1502.)

Soweit ein Verwandter auf Grund des §. 1583 nicht unterhaltspflichtig ist, hat der nach ihm haftende Verwandte den Unterhalt zu gewähren.

Das Gleiche gilt, wenn die Rechtsverfolgung gegen einen Verwandten im Inland ausgeschlossen oder erheblich erschwert ist. Der Anspruch gegen einen solchen Verwandten geht, soweit ein anderer Verwandter den Unterhalt gewährt, auf diesen über. Der Uebergang kann nicht zum Nachtheile des Unterhaltsberechtigten geltend gemacht werden.

§. 1588. (I 1484, II 1503.)

Der Ehegatte des Bedürftigen haftet vor dessen Verwandten. Soweit jedoch der Ehegatte bei Berücksichtigung seiner sonstigen Verpflichtungen außer Stande ist, ohne Gefährdung seines standesmäßigen Unterhalts den Unterhalt zu gewähren, haften die Verwandten vor dem Ehegatten. Die Vorschriften des §. 1587 Abs. 2 finden entsprechende Anwendung.

Das Gleiche gilt von einem geschiedenen unterhaltspflichtigen Ehegatten sowie von einem Ehegatten, der nach §. 1336 unterhaltspflichtig ist.

§. 1589. (I 1483, II 1504.)

Sind mehrere Bedürftige vorhanden und ist der Unterhaltspflichtige außer Stande, allen Unterhalt zu gewähren, so gehen unter ihnen die Abkömmlinge den Verwandten der aufsteigenden Linie, unter den Abkömmlingen diejenigen, welche im Falle der gesetzlichen Erbfolge als Erben berufen sein würden, den übrigen Abkömmlingen, unter den Verwandten der aufsteigenden Linie die näheren den entfernteren vor.

Der Ehegatte steht den minderjährigen unverheiratheten Kindern gleich; er geht anderen Kindern und den übrigen Verwandten vor. Ein geschiedener Ehegatte sowie ein Ehegatte, der nach §. 1336 unterhaltsberechtigt ist, geht den volljährigen oder verheiratheten Kindern und den übrigen Verwandten vor.

§. 1590. (I 1488 Abs. 1, 2, II 1505.)

Das Maß des zu gewährenden Unterhalts bestimmt sich nach der Lebensstellung des Bedürftigen (standesmäßiger Unterhalt).

Der Unterhalt umfaßt den gesammten Lebensbedarf, bei einer der Erziehung bedürftigen Person auch die Kosten der Erziehung und der Vorbildung zu einem Berufe.

§. 1591. (I 1490, II 1506.)

Wer durch sein sittliches Verschulden bedürftig geworden ist, kann nur den nothdürftigen Unterhalt verlangen.

Der gleichen Beschränkung unterliegt der Unterhaltsanspruch der Abkömmlinge, der Eltern und des Ehegatten, wenn sie sich einer Verfehlung schuldig machen, die den Unterhaltspflichtigen berechtigt, ihnen den Pflichttheil zu entziehen, sowie der Unterhaltsanspruch der Großeltern und der weiteren Voreltern, wenn ihnen gegenüber die Voraussetzungen vorliegen, unter denen Kinder berechtigt sind, ihren Eltern den Pflichttheil zu entziehen.

Der Bedürftige kann wegen einer nach diesen Vorschriften eintretenden Beschränkung seines Anspruchs nicht andere Unterhaltspflichtige in Anspruch nehmen.

§. 1592. (I 1491, II 1507.)

Der Unterhalt ist durch Entrichtung einer Geldrente zu gewähren. Der Verpflichtete kann verlangen, daß ihm die Gewährung des Unterhalts in anderer Art gestattet wird, wenn besondere Gründe es rechtfertigen.

Haben Eltern einem unverheiratheten Kinde Unterhalt zu gewähren, so können sie bestimmen, in welcher Art und für welche Zeit im voraus der Unterhalt gewährt werden soll. Aus besonderen Gründen kann das Vormundschaftsgericht auf Antrag des Kindes die Bestimmung der Eltern ändern.

Im Uebrigen finden die Vorschriften des §. 748 Anwendung.

§. 1593. (I 1492, II 1508.)

Für die Vergangenheit kann der Berechtigte Erfüllung oder Schadensersatz wegen Nichterfüllung nur von der Zeit an fordern, zu welcher der Verpflichtete in Verzug gekommen oder der Unterhaltsanspruch rechtshängig geworden ist.

§. 1594. (I 1495, II 1509.)

Für die Zukunft kann auf den Unterhalt nicht verzichtet werden.

Durch eine Vorausleistung wird der Verpflichtete bei erneuter Bedürftigkeit des Berechtigten nur für den im §. 748 Abs. 2 bestimmten Zeitabschnitt oder, wenn er selbst den Zeitabschnitt zu bestimmen hatte, für einen den Umständen nach angemessenen Zeitabschnitt befreit.

§. 1595. (I 1488 Abs. 4, 1496, II 1510.)

Der Unterhaltsanspruch erlischt mit dem Tode des Berechtigten oder des Verpflichteten, soweit er nicht auf Erfüllung oder Schadensersatz wegen Nichterfüllung für die Vergangenheit oder auf solche im voraus zu bewirkende Leistungen gerichtet ist, die zur Zeit des Todes des Berechtigten oder des Verpflichteten fällig sind.

Im Falle des Todes des Berechtigten hat der Verpflichtete die Kosten der Beerdigung zu tragen, soweit ihre Bezahlung nicht von dem Erben zu erlangen ist.

Vierter Titel.

Rechtliche Stellung der ehelichen Kinder.

I. Rechtsverhältniß zwischen den Eltern und dem Kinde im Allgemeinen.

§. 1596. (I 1497, II 1511.)

Das Kind erhält den Familiennamen des Vaters.

§. 1597. (I 1499, II 1512.)

Das Kind ist, solange es dem elterlichen Hausstand angehört und von den Eltern erzogen oder unterhalten wird, verpflichtet, in einer seinen Kräften und seiner Lebensstellung entsprechenden Weise den Eltern in ihrem Hauswesen und Geschäfte Dienste zu leisten.

§. 1598. (II 1513.)

Macht ein dem elterlichen Hausstand angehörendes volljähriges Kind zur Bestreitung der Kosten des Haushalts aus seinem Vermögen eine Aufwendung oder überläßt es den Eltern zu diesem Zwecke etwas aus seinem Vermögen, so ist im Zweifel anzunehmen, daß die Absicht fehlt, Ersatz zu verlangen.

§. 1599. (II 1514.)

Ueberläßt ein dem elterlichen Hausstand angehörendes volljähriges Kind sein Vermögen ganz oder theilweise der Verwaltung des Vaters, so kann der Vater die Einkünfte, die er während seiner Verwaltung bezieht, nach freiem Ermessen verwenden, soweit nicht ihre Verwendung zur Bestreitung der Kosten der ordnungsmäßigen Verwaltung und zur Erfüllung solcher Verpflichtungen des Kindes erforderlich ist, die bei ordnungsmäßiger Verwaltung aus den Einkünften des Vermögens bestritten werden. Das Kind kann eine abweichende Bestimmung treffen.

Das gleiche Recht steht der Mutter zu, wenn das Kind ihr die Verwaltung seines Vermögens überläßt.

§. 1600. (II 1515.)

Der Vater ist verpflichtet, einer Tochter im Falle ihrer Verheirathung zur Einrichtung des Haushalts eine angemessene Aussteuer zu gewähren, soweit er bei Berücksichtigung seiner sonstigen Verpflichtungen ohne Gefährdung seines standesmäßigen Unterhalts dazu im Stande ist und nicht die Tochter ein zur Beschaffung der Aussteuer ausreichendes Vermögen hat. Die gleiche Verpflichtung trifft die Mutter, wenn der Vater zur Gewährung der Aussteuer außer Stande oder wenn er gestorben ist.

Die Vorschriften des §. 1584 und des §. 1587 Abs. 2 finden entsprechende Anwendung.

§. 1601. (II 1516.)

Der Vater und die Mutter können die Aussteuer verweigern, wenn sich die Tochter ohne die erforderliche elterliche Einwilligung verheirathet.

Das Gleiche gilt, wenn sich die Tochter einer Verfehlung schuldig gemacht hat, die den Verpflichteten berechtigt, ihr den Pflichttheil zu entziehen.

§. 1602. (II 1517.)

Die Tochter kann eine Aussteuer nicht verlangen, wenn sie für eine frühere Ehe von dem Vater oder der Mutter eine Aussteuer erhalten hat.

§. 1603. (II 1518.)

Der Anspruch auf die Aussteuer ist nicht übertragbar. Er verjährt in einem Jahre von der Eingehung der Ehe an.

§. 1604. (I 1500 Abs. 1, 3, II 1519.)

Was einem Kinde mit Rücksicht auf seine Verheirathung oder auf die Erlangung einer selbständigen Lebensstellung zur Begründung oder zur Erhaltung der Wirthschaft oder der Lebensstellung von dem Vater oder der Mutter zugewendet wird (Ausstattung), gilt, auch wenn eine Verpflichtung nicht besteht, nur insoweit als Schenkung, als die Ausstattung das den Umständen, insbesondere den Vermögensverhältnissen des Vaters oder der Mutter, entsprechende Maß übersteigt.

Die Verpflichtung des Ausstattenden zur Gewährleistung wegen eines Mangels im Rechte oder wegen eines Fehlers der Sache bestimmt sich, auch soweit die Ausstattung nicht als Schenkung gilt, nach den für die Gewährleistungspflicht des Schenkers geltenden Vorschriften.

§. 1605. (I 1500 Abs. 2, II 1520.)

Gewährt der Vater einem Kinde, dessen Vermögen seiner elterlichen oder vormundschaftlichen Verwaltung unterliegt, eine Ausstattung, so ist im Zweifel anzunehmen, daß er sie aus diesem Vermögen gewährt. Diese Vorschrift findet auf die Mutter entsprechende Anwendung.

II. Elterliche Gewalt.

§. 1606. (I 1501 Abs. 1, II 1521.)

Das Kind steht, solange es minderjährig ist, unter elterlicher Gewalt.

1. Elterliche Gewalt des Vaters.

§. 1607. (I 1502 Nr. 1, II 1522.)

Der Vater hat kraft der elterlichen Gewalt das Recht und die Pflicht, für die Person und das Vermögen des Kindes zu sorgen.

§. 1608. (I 1503, 1650, II 1523.)

Das Recht und die Pflicht, für die Person und das Vermögen des Kindes zu sorgen, erstreckt sich nicht auf Angelegenheiten des Kindes, für die ein Pfleger bestellt ist.

§. 1609. (I 1503, 1653, II 1524.)

Steht die Sorge für die Person oder die Sorge für das Vermögen des Kindes einem Pfleger zu, so entscheidet bei einer Meinungsverschiedenheit zwischen dem Vater und dem Pfleger über die Vornahme einer sowohl die Person als das Vermögen des Kindes betreffenden Handlung das Vormundschaftsgericht.

§. 1610. (I 1503, 1649, 1651, II 1525.)

Die Sorge für die Person und das Vermögen umfaßt die Vertretung des Kindes.

Die Vertretung steht dem Vater insoweit nicht zu, als nach §. 1773 ein Vormund von der Vertretung des Mündels ausgeschlossen ist. Das Vormundschaftsgericht kann dem Vater nach §. 1774 die Vertretung entziehen.

§. 1611. (I 1504, II 1526.)

Die Sorge für die Person des Kindes umfaßt das Recht und die Pflicht, das Kind zu erziehen, zu beaufsichtigen und seinen Aufenthalt zu bestimmen.

Der Vater kann kraft des Erziehungsrechts angemessene Zuchtmittel gegen das Kind anwenden. Auf seinen Antrag hat das Vormundschaftsgericht ihn durch Anwendung geeigneter Zuchtmittel zu unterstützen.

§. 1612. (I 1505 Abs. 1, II 1527.)

Die Sorge für die Person des Kindes umfaßt das Recht, die Herausgabe des Kindes von Jedem zu verlangen, der es dem Vater widerrechtlich vorenthält.

§. 1613. (I 1509, II 1528.)

Ist eine Tochter verheiratet, so beschränkt sich die Sorge für ihre Person auf die Vertretung in den die Person betreffenden Angelegenheiten.

§. 1614. (I 1506, II 1529.)

Neben dem Vater hat während der Dauer der Ehe die Mutter das Recht und die Pflicht, für die Person des Kindes zu sorgen; zur Vertretung des Kindes ist sie nicht berechtigt. Bei einer Meinungsverschiedenheit zwischen den Eltern geht die Meinung des Vaters vor.

§. 1615. (I 1456, II 1479.)

Ist die Ehe aus einem der in den §§. 1550 bis 1553 bestimmten Gründe geschieden, so steht, solange die geschiedenen Ehegatten leben, die Sorge für die Person des Kindes, wenn ein Ehegatte allein für schuldig erklärt ist, dem anderen Ehegatten zu; sind beide Ehegatten für schuldig erklärt, so steht die Sorge für einen Sohn unter sechs Jahren oder für eine Tochter der Mutter, für einen Sohn, der über sechs Jahre alt ist, dem Vater zu. Das Vormundschaftsgericht kann eine abweichende Anordnung treffen, wenn eine solche aus besonderen Gründen im Interesse des Kindes geboten ist; es kann die Anordnung aufheben, wenn sie nicht mehr erforderlich ist.

Das Recht des Vaters zur Vertretung des Kindes bleibt unberührt.

§. 1616. (I 1457, II 1480.)

Der Ehegatte, dem nach §. 1615 die Sorge für die Person des Kindes nicht zusteht, behält die Befugniß, mit dem Kinde persönlich zu verkehren. Das Vormundschaftsgericht kann den Verkehr näher regeln.

§. 1617. (I 1465, II 1485 Satz 1.)

Ist die Ehe nach §. 1333 Abs. 2 aufgelöst, so gilt in Ansehung der Sorge für die Person des Kindes das Gleiche, wie wenn die Ehe geschieden ist und beide Ehegatten für schuldig erklärt sind.

§. 1618. (I 1510, II 1530.)

Das Recht und die Pflicht, für das Vermögen des Kindes zu sorgen (Vermögensverwaltung), erstreckt sich nicht auf das Vermögen, welches das Kind von Todeswegen erwirbt oder welches ihm unter Lebenden von einem Dritten unentgeltlich zugewendet wird, wenn der Erblasser durch letztwillige Verfügung, der Dritte bei der Zuwendung bestimmt hat, daß der Erwerb der Verwaltung des Vaters entzogen sein soll.

Was das Kind auf Grund eines zu einem solchen Vermögen gehörenden Rechtes oder als Ersatz für die Zerstörung, Beschädigung oder Entziehung eines zu dem Vermögen gehörenden Gegenstandes oder durch ein Rechtsgeschäft erwirbt, das sich auf das Vermögen bezieht, ist gleichfalls der Verwaltung des Vaters entzogen.

§. 1619. (I 1503, 1545, 1660, II 1531, 1556 Abs. 2.)

Was das Kind von Todeswegen erwirbt oder was ihm unter Lebenden von einem Dritten unentgeltlich zugewendet wird, hat der Vater nach den Anordnungen des Erblassers oder des Dritten zu verwalten, wenn die Anordnungen von dem Erblasser durch letztwillige Verfügung, von dem Dritten bei der Zuwendung getroffen worden sind. Kommt der Vater den Anordnungen nicht nach, so hat das Vormundschaftsgericht die zu ihrer Durchführung erforderlichen Maßregeln zu treffen.

Der Vater darf von den Anordnungen insoweit abweichen, als es nach §. 1781 Abs. 2, 3 einem Vormunde gestattet ist.

§. 1620. (I 1503, 1661, II 1532.)

Der Vater kann nicht in Vertretung des Kindes Schenkungen machen. Ausgenommen sind Schenkungen, durch die einer sittlichen Pflicht oder einer auf den Anstand zu nehmenden Rücksicht entsprochen wird.

§. 1621. (I 1503, 1664, 1665, 1667, II 1533.)

Der Vater hat das seiner Verwaltung unterliegende Geld des Kindes, unbeschadet der Vorschrift des §. 1632, nach den für die Anlegung von Mündelgeld geltenden Vorschriften der §§. 1785, 1786 verzinslich anzulegen, soweit es nicht zur Bestreitung von Ausgaben bereit zu halten ist, die zur ordnungsmäßigen Verwaltung erforderlich sind.

Das Vormundschaftsgericht kann dem Vater aus besonderen Gründen eine andere Anlegung gestatten.

§. 1622. (I 1511, 1513, 1514, 2043, II 1534, 1534a.)

Zu Rechtsgeschäften für das Kind bedarf der Vater der Genehmigung des Vormundschaftsgerichts in den Fällen, in denen nach §. 1799 Abs. 1 Nr. 1 bis 3, Abs. 2 und nach §. 1800 Nr. 1, 3, 5, 8 bis 11 ein Vormund der Genehmigung bedarf.

Das Gleiche gilt für die Ausschlagung einer Erbschaft oder eines Vermächtnisses sowie für den Verzicht auf einen Pflichttheil. Tritt der Anfall an das Kind erst in Folge der Ausschlagung des Vaters ein, so ist die Genehmigung nur erforderlich, wenn der Vater neben dem Kinde berufen war.

Die Vorschriften der §§. 1803, 1806 bis 1809 finden entsprechende Anwendung.

§. 1623. (I 1512, II 1535.)

Der Vater kann Gegenstände, zu deren Veräußerung die Genehmigung des Vormundschaftsgerichts erforderlich ist, dem Kinde nicht ohne diese Genehmigung zur Erfüllung eines von dem Kinde geschlossenen Vertrags oder zu freier Verfügung überlassen.

§. 1624. (I 1515, II 1536.)

Der Vater soll nicht ohne Genehmigung des Vormundschaftsgerichts ein neues Erwerbsgeschäft im Namen des Kindes beginnen.

§. 1625. (II 1537.)

Erwirbt der Vater mit Mitteln des Kindes bewegliche Sachen, so geht mit dem Erwerbe das Eigenthum auf das Kind über, es sei denn, daß der Vater nicht für Rechnung des Kindes erwerben will. Dies gilt insbesondere auch von Inhaberpapieren und von Orderpapieren, die mit Blankoindossament versehen sind.

Die Vorschriften des Abs. 1 finden entsprechende Anwendung, wenn der Vater mit Mitteln des Kindes ein Recht an Sachen der bezeichneten Art oder ein anderes Recht erwirbt, zu dessen Uebertragung der Abtretungsvertrag genügt.

§. 1626. (I 1553 Abs. 1, 2, II 1538.)

Die Vermögensverwaltung des Vaters endigt mit der Rechtskraft des Beschlusses, durch den der Konkurs über das Vermögen des Vaters eröffnet wird.

Nach der Aufhebung des Konkurses kann das Vormundschaftsgericht die Verwaltung dem Vater wiederübertragen.

§. 1627. (I 1503, 1698, II 1539.)

Macht der Vater bei der Sorge für die Person oder das Vermögen des Kindes Aufwendungen, die er den Umständen nach für erforderlich halten darf, so kann er von dem Kinde Ersatz verlangen, sofern nicht die Aufwendungen ihm selbst zur Last fallen.

§. 1628. (I 1502 Nr. 2, II 1540.)

Dem Vater steht kraft der elterlichen Gewalt die Nutznießung an dem Vermögen des Kindes zu.

§. 1629. (I 1516, II 1541.)

Von der Nutznießung ausgeschlossen (freies Vermögen) sind die ausschließlich zum persönlichen Gebrauche des Kindes bestimmten Sachen, insbesondere Kleider und Schmucksachen.

§. 1630. (I 1517 bis 1519, II 1542.)

Freies Vermögen ist:

1. was das Kind durch seine Arbeit oder durch den ihm nach §. 108 gestatteten selbständigen Betrieb eines Erwerbsgeschäfts erwirbt;
2. was das Kind von Todeswegen erwirbt oder was ihm unter Lebenden von einem Dritten unentgeltlich zugewendet wird, wenn der Erblasser durch letztwillige Verfügung, der Dritte bei der Zuwendung bestimmt hat, daß das Vermögen der Nutznießung entzogen sein soll.

Die Vorschriften des §. 1618 Abs. 2 finden entsprechende Anwendung.

§. 1631. (I 1520, II 1543.)

Der Vater erwirbt die Nutzungen des seiner Nutznießung unterliegenden Vermögens in derselben Weise und in demselben Umfange wie ein Nießbraucher.

§. 1632. (I 1523 Abs. 2, 3, 1525, II 1544.)

Der Vater darf verbrauchbare Sachen, die zu dem seiner Nutznießung unterliegenden Vermögen gehören, für sich veräußern oder verbrauchen, Geld jedoch nur mit Genehmigung des Vormundschaftsgerichts. Macht der Vater von dieser Befugniß Gebrauch, so hat er den Werth der Sachen nach der Beendigung der Nutznießung zu ersetzen; der Ersatz ist schon vorher zu leisten, wenn die ordnungsmäßige Verwaltung des Vermögens es erfordert.

§. 1633. (I 1531 Abs. 1, II 1545.)

Der Vater hat die Lasten des seiner Nutznießung unterliegenden Vermögens zu tragen. Seine Haftung bestimmt sich nach den für den Güterstand der Verwaltung und Nutznießung geltenden Vorschriften der §§. 1369 bis 1371, 1373. Zu den Lasten gehören auch die Kosten eines Rechtsstreits, der für das Kind geführt wird, sofern sie nicht dem freien Vermögen zur Last fallen, sowie die Kosten eines Strafverfahrens, das gegen das Kind gerichtet wird, vorbehaltlich der Ersatzpflicht des Kindes im Falle seiner Verurtheilung.

§. 1634. (I 1527 Abs. 1, II 1546.)

Gehört zu dem der Nutznießung unterliegenden Vermögen ein Erwerbsgeschäft, das von dem Vater im Namen des Kindes betrieben wird, so gebührt dem Vater nur der sich aus dem Betrieb ergebende jährliche Reingewinn. Ergiebt sich in einem Jahre ein Verlust, so verbleibt der Gewinn späterer Jahre bis zur Ausgleichung des Verlustes dem Kinde.

§. 1635. (I 1532, II 1547.)

Steht dem Vater die Verwaltung des seiner Nutznießung unterliegenden Vermögens nicht zu, so kann er auch die Nutznießung nicht ausüben; er kann jedoch die Herausgabe der Nutzungen verlangen, soweit nicht ihre Verwendung zur ordnungsmäßigen Verwaltung des Vermögens und zur Bestreitung der Lasten der Nutznießung erforderlich ist.

Ruht die elterliche Gewalt des Vaters oder ist dem Vater die Sorge für die Person und das Vermögen des Kindes durch das Vormundschaftsgericht entzogen, so können die Kosten des Unterhalts des Kindes aus den Nutzungen insoweit vorweg entnommen werden, als sie dem Vater zur Last fallen.

§. 1636. (I 1533, II 1548.)

Ist der Vater von der Ausübung der Nutznießung ausgeschlossen, so hat er eine ihm dem Kinde gegenüber obliegende Verbindlichkeit, die in Folge der Nutznießung erst nach deren Beendigung zu erfüllen sein würde, sofort zu erfüllen. Diese Vorschrift findet keine Anwendung, wenn die elterliche Gewalt ruht.

§. 1637. (I 1534, II 1549.)

Das Recht, das dem Vater kraft seiner Nutznießung an dem Vermögen des Kindes zusteht, ist nicht übertragbar.

Das Gleiche gilt von den nach den §. 1634, 1635 dem Vater zustehenden Ansprüchen, solange sie nicht fällig sind.

§. 1638. (I 1528 Halbsatz 1, II 1550.)

Die Gläubiger des Kindes können ohne Rücksicht auf die elterliche Nutznießung Befriedigung aus dem Vermögen des Kindes verlangen.

Hat der Vater verbrauchbare Sachen nach §. 1632 veräußert oder verbraucht, so ist er den Gläubigern gegenüber zum sofortigen Ersatze verpflichtet.

§. 1639. (I 1530, II 1551.)

Im Verhältnisse des Vaters und des Kindes zu einander finden in Ansehung der Verbindlichkeiten des Kindes die für den Güterstand der Verwaltung und Nutznießung geltenden Vorschriften des §. 1400, des §. 1401 Abs. 1 und des §. 1402 entsprechende Anwendung.

§. 1640. (I 1536, II 1552.)

Die Nutznießung endigt, wenn sich das Kind verheirathet. Die Nutznießung verbleibt jedoch dem Vater, wenn die Ehe ohne die erforderliche elterliche Einwilligung geschlossen wird.

§. 1641. (I 1537, II 1553.)

Der Vater kann auf die Nutznießung verzichten. Der Verzicht erfolgt durch Erklärung gegenüber dem Vormundschaftsgerichte; die Erklärung ist in öffentlich beglaubigter Form abzugeben.

§. 1642. (I 1520, 1008, 1009, II 1554.)

Hat der Vater kraft seiner Nutznießung ein zu dem Vermögen des Kindes gehörendes Grundstück vermiethet oder verpachtet, so finden, wenn das Mieth- oder Pachtverhältniß bei der Beendigung der Nutznießung noch besteht, die Vorschriften des §. 1040 entsprechende Anwendung.

Gehört zu dem der Nutznießung unterliegenden Vermögen ein landwirthschaftliches Grundstück, so findet die Vorschrift des §. 584, gehört zu dem Vermögen ein Landgut, so finden die Vorschriften der §§. 584, 585 entsprechende Anwendung.

§. 1643. (I 1503, 1696 Abs. 1, II 1555.)

Der Vater hat bei der Ausübung der elterlichen Gewalt dem Kinde gegenüber nur für diejenige Sorgfalt einzustehen, welche er in eigenen Angelegenheiten anzuwenden pflegt.

§. 1644. (I 1544, II 1556 Abs. 1.)

Ist der Vater verhindert, die mit der elterlichen Gewalt verbundenen Pflichten zu erfüllen, so hat das Vormundschaftsgericht die im Interesse des Kindes erforderlichen Maßregeln zu treffen.

§. 1645. (I 1546, II 1557.)

Wird das geistige oder leibliche Wohl des Kindes dadurch gefährdet, daß der Vater das Recht der Sorge für die Person des Kindes mißbraucht, das Kind vernachlässigt oder sich eines ehrlosen oder unsittlichen Verhaltens schuldig macht, so hat das Vormundschaftsgericht die zur Abwendung der Gefahr erforderlichen Maßregeln zu treffen. Das Vormundschaftsgericht kann insbesondere anordnen, daß das Kind zum Zwecke der Erziehung in einer geeigneten Familie oder in einer Erziehungsanstalt oder einer Besserungsanstalt untergebracht wird.

Das Gleiche gilt, wenn das Kind sittlich verwahrlost und nach der Persönlichkeit und den Lebensverhältnissen des Vaters anzunehmen ist, daß die elterliche Erziehungsgewalt zur Besserung des Kindes nicht ausreicht.

Hat der Vater das Recht des Kindes auf Gewährung des Unterhalts verletzt und ist für die Zukunft eine erhebliche Gefährdung des Unterhalts zu besorgen, so kann dem Vater auch die Vermögensverwaltung sowie die Nutznießung entzogen werden.

§. 1646. (I 1547 Abs. 1, 1549 Abs. 1, II 1558.)

Wird das Vermögen des Kindes dadurch gefährdet, daß der Vater die mit der Vermögensverwaltung oder die mit der Nutznießung verbundenen Pflichten verletzt oder daß er in Vermögensverfall geräth, so hat das Vormundschaftsgericht die zur Abwendung der Gefahr erforderlichen Maßregeln zu treffen.

Das Vormundschaftsgericht kann insbesondere anordnen, daß der Vater ein Verzeichniß des Vermögens einreicht und über seine Verwaltung Rechnung legt. Ist das eingereichte Verzeichniß ungenügend, so kann das Vormundschaftsgericht anordnen, daß das Verzeichniß durch eine zuständige Behörde oder durch einen zuständigen Beamten oder Notar aufgenommen wird. Das Vormundschaftsgericht kann auch, wenn Werthpapiere, Kostbarkeiten oder Buchforderungen gegen das Reich oder einen Bundesstaat zu dem Vermögen des Kindes gehören, dem Vater die gleichen Verpflichtungen auferlegen, welche nach den §§. 1792 bis 1794, 1796 einem Vormund obliegen; die Vorschriften der §§. 1797, 1798 finden entsprechende Anwendung.

Die Kosten der angeordneten Maßregeln fallen dem Vater zur Last.

§. 1647. (I 1547 Abs. 2, 1549 Abs. 1, II 1559 Abs. 1 Satz 1, 2.)

Sind die nach §. 1646 Abs. 2 zulässigen Maßregeln nicht ausreichend, so kann das Vormundschaftsgericht dem Vater Sicherheitsleistung für das seiner Verwaltung unterliegende Vermögen auferlegen. Die Art und den Umfang der Sicherheitsleistung bestimmt das Vormundschaftsgericht nach seinem Ermessen.

§. 1648. (I 1548, 1549 Abs. 1, II 1560.)

Will der Vater eine neue Ehe eingehen, so hat er seine Absicht dem Vormundschaftsgericht anzuzeigen, auf seine Kosten ein Verzeichniß des seiner Verwaltung unterliegenden Vermögens einzureichen und, soweit in Ansehung dieses Vermögens eine Gemeinschaft zwischen ihm und dem Kinde besteht, die Auseinandersetzung herbeizuführen. Das Vormundschaftsgericht kann gestatten, daß die Auseinandersetzung erst nach der Eheschließung erfolgt.

§. 1649. (I 1550, II 1561.)

Kommt der Vater den nach den §§. 1646, 1647 getroffenen Anordnungen nicht nach oder erfüllt er die ihm nach §. 1648 obliegenden Verpflichtungen nicht, so kann ihm das Vormundschaftsgericht die Vermögensverwaltung entziehen. Zur Erzwingung der Sicherheitsleistung sind andere Maßregeln nicht zulässig.

§. 1650. (I 1551 Satz 1, II 1562.)

Das Vormundschaftsgericht kann während der Dauer der elterlichen Gewalt die von ihm getroffenen Anordnungen jederzeit ändern, insbesondere die Erhöhung, Minderung oder Aufhebung der geleisteten Sicherheit anordnen.

§. 1651. (I 1549 Abs. 2, 1551 Satz 2, II 1559 Abs. 1 Satz 3, Abs. 2.)

Bei der Bestellung und Aufhebung der Sicherheit wird die Mitwirkung des Kindes durch die Anordnung des Vormundschaftsgerichts ersetzt.

Die Kosten der Bestellung und Aufhebung der Sicherheit fallen dem Vater zur Last.

§. 1652. (I 1503, 1702, II 1563.)

Verletzt der Vormundschaftsrichter vorsätzlich oder fahrlässig die ihm obliegenden Pflichten, so ist er dem Kinde nach §. 824 Abs. 1 und nach §. 825 verantwortlich.

§. 1653. (I 1552, II 1564.)

Der Gemeindewaisenrath hat dem Vormundschaftsgericht Anzeige zu machen, wenn ein Fall zu seiner Kenntniß gelangt, in welchem das Vormundschaftsgericht zum Einschreiten berufen ist.

§. 1654. (I 1554 Abs. 1 Satz 1, II 1565.)

Die elterliche Gewalt des Vaters ruht, wenn er geschäftsunfähig ist.

Das Gleiche gilt, wenn der Vater in der Geschäftsfähigkeit beschränkt ist oder wenn er nach §. 1888 Abs. 1 einen Pfleger für seine Person und sein Vermögen erhalten hat. Die Sorge für die Person des Kindes steht ihm neben dem gesetzlichen Vertreter des Kindes zu; zur Vertretung des Kindes ist er nicht berechtigt. Bei einer Meinungsverschiedenheit zwischen dem Vater und dem gesetzlichen Vertreter geht die Meinung des gesetzlichen Vertreters vor.

§. 1655. (I 1554 Abs. 1 Satz 2, II 1566.)

Die elterliche Gewalt des Vaters ruht, wenn von dem Vormundschaftsgerichte festgestellt wird, daß der Vater auf längere Zeit an der Ausübung der elterlichen Gewalt thatsächlich verhindert ist und für die Person und das Vermögen des Kindes durch die Anordnung einer Pflegschaft nicht genügend gesorgt werden kann.

Das Ruhen endigt, wenn von dem Vormundschaftsgerichte festgestellt wird, daß der Grund nicht mehr besteht.

§. 1656. (I 1554 Abs. 1, II 1567.)

Die Nutznießung an dem Vermögen des Kindes verbleibt dem Vater, auch wenn seine elterliche Gewalt ruht, unbeschadet der Vorschrift des §. 1663 Abs. 2.

§. 1657. (I 1557 Abs. 2 Satz 1, Abs. 3, II 1568.)

Die elterliche Gewalt des Vaters endigt, wenn er für todt erklärt wird, mit dem Zeitpunkte, der als Zeitpunkt des Todes gilt.

Lebt der Vater noch, so erlangt er die elterliche Gewalt dadurch wieder, daß er dem Vormundschaftsgerichte gegenüber seinen hierauf gerichteten Willen erklärt.

§. 1658. (I 1559 Abs. 1, II 1569.)

Der Vater verwirkt die elterliche Gewalt, wenn er wegen eines an dem Kinde verübten Verbrechens oder vorsätzlich verübten Vergehens zu Zuchthausstrafe oder zu einer Gefängnißstrafe von mindestens sechs Monaten verurtheilt wird. Wird wegen des Zusammentreffens mit einer anderen strafbaren Handlung auf eine Gesammtstrafe erkannt, so entscheidet die Einzelstrafe, welche für das an dem Kinde verübte Verbrechen oder Vergehen verwirkt ist.

Die Verwirkung der elterlichen Gewalt tritt mit der Rechtskraft des Urtheils ein.

§. 1659. (I 1503, 1700 Abs. 1, II 1570.)

Endigt oder ruht die elterliche Gewalt des Vaters oder hört aus einem anderen Grunde seine Vermögensverwaltung auf, so hat er dem Kinde das Vermögen herauszugeben und über die Verwaltung Rechenschaft abzulegen.

§. 1660. (II 1571 Abs. 1.)

Der Vater ist auch nach der Beendigung seiner elterlichen Gewalt zur Fortführung der mit der Sorge für die Person und das Vermögen des Kindes verbundenen Geschäfte berechtigt, bis er von der Beendigung Kenntniß erlangt oder sie kennen muß. Ein Dritter kann sich auf diese Berechtigung nicht berufen, wenn er bei der Vornahme eines Rechtsgeschäfts die Beendigung der elterlichen Gewalt kennt oder kennen muß.

Diese Vorschriften finden entsprechende Anwendung, wenn die elterliche Gewalt des Vaters ruht oder aus einem anderen Grunde seine Vermögensverwaltung aufhört.

§. 1661. (II 1571 Abs. 2.)

Endigt die elterliche Gewalt in Folge des Todes des Kindes, so hat der Vater diejenigen Geschäfte, mit deren Aufschube Gefahr verbunden ist, zu besorgen, bis der Erbe anderweit Fürsorge treffen kann.

2. Elterliche Gewalt der Mutter.

§. 1662. (I 1501 Abs. 2, 1557 Abs. 2 Satz 2, 1559 Abs. 2, II 1572.)

Der Mutter steht die elterliche Gewalt zu:

1. wenn der Vater gestorben oder für todt erklärt ist;
2. wenn der Vater die elterliche Gewalt verwirkt hat und die Ehe aufgelöst ist.

Im Falle der Todeserklärung beginnt die elterliche Gewalt der Mutter mit dem Zeitpunkte, der als Zeitpunkt des Todes des Vaters gilt.

§. 1663. (I 1555, II 1573.)

Solange die elterliche Gewalt des Vaters ruht, übt während der Dauer der Ehe die Mutter die elterliche Gewalt aus. Dies gilt jedoch nicht, wenn der Vater wegen Verschwendung oder Trunksucht entmündigt ist.

Ist die Ehe aufgelöst, so hat das Vormundschaftsgericht der Mutter auf ihren Antrag die Ausübung zu übertragen, wenn keine Aussicht besteht, daß der Grund, aus dem die elterliche Gewalt des Vaters ruht, wegfallen werde. Die Mutter erlangt in diesem Falle auch die Nutznießung an dem Vermögen des Kindes.

§. 1664. (II 1575.)

Auf die elterliche Gewalt der Mutter finden die für die elterliche Gewalt des Vaters geltenden Vorschriften Anwendung, soweit sich nicht aus den §§. 1665 bis 1675 ein Anderes ergiebt.

§. 1665. (I 1538, II 1576.)

Das Vormundschaftsgericht hat der Mutter einen Beistand zu bestellen:

1. wenn der Vater die Bestellung nach Maßgabe des §. 1755 angeordnet hat;
2. wenn die Mutter die Bestellung beantragt;
3. wenn das Vormundschaftsgericht aus besonderen Gründen, insbesondere wegen des Umfanges oder der Schwierigkeit der Vermögensverwaltung, oder in den Fällen der §§. 1645, 1646 die Bestellung im Interesse des Kindes für nöthig erachtet.

§. 1666. (I 1539, II 1577.)

Der Beistand kann für alle Angelegenheiten, für gewisse Arten von Angelegenheiten oder für einzelne Angelegenheiten bestellt werden.

Ueber den Umfang seines Wirkungskreises entscheidet die Bestellung. Ist der Umfang nicht bestimmt, so fallen alle Angelegenheiten in seinen Wirkungskreis.

Hat der Vater die Bestellung angeordnet, so hat das Vormundschaftsgericht Bestimmungen, die er nach Maßgabe des §. 1755 über den Umfang des Wirkungskreises getroffen hat, bei der Bestellung zu befolgen.

§. 1667. (I 1540, II 1578.)

Der Beistand hat innerhalb seines Wirkungskreises die Mutter bei der Ausübung der elterlichen Gewalt zu unterstützen und zu überwachen; er hat dem Vormundschaftsgerichte jeden Fall, in welchem es zum Einschreiten berufen ist, unverzüglich anzuzeigen.

§. 1668. (I 1541 Abs. 1, 2, 1542, II 1579.)

Die Genehmigung des Beistandes ist innerhalb seines Wirkungskreises zu jedem Rechtsgeschäft erforderlich, zu dem ein Vormund der Genehmigung des Vormundschaftsgerichts oder des Gegenvormundes bedarf. Ausgenommen sind Rechtsgeschäfte, welche die Mutter nicht ohne die Genehmigung des Vormundschaftsgerichts vornehmen kann. Die Vorschriften der §§. 1806 bis 1809 finden entsprechende Anwendung.

Die Genehmigung des Beistandes wird durch die Genehmigung des Vormundschaftsgerichts ersetzt.

Das Vormundschaftsgericht soll vor der Entscheidung über die Genehmigung in allen Fällen, in denen das Rechtsgeschäft zu dem Wirkungskreise des Beistandes gehört, den Beistand hören, sofern ein solcher vorhanden und die Anhörung thunlich ist.

§. 1669. (I 1541 Abs. 3, II 1580.)

Soweit die Anlegung des zu dem Vermögen des Kindes gehörenden Geldes in den Wirkungskreis des Beistandes fällt, finden die für die Anlegung von Mündelgeld geltenden Vorschriften der §§. 1787, 1788 entsprechende Anwendung.

§. 1670. (II 1581.)

Ist der Mutter für die Vermögensverwaltung ein Beistand bestellt, so hat sie ein Verzeichniß des ihrer Verwaltung unterliegenden Vermögens unter Zuziehung des Beistandes aufzunehmen und dem Vormundschaftsgericht einzureichen. Ist das Verzeichniß ungenügend, so findet die Vorschrift des §. 1646 Abs. 2 Satz 2 Anwendung.

§. 1671. (II 1582 Satz 1.)

Das Vormundschaftsgericht kann auf Antrag der Mutter dem Beistande die Vermögensverwaltung ganz oder theilweise übertragen; soweit dies geschieht, hat der Beistand die Rechte und Pflichten eines Pflegers.

§. 1672. (I 1543, II 1583.)

Für die Berufung, Bestellung und Beaufsichtigung des Beistandes, für seine Haftung und seine Ansprüche, für die ihm zu bewilligende Vergütung und für die Beendigung seines Amtes gelten die gleichen Vorschriften wie bei dem Gegenvormunde.

Das Amt des Beistandes endigt auch dann, wenn die elterliche Gewalt der Mutter ruht.

§. 1673. (II 1582 Satz 2, 1584.)

Das Vormundschaftsgericht kann in den Fällen des §. 1665 Nr. 2, 3 die Bestellung des Beistandes und im Falle des §. 1671 die Uebertragung der Vermögensverwaltung auf den Beistand jederzeit aufheben.

Ist die Bestellung des Beistandes nach §. 1665 Nr. 2 erfolgt, so soll sie nur mit Zustimmung der Mutter aufgehoben werden. Das Gleiche gilt für die Uebertragung der Vermögensverwaltung auf den Beistand.

§. 1674. (I 1554 Abs. 2, II 1585.)

Ruht die elterliche Gewalt der Mutter wegen Minderjährigkeit, so hat die Mutter das Recht und die Pflicht, für die Person des Kindes zu sorgen; zur Vertretung des Kindes ist sie nicht berechtigt. Der Vormund des Kindes hat, soweit der Mutter die Sorge zusteht, die rechtliche Stellung eines Beistandes.

§. 1675. (I 1558, II 1586.)

Die Mutter verliert die elterliche Gewalt, wenn sie sich wiederverheirathet. Sie behält jedoch unter den im §. 1674 bestimmten Beschränkungen das Recht und die Pflicht, für die Person des Kindes zu sorgen.

§. 1676. (II 1574.)

Wird für das Kind ein Vormund bestellt, weil die elterliche Gewalt des Vaters ruht, verwirkt oder ihm entzogen ist, oder wird für die Erziehung des Kindes an Stelle des Vaters ein Pfleger bestellt, so steht der Mutter die Sorge für die Person des Kindes neben dem Vormund oder dem Pfleger in gleicher Weise zu wie nach §. 1614 neben dem Vater.

Fünfter Titel.

Rechtliche Stellung der Kinder aus nichtigen Ehen.

§. 1677. (I 1562, II 1587.)

Ein Kind aus einer nichtigen Ehe, das im Falle der Gültigkeit der Ehe ehelich sein würde, gilt als ehelich, sofern nicht beide Ehegatten die Nichtigkeit der Ehe bei der Eheschließung gekannt haben.

Diese Vorschrift findet keine Anwendung, wenn die Nichtigkeit der Ehe auf einem Formmangel beruht und die Ehe nicht in das Heirathsregister eingetragen worden ist.

§. 1678. (I 1563, II 1588.)

Das Rechtsverhältniß zwischen den Eltern und einem Kinde, das nach §. 1677 als ehelich gilt, bestimmt sich, soweit sich nicht aus den §§. 1679, 1680 ein Anderes ergiebt, nach den Vorschriften, die für ein Kind aus einer geschiedenen Ehe gelten, wenn beide Ehegatten für schuldig erklärt sind.

§. 1679. (I 1564, II 1589.)

War dem Vater die Nichtigkeit der Ehe bei der Eheschließung bekannt, so hat er nicht die sich aus der Vaterschaft ergebenden Rechte. Die elterliche Gewalt steht der Mutter zu.

§. 1680. (I 1565, II 1590.)

War der Mutter die Nichtigkeit der Ehe bei der Eheschließung bekannt, so hat sie in Ansehung des Kindes nur diejenigen Rechte, welche im Falle der Scheidung der allein für schuldig erklärten Frau zustehen.

Stirbt der Vater oder endigt seine elterliche Gewalt aus einem anderen Grunde, so hat die Mutter nur das Recht und die Pflicht, für die Person des Kindes zu sorgen; zur Vertretung des Kindes ist sie nicht berechtigt. Der Vormund des Kindes hat, soweit der Mutter die Sorge zusteht, die rechtliche Stellung eines Beistandes.

Die Vorschriften des Abs. 2 finden auch dann Anwendung, wenn die elterliche Gewalt des Vaters wegen seiner Geschäftsunfähigkeit oder nach §. 1655 ruht.

§. 1681. (I 1566 Abs. 1, II 1591.)

Gilt das Kind nicht als ehelich, weil beiden Ehegatten die Nichtigkeit der Ehe bei der Eheschließung bekannt war, so kann es gleichwohl von dem Vater, solange er lebt, Unterhalt wie ein eheliches Kind verlangen. Das im §. 1592 Abs. 2 bestimmte Recht steht dem Vater nicht zu.

§. 1682. (I 1567, II 1592.)

Ist die Ehe wegen Drohung anfechtbar und angefochten, so steht der anfechtungsberechtigte Ehegatte einem Ehegatten gleich, dem die Nichtigkeit der Ehe bei der Eheschließung unbekannt war.

Sechster Titel.

Rechtliche Stellung der unehelichen Kinder.

§. 1683. (I 1568, II 1593.)

Das uneheliche Kind hat im Verhältnisse zu der Mutter und zu den Verwandten der Mutter die rechtliche Stellung eines ehelichen Kindes.

§. 1684. (I 1569, II 1594.)

Das uneheliche Kind erhält den Familiennamen der Mutter. Führt die Mutter in Folge ihrer Verheirathung einen anderen Namen, so erhält das Kind den Familiennamen, den die Mutter vor der Verheirathung geführt hat.

§. 1685. (I 1570, II 1595.)

Der Mutter steht nicht die elterliche Gewalt über das uneheliche Kind zu. Sie hat das Recht und die Pflicht, für die Person des Kindes zu sorgen; zur

Vertretung des Kindes ist sie nicht berechtigt. Der Vormund des Kindes hat, soweit der Mutter die Sorge zusteht, die rechtliche Stellung eines Beistandes.

§. 1686. (I 1571, 1573, 1574, II 1596 Abs. 1.)

Der Vater des unehelichen Kindes ist verpflichtet, dem Kinde bis zur Vollendung des sechszehnten Lebensjahrs den der Lebensstellung der Mutter entsprechenden Unterhalt zu gewähren.

Der Unterhalt umfaßt den gesammten Lebensbedarf sowie die Kosten der Erziehung und der Vorbildung zu einem Berufe.

§. 1687. (I 1571, II 1596 Abs. 2.)

Der Vater ist vor der Mutter und den mütterlichen Verwandten des Kindes unterhaltspflichtig.

Soweit die Mutter oder ein unterhaltspflichtiger mütterlicher Verwandter dem Kinde den Unterhalt gewährt, geht der Unterhaltsanspruch des Kindes gegen den Vater auf die Mutter oder den Verwandten über. Der Uebergang kann nicht zum Nachtheile des Kindes geltend gemacht werden.

§. 1688. (I 1574, 1576 Abs. 2, II 1597.)

Der Unterhalt ist durch Entrichtung einer Geldrente zu gewähren.

Die Rente ist für drei Monate vorauszuzahlen. Durch eine Vorausleistung für eine spätere Zeit wird der Vater nicht befreit.

Hat das Kind den Beginn des Vierteljahrs erlebt, so gebührt ihm der volle auf das Vierteljahr entfallende Betrag.

§. 1689. (I 1574, II 1598.)

Der Unterhalt kann auch für die Vergangenheit verlangt werden.

§. 1690. (I 1575 Abs. 1, II 1599.)

Der Unterhaltsanspruch erlischt nicht mit dem Tode des Vaters; er steht dem Kinde auch dann zu, wenn der Vater vor der Geburt des Kindes gestorben ist.

Der Erbe des Vaters ist berechtigt, das Kind mit dem Betrag abzufinden, der dem Kinde als Pflichttheil gebühren würde, wenn es ehelich wäre. Sind mehrere uneheliche Kinder vorhanden, so wird die Abfindung so berechnet, wie wenn sie alle ehelich wären.

§. 1691. (I 1574, 1575 Abs. 2, II 1600.)

Der Unterhaltsanspruch erlischt mit dem Tode des Kindes, soweit er nicht auf Erfüllung oder Schadensersatz wegen Nichterfüllung für die Vergangenheit oder auf solche im voraus zu bewirkende Leistungen gerichtet ist, die zur Zeit des Todes des Kindes fällig sind.

Die Kosten der Beerdigung hat der Vater zu tragen, soweit ihre Bezahlung nicht von dem Erben des Kindes zu erlangen ist.

§. 1692. (I 1576, II 1601.)

Eine Vereinbarung zwischen dem Vater und dem Kinde über den Unterhalt für die Zukunft oder über eine an Stelle des Unterhalts zu gewährende Abfindung bedarf der Genehmigung des Vormundschaftsgerichts.

Ein unentgeltlicher Verzicht auf den Unterhalt für die Zukunft ist nichtig.

§. 1693. (I 1577 Abs. 1 Satz 1, 2, 1578, II 1602.)

Der Vater ist verpflichtet, der Mutter die Kosten der Entbindung und die Kosten des Unterhalts für die ersten sechs Wochen nach der Entbindung innerhalb der Grenzen der Nothdurft zu ersetzen. Den gewöhnlichen Betrag dieser Kosten kann die Mutter ohne Rücksicht auf den wirklichen Aufwand verlangen.

Der Anspruch steht der Mutter auch dann zu, wenn der Vater vor der Geburt des Kindes gestorben oder wenn das Kind todt geboren ist.

Der Anspruch verjährt in vier Jahren. Die Verjährung beginnt mit dem Ablaufe von sechs Wochen nach der Geburt des Kindes.

§. 1694. (II 1603.)

Schon vor der Geburt des Kindes kann auf Antrag der Mutter durch einstweilige Verfügung angeordnet werden, daß der Vater den für die ersten drei Monate dem Kinde zu gewährenden Unterhalt alsbald nach der Geburt an die Mutter oder an den Vormund zu zahlen und den erforderlichen Betrag angemessene Zeit vor der Geburt zu hinterlegen hat. In gleicher Weise kann auf Antrag der Mutter die Zahlung des gewöhnlichen Betrags der nach §. 1693 Abs. 1 zu ersetzenden Kosten an die Mutter und die Hinterlegung des erforderlichen Betrags angeordnet werden.

Zur Erlassung der einstweiligen Verfügung ist nicht erforderlich, daß eine Gefährdung des Anspruchs glaubhaft gemacht wird.

§. 1695. (I 1572, 1577 Abs. 2, II 1604.)

Als Vater des unehelichen Kindes im Sinne der §§. 1686 bis 1694 gilt, wer der Mutter innerhalb der Empfängnißzeit beigewohnt hat, es sei denn, daß auch ein Anderer ihr innerhalb dieser Zeit beigewohnt hat. Eine Beiwohnung bleibt jedoch außer Betracht, wenn es den Umständen nach offenbar unmöglich ist, daß die Mutter das Kind aus dieser Beiwohnung empfangen hat.

Als Empfängnißzeit gilt die Zeit von dem einhunderteinundachtzigsten bis zu dem dreihundertundzweiten Tage vor dem Tage der Geburt des Kindes, mit Einschluß sowohl des einhunderteinundachtzigsten als des dreihundertundzweiten Tages.

§. 1696. (II 1605.)

Wer seine Vaterschaft nach der Geburt des Kindes in einer öffentlichen Urkunde anerkennt, kann sich nicht darauf berufen, daß ein Anderer der Mutter innerhalb der Empfängnißzeit beigewohnt habe.

Siebenter Titel.

Legitimation unehelicher Kinder.

I. Legitimation durch nachfolgende Ehe.

§. 1697. (I 1579, II 1606.)

Ein uneheliches Kind erlangt dadurch, daß sich der Vater mit der Mutter verheirathet, mit der Eheschließung die rechtliche Stellung eines ehelichen Kindes.

§. 1698. (I 1580, II 1607.)

Der Ehemann der Mutter gilt als Vater des Kindes, wenn er ihr innerhalb der im §. 1695 Abs. 2 bestimmten Empfängnißzeit beigewohnt hat, es sei denn, daß es den Umständen nach offenbar unmöglich ist, daß die Mutter das Kind aus dieser Beiwohnung empfangen hat.

Erkennt der Ehemann seine Vaterschaft nach der Geburt des Kindes in einer öffentlichen Urkunde an, so wird vermuthet, daß er der Mutter innerhalb der Empfängnißzeit beigewohnt habe.

§. 1699. (I 1581, II 1608.)

Ist die Ehe der Eltern nichtig, so finden die Vorschriften der §§. 1677 bis 1682 entsprechende Anwendung.

§. 1700. (I 1582, II 1609.)

Die Eheschließung zwischen den Eltern hat für die Abkömmlinge des unehelichen Kindes die Wirkungen der Legitimation auch dann, wenn das Kind vor der Eheschließung gestorben ist.

II. Ehelichkeitserklärung.

§. 1701. (I 1583 Abs. 1, 1584, II 1610 Abs. 1.)

Ein uneheliches Kind kann auf Antrag seines Vaters durch eine Verfügung der Staatsgewalt für ehelich erklärt werden.

Die Ehelichkeitserklärung steht dem Bundesstaate zu, dem der Vater angehört; ist der Vater ein Deutscher, der keinem Bundesstaat angehört, so steht sie dem Reichskanzler zu.

Ueber die Ertheilung der einem Bundesstaate zustehenden Ehelichkeitserklärung hat die Landesregierung zu bestimmen.

§. 1702. (I 1594, II 1618 Abs. 2.)

Die Ehelichkeitserklärung kann nicht unter einer Bedingung oder einer Zeitbestimmung erfolgen.

§. 1703. (I 1585, II 1611.)

Der Antrag muß die Erklärung des Vaters enthalten, daß er das Kind als das seinige anerkenne.

§. 1704. (I 1587, 1591 Satz 2, II 1613 Abs. 1, 3, 1616 Satz 2.)

Zur Ehelichkeitserklärung ist die Einwilligung des Kindes und, wenn das Kind nicht das fünfundzwanzigste Lebensjahr vollendet hat, die Einwilligung der Mutter erforderlich. Ist der Vater verheirathet, so bedarf er auch der Einwilligung seiner Frau.

Die Einwilligung hat dem Vater oder der Behörde gegenüber zu erfolgen, bei welcher der Antrag einzureichen ist; sie ist unwiderruflich.

Die Einwilligung der Mutter ist nicht erforderlich, wenn die Mutter zur Abgabe einer Erklärung dauernd außer Stande oder ihr Aufenthalt dauernd unbekannt ist. Das Gleiche gilt von der Einwilligung der Frau des Vaters.

§. 1705. (II 1613 Abs. 2.)

Wird die Einwilligung von der Mutter verweigert, so kann sie auf Antrag des Kindes durch das Vormundschaftsgericht ersetzt werden, wenn das Unterbleiben der Ehelichkeitserklärung dem Kinde zu unverhältnißmäßigem Nachtheile gereichen würde.

§. 1706. (I 1588, 1589 Abs. 2 Satz 2, II 1614.)

Der Antrag auf Ehelichkeitserklärung sowie die Einwilligung der im §. 1704 bezeichneten Personen kann nicht durch einen Vertreter erfolgen.

Ist das Kind geschäftsunfähig oder hat es nicht das vierzehnte Lebensjahr vollendet, so kann sein gesetzlicher Vertreter die Einwilligung mit Genehmigung des Vormundschafsgerichts ertheilen.

§. 1707. (I 1589, 1590, II 1615.)

Ist der Vater in der Geschäftsfähigkeit beschränkt, so bedarf er zu dem Antrag, außer der Zustimmung seines gesetzlichen Vertreters, der Genehmigung des Vormundschaftsgerichts.

Ist das Kind in der Geschäftsfähigkeit beschränkt, so gilt das Gleiche für die Ertheilung seiner Einwilligung.

Ist die Mutter des Kindes oder die Frau des Vaters in der Geschäftsfähigkeit beschränkt, so ist zur Ertheilung ihrer Einwilligung die Zustimmung des gesetzlichen Vertreters nicht erforderlich.

§. 1708. (I 1591 Satz 1, II 1616 Satz 1.)

Der Antrag sowie die Einwilligungserklärung der im §. 1704 bezeichneten Personen bedarf der gerichtlichen oder notariellen Beurkundung.

§. 1709. (I 1600, II 1617.)

Ist der Antrag oder die Einwilligung einer der im §. 1704 bezeichneten Personen anfechtbar, so gelten für die Anfechtung und für die Bestätigung der anfechtbaren Erklärung die Vorschriften der §§. 1706, 1707.

§. 1710. (I 1586, II 1612.)

Die Ehelichkeitserklärung ist nicht zulässig, wenn zur Zeit der Erzeugung des Kindes die Ehe zwischen den Eltern nach §. 1295 Abs. 1 wegen Verwandtschaft oder Schwägerschaft verboten war.

§. 1711. (I 1595, II 1619.)

Die Ehelichkeitserklärung kann nicht nach dem Tode des Kindes erfolgen

Nach dem Tode des Vaters ist die Ehelichkeitserklärung nur zulässig, wenn der Vater den Antrag bei der zuständigen Behörde eingereicht oder bei oder nach der gerichtlichen oder notariellen Beurkundung des Antrags das Gericht oder den Notar mit der Einreichung betraut hat.

Die nach dem Tode des Vaters erfolgte Ehelichkeitserklärung hat die gleiche Wirkung, wie wenn sie vor dem Tode des Vaters erfolgt wäre.

§. 1712. (I 1592, II 1618 Abs. 1.)

Die Ehelichkeitserklärung kann versagt werden, auch wenn ihr ein gesetzliches Hinderniß nicht entgegensteht.

§. 1713. (I 1593, II 1620.)

Auf die Wirksamkeit der Ehelichkeitserklärung ist es ohne Einfluß, wenn der Antragsteller nicht der Vater des Kindes ist oder wenn mit Unrecht angenommen worden ist, daß die Mutter des Kindes oder die Frau des Vaters zur Abgabe einer Erklärung dauernd außer Stande oder ihr Aufenthalt dauernd unbekannt sei.

§. 1714. (I 1583 Abs. 2, II 1610 Abs. 2.)

Durch die Ehelichkeitserklärung erlangt das Kind die rechtliche Stellung eines ehelichen Kindes.

§. 1715. (I 1596, II 1621.)

Die Wirkungen der Ehelichkeitserklärung erstrecken sich auf die Abkömmlinge des Kindes; sie erstrecken sich nicht auf die Verwandten des Vaters. Die Frau des Vaters wird nicht mit dem Kinde, der Ehegatte des Kindes wird nicht mit dem Vater verschwägert.

Die Rechte und Pflichten, die sich aus dem Verwandtschaftsverhältnisse zwischen dem Kinde und seinen Verwandten ergeben, bleiben unberührt, soweit nicht das Gesetz ein Anderes vorschreibt.

§. 1716. (I 1597, II 1622.)

Mit der Ehelichkeitserklärung verliert die Mutter das Recht und die Pflicht, für die Person des Kindes zu sorgen. Hat sie dem Kinde Unterhalt zu gewähren, so treten Recht und Pflicht wieder ein, wenn die elterliche Gewalt des Vaters endigt oder wenn sie wegen Geschäfsunfähigkeit des Vaters oder nach §. 1655 ruht.

§. 1717. (I 1598, II 1623.)

Der Vater ist dem Kinde und dessen Abkömmlingen vor der Mutter und den mütterlichen Verwandten zur Gewährung des Unterhalts verpflichtet.

§. 1718. (I 1599, II 1624.)

Will der Vater eine Ehe eingehen, während er die elterliche Gewalt über das Kind hat, so finden die Vorschriften der §§. 1648 bis 1650 Anwendung.

Achter Titel.

Annahme an Kindesstatt.

§. 1719. (I 1601 Abs. 2, 1602 Satz 1, 1617 Satz 1, II 1625 Abs. 1, 1631 Satz 1, 1632 Abs. 1 Satz 1.)

Wer keine ehelichen Abkömmlinge hat, kann durch Vertrag mit einem Anderen diesen an Kindesstatt annehmen. Der Vertrag bedarf der Bestätigung durch das zuständige Gericht.

§. 1720. (I 1615, II 1630.)

Die Annahme an Kindesstatt kann nicht unter einer Bedingung oder einer Zeitbestimmung erfolgen.

§. 1721. (I 1602 Satz 2, II 1625 Abs. 2.)

Das Vorhandensein eines angenommenen Kindes steht einer weiteren Annahme an Kindesstatt nicht entgegen.

§. 1722. (I 1603 Abs. 1, 1604 Abs. 1, II 1626 Abs. 1.)

Der Annehmende muß das fünfzigste Lebensjahr vollendet haben und mindestens achtzehn Jahre älter sein als das Kind.

§. 1723. (I 1603 Abs. 2, 1604 Abs. 2, 1605, II 1626 Abs. 2, 3.)

Von den Erfordernissen des §. 1722 kann Befreiung bewilligt werden, von der Vollendung des fünfzigsten Lebensjahrs jedoch nur, wenn der Annehmende volljährig ist.

Die Bewilligung steht dem Bundesstaate zu, dem der Vater angehört; ist der Vater ein Deutscher, der keinem Bundesstaat angehört, so steht die Bewilligung dem Reichskanzler zu.

Ueber die Ertheilung der einem Bundesstaate zustehenden Bewilligung hat die Landesregierung zu bestimmen.

§. 1724. (I 1606, 1609, 1611 Satz 1, II 1627.)

Wer verheirathet ist, kann nur mit Einwilligung seines Ehegatten an Kindesstatt annehmen oder angenommen werden.

Die Einwilligung ist nicht erforderlich, wenn der Ehegatte zur Abgabe einer Erklärung dauernd außer Stande oder sein Aufenthalt dauernd unbekannt ist.

§. 1725. (I 1610, 1611 Satz 1, II 1629.)

Ein eheliches Kind kann bis zur Vollendung des fünfundzwanzigsten Lebensjahrs nur mit Einwilligung der Eltern, ein uneheliches Kind kann bis zum gleichen Lebensalter nur mit Einwilligung der Mutter an Kindesstatt angenommen werden. Die Vorschrift des §. 1724 Abs. 2 findet entsprechende Anwendung.

§. 1726. (I 1614, 1616 Abs. 2, II 1636.)

Die Einwilligung der in den §§. 1724, 1725, bezeichneten Personen hat dem Annehmenden oder dem Kinde oder dem für die Bestätigung des Annahmevertrags zuständigen Gerichte gegenüber zu erfolgen; sie ist unwiderruflich.

Die Einwilligung kann nicht durch einen Vertreter ertheilt werden. Ist der Einwilligende in der Geschäftsfähigkeit beschränkt, so bedarf er nicht der Zustimmung seines gesetzlichen Vertreters.

Die Einwilligungserklärung bedarf der gerichtlichen oder notariellen Beurkundung.

§. 1727. (I 1607, 1608, II 1628.)

Als gemeinschaftliches Kind kann ein Kind nur von einem Ehepaar angenommen werden.

Ein angenommenes Kind kann, solange das durch die Annahme begründete Rechtsverhältniß besteht, nur von dem Ehegatten des Annehmenden an Kindesstatt angenommen werden.

§. 1728. (I 1612, 1616 Abs. 1, II 1631 Satz 2, 1633.)

Der Annahmevertrag kann nicht durch einen Vertreter geschlossen werden. Hat das Kind nicht das vierzehnte Lebensjahr vollendet, so kann sein gesetzlicher Vertreter den Vertrag mit Genehmigung des Vormundschaftsgerichts schließen.

Der Annahmevertrag muß bei gleichzeitiger Anwesenheit beider Theile vor Gericht oder vor einem Notar geschlossen werden.

§. 1729. (I 1613 Abs. 1, 2, II 1634.)

Ist der Annehmende in der Geschäftsfähigkeit beschränkt, so bedarf er zur Eingehung des Vertrags, außer der Zustimmung seines gesetzlichen Vertreters, der Genehmigung des Vormundschaftsgerichts.

Das Gleiche gilt für das Kind, wenn es in der Geschäftsfähigkeit beschränkt ist.

§. 1730. (I 1613 Abs. 3, 4, II 1635.)

Will ein Vormund seinen Mündel an Kindesstatt annehmen, so soll das Vormundschaftsgericht die Genehmigung nicht ertheilen, solange der Vormund im Amte ist. Will Jemand seinen früheren Mündel an Kindesstatt annehmen, so soll das Vormundschaftsgericht die Genehmigung nicht ertheilen, bevor er über seine Verwaltung Rechnung gelegt und das Vorhandensein des Mündelvermögens nachgewiesen hat.

Das Gleiche gilt, wenn ein zur Vermögensverwaltung bestellter Pfleger seinen Pflegling oder seinen früheren Pflegling an Kindesstatt annehmen will.

§. 1731. (I 1618, II 1637.)

Die Bestätigung des Annahmevertrags kann nicht nach dem Tode des Kindes erfolgen.

Nach dem Tode des Annehmenden ist die Bestätigung nur zulässig, wenn der Annehmende oder das Kind den Antrag auf Bestätigung bei dem zuständigen Gericht eingereicht oder bei oder nach der gerichtlichen oder notariellen Beurkundung des Vertrags das Gericht oder den Notar mit der Einreichung betraut hat.

Die nach dem Tode des Annehmenden erfolgte Bestätigung hat die gleiche Wirkung, wie wenn sie vor dem Tode erfolgt wäre.

§. 1732. (I 1617 Satz 2, 3, 1619, II 1632 Abs. 1 Satz 2, Abs. 2.)

Die Annahme an Kindesstatt tritt mit der Bestätigung in Kraft. Die Vertragschließenden sind schon vor der Bestätigung gebunden.

Die Bestätigung ist nur zu versagen, wenn ein gesetzliches Erforderniß der Annahme an Kindesstatt fehlt. Wird die Bestätigung endgültig versagt, so verliert der Vertrag seine Kraft.

§. 1733. (I 1630, II 1652.)

Ist der Annahmevertrag oder die Einwilligung einer der in den §§. 1724, 1725 bezeichneten Personen anfechtbar, so gelten für die Anfechtung und für die Bestätigung des anfechtbaren Rechtsgeschäfts die Vorschriften des §. 1726 Abs. 2, des §. 1728 Abs. 1 und des §. 1729.

§. 1734. (II 1638.)

Auf die Wirksamkeit der Annahme an Kindesstatt ist es ohne Einfluß, wenn bei der Bestätigung des Annahmevertrags mit Unrecht angenommen worden ist, daß eine der in den §§. 1724, 1725 bezeichneten Personen zur Abgabe einer Erklärung dauernd außer Stande oder ihr Aufenthalt dauernd unbekannt sei.

§. 1735. (I 1601 Abs. 1, 1621, II 1639.)

Durch die Annahme an Kindesstatt erlangt das Kind die rechtliche Stellung eines ehelichen Kindes des Annehmenden.

Wird von einem Ehepaare gemeinschaftlich ein Kind angenommen oder nimmt ein Ehegatte ein Kind des anderen Ehegatten an, so erlangt das Kind die rechtliche Stellung eines gemeinschaftlichen ehelichen Kindes der Ehegatten.

§. 1736. (I 1622 Abs. 1, 2, II 1642.)

Das Kind erhält den Familiennamen des Annehmenden. Wird das Kind von einer Frau angenommen, die in Folge ihrer Verheirathung einen anderen Namen führt, so erhält es den Familiennamen, den die Frau vor der Verheirathung geführt hat. In den Fällen des §. 1735 Abs. 2 erhält das Kind den Familiennamen des Mannes.

Das Kind darf dem neuen Namen seinen früheren Familiennamen hinzufügen, sofern nicht in dem Annahmevertrag ein Anderes bestimmt ist.

§. 1737. (I 1624, II 1644.)

Durch die Annahme an Kindesstatt wird ein Erbrecht für den Annehmenden nicht begründet.

§. 1738. (I 1623 Abs. 1, II 1643 Abs. 1.)

Der Annehmende hat über das Vermögen des Kindes, soweit es auf Grund der elterlichen Gewalt seiner Verwaltung unterliegt, auf seine Kosten ein Verzeichniß aufzunehmen und dem Vormundschaftsgericht einzureichen. Ist das Verzeichniß ungenügend, so findet die Vorschrift des §. 1646 Abs. 2 Satz 2 Anwendung.

Erfüllt der Annehmende die ihm nach Abs. 1 obliegende Verpflichtung nicht, so kann ihm das Vormundschaftsgericht die Vermögensverwaltung entziehen. Die Entziehung kann jederzeit wiederaufgehoben werden.

§. 1739. (I 1623 Abs. 3, II 1643 Abs. 2.)

Will der Annehmende eine Ehe eingehen, während er die elterliche Gewalt über das Kind hat, so finden die Vorschriften der §§. 1648 bis 1650 Anwendung.

§. 1740. (I 1620 Abs. 1, II 1640.)

Die Wirkungen der Annahme an Kindesstatt erstrecken sich auf die Abkömmlinge des Kindes. Auf einen zur Zeit des Vertragsabschlusses schon vorhandenen Abkömmling und dessen später geborene Abkömmlinge erstrecken sich die Wirkungen nur, wenn der Vertrag auch mit dem schon vorhandenen Abkömmlinge geschlossen wird.

§. 1741. (I 1620 Abs. 2, II 1641.)

Die Wirkungen der Annahme an Kindesstatt erstrecken sich nicht auf die Verwandten des Annehmenden. Der Ehegatte des Annehmenden wird nicht mit dem Kinde, der Ehegatte des Kindes wird nicht mit dem Annehmenden verschwägert.

§. 1742. (I 1625, II 1645.)

Die Rechte und Pflichten, die sich aus dem Verwandtschaftsverhältnisse zwischen dem Kinde und seinen Verwandten ergeben, werden durch die Annahme an Kindesstatt nicht berührt, soweit nicht das Gesetz ein Anderes vorschreibt.

§. 1743. (I 1626, II 1646.)

Mit der Annahme an Kindesstatt verlieren die leiblichen Eltern die elterliche Gewalt über das Kind, die uneheliche Mutter das Recht und die Pflicht, für die Person des Kindes zu sorgen.

Hat der Vater oder die Mutter dem Kinde Unterhalt zu gewähren, so treten das Recht und die Pflicht, für die Person des Kindes zu sorgen, wieder ein, wenn die elterliche Gewalt des Annehmenden endigt oder wenn sie wegen Geschäftsunfähigkeit des Annehmenden oder nach §. 1655 ruht. Das Recht zur Vertretung des Kindes tritt nicht wieder ein.

§. 1744. (I 1627, II 1647.)

Der Annehmende ist dem Kinde und denjenigen Abkömmlingen des Kindes, auf welche sich die Wirkungen der Annahme erstrecken, vor den leiblichen Verwandten des Kindes zur Gewährung des Unterhalts verpflichtet.

Der Annehmende steht im Falle des §. 1591 Abs. 2 den leiblichen Verwandten der aufsteigenden Linie gleich.

§. 1745. (I 1628, II 1648.)

In dem Annahmevertrage kann die Nutznießung des Annehmenden an dem Vermögen des Kindes sowie das Erbrecht des Kindes dem Annehmenden gegenüber ausgeschlossen werden.

Im Uebrigen können die Wirkungen der Annahme an Kindesstatt in dem Annahmevertrage nicht geändert werden.

§. 1746. (I 1629 Abs. 1, 2, 4, 5, II 1649.)

Das durch die Annahme an Kindesstatt begründete Rechtsverhältniß kann wieder aufgehoben werden. Die Aufhebung kann nicht unter einer Bedingung oder einer Zeitbestimmung erfolgen.

Die Aufhebung erfolgt durch Vertrag zwischen dem Annehmenden, dem Kinde und denjenigen Abkömmlingen des Kindes, auf welche sich die Wirkungen der Annahme erstrecken.

Hat ein Ehepaar gemeinschaftlich ein Kind angenommen oder hat ein Ehegatte ein Kind des anderen Ehegatten angenommen, so ist zu der Aufhebung die Mitwirkung beider Ehegatten erforderlich.

§. 1747. (I 1629 Abs. 3, 4, II 1650.)

Nach dem Tode des Kindes können die übrigen Betheiligten das zwischen ihnen bestehende Rechtsverhältniß durch Vertrag aufheben. Das Gleiche gilt in den Fällen des §. 1735 Abs. 2 nach dem Tode eines der Ehegatten.

§. 1748. (I 1629 Abs. 5, II 1651, 1652.)

Die für die Annahme an Kindesstatt geltenden Vorschriften des §. 1719 Satz 2 und der §§. 1728, 1729, 1731 bis 1733 gelten auch für die Aufhebung.

§. 1749. (I 1631, II 1653.)

Schließen Personen, die durch Annahme an Kindesstatt verbunden sind, der Vorschrift des §. 1296 zuwider eine Ehe, so tritt mit der Eheschließung die Aufhebung des durch die Annahme zwischen ihnen begründeten Rechtsverhältnisses ein.

Ist die Ehe nichtig, so wird, wenn dem einen Ehegatten die elterliche Gewalt über den anderen zusteht, diese mit der Eheschließung verwirkt. Die Verwirkung tritt nicht ein, wenn die Nichtigkeit der Ehe auf einem Formmangel beruht und die Ehe nicht in das Heirathsregister eingetragen worden ist.

§. 1750. (II 1654.)

Mit der Aufhebung der Annahme an Kindesstatt verlieren das Kind und diejenigen Abkömmlinge des Kindes, auf welche sich die Aufhebung erstreckt, das Recht, den Familiennamen des Annehmenden zu führen. Diese Vorschrift findet in den Fällen des §. 1735 Abs. 2 keine Anwendung, wenn die Aufhebung nach dem Tode eines der Ehegatten erfolgt.

Dritter Abschnitt.

Vormundschaft.

Erster Titel.

Vormundschaft über Minderjährige.

I. Anordnung der Vormundschaft.

§. 1751. (I 1633, II 1655.)

Ein Minderjähriger erhält einen Vormund, wenn er nicht unter elterlicher Gewalt steht oder wenn die Eltern weder in den die Person noch in den das Vermögen betreffenden Angelegenheiten zur Vertretung des Minderjährigen berechtigt sind.

Ein Minderjähriger erhält einen Vormund auch dann, wenn sein Familienstand nicht zu ermitteln ist.

§. 1752. (I 1634, II 1656.)

Das Vormundschaftsgericht hat die Vormundschaft von Amtswegen anzuordnen.

§. 1753. (I 1638 Abs. 2, II 1660 Abs. 2.)

Das Vormundschaftsgericht soll, sofern nicht besondere Gründe für die Bestellung mehrerer Vormünder vorliegen, für den Mündel und, wenn mehrere Geschwister zu bevormunden sind, für alle Mündel nur einen Vormund bestellen.

§. 1754. (I 1635, II 1657.)

Als Vormünder sind in nachstehender Reihenfolge berufen:

1. wer von dem Vater des Mündels als Vormund benannt ist;

2. wer von der ehelichen Mutter des Mündels als Vormund benannt ist;
3. der Großvater des Mündels von väterlicher Seite;
4. der Großvater des Mündels von mütterlicher Seite.

Die Großväter sind nicht berufen, wenn der Mündel von einem Anderen als dem Ehegatten seines Vaters oder seiner Mutter an Kindesstatt angenommen ist. Das Gleiche gilt, wenn derjenige, von welchem der Mündel abstammt, von einem Anderen als dem Ehegatten seines Vaters oder seiner Mutter an Kindesstatt angenommen ist und die Wirkungen der Annahme sich auf den Mündel erstrecken.

§. 1755. (I 1636, II 1658.)

Der Vater kann einen Vormund nur benennen, wenn ihm zur Zeit seines Todes die elterliche Gewalt über das Kind zusteht; er hat dieses Recht nicht, wenn er in den die Person oder in den das Vermögen betreffenden Angelegenheiten nicht zur Vertretung des Kindes berechtigt ist. Das Gleiche gilt für die Mutter.

Der Vater kann für ein Kind, das erst nach seinem Tode geboren wird, einen Vormund benennen, wenn er dazu berechtigt sein würde, falls das Kind vor seinem Tode geboren wäre.

Die Benennung des Vormundes erfolgt durch letztwillige Verfügung.

§. 1756. (I 1637, II 1659.)

Wer nach §. 1754 als Vormund berufen ist, darf ohne seine Zustimmung nur übergangen werden, wenn er nach den §§. 1758 bis 1762 nicht zum Vormunde bestellt werden kann oder soll oder wenn er an der Uebernahme der Vormundschaft verhindert ist oder die Uebernahme verzögert oder wenn seine Bestellung das Interesse des Mündels gefährden würde.

Ist der Berufene nur vorübergehend verhindert, so hat ihn das Vormundschaftsgericht nach dem Wegfalle des Hindernisses auf seinen Antrag an Stelle des bisherigen Vormundes zum Vormunde zu bestellen.

Für eine Ehefrau darf der Mann vor den nach §. 1754 Berufenen, für ein uneheliches Kind darf die Mutter vor dem Großvater zum Vormunde bestellt werden.

Neben dem Berufenen darf nur mit dessen Zustimmung ein Mitvormund bestellt werden.

§. 1757. (I 1638 Abs. 1, II 1660 Abs. 1.)

Ist die Vormundschaft nicht einem nach §. 1754 Berufenen zu übertragen, so hat das Vormundschaftsgericht nach Anhörung des Gemeindewaisenraths den Vormund auszuwählen.

Das Vormundschaftsgericht soll eine Person auswählen, die nach ihren persönlichen Verhältnissen und ihrer Vermögenslage sowie nach den sonstigen Umständen zur Führung der Vormundschaft geeignet ist. Verwandte und Verschwägerte des Mündels sind zunächst zu berücksichtigen.

§. 1758. (I 1640 Nr. 1, 1646 Abs. 1, II 1661.)

Zum Vormunde kann nicht bestellt werden, wer geschäftsunfähig oder wegen Geistesschwäche, Verschwendung oder Trunksucht entmündigt ist.

§. 1759. (I 1640 Nr. 1 bis 3, 1646 Abs. 2, II 1662.)

Zum Vormunde soll nicht bestellt werden:

1. wer minderjährig oder nach §. 1884 unter vorläufige Vormundschaft gestellt ist;
2. wer nach §. 1888 zur Besorgung seiner Vermögensangelegenheiten einen Pfleger erhalten hat;
3. wer in Konkurs gerathen ist, während der Dauer des Konkurses;
4. wer der bürgerlichen Ehrenrechte für verlustig erklärt ist, soweit sich nicht aus den Vorschriften des Strafgesetzbuchs ein Anderes ergiebt.

§. 1760. (I 1640 Nr. 5, 1646 Abs. 2, II 1663.)

Zum Vormunde soll nicht bestellt werden, wer durch Anordnung des Vaters oder der ehelichen Mutter des Mündels von der Vormundschaft ausgeschlossen ist. Die Mutter kann den von dem Vater als Vormund Benannten nicht ausschließen.

Auf die Ausschließung finden die Vorschriften des §. 1755 Anwendung.

§. 1761. (I 1640 Nr. 4, 1641, 1646 Abs. 2, II 1664.)

Zum Vormunde soll nicht eine Frau bestellt werden. Ausgenommen sind die Mutter und die Großmutter des Mündels sowie eine Frau, die von dem Vater oder von der ehelichen Mutter als Vormund benannt ist.

Eine Frau, die mit einem Anderen als dem Vater des Mündels verheirathet ist, soll nur mit Zustimmung ihres Mannes zum Vormunde bestellt werden.

§. 1762. (I 1642, 1646 Abs. 2, II 1665.)

Ein Beamter oder Religionsdiener, der nach den Landesgesetzen einer besonderen Erlaubniß zur Uebernahme einer Vormundschaft bedarf, soll nicht ohne die vorgeschriebene Erlaubniß zum Vormunde bestellt werden.

§. 1763. (I 1639 Satz 1, II 1667 Abs. 1.)

Jeder Deutsche hat die Vormundschaft, für die er von dem Vormundschaftsgericht ausgewählt wird, zu übernehmen, sofern nicht seiner Bestellung zum Vormund einer der in den §§. 1758 bis 1762 bestimmten Gründe entgegensteht.

§. 1764. (I 1643, 1644 Abs. 1, II 1666, 1668 Abs. 1.)

Die Uebernahme der Vormundschaft kann ablehnen:

1. eine Frau;
2. wer das sechszigste Lebensjahr vollendet hat;
3. wer mehr als vier minderjährige eheliche Kinder hat; ein von einem Anderen an Kindesstatt angenommenes Kind wird nicht gerechnet;

4. wer durch Krankheit oder durch Gebrechen verhindert ist, die Vormundschaft ordnungsmäßig zu führen;
5. wer wegen Entfernung seines Wohnsitzes von dem Sitze des Vormundschaftsgerichts die Vormundschaft nicht ohne besondere Belästigung führen kann;
6. wer nach §. 1822 zur Sicherheitsleistung angehalten wird;
7. wer mit einem Anderen zur gemeinschaftlichen Führung der Vormundschaft bestellt werden soll;
8. wer mehr als eine Vormundschaft oder Pflegschaft führt; die Vormundschaft oder Pflegschaft über mehrere Geschwister gilt nur als eine; die Führung von zwei Gegenvormundschaften steht der Führung einer Vormundschaft gleich.

Das Ablehnungsrecht erlischt, wenn es nicht vor der Bestellung bei dem Vormundschaftsgerichte geltend gemacht wird.

§. 1765. (I 1639 Satz 2, 1644 Abs. 2, II 1667 Abs. 2, 1668 Abs. 2.)

Wer die Uebernahme der Vormundschaft ohne Grund ablehnt, ist, wenn ihm ein Verschulden zur Last fällt, für den Schaden verantwortlich, der dem Mündel dadurch entsteht, daß sich die Bestellung des Vormundes verzögert.

Erklärt das Vormundschaftsgericht die Ablehnung für unbegründet, so hat der Ablehnende, unbeschadet der ihm zustehenden Rechtsmittel, die Vormundschaft auf Erfordern des Vormundschaftsgerichts vorläufig zu übernehmen.

§. 1766. (I 1639 Satz 3, 4, II 1669.)

Das Vormundschaftsgericht kann den zum Vormund Ausgewählten durch Ordnungsstrafen zur Uebernahme der Vormundschaft anhalten.

Die einzelne Strafe darf den Betrag von dreihundert Mark nicht übersteigen. Die Strafen dürfen nur in Zwischenräumen von mindestens einer Woche verhängt werden. Mehr als drei Strafen dürfen nicht verhängt werden.

§. 1767. (I 1645 Abs. 1, II 1670.)

Der Vormund wird von dem Vormundschaftsgerichte durch Verpflichtung zu treuer und gewissenhafter Führung der Vormundschaft bestellt. Die Verpflichtung soll mittelst Handschlags an Eidesstatt erfolgen.

§. 1768 (I 1638 Abs. 3, II 1660 Abs. 3.)

Bei der Bestellung des Vormundes kann die Entlassung für den Fall vorbehalten werden, daß ein bestimmtes Ereigniß eintritt oder nicht eintritt.

§. 1769. (I 1645 Abs. 2, II 1671.)

Der Vormund erhält eine Bestallung.

Die Bestallung soll enthalten den Namen und die Zeit der Geburt des Mündels, die Namen des Vormundes, des Gegenvormundes und der Mitvormünder sowie im Falle der Theilung der Vormundschaft die Art der Theilung. Ist ein Familienrath eingesetzt, so ist auch dies anzugeben.

§. 1770. (I 1647, II 1672.)

Neben dem Vormunde kann ein Gegenvormund bestellt werden.

Ein Gegenvormund soll bestellt werden, wenn mit der Vormundschaft eine Vermögensverwaltung verbunden ist, es sei denn, daß die Verwaltung nicht erheblich oder daß die Vormundschaft von mehreren Vormündern gemeinschaftlich zu führen ist.

Ist die Vormundschaft von mehreren Vormündern nicht gemeinschaftlich zu führen, so kann der eine Vormund zum Gegenvormund des anderen bestellt werden.

Auf die Berufung und Bestellung des Gegenvormundes finden die für die Berufung und Bestellung des Vormundes geltenden Vorschriften Anwendung.

II. Führung der Vormundschaft.

§. 1771. (I 1648, 1649, II 1673.)

Der Vormund hat das Recht und die Pflicht, für die Person und das Vermögen des Mündels zu sorgen, insbesondere den Mündel zu vertreten.

§. 1772. (I 1650, II 1674.)

Das Recht und die Pflicht des Vormundes, für die Person und das Vermögen des Mündels zu sorgen, erstreckt sich nicht auf Angelegenheiten des Mündels, für die ein Pfleger bestellt ist.

§. 1773. (I 1651 Nr. 1 bis 3, II 1675.)

Der Vormund kann den Mündel nicht vertreten:

1. bei einem Rechtsgeschäfte zwischen seinem Ehegatten oder einem seiner Verwandten in gerader Linie einerseits und dem Mündel andererseits, es sei denn, daß das Rechtsgeschäft ausschließlich in der Erfüllung einer Verbindlichkeit besteht;
2. bei einem Rechtsgeschäfte, das die Uebertragung oder Belastung einer durch Pfandrecht, Hypothek oder Bürgschaft gesicherten Forderung des Mündels gegen den Vormund oder die Aufhebung oder Minderung dieser Sicherheit zum Gegenstande hat oder die Verpflichtung des Mündels zu einer solchen Uebertragung, Belastung, Aufhebung oder Minderung begründet;
3. bei einem Rechtsstreite zwischen den in Nr. 1 bezeichneten Personen sowie bei einem Rechtsstreit über eine Angelegenheit der in Nr. 2 bezeichneten Art.

Die Vorschrift des §. 177 bleibt unberührt.

§. 1774. (I 1651 Nr. 4, II 1676.)

Das Vormundschaftsgericht kann dem Vormunde die Vertretung für einzelne Angelegenheiten oder für einen bestimmten Kreis von Angelegenheiten entziehen.

Die Entziehung soll nur erfolgen, wenn das Interesse des Mündels zu dem Interesse des Vormundes oder eines von diesem vertretenen Dritten oder einer der im §. 1773 Nr. 1 bezeichneten Personen in erheblichem Gegensatze steht.

§. 1775. (I 1652, II 1677.)

Mehrere Vormünder führen die Vormundschaft gemeinschaftlich. Bei einer Meinungsverschiedenheit entscheidet das Vormundschaftsgericht, sofern nicht bei der Bestellung ein Anderes bestimmt wird.

Das Vormundschaftsgericht kann die Führung der Vormundschaft unter mehrere Vormünder nach bestimmten Wirkungskreisen vertheilen. Innerhalb des ihm überwiesenen Wirkungskreises führt jeder Vormund die Vormundschaft selbständig.

Bestimmungen, die der Vater oder die Mutter für die Entscheidung von Meinungsverschiedenheiten zwischen den von ihnen benannten Vormündern und für die Vertheilung der Geschäfte unter diese nach Maßgabe des §. 1755 getroffen hat, sind von dem Vormundschaftsgerichte zu befolgen, sofern nicht ihre Befolgung das Interesse des Mündels gefährden würde.

§. 1776. (I 1653, II 1678.)

Steht die Sorge für die Person und die Sorge für das Vermögen des Mündels verschiedenen Vormündern zu, so entscheidet bei einer Meinungsverschiedenheit über die Vornahme einer sowohl die Person als das Vermögen des Mündels betreffenden Handlung das Vormundschaftsgericht.

§. 1777. (I 1654 Abs. 1, II 1679.)

Der Gegenvormund hat darauf zu achten, daß der Vormund die Vormundschaft pflichtmäßig führt. Er hat dem Vormundschaftsgerichte Pflichtwidrigkeiten des Vormundes sowie jeden Fall unverzüglich anzuzeigen, in welchem das Vormundschaftsgericht zum Einschreiten berufen ist, insbesondere den Tod des Vormundes oder den Eintritt eines anderen Umstandes, in Folge dessen das Amt des Vormundes endigt oder die Entlassung des Vormundes erforderlich wird.

Der Vormund hat dem Gegenvormund auf Verlangen über die Führung der Vormundschaft Auskunft zu ertheilen und die Einsicht der sich auf die Vormundschaft beziehenden Papiere zu gestatten.

§. 1778. (I 1655, II 1680.)

Das Recht und die Pflicht des Vormundes, für die Person des Mündels zu sorgen, bestimmt sich nach den für die elterliche Gewalt geltenden Vorschriften der §§. 1611 bis 1613.

§. 1779. (II 1681.)

Die Sorge für die religiöse Erziehung des Mündels kann dem Vormunde von dem Vormundschaftsgericht entzogen werden, wenn der Vormund nicht dem Bekenntniß angehört, in dem der Mündel zu erziehen ist.

§. 1780. (I 1659, II 1682.)

Der Vormund hat das Vermögen, das bei der Anordnung der Vormundschaft vorhanden ist oder später dem Mündel zufällt, zu verzeichnen und das

Verzeichniß, nachdem er es mit der Versicherung der Richtigkeit und Vollständigkeit versehen hat, dem Vormundschaftsgericht einzureichen. Ist ein Gegenvormund vorhanden, so hat ihn der Vormund bei der Aufnahme des Verzeichnisses zuzuziehen; das Verzeichniß ist auch von dem Gegenvormunde mit der Versicherung der Richtigkeit und Vollständigkeit zu versehen.

Der Vormund kann sich bei der Aufnahme des Verzeichnisses der Hülfe eines Beamten, eines Notars oder eines anderen Sachverständigen bedienen.

Ist das eingereichte Verzeichniß ungenügend, so kann das Vormundschaftsgericht anordnen, daß das Verzeichniß durch eine zuständige Behörde oder durch einen zuständigen Beamten oder Notar aufgenommen wird.

§. 1781. (I 1660, II 1683.)

Was der Mündel von Todeswegen erwirbt oder was ihm unter Lebenden von einem Dritten unentgeltlich zugewendet wird, hat der Vormund nach den Anordnungen des Erblassers oder des Dritten zu verwalten, wenn die Anordnungen von dem Erblasser durch letztwillige Verfügung, von dem Dritten bei der Zuwendung getroffen worden sind.

Der Vormund darf mit Genehmigung des Vormundschaftsgerichts von den Anordnungen abweichen, wenn ihre Befolgung das Interesse des Mündels gefährden würde.

Zu einer Abweichung von den Anordnungen, die ein Dritter bei einer Zuwendung unter Lebenden getroffen hat, ist, solange er lebt, seine Zustimmung erforderlich und genügend. Die Zustimmung des Dritten kann durch das Vormundschaftsgericht ersetzt werden, wenn der Dritte zur Abgabe einer Erklärung dauernd außer Stande oder sein Aufenthalt dauernd unbekannt ist.

§. 1782. (I 1661, II 1684.)

Der Vormund kann nicht in Vertretung des Mündels Schenkungen machen. Ausgenommen sind Schenkungen, durch die einer sittlichen Pflicht oder einer auf den Anstand zu nehmenden Rücksicht entsprochen wird.

§. 1783. (I 1662, II 1685.)

Der Vormund darf nicht Vermögen des Mündels in seinen Nutzen verwenden.

§. 1784. (I 1664 Abs. 1, II 1687 Abs. 1.)

Der Vormund hat das zum Vermögen des Mündels gehörende Geld verzinslich anzulegen, soweit es nicht zur Bestreitung der für die ordnungsmäßige Verwaltung erforderlichen Ausgaben bereit zu halten ist.

§. 1785. (I 1664 Abs. 2, 3, II 1687 Abs. 2, 3.)

Die Anlegung von Mündelgeld soll nur erfolgen:

1. in Forderungen, für die eine sichere Hypothek an einem inländischen Grundstücke besteht, oder in sicheren Grundschulden oder Rentenschulden an inländischen Grundstücken;

2. in verbrieften Forderungen gegen das Reich oder einen Bundesstaat sowie in Forderungen, die in das Reichsschuldbuch oder in das Staatsschuldbuch eines Bundesstaats eingetragen sind;
3. in verbrieften Forderungen, deren Verzinsung von dem Reiche oder einem Bundesstaate gewährleistet ist;
4. in verbrieften Forderungen gegen eine inländische kommunale Körperschaft oder die Kreditanstalt einer solchen Körperschaft, wenn die Forderungen von Seiten des Gläubigers kündbar sind oder einer regelmäßigen Tilgung unterliegen;
5. in Werthpapieren, die von dem Bundesrathe zur Anlegung von Mündelgeld für geeignet erklärt sind;
6. bei einer inländischen öffentlichen Sparkasse, wenn sie von der zuständigen Behörde des Bundesstaats, in welchem sie ihren Sitz hat, zur Anlegung von Mündelgeld für geeignet erklärt ist.

Die Landesgesetze können für die innerhalb ihres Geltungsbereichs belegenen Grundstücke die Grundsätze bestimmen, nach denen die Sicherheit einer Hypothek, einer Grundschuld oder einer Rentenschuld festzustellen ist.

§. 1786. (I 1665, II 1688.)

Kann die Anlegung den Umständen nach nicht in der im §. 1785 bezeichneten Weise erfolgen, so ist das Geld bei der Reichsbank, bei einer Staatsbank oder bei einer anderen durch Landesgesetz dazu für geeignet erklärten inländischen Bank oder bei einer Hinterlegungsstelle anzulegen.

§. 1787. (I 1666 Abs. 2, II 1689 Abs. 2.)

Der Vormund soll Mündelgeld nach §. 1785 Abs. 1 Nr. 6 oder nach §. 1786 nur mit der Bestimmung anlegen, daß zur Erhebung des Geldes die Genehmigung des Gegenvormundes oder des Vormundschaftsgerichts erforderlich ist.

§. 1788. (I 1666 Abs. 1, II 1689 Abs. 1.)

Der Vormund soll die in den §§. 1784 bis 1786 vorgeschriebene Anlegung nur mit Genehmigung des Gegenvormundes bewirken; die Genehmigung des Gegenvormundes wird durch die Genehmigung des Vormundschaftsgerichts ersetzt. Ist ein Gegenvormund nicht vorhanden, so soll die Anlegung nur mit Genehmigung des Vormundschaftsgerichts erfolgen, sofern nicht die Vormundschaft von mehreren Vormündern gemeinschaftlich geführt wird.

§. 1789. (I 1667, II 1690.)

Das Vormundschaftsgericht kann aus besonderen Gründen dem Vormund eine andere Anlegung als die in den §§. 1785, 1786 vorgeschriebene gestatten.

§. 1790. (I 1669 Abs. 1, 3, II 1692.)

Der Vormund kann über eine Forderung oder über ein anderes Recht, kraft dessen der Mündel eine Leistung verlangen kann, sowie über ein Werthpapier des Mündels nur mit Genehmigung des Gegenvormundes verfügen, sofern nicht nach den §§. 1797 bis 1800 die Genehmigung des Vormundschaftsgerichts erforderlich ist. Das Gleiche gilt von der Eingehung der Verpflichtung zu einer solchen Verfügung.

Die Genehmigung des Gegenvormundes wird durch die Genehmigung des Vormundschaftsgerichts ersetzt.

Ist ein Gegenvormund nicht vorhanden, so tritt an die Stelle der Genehmigung des Gegenvormundes die Genehmigung des Vormundschaftsgerichts, sofern nicht die Vormundschaft von mehreren Vormündern gemeinschaftlich geführt wird.

§. 1791. (I 1669 Abs. 2, II 1693.)

Der Vormund bedarf nicht der Genehmigung des Gegenvormundes zur Annahme einer geschuldeten Leistung:

1. wenn der Gegenstand der Leistung nicht in Geld oder Werthpapieren besteht;
2. wenn der Anspruch nicht mehr als dreihundert Mark beträgt;
3. wenn Geld zurückgezahlt wird, das der Vormund angelegt hat;
4. wenn der Anspruch zu den Nutzungen des Mündelvermögens gehört;
5. wenn der Anspruch auf Erstattung von Kosten der Kündigung oder der Rechtsverfolgung oder auf sonstige Nebenleistungen gerichtet ist.

Die Befreiung nach Abs. 1 Nr. 2, 3 erstreckt sich nicht auf die Erhebung von Geld, bei dessen Anlegung ein Anderes bestimmt worden ist. Die Befreiung nach Abs. 1 Nr. 3 gilt auch nicht für die Erhebung von Geld, das nach §. 1785 Abs. 1 Nr. 1 bis 5 angelegt ist.

§. 1792. (I 1670 Abs. 1, II 1694.)

Der Vormund hat die zu dem Vermögen des Mündels gehörenden Inhaberpapiere nebst den Erneuerungsscheinen bei einer Hinterlegungsstelle oder bei der Reichsbank mit der Bestimmung zu hinterlegen, daß die Herausgabe der Papiere nur mit Genehmigung des Vormundschaftsgerichts verlangt werden kann. Die Hinterlegung von Inhaberpapieren, die zu den verbrauchbaren Sachen gehören, sowie von Zins-, Renten- oder Gewinnantheilscheinen ist nicht erforderlich. Den Inhaberpapieren stehen Orderpapiere gleich, die mit Blankoindossament versehen sind.

§. 1793. (I 1670 Abs. 1, II 1695.)

Der Vormund kann die Inhaberpapiere, statt sie nach §. 1792 zu hinterlegen, auf den Namen des Mündels mit der Bestimmung umschreiben lassen, daß er über sie nur mit Genehmigung des Vormundschaftsgerichts verfügen kann. Sind die Papiere von dem Reiche oder einem Bundesstaat ausgestellt, so kann er sie mit der gleichen Bestimmung in Buchforderungen gegen das Reich oder den Bundesstaat umwandeln lassen.

Sind Inhaberpapiere zu hinterlegen, die in Buchforderungen gegen das Reich oder einen Bundesstaat umgewandelt werden können, so kann das Vormundschaftsgericht anordnen, daß sie nach Abs. 1 in Buchforderungen umgewandelt werden.

§. 1794. (II 1696.)

Gehören Buchforderungen gegen das Reich oder gegen einen Bundesstaat bei der Anordnung der Vormundschaft zu dem Vermögen des Mündels oder erwirbt der Mündel später solche Forderungen, so hat der Vormund in das Schuldbuch den Vermerk eintragen zu lassen, daß er über die Forderungen nur mit Genehmigung des Vormundschaftsgerichts verfügen kann.

§. 1795. (I 1670 Abs. 2, II 1697.)

Das Vormundschaftsgericht kann aus besonderen Gründen den Vormund von den ihm nach den §§. 1792, 1794 obliegenden Verpflichtungen entbinden.

§. 1796. (I 1670 Abs. 3, II 1698.)

Das Vormundschaftsgericht kann aus besonderen Gründen anordnen, daß der Vormund auch solche zu dem Vermögen des Mündels gehörende Werthpapiere, zu deren Hinterlegung er nach §. 1792 nicht verpflichtet ist, sowie Kostbarkeiten des Mündels in der im §. 1792 bezeichneten Weise zu hinterlegen hat.

§. 1797. (I 1671 Abs. 1, II 1699.)

Solange die nach §. 1792 oder nach §. 1796 hinterlegten Werthpapiere oder Kostbarkeiten nicht zurückgenommen sind, bedarf der Vormund zu einer Verfügung über sie und, wenn Hypotheken-, Grundschuld- oder Rentenschuldbriefe hinterlegt sind, zu einer Verfügung über die Hypothekenforderung, die Grundschuld oder die Rentenschuld der Genehmigung des Vormundschaftsgerichts. Das Gleiche gilt von der Eingehung der Verpflichtung zu einer solchen Verfügung.

§. 1798. (I 1671 Abs. 2, II 1700.)

Sind Inhaberpapiere nach §. 1793 auf den Namen des Mündels umgeschrieben oder in Buchforderungen umgewandelt, so bedarf der Vormund auch zur Eingehung der Verpflichtung zu einer Verfügung über die sich aus der Umschreibung oder der Umwandlung ergebenden Stammforderungen der Genehmigung des Vormundschaftsgerichts.

Das Gleiche gilt, wenn bei einer Buchforderung des Mündels der im §. 1794 bezeichnete Vermerk eingetragen ist.

§. 1799. (I 1674 Nr. 1, 2, 5, II 1701.)

Der Vormund bedarf der Genehmigung des Vormundschaftsgerichts:

1. zur Verfügung über ein Grundstück oder über ein Recht an einem Grundstücke;
2. zur Verfügung über eine Forderung, die auf Uebertragung des Eigenthums an einem Grundstück oder auf Begründung oder Uebertragung eines Rechtes an einem Grundstück oder auf Befreiung eines Grundstücks von einem solchen Rechte gerichtet ist;
3. zur Eingehung der Verpflichtung zn einer der in Nr. 1, 2 bezeichneten Verfügungen;

4. zu einem Vertrage, der auf den entgeltlichen Erwerb eines Grundstücks oder eines Rechtes an einem Grundstücke gerichtet ist.

Auf Hypotheken, Grundschulden und Rentenschulden finden diese Vorschriften keine Anwendung.

§. 1800. (I 1674 Nr. 3, 4, 6 bis 14, 2043, 2044, II 1702.)

Der Vormund bedarf der Genehmigung des Vormundschaftsgerichts:

1. zu einem Rechtsgeschäfte, durch das der Mündel zu einer Verfügung über sein Vermögen im Ganzen oder über eine ihm angefallene Erbschaft oder über seinen künftigen gesetzlichen Erbtheil oder seinen künftigen Pflichttheil verpflichtet wird, sowie zu einer Verfügung über den Antheil des Mündels an einer Erbschaft;
2. zur Ausschlagung einer Erbschaft oder eines Vermächtnisses, zum Verzicht auf einen Pflichttheil sowie zu einem Erbtheilungsvertrage;
3. zu einem Vertrage, der auf den entgeltlichen Erwerb oder die Veräußerung eines Erwerbsgeschäfts gerichtet ist, sowie zu einem Gesellschaftsvertrage, der zum Betrieb eines Erwerbsgeschäfts eingegangen wird;
4. zu einem Pachtvertrag über ein Landgut oder einen gewerblichen Betrieb;
5. zu einem Mieth- oder Pachtvertrag oder einem anderen Vertrage, durch den der Mündel zu wiederkehrenden Leistungen verpflichtet wird, wenn das Vertragsverhältniß länger als ein Jahr nach der Vollendung des einundzwanzigsten Lebensjahrs des Mündels fortdauern soll;
6. zu einem Lehrvertrage, der für längere Zeit als ein Jahr geschlossen wird;
7. zu einem auf die Eingehung eines Dienst- oder Arbeitsverhältnisses gerichteten Vertrage, wenn der Mündel zu persönlichen Leistungen für längere Zeit als ein Jahr verpflichtet werden soll;
8. zur Aufnahme von Geld auf den Kredit des Mündels;
9. zur Ausstellung einer Schuldverschreibung auf den Inhaber oder zur Eingehung einer Verbindlichkeit aus einem Wechsel oder einem anderen Papiere, das durch Indossament übertragen werden kann;
10. zur Uebernahme einer fremden Verbindlichkeit, insbesondere zur Eingehung einer Bürgschaft;
11. zur Ertheilung einer Prokura;
12. zu einem Vergleich oder einem Schiedsvertrag, es sei denn, daß der Gegenstand des Streites oder der Ungewißheit in Geld schätzbar ist und den Werth von dreihundert Mark nicht übersteigt;
13. zu einem Rechtsgeschäfte, durch das die für eine Forderung des Mündels bestehende Sicherheit aufgehoben oder gemindert oder die Verpflichtung dazu begründet wird.

§. 1801. (I 1663, II 1686.)

Der Vormund soll nicht ohne Genehmigung des Vormundschaftsgerichts ein neues Erwerbsgeschäft im Namen des Mündels beginnen oder ein bestehendes Erwerbsgeschäft des Mündels auflösen.

§. 1802. (I 1677, II 1704 Abs. 1.)

Der Vormund kann Gegenstände, zu deren Veräußerung die Genehmigung des Gegenvormundes oder des Vormundschaftsgerichts erforderlich ist, dem Mündel nicht ohne diese Genehmigung zur Erfüllung eines von diesem geschlossenen Vertrags oder zu freier Verfügung überlassen.

§. 1803. (I 1675, II 1703.)

Das Vormundschaftsgericht kann dem Vormunde zu Rechtsgeschäften, zu denen nach §. 1790 die Genehmigung des Gegenvormundes erforderlich ist, sowie zu den im §. 1800 Nr. 8 bis 10 bezeichneten Rechtsgeschäften eine allgemeine Ermächtigung ertheilen.

Die Ermächtigung soll nur ertheilt werden, wenn sie zum Zwecke der Vermögensverwaltung, insbesondere zum Betrieb eines Erwerbsgeschäfts, erforderlich ist.

§. 1804. (I 1679, II 1705.)

Das Vormundschaftsgericht soll vor der Entscheidung über die zu einer Handlung des Vormundes erforderliche Genehmigung den Gegenvormund hören, sofern ein solcher vorhanden und die Anhörung thunlich ist.

§. 1805. (I 1657 Satz 2, 1680, II 1707.)

Das Vormundschaftsgericht soll den Mündel hören vor der Entscheidung über die Genehmigung eines Lehrvertrags oder eines auf die Eingehung eines Dienst- oder Arbeitsverhältnisses gerichteten Vertrags und, wenn der Mündel das vierzehnte Lebensjahr vollendet hat, über die Entlassung aus dem Staatsverbande.

Hat der Mündel das achtzehnte Lebensjahr vollendet, so soll ihn das Vormundschaftsgericht, soweit thunlich, auch hören vor der Entscheidung über die Genehmigung eines der im §. 1799 und im §. 1800 Nr. 3 bezeichneten Rechtsgeschäfte sowie vor der Entscheidung über die Genehmigung des Beginns oder der Auflösung eines Erwerbsgeschäfts.

§. 1806. (I 1681 Abs. 1, II 1708.)

Das Vormundschaftsgericht kann die Genehmigung zu einem Rechtsgeschäfte nur dem Vormunde gegenüber erklären.

§. 1807. (I 1681 Abs. 2, 3, 5, II 1709.)

Schließt der Vormund einen Vertrag ohne die erforderliche Genehmigung des Vormundschaftsgerichts, so hängt die Wirksamkeit des Vertrags von der nachträglichen Genehmigung des Vormundschaftsgerichts ab. Die Genehmigung sowie deren Verweigerung wird dem anderen Theile gegenüber erst wirksam, wenn sie ihm durch den Vormund mitgetheilt wird.

Fordert der andere Theil den Vormund zur Mittheilung darüber auf, ob die Genehmigung ertheilt sei, so kann die Mittheilung der Genehmigung nur bis zum Ablaufe von zwei Wochen nach dem Empfange der Aufforderung erfolgen: erfolgt sie nicht, so gilt die Genehmigung als verweigert.

Ist der Mündel volljährig geworden, so tritt seine Genehmigung an die Stelle der Genehmigung des Vormundschaftsgerichts.

§. 1808. (I 1681 Abs. 2, 4, II 1710.)

Hat der Vormund dem anderen Theile gegenüber der Wahrheit zuwider die Genehmigung des Vormundschaftsgerichts behauptet, so ist der andere Theil bis zur Mittheilung der nachträglichen Genehmigung des Vormundschaftsgerichts zum Widerrufe berechtigt, es sei denn, daß ihm das Fehlen der Genehmigung bei dem Abschlusse des Vertrags bekannt war.

§. 1809. (I 1681 Abs. 2, II 1711.)

Ein einseitiges Rechtsgeschäft, das der Vormund ohne die erforderliche Genehmigung des Vormundschaftsgerichts vornimmt, ist unwirksam. Nimmt der Vormund mit dieser Genehmigung ein solches Rechtsgeschäft einem Anderen gegenüber vor, so ist das Rechtsgeschäft unwirksam, wenn der Vormund die Genehmigung nicht in schriftlicher Form vorlegt und der Andere das Rechtsgeschäft aus diesem Grunde unverzüglich zurückweist.

§. 1810. (I 1682, II 1712.)

Soweit der Vormund zu einem Rechtsgeschäfte der Genehmigung des Gegenvormundes bedarf, finden die Vorschriften der §§. 1806 bis 1809 entsprechende Anwendung.

§. 1811. (I 1696, II 1732.)

Der Vormund ist dem Mündel für den aus einer Pflichtverletzung entstehenden Schaden verantwortlich, wenn ihm ein Verschulden zur Last fällt. Das Gleiche gilt von dem Gegenvormunde.

Sind für den Schaden Mehrere neben einander verantwortlich, so haften sie als Gesammtschuldner. Ist neben dem Vormunde für den von diesem verursachten Schaden der Gegenvormund oder ein Mitvormund nur wegen Verletzung seiner Aufsichtspflicht verantwortlich, so ist in ihrem Verhältnisse zu einander der Vormund allein verpflichtet.

§. 1812. (I 1697, II 1733.)

Verzögert der Vormund die ihm nach §. 1784 obliegende Anlegung von Mündelgeld, so hat er den anzulegenden Betrag für die Dauer der Verzögerung zu verzinsen. Verwendet er Vermögen des Mündels in seinen Nutzen, so hat er den zu ersetzenden Betrag von der Zeit der Verwendung an zu verzinsen. Die Geltendmachung eines weiteren Schadens ist nicht ausgeschlossen.

§. 1813. (I 1698, II 1734.)

Macht der Vormund zum Zwecke der Führung der Vormundschaft Aufwendungen, so kann er nach den für den Auftrag geltenden Vorschriften der

§§. 656, 657 von dem Mündel Vorschuß oder Ersatz verlangen. Das gleiche Recht steht dem Gegenvormunde zu.

Als Aufwendungen gelten auch solche Dienste des Vormundes oder des Gegenvormundes, die zu seinem Gewerbe oder seinem Berufe gehören.

§. 1814. (I 1699, II 1735.)

Die Vormundschaft wird unentgeltlich geführt. Das Vormundschaftsgericht kann jedoch dem Vormund und aus besonderen Gründen auch dem Gegenvormund eine angemessene Vergütung bewilligen. Die Bewilligung soll nur erfolgen, wenn das Vermögen des Mündels sowie der Umfang und die Bedeutung der vormundschaftlichen Geschäfte es rechtfertigen. Die Vergütung kann jederzeit für die Zukunft geändert oder entzogen werden.

Vor der Bewilligung, Aenderung oder Entziehung soll der Vormund und, wenn ein Gegenvormund vorhanden oder zu bestellen ist, auch dieser gehört werden.

III. Fürsorge und Aufsicht des Vormundschaftsgerichts.

§. 1815. (I 1684, II 1714.)

Das Vormundschaftsgericht hat über die gesammte Thätigkeit des Vormundes und des Gegenvormundes die Aufsicht zu führen und gegen Pflichtwidrigkeiten durch geeignete Gebote und Verbote einzuschreiten.

Das Vormundschaftsgericht kann den Vormund und den Gegenvormund zur Befolgung seiner Anordnungen durch Ordnungsstrafen anhalten. Die einzelne Strafe darf den Betrag von dreihundert Mark nicht übersteigen.

§. 1816. (I 1685, II 1715.)

Das Vormundschaftsgericht kann anordnen, daß der Mündel zum Zwecke der Erziehung in einer geeigneten Familie oder in einer Erziehungsanstalt oder einer Besserungsanstalt untergebracht wird. Steht dem Vater oder der Mutter die Sorge für die Person des Mündels zu, so ist eine solche Anordnung nur unter den Voraussetzungen des §. 1645 zulässig.

§. 1817. (I 1686, II 1716.)

Der Vormund sowie der Gegenvormund hat dem Vormundschaftsgericht auf Verlangen jederzeit über die Führung der Vormundschaft und über die persönlichen Verhältnisse des Mündels Auskunft zu ertheilen.

§. 1818. (I 1687 Abs. 1 bis 3, II 1718.)

Der Vormund hat über seine Vermögensverwaltung dem Vormundschaftsgerichte Rechnung zu legen.

Die Rechnung ist jährlich zu legen. Das Rechnungsjahr wird von dem Vormundschaftsgerichte bestimmt.

Ist die Verwaltung von geringem Umfange, so kann das Vormundschaftsgericht, nachdem die Rechnung für das erste Jahr gelegt worden ist, anordnen, daß die Rechnung für längere, höchstens dreijährige Zeitabschnitte zu legen ist.

§. 1819. (I 1687 Abs. 4, 5, II 1719.)

Die Rechnung soll eine geordnete Zusammenstellung der Einnahmen und Ausgaben enthalten, über den Ab- und Zugang des Vermögens Auskunft geben und, soweit Belege ertheilt zu werden pflegen, mit Belegen versehen sein.

Wird ein Erwerbsgeschäft mit kaufmännischer Buchführung betrieben, so genügt als Rechnung eine aus den Büchern gezogene Bilanz. Das Vormundschaftsgericht kann jedoch die Vorlegung der Bücher und sonstigen Belege verlangen.

§. 1820. (I 1687 Abs. 6, II 1720.)

Ist ein Gegenvormund vorhanden oder zu bestellen, so hat ihm der Vormund die Rechnung unter Nachweisung des Vermögensbestandes vorzulegen. Der Gegenvormund hat die Rechnung mit den Bemerkungen zu versehen, zu denen die Prüfung ihm Anlaß giebt.

§. 1821. (I 1688, II 1721.)

Das Vormundschaftsgericht hat die Rechnung rechnungsmäßig und sachlich zu prüfen und, soweit erforderlich, ihre Berichtigung und Ergänzung herbeizuführen.

Ansprüche, die zwischen dem Vormund und dem Mündel streitig bleiben, können schon vor der Beendigung des Vormundschaftsverhältnisses im Rechtswege geltend gemacht werden.

§. 1822. (I 1689, II 1722.)

Das Vormundschaftsgericht kann aus besonderen Gründen den Vormund anhalten, für das seiner Verwaltung unterliegende Vermögen Sicherheit zu leisten. Die Art und den Umfang der Sicherheitsleistung bestimmt das Vormundschaftsgericht nach seinem Ermessen. Das Vormundschaftsgericht kann, solange das Amt des Vormundes dauert, jederzeit die Erhöhung, Minderung oder Aufhebung der Sicherheit anordnen.

Bei der Bestellung, Aenderung oder Aufhebung der Sicherheit wird die Mitwirkung des Mündels durch die Anordnung des Vormundschaftsgerichts ersetzt.

Die Kosten der Sicherheitsleistung sowie der Aenderung oder der Aufhebung fallen dem Mündel zur Last.

§. 1823. (I 1734, II 1717.)

Will der zum Vormunde bestellte Vater oder die zum Vormunde bestellte eheliche Mutter des Mündels eine Ehe eingehen, so liegen ihnen die im §. 1648 bestimmten Verpflichtungen ob.

§. 1824. (I 1683, II 1713.)

Ist ein Vormund noch nicht bestellt oder ist der Vormund an der Erfüllung seiner Pflichten verhindert, so hat das Vormundschaftsgericht die im Interesse des Mündels erforderlichen Maßregeln zu treffen.

§. 1825. (I 1678, 27 Abs. 3 Satz 2, 1657 Satz 2, II 1706.)

Das Vormundschaftsgericht soll vor einer von ihm zu treffenden Entscheidung auf Antrag des Vormundes oder des Gegenvormundes Verwandte oder Verschwägerte des Mündels hören, wenn es ohne erhebliche Verzögerung und ohne unverhältnißmäßige Kosten geschehen kann. In wichtigen Angelegenheiten soll die Anhörung auch ohne Antrag erfolgen; wichtige Angelegenheiten sind insbesondere die Volljährigkeitserklärung, die Ersetzung der Einwilligung zur Eheschließung im Falle des §. 1289, die Ersetzung der Genehmigung im Falle des §. 1322, die Entlassung aus dem Staatsverband und die Todeserklärung.

Die Verwandten und Verschwägerten können von dem Mündel Ersatz ihrer Auslagen verlangen; der Betrag der Auslagen wird von dem Vormundschaftsgerichte festgesetzt.

§. 1826. (I 1702, II 1739.)

Verletzt der Vormundschaftsrichter vorsätzlich oder fahrlässig die ihm obliegenden Pflichten, so ist er dem Mündel nach §. 824 Abs. 1 und nach §. 825 verantwortlich.

IV. Mitwirkung des Gemeindewaisenraths.

§. 1827. (I 1725 Abs. 3, II 1724.)

Der Gemeindewaisenrath hat dem Vormundschaftsgerichte die Personen vorzuschlagen, die sich im einzelnen Falle zum Vormunde, Gegenvormund oder Mitglied eines Familienraths eignen.

§. 1828. (I 1725 Abs. 1, 2, II 1723.)

Der Gemeindewaisenrath hat in Unterstützung des Vormundschaftsgerichts darüber zu wachen, daß die Vormünder der sich in seinem Bezirk aufhaltenden Mündel für die Person der Mündel, insbesondere für ihre Erziehung und ihre körperliche Pflege, pflichtmäßig Sorge tragen. Er hat dem Vormundschaftsgerichte Mängel und Pflichtwidrigkeiten, die er in dieser Hinsicht wahrnimmt, anzuzeigen und auf Erfordern über das persönliche Ergehen und das Verhalten eines Mündels Auskunft zu ertheilen.

Erlangt der Gemeindewaisenrath Kenntniß von einer Gefährdung des Vermögens eines Mündels, so hat er dem Vormundschaftsgericht Anzeige zu machen.

§. 1829. (I 1725 Abs. 4, 5, II 1725.)

Das Vormundschaftsgericht hat dem Gemeindewaisenrathe die Anordnung der Vormundschaft über einen sich in dessen Bezirk aufhaltenden Mündel unter Bezeichnung des Vormundes und des Gegenvormundes sowie einen in der Person des Vormundes oder des Gegenvormundes eintretenden Wechsel mitzutheilen.

Wird der Aufenthalt eines Mündels in den Bezirk eines anderen Gemeindewaisenraths verlegt, so hat der Vormund dem Gemeindewaisenrathe des bisherigen Aufenthaltsorts und dieser dem Gemeindewaisenrathe des neuen Aufenthaltsorts die Verlegung mitzutheilen.

V. Befreite Vormundschaft.

§. 1830. (I 1690, II 1726.)

Der Vater kann, wenn er einen Vormund benennt, die Bestellung eines Gegenvormundes ausschließen.

Der Vater kann anordnen, daß der von ihm benannte Vormund bei der Anlegung von Geld den in den §§. 1787, 1788 bestimmten Beschränkungen nicht unterliegen und zu den im §. 1790 bezeichneten Rechtsgeschäften der Genehmigung des Gegenvormundes oder des Vormundschaftsgerichts nicht bedürfen soll. Diese Anordnungen sind als getroffen anzusehen, wenn der Vater die Bestellung eines Gegenvormundes ausgeschlossen hat.

§. 1831. (I 1692, II 1727.)

Der Vater kann den von ihm benannten Vormund von der Verpflichtung entbinden, Inhaber- und Orderpapiere zu hinterlegen und den im §. 1794 bezeichneten Vermerk in das Reichsschuldbuch oder das Staatsschuldbuch eintragen zu lassen.

§. 1832. (I 1691, II 1728.)

Der Vater kann den von ihm benannten Vormund von der Verpflichtung entbinden, während der Dauer seines Amtes Rechnung zu legen.

Der Vormund hat in einem solchem Falle nach dem Ablaufe von je zwei Jahren eine Uebersicht über den Bestand des seiner Verwaltung unterliegenden Vermögens dem Vormundschaftsgericht einzureichen. Das Vormundschaftsgericht kann anordnen, daß die Uebersicht in längeren, höchstens fünfjährigen Zwischenräumen einzureichen ist.

Ist ein Gegenvormund vorhanden oder zu bestellen, so hat ihm der Vormund die Uebersicht unter Nachweisung des Vermögensbestandes vorzulegen. Der Gegenvormund hat die Uebersicht mit den Bemerkungen zu versehen, zu denen die Prüfung ihm Anlaß giebt.

§. 1833. (I 1690 bis 1692, II 1729.)

Benennt die eheliche Mutter einen Vormund, so kann sie die gleichen Anordnungen treffen wie nach den §§. 1830 bis 1832 der Vater.

§. 1834. (I 1693, II 1730.)

Auf die nach den §§. 1830 bis 1833 zulässigen Anordnungen finden die Vorschriften des §. 1755 Anwendung.

§. 1835. (I 1694, II 1731.)

Die Anordnungen des Vaters oder der Mutter können von dem Vormundschaftsgericht außer Kraft gesetzt werden, wenn ihre Befolgung das Interesse des Mündels gefährden würde.

VI. Familienrath.

§. 1836. (I 1712, II 1751.)

Ein Familienrath soll von dem Vormundschaftsgericht eingesetzt werden, wenn der Vater oder die eheliche Mutter des Mündels die Einsetzung angeordnet hat.

Der Vater oder die Mutter kann die Einsetzung des Familienraths von dem Eintritt oder Nichteintritt eines bestimmten Ereignisses abhängig machen.

Die Einsetzung unterbleibt, wenn die erforderliche Zahl geeigneter Personen nicht vorhanden ist.

§. 1837. (I 1713, II 1752.)

Ein Familienrath soll von dem Vormundschaftsgericht eingesetzt werden, wenn ein Verwandter oder Verschwägerter des Mündes oder der Vormund oder der Gegenvormund die Einsetzung beantragt und das Vormundschaftsgericht sie im Interesse des Mündels für angemessen erachtet.

Die Einsetzung unterbleibt, wenn der Vater oder die eheliche Mutter des Mündels sie untersagt hat.

§. 1838. (I 1714 Abs. 1, II 1753.)

Der Familienrath besteht aus dem Vormundschaftsrichter als Vorsitzendem und aus mindestens zwei, höchstens sechs Mitgliedern.

§. 1839. (I 1715 Abs. 1, II 1754.)

Als Mitglied des Familienraths ist berufen, wer von dem Vater oder der ehelichen Mutter des Mündels als Mitglied benannt ist. Die Vorschriften des §. 1756 Abs. 1, 2 finden entsprechende Anwendung.

§. 1840. (I 1715 Abs. 2, II 1755 Abs. 1, 2.)

Soweit eine Berufung nach §. 1839 nicht vorliegt oder die Berufenen die Uebernahme des Amtes ablehnen, hat das Vormundschaftsgericht die zur Beschlußfähigkeit des Familienraths erforderlichen Mitglieder auszuwählen. Vor der Auswahl sollen der Gemeindewaisenrath und nach Maßgabe des §. 1825 Verwandte oder Verschwägerte des Mündels gehört werden.

Die Bestimmung der Zahl weiterer Mitglieder und ihre Auswahl steht dem Familienrathe zu.

§. 1841. (I 1715 Abs. 4, II 1756.)

Sind neben dem Vorsitzenden nur die zur Beschlußfähigkeit des Familienraths erforderlichen Mitglieder vorhanden, so sind ein oder zwei Ersatzmitglieder zu bestellen.

Der Familienrath wählt die Ersatzmitglieder aus und bestimmt die Reihenfolge, in der sie bei der Verhinderung oder dem Wegfall eines Mitglieds in den Familienrath einzutreten haben.

Hat der Vater oder die eheliche Mutter Ersatzmitglieder benannt und die Reihenfolge ihres Eintritts bestimmt, so ist diese Anordnung zu befolgen.

§. 1842. (I 1715 Abs. 5, II 1757.)

Wird der Familienrath durch vorübergehende Verhinderung eines Mitglieds beschlußunfähig und ist ein Ersatzmitglied nicht vorhanden, so ist für die Dauer der Verhinderung ein Ersatzmitglied zu bestellen. Die Auswahl steht dem Vorsitzenden zu.

§. 1843. (I 1716 Abs. 1, 3, II 1758.)

Zum Mitgliede des Familienraths kann nicht bestellt werden, wer geschäftsunfähig oder wegen Geistesschwäche, Verschwendung oder Trunksucht entmündigt ist.

§. 1844. (I 1716 Abs. 1, 2 Nr. 1, 2, 4, Abs. 3, II 1759.)

Zum Mitgliede des Familienraths soll nicht bestellt werden:

1. eine Frau;
2. der Vormund des Mündels;
3. wer nach §. 1759 oder nach §. 1760 nicht zum Vormunde bestellt werden soll;
4. wer durch Anordnung des Vaters oder der ehelichen Mutter des Mündels von der Mitgliedschaft ausgeschlossen ist.

§. 1845. (I 1716 Abs. 2 Nr. 3, Abs. 3, II 1760.)

Zum Mitgliede des Familienraths soll nicht bestellt werden, wer mit dem Mündel weder verwandt noch verschwägert ist, es sei denn, daß er von dem Vater oder der ehelichen Mutter des Mündels benannt oder von dem Familienrath oder nach §. 1842 von dem Vorsitzenden ausgewählt worden ist.

§. 1846. (I 1718, II 1761.)

Für die nach den §§. 1836, 1837, 1839, 1841, 1844 zulässigen Anordnungen des Vaters oder der Mutter gelten die Vorschriften des §. 1755. Die Anordnungen des Vaters gehen den Anordnungen der Mutter vor.

§. 1847. (I 1717, II 1762.)

Niemand ist verpflichtet, das Amt eines Mitglieds des Familienraths zu übernehmen.

§. 1848. (I 1714 Abs. 2, II 1763.)

Die Mitglieder des Familienraths werden von dem Vorsitzenden durch Verpflichtung zu treuer und gewissenhafter Führung des Amtes bestellt. Die Verpflichtung soll mittelst Handschlags an Eidesstatt erfolgen.

§. 1849. (I 1715 Abs. 3, II 1755 Abs. 3.)

Bei der Bestellung eines Mitglieds des Familienraths kann die Entlassung für den Fall vorbehalten werden, daß ein bestimmtes Ereigniß eintritt oder nicht eintritt.

§. 1850. (I 1719 Abs. 1, 2, 1722 Abs. 1 Satz 2, II 1764 Abs. 1, 2, 1767 Abs. 1 Satz 2.)

Der Familienrath hat die Rechte und Pflichten des Vormundschaftsgerichts. Die Leitung der Geschäfte liegt dem Vorsitzenden ob.

Die Mitglieder des Familienraths können ihr Amt nur persönlich ausüben. Sie sind in gleicher Weise verantwortlich wie der Vormundschaftsrichter.

§. 1851. (I 1721 Abs. 1, II 1765.)

Der Familienrath wird von dem Vorsitzenden einberufen. Die Einberufung hat zu erfolgen, wenn zwei Mitglieder, der Vormund oder der Gegenvormund sie beantragen oder wenn das Interesse des Mündels sie erfordert. Die Mitglieder können mündlich oder schriftlich eingeladen werden.

§. 1852. (I 1722, II 1767.)

Zur Beschlußfähigkeit des Familienraths ist die Anwesenheit des Vorsitzenden und mindestens zweier Mitglieder erforderlich.

Der Familienrath faßt seine Beschlüsse nach der Mehrheit der Stimmen der Anwesenden. Bei Stimmengleichheit entscheidet die Stimme des Vorsitzenden.

Steht in einer Angelegenheit das Interesse des Mündels zu dem Interesse eines Mitglieds in erheblichem Gegensatze, so ist das Mitglied von der Theilnahme an der Beschlußfassung ausgeschlossen. Ueber die Ausschließung entscheidet der Vorsitzende.

§. 1853. (I 1721 Abs. 2, II 1766.)

Ein Mitglied des Familienraths, das ohne genügende Entschuldigung der Einberufung nicht Folge leistet oder die rechtzeitige Anzeige seiner Verhinderung unterläßt oder sich der Theilnahme an der Beschlußfassung enthält, ist von dem Vorsitzenden in die dadurch verursachten Kosten zu verurtheilen.

Der Vorsitzende kann gegen das Mitglied eine Ordnungsstrafe bis zu einhundert Mark verhängen.

Erfolgt nachträglich genügende Entschuldigung, so sind die getroffenen Verfügungen aufzuheben.

§. 1854. (I 1719 Abs. 3, II 1764 Abs. 3.)

Wird ein sofortiges Einschreiten nöthig, so hat der Vorsitzende die erforderlichen Anordnungen zu treffen, den Familienrath einzuberufen, ihn von den Anordnungen in Kenntniß zu setzen und einen Beschluß über die etwa weiter erforderlichen Maßregeln herbeizuführen.

§. 1855. (I 1720, II 1768.)

Die Mitglieder des Familienraths können von dem Mündel Ersatz ihrer Auslagen verlangen; der Betrag der Auslagen wird von dem Vorsitzenden festgesetzt.

§. 1856. (I 1723, II 1769.)

Das Amt eines Mitglieds des Familienraths endigt aus denselben Gründen, aus denen nach den §§. 1863, 1864, 1867 das Amt eines Vormundes endigt.

Ein Mitglied kann gegen seinen Willen nur durch das dem Vormundschaftsgericht im Instanzenzuge vorgeordnete Gericht entlassen werden.

§. 1857. (I 1724 Abs. 1 Nr. 1, II 1770 Abs. 1 Nr. 1.)

Das Vormundschaftsgericht hat den Familienrath aufzuheben, wenn es an der zur Beschlußfähigkeit erforderlichen Zahl von Mitgliedern fehlt und geeignete Personen zur Ergänzung nicht vorhanden sind.

§. 1858. (I 1712 Abs. 2, 1724 Abs. 1 Nr. 2, II 1751 Abs. 2, 1770 Abs. 1 Nr. 2.)

Der Vater des Mündels kann die Aufhebung des von ihm angeordneten Familienraths für den Fall des Eintritts oder Nichteintritts eines künftigen Ereignisses nach Maßgabe des §. 1755 anordnen. Das gleiche Recht steht der ehelichen Mutter des Mündels für den von ihr angeordneten Familienrath zu.

Tritt der Fall ein, so hat das Vormundschaftsgericht den Familienrath aufzuheben.

§. 1859. (I 1724 Abs. 2, II 1770 Abs. 2.)

Von der Aufhebung des Familienraths hat das Vormundschaftsgericht die bisherigen Mitglieder, den Vormund und den Gegenvormund in Kenntniß zu setzen.

Der Vormund und der Gegenvormund erhalten neue Bestallungen. Die früheren Bestallungen sind dem Vormundschaftsgerichte zurückzugeben.

VII. Beendigung der Vormundschaft.

§. 1860. (I 1703 Abs. 1, II 1740.)

Die Vormundschaft endigt mit dem Wegfalle der im §. 1751 für die Anordnung der Vormundschaft bestimmten Voraussetzungen.

§. 1861. (I 1703 Abs. 2, II 1741.)

Wird der Mündel durch nachfolgende Ehe legitimirt, so endigt die Vormundschaft erst dann, wenn die Vaterschaft des Ehemanns durch ein zwischen ihm und dem Mündel ergangenes Urtheil rechtskräftig festgestellt ist oder die Aufhebung der Vormundschaft von dem Vormundschaftsgericht angeordnet wird.

Das Vormundschaftsgericht hat die Aufhebung anzuordnen, wenn es die Voraussetzungen der Legitimation für vorhanden erachtet. Solange der Ehemann lebt, soll die Aufhebung nur angeordnet werden, wenn er die Vaterschaft anerkannt hat oder wenn er an der Abgabe einer Erklärung dauernd verhindert oder sein Aufenthalt dauernd unbekannt ist.

§. 1862. (I 1703 Abs. 1 Nr. 1, II 1742.)

Ist der Mündel verschollen, so endigt die Vormundschaft erst mit der Aufhebung durch das Vormundschaftsgericht. Das Vormundschaftsgericht hat die Vormundschaft aufzuheben, wenn ihm der Tod des Mündels bekannt wird.

Wird der Mündel für todt erklärt, so endigt die Vormundschaft mit der Erlassung des die Todeserklärung aussprechenden Urtheils.

§. 1863. (I 1704 Nr. 1, 2, II 1743.)

Das Amt des Vormundes endigt mit seiner Entmündigung.

Wird der Vormund für todt erklärt, so endigt sein Amt mit der Erlassung des die Todeserklärung aussprechenden Urtheils.

§. 1864. (I 1704 Nr. 3, 1705 Nr. 1, 2, II 1744.)

Das Vormundschaftsgericht hat den Vormund zu entlassen, wenn die Fortführung des Amtes, insbesondere wegen pflichtwidrigen Verhaltens des Vormundes, das Interesse des Mündels gefährden würde oder wenn in der Person des Vormundes einer der im §. 1759 bestimmten Gründe vorliegt.

§. 1865. (I 1704 Nr. 3, 1705 Nr. 3, 1707, II 1745.)

Das Vormundschaftsgericht kann eine Frau, die zum Vormunde bestellt ist, entlassen, wenn sie sich verheirathet.

Das Vormundschaftsgericht hat eine verheirathete Frau, die zum Vormunde bestellt ist, zu entlassen, wenn der Ehemann seine Zustimmung zur Uebernahme oder zur Fortführung der Vormundschaft versagt oder die Zustimmung widerruft. Diese Vorschrift findet keine Anwendung, wenn der Ehemann der Vater des Mündels ist.

§. 1866. (I 1704 Nr. 3, 1705 Nr. 4, II 1746.)

Ist ein Beamter oder ein Religionsdiener zum Vormunde bestellt, so hat ihn das Vormundschaftsgericht zu entlassen, wenn die Erlaubniß, die nach den Landesgesetzen zur Uebernahme der Vormundschaft oder zur Fortführung der vor dem Eintritt in das Amts- oder Dienstverhältniß übernommenen Vormundschaft erforderlich ist, versagt oder zurückgenommen wird oder wenn die nach den Landesgesetzen zulässige Untersagung der Fortführung der Vormundschaft erfolgt.

§. 1867. (I 1704 Nr. 3, 1706, II 1747.)

Das Vormundschaftsgericht hat den Vormund auf seinen Antrag zu entlassen, wenn ein wichtiger Grund vorliegt; ein wichtiger Grund ist insbesondere der Eintritt eines Umstandes, der den Vormund nach §. 1764 Abs. 1 Nr. 2 bis 7 berechtigen würde, die Uebernahme der Vormundschaft abzulehnen.

§. 1868. (I 1700 Abs. 1, 2, II 1736.)

Der Vormund hat nach der Beendigung seines Amtes dem Mündel das verwaltete Vermögen herauszugeben und über die Verwaltung Rechenschaft abzulegen. Soweit er dem Vormundschaftsgerichte Rechnung gelegt hat, genügt die Bezugnahme auf diese Rechnung.

§. 1869. (I 1700 Abs. 3, II 1737.)

Ist ein Gegenvormund vorhanden, so hat ihm der Vormund die Rechnung vorzulegen. Der Gegenvormund hat die Rechnung mit den Bemerkungen zu versehen, zu denen die Prüfung ihm Anlaß giebt.

Der Gegenvormund hat über die Führung der Gegenvormundschaft und, soweit er dazu im Stande ist, über das von dem Vormunde verwaltete Vermögen auf Verlangen Auskunft zu ertheilen.

§. 1870. (I 1701, II 1738.)

Der Vormund hat die Rechnung, nachdem er sie dem Gegenvormunde vorgelegt hat, dem Vormundschaftsgericht einzureichen.

Das Vormundschaftsgericht hat die Rechnung rechnungsmäßig und sachlich zu prüfen und deren Abnahme durch Verhandlung mit den Betheiligten unter Zuziehung des Gegenvormundes zu vermitteln. Soweit die Rechnung als richtig anerkannt wird, hat das Vormundschaftsgericht das Anerkenntniß zu beurkunden.

§. 1871. (I 1709, 1711, II 1749.)

Im Falle der Beendigung der Vormundschaft oder des vormundschaftlichen Amtes finden die Vorschriften der §§. 1660, 1661 entsprechende Anwendung.

Der Vormund hat nach der Beendigung seines Amtes die Bestallung dem Vormundschaftsgerichte zurückzugeben.

§. 1872. (I 1708, II 1748.)

Den Tod des Vormundes hat dessen Erbe dem Vormundschaftsgericht unverzüglich anzuzeigen.

Den Tod des Gegenvormundes oder eines Mitvormundes hat der Vormund unverzüglich anzuzeigen.

§. 1873. (I 1710, 1711, II 1750.)

Die Vorschriften der §§. 1863 bis 1867, 1871, 1872 finden auf den Gegenvormund entsprechende Anwendung.

Zweiter Titel.

Vormundschaft über Volljährige.

§. 1874. (I 1726, II 1771.)

Ein Volljähriger erhält einen Vormund, wenn er entmündigt ist.

§. 1875. (I 1728, II 1773.)

Auf die Vormundschaft über einen Volljährigen finden die für die Vormundschaft über einen Minderjährigen geltenden Vorschriften Anwendung, soweit sich nicht aus den §§. 1876 bis 1886 ein Anderes ergiebt.

§. 1876. (I 1729 Abs. 6, II 1774.)

Der Vater und die Mutter des Mündels sind nicht berechtigt, einen Vormund zu benennen oder Jemand von der Vormundschaft auszuschließen.

§. 1877. (I 1729 Abs. 1 bis 3, II 1775.)

Vor den Großvätern ist der Vater und nach ihm die eheliche Mutter des Mündels als Vormund berufen.

Die Eltern sind nicht berufen, wenn der Mündel von einem Anderen als dem Ehegatten seines Vaters oder seiner Mutter an Kindesstatt angenommen ist.

Stammt der Mündel aus einer nichtigen Ehe, so ist der Vater im Falle des §. 1679, die Mutter im Falle des §. 1680 nicht berufen.

§. 1878. (I 1729 Abs. 4, 5, II 1776.)

Eine Ehefrau darf zum Vormund ihres Mannes bestellt werden; die Zustimmung des Mannes ist nicht erforderlich.

Der Ehegatte des Mündels darf vor den Eltern und den Großvätern, die eheliche Mutter darf im Falle des §. 1680 vor den Großvätern zum Vormunde bestellt werden.

Die uneheliche Mutter darf vor dem Großvater zum Vormunde bestellt werden.

§. 1879. (I 1730, II 1777.)

Der Vormund hat für die Person des Mündels nur insoweit zu sorgen, als der Zweck der Vormundschaft es erfordert.

Steht eine Ehefrau unter Vormundschaft, so tritt die im §. 1613 bestimmte Beschränkung nicht ein.

§. 1880. (I 1731, 1732, II 1778.)

Der Vormund kann eine Ausstattung aus dem Vermögen des Mündels nur mit Genehmigung des Vormundschaftsgerichts versprechen oder gewähren.

Zu einem Mieth- oder Pachtvertrage sowie zu einem anderen Vertrage, durch den der Mündel zu wiederkehrenden Leistungen verpflichtet wird, bedarf der Vormund der Genehmigung des Vormundschaftsgerichts, wenn das Vertragsverhältniß länger als vier Jahre dauern soll. Die Vorschrift des §. 1800 Nr. 4 bleibt unberührt.

§. 1881. (I 1733 Abs. 1, 3, II 1779.)

Wird der Vater des Mündels zum Vormunde bestellt, so unterbleibt die Bestellung eines Gegenvormundes. Dem Vater stehen die Befreiungen zu, die nach den §§. 1830 bis 1832 angeordnet werden können. Das Vormundschaftsgericht kann die Befreiungen außer Kraft setzen, wenn sie das Interesse des Mündels gefährden.

Diese Vorschriften finden keine Anwendung, wenn der Vater im Falle der Minderjährigkeit des Mündels zur Vermögensverwaltung nicht berechtigt sein würde.

§. 1882. (I 1733 Abs. 2, 3, II 1780.)

Ist die eheliche Mutter des Mündels zum Vormunde bestellt, so gilt für sie das Gleiche wie nach §. 1881 für den Vater. Der Mutter ist jedoch ein Gegenvormund zu bestellen, wenn sie die Bestellung beantragt oder wenn die Voraussetzungen vorliegen, unter denen ihr nach §. 1665 Nr. 3 ein Beistand zu bestellen sein würde. Wird ein Gegenvormund bestellt, so stehen der Mutter die im §. 1830 bezeichneten Befreiungen nicht zu.

§. 1883. (I 1736, II 1782.)

Ein Familienrath kann nur nach §. 1837 Abs. 1 eingesetzt werden.

Der Vater und die Mutter des Mündels sind nicht berechtigt, Anordnungen über die Einsetzung und Aufhebung eines Familienraths oder über die Mitgliedschaft zu treffen.

§. 1884. (I 1737 Abs. 1, II 1783.)

Ein Volljähriger, dessen Entmündigung beantragt ist, kann unter vorläufige Vormundschaft gestellt werden, wenn das Vormundschaftsgericht es zur Abwendung einer erheblichen Gefährdung der Person oder des Vermögens des Volljährigen für erforderlich erachtet.

§. 1885. (I 1737 Abs. 2 Satz 1, II 1784.)

Die Vorschriften über die Berufung zur Vormundschaft gelten nicht für die vorläufige Vormundschaft.

§. 1886. (I 1737 Abs. 3, II 1785.)

Die vorläufige Vormundschaft endigt mit der Rücknahme oder der rechtskräftigen Abweisung des Antrags auf Entmündigung.

Erfolgt die Entmündigung, so endigt die vorläufige Vormundschaft, wenn auf Grund der Entmündigung ein Vormund bestellt wird.

Die vorläufige Vormundschaft ist von dem Vormundschaftsgericht aufzuheben, wenn der Mündel des vorläufigen vormundschaftlichen Schutzes nicht mehr bedürftig ist.

Dritter Titel.

Pflegschaft.

§. 1887. (I 1738, II 1786.)

Wer unter elterlicher Gewalt oder unter Vormundschaft steht, erhält für Angelegenheiten, an deren Besorgung der Gewalthaber oder der Vormund verhindert ist, einen Pfleger.. Er erhält insbesondere einen Pfleger zur Verwaltung des Vermögens, das er von Todeswegen erwirbt oder das ihm unter Lebenden von einem Dritten unentgeltlich zugewendet wird, wenn der Erblasser durch letztwillige Verfügung, der Dritte bei der Zuwendung bestimmt hat, daß dem Gewalthaber oder dem Vormunde die Verwaltung nicht zustehen soll.

Tritt das Bedürfniß einer Pflegschaft ein, so hat der Gewalthaber oder der Vormund dem Vormundschaftsgericht unverzüglich Anzeige zu machen.

Die Pflegschaft ist auch dann anzuordnen, wenn die Voraussetzungen für die Anordnung einer Vormundschaft vorliegen, ein Vormund aber noch nicht bestellt ist.

§. 1888. (I 1739, II 1787.)

Ein Volljähriger, der nicht unter Vormundschaft steht, kann einen Pfleger für seine Person und sein Vermögen erhalten, wenn er in Folge körperlicher Gebrechen, insbesondere weil er taub, blind oder stumm ist, seine Angelegenheiten nicht zu besorgen vermag.

Vermag ein Volljähriger, der nicht unter Vormundschaft steht, in Folge geistiger oder körperlicher Gebrechen einzelne seiner Angelegenheiten oder einen bestimmten Kreis seiner Angelegenheiten, insbesondere seine Vermögensangelegenheiten, nicht zu besorgen, so kann er für diese Angelegenheiten einen Pfleger erhalten.

Die Pflegschaft darf nur mit Einwilligung des Gebrechlichen angeordnet werden, es sei denn, daß eine Verständigung mit ihm nicht möglich ist.

§. 1889. (I 1740, II 1788.)

Ein abwesender Volljähriger, dessen Aufenthalt unbekannt ist, erhält für seine Vermögensangelegenheiten, soweit sie der Fürsorge bedürfen, einen Abwesenheitspfleger. Ein solcher Pfleger ist ihm insbesondere auch dann zu bestellen, wenn er durch Ertheilung eines Auftrags oder einer Vollmacht Fürsorge getroffen hat, aber Umstände eingetreten sind, die zum Widerrufe des Auftrags oder der Vollmacht Anlaß geben.

Das Gleiche gilt von einem Abwesenden, dessen Aufenthalt bekannt, der aber an der Rückkehr und der Besorgung seiner Vermögensangelegenheiten verhindert ist.

§. 1890. (I 1741, II 1789.)

Eine Leibesfrucht erhält zur Wahrung ihrer künftigen Rechte, soweit diese einer Fürsorge bedürfen, einen Pfleger. Die Fürsorge steht jedoch dem Vater oder der Mutter zu, wenn das Kind, falls es bereits geboren wäre, unter elterlicher Gewalt stehen würde.

§. 1891. (I 1742, 1827, II 1790.)

Ist unbekannt oder ungewiß, wer bei einer Angelegenheit der Betheiligte ist, so kann dem Betheiligten für diese Angelegenheit, soweit eine Fürsorge erforderlich ist, ein Pfleger bestellt werden. Insbesondere kann einem Nacherben, der noch nicht erzeugt ist oder dessen Persönlichkeit erst durch ein künftiges Ereigniß bestimmt wird, für die Zeit bis zum Eintritte der Nacherbfolge ein Pfleger bestellt werden.

§. 1892.

Ist durch öffentliche Sammlung Vermögen für einen vorübergehenden Zweck zusammengebracht worden, so kann zum Zwecke der Verwaltung und

Verwendung des Vermögens ein Pfleger bestellt werden, wenn die zu der Verwaltung und Verwendung berufenen Personen weggefallen sind oder wenn diesen Personen gegenüber ein wichtiger Grund für die Entziehung der Verwaltung und Verwendung vorliegt; ein solcher Grund ist insbesondere grobe Pflichtverletzung oder Unfähigkeit zur ordnungsmäßigen Geschäftsführung.

§. 1893. (I 1743, 1746, II 1791, 1794.)

Auf die Pflegschaft finden die für die Vormundschaft geltenden Vorschriften entsprechende Anwendung, soweit sich nicht aus dem Gesetz ein Anderes ergiebt. Die Bestellung eines Gegenvormundes ist nicht erforderlich.

§. 1894. (I 1744, II 1792 Abs. 1.)

Für die nach §. 1887 anzuordnende Pflegschaft gelten die Vorschriften über die Berufung zur Vormundschaft nicht.

§. 1895. (I 1745, II 1792 Abs. 2, 1793.)

Wird die Anordnung einer Pflegschaft nach §. 1887 Abs. 1 Satz 2 erforderlich, so ist als Pfleger berufen, wer als solcher von dem Erblasser durch letztwillige Verfügung, von dem Dritten bei der Zuwendung benannt worden ist; die Vorschriften des §. 1756 finden entsprechende Anwendung.

Für den benannten Pfleger kann der Erblasser durch letztwillige Verfügung, der Dritte bei der Zuwendung die in den §§. 1830 bis 1832 bezeichneten Befreiungen anordnen. Das Vormundschaftsgericht kann die Anordnungen außer Kraft setzen, wenn sie das Interesse des Pflegebefohlenen gefährden.

Zu einer Abweichung von den Anordnungen des Dritten ist, solange er lebt, seine Zustimmung erforderlich und genügend. Die Zustimmung des Dritten kann durch das Vormundschaftsgericht ersetzt werden, wenn der Dritte zur Abgabe einer Erklärung dauernd außer Stande oder sein Aufenthalt dauernd unbekannt ist.

§. 1896. (I 1748 Abs. 1 Nr. 1, 2, 5, 6, II 1795.)

Die Pflegschaft für eine unter elterlicher Gewalt oder unter Vormundschaft stehende Person endigt mit der Beendigung der elterlichen Gewalt oder der Vormundschaft.

Die Pflegschaft für eine Leibesfrucht endigt mit der Geburt des Kindes.

Die Pflegschaft zur Besorgung einer einzelnen Angelegenheit endigt mit deren Erledigung.

§. 1897. (I 1748 Abs. 2 Satz 1, 2, II 1796.)

Die Pflegschaft ist von dem Vormundschaftsgericht aufzuheben, wenn der Grund für die Anordnung der Pflegschaft weggefallen ist.

§. 1898. (I 1748 Abs. 2 Satz 4, II 1797.)

Eine nach §. 1888 angeordnete Pflegschaft ist von dem Vormundschaftsgericht aufzuheben, wenn der Pflegebefohlene die Aufhebung beantragt.

§. 1899. (I 1748 Abs. 1 Nr. 4, Abs. 2 Satz 3, II 1798.)

Die Pflegschaft für einen Abwesenden ist von dem Vormundschaftsgericht aufzuheben, wenn der Abwesende an der Besorgung seiner Vermögensangelegenheiten nicht mehr verhindert ist.

Stirbt der Abwesende, so endigt die Pflegschaft erst mit der Aufhebung durch das Vormundschaftsgericht. Das Vormundschaftsgericht hat die Pflegschaft aufzuheben, wenn ihm der Tod des Abwesenden bekannt wird.

Wird der Abwesende für todt erklärt, so endigt die Pflegschaft mit der Erlassung des die Todeserklärung aussprechenden Urtheils.

Fünftes Buch.

Erbrecht.

Erster Abschnitt.

Erbfolge.

§. 1900. (I 1749 Abs. 1, 1750 Abs. 2, II 1799.)

Mit dem Tode einer Person (Erbfall) geht deren Vermögen (Erbschaft) als Ganzes auf eine oder mehrere andere Personen (Erben) über.

Auf den Antheil eines Miterben (Erbtheil) finden die sich auf die Erbschaft beziehenden Vorschriften Anwendung.

§. 1901. (I 1752, 1758 Abs. 1, 1964 Abs. 2, 2026 Abs. 1, II 1800.)

Erbe kann nur werden, wer zur Zeit des Erbfalls lebt.

Wer zur Zeit des Erbfalls noch nicht lebte, aber bereits erzeugt war, gilt als vor dem Erbfalle geboren.

§. 1902. (I 1965, II 1801.)

Gesetzliche Erben der ersten Ordnung sind die Abkömmlinge des Erblassers.

Ein zur Zeit des Erbfalls lebender Abkömmling schließt die durch ihn mit dem Erblasser verwandten Abkömmlinge von der Erbfolge aus.

An die Stelle eines zur Zeit des Erbfalls nicht mehr lebenden Abkömmlinges treten die durch ihn mit dem Erblasser verwandten Abkömmlinge (Erbfolge nach Stämmen).

Kinder erben zu gleichen Theilen.

§. 1903. (I 1966, II 1802.)

Gesetzliche Erben der zweiten Ordnung sind die Eltern des Erblassers und deren Abkömmlinge.

Leben zur Zeit des Erbfalls die Eltern, so erben sie allein und zu gleichen Theilen.

Lebt zur Zeit des Erbfalls der Vater oder die Mutter nicht mehr, so treten an die Stelle des Verstorbenen dessen Abkömmlinge nach den für die Beerbung in der ersten Ordnung geltenden Vorschriften. Sind Abkömmlinge nicht vorhanden, so erbt der überlebende Theil allein.

§. 1904. (I 1968, II 1803.)

Gesetzliche Erben der dritten Ordnung sind die Großeltern des Erblassers und deren Abkömmlinge.

Leben zur Zeit des Erbfalls die Großeltern, so erben sie allein und zu gleichen Theilen.

Lebt zur Zeit des Erbfalls von den väterlichen oder von den mütterlichen Großeltern der Großvater oder die Großmutter nicht mehr, so treten an die Stelle des Verstorbenen dessen Abkömmlinge. Sind Abkömmlinge nicht vorhanden, so fällt der Antheil des Verstorbenen dem anderen Theile des Großelternpaars und, wenn dieser nicht mehr lebt, dessen Abkömmlingen zu.

Leben zur Zeit des Erbfalls die väterlichen oder die mütterlichen Großeltern nicht mehr und sind Abkömmlinge der Verstorbenen nicht vorhanden, so erben die anderen Großeltern oder ihre Abkömmlinge allein.

Soweit Abkömmlinge an die Stelle ihrer Eltern oder ihrer Voreltern treten, finden die für die Beerbung in der ersten Ordnung geltenden Vorschriften Anwendung.

§. 1905. (I 1967, II 1804.)

Wer in der ersten, der zweiten oder der dritten Ordnung verschiedenen Stämmen angehört, erhält den in jedem dieser Stämme ihm zufallenden Antheil. Jeder Antheil gilt als besonderer Erbtheil.

§. 1906. (I 1969, II 1805.)

Gesetzliche Erben der vierten Ordnung sind die Urgroßeltern des Erblassers und deren Abkömmlinge.

Leben zur Zeit des Erbfalls Urgroßeltern, so erben sie allein; mehrere erben zu gleichen Theilen, ohne Unterschied, ob sie derselben Linie oder verschiedenen Linien angehören.

Leben zur Zeit des Erbfalls Urgroßeltern nicht mehr, so erbt von ihren Abkömmlingen derjenige, welcher mit dem Erblasser dem Grade nach am nächsten verwandt ist; mehrere gleich nahe Verwandte erben zu gleichen Theilen.

§. 1907. (I 1969, II 1806.)

Gesetzliche Erben der fünften Ordnung sind die entfernteren Voreltern des Erblassers. Der dem Grade nach nähere Vorfahre schließt den entfernteren aus; mehrere gleich nahe Vorfahren erben zu gleichen Theilen.

§. 1908. (I 1970, II 1807.)

Ein Verwandter ist nicht zur Erbfolge berufen, solange ein Verwandter einer vorhergehenden Ordnung vorhanden ist.

§. 1909. (I 1971 Abs. 1, II 1808.)

Der überlebende Ehegatte des Erblassers ist neben Verwandten der ersten Ordnung zu einem Viertheile, neben Verwandten der zweiten Ordnung oder neben Großeltern zur Hälfte der Erbschaft als gesetzlicher Erbe berufen. Treffen mit Großeltern Abkömmlinge von Großeltern zusammen, so erhält der Ehegatte auch von der anderen Hälfte den Antheil, der nach §. 1904 den Abkömmlingen zufallen würde.

Sind weder Verwandte der ersten oder der zweiten Ordnung noch Großeltern vorhanden, so erhält der überlebende Ehegatte die ganze Erbschaft.

§. 1910. (I 1971 Abs. 3, II 1809.)

Ist der überlebende Ehegatte neben Verwandten der zweiten Ordnung oder neben Großeltern gesetzlicher Erbe, so gebühren ihm außer dem Erbtheile die zum ehelichen Haushalte gehörenden Gegenstände, soweit sie nicht Zubehör eines Grundstücks sind, und die Hochzeitsgeschenke als Voraus. Auf den Voraus finden die für Vermächtnisse geltenden Vorschriften Anwendung.

§. 1911. (II 1810.)

Das Erbrecht des überlebenden Ehegatten sowie das Recht auf den Voraus ist ausgeschlossen, wenn der Erblasser zur Zeit seines Todes Scheidung wegen Verschuldens des Ehegatten zu verlangen berechtigt war und die Scheidungsklage erhoben hatte.

§. 1912. (I 1971 Abs. 2, II 1811.)

Gehört der überlebende Ehegatte zu den erbberechtigten Verwandten, so erbt er zugleich als Verwandter. Der Erbtheil, der ihm auf Grund der Verwandtschaft zufällt, gilt als besonderer Erbtheil.

§. 1913. (I 1973, II 1812.)

Fällt ein gesetzlicher Erbe vor oder nach dem Erbfalle weg und erhöht sich in Folge dessen der Erbtheil eines anderen gesetzlichen Erben, so gilt der Theil, um welchen sich der Erbtheil erhöht, in Ansehung der Vermächtnisse und Auflagen, mit denen dieser Erbe oder der wegfallende Erbe beschwert ist, sowie in Ansehung der Ausgleichungspflicht als besonderer Erbtheil.

§. 1914. (I 1974 Abs. 1, II 1813.)

Ist zur Zeit des Erbfalls weder ein Verwandter der ersten bis fünften Ordnung noch ein Ehegatte des Erblassers vorhanden, so ist der Fiskus des Bundesstaats, dem der Erblasser zur Zeit des Todes angehört hat, gesetzlicher

Erbe. Hat der Erblasser mehreren Bundesstaaten angehört, so ist der Fiskus eines jeden dieser Staaten zu gleichem Antheile zur Erbfolge berufen.

War der Erblasser ein Deutscher, der keinem Bundesstaat angehörte, so ist der Reichsfiskus gesetzlicher Erbe.

§. 1915. (I 1755 Abs. 1, II 1814.)

Der Erblasser kann durch einseitige Verfügung von Todeswegen (Testament, letztwillige Verfügung) den Erben bestimmen.

§. 1916. (I 1755 Abs. 2, 1972, II 1815.)

Der Erblasser kann durch Testament einen Verwandten oder den Ehegatten von der gesetzlichen Erbfolge ausschließen, ohne einen Erben einzusetzen.

§. 1917. (I 1756 Abs. 1, II 1816.)

Der Erblasser kann durch Testament einem Anderen, ohne ihn als Erben einzusetzen, einen Vermögensvortheil zuwenden (Vermächtniß).

§. 1918. (I 1757, II 1817.)

Der Erblasser kann durch Testament den Erben oder einen Vermächtnißnehmer zu einer Leistung verpflichten, ohne einem Anderen ein Recht auf die Leistung zuzuwenden (Auflage).

§. 1919. (I 1940 Abs. 1, 2, 1962, II 1818.)

Der Erblasser kann durch Vertrag einen Erben einsetzen sowie Vermächtnisse und Auflagen anordnen (Erbvertrag).

Als Erbe (Vertragserbe) oder als Vermächtnißnehmer kann sowohl der andere Vertragschließende als ein Dritter bedacht werden.

Zweiter Abschnitt.

Rechtliche Stellung des Erben.

Erster Titel.

Annahme und Ausschlagung der Erbschaft. Fürsorge des Nachlaßgerichts.

§. 1920. (I 1974 Abs. 2, 2025 Abs. 1, II 1819.)

Die Erbschaft geht auf den berufenen Erben unbeschadet des Rechtes über, sie auszuschlagen (Anfall der Erbschaft).

Der Fiskus kann die ihm als gesetzlichem Erben angefallene Erbschaft nicht ausschlagen.

§. 1921. (I 2029, II 1820.)

Der Erbe kann die Erbschaft nicht mehr ausschlagen, wenn er sie angenommen hat oder wenn die für die Ausschlagung vorgeschriebene Frist verstrichen ist; mit dem Ablaufe der Frist gilt die Erbschaft als angenommen.

§. 1922. (I 2030, II 1821.)

Die Ausschlagung kann nur binnen sechs Wochen erfolgen.

Die Frist beginnt mit dem Zeitpunkt, in welchem der Erbe von dem Anfall und dem Grunde der Berufung Kenntniß erlangt. Ist der Erbe durch Verfügung von Todeswegen berufen, so beginnt die Frist nicht vor der Verkündung der Verfügung. Auf den Lauf der Frist finden die für die Verjährung geltenden Vorschriften der §§. 198, 201 entsprechende Anwendung.

Die Frist beträgt sechs Monate, wenn der Erblasser seinen letzten Wohnsitz nur im Auslande gehabt hat oder wenn sich der Erbe bei dem Beginne der Frist im Ausland aufhält.

§. 1923. (I 2032, II 1822.)

Die Ausschlagung erfolgt durch Erklärung gegenüber dem Nachlaßgerichte; die Erklärung ist in öffentlich beglaubigter Form abzugeben.

Ein Bevollmächtigter bedarf einer öffentlich beglaubigten Vollmacht. Die Vollmacht muß der Erklärung beigefügt oder innerhalb der Ausschlagungsfrist nachgebracht werden.

§. 1924. (I 2033, II 1823.)

Der Erbe kann die Erbschaft annehmen oder ausschlagen, sobald der Erbfall eingetreten ist.

§. 1925. (I 2035, II 1824.)

Die Annahme und die Ausschlagung können nicht unter einer Bedingung oder einer Zeitbestimmung erfolgen.

§. 1926. (I 2038 Abs. 1, 2, II 1825.)

Wer durch Verfügung von Todeswegen als Erbe berufen ist, kann, wenn er ohne die Verfügung als gesetzlicher Erbe berufen sein würde, die Erbschaft als eingesetzter Erbe ausschlagen und als gesetzlicher Erbe annehmen.

Wer durch Testament und durch Erbvertrag als Erbe berufen ist, kann die Erbschaft aus dem einen Berufungsgrund annehmen und aus dem anderen ausschlagen.

§. 1927. (I 2038 Abs. 3, II 1826.)

Die Annahme gilt als nicht erfolgt, wenn der Erbe über den Berufungsgrund im Irrthume war.

Die Ausschlagung erstreckt sich im Zweifel auf alle Berufungsgründe, die dem Erben zur Zeit der Erklärung bekannt sind.

§. 1928. (I 2036, II 1827.)

Die Annahme und die Ausschlagung können nicht auf einen Theil der Erbschaft beschränkt werden. Die Annahme oder Ausschlagung eines Theiles ist unwirksam.

§. 1929. (I 2037, II 1828.)

Wer zu mehreren Erbtheilen berufen ist, kann, wenn die Berufung auf verschiedenen Gründen beruht, den einen Erbtheil annehmen und den anderen ausschlagen.

Beruht die Berufung auf demselben Grunde, so gilt die Annahme oder Ausschlagung des einen Erbtheils auch für den anderen, selbst wenn der andere erst später anfällt. Die Berufung beruht auf demselben Grunde auch dann, wenn sie in verschiedenen Testamenten oder vertragsmäßig in verschiedenen zwischen denselben Personen geschlossenen Erbverträgen angeordnet ist.

Setzt der Erblasser einen Erben auf mehrere Erbtheile ein, so kann er ihm durch Verfügung von Todeswegen gestatten, den einen Erbtheil anzunehmen und den anderen auszuschlagen.

§. 1930. (I 2028 Abs. 2, 3, 2031, II 1829.)

Das Recht des Erben, die Erbschaft auszuschlagen, ist vererblich.

Stirbt der Erbe vor dem Ablaufe der Ausschlagungsfrist, so endigt die Frist nicht vor dem Ablaufe der für die Erbschaft des Erben vorgeschriebenen Ausschlagungsfrist.

Von mehreren Erben des Erben kann jeder den seinem Erbtheil entsprechenden Theil der Erbschaft ausschlagen.

§. 1931. (I 1972, 2042, II 1830.)

Wird die Erbschaft ausgeschlagen, so gilt der Anfall an den Ausschlagenden als nicht erfolgt.

Die Erbschaft fällt demjenigen an, welcher berufen sein würde, wenn der Ausschlagende zur Zeit des Erbfalls nicht gelebt hätte; der Anfall gilt als mit dem Erbfall erfolgt.

Das Nachlaßgericht soll die Ausschlagung demjenigen mittheilen, welchem die Erbschaft in Folge der Ausschlagung angefallen ist. Es hat die Einsicht der Erklärung Jedem zu gestatten, der ein rechtliches Interesse glaubhaft macht.

§. 1932. (I 2040 Abs. 3 bis 6, 2041, II 1831.)

Ist die Annahme oder die Ausschlagung anfechtbar, so kann die Anfechtung nur binnen sechs Wochen erfolgen.

Die Frist beginnt im Falle der Anfechtbarkeit wegen Drohung mit dem Zeitpunkt, in welchem die Zwangslage aufhört, in den übrigen Fällen mit dem Zeitpunkt, in welchem der Anfechtungsberechtigte von dem Anfechtungsgrunde Kenntniß erlangt. Auf den Lauf der Frist finden die für die Verjährung geltenden Vorschriften der §§. 198, 201, 202 entsprechende Anwendung.

Die Frist beträgt sechs Monate, wenn der Erblasser seinen letzten Wohnsitz nur im Auslande gehabt hat oder wenn sich der Erbe bei dem Beginne der Frist im Ausland aufhält.

Die Anfechtung ist ausgeschlossen, wenn seit der Annahme oder der Ausschlagung dreißig Jahre verstrichen sind.

§. 1933. (I 2040 Abs. 2 Satz 1, 2041, II 1832.)

Die Anfechtung der Annahme oder der Ausschlagung erfolgt durch Erklärung gegenüber dem Nachlaßgerichte. Für die Erklärung gelten die Vorschriften des §. 1923.

§. 1934. (II 1833.)

Die Versäumung der Ausschlagungsfrist kann in gleicher Weise wie die Annahme angefochten werden.

§. 1935. (I 2040 Abs. 2 Satz 2, 2041, II 1834.)

Die Anfechtung der Annahme gilt als Ausschlagung, die Anfechtung der Ausschlagung gilt als Annahme.

Das Nachlaßgericht soll die Anfechtung der Ausschlagung demjenigen mittheilen, welchem die Erbschaft in Folge der Ausschlagung angefallen war. Die Vorschrift des §. 1931 Abs. 3 Satz 2 findet Anwendung.

§. 1936. (I 2057 Abs. 1 Satz 1, II 1835.)

Vor der Annahme der Erbschaft kann ein Anspruch, der sich gegen den Nachlaß richtet, nicht gegen den Erben gerichtlich geltend gemacht werden.

§. 1937. (I 2056, II 1836.)

Besorgt der Erbe vor der Ausschlagung erbschaftliche Geschäfte, so ist er demjenigen gegenüber, welcher Erbe wird, wie ein Geschäftsführer ohne Auftrag berechtigt und verpflichtet.

Verfügt der Erbe vor der Ausschlagung über einen Nachlaßgegenstand, so wird die Wirksamkeit der Verfügung durch die Ausschlagung nicht berührt, wenn die Verfügung nicht ohne Nachtheil für den Nachlaß verschoben werden konnte.

Ein Rechtsgeschäft, das gegenüber dem Erben als solchem vorgenommen werden muß, bleibt, wenn es vor der Ausschlagung dem Ausschlagenden gegenüber vorgenommen wird, auch nach der Ausschlagung wirksam.

§. 1938. (I 2058, 2059 Abs. 1, II 1837, 1838 Abs. 2.)

Bis zur Annahme der Erbschaft hat das Nachlaßgericht für die Sicherung des Nachlasses zu sorgen, soweit ein Bedürfniß besteht. Das Gleiche gilt, wenn der Erbe unbekannt oder wenn ungewiß ist, ob er die Erbschaft angenommen hat.

Das Nachlaßgericht kann insbesondere die Anlegung von Siegeln, die Hinterlegung von Geld, Werthpapieren und Kostbarkeiten sowie die Aufnahme eines

Nachlaßverzeichnisses anordnen und für denjenigen, welcher Erbe wird, einen Pfleger (Nachlaßpfleger) bestellen.

Die Vorschrift des §. 1936 findet auf den Nachlaßpfleger keine Anwendung.

§. 1939. (I 2059 Abs. 2, II 1838 Abs. 1.)

Das Nachlaßgericht hat in den Fällen des §. 1938 Abs. 1 einen Nachlaßpfleger zu bestellen, wenn die Bestellung zum Zwecke der gerichtlichen Geltendmachung eines Anspruchs, der sich gegen den Nachlaß richtet, von dem Berechtigten beantragt wird.

§. 1940. (I 2061, II 1839.)

Für die Nachlaßpflegschaft tritt an die Stelle des Vormundschaftsgerichts das Nachlaßgericht.

§. 1941. (I 2027, II 1840.)

Ist zur Zeit des Erbfalls die Geburt eines Erben zu erwarten, so kann die Mutter, falls sie außer Stande ist, sich selbst zu unterhalten, bis zur Entbindung standesmäßigen Unterhalt aus dem Nachlaß oder, wenn noch andere Personen als Erben berufen sind, aus dem Erbtheile des Kindes verlangen. Bei der Bemessung des Erbtheils ist anzunehmen, daß nur ein Kind geboren wird.

§. 1942. (I 2067 Abs. 4, II 1841 Abs. 1.)

Wird der Erbe nicht innerhalb einer den Umständen entsprechenden Frist ermittelt, so hat das Nachlaßgericht festzustellen, daß ein anderer Erbe als der Fiskus nicht vorhanden ist.

Die Feststellung begründet die Vermuthung, daß der Fiskus gesetzlicher Erbe sei.

§. 1943. (I 2067 Abs. 1 bis 3, II 1841 Abs. 2, 3.)

Der Feststellung hat eine öffentliche Aufforderung zur Anmeldung der Erbrechte unter Bestimmung einer Anmeldungsfrist vorauszugehen; die Art der Bekanntmachung und die Dauer der Anmeldungsfrist bestimmen sich nach den für das Aufgebotsverfahren geltenden Vorschriften. Die Aufforderung darf unterbleiben, wenn die Kosten dem Bestande des Nachlasses gegenüber unverhältnißmäßig groß sind.

Ein Erbrecht bleibt unberücksichtigt, wenn nicht dem Nachlaßgerichte binnen drei Monaten nach dem Ablaufe der Anmeldungsfrist nachgewiesen wird, daß das Erbrecht besteht oder daß es gegen den Fiskus im Wege der Klage geltend gemacht ist. Ist eine öffentliche Aufforderung nicht ergangen, so beginnt die dreimonatige Frist mit der gerichtlichen Aufforderung, das Erbrecht oder die Erhebung der Klage nachzuweisen.

§. 1944. (I 1974 Abs. 5, II 1842.)

Von dem Fiskus als gesetzlichem Erben und gegen den Fiskus als gesetzlichen Erben kann ein Recht erst geltend gemacht werden, nachdem von dem Nachlaßgerichte festgestellt worden ist, daß ein anderer Erbe nicht vorhanden ist.

Zweiter Titel.

Haftung des Erben für die Nachlaßverbindlichkeiten.

I. Nachlaßverbindlichkeiten.

§. 1945. (I 2051 Satz 1, 2092 Abs. 2, II 1843.)

Der Erbe haftet für die Nachlaßverbindlichkeiten.

Zu den Nachlaßverbindlichkeiten gehören außer den vom Erblasser herrührenden Schulden die den Erben als solchen treffenden Verbindlichkeiten, insbesondere die Verbindlichkeiten aus Pflichttheilsrechten, Vermächtnissen und Auflagen.

§. 1946. (I 2055, II 1844.)

Der Erbe trägt die Kosten der standesmäßigen Beerdigung des Erblassers.

II. Aufgebot der Nachlaßgläubiger.

§. 1947. (I 2120 Abs. 1, II 1845.)

Die Nachlaßgläubiger können im Wege des Aufgebotsverfahrens zur Anmeldung ihrer Forderungen aufgefordert werden.

§. 1948. (I 2125 Satz 1, 2, II 1847.)

Pfandgläubiger und Gläubiger, die im Konkurse den Pfandgläubigern gleichstehen, sowie Gläubiger, die bei der Zwangsvollstreckung in das unbewegliche Vermögen ein Recht auf Befriedigung aus diesem Vermögen haben, werden, soweit es sich um die Befriedigung aus den ihnen haftenden Gegenständen handelt, durch das Aufgebot nicht betroffen. Das Gleiche gilt von Gläubigern, deren Ansprüche durch eine Vormerkung gesichert sind oder denen im Konkurs ein Aussonderungsrecht zusteht, in Ansehung des Gegenstandes ihres Rechtes.

§. 1949. (II 1846.)

Pflichttheilsrechte, Vermächtnisse und Auflagen werden durch das Aufgebot nicht betroffen, unbeschadet der Vorschrift des §. 2037 Nr. 1.

§. 1950. (I 2127 Abs. 1, Abs. 2 Satz 2, Abs. 3 Satz 2, II 1848.)

Der Erbe kann die Befriedigung eines im Aufgebotsverfahren ausgeschlossenen Nachlaßgläubigers insoweit verweigern, als der Nachlaß durch die Befriedigung der nicht ausgeschlossenen Gläubiger erschöpft wird.

Einen Ueberschuß hat der Erbe zum Zwecke der Befriedigung des Gläubigers im Wege der Zwangsvollstreckung nach den Vorschriften über die Herausgabe einer ungerechtfertigten Bereicherung herauszugeben. Er kann die Herausgabe der noch vorhandenen Nachlaßgegenstände durch Zahlung des Werthes abwenden. Die rechtskräftige Verurtheilung des Erben zur Befriedigung eines ausgeschlossenen Gläubigers wirkt einem anderen Gläubiger gegenüber wie die Befriedigung.

§. 1951. (II 1849.)

Findet ein Aufgebotsverfahren nicht statt, so steht ein Nachlaßgläubiger, der seine Forderung später als fünf Jahre nach dem Erbfalle dem Erben gegenüber geltend macht, einem ausgeschlossenen Gläubiger gleich, es sei denn, daß die Forderung dem Erben vor dem Ablaufe der fünf Jahre bekannt geworden ist.

Soweit ein Gläubiger nach §. 1948 von dem Aufgebote nicht betroffen wird, findet die Vorschrift des Abs. 1 auf ihn keine Anwendung.

III. Beschränkung der Haftung des Erben.

§. 1952. (I 2110 Abs. 1, II 1850.)

Die Haftung des Erben für die Nachlaßverbindlichkeiten beschränkt sich auf den Nachlaß, wenn eine Nachlaßpflegschaft zum Zwecke der Befriedigung der Nachlaßgläubiger (Nachlaßverwaltung) angeordnet oder der Nachlaßkonkurs eröffnet ist.

§. 1953. (I 2114 Satz 1, II 1851.)

Ist die Nachlaßverwaltung angeordnet oder der Nachlaßkonkurs eröffnet, so gelten die in Folge des Erbfalls durch Vereinigung von Recht und Verbindlichkeit oder von Recht und Belastung erloschenen Rechtsverhältnisse als nicht erloschen.

§. 1954. (I 2116, II 1852.)

Hat ein Nachlaßgläubiger vor der Anordnung der Nachlaßverwaltung oder vor der Eröffnung des Nachlaßkonkurses seine Forderung gegen eine nicht zum Nachlasse gehörende Forderung des Erben ohne dessen Zustimmung aufgerechnet, so ist nach der Anordnung der Nachlaßverwaltung oder der Eröffnung des Nachlaßkonkurses die Aufrechnung als nicht erfolgt anzusehen.

Das Gleiche gilt, wenn ein Gläubiger, der nicht Nachlaßgläubiger ist, die ihm gegen den Erben zustehende Forderung gegen eine zum Nachlasse gehörende Forderung aufgerechnet hat.

§. 1955. (I 2112 Satz 1, 2, II 1853.)

Ist die Nachlaßverwaltung angeordnet oder der Nachlaßkonkurs eröffnet, so ist der Erbe den Nachlaßgläubigern für die bisherige Verwaltung des Nachlasses so verantwortlich, wie wenn er von der Annahme der Erbschaft an die Verwaltung für sie als Beauftragter zu führen gehabt hätte. Auf die vor der Annahme der Erbschaft von dem Erben besorgten erbschaftlichen Geschäfte finden die Vorschriften über die Geschäftsführung ohne Auftrag entsprechende Anwendung.

Die den Nachlaßgläubigern nach Abs. 1 zustehenden Ansprüche gelten als zum Nachlasse gehörend.

Aufwendungen sind dem Erben aus dem Nachlasse zu ersetzen, soweit er nach den Vorschriften über den Auftrag oder über die Geschäftsführung ohne Auftrag Ersatz verlangen könnte.

§. 1956. (II 1854 Abs. 1.)

Die Berichtigung einer Nachlaßverbindlichkeit durch den Erben müssen die Nachlaßgläubiger als für Rechnung des Nachlasses erfolgt gelten lassen, wenn der Erbe den Umständen nach annehmen durfte, daß der Nachlaß zur Berichtigung aller Nachlaßverbindlichkeiten ausreiche.

§. 1957. (II 1854 Abs. 2, 3.)

Beantragt der Erbe nicht unverzüglich, nachdem er von der Ueberschuldung des Nachlasses Kenntniß erlangt hat, die Eröffnung des Nachlaßkonkurses, so ist er den Gläubigern für den daraus entstehenden Schaden verantwortlich. Bei der Bemessung der Zulänglichkeit des Nachlasses bleiben die Verbindlichkeiten aus Vermächtnissen und Auflagen außer Betracht.

Der Kenntniß der Ueberschuldung steht die auf Fahrlässigkeit beruhende Unkenntniß gleich. Als Fahrlässigkeit gilt es insbesondere, wenn der Erbe das Aufgebot der Nachlaßgläubiger nicht beantragt, obwohl er Grund hat, das Vorhandensein unbekannter Nachlaßverbindlichkeiten anzunehmen; das Aufgebot ist nicht erforderlich, wenn die Kosten des Verfahrens dem Bestande des Nachlasses gegenüber unverhältnißmäßig groß sind.

§. 1958. (II 1855.)

Die Nachlaßverwaltung ist von dem Nachlaßgericht anzuordnen, wenn der Erbe die Anordnung beantragt.

Auf Antrag eines Nachlaßgläubigers ist die Nachlaßverwaltung anzuordnen, wenn Grund zu der Annahme besteht, daß die Befriedigung der Nachlaßgläubiger aus dem Nachlasse durch das Verhalten oder die Vermögenslage des Erben gefährdet wird. Der Antrag kann nicht mehr gestellt werden, wenn seit der Annahme der Erbschaft zwei Jahre verstrichen sind.

Die Vorschriften des §. 1763 finden keine Anwendung.

§. 1959. (II 1856.)

Die Anordnung der Nachlaßverwaltung kann abgelehnt werden, wenn eine den Kosten entsprechende Masse nicht vorhanden ist.

§. 1960. (II 1857.)

Das Nachlaßgericht hat die Anordnung der Nachlaßverwaltung durch das für seine Bekanntmachungen bestimmte Blatt zu veröffentlichen.

§. 1961. (II 1858.)

Mit der Anordnung der Nachlaßverwaltung verliert der Erbe die Befugniß, den Nachlaß zu verwalten und über ihn zu verfügen. Die Vorschriften der §§. 6, 7 der Konkursordnung finden entsprechende Anwendung. Ein Anspruch, der sich gegen den Nachlaß richtet, kann nur gegen den Nachlaßverwalter geltend gemacht werden.

Zwangsvollstreckungen und Arreste in den Nachlaß zu Gunsten eines Gläubigers, der nicht Nachlaßgläubiger ist, sind ausgeschlossen.

§. 1962. (II 1859, 1861.)

Der Nachlaßverwalter hat den Nachlaß zu verwalten und die Nachlaßverbindlichkeiten aus dem Nachlasse zu berichtigen.

Der Nachlaßverwalter ist für die Verwaltung des Nachlasses auch den Nachlaßgläubigern verantwortlich. Die Vorschriften des §. 1955 Abs. 2 und der §§. 1956, 1957 finden entsprechende Anwendung.

§. 1963. (II 1860.)

Der Nachlaßverwalter darf den Nachlaß dem Erben erst ausantworten, wenn die bekannten Nachlaßverbindlichkeiten berichtigt sind.

Ist die Berichtigung einer Verbindlichkeit zur Zeit nicht ausführbar oder ist eine Verbindlichkeit streitig, so darf die Ausantwortung des Nachlasses nur erfolgen, wenn dem Gläubiger Sicherheit geleistet wird. Für eine bedingte Forderung ist Sicherheitsleistung nicht erforderlich, wenn die Möglichkeit des Eintritts der Bedingung eine so entfernte ist, daß die Forderung einen gegenwärtigen Vermögenswerth nicht hat.

§. 1964. (II 1862.)

Der Nachlaßverwalter kann für die Führung seines Amtes eine angemessene Vergütung verlangen.

§. 1965. (II 1863.)

Die Nachlaßverwaltung endigt mit der Eröffnung des Nachlaßkonkurses.

Die Nachlaßverwaltung kann aufgehoben werden, wenn sich ergiebt, daß eine den Kosten entsprechende Masse nicht vorhanden ist.

§. 1966. (I 2118 Satz 1, 2, 4, II 1864.)

Ist der Nachlaßkonkurs durch Vertheilung der Masse oder durch Zwangsvergleich beendigt, so finden auf die Haftung des Erben die Vorschriften des §. 1950 entsprechende Anwendung.

§. 1967. (I 2133, II 1865.)

Ist die Anordnung der Nachlaßverwaltung oder die Eröffnung des Nachlaßkonkurses wegen Mangels einer den Kosten entsprechenden Masse nicht thunlich oder wird aus diesem Grunde die Nachlaßverwaltung aufgehoben oder das Konkursverfahren eingestellt, so kann der Erbe die Befriedigung eines Nachlaßgläubigers insoweit verweigern, als der Nachlaß nicht ausreicht. Der Erbe ist in diesem Falle verpflichtet, den Nachlaß zum Zwecke der Befriedigung des Gläubigers im Wege der Zwangsvollstreckung herauszugeben.

Das Recht des Erben wird nicht dadurch ausgeschlossen, daß der Gläubiger nach dem Eintritte des Erbfalls im Wege der Zwangsvollstreckung oder der Arrestvollziehung ein Pfandrecht oder eine Hypothek oder im Wege der einstweiligen Verfügung eine Vormerkung erlangt hat.

§. 1968. (I 2133, II 1866.)

Macht der Erbe von dem ihm nach §. 1967 zustehenden Rechte Gebrauch, so finden auf seine Verantwortlichkeit und den Ersatz seiner Aufwendungen die Vorschriften der §§. 1955 bis 1957 Anwendung.

Die in Folge des Erbfalls durch Vereinigung von Recht und Verbindlichkeit oder von Recht und Belastung erloschenen Rechtsverhältnisse gelten im Verhältnisse zwischen dem Gläubiger und dem Erben als nicht erloschen.

Die rechtskräftige Verurtheilung des Erben zur Befriedigung eines Gläubigers wirkt einem anderen Gläubiger gegenüber wie die Befriedigung.

Die Verbindlichkeiten aus Pflichttheilsrechten, Vermächtnissen und Auflagen hat der Erbe so zu berichtigen, wie sie im Falle des Konkurses zur Berichtigung kommen würden.

§. 1969. (I 2133, II 1867.)

Beruht die Ueberschuldung des Nachlasses auf Vermächtnissen und Auflagen, so ist der Erbe, auch wenn die Voraussetzungen des §. 1967 nicht vorliegen, berechtigt, die Berichtigung dieser Verbindlichkeiten nach den Vorschriften der §§. 1967, 1968 zu bewirken. Er kann die Herausgabe der noch vorhandenen Nachlaßgegenstände durch Zahlung des Werthes abwenden.

IV. Inventarerrichtung. Unbeschränkte Haftung des Erben.

§. 1970. (I 2095 Abs. 1, II 1868 Abs. 1.)

Der Erbe ist berechtigt, ein Verzeichniß des Nachlasses (Inventar) bei dem Nachlaßgericht einzureichen (Inventarerrichtung).

§. 1971. (I 2095, 2096, II 1868 Abs. 1, 3, 1869.)

Das Nachlaßgericht hat dem Erben auf Antrag eines Nachlaßgläubigers zur Errichtung des Inventars eine Frist (Inventarfrist) zu bestimmen. Nach dem Ablaufe der Frist haftet der Erbe für die Nachlaßverbindlichkeiten unbeschränkt, wenn nicht vorher das Inventar errichtet wird.

Der Antragsteller hat seine Forderung glaubhaft zu machen. Auf die Wirksamkeit der Fristbestimmung ist es ohne Einfluß, wenn die Forderung nicht besteht.

Ist eine Nachlaßverwaltung angeordnet oder der Nachlaßkonkurs eröffnet, so bedarf es zur Abwendung der unbeschränkten Haftung der Inventarerrichtung nicht.

§. 1972. (I 2097, II 1870.)

Die Inventarfrist soll mindestens einen Monat, höchstens drei Monate betragen. Sie beginnt mit der Zustellung des Beschlusses, durch den die Frist bestimmt wird.

Wird die Frist vor der Annahme der Erbschaft bestimmt, so beginnt sie erst mit der Annahme der Erbschaft.

Auf Antrag des Erben kann das Nachlaßgericht die Frist nach seinem Ermessen verlängern.

§. 1973. (I 2098, II 1871.)

Ist der Erbe durch höhere Gewalt verhindert worden, das Inventar rechtzeitig zu errichten oder die nach den Umständen gerechtfertigte Verlängerung der Inventarfrist zu beantragen, so hat ihm auf seinen Antrag das Nachlaßgericht eine neue Inventarfrist zu bestimmen. Das Gleiche gilt, wenn der Erbe von der Zustellung des Beschlusses, durch den die Inventarfrist bestimmt worden ist, ohne sein Verschulden Kenntniß nicht erlangt hat.

Der Antrag muß binnen zwei Wochen nach der Beseitigung des Hindernisses und spätestens vor dem Ablauf eines Jahres nach dem Ende der zuerst bestimmten Frist gestellt werden.

Vor der Entscheidung soll der Nachlaßgläubiger, auf dessen Antrag die erste Frist bestimmt worden ist, wenn thunlich gehört werden.

§. 1974. (I 2100, II 1872.)

Auf den Lauf der Inventarfrist und der im §. 1973 Abs. 2 bestimmten Frist von zwei Wochen finden die für die Verjährung geltenden Vorschriften des §. 198 Abs. 1 und des §. 201 entsprechende Anwendung.

§. 1975. (I 2099, II 1873.)

Stirbt der Erbe vor dem Ablaufe der Inventarfrist oder der im §. 1973 Abs. 2 bestimmten Frist von zwei Wochen, so endigt die Frist nicht vor dem Ablaufe der für die Erbschaft des Erben vorgeschriebenen Ausschlagungsfrist.

§. 1976. (I 2101, II 1874.)

Steht der Erbe unter elterlicher Gewalt oder unter Vormundschaft, so soll das Nachlaßgericht dem Vormundschaftsgerichte von der Bestimmung der Inventarfrist Mittheilung machen.

§. 1977. (I 2105, II 1875.)

In dem Inventar sollen die bei dem Eintritte des Erbfalls vorhandenen Nachlaßgegenstände und die Nachlaßverbindlichkeiten vollständig angegeben werden.

Das Inventar soll außerdem eine Beschreibung der Nachlaßgegenstände, soweit eine solche zur Bestimmung des Werthes erforderlich ist, und die Angabe des Werthes enthalten.

§. 1978. (I 2102, II 1876.)

Der Erbe muß zu der Aufnahme des Inventars eine zuständige Behörde oder einen zuständigen Beamten oder Notar zuziehen.

§. 1979. (I 2103, II 1877.)

Auf Antrag des Erben hat das Nachlaßgericht entweder das Inventar selbst aufzunehmen oder die Aufnahme einer zuständigen Behörde oder einem zuständigen Beamten oder Notar zu übertragen. Durch die Stellung des Antrags wird die Inventarfrist gewahrt.

Der Erbe ist verpflichtet, die zur Aufnahme des Inventars erforderliche Auskunft zu ertheilen.

Das Inventar ist von der Behörde, dem Beamten oder dem Notar bei dem Nachlaßgericht einzureichen.

§. 1980. (I 2104, II 1878.)

Befindet sich bei dem Nachlaßgerichte schon ein den Vorschriften der §§. 1978, 1979 entsprechendes Inventar, so genügt es, wenn der Erbe vor dem Ablaufe der Inventarfrist dem Nachlaßgerichte gegenüber erklärt, daß das Inventar als von ihm eingereicht gelten soll.

§. 1981. (I 2106, II 1879.)

Führt der Erbe absichtlich eine erhebliche Unvollständigkeit der im Inventar enthaltenen Angabe der Nachlaßgegenstände herbei oder bewirkt er in der Absicht, die Nachlaßgläubiger zu benachtheiligen, die Aufnahme einer nicht bestehenden Nachlaßverbindlichkeit, so haftet er für die Nachlaßverbindlichkeiten unbeschränkt. Das Gleiche gilt, wenn er im Falle des §. 1979 die Ertheilung der Auskunft verweigert oder absichtlich in erheblichem Maße verzögert.

Ist die Angabe der Nachlaßgegenstände unvollständig, ohne daß ein Fall des Abs. 1 vorliegt, so kann dem Erben zur Ergänzung eine neue Inventarfrist bestimmt werden.

§. 1982. (II 1868 Abs. 2.)

Die im §. 1971 Abs. 1 und im §. 1981 Abs. 1 bestimmte unbeschränkte Haftung des Erben tritt gegenüber einem Gläubiger nicht ein, der im Aufgebotsverfahren ausgeschlossen ist oder nach §. 1951 einem ausgeschlossenen Gläubiger gleichsteht.

§. 1983. (I 2142, II 1880.)

Der Erbe hat auf Verlangen eines Nachlaßgläubigers vor dem Nachlaßgerichte den Offenbarungseid dahin zu leisten,

> daß er nach bestem Wissen die Nachlaßgegenstände so vollständig angegeben habe, als er dazu im Stande sei.

Der Erbe kann vor der Leistung des Eides das Inventar vervollständigen.

Verweigert der Erbe die Leistung des Eides, so haftet er dem Gläubiger, der den Antrag gestellt hat, unbeschränkt. Das Gleiche gilt, wenn er weder in dem Termine noch in einem auf Antrag des Gläubigers bestimmten neuen Termin erscheint, es sei denn, daß ein Grund vorliegt, durch den das Nichterscheinen in diesem Termine genügend entschuldigt wird.

Eine wiederholte Leistung des Eides kann derselbe Gläubiger oder ein anderer Gläubiger nur verlangen, wenn Grund zu der Annahme besteht, daß dem Erben nach der Eidesleistung weitere Nachlaßgegenstände bekannt geworden sind.

§. 1984. (I 2147, II 1881.)

Ist ein Erbe zu mehreren Erbtheilen berufen, so bestimmt sich seine Haftung für die Nachlaßverbindlichkeiten in Ansehung eines jeden der Erbtheile so, wie wenn die Erbtheile verschiedenen Erben gehörten. In den Fällen der Anwachsung und des §. 1913 gilt dies nur dann, wenn die Erbtheile verschieden beschwert sind.

§. 1985. (I 2148 Nr. 2, 4, 2149, II 1882.)

Ist eine Ehefrau die Erbin und gehört die Erbschaft zum eingebrachten Gute oder zum Gesammtgute, so ist die Bestimmung der Inventarfrist nur wirksam, wenn sie auch dem Manne gegenüber erfolgt. Solange nicht die Frist dem Manne gegenüber verstrichen ist, endigt sie auch nicht der Frau gegenüber. Die Errichtung des Inventars durch den Mann kommt der Frau zu Statten.

Gehört die Erbschaft zum Gesammtgute, so gelten diese Vorschriften auch nach der Beendigung der Gütergemeinschaft.

§. 1986. (II 1883.)

Ist das Inventar rechtzeitig errichtet worden, so wird im Verhältnisse zwischen den Erben und den Nachlaßgläubigern vermuthet, daß zur Zeit des Erbfalls weitere Nachlaßgegenstände als die angegebenen nicht vorhanden gewesen seien.

§. 1987. (I 2107, II 1884.)

Das Nachlaßgericht hat die Einsicht des Inventars Jedem zu gestatten, der ein rechtliches Interesse glaubhaft macht.

§. 1988. (I 1974 Abs. 3, 4, II 1885.)

Dem Fiskus als gesetzlichem Erben kann eine Inventarfrist nicht bestimmt werden. Der Fiskus ist den Nachlaßgläubigern gegenüber verpflichtet, über den Bestand des Nachlasses Auskunft zu ertheilen.

§. 1989. (I 2063, 2065 Abs. 2, II 1886.)

Einem nach den §§. 1938, 1939 bestellten Nachlaßpfleger kann eine Inventarfrist nicht bestimmt werden. Der Nachlaßpfleger ist den Nachlaßgläubigern gegenüber verpflichtet, über den Bestand des Nachlasses Auskunft zu ertheilen. Der Nachlaßpfleger kann nicht auf die Beschränkung der Haftung des Erben verzichten.

Diese Vorschriften gelten auch für den Nachlaßverwalter.

§. 1990. (I 2110 Abs. 2, 2125 Satz 3, II 1887.)

Haftet der Erbe für die Nachlaßverbindlichkeiten unbeschränkt, so ist er nicht berechtigt, die Anordnung einer Nachlaßverwaltung zu beantragen.

Die Vorschriften der §§. 1954 bis 1957 finden im Falle der unbeschränkten Haftung keine Anwendung.

Ein Nachlaßgläubiger, dem gegenüber der Erbe unbeschränkt haftet, wird von dem Aufgebote der Nachlaßgläubiger nicht betroffen, unbeschadet der Vorschrift des §. 2037 Nr. 1. Die Vorschrift des §. 1951 Abs. 1 gilt für einen solchen Gläubiger nicht.

V. Aufschiebende Einreden.

§. 1991. (I 2057 Abs. 1, 2143 Abs. 1, 2, II 1888.)

Der Erbe ist berechtigt, die Berichtigung einer Nachlaßverbindlichkeit bis zum Ablaufe der ersten drei Monate nach der Annahme der Erbschaft, jedoch nicht über die Errichtung des Inventars hinaus, zu verweigern.

§. 1992. (I 2130 Abs. 1, 2131, 2132, II 1889.)

Hat der Erbe den Antrag auf Erlassung des Aufgebots der Nachlaßgläubiger innerhalb eines Jahres nach der Annahme der Erbschaft gestellt und ist der Antrag zugelassen, so ist der Erbe berechtigt, die Berichtigung einer Nachlaßverbindlichkeit bis zur Beendigung des Aufgebotsverfahrens zu verweigern.

Der Beendigung des Aufgebotsverfahrens steht es gleich, wenn der Erbe in dem Aufgebotstermine nicht erschienen ist und nicht binnen zwei Wochen die Bestimmung eines neuen Termins beantragt oder wenn er auch in dem neuen Termine nicht erscheint.

Wird das Ausschlußurtheil erlassen oder der Antrag auf Erlassung des Urtheils zurückgewiesen, so ist das Verfahren nicht vor dem Ablauf einer mit der Verkündung der Entscheidung beginnenden Frist von zwei Wochen und nicht vor der Erledigung einer rechtzeitig eingelegten Beschwerde als beendigt anzusehen.

§. 1993. (I 2130 Abs. 1, 2143 Abs. 3, II 1890.)

Die Vorschriften der §§. 1991, 1992 finden keine Anwendung, wenn der Erbe unbeschränkt haftet.

Das Gleiche gilt, soweit ein Gläubiger nach §. 1948 von dem Aufgebote der Nachlaßgläubiger nicht betroffen wird, mit der Maßgabe, daß ein erst nach dem Eintritte des Erbfalls im Wege der Zwangsvollstreckung oder der Arrestvollziehung erlangtes Recht sowie eine erst nach diesem Zeitpunkt im Wege der einstweiligen Verfügung erlangte Vormerkung außer Betracht bleibt.

§. 1994. (I 2143 Abs. 2, II 1891.)

Wird vor der Annahme der Erbschaft zur Verwaltung des Nachlasses ein Nachlaßpfleger bestellt, so beginnen die im §. 1991 und im §. 1992 Abs. 1 bestimmten Fristen mit der Bestellung.

Dritter Titel.

Erbschaftsanspruch.

§. 1995. (I 2080, II 1892.)

Der Erbe kann von Jedem, der auf Grund eines ihm in Wirklichkeit nicht zustehenden Erbrechts etwas aus der Erbschaft erlangt hat (Erbschaftsbesitzer), die Herausgabe des Erlangten verlangen.

§. 1996. (I 2081 Nr. 3, II 1893.)

Als aus der Erbschaft erlangt gilt auch, was der Erbschaftsbesitzer durch Rechtsgeschäft mit Mitteln der Erbschaft erwirbt.

Die Zugehörigkeit einer in solcher Weise erworbenen Forderung zur Erbschaft hat der Schuldner erst dann gegen sich gelten zu lassen, wenn er von der Zugehörigkeit Kenntniß erlangt; die Vorschriften der §§. 400 bis 402 finden entsprechende Anwendung.

§. 1997. (I 2081 Nr. 4, II 1894.)

Der Erbschaftsbesitzer hat dem Erben die gezogenen Nutzungen herauszugeben; die Verpflichtung zur Herausgabe erstreckt sich auch auf Früchte, an denen er das Eigenthum erworben hat.

§. 1998. (I 2083, II 1895.)

Soweit der Erbschaftsbesitzer zur Herausgabe außer Stande ist, bestimmt sich seine Verpflichtung nach den Vorschriften über die Herausgabe einer ungerechtfertigten Bereicherung.

§. 1999. (I 2084, II 1896.)

Der Erbschaftsbesitzer ist zur Herausgabe der zur Erbschaft gehörenden Sachen nur gegen Ersatz aller Verwendungen verpflichtet, soweit nicht die Verwendungen durch Anrechnung auf die nach §. 1998 herauszugebende Bereicherung gedeckt werden. Die für den Eigenthumsanspruch geltenden Vorschriften der §§. 985 bis 988 finden Anwendung.

Zu den Verwendungen gehören auch die Aufwendungen, die der Erbschaftsbesitzer zur Bestreitung von Lasten der Erbschaft oder zur Berichtigung von Nachlaßverbindlichkeiten macht.

Soweit der Erbe für Aufwendungen, die nicht auf einzelne Sachen gemacht worden sind, insbesondere für die im Abs. 2 bezeichneten Aufwendungen, nach den allgemeinen Vorschriften in weiterem Umfang Ersatz zu leisten hat, bleibt der Anspruch des Erbschaftsbesitzers unberührt.

§. 2000. (I 2085, II 1897.)

Hat der Erbschaftsbesitzer zur Erbschaft gehörende Sachen herauszugeben, so bestimmt sich von dem Eintritte der Rechtshängigkeit an der Anspruch des Erben auf Schadensersatz wegen Verschlechterung, Unterganges oder einer aus einem anderen Grunde eintretenden Unmöglichkeit der Herausgabe nach den Vorschriften, die für das Verhältniß zwischen dem Eigenthümer und dem Besitzer von dem Eintritte der Rechtshängigkeit des Eigenthumsanspruchs an gelten.

Das Gleiche gilt von dem Anspruche des Erben auf Herausgabe oder Vergütung von Nutzungen und von dem Anspruche des Erbschaftsbesitzers auf Ersatz von Verwendungen.

§. 2001. (I 2085, 2086, II 1898.)

Ist der Erbschaftsbesitzer bei dem Beginne des Erbschaftsbesitzes nicht in gutem Glauben, so haftet er so, wie wenn der Anspruch des Erben zu dieser

Zeit rechtshängig geworden wäre. Erfährt der Erbschaftsbesitzer später, daß er nicht Erbe ist, so haftet er in gleicher Weise von der Erlangung der Kenntniß an. Eine weitergehende Haftung wegen Verzugs bleibt unberührt.

§. 2002. (I 2086, II 1899.)

Hat der Erbschaftsbesitzer einen Erbschaftsgegenstand durch eine strafbare Handlung oder eine zur Erbschaft gehörende Sache durch verbotene Eigenmacht erlangt, so haftet er nach den Vorschriften über unerlaubte Handlungen. Ein gutgläubiger Erbschaftsbesitzer haftet jedoch wegen verbotener Eigenmacht nach diesen Vorschriften nur, wenn der Erbe den Besitz der Sache bereits thatsächlich ergriffen hatte.

§. 2003. (I 888, II 1900.)

Der Erbschaftsbesitzer kann sich dem Erben gegenüber, solange nicht der Erbschaftsanspruch verjährt ist, nicht auf die Ersitzung einer Sache berufen, die er als zur Erbschaft gehörend im Besitze hat.

§. 2004. (I 2082, II 1901.)

Der Erbschaftsbesitzer ist verpflichtet, dem Erben über den Bestand der Erbschaft und über den Verbleib der Erbschaftsgegenstände Auskunft zu ertheilen.

Die gleiche Verpflichtung hat, wer, ohne Erbschaftsbesitzer zu sein, eine Sache aus dem Nachlaß in Besitz nimmt, bevor der Erbe den Besitz thatsächlich ergriffen hat.

§. 2005. (II 1902.)

Wer sich zur Zeit des Erbfalls mit dem Erblasser in häuslicher Gemeinschaft befunden hat, ist verpflichtet, dem Erben auf Verlangen Auskunft darüber zu ertheilen, welche erbschaftliche Geschäfte er geführt hat und was ihm über den Verbleib der Erbschaftsgegenstände bekannt ist.

Besteht Grund zu der Annahme, daß die Auskunft nicht mit der erforderlichen Sorgfalt ertheilt worden ist, so hat der Verpflichtete auf Verlangen des Erben den Offenbarungseid dahin zu leisten:

daß er seine Angaben nach bestem Wissen so vollständig gemacht habe, als er dazu im Stande sei.

Die Vorschriften des §. 253 Abs. 3 und des §. 255 finden Anwendung.

§. 2006. (I 2088, II 1903.)

Die Haftung des Erbschaftsbesitzers bestimmt sich auch gegenüber den Ansprüchen, die dem Erben in Ansehung der einzelnen Erbschaftsgegenstände zustehen, nach den Vorschriften über den Erbschaftsanspruch.

§. 2007. (II 1904.)

Wer die Erbschaft durch Vertrag von einem Erbschaftsbesitzer erwirbt, steht im Verhältnisse zu den Erben einem Erbschaftsbesitzer gleich.

§. 2008. (I 2089, II 1905.)

Ueberlebt eine für todt erklärte Person den Zeitpunkt, der als Zeitpunkt ihres Todes gilt, so kann sie die Herausgabe ihres Vermögens nach den für den Erbschaftsanspruch geltenden Vorschriften verlangen. Solange der für todt Erklärte noch lebt, wird die Verjährung seines Anspruchs nicht vor dem Ablauf eines Jahres nach dem Zeitpunkte vollendet, in welchem er von der Todeserklärung Kenntniß erlangt.

Das Gleiche gilt, wenn der Tod einer Person ohne Todeserklärung mit Unrecht angenommen worden ist.

Vierter Titel.

Mehrheit von Erben.

I. Rechtsverhältniß der Erben unter einander.

§. 2009. (I 2051 Satz 2, 2151, II 1906.)

Hinterläßt der Erblasser mehrere Erben, so wird der Nachlaß gemeinschaftliches Vermögen der Erben.

Bis zur Auseinandersetzung gelten die Vorschriften der §§. 2010 bis 2018.

§. 2010. (II 1907.)

Jeder Miterbe kann über seinen Antheil an dem Nachlasse verfügen. Der Vertrag, durch den ein Miterbe über seinen Antheil verfügt, bedarf der gerichtlichen oder notariellen Beurkundung.

Ueber seinen Antheil an den einzelnen Nachlaßgegenständen kann ein Miterbe nicht verfügen.

§. 2011. (II 1908.)

Verkauft ein Miterbe seinen Antheil an einen Dritten, so sind die übrigen Miterben zum Vorkaufe berechtigt.

Die Frist für die Ausübung des Vorkaufsrechts beträgt zwei Monate. Das Vorkaufsrecht ist vererblich.

§. 2012. (II 1909.)

Ist der verkaufte Antheil auf den Käufer übertragen, so können die Miterben das ihnen nach §. 2011 dem Verkäufer gegenüber zustehende Vorkaufsrecht dem Käufer gegenüber ausüben. Dem Verkäufer gegenüber erlischt das Vorkaufsrecht mit der Uebertragung des Antheils.

Der Verkäufer hat die Miterben von der Uebertragung unverzüglich zu benachrichtigen.

§. 2013. (II 1910.)

Mit der Uebertragung des Antheils auf die Miterben wird der Käufer von der Haftung für die Nachlaßverbindlichkeiten frei. Seine Haftung bleibt jedoch bestehen, soweit er den Nachlaßgläubigern nach den §§. 1955 bis 1957 verantwortlich ist; die Vorschriften der §§. 1967, 1968 finden entsprechende Anwendung.

§. 2014. (II 1911.)

Ueberträgt der Käufer den Antheil auf einen Anderen, so finden die Vorschriften der §§. 2010, 2012, 2013 entsprechende Anwendung.

§. 2015. (II 1912.)

Die Verwaltung des Nachlasses steht den Erben gemeinschaftlich zu. Jeder Miterbe ist den anderen gegenüber verpflichtet, zu Maßregeln mitzuwirken, die zur ordnungsmäßigen Verwaltung erforderlich sind; die zur Erhaltung nothwendigen Maßregeln kann jeder Miterbe ohne Mitwirkung der anderen treffen.

Die Vorschriften der §§. 731, 733, 734, 736 finden Anwendung. Die Theilung der Früchte erfolgt erst bei der Auseinandersetzung. Ist die Auseinandersetzung auf längere Zeit als ein Jahr ausgeschlossen, so kann jeder Miterbe am Schlusse jedes Jahres die Theilung des Reinertrags verlangen.

§. 2016. (II 1913.)

Gehört ein Anspruch zum Nachlasse, so kann der Verpflichtete nur an alle Erben gemeinschaftlich leisten und jeder Miterbe nur die Leistung an alle Erben fordern. Jeder Miterbe kann verlangen, daß der Verpflichtete die zu leistende Sache für alle Erben hinterlegt oder, wenn sie sich nicht zur Hinterlegung eignet, an einen gerichtlich zu bestellenden Verwahrer abliefert.

§. 2017. (II 1914.)

Die Erben können über einen Nachlaßgegenstand nur gemeinschaftlich verfügen.

Gegen eine zum Nachlasse gehörende Forderung kann der Schuldner nicht eine ihm gegen einen einzelnen Miterben zustehende Forderung aufrechnen.

§. 2018. (II 1915.)

Was auf Grund eines zum Nachlasse gehörenden Rechtes oder als Ersatz für die Zerstörung, Beschädigung oder Entziehung eines Nachlaßgegenstandes oder durch ein Rechtsgeschäft erworben wird, das sich auf den Nachlaß bezieht, gehört zum Nachlasse. Auf eine durch ein solches Rechtsgeschäft erworbene Forderung findet die Vorschrift des §. 1996 Abs. 2 Anwendung.

§. 2019. (II 1916.)

Jeder Miterbe kann jederzeit die Auseinandersetzung verlangen, soweit sich nicht aus den §§. 2020 bis 2022 ein Anderes ergiebt.

Die Vorschriften des §. 737 Abs. 2, 3 und der §§. 738 bis 746 finden Anwendung.

§. 2020. (I 2154, II 1917.)

Soweit die Erbtheile wegen der zu erwartenden Geburt eines Miterben noch unbestimmt sind, ist die Auseinandersetzung bis zur Hebung der Unbestimmtheit ausgeschlossen.

Das Gleiche gilt, soweit die Erbtheile deshalb noch unbestimmt sind, weil die Entscheidung über eine Ehelichkeitserklärung, über die Bestätigung einer Annahme an Kindesstatt oder über die staatliche Genehmigung einer vom Erblasser errichteten Stiftung noch aussteht.

§. 2021. (I 2153, II 1918.)

Der Erblasser kann durch letztwillige Verfügung die Auseinandersetzung in Ansehung des Nachlasses oder einzelner Nachlaßgegenstände ausschließen oder von der Einhaltung einer Kündigungsfrist abhängig machen. Die Vorschriften des §. 737 Abs. 2, 3, der §§. 738, 739 und des §. 995 Abs. 1 finden entsprechende Anwendung.

Die Verfügung wird unwirksam, wenn dreißig Jahre seit dem Eintritte des Erbfalls verstrichen sind. Der Erblasser kann jedoch anordnen, daß die Verfügung bis zum Eintritt eines bestimmten Ereignisses in der Person eines Miterben oder, falls er eine Nacherbfolge oder ein Vermächtniß anordnet, bis zum Eintritte der Nacherbfolge oder bis zum Anfalle des Vermächtnisses gelten soll. Ist der Miterbe, in dessen Person das Ereigniß eintreten soll, eine juristische Person, so bewendet es bei der dreißigjährigen Frist.

§. 2022. (II 1919.)

Jeder Miterbe kann verlangen, daß die Auseinandersetzung bis zur Beendigung des nach §. 1947 zulässigen Aufgebotsverfahrens oder bis zum Ablaufe der im §. 2038 bestimmten Anmeldungsfrist aufgeschoben wird. Ist das Aufgebot noch nicht beantragt oder die öffentliche Aufforderung nach §. 2038 noch nicht erlassen, so kann der Aufschub nur verlangt werden, wenn unverzüglich der Antrag gestellt oder die Aufforderung erlassen wird.

§. 2023. (II 1920.)

Aus dem Nachlasse sind zunächst die Nachlaßverbindlichkeiten zu berichtigen. Ist eine Nachlaßverbindlichkeit noch nicht fällig oder ist sie streitig, so ist das zur Berichtigung Erforderliche zurückzubehalten.

Fällt eine Nachlaßverbindlichkeit nur einigen Miterben zur Last, so können diese die Berichtigung nur aus dem verlangen, was ihnen bei der Auseinandersetzung zukommt.

Zur Berichtigung ist der Nachlaß, soweit erforderlich, in Geld umzusetzen.

§. 2024. (I 2155, II 1921.)

Der nach der Berichtigung der Nachlaßverbindlichkeiten verbleibende Ueberschuß gebührt den Erben nach dem Verhältnisse der Erbtheile.

Schriftstücke, die sich auf die persönlichen Verhältnisse des Erblassers, auf dessen Familie oder auf den ganzen Nachlaß beziehen, bleiben gemeinschaftlich.

§. 2025. (I 2152, II 1922.)

Der Erblasser kann durch letztwillige Verfügung Anordnungen für die Auseinandersetzung treffen. Er kann insbesondere anordnen, daß die Auseinandersetzung nach dem billigen Ermessen eines Dritten erfolgen soll. Die von dem Dritten auf Grund der Anordnung getroffene Bestimmung ist für die Erben nicht verbindlich, wenn sie offenbar unbillig ist; die Bestimmung erfolgt in diesem Falle durch Urtheil.

§. 2026.

Hat der Erblasser angeordnet, daß einer der Miterben das Recht haben soll, ein zum Nachlasse gehörendes Landgut zu übernehmen, so ist im Zweifel anzunehmen, daß das Landgut zu dem Ertragswerth angesetzt werden soll.

Der Ertragswerth bestimmt sich nach dem Reinertrage, den das Landgut nach seiner bisherigen wirthschaftlichen Bestimmung bei ordnungsmäßiger Bewirthschaftung nachhaltig gewähren kann.

§. 2027. (I 2157 bis 2159, 2164 Abs. 3, II 1923.)

Abkömmlinge, die als gesetzliche Erben zur Erbfolge gelangen, sind verpflichtet, dasjenige, was sie von dem Erblasser bei dessen Lebzeiten als Ausstattung erhalten haben, bei der Auseinandersetzung unter einander zur Ausgleichung zu bringen, soweit nicht der Erblasser bei der Zuwendung ein Anderes angeordnet hat.

Zuschüsse, die zu dem Zwecke gegeben worden sind, als Einkünfte verwendet zu werden, sowie Aufwendungen für die Vorbildung zu einem Berufe sind insoweit zur Ausgleichung zu bringen, als sie das den Vermögensverhältnissen des Erblassers entsprechende Maß überstiegen haben.

Andere Zuwendungen unter Lebenden sind zur Ausgleichung zu bringen, wenn der Erblasser bei der Zuwendung die Ausgleichung angeordnet hat.

§. 2028. (I 2160, II 1924.)

Fällt ein Abkömmling, der als Erbe zur Ausgleichung verpflichtet sein würde, vor oder nach dem Erbfalle weg, so ist wegen der ihm gemachten Zuwendungen der an seine Stelle tretende Abkömmling zur Ausgleichung verpflichtet.

Hat der Erblasser für den wegfallenden Abkömmling einen Ersatzerben eingesetzt, so ist im Zweifel anzunehmen, daß dieser nicht mehr erhalten soll, als der Abkömmling unter Berücksichtigung der Ausgleichungspflicht erhalten würde.

§. 2029. (II 1925.)

Hat der Erblasser die Abkömmlinge auf dasjenige als Erben eingesetzt, was sie als gesetzliche Erben erhalten würden, oder hat er ihre Erbtheile so bestimmt, daß sie zu einander in demselben Verhältnisse stehen wie die gesetzlichen Erbtheile, so ist im Zweifel anzunehmen, daß die Abkömmlinge nach den §§. 2027, 2028 zur Ausgleichung verpflichtet sein sollen.

§. 2030. (I 2161, II 1926.)

Eine Zuwendung, die ein entfernterer Abkömmling vor dem Wegfalle des ihn von der Erbfolge ausschließenden näheren Abkömmlinges oder ein an die Stelle eines Abkömmlinges als Ersatzerbe tretender Abkömmling von dem Erblasser erhalten hat, ist nicht zur Ausgleichung zu bringen, es sei denn, daß der Erblasser bei der Zuwendung die Ausgleichung angeordnet hat.

Das Gleiche gilt, wenn ein Abkömmling, bevor er die rechtliche Stellung eines solchen erlangt hatte, eine Zuwendung von dem Erblasser erhalten hat.

§. 2031. (I 2162, II 1927.)

Eine Zuwendung, die aus dem Gesammtgute der allgemeinen Gütergemeinschaft, der Errungenschaftsgemeinschaft oder der Fahrnißgemeinschaft erfolgt, gilt als von jedem der Ehegatten zur Hälfte gemacht. Die Zuwendung gilt jedoch, wenn sie an einen Abkömmling erfolgt, der nur von einem der Ehegatten abstammt, oder wenn einer der Ehegatten wegen der Zuwendung zu dem Gesammtgut Ersatz zu leisten hat, als von diesem Ehegatten gemacht.

Diese Vorschriften finden auf eine Zuwendung aus dem Gesammtgute der fortgesetzten Gütergemeinschaft entsprechende Anwendung.

§. 2032. (I 2163, II 1928.)

Bei der Auseinandersetzung wird jedem Miterben der Werth der Zuwendung, die er zur Ausgleichung zu bringen hat, auf seinen Erbtheil angerechnet. Der Werth der sämmtlichen Zuwendungen, die zur Ausgleichung zu bringen sind, wird dem Bestande des Nachlasses hinzugerechnet.

Der Werth bestimmt sich nach der Zeit, zu der die Zuwendung erfolgt ist.

§. 2033. (I 2164 Abs. 1, 2, II 1929.)

Hat ein Miterbe durch die Zuwendung mehr erhalten, als ihm bei der Auseinandersetzung zukommen würde, so ist er zur Herauszahlung des Mehrbetrags nicht verpflichtet. Der Nachlaß wird in einem solchen Falle unter die übrigen Erben in der Weise getheilt, daß der Werth der Zuwendung und der Erbtheil des Miterben außer Ansatz bleiben.

§. 2034. (II 1930.)

Jeder Miterbe ist verpflichtet, den übrigen Erben auf Verlangen Auskunft über die Zuwendungen zu ertheilen, die er nach den §§. 2027 bis 2030 zur Ausgleichung zu bringen hat. Die Vorschriften der §§. 254, 255 über die Verpflichtung zur Leistung des Offenbarungseids finden entsprechende Anwendung.

II. Rechtsverhältniß zwischen den Erben und den Nachlaßgläubigern.

§. 2035. (I 2051 Satz 2, II 1932.)

Die Erben haften für die gemeinschaftlichen Nachlaßverbindlichkeiten als Gesammtschuldner.

§. 2036. (II 1933.)

Bis zur Theilung des Nachlasses kann jeder Miterbe die Berichtigung der Nachlaßverbindlichkeiten aus dem Vermögen, das er außer seinem Antheil an dem Nachlasse hat, verweigern. Haftet er für eine Nachlaßverbindlichkeit unbeschränkt, so steht ihm dieses Recht in Ansehung des seinem Erbtheil entsprechenden Theiles der Verbindlichkeit nicht zu.

Das Recht der Nachlaßgläubiger, die Befriedigung aus dem ungetheilten Nachlasse von sämmtlichen Miterben zu verlangen, bleibt unberührt.

§. 2037. (II 1934.)

Nach der Theilung des Nachlasses haftet jeder Miterbe nur für den seinem Erbtheil entsprechenden Theil einer Nachlaßverbindlichkeit:

1. wenn der Gläubiger im Aufgebotsverfahren ausgeschlossen ist; das Aufgebot erstreckt sich insoweit auch auf die im §. 1949 bezeichneten Gläubiger sowie auf die Gläubiger, denen der Miterbe unbeschränkt haftet;
2. wenn in einem Falle, in welchem das Aufgebotsverfahren nicht stattgefunden hat, der Gläubiger seine Forderung später als fünf Jahre nach dem Erbfalle geltend macht, es sei denn, daß die Forderung dem Miterben vor dem Ablaufe der fünf Jahre bekannt geworden ist; die Vorschrift findet keine Anwendung, soweit der Gläubiger nach §. 1948 von dem Aufgebote nicht betroffen wird;
3. wenn der Nachlaßkonkurs eröffnet und durch Vertheilung der Masse oder durch Zwangsvergleich beendigt worden ist.

§. 2038. (II 1935.)

Jeder Miterbe kann die Nachlaßgläubiger öffentlich auffordern, ihre Forderungen binnen sechs Monaten bei ihm oder bei dem Nachlaßgericht anzumelden. Ist die Aufforderung erfolgt, so haftet nach der Theilung jeder Miterbe nur für den seinem Erbtheil entsprechenden Theil einer Forderung, soweit nicht vor dem Ablaufe der Frist die Anmeldung erfolgt oder die Forderung ihm zur Zeit der Theilung bekannt ist.

Die Aufforderung ist durch den Deutschen Reichsanzeiger und durch das für die Bekanntmachungen des Nachlaßgerichts bestimmte Blatt zu veröffentlichen. Die Frist beginnt mit der letzten Einrückung. Die Kosten fallen dem Erben zur Last, der die Aufforderung erläßt.

§. 2039.

Die Anordnung einer Nachlaßverwaltung kann von den Erben nur gemeinschaftlich beantragt werden; sie ist ausgeschlossen, wenn der Nachlaß getheilt ist.

§. 2040. (I 2146, II 1936.)

Die Errichtung des Inventars durch einen Miterben kommt auch den übrigen Erben zu Statten, soweit nicht ihre Haftung für die Nachlaßverbindlichkeiten unbeschränkt ist.

Ein Miterbe kann sich den übrigen Erben gegenüber auf die Beschränkung seiner Haftung auch dann berufen, wenn er den anderen Nachlaßgläubigern gegenüber unbeschränkt haftet.

Dritter Abschnitt.

Testament.

Erster Titel.

Allgemeine Vorschriften.

§. 2041. (I 1911, II 1937.)

Der Erblasser kann ein Testament nur persönlich errichten.

§. 2042. (I 1765, 1770 Satz 1, 1777 Satz 1, II 1938.)

Der Erblasser kann eine letztwillige Verfügung nicht in der Weise treffen, daß ein Anderer zu bestimmen hat, ob sie gelten oder nicht gelten soll.

Der Erblasser kann die Bestimmung der Person, die eine Zuwendung erhalten soll, sowie die Bestimmung des Gegenstandes der Zuwendung nicht einem Anderen überlassen.

§. 2043. (II 1939.)

Hat der Erblasser seine gesetzlichen Erben ohne nähere Bestimmung bedacht, so sind diejenigen, welche zur Zeit des Erbfalls seine gesetzlichen Erben sein würden, nach dem Verhältniß ihrer gesetzlichen Erbtheile bedacht. Ist die Zuwendung unter einer aufschiebenden Bedingung oder unter Bestimmung eines Anfangstermins gemacht und tritt die Bedingung oder der Termin erst nach dem Erbfall ein, so sind im Zweifel diejenigen als bedacht anzusehen, welche die gesetzlichen Erben sein würden,. wenn der Erblasser zur Zeit des Eintritts der Bedingung oder des Termins gestorben wäre.

§. 2044. (I 1771, II 1940.)

Hat der Erblasser seine Verwandten oder seine nächsten Verwandten ohne nähere Bestimmung bedacht, so sind im Zweifel diejenigen Verwandten, welche zur Zeit des Erbfalls seine gesetzlichen Erben sein würden, als nach dem Verhältniß ihrer gesetzlichen Erbtheile bedacht anzusehen. Die Vorschrift des §. 2043 Satz 2 findet Anwendung.

§. 2045. (I 1772, II 1941.)

Hat der Erblasser seine Kinder ohne nähere Bestimmung bedacht und ist ein Kind vor der Errichtung des Testaments mit Hinterlassung von Abkömmlingen gestorben, so ist im Zweifel anzunehmen, daß die Abkömmlinge insoweit bedacht sind, als sie bei der gesetzlichen Erbfolge an die Stelle des Kindes treten würden.

§. 2046. (I 1773, II 1942.)

Hat der Erblasser einen seiner Abkömmlinge bedacht und fällt dieser nach der Errichtung des Testaments weg, so ist im Zweifel anzunehmen, daß dessen Abkömmlinge insoweit bedacht sind, als sie bei der gesetzlichen Erbfolge an dessen Stelle treten würden.

§. 2047. (I 1774, II 1943.)

Hat der Erblasser die Abkömmlinge eines Dritten ohne nähere Bestimmung bedacht, so ist im Zweifel anzunehmen, daß diejenigen Abkömmlinge nicht bedacht sind, welche zur Zeit des Erbfalls oder, wenn die Zuwendung unter einer aufschiebenden Bedingung oder unter Bestimmung eines Anfangstermins gemacht ist und die Bedingung oder der Termin erst nach dem Erbfall eintritt, zur Zeit des Eintritts der Bedingung oder des Termins noch nicht erzeugt sind.

§. 2048. (I 1775, II 1944.)

Hat der Erblasser ohne nähere Bestimmung eine Klasse von Personen oder Personen bedacht, die zu ihm in einem Dienst- oder Geschäftsverhältnisse stehen, so ist im Zweifel anzunehmen, daß diejenigen bedacht sind, welche zur Zeit des Erbfalls der bezeichneten Klasse angehören oder in dem bezeichneten Verhältnisse stehen.

§. 2049. (I 1776, II 1945.)

Hat der Erblasser die Armen ohne nähere Bestimmung bedacht, so ist im Zweifel anzunehmen, daß die öffentliche Armenkasse der Gemeinde, in deren Bezirk er seinen letzten Wohnsitz gehabt hat, unter der Auflage bedacht ist, das Zugewendete unter Arme zu vertheilen.

§. 2050. (I 1768, II 1946.)

Hat der Erblasser den Bedachten in einer Weise bezeichnet, die auf mehrere Personen paßt, und läßt sich nicht ermitteln, wer von ihnen bedacht werden sollte, so gelten sie als zu gleichen Theilen bedacht.

§. 2051. (I 1761, II 1947.)

Hat der Erblasser eine letztwillige Zuwendung unter einer aufschiebenden Bedingung gemacht, so ist im Zweifel anzunehmen, daß die Zuwendung nur gelten soll, wenn der Bedachte den Eintritt der Bedingung erlebt.

§. 2052. (I 1764, II 1948.)

Hat der Erblasser eine letztwillige Zuwendung unter der Bedingung gemacht, daß der Bedachte während eines Zeitraums von unbestimmter Dauer etwas unterläßt oder fortgesetzt thut, so ist, wenn das Unterlassen oder das Thun lediglich in der Willkür des Bedachten liegt, im Zweifel anzunehmen, daß die Zuwendung von der auflösenden Bedingung abhängig sein soll, daß der Bedachte die Handlung vornimmt oder das Thun unterläßt.

§. 2053. (I 1763, II 1949.)

Bezweckt die Bedingung, unter der eine letztwillige Zuwendung gemacht ist, den Vortheil eines Dritten, so gilt sie im Zweifel als eingetreten, wenn der Dritte die zum Eintritte der Bedingung erforderliche Mitwirkung verweigert.

§. 2054. (I 1783, II 1950.)

Eine letztwillige Verfügung, durch die der Erblasser seinen Ehegatten bedacht hat, ist unwirksam, wenn die Ehe nichtig oder wenn sie vor dem Tode des Erblassers aufgelöst worden ist. Der Auflösung der Ehe steht es gleich, wenn der Erblasser zur Zeit seines Todes Scheidung wegen Verschuldens des Ehegatten zu verlangen berechtigt war und die Scheidungsklage erhoben hatte.

Eine letztwillige Verfügung, durch die der Erblasser seinen Verlobten bedacht hat, ist unwirksam, wenn das Verlöbniß vor dem Tode des Erblassers aufgelöst worden ist.

Die Verfügung ist nicht unwirksam, wenn anzunehmen ist, daß der Erblasser sie auch für einen solchen Fall getroffen haben würde.

§. 2055. (I 1779 bis 1781, II 1951.)

Eine letztwillige Verfügung kann angefochten werden, soweit der Erblasser über den Inhalt seiner Erklärung im Irrthume war oder eine Erklärung dieses Inhalts überhaupt nicht abgeben wollte und anzunehmen ist, daß er die Erklärung bei Kenntniß der Sachlage nicht abgegeben haben würde.

Das Gleiche gilt, soweit der Erblasser zu der Verfügung durch die irrige Annahme oder Erwartung des Eintritts oder Nichteintritts eines Umstandes oder widerrechtlich durch Drohung bestimmt worden ist.

Die Vorschriften des §. 118 finden keine Anwendung.

§. 2056. (I 1782, II 1952.)

Eine letztwillige Verfügung kann angefochten werden, wenn der Erblasser einen zur Zeit des Erbfalls vorhandenen Pflichttheilsberechtigten übergangen hat, dessen Vorhandensein ihm bei der Errichtung der Verfügung nicht bekannt war oder der erst nach der Errichtung geboren oder pflichttheilsberechtigt geworden ist. Die Anfechtung ist ausgeschlossen, soweit anzunehmen ist, daß der Erblasser auch bei Kenntniß der Sachlage die Verfügung getroffen haben würde.

§. 2057. (I 1784, II 1953.)

Zur Anfechtung ist derjenige berechtigt, welchem die Aufhebung der letztwilligen Verfügung unmittelbar zu Statten kommen würde.

Bezieht sich in den Fällen des §. 2055 der Irrthum nur auf eine bestimmte Person und ist diese anfechtungsberechtigt oder würde sie anfechtungsberechtigt sein, wenn sie zur Zeit des Erbfalls gelebt hätte, so ist ein Anderer zur Anfechtung nicht berechtigt.

Im Falle des §. 2056 steht das Anfechtungsrecht nur dem Pflichttheilsberechtigten zu.

§. 2058. (II 1954.)

Die Anfechtung einer letztwilligen Verfügung, durch die ein Erbe eingesetzt, ein gesetzlicher Erbe von der Erbfolge ausgeschlossen, ein Testamentsvollstrecker ernannt oder eine Verfügung solcher Art aufgehoben wird, erfolgt durch Erklärung gegenüber dem Nachlaßgerichte.

Das Nachlaßgericht soll die Anfechtungserklärung demjenigen mittheilen, welchem die angefochtene Verfügung unmittelbar zu Statten kommt. Es hat die Einsicht der Erklärung Jedem zu gestatten, der ein rechtliches Interesse glaubhaft macht.

Die Vorschrift des Abs. 1 gilt auch für die Anfechtung einer letztwilligen Verfügung, durch die ein Recht für einen Anderen nicht begründet wird, insbesondere für die Anfechtung einer Auflage.

§. 2059. (I 1785, II 1955.)

Die Anfechtung kann nur binnen Jahresfrist erfolgen.

Die Frist beginnt mit dem Zeitpunkt, in welchem der Anfechtungsberechtigte von dem Anfechtungsgrunde Kenntniß erlangt. Auf den Lauf der Frist finden die für die Verjährung geltenden Vorschriften der §§. 198, 201, 202 entsprechende Anwendung.

Die Anfechtung ist ausgeschlossen, wenn seit dem Erbfalle dreißig Jahre verstrichen sind.

§. 2060. (II 1956.)

Ist eine letztwillige Verfügung, durch die eine Verpflichtung zu einer Leistung begründet wird, anfechtbar, so kann der Beschwerte die Leistung verweigern, auch wenn die Anfechtung nach §. 2059 ausgeschlossen ist.

§. 2061. (I 1778, II 1957.)

Läßt der Inhalt einer letztwilligen Verfügung verschiedene Auslegungen zu, so ist im Zweifel diejenige Auslegung vorzuziehen, bei welcher die Verfügung Erfolg haben kann.

§. 2062. (I 1787, II 1958.)

Die Unwirksamkeit einer von mehreren in einem Testament enthaltenen Verfügungen hat die Unwirksamkeit der übrigen Verfügungen nur zur Folge, wenn anzunehmen ist, daß der Erblasser diese ohne die unwirksame Verfügung nicht getroffen haben würde.

§. 2063. (I 1767, II 1959.)

Ist einer letztwilligen Verfügung der Vorbehalt einer Ergänzung beigefügt, die Ergänzung aber unterblieben, so ist die Verfügung wirksam, sofern nicht anzunehmen ist, daß die Wirksamkeit von der Ergänzung abhängig sein sollte.

Zweiter Titel.

Erbeinsetzung.

§. 2064. (I 1788, II 1960.)

Hat der Erblasser sein Vermögen oder einen Bruchtheil seines Vermögens dem Bedachten zugewendet, so ist die Verfügung als Erbeinsetzung anzusehen, auch wenn der Bedachte nicht als Erbe bezeichnet ist.

Sind dem Bedachten nur einzelne Gegenstände zugewendet, so ist im Zweifel nicht anzunehmen, daß er Erbe sein soll, auch wenn er als Erbe bezeichnet ist.

§. 2065. (I 1790, II 1961.)

Hat der Erblasser nur einen Erben eingesetzt und die Einsetzung auf einen Bruchtheil der Erbschaft beschränkt, so tritt in Ansehung des übrigen Theiles die gesetzliche Erbfolge ein.

Das Gleiche gilt, wenn der Erblasser mehrere Erben unter Beschränkung eines jeden auf einen Bruchtheil eingesetzt hat und die Bruchtheile das Ganze nicht erschöpfen.

§. 2066. (I 1794, II 1964.)

Sollen die eingesetzten Erben nach dem Willen des Erblassers die alleinigen Erben sein, so tritt, wenn jeder von ihnen auf einen Bruchtheil der Erbschaft eingesetzt ist und die Bruchtheile das Ganze nicht erschöpfen, eine verhältnißmäßige Erhöhung der Bruchtheile ein.

§. 2067. (I 1793, II 1963.)

Ist jeder der eingesetzten Erben auf einen Bruchtheil der Erbschaft eingesetzt und übersteigen die Bruchtheile das Ganze, so tritt eine verhältnißmäßige Minderung der Bruchtheile ein.

§. 2068. (I 1792, II 1962.)

Sind mehrere Erben eingesetzt, ohne daß die Erbtheile bestimmt sind, so sind sie zu gleichen Theilen eingesetzt, soweit sich nicht aus den §§. 2043 bis 2046 ein Anderes ergiebt.

§. 2069. (I 1795, II 1965.)

Sind von mehreren Erben die einen auf Bruchtheile, die anderen ohne Bruchtheile eingesetzt, so erhalten die letzteren den freigebliebenen Theil der Erbschaft.

Erschöpfen die bestimmten Bruchtheile die Erbschaft, so tritt eine verhältnißmäßige Minderung der Bruchtheile in der Weise ein, daß jeder der ohne Bruchtheile eingesetzten Erben so viel erhält wie der mit dem geringsten Bruchtheile bedachte Erbe.

§. 2070. (I 1796, II 1966.)

Sind einige von mehreren Erben auf einen und denselben Bruchtheil der Erbschaft eingesetzt (gemeinschaftlicher Erbtheil), so finden in Ansehung des gemeinschaftlichen Erbtheils die Vorschriften der §§. 2066 bis 2069 entsprechende Anwendung.

§. 2071. (I 1797, 1798 Satz 1, II 1967.)

Sind mehrere Erben in der Weise eingesetzt, daß sie die gesetzliche Erbfolge ausschließen, und fällt einer der Erben vor oder nach dem Eintritte des Erbfalls weg, so wächst dessen Erbtheil den übrigen Erben nach dem Verhältniß ihrer Erbtheile an. Sind einige der Erben auf einen gemeinschaftlichen Erbtheil eingesetzt, so tritt die Anwachsung zunächst unter ihnen ein.

Ist durch die Erbeinsetzung nur über einen Theil der Erbschaft verfügt und findet in Ansehung des übrigen Theiles die gesetzliche Erbfolge statt, so tritt die Anwachsung unter den eingesetzten Erben nur ein, soweit sie auf einen gemeinschaftlichen Erbtheil eingesetzt sind.

Der Erblasser kann die Anwachsung ausschließen.

§. 2072. (I 1799, II 1968.)

Der durch Anwachsung einem Erben anfallende Erbtheil gilt in Ansehung der Vermächtnisse und Auflagen, mit denen dieser Erbe oder der wegfallende Erbe beschwert ist, sowie in Ansehung der Ausgleichungspflicht als besonderer Erbtheil.

§. 2073. (I 1800 Abs. 1, II 1969.)

Der Erblasser kann für den Fall, daß ein Erbe vor oder nach dem Eintritte des Erbfalls wegfällt, einen Anderen als Erben einsetzen (Ersatzerbe).

§. 2074. (I 1801, II 1970.)

Ist Jemand für den Fall, daß der zunächst berufene Erbe nicht Erbe sein kann, oder für den Fall, daß er nicht Erbe sein will, als Ersatzerbe eingesetzt, so ist im Zweifel anzunehmen, daß er für beide Fälle eingesetzt ist.

§. 2075. (I 1803, II 1971.)

Sind die Erben gegenseitig oder sind für einen von ihnen die übrigen als Ersatzerben eingesetzt, so ist im Zweifel anzunehmen, daß sie nach dem Verhältniß ihrer Erbtheile als Ersatzerben eingesetzt sind.

Sind die Erben gegenseitig als Ersatzerben eingesetzt, so gehen Erben, die auf einen gemeinschaftlichen Erbtheil eingesetzt sind, im Zweifel als Ersatzerben für diesen Erbtheil den anderen vor.

§. 2076. (I 1798 Satz 2, II 1972.)

Das Recht des Ersatzerben geht dem Anwachsungsrechte vor.

Dritter Titel.

Einsetzung eines Nacherben.

§. 2077. (I 1804 Satz 1, II 1973.)

Der Erblasser kann einen Erben in der Weise einsetzen, daß dieser erst Erbe wird, nachdem zunächst ein Anderer Erbe geworden ist (Nacherbe).

§. 2078. (I 1758 Abs. 2, II 1974.)

Ist eine zur Zeit des Erbfalls noch nicht erzeugte Person als Erbe eingesetzt, so ist im Zweifel anzunehmen, daß sie als Nacherbe eingesetzt ist. Entspricht diese Annahme nicht dem Willen des Erblassers, so ist die Einsetzung unwirksam.

Das Gleiche gilt von der Einsetzung einer juristischen Person, die erst nach dem Erbfalle zur Entstehung gelangt; die Vorschrift des §. 81 bleibt unberührt.

§. 2079. (I 1802, II 1975.)

Die Einsetzung als Nacherbe enthält im Zweifel auch die Einsetzung als Ersatzerbe.

Ist zweifelhaft, ob Jemand als Ersatzerbe oder als Nacherbe eingesetzt ist, so gilt er als Ersatzerbe.

§. 2080. (I 1805, II 1976.)

Hat der Erblasser angeordnet, daß der Erbe mit dem Eintritt eines bestimmten Zeitpunkts oder Ereignisses die Erbschaft einem Anderen herausgeben soll, so ist anzunehmen, daß der Andere als Nacherbe eingesetzt ist.

§. 2081. (I 1807, II 1977.)

Hat der Erblasser angeordnet, daß der Erbe nur bis zu dem Eintritt eines bestimmten Zeitpunkts oder Ereignisses Erbe sein soll, ohne zu bestimmen, wer alsdann die Erbschaft erhalten soll, so ist anzunehmen, daß als Nacherben diejenigen eingesetzt sind, welche die gesetzlichen Erben des Erblassers sein würden, wenn er zur Zeit des Eintritts des Zeitpunkts oder des Ereignisses gestorben wäre. Der Fiskus gehört nicht zu den gesetzlichen Erben im Sinne dieser Vorschrift.

§. 2082. (I 1808, II 1978.)

Hat der Erblasser angeordnet, daß der eingesetzte Erbe die Erbschaft erst mit dem Eintritt eines bestimmten Zeitpunkts oder Ereignisses erhalten soll, ohne zu bestimmen, wer bis dahin Erbe sein soll, so sind die gesetzlichen Erben des Erblassers die Vorerben.

Das Gleiche gilt, wenn die Persönlichkeit des Erben durch ein erst nach dem Erbfall eintretendes Ereigniß bestimmt werden soll oder wenn die Einsetzung einer zur Zeit des Erbfalls noch nicht erzeugten Person oder einer zu dieser Zeit noch nicht entstandenen juristischen Person als Erbe nach §. 2078 als Nacherbeinsetzung anzusehen ist.

§. 2083. (I 1809, II 1979.)

Hat der Erblasser einen Nacherben eingesetzt, ohne den Zeitpunkt oder das Ereigniß zu bestimmen, mit dem die Nacherbfolge eintreten soll, so fällt die Erbschaft dem Nacherben mit dem Tode des Vorerben an.

Ist die Einsetzung einer noch nicht erzeugten Person als Erbe nach §. 2078 Abs. 1 als Nacherbeinsetzung anzusehen, so fällt die Erbschaft dem Nacherben mit dessen Geburt an. Im Falle des §. 2078 Abs. 2 tritt der Anfall mit der Entstehung der juristischen Person ein.

§. 2084. (I 1811, II 1980.)

Hat der Erblasser einem Abkömmlinge, der zur Zeit der Errichtung der letztwilligen Verfügung keinen Abkömmling hat oder von dem der Erblasser zu dieser Zeit nicht weiß, daß er einen Abkömmling hat, für die Zeit nach dessen Tode einen Nacherben bestimmt, so ist anzunehmen, daß der Nacherbe nur für den Fall eingesetzt ist, daß der Abkömmling ohne Nachkommenschaft stirbt.

§. 2085. (I 1810, 2026 Abs. 2, II 1981.)

Die Vorschriften des §. 1901 finden auf die Nacherbfolge entsprechende Anwendung.

Erlebt der eingesetzte Nacherbe den Erbfall, nicht aber den Fall der Nacherbfolge, so geht sein Recht auf seine Erben über, sofern nicht ein anderer Wille des Erblassers anzunehmen ist. Ist der Nacherbe unter einer aufschiebenden Bedingung eingesetzt, so bewendet es bei der Vorschrift des §. 2051.

§. 2086. (I 1813, II 1982.)

Die Einsetzung eines Nacherben wird mit dem Ablaufe von dreißig Jahren nach dem Erbfall unwirksam, wenn nicht vorher der Fall der Nacherbfolge eingetreten ist. Sie bleibt auch nach dieser Zeit wirksam:

1. wenn die Nacherbfolge für den Fall angeordnet ist, daß in der Person des Vorerben oder des Nacherben ein bestimmtes Ereigniß eintritt, und derjenige, in dessen Person das Ereigniß eintreten soll, zur Zeit des Erbfalls lebt;
2. wenn dem Vorerben oder einem Nacherben für den Fall, daß ihm ein Bruder oder eine Schwester geboren wird, der Bruder oder die Schwester als Nacherbe bestimmt ist.

Ist der Vorerbe oder der Nacherbe, in dessen Person das Ereigniß eintreten soll, eine juristische Person, so bewendet es bei der dreißigjährigen Frist.

§. 2087. (I 1814, II 1983.)

Das Recht des Nacherben erstreckt sich im Zweifel auf einen Erbtheil, der dem Vorerben in Folge des Wegfalls eines Miterben anfällt.

Das Recht des Nacherben erstreckt sich im Zweifel nicht auf ein dem Vorerben zugewendetes Vorausvermächtniß.

§. 2088. (I 1825, II 1984.)

Zur Erbschaft gehört, was der Vorerbe auf Grund eines zur Erbschaft gehörenden Rechtes oder als Ersatz für die Zerstörung, Beschädigung oder Entziehung eines Erbschaftsgegenstandes oder durch Rechtsgeschäft mit Mitteln der Erbschaft erwirbt, sofern nicht der Erwerb ihm als Nutzung gebührt. Die Zugehörigkeit einer durch Rechtsgeschäft erworbenen Forderung zur Erbschaft hat der Schuldner erst dann gegen sich gelten zu lassen, wenn er von der Zugehörigkeit Kenntniß erlangt; die Vorschriften der §§. 400 bis 402 finden entsprechende Anwendung.

Zur Erbschaft gehört auch, was der Vorerbe dem Inventar eines erbschaftlichen Grundstücks einverleibt.

§. 2089. (I 1815, 1828 Abs. 1, 2, II 1985.)

Der Vorerbe kann über die zur Erbschaft gehörenden Gegenstände verfügen, soweit sich nicht aus den Vorschriften der §§. 2090 bis 2092 ein Anderes ergiebt.

§. 2090. (I 1828, II 1986.)

Die Verfügung des Vorerben über ein zur Erbschaft gehörendes Grundstück oder über ein zur Erbschaft gehörendes Recht an einem Grundstück ist im Falle des Eintritts der Nacherbfolge insoweit unwirksam, als sie das Recht des Nacherben vereiteln oder beeinträchtigen würde.

Das Gleiche gilt von der Verfügung über einen Erbschaftsgegenstand, die unentgeltlich oder zum Zwecke der Erfüllung eines von dem Vorerben ertheilten Schenkungsversprechens erfolgt. Ausgenommen sind Schenkungen, durch die einer sittlichen Pflicht oder einer auf den Anstand zu nehmenden Rücksicht entsprochen wird.

Die Vorschriften zu Gunsten derjenigen, welche Rechte von einem Nichtberechtigten herleiten, finden entsprechende Anwendung.

§. 2091. (I 1818 bis 1821, 1828, II 1987.)

Gehört zur Erbschaft eine Hypothekenforderung, eine Grundschuld oder eine Rentenschuld, so steht die Kündigung und die Einziehung dem Vorerben zu. Der Vorerbe kann jedoch nur verlangen, daß das Kapital an ihn nach Beibringung der Einwilligung des Nacherben gezahlt oder daß es für ihn und den Nacherben hinterlegt wird. Auf andere Verfügungen über die Hypothekenforderung, die Grundschuld oder die Rentenschuld finden die Vorschriften des §. 2090 Anwendung.

§. 2092. (I 1829, II 1988.)

Eine Verfügung über einen Erbschaftsgegenstand, die im Wege der Zwangsvollstreckung oder der Arrestvollziehung oder durch den Konkursverwalter erfolgt, ist im Falle des Eintritts der Nacherbfolge insoweit unwirksam, als sie das Recht des Nacherben vereiteln oder beeinträchtigen würde. Die Verfügung ist unbeschränkt wirksam, wenn der Anspruch eines Nachlaßgläubigers oder ein an einem Erbschaftsgegenstande bestehendes Recht geltend gemacht wird, das im Falle des Eintritts der Nacherbfolge dem Nacherben gegenüber wirksam ist.

§. 2093. (I 1822, II 1989.)

Der Vorerbe hat auf Verlangen des Nacherben die zur Erbschaft gehörenden Inhaberpapiere nebst den Erneuerungsscheinen bei einer Hinterlegungsstelle oder bei der Reichsbank mit der Bestimmung zu hinterlegen, daß die Herausgabe nur mit Zustimmung des Nacherben verlangt werden kann. Die Hinterlegung von Inhaberpapieren, die zu den verbrauchbaren Sachen gehören, sowie von Zins-,

Renten- oder Gewinnantheilscheinen kann nicht verlangt werden. Den Inhaberpapieren stehen Orderpapiere gleich, die mit Blankoindossament versehen sind.

Ueber die hinterlegten Papiere kann der Vorerbe nur mit Zustimmung des Nacherben verfügen.

§. 2094. (I 1822 Abs. 1, II 1990.)

Der Vorerbe kann die Inhaberpapiere, statt sie nach §. 2093 zu hinterlegen, auf seinen Namen mit der Bestimmung umschreiben lassen, daß er über sie nur mit Zustimmung des Nacherben verfügen kann. Sind die Papiere von dem Reiche oder einem Bundesstaate ausgestellt, so kann er sie mit der gleichen Bestimmung in Buchforderungen gegen das Reich oder den Bundesstaat umwandeln lassen.

§. 2095. (II 1991.)

Gehören zur Erbschaft Buchforderungen gegen das Reich oder einen Bundesstaat, so ist der Vorerbe auf Verlangen des Nacherben verpflichtet, in das Schuldbuch den Vermerk eintragen zu lassen, daß er über die Forderungen nur mit Zustimmung des Nacherben verfügen kann.

§. 2096. (II 1992.)

Geld, das nach den Regeln einer ordnungsmäßigen Wirthschaft dauernd anzulegen ist, darf der Vorerbe nur nach den für die Anlegung von Mündelgeld geltenden Vorschriften anlegen.

§. 2097. (I 1823, 1828 Abs. 3, 1831, II 1993.)

Ist zur ordnungsmäßigen Verwaltung, insbesondere zur Berichtigung von Nachlaßverbindlichkeiten, eine Verfügung erforderlich, die der Vorerbe nicht mit Wirkung gegen den Nacherben vornehmen kann, so ist der Nacherbe dem Vorerben gegenüber verpflichtet, seine Einwilligung zu der Verfügung zu ertheilen. Die Einwilligung ist auf Verlangen in öffentlich beglaubigter Form zu erklären. Die Kosten der Beglaubigung fallen dem Vorerben zur Last.

§. 2098. (I 1815, 993, 1042, II 1994.)

Der Vorerbe hat dem Nacherben auf Verlangen ein Verzeichniß der zur Erbschaft gehörenden Gegenstände mitzutheilen. Das Verzeichniß ist mit der Angabe des Tages der Aufnahme zu versehen und von dem Vorerben zu unterzeichnen; der Vorerbe hat auf Verlangen die Unterzeichnung öffentlich beglaubigen zu lassen.

Der Nacherbe kann verlangen, daß er bei der Aufnahme des Verzeichnisses zugezogen wird.

Der Vorerbe ist berechtigt und auf Verlangen des Nacherben verpflichtet, das Verzeichniß durch die zuständige Behörde oder durch einen zuständigen Beamten oder Notar aufnehmen zu lassen.

Die Kosten der Aufnahme und der Beglaubigung fallen der Erbschaft zur Last.

§. 2099. (I 1815, 992, II 1995.)

Der Vorerbe kann den Zustand der zur Erbschaft gehörenden Sachen auf seine Kosten durch Sachverständige feststellen lassen. Das gleiche Recht steht dem Nacherben zu.

§. 2100. (II 1996.)

Gehört ein Wald zur Erbschaft, so kann sowohl der Vorerbe als der Nacherbe verlangen, daß das Maß der Nutzung und die Art der wirthschaftlichen Behandlung durch einen Wirthschaftsplan festgestellt werden. Tritt eine erhebliche Aenderung der Umstände ein, so kann jeder Theil eine entsprechende Aenderung des Wirthschaftsplans verlangen. Die Kosten fallen der Erbschaft zur Last.

Das Gleiche gilt, wenn ein Bergwerk oder eine andere auf Gewinnung von Bodenbestandtheilen gerichtete Anlage zur Erbschaft gehört.

§. 2101. (I 1815, 997 bis 999, II 1997.)

Der Vorerbe trägt dem Nacherben gegenüber die gewöhnlichen Erhaltungskosten.

Andere Aufwendungen, die der Vorerbe zum Zwecke der Erhaltung von Erbschaftsgegenständen den Umständen nach für erforderlich halten darf, kann er aus der Erbschaft bestreiten. Bestreitet er sie aus seinem Vermögen, so ist der Nacherbe im Falle des Eintritts der Nacherbfolge zum Ersatze verpflichtet.

§. 2102. (I 1815, 1010, II 1998.)

Macht der Vorerbe Verwendungen auf die Erbschaft, die nicht unter die Vorschrift des §. 2101 fallen, so ist der Nacherbe im Falle des Eintritts der Nacherbfolge nach den Vorschriften über die Geschäftsführung ohne Auftrag zum Ersatze verpflichtet. Die Verzinsung des aufgewendeten Geldes kann der Vorerbe für die Dauer der Vorerbschaft nicht verlangen.

Der Vorerbe ist berechtigt, eine Einrichtung, mit der er eine zur Erbschaft gehörende Sache versehen hat, wegzunehmen.

§. 2103. (I 1815, 1003 Nr. 1, II 1999.)

Der Vorerbe hat im Verhältnisse zu dem Nacherben nicht die außerordentlichen Lasten zu tragen, die als auf den Stammwerth der Erbschaftsgegenstände gelegt anzusehen sind. Auf diese Lasten finden die Vorschriften des §. 2101 Abs. 2 Anwendung.

§. 2104. (II 2000.)

Der Nacherbe ist berechtigt, von dem Vorerben Auskunft über den Bestand der Erbschaft zu verlangen, wenn Grund zu der Annahme besteht, daß der Vorerbe durch seine Verwaltung die Rechte des Nacherben erheblich verletzt.

§. 2105. (I 1815, 1005, 1006, II 2001.)

Wird durch das Verhalten des Vorerben oder durch seine ungünstige Vermögenslage die Besorgniß einer erheblichen Verletzung der Rechte des Nacherben begründet, so kann der Nacherbe Sicherheitsleistung verlangen.

Die für die Verpflichtung des Nießbrauchers zur Sicherheitsleistung geltenden Vorschriften des §. 1036 finden entsprechende Anwendung.

§. 2106. (II 2002.)

Wird dem Vorerben die Verwaltung nach den Vorschriften des §. 1036 entzogen, so verliert er das Recht, über Erbschaftsgegenstände zu verfügen. Die Vorschriften zu Gunsten derjenigen, welche Rechte von einem Nichtberechtigten herleiten, finden entsprechende Anwendung. Für die zur Erbschaft gehörenden Forderungen ist die Entziehung der Verwaltung dem Schuldner gegenüber erst wirksam, wenn er von der getroffenen Anordnung Kenntniß erlangt oder wenn ihm eine Mittheilung von der Anordnung zugestellt wird. Das Gleiche gilt von der Aufhebung der Entziehung.

§. 2107. (I 1815, 1007, II 2003.)

Der Vorerbe ist nach dem Eintritte der Nacherbfolge verpflichtet, dem Nacherben die Erbschaft in dem Zustande herauszugeben, der sich bei einer bis zur Herausgabe fortgesetzten ordnungsmäßigen Verwaltung ergiebt. Auf die Herausgabe eines landwirthschaftlichen Grundstücks findet die Vorschrift des §. 584, auf die Herausgabe eines Landguts finden die Vorschriften der §§. 584, 585 entsprechende Anwendung.

Der Vorerbe hat auf Verlangen Rechenschaft abzulegen.

§. 2108. (I 1815, 991, II 2004.)

Der Vorerbe hat dem Nacherben gegenüber in Ansehung der Verwaltung nur für diejenige Sorgfalt einzustehen, welche er in eigenen Angelegenheiten anzuwenden pflegt.

§. 2109. (I 1815, 1007 Abs. 1, II 2006 Abs. 2.)

Veränderungen oder Verschlechterungen von Erbschaftssachen, die durch ordnungsmäßige Benutzung herbeigeführt werden, hat der Vorerbe nicht zu vertreten.

§. 2110. (I 1815, 988 Abs. 2, II 2005.)

Zieht der Vorerbe Früchte den Regeln einer ordnungsmäßigen Wirthschaft zuwider oder zieht er Früchte deshalb im Uebermaße, weil dies in Folge eines besonderen Ereignisses nothwendig geworden ist, so gebührt ihm der Werth der Früchte nur insoweit, als durch den ordnungswidrigen oder den übermäßigen Fruchtbezug die ihm gebührenden Nutzungen beeinträchtigt werden und nicht der Werth der Früchte nach den Regeln einer ordnungsmäßigen Wirthschaft zur Wiederherstellung der Sache zu verwenden ist.

§. 2111. (I 1815, 1007 Abs. 1, II 2006 Abs. 1.)

Hat der Vorerbe einen Erbschaftsgegenstand für sich verwendet, so ist er nach dem Eintritte der Nacherbfolge dem Nacherben gegenüber zum Ersatze des Werthes verpflichtet. Eine weitergehende Haftung wegen Verschuldens bleibt unberührt.

§. 2112. (I 1815, 1008, II 2007.)

Hat der Vorerbe ein zur Erbschaft gehörendes Grundstück vermiethet oder verpachtet, so finden, wenn das Mieth- oder Pachtverhältniß bei dem Eintritte der Nacherbfolge noch besteht, die Vorschriften des §. 1040 entsprechende Anwendung.

§. 2113. (I 1824, II 2008.)

Der Erblasser kann den Vorerben von den Beschränkungen und Verpflichtungen des §. 2090 Abs. 1 und der §§. 2091, 2093 bis 2096, 2100, 2104 bis 2108, 2110, 2111 befreien.

§. 2114. (I 1839, 1841, II 2009.)

Hat der Erblasser den Nacherben auf dasjenige eingesetzt, was von der Erbschaft bei dem Eintritte der Nacherbfolge übrig sein wird, so gilt die Befreiung von allen im §. 2113 bezeichneten Beschränkungen und Verpflichtungen als angeordnet.

Das Gleiche ist im Zweifel anzunehmen, wenn der Erblasser bestimmt hat, daß der Vorerbe zur freien Verfügung über die Erbschaft berechtigt sein soll.

§. 2115. (I 1840, II 2010.)

Die Herausgabepflicht des Vorerben beschränkt sich in den Fällen des §. 2114 auf die bei ihm noch vorhandenen Erbschaftsgegenstände. Für Verwendungen auf Gegenstände, die er in Folge dieser Beschränkung nicht herauszugeben hat, kann er nicht Ersatz verlangen.

Hat der Vorerbe der Vorschrift des §. 2090 Abs. 2 zuwider unentgeltlich über einen Erbschaftsgegenstand verfügt oder hat er die Erbschaft in der Absicht, den Nacherben zu benachtheiligen, vermindert, so ist er dem Nacherben zum Schadensersatze verpflichtet.

§. 2116. (I 1804 Satz 2, II 2011.)

Mit dem Eintritte des Falles der Nacherbfolge hört der Vorerbe auf, Erbe zu sein, und fällt die Erbschaft dem Nacherben an.

§. 2117. (I 2027, II 2014.)

Ist bei dem Eintritte des Falles der Nacherbfolge die Geburt eines Nacherben zu erwarten, so finden auf den Unterhaltsanspruch der Mutter die Vorschriften des §. 1941 entsprechende Anwendung.

§. 2118. (I 1832, II 2012.)

Der Nacherbe kann die Erbschaft ausschlagen, sobald der Erbfall eingetreten ist.

Schlägt der Nacherbe die Erbschaft aus, so verbleibt sie dem Vorerben, soweit nicht der Erblasser ein Anderes bestimmt hat.

§. 2119. (I 1833, II 2013.)

Tritt die Nacherbfolge ein, so gelten die in Folge des Erbfalls durch Vereinigung von Recht und Verbindlichkeit oder von Recht und Belastung erloschenen Rechtsverhältnisse als nicht erloschen.

§. 2120. (I 1836, II 2015.)

Die Vorschriften über die Beschränkung der Haftung des Erben für die Nachlaßverbindlichkeiten gelten auch für den Nacherben; an die Stelle des Nachlasses tritt dasjenige, was der Nacherbe aus der Erbschaft erlangt, mit Einschluß der ihm gegen den Vorerben als solchen zustehenden Ansprüche.

Das von dem Vorerben errichtete Inventar kommt auch dem Nacherben zu Statten.

Der Nacherbe kann sich dem Vorerben gegenüber auf die Beschränkung seiner Haftung auch dann berufen, wenn er den übrigen Nachlaßgläubigern gegenüber unbeschränkt haftet.

§. 2121. (I 1837 Abs. 1, II 2016.)

Der Vorerbe haftet nach dem Eintritte der Nacherbfolge für die Nachlaßverbindlichkeiten noch insoweit, als der Nacherbe nicht haftet. Die Haftung bleibt auch für diejenigen Nachlaßverbindlichkeiten bestehen, welche im Verhältnisse zwischen dem Vorerben und dem Nacherben dem Vorerben zur Last fallen.

Der Vorerbe kann nach dem Eintritte der Nacherbfolge die Berichtigung der Nachlaßverbindlichkeiten, sofern nicht seine Haftung unbeschränkt ist, insoweit verweigern, als dasjenige nicht ausreicht, was ihm von der Erbschaft gebührt. Die Vorschriften der §§. 1967, 1968 finden entsprechende Anwendung.

§. 2122. (II 2017.)

Der Vorerbe ist den Nachlaßgläubigern gegenüber verpflichtet, den Eintritt der Nacherbfolge unverzüglich dem Nachlaßgericht anzuzeigen. Die Anzeige des Vorerben wird durch die Anzeige des Nacherben ersetzt.

Das Nachlaßgericht hat die Einsicht der Anzeige Jedem zu gestatten, der ein rechtliches Interesse glaubhaft macht.

Vierter Titel.

Vermächtniß.

§. 2123. (I 1756 Abs. 2, 1842, II 2018.)

Mit einem Vermächtnisse kann der Erbe oder ein Vermächtnißnehmer beschwert werden. Soweit nicht der Erblasser ein Anderes bestimmt hat, ist der Erbe beschwert.

§. 2124. (I 1843, II 2019.)

Sind mehrere Erben oder mehrere Vermächtnißnehmer mit demselben Vermächtnisse beschwert, so sind im Zweifel die Erben nach dem Verhältnisse der

Erbtheile, die Vermächtnißnehmer nach dem Verhältnisse des Werthes der Vermächtnisse beschwert.

§. 2125. (I 1791, II 2020.)

Hat der Erblasser bestimmt, daß dem eingesetzten Erben ein Erbschaftsgegenstand nicht zufallen soll, so gilt der Gegenstand als den gesetzlichen Erben vermacht. Der Fiskus gehört nicht zu den gesetzlichen Erben im Sinne dieser Vorschrift.

§. 2126. (I 1845 Abs. 1, 2, II 2021.)

Das einem Erben zugewendete Vermächtniß (Vorausvermächtniß) gilt als Vermächtniß auch insoweit, als der Erbe selbst beschwert ist.

§. 2127. (I 1770 Satz 2, 1769 Abs. 2, II 2022.)

Der Erblasser kann Mehrere mit einem Vermächtniß in der Weise bedenken, daß der Beschwerte oder ein Dritter zu bestimmen hat, wer von den Mehreren das Vermächtniß erhalten soll.

Die Bestimmung des Beschwerten erfolgt durch Erklärung gegenüber demjenigen, welcher das Vermächtniß erhalten soll; die Bestimmung des Dritten erfolgt durch Erklärung gegenüber dem Beschwerten.

Kann der Beschwerte oder der Dritte die Bestimmung nicht treffen, so sind die Bedachten Gesammtgläubiger. Das Gleiche gilt, wenn das Nachlaßgericht dem Beschwerten oder dem Dritten auf Antrag eines der Betheiligten eine Frist zur Abgabe der Erklärung bestimmt hat und die Frist verstrichen ist, sofern nicht vorher die Erklärung erfolgt. Der Bedachte, der das Vermächtniß erhält, ist im Zweifel nicht zur Theilung verpflichtet.

§. 2128. (I 1769 Abs. 2, II 2023.)

Hat der Erblasser Mehrere mit einem Vermächtniß in der Weise bedacht, daß nur der Eine oder der Andere das Vermächtniß erhalten soll, so ist anzunehmen, daß der Beschwerte bestimmen soll, wer von ihnen das Vermächtniß erhält.

§. 2129. (I 1777 Satz 2, II 2024.)

Der Erblasser kann Mehrere mit einem Vermächtniß in der Weise bedenken, daß der Beschwerte oder ein Dritter zu bestimmen hat, was jeder von dem vermachten Gegenstand erhalten soll. Die Bestimmung erfolgt nach §. 2127 Abs. 2.

Kann der Beschwerte oder der Dritte die Bestimmung nicht treffen, so sind die Bedachten zu gleichen Theilen berechtigt. Die Vorschrift des §. 2127 Abs. 3 Satz 2 findet entsprechende Anwendung.

§. 2130. (I 1862, II 2025.)

Der Erblasser kann ein Vermächtniß in der Art anordnen, daß der Bedachte von mehreren Gegenständen nur den einen oder den anderen erhalten soll. Ist in einem solchen Falle die Wahl einem Dritten übertragen, so erfolgt sie durch Erklärung gegenüber dem Beschwerten.

Kann der Dritte die Wahl nicht treffen, so geht das Wahlrecht auf den Beschwerten über. Die Vorschrift des §. 2127 Abs. 3 Satz 2 findet entsprechende Anwendung.

§. 2131. (I 1863, II 2026.)

Hat der Erblasser die vermachte Sache nur der Gattung nach bestimmt, so ist eine den Verhältnissen des Bedachten entsprechende Sache zu leisten.

Ist die Bestimmung der Sache dem Bedachten oder einem Dritten übertragen, so finden die nach §. 2130 für die Wahl des Dritten geltenden Vorschriften Anwendung.

Entspricht die von dem Bedachten oder dem Dritten getroffene Bestimmung den Verhältnissen des Bedachten offenbar nicht, so hat der Beschwerte so zu leisten, wie wenn der Erblasser über die Bestimmung der Sache keine Anordnung getroffen hätte.

§. 2132. (I 1777 Satz 1, II 2027.)

Der Erblasser kann bei der Anordnung eines Vermächtnisses, dessen Zweck er bestimmt hat, die Bestimmung der Leistung dem billigen Ermessen des Beschwerten oder eines Dritten überlassen. Auf ein solches Vermächtniß finden die Vorschriften der §§. 309 bis 313 entsprechende Anwendung.

§. 2133. (I 1846 Abs. 1, II 2028.)

Ist Mehreren derselbe Gegenstand vermacht, so finden die Vorschriften der §§. 2066 bis 2070 entsprechende Anwendung.

§. 2134. (I 1870, 1871 Abs. 1, Abs. 2 Satz 1, II 2029.)

Ist Mehreren derselbe Gegenstand vermacht, so wächst, wenn einer von ihnen vor oder nach dem Erbfalle wegfällt, dessen Antheil den übrigen Bedachten nach dem Verhältniß ihrer Antheile an. Dies gilt auch dann, wenn der Erblasser die Antheile der Bedachten bestimmt hat. Sind einige der Bedachten zu demselben Antheile berufen, so tritt die Anwachsung zunächst unter ihnen ein.

Der Erblasser kann die Anwachsung ausschließen.

§. 2135. (I 1872, II 2030.)

Der durch Anwachsung einem Vermächtnißnehmer anfallende Antheil gilt in Ansehung der Vermächtnisse und Auflagen, mit denen dieser oder der wegfallende Vermächtnißnehmer beschwert ist, als besonderes Vermächtniß.

§. 2136. (I 1868, II 2031.)

Ein Vermächtniß ist unwirksam, wenn der Bedachte zur Zeit des Erbfalls nicht mehr lebt.

§. 2137. (I 1876 Abs. 1, II 2032.)

Ein Vermächtniß bleibt, sofern nicht ein anderer Wille des Erblassers anzunehmen ist, wirksam, wenn der Beschwerte nicht Erbe oder Vermächtnißnehmer wird. Beschwert ist in diesem Falle derjenige, welchem der Wegfall des zunächst Beschwerten unmittelbar zu Statten kommt.

§. 2138. (I 1869, II 2033.)

Ein Vermächtniß, das unter einer aufschiebenden Bedingung oder unter Bestimmung eines Anfangstermins angeordnet ist, wird mit dem Ablaufe von dreißig Jahren nach dem Erbfall unwirksam, wenn nicht vorher die Bedingung oder der Termin eingetreten ist.

Ist der Bedachte zur Zeit des Erbfalls noch nicht erzeugt oder wird seine Persönlichkeit durch ein erst nach dem Erbfall eintretendes Ereigniß bestimmt, so wird das Vermächtniß mit dem Ablaufe von dreißig Jahren nach dem Erbfall unwirksam, wenn nicht vorher der Bedachte erzeugt oder das Ereigniß eingetreten ist, durch das seine Persönlichkeit bestimmt wird.

§. 2139. (II 2034.)

Das Vermächtniß bleibt in den Fällen des §. 2138 auch nach dem Ablaufe von dreißig Jahren wirksam:

1. wenn es für den Fall angeordnet ist, daß in der Person des Beschwerten oder des Bedachten ein bestimmtes Ereigniß eintritt, und derjenige, in dessen Person das Ereigniß eintreten soll, zur Zeit des Erbfalls lebt;
2. wenn ein Erbe, ein Nacherbe oder ein Vermächtnißnehmer für den Fall, daß ihm ein Bruder oder eine Schwester geboren wird, mit einem Vermächtnisse zu Gunsten des Bruders oder der Schwester beschwert ist.

Ist der Beschwerte oder der Bedachte, in dessen Person das Ereigniß eintreten soll, eine juristische Person, so bewendet es bei der dreißigjährigen Frist.

§. 2140. (I 1859, II 2035.)

Das Vermächtniß einer Sache erstreckt sich im Zweifel auf das zur Zeit des Erbfalls vorhandene Zubehör.

Hat der Erblasser wegen einer nach der Anordnung des Vermächtnisses erfolgten Beschädigung der Sache einen Anspruch auf Ersatz der Minderung des Werthes, so erstreckt sich im Zweifel das Vermächtniß auf diesen Anspruch.

§. 2141. (I 1861, II 2036.)

Ist ein zur Erbschaft gehörender Gegenstand vermacht, so kann der Vermächtnißnehmer im Zweifel nicht die Beseitigung der Rechte verlangen, mit denen der Gegenstand belastet ist. Steht dem Erblasser ein Anspruch auf die Beseitigung zu, so erstreckt sich im Zweifel das Vermächtniß auf diesen Anspruch.

Ruht auf einem vermachten Grundstück eine Hypothek, Grundschuld oder Rentenschuld, die dem Erblasser selbst zusteht, so ist aus den Umständen zu entnehmen, ob die Hypothek, Grundschuld oder Rentenschuld als mitvermacht zu gelten hat.

§. 2142. (II 2037.)

Ist ein vermachtes Grundstück, das zur Erbschaft gehört, mit einer Hypothek für eine Schuld des Erblassers oder für eine Schuld belastet, zu deren Berichtigung der Erblasser dem Schuldner gegenüber verpflichtet ist, so ist der Vermächtnißnehmer im Zweifel dem Erben gegenüber zur rechtzeitigen Befriedigung des Gläubigers insoweit verpflichtet, als die Schuld durch den Werth des Grundstücks gedeckt wird. Der Werth bestimmt sich nach der Zeit, zu welcher das Eigenthum auf den Vermächtnißnehmer übergeht; er wird unter Abzug der Belastungen berechnet, die der Hypothek im Range vorgehen.

Ist dem Erblasser gegenüber ein Dritter zur Berichtigung der Schuld verpflichtet, so besteht die Verpflichtung des Vermächtnißnehmers im Zweifel nur insoweit, als der Erbe die Berichtigung nicht von dem Dritten erlangen kann.

Auf eine Hypothek der im §. 1175 bezeichneten Art finden diese Vorschriften keine Anwendung.

§. 2143. (II 2038.)

Sind neben dem vermachten Grundstück andere zur Erbschaft gehörende Grundstücke mit der Hypothek belastet, so beschränkt sich die im §. 2142 bestimmte Verpflichtung des Vermächtnißnehmers im Zweifel auf den Theil der Schuld, der dem Verhältnisse des Werthes des vermachten Grundstücks zu dem Werthe der sämmtlichen Grundstücke entspricht. Der Werth wird nach §. 2142 Abs. 1 Satz 2 berechnet.

§. 2144. (II 2039.)

Besteht an mehreren zur Erbschaft gehörenden Grundstücken eine Gesammtgrundschuld oder eine Gesammtrentenschuld und ist eines dieser Grundstücke vermacht, so ist der Vermächtnißnehmer im Zweifel dem Erben gegenüber zur Befriedigung des Gläubigers in Höhe des Theiles der Grundschuld oder der Rentenschuld verpflichtet, der dem Verhältnisse des Werthes des vermachten Grundstücks zu dem Werthe der sämmtlichen Grundstücke entspricht. Der Werth wird nach §. 2142 Abs. 1 Satz 2 berechnet.

Ist neben dem vermachten Grundstück ein nicht zur Erbschaft gehörendes Grundstück mit einer Gesammtgrundschuld oder einer Gesammtrentenschuld belastet, so finden, wenn der Erblasser zur Zeit des Erbfalls gegenüber dem Eigenthümer des anderen Grundstücks oder einem Rechtsvorgänger des Eigenthümers zur Befriedigung des Gläubigers verpflichtet ist, die Vorschriften des §. 2142 Abs. 1 und des §. 2143 entsprechende Anwendung.

§. 2145. (I 1848, II 2040.)

Das Vermächtniß eines bestimmten Gegenstandes ist unwirksam, soweit der Gegenstand zur Zeit des Erbfalls nicht zur Erbschaft gehört, es sei denn, daß der Gegenstand dem Bedachten auch für den Fall zugewendet sein soll, daß er nicht zur Erbschaft gehört.

Hat der Erblasser nur den Besitz der vermachten Sache, so gilt im Zweifel der Besitz als vermacht, es sei denn, daß er dem Bedachten keinen rechtlichen Vortheil gewährt.

Steht dem Erblasser ein Anspruch auf Leistung des vermachten Gegenstandes oder, falls der Gegenstand nach der Anordnung des Vermächtnisses untergegangen oder dem Erblasser entzogen worden ist, ein Anspruch auf Ersatz des Werthes zu, so gilt im Zweifel der Anspruch als vermacht.

Zur Erbschaft gehört im Sinne des Abs. 1 ein Gegenstand nicht, wenn der Erblasser zu dessen Veräußerung verpflichtet ist.

§. 2146. (I 1849, II 2041.)

Ist das Vermächtniß eines Gegenstandes, der zur Zeit des Erbfalls nicht zur Erbschaft gehört, nach §. 2145 Abs. 1 wirksam, so hat der Beschwerte den Gegenstand dem Bedachten zu verschaffen.

Ist der Beschwerte zur Verschaffung außer Stande, so hat er den Werth zu entrichten. Ist die Verschaffung nur mit unverhältnißmäßigen Aufwendungen möglich, so kann sich der Beschwerte durch Entrichtung des Werthes befreien.

§. 2147. (I 1853, II 2042.)

Ein Vermächtniß, das auf eine zur Zeit des Erbfalls unmögliche Leistung gerichtet ist oder gegen ein zu dieser Zeit bestehendes gesetzliches Verbot verstößt, ist unwirksam. Die Vorschriften des §. 302 finden entsprechende Anwendung.

§. 2148. (I 1854, II 2043.)

Die Leistung einer vemachten Sache gilt auch dann als unmöglich, wenn die Sache mit einer anderen Sache in solcher Weise verbunden, vermischt oder vermengt worden ist, daß nach den §§. 931 bis 933 das Eigenthum an der anderen Sache sich auf sie erstreckt oder Miteigenthum eingetreten ist, oder wenn sie in solcher Weise verarbeitet oder umgebildet worden ist, daß nach §. 935 derjenige, welcher die neue Sache hergestellt hat, Eigenthümer geworden ist.

Ist die Verbindung, Vermischung oder Vermengung durch einen Dritten erfolgt und hat der Erblasser dadurch Miteigenthum erworben, so gilt im Zweifel das Miteigenthum als vermacht; steht dem Erblasser ein Recht zur Wegnahme der verbundenen Sache zu, so gilt im Zweifel dieses Recht als vermacht. Im Falle der Verarbeitung oder Umbildung durch einen Dritten bewendet es bei der Vorschrift des §. 2145 Abs. 3.

§. 2149. (I 1855, II 2044.)

Hat der Erblasser eine ihm zustehende Forderung vermacht, so ist, wenn vor dem Erbfalle die Leistung erfolgt und der geleistete Gegenstand noch in der Erbschaft vorhanden ist, im Zweifel anzunehmen, daß dem Bedachten dieser Gegenstand zugewendet sein soll. War die Forderung auf die Zahlung einer Geldsumme gerichtet, so gilt im Zweifel die entsprechende Geldsumme als vermacht, auch wenn sich eine solche in der Erbschaft nicht vorfindet.

§. 2150. (I 1865 Satz 1, II 2045.)

Durch das Vermächtniß wird für den Bedachten das Recht begründet, von dem Beschwerten die Leistung des vermachten Gegenstandes zu fordern.

§. 2151. (I 1866, II 2046.)

Hat der Erblasser eine ihm gegen den Erben zustehende Forderung oder hat er ein Recht vermacht, mit dem eine Sache oder ein Recht des Erben belastet ist, so gelten die in Folge des Erbfalls durch Vereinigung von Recht und Verbindlichkeit oder von Recht und Belastung erloschenen Rechtsverhältnisse in Ansehung des Vermächtnisses als nicht erloschen.

§. 2152. (I 1867 Abs. 1, II 2047 Satz 1.)

Die Forderung des Vermächtnißnehmers kommt, unbeschadet des Rechtes, das Vermächtniß auszuschlagen, zur Entstehung (Anfall des Vermächtnisses) mit dem Erbfalle.

§. 2153. (I 1867 Abs. 2 Nr. 1, II 2047 Satz 2.)

Ist das Vermächtniß unter einer aufschiebenden Bedingung oder unter Bestimmung eines Anfangstermins angeordnet und tritt die Bedingung oder der Termin erst nach dem Erbfall ein, so erfolgt der Anfall des Vermächtnisses mit dem Eintritte der Bedingung oder des Termins.

§. 2154. (I 1867 Abs. 2 Nr. 2, 3, II 2048.)

Ist der Bedachte zur Zeit des Erbfalls noch nicht erzeugt oder wird seine Persönlichkeit durch ein erst nach dem Erbfall eintretendes Ereigniß bestimmt, so erfolgt der Anfall des Vermächtnisses im ersteren Falle mit der Geburt, im letzteren Falle mit dem Eintritte des Ereignisses.

§. 2155. (I 1867 Abs. 3, II 2049.)

Für die Zeit zwischen dem Erbfall und dem Anfalle des Vermächtnisses finden in den Fällen der §§. 2153, 2154 die Vorschriften Anwendung, die für den Fall gelten, daß eine Leistung unter einer aufschiebenden Bedingung geschuldet wird.

§. 2156. (I 1873, II 2050.)

Der Vermächtnißnehmer kann das Vermächtniß nicht mehr ausschlagen, wenn er es angenommen hat.

Die Annahme sowie die Ausschlagung des Vermächtnisses erfolgt durch Erklärung gegenüber dem Beschwerten. Die Erklärung kann erst nach dem Eintritte des Erbfalls abgegeben werden; sie ist unwirksam, wenn sie unter einer Bedingung oder einer Zeitbestimmung abgegeben wird.

Die für die Annahme und die Ausschlagung einer Erbschaft geltenden Vorschriften des §. 1928, des §. 1930 Abs. 1, 3 und des §. 1931 Abs. 1, 2 finden entsprechende Anwendung.

§. 2157. (I 1766, II 2051.)

Ist die Zeit der Erfüllung eines Vermächtnisses dem freien Belieben des Beschwerten überlassen, so wird die Leistung im Zweifel mit dem Tode des Beschwerten fällig.

§. 2158. (I 1879, II 2052.)

Ist eine nur der Gattung nach bestimmte Sache vermacht, so hat der Beschwerte die gleichen Verpflichtungen wie ein Verkäufer nach den Vorschriften des §. 427 Abs. 1, der §§. 428 bis 431, des §. 434 Abs. 2 bis 4 und der §§. 435 bis 438.

Dasselbe gilt im Zweifel, wenn ein bestimmter nicht zur Erbschaft gehörender Gegenstand vermacht ist, unbeschadet der sich aus dem §. 2146 ergebenden Beschränkung der Haftung.

Ist ein Grundstück Gegenstand des Vermächtnisses, so haftet der Beschwerte im Zweifel nicht für die Freiheit des Grundstücks von Grunddienstbarkeiten, beschränkten persönlichen Dienstbarkeiten und Reallasten.

§. 2159. (I 1879, II 2053.)

Ist eine nur der Gattung nach bestimmte Sache vermacht, so kann der Vermächtnißnehmer, wenn die geleistete Sache mangelhaft ist, verlangen, daß ihm an Stelle der mangelhaften Sache eine mangelfreie geliefert wird. Hat der Beschwerte einen Fehler arglistig verschwiegen, so kann der Vermächtnißnehmer statt der Lieferung einer mangelfreien Sache Schadensersatz wegen Nichterfüllung verlangen. Auf diese Ansprüche finden die für die Gewährleistung wegen Mängel einer verkauften Sache geltenden Vorschriften entsprechende Anwendung.

§. 2160. (I 1878, II 2054 Abs. 1.)

Ist ein bestimmter zur Erbschaft gehörender Gegenstand vermacht, so hat der Beschwerte dem Vermächtnißnehmer auch die seit dem Anfalle des Vermächtnisses gezogenen Früchte sowie das sonst auf Grund des vermachten Rechtes Erlangte herauszugeben. Für Nutzungen, die nicht zu den Früchten gehören, hat der Beschwerte nicht Ersatz zu leisten.

§. 2161. (I 1880, II 2055.)

Ist eine bestimmte zur Erbschaft gehörende Sache vermacht, so kann der Beschwerte für die nach dem Erbfall auf die Sache gemachten Verwendungen sowie für Aufwendungen, die er nach dem Erbfalle zur Bestreitung von Lasten der Sache gemacht hat, Ersatz nach den Vorschriften verlangen, die für das Verhältniß zwischen dem Besitzer und dem Eigenthümer gelten.

§. 2162. (I 1877, II 2056.)

Ist ein Vermächtnißnehmer mit einem Vermächtniß oder einer Auflage beschwert, so ist er zur Erfüllung erst dann verpflichtet, wenn er die Erfüllung des ihm zugewendeten Vermächtnisses zu verlangen berechtigt ist.

§. 2163. (I 1876 Abs. 2, 1881, II 2057.)

Ein Vermächtnißnehmer, der mit einem Vermächtniß oder einer Auflage beschwert ist, kann die Erfüllung auch nach der Annahme des ihm zugewendeten Vermächtnisses insoweit verweigern, als dasjenige, was er aus dem Vermächtniß erhält, zur Erfüllung nicht ausreicht.

Tritt nach §. 2137 ein Anderer an die Stelle des beschwerten Vermächtnißnehmers, so haftet er nicht weiter, als der Vermächtnißnehmer haften würde.

Die für die Haftung des Erben geltenden Vorschriften des §. 1969 finden entsprechende Anwendung.

§. 2164. (I 1882, II 2058.)

Wird die einem Vermächtnißnehmer gebührende Leistung auf Grund der Beschränkung der Haftung des Erben, wegen eines Pflichttheilsanspruchs oder in Gemäßheit des §. 2163 gekürzt, so kann der Vermächtnißnehmer, sofern nicht ein anderer Wille des Erblassers anzunehmen ist, die ihm auferlegten Beschwerungen verhältnißmäßig kürzen.

§. 2165. (I 2117 Abs. 2 Nr. 4, II 2059.)

Der Erblasser kann für den Fall, daß die dem Erben oder einem Vermächtnißnehmer auferlegten Vermächtnisse und Auflagen auf Grund der Beschränkung der Haftung des Erben, wegen eines Pflichttheilsanspruchs oder in Gemäßheit der §§. 2163, 2164 gekürzt werden, durch Verfügung von Todeswegen anordnen, daß ein Vermächtniß oder eine Auflage den Vorrang vor den übrigen Beschwerungen haben soll.

§. 2166. (I 1871 Abs. 2 Satz 2, 1883, II 2060.)

Hat der Erblasser für den Fall, daß der zunächst Bedachte das Vermächtniß nicht erwirbt, den Gegenstand des Vermächtnisses einem Anderen zugewendet, so finden die für die Einsetzung eines Ersatzerben geltenden Vorschriften der §§. 2074 bis 2076 entsprechende Anwendung.

§. 2167. (I 1884, 1885, II 2061.)

Hat der Erblasser den vermachten Gegenstand von einem nach dem Anfalle des Vermächtnisses eintretenden bestimmten Zeitpunkt oder Ereigniß an einem Dritten zugewendet, so gilt der erste Vermächtnißnehmer als beschwert.

Auf das Vermächtniß finden die für die Einsetzung eines Nacherben geltenden Vorschriften des §. 2079, des §. 2083 Abs. 1, des §. 2084 und des §. 2087 Abs. 1 entsprechende Anwendung.

Fünfter Titel.

Auflage.

§. 2168. (I 1886, II 2062.)

Auf eine Auflage finden die für letztwillige Zuwendungen geltenden Vorschriften der §§. 2042, 2123, 2124, 2130 bis 2132, 2137, 2147, 2157 entsprechende Anwendung.

§. 2169. (II 2063.)

Der Erblasser kann bei der Anordnnng einer Auflage, deren Zweck er bestimmt hat, die Bestimmung der Person, an welche die Leistung erfolgen soll, dem Beschwerten oder einem Dritten überlassen.

Steht die Bestimmung dem Beschwerten zu, so kann ihm, wenn er zur Vollziehung der Auflage rechtskräftig verurtheilt ist, von dem Kläger eine angemessene Frist zur Vollziehung bestimmt werden; nach dem Ablaufe der Frist ist der Kläger berechtigt, die Bestimmung zu treffen, wenn nicht die Vollziehung rechtzeitig erfolgt.

Steht die Bestimmung einem Dritten zu, so erfolgt sie durch Erklärung gegenüber dem Beschwerten. Kann der Dritte die Bestimmung nicht treffen, so geht das Bestimmungsrecht auf den Beschwerten über. Die Vorschrift des §. 2127 Abs. 3 Satz 2 findet entsprechende Anwendung; zu den Betheiligten im Sinne dieser Vorschrift gehören der Beschwerte und diejenigen, welche die Vollziehung der Auflage zu verlangen berechtigt sind.

§. 2170. (I 1888, II 2064.)

Die Vollziehung einer Auflage können der Erbe, der Miterbe und derjenige verlangen, welchem der Wegfall des mit der Auflage zunächst Beschwerten unmittelbar zu Statten kommen würde. Liegt die Vollziehung im öffentlichen Interesse, so kann auch die zuständige Behörde die Vollziehung verlangen.

§. 2171. (I 1887, II 2065.)

Die Unwirksamkeit einer Auflage hat die Unwirksamkeit der unter der Auflage gemachten Zuwendung nur zur Folge, wenn anzunehmen ist, daß der Erblasser die Zuwendung nicht ohne die Auflage gemacht haben würde.

§. 2172. (II 2066.)

Wird die Vollziehung einer Auflage in Folge eines von dem Beschwerten zu vertretenden Umstandes unmöglich, so kann derjenige, welchem der Wegfall des zunächst Beschwerten unmittelbar zu Statten kommen würde, die Herausgabe der Zuwendung nach den Vorschriften über die Herausgabe einer ungerechtfertigten Bereicherung insoweit fordern, als die Zuwendung zur Vollziehung der Auflage hätte verwendet werden müssen.

Das Gleiche gilt, wenn der Beschwerte zur Vollziehung einer Auflage, die nicht durch einen Dritten vollzogen werden kann, rechtskräftig verurtheilt ist und die zulässigen Zwangsmittel erfolglos gegen ihn angewendet worden sind.

Sechster Titel.

Testamentsvollstrecker.

§. 2173. (I 1889, II 2067.)

Der Erblasser kann durch Testament einen oder mehrere Testamentsvollstrecker ernennen.

Der Erblasser kann für den Fall, daß der ernannte Testamentsvollstrecker vor oder nach der Annahme des Amtes wegfällt, einen anderen Testamentsvollstrecker ernennen.

§ 2174. (I 1890, II 2068.)

Der Erblasser kann die Bestimmung der Person des Testamentsvollstreckers einem Dritten überlassen. Die Bestimmung erfolgt durch Erklärung gegenüber dem Nachlaßgerichte; die Erklärung ist in öffentlich beglaubigter Form abzugeben.

Das Bestimmungsrecht des Dritten erlischt mit dem Ablauf einer ihm auf Antrag eines der Betheiligten von dem Nachlaßgerichte bestimmten Frist.

§. 2175. (II 2069.)

Der Erblasser kann den Testamentsvollstrecker ermächtigen, einen oder mehrere Mitvollstrecker zu ernennen.

Der Erblasser kann den Testamentsvollstrecker ermächtigen, einen Nachfolger zu ernennen.

Die Ernennung erfolgt nach §. 2174 Abs. 1 Satz 2.

§. 2176. (II 2070.)

Hat der Erblasser in dem Testamente das Nachlaßgericht ersucht, einen Testamentsvollstrecker zu ernennen, so kann das Nachlaßgericht die Ernennung vornehmen.

Das Nachlaßgericht soll vor der Ernennung die Betheiligten hören, wenn es ohne erhebliche Verzögerung und ohne unverhältnißmäßige Kosten geschehen kann.

§. 2177. (I 1891, II 2071.)

Die Ernennung des Testamentsvollstreckers ist unwirksam, wenn er zu der Zeit, zu welcher er das Amt anzutreten hat, geschäftsunfähig oder in der Geschäftsfähigkeit beschränkt ist oder nach §. 1888 zur Besorgung seiner Vermögensangelegenheiten einen Pfleger erhalten hat.

§. 2178. (I 1892, II 2072.)

Das Amt des Testamentsvollstreckers beginnt mit dem Zeitpunkt, in welchem der Ernannte das Amt annimmt.

Die Annahme sowie die Ablehnung des Amtes erfolgt durch Erklärung gegenüber dem Nachlaßgerichte. Die Erklärung kann erst nach dem Eintritte des Erbfalls abgegeben werden; sie ist unwirksam, wenn sie unter einer Bedingung oder einer Zeitbestimmung abgegeben wird.

Das Nachlaßgericht kann dem Ernannten auf Antrag eines der Betheiligten eine Frist zur Erklärung über die Annahme bestimmen. Mit dem Ablaufe der Frist gilt das Amt als abgelehnt, wenn nicht die Annahme vorher erklärt wird.

§. 2179. (I 1897 Abs. 1, II 2073.)

Der Testamentsvollstrecker hat die letztwilligen Verfügungen des Erblassers zur Ausführung zu bringen.

§. 2180. (I 1898 Abs. 1, Abs. 2 Satz 1, Abs. 3 bis 6, II 2074 Abs. 1 Satz 1, Abs. 2.)

Der Testamentsvollstrecker hat, wenn mehrere Erben vorhanden sind, die Auseinandersetzung unter ihnen nach Maßgabe der §§. 2019 bis 2033 zu bewirken.

Der Testamentsvollstrecker hat die Erben über den Auseinandersetzungsplan vor der Ausführung zu hören.

§. 2181. (I 1899 Abs. 1 Satz 1, 1900, II 2075.)

Der Testamentsvollstrecker hat den Nachlaß zu verwalten. Er ist insbesondere berechtigt, den Nachlaß in Besitz zu nehmen und über die Nachlaßgegenstände zu verfügen. Zu unentgeltlichen Verfügungen ist er nur berechtigt, soweit sie einer sittlichen Pflicht oder einer auf den Anstand zu nehmenden Rücksicht entsprechen.

§. 2182. (I 1902, II 2076.)

Der Testamentsvollstrecker ist berechtigt, Verbindlichkeiten für den Nachlaß einzugehen, soweit die Eingehung zur ordnungsmäßigen Verwaltung erforderlich ist. Die Verbindlichkeit zu einer Verfügung über einen Nachlaßgegenstand kann der Testamentsvollstrecker für den Nachlaß auch dann eingehen, wenn er zu der Verfügung berechtigt ist.

Der Erbe ist verpflichtet, zur Eingehung solcher Verbindlichkeiten seine Einwilligung zu ertheilen, unbeschadet des Rechtes, die Beschränkung seiner Haftung für die Nachlaßverbindlichkeiten geltend zu machen.

§. 2183. (I 1902, II 2077.)

Der Erblasser kann anordnen, daß der Testamentsvollstrecker in der Eingehung von Verbindlichkeiten für den Nachlaß nicht beschränkt sein soll. Der Testamentsvollstrecker ist auch in einem solchen Falle zu einem Schenkungsversprechen nur nach Maßgabe des §. 2181 Satz 3 berechtigt.

§. 2184. (I 1905, II 2078.)

Der Testamentsvollstrecker hat die in den §§. 2179 bis 2182 bestimmten Rechte nicht, soweit anzunehmen ist, daß sie ihm nach dem Willen des Erblassers nicht zustehen sollen. Unterliegen der Verwaltung des Testamentsvollstreckers nur einzelne Nachlaßgegenstände, so stehen ihm die im §. 2181 Satz 2 bestimmten Befugnisse nur in Ansehung dieser Gegenstände zu.

Hat der Testamentsvollstrecker Verfügungen des Erblassers nicht selbst zur Ausführung zu bringen, so kann er die Ausführung von dem Erben verlangen, sofern nicht ein anderer Wille des Erblassers anzunehmen ist.

§. 2185. (II 2079.)

Der Erblasser kann einem Testamentsvollstrecker die Verwaltung des Nachlasses übertragen, ohne ihm andere Aufgaben als die Verwaltung zuzuweisen; er kann auch anordnen, daß der Testamentsvollstrecker die Verwaltung nach der Erledigung der ihm sonst zugewiesenen Aufgaben fortzuführen hat. Im Zweifel ist anzunehmen, daß einem solchen Testamentsvollstrecker die im §. 2183 bezeichnete Ermächtigung ertheilt ist.

§. 2186. (II 2080.)

Eine nach §. 2185 getroffene Anordnung wird unwirksam, wenn seit dem Erbfalle dreißig Jahre verstrichen sind. Der Erblasser kann jedoch anordnen, daß die Verwaltung bis zum Tode des Erben oder des Testamentsvollstreckers oder bis zum Eintritt eines anderen Ereignisses in der Person des einen oder des anderen fortdauern soll. Die Vorschrift des §. 2139 Abs. 2 findet entsprechende Anwendung.

§. 2187. (I 1901, II 2081 Abs. 1 Satz 1, Abs. 2.)

Ueber einen der Verwaltung des Testamentsvollstreckers unterliegenden Nachlaßgegenstand kann der Erbe nicht verfügen.

Die Vorschriften zu Gunsten derjenigen, welche Rechte von einem Nichtberechtigten herleiten, finden entsprechende Anwendung.

§. 2188. (I 1903 Abs. 1, II 2082.)

Ein der Verwaltung des Testamentsvollstreckers unterliegendes Recht kann nur von dem Testamentsvollstrecker gerichtlich geltend gemacht werden.

§. 2189. (I 1903 Abs. 2, 1904, II 2083 Abs. 1, 2.)

Ein Anspruch, der sich gegen den Nachlaß richtet, kann sowohl gegen den Erben als gegen den Testamentsvollstrecker gerichtlich geltend gemacht werden. Steht dem Testamentsvollstrecker nicht die Verwaltung des Nachlasses zu, so ist die Geltendmachung nur gegen den Erben zulässig. Ein Pflichttheilsanspruch kann, auch wenn dem Testamentsvollstrecker die Verwaltung des Nachlasses zusteht, nur gegen den Erben geltend gemacht werden.

Die Vorschrift des §. 1936 findet auf den Testamentsvollstrecker keine Anwendung.

Ein Nachlaßgläubiger, der seinen Anspruch gegen den Erben geltend macht, kann den Anspruch auch gegen den Testamentsvollstrecker dahin geltend machen, daß dieser die Zwangsvollstreckung in die seiner Verwaltung unterliegenden Nachlaßgegenstände dulde.

§. 2190. (II 2083 Abs. 3.)

Gläubiger des Erben, die nicht zu den Nachlaßgläubigern gehören, können sich nicht an die der Verwaltung des Testamentsvollstreckers unterliegenden Nachlaßgegenstände halten.

§. 2191. (I 1906, II 2084.)

Der Testamentsvollstrecker hat dem Erben unverzüglich nach der Annahme des Amtes ein Verzeichniß der seiner Verwaltung unterliegenden Nachlaßgegenstände und der bekannten Nachlaßverbindlichkeiten mitzutheilen und ihm die zur Aufnahme des Inventars sonst erforderliche Beihülfe zu leisten.

Das Verzeichniß ist mit der Angabe des Tages der Aufnahme zu versehen und von dem Testamentsvollstrecker zu unterzeichnen; der Testamentsvollstrecker hat auf Verlangen die Unterzeichnung öffentlich beglaubigen zu lassen.

Der Erbe kann verlangen, daß er bei der Aufnahme des Verzeichnisses zugezogen wird.

Der Testamentsvollstrecker ist berechtigt und auf Verlangen des Erben verpflichtet, das Verzeichniß durch die zuständige Behörde oder durch einen zuständigen Beamten oder Notar aufnehmen zu lassen.

Die Kosten der Aufnahme und der Beglaubigung fallen dem Nachlasse zur Last.

§. 2192. (I 1899 Abs. 1 Satz 1, II 2085.)

Der Testamentsvollstrecker ist zur ordnungsmäßigen Verwaltung des Nachlasses verpflichtet.

Anordnungen, die der Erblasser für die Verwaltung durch letztwillige Verfügung getroffen hat, sind von dem Testamentsvollstrecker zu befolgen. Sie können jedoch auf Antrag des Testamentsvollstreckers oder eines anderen Betheiligten von dem Nachlaßgericht außer Kraft gesetzt werden, wenn ihre Befolgung den Nachlaß erheblich gefährden würde. Das Gericht soll vor der Entscheidung soweit thunlich die Betheiligten hören.

§. 2193. (I 1907, II 2086.)

Der Testamentsvollstrecker hat Nachlaßgegenstände, deren er zur Erfüllung seiner Obliegenheiten offenbar nicht bedarf, dem Erben auf Verlangen zur freien Verfügung zu überlassen. Mit der Ueberlassung erlischt sein Recht zur Verwaltung der Gegenstände.

Wegen Nachlaßverbindlichkeiten, die nicht auf einem Vermächtniß oder einer Auflage beruhen, sowie wegen bedingter und betagter Vermächtnisse oder Auflagen kann der Testamentsvollstrecker die Ueberlassung der Gegenstände nicht verweigern, wenn der Erbe für die Berichtigung der Verbindlichkeiten oder für die Vollziehung der Vermächtnisse oder Auflagen Sicherheit leistet.

§. 2194. (I 1908 Abs. 1, 2, II 2087.)

Auf das Rechtsverhältniß zwischen dem Testamentsvollstrecker und dem Erben finden die für den Auftrag geltenden Vorschriften der §§. 651, 653 bis 655, 657, des §. 660 Satz 2 und des §. 661 entsprechende Anwendung.

Bei einer länger dauernden Verwaltung kann der Erbe jährlich Rechnungslegung verlangen.

§. 2195. (I 1908 Abs. 1, II 2088.)

Verletzt der Testamentsvollstrecker die ihm obliegenden Verpflichtungen, so ist er, wenn ihm ein Verschulden zur Last fällt, für den daraus entstehenden Schaden dem Erben und, soweit ein Vermächtniß zu vollziehen ist, auch dem Vermächtnißnehmer verantwortlich.

Mehrere Testamentsvollstrecker, denen ein Verschulden zur Last fällt, haften als Gesammtschuldner.

§. 2196. (I 1906 Abs. 1, 1908 Abs. 3, II 2089.)

Der Erblasser kann den Testamentsvollstrecker nicht von den ihm nach den §§. 2191, 2192, 2194, 2195 obliegenden Verpflichtungen befreien.

§. 2197. (I 1909 Satz 1, II 2090.)

Der Testamentsvollstrecker kann für die Führung seines Amtes eine angemessene Vergütung verlangen, sofern nicht der Erblasser ein Anderes bestimmt hat.

§. 2198. (II 2091.)

Der Erblasser kann einen Testamentsvollstrecker auch zu dem Zwecke ernennen, daß dieser bis zu dem Eintritt einer angeordneten Nacherbfolge die Rechte des Nacherben ausübt und dessen Pflichten erfüllt.

§. 2199. (I 1910, II 2092.)

Der Erblasser kann einen Testamentsvollstrecker auch zu dem Zwecke ernennen, daß dieser für die Ausführung der einem Vermächtnißnehmer auferlegten Beschwerungen sorgt.

§. 2200. (I 1893, II 2093.)

Mehrere Testamentsvollstrecker führen das Amt gemeinschaftlich; fällt einer von ihnen weg, so führen die übrigen das Amt allein. Der Erblasser kann eine abweichende Anordnung treffen.

Jeder Testamentsvollstrecker ist berechtigt, ohne Zustimmung der anderen Testamentsvollstrecker diejenigen Maßregeln zu treffen, welche zur Erhaltung eines der gemeinschaftlichen Verwaltung unterliegenden Nachlaßgegenstandes nothwendig sind.

§. 2201. (I 1894, II 2094.)

Das Amt des Testamentsvollstreckers erlischt, wenn er stirbt oder wenn ein Fall eintritt, in welchem die Ernennung nach §. 2177 unwirksam sein würde.

§. 2202. (I 1895, II 2095.)

Der Testamentsvollstrecker kann das Amt jederzeit kündigen. Die Kündigung erfolgt durch Erklärung gegenüber dem Nachlaßgerichte. Die Vorschriften des §. 658 Abs. 2, 3 finden entsprechende Anwendung.

§. 2203. (I 1896, II 2096.)

Das Nachlaßgericht kann den Testamentsvollstrecker auf Antrag eines der Betheiligten entlassen, wenn ein wichtiger Grund vorliegt; ein solcher Grund ist insbesondere grobe Pflichtverletzung oder Unfähigkeit zur ordnungsmäßigen Geschäftsführung.

Der Testamentsvollstrecker soll vor der Entlassung wenn thunlich gehört werden.

§. 2204.

Das Nachlaßgericht hat die Einsicht der nach §. 2174 Abs. 1 Satz 2, §. 2175 Abs. 3, §. 2178 Abs. 2, §. 2202 Satz 2 abgegebenen Erklärungen Jedem zu gestatten, der ein rechtliches Interesse glaubhaft macht.

Siebenter Titel.

Errichtung und Aufhebung eines Testaments.

§. 2205. (I 1912, II 2097.)

Wer in der Geschäftsfähigkeit beschränkt ist, bedarf zur Errichtung eines Testaments nicht der Zustimmung seines gesetzlichen Vertreters.

Ein Minderjähriger kann ein Testament erst errichten, wenn er das sechszehnte Lebensjahr vollendet hat.

§. 2206. (II 2098.)

Hat ein wegen Geisteskrankheit Entmündigter ein Testament errichtet, bevor der die Entmündigung aussprechende Beschluß unanfechtbar geworden ist, so steht die Entmündigung der Gültigkeit des Testaments nicht entgegen, wenn der Entmündigte noch vor dem Eintritte der Unanfechtbarkeit stirbt.

Das Gleiche gilt, wenn der Entmündigte nach der Stellung des Antrags auf Wiederaufhebung der Entmündigung ein Testament errichtet und die Entmündigung dem Antrage gemäß wiederaufgehoben wird.

§. 2207. (I 1914, 1915 Abs. 1 Satz 1, 2, Abs. 2, II 2099.)

Ein Testament kann in ordentlicher Form nur vor einem Richter oder vor einem Notar errichtet werden.

Der Richter muß einen Gerichtsschreiber oder zwei Zeugen, der Notar muß zwei Zeugen zuziehen.

§. 2208. (I 1916 Abs. 1, II 2100.)

Als Richter, Notar, Gerichtsschreiber oder Zeuge kann bei der Errichtung eines Testaments nicht mitwirken:

1. der Ehegatte des Erblassers, auch wenn die Ehe nicht mehr besteht;
2. wer mit dem Erblasser in gerader Linie oder im zweiten Grade der Seitenlinie verwandt oder verschwägert ist.

§. 2209. (I 1916 Abs. 2, II 2101.)

Als Richter, Notar, Gerichtsschreiber oder Zeuge kann bei der Errichtung eines Testaments nicht mitwirken, wer in dem Testamente bedacht oder zum Testamentsvollstrecker ernannt wird oder wer zu einem in solcher Weise Betheiligten in einem Verhältnisse der im §. 2208 bezeichneten Art steht.

Die Mitwirkung einer hiernach ausgeschlossenen Person hat nur zur Folge, daß die Zuwendung an den Bedachten oder die Ernennung zum Testamentsvollstrecker nichtig ist.

§. 2210. (I 1917 Abs. 1, II 2102.)

Als Gerichtsschreiber oder Zeuge kann bei der Errichtung eines Testaments nicht mitwirken, wer zu dem Richter oder dem Notar in einem Verhältnisse der im §. 2208 bezeichneten Art steht.

§. 2211. (I 1917 Abs. 2, 3, II 2103.)

Als Zeuge soll bei der Errichtung eines Testaments nicht mitwirken:

1. ein Minderjähriger;
2. wer der bürgerlichen Ehrenrechte für verlustig erklärt ist, während der Zeit, für welche die Aberkennung der Ehrenrechte erfolgt ist;
3. wer nach den Vorschriften der Strafgesetze unfähig ist, als Zeuge eidlich vernommen zu werden;
4. wer als Gesinde oder Gehülfe im Dienste des Richters oder des Notars steht.

§. 2212. (I 1918, 1922, II 2104.)

Die Errichtung des Testaments erfolgt in der Weise, daß der Erblasser dem Richter oder dem Notar seinen letzten Willen mündlich erklärt oder eine Schrift mit der mündlichen Erklärung übergiebt, daß die Schrift seinen letzten Willen enthalte. Die Schrift kann offen oder verschlossen übergeben werden Sie kann von dem Erblasser oder von einer anderen Person geschrieben sein..

Wer minderjährig ist oder Geschriebenes nicht zu lesen vermag, kann ein Testament nur durch mündliche Erklärung errichten.

§. 2213. (I 1915 Abs. 3, II 2105.)

Die bei der Errichtung des Testaments mitwirkenden Personen müssen während der ganzen Verhandlung zugegen sein.

§. 2214. (I 1919 Abs. 1, II 2106.)

Ueber die Errichtung des Testaments muß ein Protokoll in deutscher Sprache aufgenommen werden.

§. 2215. (I 1919 Abs. 2, II 2107.)

Das Protokoll muß enthalten:

1. Ort und Tag der Verhandlung;

2. die Bezeichnung des Erblassers und der bei der Verhandlung mitwirkenden Personen;
3. die nach §. 2212 erforderlichen Erklärungen des Erblassers und im Falle der Uebergabe einer Schrift die Feststellung der Uebergabe.

§. 2216. (I 1919 Abs. 3, 4, 1920, II 2108.)

Das Protokoll muß vorgelesen, von dem Erblasser genehmigt und von ihm eigenhändig unterschrieben werden. Im Protokolle muß festgestellt werden, daß dies geschehen ist. Das Protokoll soll dem Erblasser auf Verlangen auch zur Durchsicht vorgelegt werden.

Erklärt der Erblasser, daß er nicht schreiben könne, so wird seine Unterschrift durch die Feststellung dieser Erklärung im Protokoll ersetzt.

Das Protokoll muß von den mitwirkenden Personen unterschrieben werden.

§. 2217. (I 1921, II 2109.)

Wer nach der Ueberzeugung des Richters oder des Notars stumm oder sonst am Sprechen verhindert ist, kann ein Testament nur durch Uebergabe einer Schrift errichten. Er muß die Erklärung, daß die Schrift seinen letzten Willen enthalte, bei der Verhandlung eigenhändig in das Protokoll oder auf ein besonderes Blatt schreiben, das dem Protokoll als Anlage beigefügt werden muß.

Das eigenhändige Niederschreiben der Erklärung sowie die Ueberzeugung des Richters oder des Notars, daß der Erblasser am Sprechen verhindert ist, muß im Protokolle festgestellt werden. Das Protokoll braucht von dem Erblasser nicht besonders genehmigt zu werden.

§. 2218. (I 1923 Abs. 1 bis 3, II 2110.)

Erklärt der Erblasser, daß er der deutschen Sprache nicht mächtig sei, so muß bei der Errichtung des Testaments ein vereideter Dolmetscher zugezogen werden. Auf den Dolmetscher finden die nach den §§. 2208 bis 2211 für einen Zeugen geltenden Vorschriften entsprechende Anwendung.

Das Protokoll muß in die Sprache, in der sich der Erblasser erklärt, übersetzt werden. Die Uebersetzung muß von dem Dolmetscher angefertigt oder beglaubigt und vorgelesen werden; die Uebersetzung muß dem Protokoll als Anlage beigefügt werden.

Das Protokoll muß die Erklärung des Erblassers, daß er der deutschen Sprache nicht mächtig sei, sowie den Namen des Dolmetschers und die Feststellung enthalten, daß der Dolmetscher die Uebersetzung angefertigt oder beglaubigt und sie vorgelesen hat. Der Dolmetscher muß das Protokoll unterschreiben.

§. 2219. (I 1923 Abs. 4, II 2111.)

Sind sämmtliche mitwirkende Personen ihrer Versicherung nach der Sprache, in der sich der Erblasser erklärt, mächtig, so ist die Zuziehung eines Dolmetschers nicht erforderlich.

Unterbleibt die Zuziehung eines Dolmetschers, so muß das Protokoll in der fremden Sprache aufgenommen werden und die Erklärung des Erblassers, daß er der deutschen Sprache nicht mächtig sei, sowie die Versicherung der mitwirkenden Personen, daß sie der fremden Sprache mächtig seien, enthalten. Eine deutsche Uebersetzung soll als Anlage beigefügt werden.

§. 2220. (I 1932 Abs. 1, 2, II 2112.)

Das über die Errichtung eines Testaments aufgenommene Protokoll soll nebst Anlagen, insbesondere im Falle der Errichtung durch Uebergabe einer Schrift nebst dieser Schrift, von dem Richter oder dem Notar in Gegenwart der übrigen mitwirkenden Personen und des Erblassers mit dem Amtssiegel verschlossen, mit einer das Testament näher bezeichnenden Aufschrift, die von dem Richter oder dem Notar zu unterschreiben ist, versehen und in besondere amtliche Verwahrung gebracht werden.

Dem Erblasser soll über das in amtliche Verwahrung genommene Testament ein Hinterlegungsschein ertheilt werden.

§. 2221. (I 1925, 1932 Abs. 1, 2, II 2113.)

Ist zu besorgen, daß der Erblasser früher sterben werde, als die Errichtung eines Testaments in ordentlicher Form möglich ist, so kann er das Testament vor dem Vorsteher der Gemeinde, in der er sich aufhält, oder, falls er sich in dem Bereich eines durch Landesgesetz einer Gemeinde gleichgestellten Verbandes oder Gutsbezirkes aufhält, vor dem Vorsteher dieses Verbandes oder Bezirkes errichten. Der Vorsteher muß zwei Zeugen zuziehen. Die Vorschriften der §§. 2208 bis 2220 finden Anwendung; der Vorsteher tritt an die Stelle des Richters oder des Notars.

Die Besorgniß, daß die Errichtung eines Testaments in ordentlicher Form nicht mehr möglich sein werde, muß im Protokolle festgestellt werden. Der Gültigkeit des Testaments steht nicht entgegen, daß die Besorgniß nicht begründet war.

§. 2222. (I 1927, II 2114.)

Wer sich an einem Orte aufhält, der in Folge des Ausbruchs einer Krankheit oder in Folge sonstiger außerordentlicher Umstände dergestalt abgesperrt ist, daß die Errichtung eines Testaments in ordentlicher Form nicht möglich oder erheblich erschwert ist, kann das Testament errichten:

1. in der durch den §. 2221 Abs. 1 bestimmten Form;
2. durch eine unter Angabe des Ortes und Tages der Ausstellung eigenhändig geschriebene und unterschriebene Erklärung;
3. durch mündliche Erklärung vor drei Zeugen.

Wird die mündliche Erklärung vor drei Zeugen gewählt, so muß über die Errichtung des Testaments ein Protokoll aufgenommen werden. Auf die Zeugen finden die Vorschriften der §§. 2208, 2209 und des §. 2211 Nr. 1 bis 3, auf das Protokoll finden die Vorschriften der §§. 2214 bis 2216, 2219 Anwendung. Unter Zuziehung eines Dolmetschers kann ein Testament in dieser Form nicht errichtet werden.

§. 2223. (I 1929, II 2115.)

Wer sich während einer Seereise an Bord eines deutschen, nicht zur Kaiserlichen Marine gehörenden Fahrzeugs außerhalb eines inländischen Hafens befindet, kann ein Testament nach §. 2222 Abs. 1 Nr. 2, 3, Abs. 2 errichten.

§. 2224. (I 1926, 1928, 1930, II 2116.)

Ein nach §. 2221, §. 2222 oder §. 2223 errichtetes Testament gilt als nicht errichtet, wenn seit der Errichtung drei Monate verstrichen sind und der Erblasser noch lebt.

Beginn und Lauf der Frist sind gehemmt, solange der Erblasser außer Stande ist, ein Testament in ordentlicher Form zu errichten.

Tritt im Falle des §. 2223 der Erblasser vor dem Ablaufe der Frist eine neue Seereise an, so wird die Frist dergestalt unterbrochen, daß nach der Beendigung der neuen Reise die volle Frist von neuem zu laufen beginnt.

Wird der Erblasser nach dem Ablaufe der Frist für todt erklärt, so behält das Testament seine Kraft, wenn die Frist zu der Zeit, zu welcher der Erblasser den vorhandenen Nachrichten zufolge noch gelebt hat, noch nicht verstrichen war.

§. 2225. (I 1931 Abs. 1, 1932 Abs. 3, II 2217.)

Ein Gesandter oder Berufskonsul des Reiches kann im Ausland ein Testament in der Weise errichten, daß er die Erklärung seines letzten Willens offen oder verschlossen dem Reichskanzler mit einem Annahmegesuch übersendet. Das Gleiche gilt für Personen, die zu einer Gesandtschaft oder einem Konsulate des Reiches gehören und im Reichsdienste stehen.

Die Erklärung des letzten Willens und das Annahmegesuch müssen unter Angabe des Ortes und Tages der Abfassung von dem Erblasser eigenhändig geschrieben und unterschrieben sein. Mit der Absendung ist das Testament errichtet.

Der Reichskanzler kann das Testament an eine zur Verwahrung von Testamenten zuständige Stelle abgeben.

§. 2226. (II 2119.)

Der Erblasser kann in einem unter Angabe des Ortes und Tages der Ausstellung eigenhändig geschriebenen und unterschriebenen Testamente Vermächtnisse anordnen, sofern diese nicht im Gesammtbetrage den zwanzigsten Theil des Nachlasses übersteigen. Der Werth des Nachlasses und der Vermächtnisse wird nach den §§. 2285 bis 2287 berechnet.

Uebersteigen die Vermächtnisse diese Grenze, so werden sie entsprechend gekürzt; die Kürzung erfolgt, sofern nicht der Erblasser ein Anderes bestimmt hat, nach dem Verhältnisse des Werthes. Wer mit einem bestimmten Gegenstande bedacht ist, kann Leistung des Gegenstandes gegen Vergütung des Werthes verlangen, um den das Vermächtniß gekürzt wird.

Fällt eines der Vermächtnisse weg, so kommt der frei werdende Betrag den übrigen zu Statten.

§ 2227. (II 2120.)

Der Erblasser kann in der durch §. 2226 Abs. 1 bestimmten Form Anordnungen über sein Begräbniß sowie diejenigen familienrechtlichen Anordnungen treffen, welche in den §§. 1353, 1578, 1618, 1619, 1630, 1665, 1666, 1755, 1760, 1775, 1781, 1834, 1846, 1858, 1887, 1895 bezeichnet sind. Das Gleiche gilt von der Ernennung eines Testamentsvollstreckers.

§. 2228. (I 1753 Abs. 2, 1933 Abs. 1, II 2121.)

Ein Testament sowie eine einzelne in einem Testament enthaltene Verfügung kann von dem Erblasser jederzeit widerrufen werden.

Der Widerruf erfolgt durch Testament. Verfügungen der in den §§. 2226, 2227 bezeichneten Art können, wenn sie in der dort bestimmten Form getroffen worden sind, in der gleichen Form widerrufen werden.

§. 2229. (I 1934, II 2122.)

Ein Testament kann auch dadurch widerrufen werden, daß der Erblasser in der Absicht, es aufzuheben, die Testamentsurkunde vernichtet oder an ihr Veränderungen vornimmt, durch die der Wille, eine schriftliche Willenserklärung aufzuheben, ausgedrückt zu werden pflegt.

Hat der Erblasser die Testamentsurkunde vernichtet oder in der bezeichneten Weise verändert, so wird vermuthet, daß er die Aufhebung des Testaments beabsichtigt habe.

§. 2230. (I 1935, II 2123.)

Der Erblasser kann die Herausgabe des in amtliche Verwahrung genommenen Testaments verlangen. Die Herausgabe darf nur an den Erblasser persönlich erfolgen. Mit der Empfangnahme der Urkunde durch den Erblasser gilt das Testament als widerrufen.

§. 2231. (I 1933 Abs. 2, II 2124.)

Wird der durch Testament erfolgte Widerruf einer letztwilligen Verfügung widerrufen, so ist die Verfügung wirksam, wie wenn sie nicht widerrufen worden wäre.

§. 2232. (I 1936, II 2125.)

Durch die Errichtung eines Testaments wird ein früheres Testament insoweit aufgehoben, als das spätere Testament mit dem früheren in Widerspruch steht.

Wird das spätere Testament widerrufen, so ist das frühere Testament in gleicher Weise wirksam, wie wenn es nicht aufgehoben worden wäre.

§. 2233. (I 1937, II 2126.)

Wer ein Testament, das nicht in amtliche Verwahrung gebracht ist, im Besitze hat, ist verpflichtet, es unverzüglich, nachdem er von dem Tode des Erblassers Kenntniß erlangt hat, an das Nachlaßgericht abzuliefern.

Befindet sich ein Testament bei einer anderen Behörde als einem Gericht oder befindet es sich bei einem Notar in amtlicher Verwahrung, so ist es nach dem Tode des Erblassers an das Nachlaßgericht abzuliefern. Das Nachlaßgericht hat, wenn es von dem Testamente Kenntniß erlangt, die Ablieferung zu veranlassen.

§. 2234. (I 1938 Abs. 1, II 2127.)

Das Nachlaßgericht hat, sobald es von dem Tode des Erblassers Kenntniß erlangt, zur Eröffnung eines in seiner Verwahrung befindlichen Testaments einen Termin zu bestimmen. Zu dem Termine sollen die gesetzlichen Erben des Erblassers und die sonstigen Betheiligten soweit thunlich geladen werden.

In dem Termin ist das Testament zu öffnen, den Betheiligten zu verkünden und ihnen auf Verlangen vorzulegen. Die Verkündung darf im Falle der Vorlegung unterbleiben.

Ueber die Eröffnung ist ein Protokoll aufzunehmen. War das Testament verschlossen, so ist in dem Protokolle festzustellen, ob der Verschluß unversehrt war.

§. 2235. (I 1938 Abs. 2, II 2128.)

Hat ein anderes Gericht als das Nachlaßgericht das Testament in amtlicher Verwahrung, so liegt dem anderen Gerichte die Eröffnung des Testaments ob. Das Testament ist nebst einer beglaubigten Abschrift des über die Eröffnung aufgenommenen Protokolls dem Nachlaßgerichte zu übersenden; eine beglaubigte Abschrift des Testaments ist zurückzubehalten.

§. 2236. (I 1939 Abs. 1, II 2129.)

Das Nachlaßgericht hat die Betheiligten, welche bei der Eröffnung des Testaments nicht zugegen gewesen sind, von dem sie betreffenden Inhalte des Testaments in Kenntniß zu setzen.

§. 2237. (I 1938 Abs. 3, II 2130.)

Eine Anordnung des Erblassers, durch die er verbietet, das Testament alsbald nach seinem Tode zu eröffnen, ist nichtig.

§. 2238. (I 1939 Abs. 2, II 2131.)

Wer ein rechtliches Interesse glaubhaft macht, ist berechtigt, von einem eröffneten Testament Einsicht zu nehmen sowie eine Abschrift des Testaments oder einzelner Theile zu fordern; die Abschrift ist auf Verlangen zu beglaubigen.

Achter Titel.

Gemeinschaftliches Testament.

§. 2239. (I 1913, II 2132.)

Ein gemeinschaftliches Testament kann nur von Ehegatten errichtet werden.

§. 2240. (II 2133.)

Ein gemeinschaftliches Testament kann nach §. 2221 auch dann errichtet werden, wenn die Voraussetzung des §. 2221 nur auf Seiten eines der Ehegatten vorliegt.

§. 2241. (II 2134.)

Zur Errichtung eines gemeinschaftlichen Testaments nach §. 2222 Abs. 1 Nr. 2, §. 2226 oder §. 2227 genügt es, wenn einer der Ehegatten das Testament in der dort vorgeschriebenen Form errichtet und der andere Ehegatte die Erklärung beifügt, daß das Testament auch als sein Testament gelten solle. Die Erklärung muß unter Angabe des Ortes und Tages der Ausstellung eigenhändig geschrieben und unterschrieben werden.

§. 2242. (II 2135.)

Ein gemeinschaftliches Testament ist in den Fällen des §. 2054 seinem ganzen Inhalte nach unwirksam.

Wird die Ehe vor dem Tode eines der Ehegatten aufgelöst oder liegen die Voraussetzungen des §. 2054 Abs. 1 Satz 2 vor, so bleiben die Verfügungen insoweit wirksam, als anzunehmen ist, daß sie auch für diesen Fall getroffen sein würden.

§. 2243. (II 2136.)

Haben die Ehegatten in einem gemeinschaftlichen Testamente, durch das sie sich gegenseitig als Erben einsetzen, bestimmt, daß nach dem Tode des Ueberlebenden der beiderseitige Nachlaß an einen Dritten fallen soll, so ist im Zweifel anzunehmen, daß der Dritte für den gesammten Nachlaß als Erbe des zuletzt versterbenden Ehegatten eingesetzt ist.

Haben die Ehegatten in einem solchen Testament ein Vermächtniß angeordnet, das nach dem Tode des Ueberlebenden erfüllt werden soll, so ist im Zweifel anzunehmen, daß das Vermächtniß dem Bedachten erst mit dem Tode des Ueberlebenden anfallen soll.

§. 2244. (II 2137.)

Haben die Ehegatten in einem gemeinschaftlichen Testamente Verfügungen getroffen, von denen anzunehmen ist, daß die Verfügung des einen nicht ohne die Verfügung des anderen getroffen sein würde, so hat die Nichtigkeit oder der Widerruf der einen Verfügung die Unwirksamkeit der anderen zur Folge.

Ein solches Verhältniß der Verfügungen zu einander ist im Zweifel anzunehmen, wenn sich die Ehegatten gegenseitig bedenken oder wenn dem einen Ehegatten von dem anderen eine Zuwendung gemacht und für den Fall des

Ueberlebens des Bedachten eine Verfügung zu Gunsten einer Person getroffen wird, die mit dem anderen Ehegatten verwandt ist oder ihm sonst nahe steht.

Auf andere Verfügungen als Erbeinsetzungen, Vermächtnisse oder Auflagen findet die Vorschrift des Abs. 1 keine Anwendung.

§. 2245. (II 2138.)

Der Widerruf einer Verfügung, die mit einer Verfügung des anderen Ehegatten in dem im §. 2244 bezeichneten Verhältnisse steht, erfolgt bei Lebzeiten der Ehegatten nach den für den Rücktritt von einem Erbvertrage geltenden Vorschriften des §. 2270. Durch eine neue Verfügung von Todeswegen kann ein Ehegatte bei Lebzeiten des anderen seine Verfügung nicht einseitig aufheben.

Das Recht zum Widerruf erlischt mit dem Tode des anderen Ehegatten; der Ueberlebende kann jedoch seine Verfügung aufheben, wenn er das ihm Zugewendete ausschlägt. Auch nach der Annahme der Zuwendung ist der Ueberlebende zur Aufhebung nach Maßgabe des §. 2268 und des §. 2310 berechtigt.

Ist ein pflichttheilsberechtigter Abkömmling der Ehegatten oder eines der Ehegatten bedacht, so findet die Vorschrift des §. 2263 Abs. 2 entsprechende Anwendung.

§. 2246. (II 2139.)

Ein gemeinschaftliches Testament kann nach §. 2230 nur von beiden Ehegatten zurückgenommen werden.

§. 2247. (II 2140.)

Bei der Eröffnung eines gemeinschaftlichen Testaments sind die Verfügungen des überlebenden Ehegatten, soweit sie sich sondern lassen, weder zu verkünden noch sonst zur Kenntniß der Betheiligten zu bringen. Von den Verfügungen des verstorbenen Ehegatten ist eine beglaubigte Abschrift anzufertigen. Das Testament ist wieder zu verschließen und in die besondere amtliche Verwahrung zurückzubringen.

Vierter Abschnitt.

Erbvertrag.

§. 2248. (I 1941, II 2141.)

Der Erblasser kann einen Erbvertrag nur persönlich schließen.

§. 2249. (I 1942, II 2142.)

Einen Erbvertrag kann als Erblasser nur schließen, wer unbeschränkt geschäftsfähig ist.

Ein Ehegatte kann als Erblasser mit seinem Ehegatten einen Erbvertrag schließen, auch wenn er in der Geschäftsfähigkeit beschränkt ist. Er bedarf in diesem Falle der Zustimmung seines gesetzlichen Vertreters; ist der gesetzliche Vertreter ein Vormund, so ist auch die Genehmigung des Vormundschaftsgerichts erforderlich.

Die Vorschriften des Abs. 2 gelten auch für Verlobte.

§. 2250. (I 1943, 1944, II 2143.)

Ein Erbvertrag kann nur vor einem Richter oder vor einem Notar bei gleichzeitiger Anwesenheit beider Theile geschlossen werden. Die Vorschriften des §. 2207 Abs. 2 und der §§. 2208 bis 2219 finden Anwendung; was nach diesen Vorschriften für den Erblasser gilt, gilt für jeden der Vertragschließenden.

Für einen Erbvertrag zwischen Ehegatten oder zwischen Verlobten, der mit einem Ehevertrag in derselben Urkunde verbunden wird, genügt die für den Ehevertrag vorgeschriebene Form.

§. 2251. (I 1945 Satz 1, 2, II 2144.)

Die über einen Erbvertrag aufgenommene Urkunde soll nach Maßgabe des §. 2220 verschlossen, mit einer Aufschrift versehen und in besondere amtliche Verwahrung gebracht werden, sofern nicht die Parteien das Gegentheil verlangen. Das Gegentheil gilt im Zweifel als verlangt, wenn der Erbvertrag mit einem anderen Vertrag in derselben Urkunde verbunden wird.

Ueber einen in besondere amtliche Verwahrung genommenen Erbvertrag soll jedem der Vertragschließenden ein Hinterlegungsschein ertheilt werden.

§. 2252. (I 1940 Abs. 3, 1956 Abs. 4, II 2145.)

In einem Erbvertrage kann jeder der Vertragschließenden vertragsmäßige Verfügungen von Todeswegen treffen.

Andere Verfügungen als Erbeinsetzungen, Vermächtnisse und Auflagen können vertragsmäßig nicht getroffen werden.

§. 2253. (I 1946, 1948 Abs. 2, II 2146.)

Auf vertragsmäßige Zuwendungen und Auflagen finden die für letztwillige Zuwendungen und Auflagen geltenden Vorschriften entsprechende Anwendung.

Die Vorschriften des §. 2054 gelten für einen Erbvertrag zwischen Ehegatten oder Verlobten auch insoweit, als ein Dritter bedacht ist.

§. 2254. (II 2147.)

Haben Ehegatten in einem Erbvertrage, durch den sie sich gegenseitig als Erben einsetzen, bestimmt, daß nach dem Tode des Ueberlebenden der beiderseitige Nachlaß an einem Dritten fallen soll, oder ein Vermächtniß angeordnet, das nach dem Tode des Ueberlebenden zu erfüllen ist, so finden die Vorschriften des §. 2243 entsprechende Anwendung.

§. 2255. (I 1948 Abs. 1, II 2148 Abs. 1, 3.)

Der Erbvertrag kann auf Grund der §§. 2055, 2056 auch von dem Erblasser angefochten werden; zur Anfechtung auf Grund des §. 2056 ist erforderlich, daß der Pflichtteilsberechtigte zur Zeit der Anfechtung vorhanden ist.

Soll nach dem Tode des anderen Vertragschließenden eine zu Gunsten eines Dritten getroffene Verfügung von dem Erblasser angefochten werden, so ist die Anfechtung dem Nachlaßgerichte gegenüber zu erklären. Das Nachlaßgericht soll die Erklärung dem Dritten mittheilen.

§. 2256. (I 1948 Abs. 4, II 2148 Abs. 2, 2149, Abs. 1, 2.)

Die Anfechtung kann nicht durch einen Vertreter des Erblassers erfolgen. Ist der Erblasser in der Geschäftsfähigkeit beschränkt, so bedarf er zur Anfechtung nicht der Zustimmung seines gesetzlichen Vertreters.

Für einen geschäftsunfähigen Erblasser kann sein gesetzlicher Vertreter mit Genehmigung des Vormundschaftsgerichts den Erbvertrag anfechten.

Die Anfechtungserklärung bedarf der gerichtlichen oder notariellen Beurkundung.

§. 2257. (I 1948 Abs. 5, II 2150.)

Die Anfechtung durch den Erblasser kann nur binnen Jahresfrist erfolgen.

Die Frist beginnt im Falle der Anfechtbarkeit wegen Drohung mit dem Zeitpunkt, in welchem die Zwangslage aufhört, in den übrigen Fällen mit dem Zeitpunkt, in welchem der Erblasser von dem Anfechtungsgrunde Kenntniß erlangt. Auf den Lauf der Frist finden die für die Verjährung geltenden Vorschriften der §§. 198, 201 entsprechende Anwendung.

Hat im Falle des §. 2256 Abs. 2 der gesetzliche Vertreter den Erbvertrag nicht rechtzeitig angefochten, so kann nach dem Wegfalle der Geschäftsunfähigkeit der Erblasser selbst den Erbvertrag in gleicher Weise anfechten, wie wenn er ohne gesetzlichen Vertreter gewesen wäre.

§. 2258. (I 1948 Abs. 4, II 2149 Abs. 3.)

Die Bestätigung eines anfechtbaren Erbvertrages kann nur durch den Erblasser persönlich erfolgen. Ist der Erblasser in der Geschäftsfähigkeit beschränkt, so ist die Bestätigung ausgeschlossen.

§. 2259. (I 1949 Abs. 2, II 2151.)

Die im §. 2057 bezeichneten Personen können den Erbvertrag auf Grund der §§. 2055, 2056 nicht mehr anfechten, wenn das Anfechtungsrecht des Erblassers zur Zeit des Erbfalls erloschen ist.

§. 2260. (I 1951, II 2152.)

Durch den Erbvertrag wird das Recht des Erblassers, über sein Vermögen durch Rechtsgeschäft unter Lebenden zu verfügen, nicht beschränkt.

§. 2261. (I 1952 Abs. 1, 2, II 2153.)

Hat der Erblasser in der Absicht, den Vertragserben zu beeinträchtigen, eine Schenkung gemacht, so kann der Vertragserbe, nachdem ihm die Erbschaft angefallen ist, von dem Beschenkten die Herausgabe des Geschenkes nach den Vorschriften über die Herausgabe einer ungerechtfertigten Bereicherung fordern. Der Anspruch verjährt in drei Jahren von dem Anfalle der Erbschaft an.

§. 2262. (I 1956 Abs. 3 Satz 2, II 2154.)

Hat der Erblasser den Gegenstand eines vertragsmäßig angeordneten Vermächtnisses in der Absicht, den Bedachten zu beeinträchtigen, zerstört, bei Seite geschafft oder beschädigt, so tritt, soweit der Erbe dadurch außer Stand gesetzt ist, die Leistung zu bewirken, an die Stelle des Gegenstandes der Werth.

Hat der Erblasser den Gegenstand in der Absicht, den Bedachten zu beeinträchtigen, veräußert oder belastet, so ist der Erbe verpflichtet, dem Bedachten den Gegenstand zu verschaffen oder die Belastung zu beseitigen; auf diese Verpflichtung finden die Vorschriften des §. 2146 Abs. 2 entsprechende Anwendung. Ist die Veräußerung oder die Belastung schenkweise erfolgt, so steht dem Bedachten, soweit er nicht von dem Erben Ersatz erlangen kann, der im §. 2261 bestimmte Anspruch gegen den Beschenkten zu.

§. 2263. (I 1953 Abs. 1 Satz 1, Abs. 2, II 2155.)

Durch den Erbvertrag wird eine frühere letztwillige Verfügung des Erblassers aufgehoben, soweit sie das Recht des vertragsmäßig Bedachten beeinträchtigen würde. In dem gleichen Umfang ist eine spätere Verfügung von Todeswegen unwirksam, unbeschadet der Vorschrift des §. 2271.

Ist der Bedachte ein pflichttheilsberechtigter Abkömmling des Erblassers, so kann der Erblasser durch eine spätere letztwillige Verfügung die nach §. 2312 zulässigen Anordnungen treffen.

§. 2264. (I 1957, II 2156.)

Ein Erbvertrag sowie eine einzelne vertragsmäßige Verfügung kann durch Vertrag von den Personen aufgehoben werden, die den Erbvertrag geschlossen haben. Nach dem Tode einer dieser Personen kann die Aufhebung nicht mehr erfolgen.

Der Erblasser kann den Vertrag nur persönlich schließen. Ist er in der Geschäftsfähigkeit beschränkt, so bedarf er nicht der Zustimmung seines gesetzlichen Vertreters.

Steht der andere Theil unter Vormundschaft, so ist die Genehmigung des Vormundschaftsgerichts erforderlich. Das Gleiche gilt, wenn er unter elterlicher Gewalt steht, es sei denn, daß der Vertrag zwischen Ehegatten oder zwischen Verlobten geschlossen wird.

Der Vertrag bedarf der im §. 2250 für den Erbvertrag vorgeschriebenen Form.

§. 2265. (II 2157.)

Eine vertragsmäßige Verfügung, durch die ein Vermächtniß oder eine Auflage angeordnet ist, kann von dem Erblasser durch Testament aufgehoben werden. Zur Wirksamkeit der Aufhebung ist die Zustimmung des anderen Vertragschließenden erforderlich; die Vorschriften des §. 2264 Abs. 3 finden Anwendung.

Die Zustimmungserklärung bedarf der gerichtlichen oder notariellen Beurkundung; die Zustimmung ist unwiderruflich.

§. 2266. (II 2158.)

Ein zwischen Ehegatten geschlossener Erbvertrag kann auch durch ein gemeinschaftliches Testament der Ehegatten aufgehoben werden; die Vorschriften des §. 2264 Abs. 3 finden Anwendung.

§. 2267. (I 1958 Abs. 1 Satz 1, II 2159.)

Der Erblasser kann von dem Erbvertrage zurücktreten, wenn er sich den Rücktritt im Vertrage vorbehalten hat.

§. 2268. (II 2160 Abs. 1.)

Der Erblasser kann von einer vertragsmäßigen Verfügung zurücktreten, wenn sich der Bedachte einer Verfehlung schuldig macht, die den Erblasser zur Entziehung des Pflichttheils berechtigt oder, falls der Bedachte nicht zu den Pflichttheilsberechtigten gehört, zu der Entziehung berechtigen würde, wenn der Bedachte ein Abkömmling des Erblassers wäre.

§. 2269. (II 2161.)

Der Erblasser kann von einer vertragsmäßigen Verfügung zurücktreten, wenn die Verfügung mit Rücksicht auf eine rechtsgeschäftliche Verpflichtung des Bedachten, dem Erblasser für dessen Lebenszeit wiederkehrende Leistungen zu entrichten, insbesondere Unterhalt zu gewähren, getroffen ist und die Verpflichtung vor dem Tode des Erblassers aufgehoben wird.

§. 2270. (I 1958, II 2162 Abs. 1, 2.)

Der Rücktritt kann nicht durch einen Vertreter erfolgen. Ist der Erblasser in der Geschäftsfähigkeit beschränkt, so bedarf er nicht der Zustimmung seines gesetzlichen Vertreters.

Der Rücktritt erfolgt durch Erklärung gegenüber dem anderen Vertragschließenden. Die Erklärung bedarf der gerichtlichen oder notariellen Beurkundung.

§. 2271. (I 1961, II 2163.)

Soweit der Erblasser zum Rücktritte berechtigt ist, kann er nach dem Tode des anderen Vertragschließenden die vertragsmäßige Verfügung durch Testament aufheben. In den Fällen des §. 2268 finden die Vorschriften des §. 2310 Abs. 2 bis 4 entsprechende Anwendung.

§. 2272. (I 1959, 1961, II 2164.)

Sind in einem Erbvertrage von beiden Theilen vertragsmäßige Verfügungen getroffen, so hat die Nichtigkeit einer dieser Verfügungen die Unwirksamkeit des ganzen Vertrags zur Folge.

Ist in einem solchen Vertrage der Rücktritt vorbehalten, so wird durch den Rücktritt eines der Vertragschließenden der ganze Vertrag aufgehoben. Das Rücktrittsrecht erlischt mit dem Tode des anderen Vertragschließenden. Der Ueberlebende kann jedoch, wenn er das ihm durch den Vertrag Zugewendete ausschlägt, seine Verfügung durch Testament aufheben.

Die Vorschriften des Abs. 1 und des Abs. 2 Satz 1, 2 finden keine Anwendung, wenn ein anderer Wille der Vertragschließenden anzunehmen ist.

§. 2273. (I 1955, 1956 Abs. 1, 1960, II 2165.)

Jeder der Vertragschließenden kann in dem Erbvertrag einseitig jede Verfügung treffen, die durch Testament getroffen werden kann.

Für eine Verfügung dieser Art gilt das Gleiche, wie wenn sie durch Testament getroffen worden wäre. Die Verfügung kann auch in einem Vertrag aufgehoben werden, durch den eine vertragsmäßige Verfügung aufgehoben wird. Wird der Erbvertrag durch Ausübung des Rücktrittsrechts oder durch Vertrag aufgehoben, so tritt die Verfügung außer Kraft, sofern nicht ein anderer Wille des Erblassers anzunehmen ist.

§. 2274. (I 1945 Satz 3, II 2166.)

Die für die Eröffnung eines Testaments geltenden Vorschriften der §§. 2233 bis 2237, 2247 finden auf den Erbvertrag entsprechende Anwendung, die Vorschriften des §. 2247 Satz 2, 3 jedoch nur dann, wenn sich der Erbvertrag in besonderer amtlicher Verwahrung befindet.

§. 2275. (I 1963, II 2167.)

Auf ein Schenkungsversprechen, welches unter der Bedingung ertheilt wird, daß der Beschenkte den Schenker überlebt, finden die Vorschriften über Verfügungen von Todeswegen Anwendung. Das Gleiche gilt für ein schenkweise unter dieser Bedingung ertheiltes Schuldversprechen oder Schuldanerkenntniß der in den §§. 765, 766 bezeichneten Art.

Vollzieht der Schenker die Schenkung durch Leistung des zugewendeten Gegenstandes, so finden die Vorschriften über Schenkungen unter Lebenden Anwendung.

§. 2276. (I 1754, II 2168.)

Ein Vertrag, durch den sich Jemand verpflichtet, eine Verfügung von Todeswegen zu errichten oder nicht zu errichten, aufzuheben oder nicht aufzuheben, ist nichtig.

Fünfter Abschnitt.

Pflichttheil.

§. 2277. (I 1975 Abs. 1, 1976 Abs. 2, 1978, II 2169.)

Ist ein Abkömmling des Erblassers durch Verfügung von Todeswegen von der Erbfolge ausgeschlossen, so kann er von dem Erben den Pflichttheil verlangen. Der Pflichttheil besteht in der Hälfte des Werthes des gesetzlichen Erbtheils.

Das gleiche Recht steht den Eltern und dem Ehegatten des Erblassers zu, wenn sie durch Verfügung von Todeswegen von der Erbfolge ausgeschlossen sind.

§. 2278. (I 1977, II 2170.)

Die Zuwendung des Pflichttheils ist im Zweifel nicht als Erbeinsetzung anzusehen.

§. 2279. (I 1979, II 2171.)

Ist einem Pflichttheilsberechtigten ein Erbtheil hinterlassen, der geringer ist als die Hälfte des gesetzlichen Erbtheils, so kann der Pflichttheilsberechtigte von den Miterben als Pflichttheil den Werth des an der Hälfte fehlenden Theiles verlangen.

§. 2280. (I 1981 Abs. 1 Satz 1, Abs. 2, 2034 Abs. 1, II 2172.)

Ist ein als Erbe berufener Pflichttheilsberechtigter durch die Einsetzung eines Nacherben, die Ernennung eines Testamentsvollstreckers oder eine Theilungsanordnung beschränkt oder ist er mit einem Vermächtniß oder einer Auflage beschwert, so gilt die Beschränkung oder die Beschwerung als nicht angeordnet, wenn der ihm hinterlassene Erbtheil die Hälfte des gesetzlichen Erbtheils nicht übersteigt. Ist der hinterlassene Erbtheil größer, so kann der Pflichttheilsberechtigte den Pflichttheil verlangen, wenn er den Erbtheil ausschlägt; die Ausschlagungsfrist beginnt erst, wenn der Pflichttheilsberechtigte von der Beschränkung oder der Beschwerung Kenntniß erlangt.

Einer Beschränkung der Erbeinsetzung steht es gleich, wenn der Pflichttheilsberechtigte als Nacherbe eingesetzt ist.

§. 2281. (I 1980, 1982, II 2173.)

Ist ein Pflichttheilsberechtigter mit einem Vermächtnisse bedacht, so kann er den Pflichttheil verlangen, wenn er das Vermächtniß ausschlägt. Schlägt er nicht aus, so steht ihm ein Recht auf den Pflichttheil nicht zu, soweit der Werth des Vermächtnisses reicht; bei der Berechnung des Werthes bleiben Beschränkungen und Beschwerungen der im §. 2280 bezeichneten Art außer Betracht.

Der mit dem Vermächtnisse beschwerte Erbe kann den Pflichttheilsberechtigten unter Bestimmung einer angemessenen Frist zur Erklärung über die Annahme des Vermächtnisses auffordern. Mit dem Ablaufe der Frist gilt das Vermächtniß als ausgeschlagen, wenn nicht vorher die Annahme erklärt wird.

§. 2282. (I 2040 Abs. 1, II 2174.)

Hat ein Pflichttheilsberechtigter, der als Erbe oder als Vermächtnißnehmer in der im §. 2280 bezeichneten Art beschränkt oder beschwert ist, die Erbschaft oder das Vermächtniß ausgeschlagen, so kann er die Ausschlagung anfechten, wenn die Beschränkung oder die Beschwerung zur Zeit der Ausschlagung weggefallen und der Wegfall ihm nicht bekannt war.

Auf die Anfechtung der Ausschlagung eines Vermächtnisses finden die für die Anfechtung der Ausschlagung einer Erbschaft geltenden Vorschriften entsprechende Anwendung. Die Anfechtung erfolgt durch Erklärung gegenüber dem Beschwerten.

§. 2283. (I 1983, II 2175.)

Entferntere Abkömmlinge und die Eltern des Erblassers sind insoweit nicht pflichttheilsberechtigt, als ein Abkömmling, der sie im Falle der gesetzlichen Erbfolge ausschließen würde, den Pflichttheil verlangen kann oder das ihm Hinterlassene annimmt.

§. 2284. (I 1984, II 2176.)

Bei der Feststellung des für die Berechnung des Pflichttheils maßgebenden Erbtheils werden diejenigen mitgezählt, welche durch letztwillige Verfügung von der Erbfolge ausgeschlossen sind oder die Erbschaft ausgeschlagen haben oder für erbunwürdig erklärt sind. Wer durch Erbverzicht von der gesetzlichen Erbfolge ausgeschlossen ist, wird nicht mitgezählt.

§. 2285. (I 1985, 1986 Abs. 1, 2, 1897, II 2177.)

Der Berechnung des Pflichttheils wird der Bestand und der Werth des Nachlasses zur Zeit des Erbfalls zu Grunde gelegt. Bei der Berechnung des Pflichttheils der Eltern des Erblassers bleibt der dem überlebenden Ehegatten gebührende Voraus außer Ansatz.

Der Werth ist, soweit erforderlich, durch Schätzung zu ermitteln. Eine vom Erblasser getroffene Werthbestimmung ist nicht maßgebend.

§. 2286.

Hat der Erblasser angeordnet, daß einer von mehreren Erben das Recht haben soll, ein zum Nachlasse gehörendes Landgut zu dem Ertragswerthe zu übernehmen, so ist, wenn von dem Rechte Gebrauch gemacht wird, der Ertragswerth auch für die Berechnung des Pflichttheils maßgebend.

§. 2287. (I 1986 Abs. 3 Satz 1 bis 3, Abs. 4, II 2178.)

Bei der Feststellung des Werthes des Nachlasses bleiben Rechte und Verbindlichkeiten, die von einer aufschiebenden Bedingung abhängig sind, außer Ansatz. Rechte und Verbindlichkeiten, die von einer auflösenden Bedingung abhängig sind, kommen als unbedingte in Ansatz. Tritt die Bedingung ein, so hat die der veränderten Rechtslage entsprechende Ausgleichung zu erfolgen.

Für ungewisse oder unsichere Rechte sowie für zweifelhafte Verbindlichkeiten gilt das Gleiche wie für Rechte und Verbindlichkeiten, die von einer aufschiebenden

Bedingung abhängig sind. Der Erbe ist dem Pflichttheilsberechtigten gegenüber verpflichtet, für die Feststellung eines ungewissen und für die Verfolgung eines unsicheren Rechtes zu sorgen, soweit es einer ordnungsmäßigen Verwaltung entspricht.

§. 2288. (I 1988 Abs. 1 Satz 1, II 2179.)

Ist der Pflichttheilsberechtigte nicht Erbe, so hat ihm der Erbe auf Verlangen über den Bestand des Nachlasses Auskunft zu ertheilen. Der Pflichttheilsberechtigte kann verlangen, daß er bei der Aufnahme des ihm nach §. 254 vorzulegenden Verzeichnisses der Nachlaßgegenstände zugezogen und daß der Werth der Nachlaßgegenstände ermittelt wird. Er kann auch verlangen, daß das Verzeichniß durch die zuständige Behörde oder durch einen zuständigen Beamten oder Notar aufgenommen wird.

Die Kosten fallen dem Nachlasse zur Last.

§. 2289. (I 1989 Abs. 1 Nr. 1, 2, Abs. 2 bis 4, 1990 Abs. 1, II 2180.)

Der Pflichttheilsberechtigte hat sich auf den Pflichttheil anrechnen zu lassen, was ihm von dem Erblasser durch Rechtsgeschäft unter Lebenden mit der Bestimmung, daß es auf den Pflichttheil angerechnet werden soll, zugewendet oder unter der Bedingung, daß er den Erblasser überlebt, geschenkt worden ist. Die Bestimmung, daß eine Zuwendung auf den Erbtheil angerechnet werden soll, gilt im Zweifel auch für die Anrechnung auf den Pflichttheil.

Der Werth der Zuwendung wird bei der Bestimmung des Pflichttheils dem Nachlasse hinzugerechnet. Der Werth bestimmt sich nach der Zeit, zu welcher die Zuwendung erfolgt ist.

Ist der Pflichttheilsberechtigte ein Abkömmling des Erblassers, so finden die Vorschriften des §. 2028 Abs. 1 und der §§. 2029, 2030 entsprechende Anwendung.

§. 2290. (I 1989 Abs. 1 Nr. 3, Abs. 4, 1990 Abs. 2, II 2181.)

Der Pflichttheil eines Abkömmlinges bestimmt sich, wenn mehrere Abkömmlinge vorhanden sind und unter ihnen im Falle der gesetzlichen Erbfolge eine Zuwendung des Erblassers zur Ausgleichung zu bringen sein würde, nach demjenigen, was auf den gesetzlichen Erbtheil unter Berücksichtigung der Ausgleichungspflicht bei der Theilung entfallen würde. Ein Abkömmling, der durch Erbverzicht von der gesetzlichen Erbfolge ausgeschlossen ist, bleibt bei der Berechnung außer Betracht.

Ist der Pflichttheilsberechtigte Erbe und beträgt der Pflichttheil nach Abs. 1 mehr als der Werth des hinterlassenen Erbtheils, so kann der Pflichttheilsberechtigte von dem Miterben den Mehrbetrag als Pflichttheil verlangen, auch wenn der hinterlassene Erbtheil die Hälfte des gesetzlichen Erbtheils erreicht oder übersteigt.

Eine Zuwendung der im §. 2027 Abs. 1 bezeichneten Art kann der Erblasser nicht zum Nachtheil eines Pflichttheilsberechtigten von der Berücksichtigung ausschließen.

§. 2291. (I 1992 Abs. 1, Abs. 2 Satz 1, II 2182.)

Der Anspruch auf den Pflichttheil entsteht mit dem Erbfalle.

Der Anspruch ist vererblich und übertragbar.

§. 2292. (I 1993, II 2183.)

Der Erbe kann die Erfüllung eines ihm auferlegten Vermächtnisses soweit verweigern, daß die Pflichttheilslast von ihm und dem Vermächtnißnehmer verhältnißmäßig getragen wird. Das Gleiche gilt von einer Auflage.

Einem pflichttheilsberechtigten Vermächtnißnehmer gegenüber ist die Kürzung nur soweit zulässig, daß ihm der Pflichttheil verbleibt.

Ist der Erbe selbst pflichttheilsberechtigt, so kann er wegen der Pflichttheilslast das Vermächtniß und die Auflage soweit kürzen, daß ihm sein eigener Pflichttheil verbleibt.

§. 2293. (II 2184.)

Ist einer von mehreren Erben selbst pflichttheilsberechtigt, so kann er nach der Theilung die Befriedigung eines anderen Pflichttheilsberechtigten soweit verweigern, daß ihm sein eigener Pflichttheil verbleibt. Für den Ausfall haften die übrigen Erben.

§. 2294. (I 1995, 1996 Abs. 1, II 2185.)

Wer an Stelle des Pflichttheilsberechtigten gesetzlicher Erbe wird, hat im Verhältnisse zu Miterben die Pflichttheilslast und, wenn der Pflichttheilsberechtigte ein ihm zugewendetes Vermächtniß annimmt, das Vermächtniß in Höhe des erlangten Vortheils zu tragen.

Das Gleiche gilt im Zweifel von demjenigen, welchem der Erblasser den Erbtheil des Pflichttheilsberechtigten durch Verfügung von Todeswegen zugewendet hat.

§. 2295. (I 1996 Abs. 1, II 2186.)

Schlägt der Pflichttheilsberechtigte ein ihm zugewendetes Vermächtniß aus, so hat im Verhältnisse der Erben und der Vermächtnißnehmer zu einander derjenige, welchem die Ausschlagung zu Statten kommt, die Pflichttheilslast in Höhe des erlangten Vortheils zu tragen.

§. 2296. (I 1996 Abs. 2, II 2187.)

Ist eine von dem Pflichttheilsberechtigten ausgeschlagene Erbschaft oder ein von ihm ausgeschlagenes Vermächtniß mit einem Vermächtniß oder einer Auflage beschwert, so kann derjenige, welchem die Ausschlagung zu Statten kommt, das Vermächtniß oder die Auflage soweit kürzen, daß ihm der zur Deckung der Pflichttheilslast erforderliche Betrag verbleibt.

§. 2297. (I 1997, II 2188.)

Der Erbe kann die Erfüllung eines Vermächtnisses oder einer Auflage auf Grund des §. 2292 Abs. 1 insoweit nicht verweigern, als er die Pflichttheilslast nach den §§. 2294 bis 2296 nicht zu tragen hat.

§. 2298. (I 1994 Satz 2, 1998, II 2189.)

Der Erblasser kann durch Verfügung von Todeswegen die Pflichttheilslast im Verhältnisse der Erben zu einander einzelnen Erben auferlegen und von den Vorschriften des §. 2292 Abs. 1 und der §§. 2294 bis 2297 abweichende Anordnungen treffen.

§. 2299. (I 2009, 2010, II 2190.)

Hat der Erblasser einem Dritten eine Schenkung aus dem Stamme seines Vermögens gemacht, so kann der Pflichttheilsberechtigte als Ergänzung des Pflichttheils den Betrag verlangen, um den sich der Pflichttheil erhöht, wenn der verschenkte Gegenstand dem Nachlasse hinzugerechnet wird.

Eine verbrauchbare Sache kommt mit dem Werthe in Ansatz, den sie zur Zeit der Schenkung hatte. Ein anderer Gegenstand kommt mit dem Werthe in Ansatz, den er zur Zeit des Erbfalls hat; hatte er zur Zeit der Schenkung einen geringeren Werth, so wird nur dieser in Ansatz gebracht.

Die Schenkung bleibt unberücksichtigt, wenn zur Zeit des Erbfalls fünf Jahre seit der Leistung des verschenkten Gegenstandes verstrichen sind; ist die Schenkung an den Ehegatten des Erblassers erfolgt, so beginnt die Frist nicht vor der Auflösung der Ehe.

§. 2300. (I 2011, II 2191.)

Der Pflichttheilsberechtigte kann die Ergänzung des Pflichttheils auch dann verlangen, wenn ihm die Hälfte des gesetzlichen Erbtheils hinterlassen ist. Ist dem Pflichttheilsberechtigten mehr als die Hälfte hinterlassen, so ist der Anspruch ausgeschlossen, soweit der Werth des mehr Hinterlassenen reicht.

§. 2301. (I 2012, II 2192.)

Hat der Pflichttheilsberechtigte selbst ein Geschenk von dem Erblasser erhalten, so ist das Geschenk in gleicher Weise wie das dem Dritten gemachte Geschenk dem Nachlasse hinzuzurechnen und zugleich dem Pflichttheilsberechtigten auf die Ergänzung anzurechnen. Ein nach §. 2289 anzurechnendes Geschenk ist auf den Gesammtbetrag des Pflichttheils und der Ergänzung anzurechnen.

Ist der Pflichttheilsberechtigte ein Abkömmling des Erblassers, so finden die Vorschriften des §. 2028 Abs. 1 und der §§. 2029, 2030 entsprechende Anwendung.

§. 2302. (I 2013, II 2193.)

Ist der Erbe selbst pflichttheilsberechtigt, so kann er die Ergänzung des Pflichttheils soweit verweigern, daß ihm sein eigener Pflichttheil mit Einschluß dessen verbleibt, was ihm zur Ergänzung des Pflichttheils gebühren würde.

§. 2303. (I 2014 bis 2016, II 2194.)

Soweit der Erbe zur Ergänzung des Pflichttheils nicht verpflichtet ist, kann der Pflichttheilsberechtigte von dem Beschenkten die Herausgabe des Geschenkes zum Zwecke der Befriedigung wegen des fehlenden Betrags nach den Vorschriften über die Herausgabe einer ungerechtfertigten Bereicherung fordern. Ist der Pflichttheilsberechtigte der alleinige Erbe, so steht ihm das gleiche Recht zu.

Der Beschenkte kann die Herausgabe durch Zahlung des fehlenden Betrags abwenden.

Unter mehreren Beschenkten haftet der früher Beschenkte nur insoweit, als der später Beschenkte nicht verpflichtet ist.

§. 2304. (I 2018, II 2195.)

Die Vorschriften der §§. 2299 bis 2303 finden keine Anwendung auf Schenkungen, durch die einer sittlichen Pflicht oder einer auf den Anstand zu nehmenden Rücksicht entsprochen wird.

§. 2305. (I 1991, 2017, II 2196.)

Eine Zuwendung, die aus dem Gesammtgute der allgemeinen Gütergemeinschaft, der Errungenschaftsgemeinschaft oder der Fahrnißgemeinschaft erfolgt, gilt als von jedem der Ehegatten zur Hälfte gemacht. Die Zuwendung gilt jedoch, wenn sie an einen Abkömmling, der nur von einem der Ehegatten abstammt, oder an eine Person, von der nur einer der Ehegatten abstammt, erfolgt oder wenn einer der Ehegatten wegen der Zuwendung zu dem Gesammtgut Ersatz zu leisten hat, als von diesem Ehegatten gemacht.

Diese Vorschriften finden auf eine Zuwendung aus dem Gesammtgute der fortgesetzten Gütergemeinschaft entsprechende Anwendung.

§. 2306. (I 1999, II 2197.)

Der Pflichttheilsanspruch verjährt in drei Jahren von dem Zeitpunkt an, in welchem der Pflichttheilsberechtigte von dem Eintritte des Erbfalls und von der ihn beeinträchtigenden Verfügung Kenntniß erlangt, ohne Rücksicht auf diese Kenntniß in dreißig Jahren von dem Eintritte des Erbfalls an.

Der nach §. 2303 dem Pflichttheilsberechtigten gegen den Beschenkten zustehende Anspruch verjährt in drei Jahren von dem Eintritte des Erbfalls an.

Die Verjährung wird nicht dadurch gehemmt, daß die Ansprüche erst nach der Ausschlagung der Erbschaft oder eines Vermächtnisses geltend gemacht werden können.

§. 2307. (I 2000 Satz 1, 2001, II 2198.)

Der Erblasser kann einem Abkömmlinge den Pflichttheil entziehen:

1. wenn der Abkömmling dem Erblasser, dem Ehegatten oder einem anderen Abkömmlinge des Erblassers nach dem Leben trachtet;
2. wenn der Abkömmling sich einer vorsätzlichen körperlichen Mißhandlung des Erblassers oder des Ehegatten des Erblassers schuldig macht, im Falle der Mißhandlung des Ehegatten jedoch nur, wenn der Abkömmling von diesem abstammt;
3. wenn der Abkömmling sich eines Verbrechens oder eines schweren vorsätzlichen Vergehens gegen den Erblasser oder dessen Ehegatten schuldig macht;

4. wenn der Abkömmling die ihm dem Erblasser gegenüber gesetzlich obliegende Unterhaltspflicht böswillig verletzt;
5. wenn der Abkömmling einen ehrlosen oder unsittlichen Lebenswandel wider den Willen des Erblassers führt.

§. 2308. (I 2003, II 2199.)

Der Erblasser kann dem Vater den Pflichttheil entziehen, wenn dieser sich einer der im §. 2307 Nr. 1, 3, 4 bezeichneten Verfehlungen schuldig macht. Das gleiche Recht steht dem Erblasser der Mutter gegenüber zu, wenn diese sich einer solchen Verfehlung schuldig macht.

§. 2309. (I 2005, II 2200.)

Der Erblasser kann dem Ehegatten den Pflichttheil entziehen, wenn der Ehegatte sich einer Verfehlung schuldig macht, auf Grund deren der Erblasser nach den §§. 1550 bis 1553 Scheidung zu verlangen berechtigt ist.

Das Recht zur Entziehung erlischt nicht durch den Ablauf der für die Geltendmachung des Scheidungsgrundes im §. 1556 bestimmten Frist.

§. 2310. (I 2000 Satz 2, 2006 bis 2008, II 2201.)

Die Entziehung des Pflichttheils erfolgt durch letztwillige Verfügung.

Der Grund der Entziehung muß zur Zeit der Errichtung bestehen und in der Verfügung angegeben werden.

Der Beweis des Grundes liegt demjenigen ob, welcher die Entziehung geltend macht.

Im Falle des §. 2307 Nr. 5 ist die Entziehung unwirksam, wenn sich der Abkömmling zur Zeit des Erbfalls von dem ehrlosen oder unsittlichen Lebenswandel dauernd abgewendet hat.

§. 2311. (I 2004, II 2202.)

Das Recht zur Entziehung des Pflichttheils erlischt durch Verzeihung. Eine Verfügung, durch die der Erblasser die Entziehung angeordnet hat, wird durch die Verzeihung unwirksam.

§. 2312. (I 2002 Abs. 1, 3, II 2203.)

Hat sich ein Abkömmling in solchem Maße der Verschwendung ergeben oder ist er in solchem Maße überschuldet, daß sein späterer Erwerb erheblich gefährdet wird, so kann der Erblasser das Pflichttheilsrecht des Abkömmlinges durch die Anordnung beschränken, daß nach dem Tode des Abkömmlinges dessen gesetzliche Erben das ihm Hinterlassene oder den ihm gebührenden Pflichttheil als Nacherben oder als Nachvermächtnißnehmer nach dem Verhältniß ihrer gesetzlichen Erbtheile erhalten sollen. Der Erblasser kann auch für die Lebenszeit des Abkömmlinges die Verwaltung einem Testamentsvollstrecker übertragen; der Abkömmling hat in einem solchen Falle Anspruch auf den jährlichen Reinertrag.

Auf Anordnungen dieser Art finden die Vorschriften des §. 2310 Abs. 1 bis 3 entsprechende Anwendung. Die Anordnungen sind unwirksam, wenn zur Zeit des Erbfalls der Abkömmling sich dauernd von dem verschwenderischen Leben abgewendet hat oder die den Grund der Anordnung bildende Ueberschuldung nicht mehr besteht.

Sechster Abschnitt.

Erbunwürdigkeit.

§. 2313. (I 2045, II 2204.)

Erbunwürdig ist:

1. wer den Erblasser vorsätzlich und widerrechtlich getödtet oder zu tödten versucht oder in einen Zustand versetzt hat, in Folge dessen der Erblasser bis zu seinem Tode unfähig war, eine Verfügung von Todeswegen zu errichten oder aufzuheben;
2. wer den Erblasser vorsätzlich und widerrechtlich verhindert hat, eine Verfügung von Todeswegen zu errichten oder aufzuheben;
3. wer den Erblasser durch arglistige Täuschung oder durch Drohung widerrechtlich bestimmt hat, eine Verfügung von Todeswegen zu errichten oder aufzuheben;
4. wer sich in Ansehung einer Verfügung des Erblassers von Todeswegen einer nach den Vorschriften der §§. 267 bis 274 des Strafgesetzbuchs strafbaren Handlung schuldig gemacht hat.

Die Erbunwürdigkeit tritt in den Fällen des Abs. 1 Nr. 3, 4 nicht ein, wenn der Erblasser die Verfügung, zu deren Errichtung er bestimmt oder in Ansehung deren die strafbare Handlung begangen worden ist, aufgehoben hat, oder wenn die Verfügung, zu deren Aufhebung er bestimmt worden ist, durch eine später errichtete Verfügung unwirksam geworden sein würde.

§. 2314. (I 2046 Abs. 1, 2, 4 bis 6, II 2205.)

Die Erbunwürdigkeit wird durch Anfechtung des Erbschaftserwerbes geltend gemacht.

Die Anfechtung ist erst nach dem Anfalle der Erbschaft zulässig. Einem Nacherben gegenüber kann die Anfechtung erfolgen, sobald die Erbschaft dem Vorerben angefallen ist.

Die Anfechtung kann nur innerhalb der im §. 2059 bestimmten Fristen erfolgen.

§ 2315. (I 2046 Abs. 3, II 2206.)

Anfechtungsberechtigt ist Jeder, dem der Wegfall des Erbunwürdigen, sei es auch nur bei dem Wegfall eines Anderen, zu Statten kommt.

§. 2316. (I 2047, II 2207.)

Die Anfechtung erfolgt durch Erhebung der Anfechtungsklage. Die Klage ist darauf zu richten, daß der Erbe für erbunwürdig erklärt wird.

Die Wirkung der Anfechtung tritt erst mit der Rechtskraft des Urtheils ein.

§. 2317. (I 2050, II 2208.)

Die Anfechtung ist ausgeschlossen, wenn der Erblasser dem Erbunwürdigen verziehen hat.

§. 2318. (I 1972, 2048 Abs. 1, II 2209.)

Ist ein Erbe für erbunwürdig erklärt, so gilt der Anfall an ihn als nicht erfolgt.

Die Erbschaft fällt demjenigen an, welcher berufen sein würde, wenn der Erbunwürdige zur Zeit des Erbfalls nicht gelebt hätte; der Anfall gilt als mit dem Eintritte des Erbfalls erfolgt.

§. 2319. (I 1874, 2049, II 2210.)

Hat sich ein Vermächtnißnehmer einer der im §. 2313 Abs. 1 bezeichneten Verfehlungen schuldig gemacht, so ist der Anspruch aus dem Vermächtniß anfechtbar. Die Vorschriften der §§. 2059, 2060, des §. 2313 Abs. 2 und der §§. 2315, 2317 finden Anwendung.

Das Gleiche gilt für einen Pflichttheilsanspruch, wenn der Pflichttheilsberechtigte sich einer solchen Verfehlung schuldig gemacht hat.

Siebenter Abschnitt.

Erbverzicht.

§. 2320. (I 1972, 2019, II 2211.)

Verwandte sowie der Ehegatte des Erblassers können durch Vertrag mit dem Erblasser auf ihr gesetzliches Erbrecht verzichten. Der Verzichtende ist von der gesetzlichen Erbfolge ausgeschlossen, wie wenn er zur Zeit des Erbfalls nicht mehr lebte; er hat kein Pflichttheilsrecht.

Der Verzicht kann auf das Pflichttheilsrecht beschränkt werden.

§. 2321. (I 2020 Abs. 1, II 2212.)

Zu dem Erbverzicht ist, wenn einer der Vertragschließenden unter Vormundschaft steht, die Genehmigung des Vormundschaftsgerichts erforderlich; steht er unter elterlicher Gewalt, so gilt das Gleiche, sofern nicht der Vertrag unter Ehegatten oder unter Verlobten geschlossen wird.

§. 2322. (I 2020 Abs. 1, II 2213.)

Der Erbverzichtsvertrag bedarf der gerichtlichen oder notariellen Beurkundung.

§. 2323. (I 2023, II 2214.)

Verzichtet ein Abkömmling oder ein Seitenverwandter des Erblassers auf das gesetzliche Erbrecht, so erstreckt sich die Wirkung des Verzichts auf seine Abkömmlinge, sofern nicht ein Anderes bestimmt wird.

§. 2324. (I 2022, II 2215.)

Verzichtet Jemand zu Gunsten eines Anderen auf das gesetzliche Erbrecht, so ist im Zweifel anzunehmen, daß der Verzicht nur für den Fall gelten soll, daß der Andere Erbe wird.

Verzichtet ein Abkömmling des Erblassers auf das gesetzliche Erbrecht, so ist im Zweifel anzunehmen, daß der Verzicht nur zu Gunsten der anderen Abkömmlinge und des Ehegatten des Erblassers gelten soll.

§. 2325. (I 2020 Abs. 2, II 2216.)

Auf einen Vertrag, durch den ein Erbverzicht aufgehoben wird, findet die Vorschrift des §. 2322 und in Ansehung des Erblassers auch die Vorschrift des §. 2321 Anwendung.

§ 2326. (I 2024, II 2217.)

Wer durch Testament als Erbe eingesetzt oder mit einem Vermächtnisse bedacht ist, kann durch Vertrag mit dem Erblasser auf die Zuwendung verzichten. Das Gleiche gilt für eine Zuwendung, die in einem Erbvertrag einem Dritten gemacht ist. Die Vorschriften der §§. 2321, 2322 finden Anwendung.

Achter Abschnitt.

Erbschein.

§. 2327. (I 2068, 2078, II 2218.)

Das Nachlaßgericht hat dem Erben auf Antrag ein Zeugniß über sein Erbrecht und, wenn er nur zu einem Theile der Erbschaft berufen ist, über die Größe des Erbtheils zu ertheilen (Erbschein).

§. 2328. (I 2069, II 2219.)

Wer die Ertheilung des Erbscheins als gesetzlicher Erbe beantragt, hat anzugeben:

1. die Zeit des Todes des Erblassers;
2. das Verhältniß, auf dem sein Erbrecht beruht;
3. ob und welche Personen vorhanden sind oder vorhanden waren, durch die er von der Erbfolge ausgeschlossen oder sein Erbtheil gemindert werden würde;
4. ob und welche Verfügungen des Erblassers von Todeswegen vorhanden sind;
5. ob ein Rechtsstreit über sein Erbrecht anhängig ist.

Ist eine Person weggefallen, durch die der Antragsteller von der Erbfolge ausgeschlossen oder sein Erbtheil gemindert werden würde, so hat der Antragsteller anzugeben, in welcher Weise die Person weggefallen ist.

§. 2329. (I 2078, II 2220.)

Wer die Ertheilung des Erbscheins auf Grund einer Verfügung von Todeswegen beantragt, hat die Verfügung zu bezeichnen, auf der sein Erbrecht beruht, anzugeben, ob und welche sonstigen Verfügungen des Erblassers von Todeswegen vorhanden sind, und die im §. 2328 Abs. 1 Nr. 1, 5, Abs. 2 vorgeschriebenen Angaben zu machen.

§. 2330. (I 2070, 2078, II 2221.)

Der Antragsteller hat die Richtigkeit der in Gemäßheit des §. 2328 Abs. 1 Nr. 1, 2, Abs. 2 gemachten Angaben durch öffentliche Urkunden nachzuweisen und im Falle des §. 2329 die Urkunde vorzulegen, auf der sein Erbrecht beruht. Sind die Urkunden nicht oder nur mit unverhältnißmäßigen Schwierigkeiten zu beschaffen, so genügt die Angabe anderer Beweismittel.

In Ansehung der übrigen nach den §§. 2328, 2329 erforderlichen Angaben hat der Antragsteller vor Gericht oder vor einem Notar an Eidesstatt zu versichern, daß ihm nichts bekannt sei, was der Richtigkeit seiner Angaben entgegensteht. Das Nachlaßgericht kann die Versicherung erlassen, wenn es sie für nicht erforderlich erachtet.

Diese Vorschriften finden keine Anwendung, soweit die Thatsachen bei dem Nachlaßgericht offenkundig sind.

§. 2331. (II 2222.)

Sind mehrere Erben vorhanden, so ist auf Antrag ein gemeinschaftlicher Erbschein zu ertheilen. Der Antrag kann von jedem der Erben gestellt werden.

In dem Antrage sind die Erben und ihre Erbtheile anzugeben.

Wird der Antrag nicht von allen Erben gestellt, so hat er die Angabe zu enthalten, daß die übrigen Erben die Erbschaft angenommen haben. Die Vorschriften des §. 2330 gelten auch für die sich auf die übrigen Erben beziehenden Angaben des Antragstellers.

Die Versicherung an Eidesstatt ist von allen Erben abzugeben, sofern nicht das Nachlaßgericht die Versicherung eines oder einiger von ihnen für ausreichend erachtet.

§. 2332. (I 2071 Abs. 1 Satz 2, 2072, 2078, II 2223.)

Das Nachlaßgericht hat unter Benutzung der von dem Antragsteller angegebenen Beweismittel von Amtswegen die zur Feststellung der Thatsachen erforderlichen Ermittelungen zu veranstalten und die geeignet erscheinenden Beweise aufzunehmen.

Das Nachlaßgericht kann eine öffentliche Aufforderung zur Anmeldung der anderen Personen zustehenden Erbrechte erlassen; die Art der Bekanntmachung und die Dauer der Anmeldungsfrist bestimmen sich nach den für das Aufgebotsverfahren geltenden Vorschriften.

§. 2333. (I 2071 Abs. 1 Satz 1, 2078, II 2224.)

Der Erbschein ist nur zu ertheilen, wenn das Nachlaßgericht die zur Begründung des Antrags erforderlichen Thatsachen für festgestellt erachtet.

§. 2334. (I 2071 Abs. 2, 2078, II 2225.)

Ist ein Rechtsstreit über das Erbrecht anhängig, so soll vor der Ertheilung des Erbscheins der Gegner des Antragstellers gehört werden.

Ist die Verfügung, auf der das Erbrecht beruht, nicht in einer dem Nachlaßgerichte vorliegenden öffentlichen Urkunde enthalten, so soll vor der Ertheilung des Erbscheins derjenige über die Gültigkeit der Verfügung gehört werden, welcher im Falle der Unwirksamkeit der Verfügung Erbe sein würde.

Die Anhörung ist nicht erforderlich, wenn sie unthunlich ist.

§. 2335. (I 2073, 2077 Abs. 1, 2078, II 2226.)

Ergiebt sich, daß der ertheilte Erbschein unrichtig ist, so hat ihn das Nachlaßgericht einzuziehen. Mit der Einziehung wird der Erbschein kraftlos.

Kann der Erbschein nicht sofort erlangt werden, so hat ihn das Nachlaßgericht durch Beschluß für kraftlos zu erklären. Der Beschluß ist nach den für die öffentliche Zustellung einer Ladung geltenden Vorschriften der Civilprozeßordnung bekannt zu machen. Mit dem Ablauf eines Monats nach der letzten Einrückung des Beschlusses in die öffentlichen Blätter wird die Kraftloserklärung wirksam.

Das Nachlaßgericht kann von Amtswegen über die Richtigkeit eines ertheilten Erbscheins Ermittelungen veranstalten.

§. 2336. (I 2074, 2078, II 2227.)

Der wirkliche Erbe kann von dem Besitzer eines unrichtigen Erbscheins die Herausgabe an das Nachlaßgericht verlangen.

Derjenige, welchem ein unrichtiger Erbschein ertheilt worden ist, hat dem wirklichen Erben über den Bestand der Erbschaft und über den Verbleib der Erbschaftsgegenstände Auskunft zu ertheilen.

§. 2337. (I 2075 Abs. 1, 3, II 2228 Abs. 1, 3.)

In dem Erbscheine, der einem Vorerben ertheilt wird, ist anzugeben, daß eine Nacherbfolge angeordnet ist, unter welchen Voraussetzungen sie eintritt und wer der Nacherbe ist. Hat der Erblasser den Nacherben auf dasjenige eingesetzt, was von der Erbschaft bei dem Eintritte der Nacherbfolge übrig sein wird, oder hat er bestimmt, daß der Vorerbe zur freien Verfügung über die Erbschaft berechtigt sein soll, so ist auch dies anzugeben.

Dem Nacherben steht das im §. 2336 Abs. 1 bestimmte Recht zu.

§. 2338. (I 2075 Abs. 1, 3, II 2228 Abs. 2, 3.)

Hat der Erblasser einen Testamentsvollstrecker ernannt, so ist die Ernennung in dem Erbschein anzugeben.

Dem Testamentsvollstrecker steht das im §. 2336 Abs. 1 bestimmte Recht zu.

§. 2339. (I 2076, 2078, II 2229.)

Es wird vermuthet, daß demjenigen, welcher in dem Erbschein als Erbe bezeichnet ist, das in dem Erbschein angegebene Erbrecht zustehe und daß er nicht durch andere als die angegebenen Anordnungen beschränkt sei.

§. 2340. (I 2077, 2078, II 2230.)

Erwirbt Jemand von demjenigen, welcher in einem Erbschein als Erbe bezeichnet ist, durch Rechtsgeschäft einen Erbschaftsgegenstand, ein Recht an einem solchen Gegenstand oder die Befreiung von einem zur Erbschaft gehörenden Rechte, so gilt zu seinen Gunsten der Inhalt des Erbscheins, soweit die Vermuthung des §. 2339 reicht, als richtig, es sei denn, daß er die Unrichtigkeit kennt oder weiß, daß das Nachlaßgericht die Rückgabe des Erbscheins wegen Unrichtigkeit verlangt hat.

§. 2341. (I 2077, 2078, II 2231.)

Die Vorschriften des §. 2340 finden entsprechende Anwendung, wenn an denjenigen, welcher in einem Erbschein als Erbe bezeichnet ist, auf Grund eines zur Erbschaft gehörenden Rechtes eine Leistung bewirkt oder wenn zwischen ihm und einem Anderen in Ansehung eines solchen Rechtes ein nicht unter die Vorschrift des §. 2340 fallendes Rechtsgeschäft vorgenommen wird, das eine Verfügung über das Recht enthält.

§. 2342. (II 2233.)

Einem Testamentsvollstrecker hat das Nachlaßgericht auf Antrag ein Zeugniß über die Ernennung zu ertheilen. Ist der Testamentsvollstrecker in der Verwaltung des Nachlasses beschränkt oder hat der Erblasser angeordnet, daß der Testamentsvollstrecker in der Eingehung von Verbindlichkeiten für den Nachlaß nicht beschränkt sein soll, so ist dies in dem Zeugniß anzugeben.

Ist die Ernennung nicht in einer dem Nachlaßgerichte vorliegenden öffentlichen Urkunde enthalten, so soll vor der Ertheilung des Zeugnisses der Erbe wenn thunlich über die Gültigkeit der Ernennung gehört werden.

Die Vorschriften über den Erbschein finden auf das Zeugniß entsprechende Anwendung; mit der Beendigung des Amtes des Testamentsvollstreckers wird das Zeugniß kraftlos.

§. 2343. (I 2079, II 2234.)

Gehören zu einer Erbschaft, für die es an einem zur Ertheilung des Erbscheins zuständigen deutschen Nachlaßgerichte fehlt, Gegenstände, die sich im Inlande befinden, so kann die Ertheilung eines Erbscheins für diese Gegenstände verlangt werden.

Ein Gegenstand, für den von einer deutschen Behörde ein zur Eintragung des Berechtigten bestimmtes Buch oder Register geführt wird, gilt als im Inlande befindlich. Ein Anspruch gilt als im Inlande befindlich, wenn für die Klage ein deutsches Gericht zuständig ist.

§. 2344. (I 2089, 2090, II 2235.)

Hat eine für todt erklärte Person den Zeitpunkt überlebt, der als Zeitpunkt ihres Todes gilt, oder ist sie vor diesem Zeitpunkte gestorben, so gilt derjenige, welcher auf Grund der Todeserklärung Erbe sein würde, in Ansehung der in den §§. 2340, 2341 bezeichneten Rechtsgeschäfte zu Gunsten des Dritten auch ohne Ertheilung eines Erbscheins als Erbe, es sei denn, daß der Dritte die Unrichtigkeit der Todeserklärung kennt oder weiß, daß die Todeserklärung in Folge einer Anfechtungsklage aufgehoben worden ist.

Ist ein Erbschein ertheilt worden, so stehen dem für todt Erklärten, wenn er noch lebt, die im §. 2336 bestimmten Rechte zu. Die gleichen Rechte hat eine Person, deren Tod ohne Todeserklärung mit Unrecht angenommen worden ist.

Neunter Abschnitt.
Erbschaftskauf.

§. 2345. (II 448.)

Ein Vertrag, durch den der Erbe die ihm angefallene Erbschaft verkauft, bedarf der gerichtlichen oder notariellen Beurkundung.

§. 2346. (I 488 Abs. 1, II 449.)

Durch den Erbschaftskauf werden die Parteien verpflichtet, einander zu gewähren, was sie haben würden, wenn an Stelle des Verkäufers der Käufer Erbe geworden wäre.

§. 2347. (I 488 Abs. 3, II 450 Abs. 2.)

Die Vortheile, welche sich aus dem Wegfall eines Vermächtnisses oder einer Auflage oder aus der Ausgleichungspflicht eines Miterben ergeben, gebühren dem Käufer.

§. 2348. (I 488 Abs. 2, II 450 Abs. 1, 3.)

Ein Erbtheil, der dem Verkäufer nach dem Abschlusse des Kaufes durch Nacherbfolge oder in Folge des Wegfalls eines Miterben anfällt, sowie ein dem Verkäufer zugewendetes Vorausvermächtniß ist im Zweifel nicht als mitverkauft anzusehen. Das Gleiche gilt von Familienpapieren und Familienbildern.

§. 2349. (I 491 Abs. 1, II 451 Abs. 1.)

Der Verkäufer ist verpflichtet, dem Käufer die zur Zeit des Verkaufs vorhandenen Erbschaftsgegenstände mit Einschluß dessen herauszugeben, was er vor dem Verkauf auf Grund eines zur Erbschaft gehörenden Rechtes oder als Ersatz für die Zerstörung, Beschädigung oder Entziehung eines Erbschaftsgegenstandes oder durch ein Rechtsgeschäft erlangt hat, das sich auf die Erbschaft bezog.

§. 2350. (I 491, II 451 Abs. 2.)

Hat der Verkäufer vor dem Verkauf einen Erbschaftsgegenstand verbraucht, unentgeltlich veräußert oder unentgeltlich belastet, so ist er verpflichtet, dem Käufer den Werth des verbrauchten oder veräußerten Gegenstandes, im Falle der Belastung die Werthminderung zu ersetzen. Die Ersatzpflicht tritt nicht ein, wenn der Käufer den Verbrauch oder die unentgeltliche Verfügung bei dem Abschlusse des Kaufes kennt.

Im Uebrigen kann der Käufer wegen Verschlechterung, Unterganges oder einer aus einem anderen Grunde eingetretenen Unmöglichkeit der Herausgabe eines Erbschaftsgegenstandes nicht Ersatz verlangen.

§. 2351. (I 492, 493, II 452.)

Die Verpflichtung des Verkäufers zur Gewährleistung wegen eines Mangels im Rechte beschränkt sich auf die Haftung dafür, daß ihm das Erbrecht zusteht, daß es nicht durch das Recht eines Nacherben oder durch die Ernennung eines Testamentsvollstreckers beschränkt ist, daß nicht Vermächtnisse, Auflagen, Pflichttheilslasten, Ausgleichungspflichten oder Theilungsanordnungen bestehen und daß nicht unbeschränkte Haftung gegenüber den Nachlaßgläubigern oder einzelnen von ihnen eingetreten ist.

Fehler einer zur Erbschaft gehörenden Sache hat der Verkäufer nicht zu vertreten.

§. 2352. (I 499, II 453.)

Die in Folge des Erbfalls durch Vereinigung von Recht und Verbindlichkeit oder von Recht und Belastung erloschenen Rechtsverhältnisse gelten im Verhältnisse zwischen dem Käufer und dem Verkäufer als nicht erloschen. Erforderlichen Falles ist ein solches Rechtsverhältniß wiederherzustellen.

§. 2353. (I 495, II 454.)

Der Käufer ist dem Verkäufer gegenüber verpflichtet, die Nachlaßverbindlichkeiten zu erfüllen, soweit nicht der Verkäufer nach §. 2351 dafür haftet, daß sie nicht bestehen.

Hat der Verkäufer vor dem Verkauf eine Nachlaßverbindlichkeit erfüllt, so kann er von dem Käufer Ersatz verlangen.

§. 2354. (I 495, II 455.)

Dem Verkäufer verbleiben die auf die Zeit vor dem Verkaufe fallenden Nutzungen. Er trägt für diese Zeit die Lasten, mit Einschluß der Zinsen der Nachlaßverbindlichkeiten. Den Käufer treffen jedoch die von der Erbschaft zu entrichtenden Abgaben sowie die außerordentlichen Lasten, welche als auf den Stammwerth der Erbschaftsgegenstände gelegt anzusehen sind.

§. 2355. (I 494, 495 Satz 1, II 456.)

Der Käufer trägt von dem Abschlusse des Kaufes an die Gefahr des zufälligen Unterganges und einer zufälligen Verschlechterung der Erbschaftsgegenstände. Von diesem Zeitpunkt an gebühren ihm die Nutzungen und trägt er die Lasten.

§. 2356. (I 496, II 457.)

Der Käufer hat dem Verkäufer die nothwendigen Verwendungen zu ersetzen, die der Verkäufer vor dem Verkauf auf die Erbschaft gemacht hat.

Für andere vor dem Verkaufe gemachte Aufwendungen hat der Käufer insoweit Ersatz zu leisten, als durch sie der Werth der Erbschaft zur Zeit des Verkaufs erhöht ist.

§. 2357. (I 497, II 458.)

Der Käufer haftet von dem Abschlusse des Kaufes an den Nachlaßgläubigern, unbeschadet der Fortdauer der Haftung des Verkäufers. Dies gilt auch von den Verbindlichkeiten, zu deren Erfüllung der Käufer dem Verkäufer gegenüber nach den §§. 2353, 2354 nicht verpflichtet ist.

Die Haftung des Käufers den Gläubigern gegenüber kann nicht durch Vereinbarung zwischen dem Käufer und dem Verkäufer ausgeschlossen oder beschränkt werden.

§. 2358. (I 498 Abs. 1, 2, Abs. 3 Satz 2, II 459.)

Für die Haftung des Käufers gelten die Vorschriften über die Beschränkung der Haftung des Erben. Er haftet unbeschränkt, soweit der Verkäufer zur Zeit des Verkaufs unbeschränkt haftet. Beschränkt sich die Haftung des Käufers auf die Erbschaft, so gelten seine Ansprüche aus dem Kaufe als zur Erbschaft gehörend.

Die Errichtung des Inventars durch den Verkäufer oder den Käufer kommt auch dem anderen Theile zu Statten, es sei denn, daß dieser unbeschränkt haftet.

§. 2359. (II 460.)

Der Verkäufer ist den Nachlaßgläubigern gegenüber verpflichtet, den Verkauf der Erbschaft und den Namen des Käufers unverzüglich dem Nachlaßgericht anzuzeigen. Die Anzeige des Verkäufers wird durch die Anzeige des Käufers ersetzt.

Das Nachlaßgericht hat die Einsicht der Anzeige Jedem zu gestatten, der ein rechtliches Interesse glaubhaft macht.

§. 2360. (I 500, II 461.)

Die Vorschriften über den Erbschaftskauf finden entsprechende Anwendung auf den Kauf einer von dem Verkäufer durch Vertrag erworbenen Erbschaft sowie auf andere Verträge, die auf die Veräußerung einer dem Veräußerer angefallenen oder anderweit von ihm erworbenen Erbschaft gerichtet sind.

Im Falle einer Schenkung ist der Schenker nicht verpflichtet, für die vor der Schenkung verbrauchten oder unentgeltlich veräußerten Erbschaftsgegenstände oder für eine vor der Schenkung unentgeltlich vorgenommene Belastung dieser Gegenstände Ersatz zu leisten. Die im §. 2351 bestimmte Verpflichtung zur Gewährleistung wegen eines Mangels im Rechte trifft den Schenker nicht; hat der Schenker den Mangel arglistig verschwiegen, so ist er verpflichtet, dem Beschenkten den daraus entstehenden Schaden zu ersetzen.

Sechstes Buch.
Anwendung ausländischer Gesetze.

§. 2361. (II 2238.)

Die Geschäftsfähigkeit einer Person wird nach den Gesetzen des Staates beurtheilt, dem die Person angehört.

Erwirbt ein Ausländer, der volljährig ist oder die rechtliche Stellung eines Volljährigen hat, die Reichsangehörigkeit, so behält er die rechtliche Stellung eines Volljährigen, auch wenn er nach den deutschen Gesetzen nicht volljährig ist.

Nimmt ein Ausländer im Inland ein Rechtsgeschäft vor, für das er geschäftsunfähig oder in der Geschäftsfähigkeit beschränkt ist, so gilt er für dieses Rechtsgeschäft insoweit als geschäftsfähig, als er nach den deutschen Gesetzen geschäftsfähig sein würde. Auf familienrechtliche und erbrechtliche Rechtsgeschäfte sowie auf Rechtsgeschäfte, durch die über ein ausländisches Grundstück verfügt wird, findet diese Vorschrift keine Anwendung.

§. 2362. (II 2239.)

Ein Ausländer kann im Inlande nach den deutschen Gesetzen entmündigt werden, wenn er seinen Wohnsitz im Inlande hat.

§. 2363. (I 5, II 2236.)

Ein Verschollener kann im Inlande nach den deutschen Gesetzen für todt erklärt werden, wenn er bei dem Beginne der Verschollenheit ein Deutscher war.

Gehörte der Verschollene bei dem Beginne der Verschollenheit einem fremden Staate an, so kann er im Inlande nach den deutschen Gesetzen mit Wirkung für diejenigen Rechtsverhältnisse, welche sich nach den deutschen Gesetzen bestimmen, sowie mit Wirkung für das im Inlande befindliche Vermögen für todt erklärt werden; die Vorschriften des §. 2343 Abs. 2 finden entsprechende Anwendung.

§. 2364. (II 2237.)

Die juristische Persönlichkeit wird nach den Gesetzen des Ortes beurtheilt, an dem die juristische Person ihren Sitz hat.

Ein Verein, der nach den deutschen Gesetzen Rechtsfähigkeit nur durch Eintragung in das Vereinsregister oder durch staatliche Verleihung erlangen kann, ist, wenn er seinen Sitz im Auslande hat, nur dann rechtsfähig, wenn seine Rechtsfähigkeit in einem Bundesstaat anerkannt ist. Die Anerkennung und die Rücknahme der Anerkennung bestimmen sich nach den Gesetzen dieses Staates.

§. 2365. (II 2240.)

Die Form eines Rechtsgeschäfts bestimmt sich nach den Gesetzen, welche für das den Gegenstand des Rechtsgeschäfts bildende Rechtsverhältniß maßgebend sind. Es genügt jedoch, sofern nicht diese Gesetze entgegenstehen, die Beobachtung der Gesetze des Ortes, an dem das Rechtsgeschäft vorgenommen wird.

§. 2366. (II 2242.)

Das Schuldverhältniß aus einem Rechtsgeschäft unter Lebenden wird nach den Gesetzen des Ortes beurtheilt, an dem das Rechtsgeschäft zum Abschlusse gelangt.

Ist den Umständen nach anzunehmen, daß von den Betheiligten die Anwendung der Gesetze eines anderen Ortes vorausgesetzt sein muß, so sind die Gesetze dieses Ortes maßgebend.

§. 2367. (II 2243.)

Das Schuldverhältniß aus einer unerlaubten Handlung wird nach den Gesetzen des Ortes beurtheilt, an dem die unerlaubte Handlung begangen wird.

Soweit sich ein deutsches Gesetz auf eine im Auslande begangene unerlaubte Handlung erstreckt, findet das deutsche Gesetz Anwendung.

§. 2368. (II 2244.)

Ein Schuldverhältniß, das auf einem anderen Grunde als auf einem Rechtsgeschäft unter Lebenden oder einer unerlaubten Handlung beruht, wird nach den Gesetzen des Ortes beurtheilt, an welchem sich der für die Entstehung des Schuldverhältnisses in Betracht kommende Thatbestand verwirklicht, sofern sich nicht aus den deutschen Gesetzen ein Anderes ergiebt.

§. 2369. (II 2241.)

Die Rechte an einer Sache sowie der Besitz werden nach den Gesetzen des Ortes beurtheilt, an dem sich die Sache befindet. Der Erwerb und der Verlust eines Rechtes an einer beweglichen Sache sowie des Besitzes einer solchen Sache werden nach den Gesetzen des Ortes beurtheilt, an dem sich die Sache zur Zeit der Verwirklichung des für den Erwerb oder den Verlust in Betracht kommenden Thatbestandes befindet.

Die Vorschrift des §. 2365 Satz 2 findet keine Anwendung auf ein Rechtsgeschäft, durch das ein Recht an einer Sache begründet oder über ein solches Recht verfügt wird.

§. 2370. (II 2245.)

Die Eingehung der Ehe wird in Ansehung eines jeden der Verlobten nach den Gesetzen des Staates beurtheilt, dem der Verlobte angehört. Gestattet das

Recht dieses Staates, daß der Verlobte die Ehe nach den Gesetzen seines Wohnsitzes oder nach den Gesetzen des Ortes eingeht, an dem die Ehe geschlossen wird, so genügt für ihn die Beobachtung dieser Gesetze.

Die Form einer Ehe, die im Inlande geschlossen wird, bestimmt sich ausschließlich nach den deutschen Gesetzen. Ein Deutscher kann im Auslande die Ehe auch in der am Orte der Eheschließung geltenden Form schließen.

§. 2371. (II 2246.)

Die persönlichen Rechtsbeziehungen der Ehegatten zu einander werden nach den Gesetzen des Staates beurtheilt, dem der Mann angehört.

§. 2372. (II 2250.)

Das eheliche Güterrecht wird nach den Gesetzen des Staates beurtheilt, dem der Mann zur Zeit der Eheschließung angehört. Dies gilt auch dann, wenn eine Aenderung der Staatsangehörigkeit eintritt; das Verbot, einen Ehevertrag zu schließen, verliert jedoch seine Kraft, wenn der Vertrag nach den Gesetzen des Staates zulässig ist, in welchem der Mann die Staatsangehörigkeit erwirbt.

Ein Deutscher kann im Ausland einen Ehevertrag auch in der Form schließen, welche den am Orte des Vertragsabschlusses geltenden Gesetzen entspricht.

§. 2373. (II 2251.)

Haben ausländische Ehegatten oder Ehegatten, die nach der Eingehung der Ehe die Reichsangehörigkeit erwerben, den Wohnsitz im Inlande, so finden die Vorschriften des §. 1420 entsprechende Anwendung; der ausländische gesetzliche Güterstand steht einem vertragsmäßigen Güterstande gleich.

Die Vorschriften der §§. 1342, 1347 finden Anwendung, soweit sie Dritten günstiger sind als die ausländischen Gesetze.

§. 2374. (II 2247 Abs. 1, 4.)

Die Auflösung der Ehe wird nach den Gesetzen des Staates beurtheilt, dem der Mann zur Zeit der Verwirklichung des für die Auflösung in Betracht kommenden Thatbestandes angehört. Sind nach dem Rechte dieses Staates die am Wohnsitze des Mannes geltenden Gesetze anzuwenden, so sind diese Gesetze maßgebend.

§. 2375. (II 2247 Abs. 2 bis 4, 2249.)

Für die Scheidung und für die beständige oder zeitweilige Trennung der Ehegatten von Tisch und Bett sind die Gesetze des Staates maßgebend, dem der Mann zur Zeit der Erhebung der Klage auf Scheidung oder auf Trennung angehört. Die Vorschrift des §. 2374 Satz 2 findet Anwendung.

Eine Thatsache, die sich ereignet hat, während der Mann einem anderen Staate angehörte, kann als Scheidungsgrund oder als Trennungsgrund nur geltend gemacht werden, wenn die Thatsache auch nach den Gesetzen dieses Staates ein Scheidungsgrund oder ein Trennungsgrund ist.

Auf Scheidung sowie auf beständige oder zweitweilige Trennung von Tisch und Bett kann auf Grund eines ausländischen Gesetzes im Inlande nur erkannt werden, wenn auch nach den deutschen Gesetzen die Scheidung zulässig sein würde.

§. 2376. (II 2248.)

Ist die Reichsangehörigkeit des Ehemanns erloschen, die Ehefrau aber Deutsche geblieben, so finden, soweit nach den §§. 2371, 2374 und dem §. 2375 Abs. 1. die Gesetze eines ausländischen Staates anwendbar sein würden, die deutschen Gesetze Anwendung.

§. 2377. (II 2258.)

Die gesetzliche Unterhaltspflicht unter Verwandten wird, unbeschadet der Vorschriften der §§. 2379, 2380, nach den Gesetzen des Staates beurtheilt, dem die Verwandten zu der für die Unterhaltspflicht in Betracht kommenden Zeit angehören. Gehören die Verwandten zu dieser Zeit verschiedenen Staaten an, so besteht die Unterhaltspflicht nur insoweit, als sie nach den Gesetzen jedes der beiden Staaten begründet ist.

§. 2378. (II 2252.)

Die Ehelichkeit eines Kindes wird nach den Gesetzen des Staates beurtheilt, dem der Ehemann der Mutter zur Zeit der Geburt des Kindes angehört oder, wenn er vor der Geburt des Kindes gestorben ist, zuletzt angehört hat.

§. 2379. (II 2255.)

Das Rechtsverhältniß zwischen den Eltern und einem ehelichen Kinde wird nach den Gesetzen des Staates beurtheilt, dem der Vater angehört, und, wenn der Vater gestorben ist, nach den Gesetzen des Staates, dem die Mutter angehört.

Ist die Reichsangehörigkeit des Vaters oder der Mutter erloschen, das Kind aber Deutscher geblieben, so finden, soweit nach Abs. 1 die Gesetze eines ausländischen Staates anwendbar sein würden, die deutschen Gesetze Anwendung.

§. 2380. (II 2256.)

Das Rechtsverhältniß zwischen einem unehelichen Kinde und dessen Mutter wird nach den Gesetzen des Staates beurtheilt, dem die Mutter angehört.

Ist die Reichsangehörigkeit der Mutter erloschen, das Kind aber Deutscher geblieben, so finden die deutschen Gesetze Anwendung.

§. 2381. (II 2257.)

Die Unterhaltspflicht des Vaters gegenüber dem unehelichen Kinde und seine Verpflichtung, der Mutter die Kosten der Entbindung und des Unterhalts zu ersetzen, wird nach den Gesetzen des Staates beurtheilt, dem die Mutter zur Zeit der Geburt des Kindes angehört.

§. 2382. (II 2253.)

Die Legitimation eines unehelichen Kindes bestimmt sich nach den Gesetzen des Staates, dem der Vater zur Zeit der Legitimation angehört. Das Erforderniß der Einwilligung des Kindes oder der Einwilligung Dritter, zu denen das Kind in einem familienrechtlichen Verhältnisse steht, bestimmt sich nach den Gesetzen des Staates, dem das Kind zur Zeit der Legitimation angehört.

Die für die Erklärungen der Betheiligten erforderliche Form bestimmt sich ausschließlich nach den Gesetzen des Staates, dem der Vater zur Zeit der Legitimation angehört.

§. 2383. (II 2254.)

Die Vorschriften des §. 2382 finden auf die Annahme an Kindesstatt entsprechende Anwendung.

§. 2384. (II 2259.)

Ein Ausländer wird im Inlande bevormundet, wenn er nach den Gesetzen des Staates, dem er angehört, des vormundschaftlichen Schutzes bedarf, seinen Wohnsitz oder seinen Aufenthalt im Inlande hat und der Staat, dem er angehört, die Fürsorge ablehnt.

Wird ein Ausländer im Inland entmündigt, so wird er im Inlande bevormundet, wenn der Staat, dem er angehört, die Fürsorge ablehnt.

Das deutsche Vormundschaftsgericht kann vorläufige Maßregeln treffen, insbesondere eine Pflegschaft anordnen.

§. 2385. (II 2260.)

Für die Anordnung einer Pflegschaft über einen Ausländer gilt, unbeschadet der Vorschrift des §. 2384 Abs. 3, das Gleiche wie für die Bevormundung eines Ausländers. Soweit die Anordnung der Pflegschaft den Wohnsitz oder den Aufenthalt des Pflegebefohlenen in dem Bezirke des Vormundschaftsgerichts nicht vorausgesetzt, ist sie auch dann zulässig, wenn der Ausländer seinen Wohnsitz oder seinen Aufenthalt nicht im Inlande hat.

§. 2386. (II 2261.)

Die erbrechtlichen Verhältnisse werden nach den Gesetzen des Staates beurtheilt, dem der Erblasser zur Zeit seines Todes angehört hat.

Die Errichtung und die Aufhebung einer Verfügung von Todeswegen bestimmen sich nach den Gesetzen des Staates, dem der Erblasser zur Zeit der Errichtung oder der Aufhebung angehört.

Erwirbt ein Ausländer, der die Fähigkeit zur Errichtung einer Verfügung von Todeswegen erlangt hat, die Reichsangehörigkeit, nachdem er eine solche Verfügung errichtet hat, so behält er die Fähigkeit, auch wenn er das nach den deutschen Gesetzen erforderliche Alter noch nicht erreicht hat.

Ein Deutscher kann im Ausland eine Verfügung von Todeswegen auch in der Form errichten oder aufheben, welche den am Orte der Errichtung oder der Aufhebung geltenden Gesetzen entspricht.

§. 2387. (II 2262.)

Die Vorschriften der §§. 2372, 2379 und des §. 2386 Abs. 1 finden keine Anwendung auf Gegenstände, die sich nicht in dem Gebiete des Staates befinden, dessen Gesetze nach jenen Vorschriften maßgebend sind, und die nach den Gesetzen des Staates, in dessen Gebiete sie sich befinden, besonderen Vorschriften unterliegen.

§. 2388. (II 2263.)

Gehört eine Person keinem Staate an, so werden ihre Rechtsverhältnisse, soweit die Gesetze des Staates, dem eine Person angehört, für maßgebend erklärt sind, nach den Gesetzen des Staates beurtheilt, dem die Person zuletzt angehört hat, und, wenn sie auch früher einem Staate nicht angehört hat, nach den Gesetzen des Staates, in welchem sie ihren Wohnsitz und in Ermangelung eines Wohnsitzes ihren Aufenthalt hat oder zu der maßgebenden Zeit gehabt hat.

§. 2389. (II 2264.)

Die Anwendung eines ausländischen Gesetzes ist ausgeschlossen, wenn die Anwendung gegen die guten Sitten oder gegen den Zweck eines deutschen Gesetzes verstoßen würde oder wenn das ausländische Gesetz die Rechte der Fremden in unbilliger Weise beeinträchtigt.

§. 2390. (II 2265.)

Mit Zustimmung des Bundesraths kann durch Anordnung des Reichskanzlers bestimmt werden, daß gegen die Angehörigen eines ausländischen Staates und deren Rechtsnachfolger ein Vergeltungsrecht zur Anwendung gebracht wird.

II.

Entwurf

eines

Einführungsgesetzes

zu dem

Bürgerlichen Gesetzbuche.

In der Fassung

der

Bundesrathsvorlage.

Uebersicht.

Einführungsgesetz.

Erster Abschnitt.

Allgemeine Vorschriften.

Artikel 1.

Das Bürgerliche Gesetzbuch tritt mit dem .... in Kraft.

Artikel 2.

Gesetz im Sinne des Bürgerlichen Gesetzbuchs und dieses Gesetzes ist jede Rechtsnorm.

Artikel 3.

Soweit in dem Bürgerlichen Gesetzbuch oder in diesem Gesetze die Regelung den Landesgesetzen vorbehalten oder bestimmt ist, daß landesgesetzliche Vorschriften unberührt bleiben oder erlassen werden können, bleiben die bestehenden landesgesetzlichen Vorschriften in Kraft und können neue landesgesetzliche Vorschriften erlassen werden.

Artikel 4.

Soweit in Reichsgesetzen oder in Landesgesetzen auf Vorschriften verwiesen ist, welche durch das Bürgerliche Gesetzbuch oder durch dieses Gesetz außer Kraft gesetzt werden, treten an deren Stelle die entsprechenden Vorschriften des Bürgerlichen Gesetzbuchs oder dieses Gesetzes.

Artikel 5.

Als Bundesstaat im Sinne des Bürgerlichen Gesetzbuchs und dieses Gesetzes gilt auch das Reichsland Elsaß-Lothringen.

Zweiter Abschnitt.

Verhältniß des Bürgerlichen Gesetzbuchs zu den Reichsgesetzen.

Artikel 6. (9.)

Die Vorschriften der Reichsgesetze bleiben in Kraft. Sie treten jedoch insoweit außer Kraft, als aus dem Bürgerlichen Gesetzbuch oder aus diesem Gesetze die Aufhebung sich ergiebt.

Artikel 7. (10.)

Soweit in dem Gerichtsverfassungsgesetze, der Civilprozeßordnung, der Strafprozeßordnung, der Konkursordnung und in dem Gesetze, betreffend die Anfechtung von Rechtshandlungen eines Schuldners außerhalb des Konkursverfahrens, vom 21. Juli 1879 (Reichs-Gesetzbl. S. 277) an die Verwandtschaft oder die Schwägerschaft rechtliche Folgen geknüpft sind, finden die Vorschriften des Bürgerlichen Gesetzbuchs über Verwandtschaft oder Schwägerschaft Anwendung.

Artikel 8. (16.)

Das Strafgesetzbuch wird dahin geändert:

I. Im §. 34 Nr. 6 werden die Worte: „Vormund, Nebenvormund, Kurator, gerichtlicher Beistand oder Mitglied eines Familienraths" ersetzt durch die Worte:

„Vormund, Gegenvormund, Pfleger, Beistand der Mutter, Mitglied eines Familienraths oder Kurator".

II. Der §. 55 Abs. 2 fällt weg.

III. An die Stelle des §. 65 treten folgende Vorschriften:

Der Verletzte, welcher das achtzehnte Lebensjahr vollendet hat, ist selbständig zu dem Antrag auf Bestrafung berechtigt. Solange er minderjährig ist, hat unabhängig von seiner eigenen Befugniß auch sein gesetzlicher Vertreter das Recht, den Antrag zu stellen.

Ist der Verletzte geschäftsunfähig oder hat er das achtzehnte Lebensjahr noch nicht vollendet, so ist sein gesetzlicher Vertreter der zur Stellung des Antrags Berechtigte.

IV. Als §. 145a wird folgende Vorschrift eingestellt:

Wer im Inlande Schuldverschreibungen auf den Inhaber, in denen die Zahlung einer bestimmten Geldsumme versprochen wird, ohne die erforderliche Genehmigung des Bundesraths ausstellt und in Verkehr bringt, wird mit einer Geldstrafe bestraft, die dem fünften Theile des Nennwerths der ausgegebenen Schuldverschreibungen gleichkommen kann, mindestens aber dreihundert Mark beträgt.

V. Im §. 171 Abs. 1 und Abs. 3 werden die Worte: „aufgelöst, für ungültig oder nichtig erklärt worden ist" ersetzt durch die Worte:

„aufgelöst oder für nichtig erklärt worden ist".

VI. An die Stelle des §. 195 tritt folgende Vorschrift:

Ist eine Ehefrau beleidigt worden, so hat sowohl sie als ihr Ehemann das Recht, auf Bestrafung anzutragen.

VII. Im §. 235 werden die Worte: „ihren Eltern oder ihrem Vormunde" ersetzt durch die Worte:

„ihren Eltern, ihrem Vormunde oder ihrem Pfleger".

VIII. Im §. 237 werden die Worte: „ihrer Eltern oder ihres Vormundes" ersetzt durch die Worte:

„ihrer Eltern, ihres Vormundes oder ihres Pflegers".

IX. Im §. 238 werden die Worte: „für ungültig erklärt worden ist“ ersetzt durch die Worte:
„für nichtig erklärt worden ist“.

Artikel 9. (17.)

Die Strafprozeßordnung wird dahin geändert:

I. Der §. 11 Abs. 1 erhält folgenden Zusatz:
Gehört ein Deutscher einem Bundesstaate nicht an, so gilt als sein Wohnsitz ein durch allgemeine Anordnung des Reichskanzlers zu bestimmender Gerichtsbezirk der Stadt Berlin.

II. An die Stelle des §. 149 Abs. 2 tritt folgende Vorschrift:
Dasselbe gilt von dem gesetzlichen Vertreter eines Angeklagten.

Artikel 10. (18.)

Die Gewerbeordnung wird dahin geändert:

I. Der §. 11 Abs. 2 fällt weg; als §. 11a werden folgende Vorschriften eingestellt:

Betreibt eine Ehefrau, für deren güterrechtliche Verhältnisse ausländische Gesetze maßgebend sind, im Inlande selbständig ein Gewerbe, so ist es auf ihre Geschäftsfähigkeit in Angelegenheiten des Gewerbes ohne Einfluß, daß sie Ehefrau ist.

Soweit die Frau in Folge des Güterstandes in der Verfügung über ihr Vermögen beschränkt ist, finden die Vorschriften des §. 1390 des Bürgerlichen Gesetzbuchs Anwendung. Hat die Frau ihren Wohnsitz nicht im Inlande, so ist der Einspruch des Mannes gegen den Betrieb des Gewerbes und der Widerruf der ertheilten Einwilligung in das Güterrechtsregister des Bezirks einzutragen, in welchem das Gewerbe betrieben wird.

Betreibt die Frau das Gewerbe mit Einwilligung des Mannes oder gilt die Einwilligung nach §. 1390 Abs. 2 des Bürgerlichen Gesetzbuchs als ertheilt, so haftet für die Verbindlichkeiten der Frau aus dem Gewerbebetriebe ihr Vermögen ohne Rücksicht auf die dem Manne kraft des Güterstandes zustehenden Rechte; im Falle des Bestehens einer ehelichen Gütergemeinschaft haftet auch das gemeinschaftliche Vermögen.

II. Im §. 107 Abs. 1 werden
1. im Satz 4 die Worte: „an den Vater oder Vormund, sofern diese es verlangen“ ersetzt durch die Worte:
„an den gesetzlichen Vertreter, sofern dieser es verlangt“,
2. im Satz 5 die Worte: „an die Mutter“ ersetzt durch die Worte:
„an die zur gesetzlichen Vertretung nicht berechtigte Mutter“.

III. Im §. 108 treten an die Stelle des Satz 3 folgende Vorschriften:

Die Ausstellung erfolgt auf Antrag oder mit Zustimmung des gesetzlichen Vertreters. Steht die gesetzliche Vertretung kraft elterlicher Gewalt dem Vater oder der Mutter zu und ist die Erklärung des Vertreters nicht zu beschaffen oder verweigert dieser die Zustimmung ohne genügenden Grund und zum Nachtheile des Arbeiters, so kann die Gemeindebehörde die Zustimmung ergänzen.

IV. Im §. 110 Abs. 1 werden die Worte: „seines Vaters oder Vormunds" ersetzt durch die Worte:

„seines gesetzlichen Vertreters".

V. Im §. 113 tritt an die Stelle des Abs. 4 folgende Vorschrift:

Ist der Arbeiter minderjährig, so kann das Zeugniß von dem gesetzlichen Vertreter gefordert werden. Dieser kann verlangen, daß das Zeugniß an ihn, nicht an den Minderjährigen ausgehändigt werde. Mit Genehmigung der Gemeindebehörde des im §. 108 bezeichneten Ortes kann auch gegen den Willen des gesetzlichen Vertreters die Aushändigung unmittelbar an den Arbeiter erfolgen.

VI. Im §. 131 Abs. 1 Satz 1 werden die Worte: „von dem Vater oder Vormunde" ersetzt durch die Worte:

„von dem gesetzlichen Vertreter".

VII. Im §. 133 Abs. 2 Satz 1 werden die Worte: „der Vater des Lehrlings" ersetzt durch die Worte:

„der Vater des Lehrlings, sofern er die Sorge für die Person des Lehrlings hat,".

Artikel 11. (19.)

Der §. 2 des Gesetzes über die Freizügigkeit vom 1. November 1867 (Bundes-Gesetzbl. S. 55) wird dahin geändert:

Wer die aus der Reichsangehörigkeit folgenden Befugnisse in Anspruch nimmt, hat auf Verlangen den Nachweis seiner Reichsangehörigkeit und, sofern er unter elterlicher Gewalt oder unter Vormundschaft steht, den Nachweis der Genehmigung des gesetzlichen Vertreters zu erbringen.

Eine Ehefrau bedarf der Genehmigung des Ehemanns.

Artikel 12. (20.)

Das Gesetz, betreffend die Organisation der Bundeskonsulate, sowie die Amtsrechte und Pflichten der Bundeskonsuln, vom 8. November 1867 (Bundes-Gesetzbl. S. 137) wird dahin ergänzt:

I. Der §. 16 erhält folgenden Abs. 2:

Einem Wahlkonsul steht in Ansehung der Errichtung einer Verfügung von Todeswegen das im Abs. 1 bezeichnete Recht der Notare nur dann zu, wenn das Recht ihm von dem Reichskanzler besonders beigelegt ist.

II. als §. 17a wird folgende Vorschrift eingestellt:

Auf die Errichtung einer Verfügung von Todeswegen finden nicht die Vorschriften des §. 17, sondern die Vorschriften des Bürgerlichen Gesetzbuchs Anwendung.

Artikel 13. (21.)

Das Gesetz, betreffend die vertragsmäßigen Zinsen, vom 14. November 1867 (Bundes-Gesetzbl. S. 159) wird aufgehoben.

Artikel 14. (22.)

Das Gesetz, betreffend die Eheschließung und die Beurkundung des Personenstandes von Bundesangehörigen im Auslande, vom 4. Mai 1870 (Bundes-Gesetzbl. S. 599) wird dahin geändert:

I. In dem §. 3 Abs. 1 Satz 1, dem §. 9, dem §. 11 Abs. 2 und dem §. 12 Abs. 1 Satz 2 wird das Wort: „muß" ersetzt durch das Wort: „soll".

II. An die Stelle der §§. 7, 8 treten folgende Vorschriften:

§. 7.

Die Ehe wird dadurch geschlossen, daß die Verlobten vor dem Beamten persönlich und bei gleichzeitiger Anwesenheit erklären, die Ehe mit einander eingehen zu wollen, und daß hierauf der Beamte die Ehe für geschlossen erklärt.

Die Erklärungen können nicht unter einer Bedingung oder einer Zeitbestimmung abgegeben werden.

§. 7a.

Der Beamte soll bei der Eheschließung in Gegenwart von zwei Zeugen an die Verlobten einzeln und nach einander die Frage richten, ob sie die Ehe mit einander eingehen wollen, und, nachdem die Verlobten die Frage bejaht haben, aussprechen, daß er kraft Gesetzes sie für rechtmäßig verbundene Eheleute erkläre.

Als Zeugen sollen Personen, die der bürgerlichen Ehrenrechte für verlustig erklärt sind, während der Zeit, für welche die Aberkennung der Ehrenrechte erfolgt ist, sowie Minderjährige nicht zugezogen werden. Personen, die mit einem der Verlobten, mit dem Beamten oder mit einander verwandt oder verschwägert sind, dürfen als Zeugen zugezogen werden.

§. 8.

Als zur Eheschließung ermächtigter Beamter (§. 1) gilt auch derjenige, welcher, ohne ein solcher Beamter zu sein, das Amt eines solchen öffentlich ausübt, es sei denn, daß die Verlobten den Mangel der amtlichen Befugniß bei der Eheschließung kennen.

§. 8a.

Eine Ehe, die vor einem zur Eheschließung ermächtigten Beamten (§. 1) oder vor einer im §. 8 einem solchen Beamten gleichgestellten Person geschlossen wird, ist wegen Formmangels nur dann nichtig, wenn bei der Eheschließung die im §. 7 vorgeschriebene Form nicht beobachtet worden ist.

Ist die Ehe in das Heirathsregister eingetragen worden und haben die Ehegatten nach der Eheschließung zehn Jahre als Ehegatten mit einander gelebt, so ist die Ehe als von Anfang an gültig anzusehen.

Artikel 15. (23.)

Das Gesetz über die Erwerbung und den Verlust der Bundes- und Staatsangehörigkeit vom 1. Juni 1870 (Bundes-Gesetzbl. S. 355) wird dahin geändert:

I. An die Stelle des §. 11 treten folgende Vorschriften:

Die Verleihung der Staatsangehörigkeit erstreckt sich, insofern nicht dabei eine Ausnahme gemacht wird, zugleich auf die Ehefrau und auf diejenigen minderjährigen Kinder, deren gesetzliche Vertretung dem Aufgenommenen oder Naturalisirten kraft elterlicher Gewalt zusteht. Ausgenommen sind Töchter, die verheirathet sind oder verheirathet gewesen sind.

II. Als §. 14a werden folgende Vorschriften eingestellt:

Die Entlassung eines Staatsangehörigen, der unter elterlicher Gewalt oder Vormundschaft steht, kann von dem gesetzlichen Vertreter nur mit Genehmigung des Vormundschaftsgerichts beantragt werden.

Die Genehmigung des Vormundschaftsgerichts ist nicht erforderlich, wenn der Vater oder die Mutter die Entlassung für sich und zugleich kraft elterlicher Gewalt für ein Kind beantragt. Erstreckt sich der Wirkungskreis eines der Mutter bestellten Beistandes auf die Sorge für die Person des Kindes, so bedarf die Mutter in einem solchen Falle der Genehmigung des Beistandes zu dem Antrag auf Entlassung des Kindes.

III. An die Stelle des §. 19 treten folgende Vorschriften:

Die Entlassung erstreckt sich, insofern nicht dabei eine Ausnahme gemacht wird, zugleich auf die Ehefrau und auf diejenigen Kinder, deren gesetzliche Vertretung dem Entlassenen kraft elterlicher Gewalt zusteht.

Diese Vorschrift findet keine Anwendung auf Töchter, die verheirathet sind oder verheirathet gewesen sind, sowie auf Kinder, die unter der elterlichen Gewalt der Mutter stehen, falls die Mutter zu dem Antrage auf Entlassung der Kinder nach §. 14a Abs. 2 Satz 2 der Genehmigung des Beistandes bedarf.

IV. An die Stelle des §. 21 Abs. 2 treten folgende Vorschriften:

Der hiernach eingetretene Verlust der Staatsangehörigkeit erstreckt sich zugleich auf die Ehefrau und auf diejenigen Kinder, deren gesetzliche Vertretung dem Ausgetretenen kraft elterlicher Gewalt zusteht, soweit sich die Ehefrau oder die Kinder bei dem

Ausgetretenen befinden. Ausgenommen sind Töchter, die verheirathet sind oder verheirathet gewesen sind.

Artikel 16. (24.)

Das Gesetz, betreffend die Verbindlichkeit zum Schadenersatze für die bei dem Betriebe von Eisenbahnen, Bergwerken u. s. w. herbeigeführten Tödtungen und Körperverletzungen, vom 7. Juni 1871 (Reichs-Gesetzbl. S. 207) wird dahin geändert:

I. An die Stelle des §. 3 treten folgende Vorschriften:

§. 3.

Im Falle der Tödtung ist der Schadenersatz (§§. 1 und 2) durch Ersatz der Kosten einer versuchten Heilung sowie des Vermögensnachtheils zu leisten, den der Getödtete dadurch erlitten hat, daß während der Krankheit seine Erwerbsfähigkeit aufgehoben oder gemindert oder eine Vermehrung seiner Bedürfnisse eingetreten war. Der Ersatzpflichtige hat außerdem die Kosten der Beerdigung demjenigen zu ersetzen, dem die Verpflichtung obliegt, diese Kosten zu tragen.

Stand der Getödtete zur Zeit der Verletzung zu einem Dritten in einem Verhältnisse, vermöge dessen er diesem gegenüber kraft Gesetzes unterhaltspflichtig war oder unterhaltspflichtig werden konnte, und ist dem Dritten in Folge der Tödtung das Recht auf den Unterhalt entzogen, so hat der Ersatzpflichtige dem Dritten insoweit Schadenersatz zu leisten, als der Getödtete während der muthmaßlichen Dauer seines Lebens zur Gewährung des Unterhalts verpflichtet gewesen sein würde. Die Ersatzpflicht tritt auch dann ein, wenn der Dritte zur Zeit der Verletzung erzeugt, aber noch nicht geboren war.

§. 3a.

Im Falle einer Körperverletzung ist der Schadenersatz (§§. 1 und 2) durch Ersatz der Kosten der Heilung sowie des Vermögensnachtheils zu leisten, den der Verletzte dadurch erleidet, daß in Folge der Verletzung zeitweise oder dauernd seine Erwerbsfähigkeit aufgehoben oder gemindert oder eine Vermehrung seiner Bedürfnisse eingetreten ist.

II. Im §. 5 werden die Worte: „der in den §§. 1 bis 3 enthaltenen Bestimmungen" ersetzt durch die Worte:

„der in den §§. 1 bis 3a enthaltenen Bestimmungen."

III. An die Stelle der §§. 7, 8 treten folgende Vorschriften:

§. 7.

Der Schadenersatz wegen Aufhebung oder Minderung der Erwerbsfähigkeit und wegen Vermehrung der Bedürfnisse des Verletzten sowie der nach §. 3 Abs. 2 einem Dritten zu gewährende Schadenersatz ist für die Zukunft durch Entrichtung einer Geldrente zu leisten.

Die Vorschriften des §. 828 Abs. 2 bis 4 des Bürgerlichen Gesetzbuchs und des §. 648 Nr. 6 der Civilprozeßordnung finden entsprechende Anwendung. Das Gleiche gilt für die dem Verletzten zu entrichtende Geldrente von der Vorschrift des §. 749 Abs. 3 und für die dem Dritten zu entrichtende Geldrente von der Vorschrift des §. 749 Abs. 1 Nr. 2 der Civilprozeßordnung.

Ist bei der Verurtheilung des Verpflichteten zur Entrichtung einer Geldrente nicht auf Sicherheitsleistung erkannt worden, so kann der Berechtigte gleichwohl Sicherheitsleistung verlangen, wenn die Vermögensverhältnisse des Verpflichteten sich erheblich verschlechtert haben; unter der gleichen Voraussetzung kann er eine Erhöhung der in dem Urtheile bestimmten Sicherheit verlangen.

§. 8.

Die Forderungen auf Schadenersatz (§§. 1 bis 3a) verjähren in zwei Jahren von dem Unfall an. Gegen denjenigen, welchem der Getödtete Unterhalt zu gewähren hatte (§. 3 Abs. 2), beginnt die Verjährung mit dem Tode. Im Uebrigen finden die Vorschriften des Bürgerlichen Gesetzbuchs über die Verjährung Anwendung.

Artikel 17. (25.)

Der §. 6 Abs. 2 des Gesetzes, betreffend die Rechtsverhältnisse der Reichsbeamten, vom 31. März 1873 (Reichs-Gesetzbl. S. 61) wird aufgehoben.

Artikel 18. (26.)

Die Vorschriften des §. 44 des Reichsmilitärgesetzes vom 2. Mai 1874 (Reichs-Gesetzbl. S. 45) finden entsprechende Anwendung auf Personen, die zur Besatzung eines in Dienst gestellten Schiffes der Kaiserlichen Marine gehören, solange das Schiff sich außerhalb eines inländischen Hafens befindet oder die Personen als Kriegsgefangene oder Geißeln in der Gewalt des Feindes sind, ingleichen auf andere an Bord eines solchen Schiffes genommene Personen, solange das Schiff sich außerhalb eines inländischen Hafens befindet und die Personen an Bord sind. Die Frist, mit deren Ablaufe die letztwillige Verfügung ihre Gültigkeit verliert, beginnt mit dem Zeitpunkt, in welchem das Schiff in einen inländischen Hafen zurückkehrt oder der Verfügende aufhört, zu dem Schiffe zu gehören, oder als Kriegsgefangener oder Geißel aus der Gewalt des Feindes entlassen wird. Den Schiffen stehen die sonstigen Fahrzeuge der Kaiserlichen Marine gleich.

Artikel 19. (27.)

Der §. 45 Abs. 2 Satz 2 des Reichsmilitärgesetzes vom 2. Mai 1874 (Reichs-Gesetzbl. S. 45) wird aufgehoben.

Artikel 20. (28.)

Das Gesetz über die Beurkundung des Personenstandes und die Eheschließung vom 6. Februar 1875 (Reichs-Gesetzbl. S. 23) wird dahin geändert:

I. Die §§. 28 bis 40, 42, 43, 51 bis 53 werden aufgehoben.

II. An die Stelle der §§. 41, 44, 50, 55 treten folgende Vorschriften:

§. 41.

Für die Eheschließung sind die Vorschriften des Bürgerlichen Gesetzbuchs maßgebend.

§. 44.

Für die Anordnung des vor der Eheschließung zu erlassenden Aufgebots ist jeder Standesbeamte zuständig, vor dem nach §. 1305 des Bürgerlichen Gesetzbuchs die Ehe geschlossen werden kann.

§. 50.

Der Standesbeamte soll ohne Aufgebot die Eheschließung nur vornehmen, wenn ihm ärztlich bescheinigt wird, daß die lebensgefährliche Erkrankung eines der Verlobten den Aufschub der Eheschließung nicht gestattet.

§. 55.

Ist eine Ehe für nichtig erklärt oder ist in einem Rechtsstreite, der die Feststellung des Bestehens oder des Nichtbestehens einer Ehe zwischen den Parteien zum Gegenstande hat, das Nichtbestehen der Ehe festgestellt oder ist eine Ehe vor dem Tode eines der Ehegatten aufgelöst, so ist dies am Rande der über die Eheschließung bewirkten Eintragung zu vermerken.

III. Im §. 69 werden die Worte: „in diesem Gesetze“ ersetzt durch die Worte:

„in diesem Gesetze und in dem Bürgerlichen Gesetzbuche“.

IV. Im §. 75 Abs. 1 werden die Worte: „nach den Vorschriften dieses Gesetzes“ ersetzt durch die Worte:

„nach den Vorschriften des Bürgerlichen Gesetzbuchs“.

V. Im §. 82 werden die Worte: „durch dieses Gesetz“ ersetzt durch die Worte:

„durch die Vorschriften dieses Gesetzes und des Bürgerlichen Gesetzbuchs“.

Artikel 21.

In das Gesetz, betreffend die Anfechtung von Rechtshandlungen eines Schuldners außerhalb des Konkursverfahrens, vom 21. Juli 1879 (Reichs-Gesetzbl. S. 277) wird folgende Vorschrift eingestellt:

§. 3a.

Hat der Erbe aus dem Nachlasse Pflichttheilsansprüche, Vermächtnisse oder Auflagen erfüllt, so kann ein Nachlaßgläubiger, der im Konkursverfahren über den Nachlaß dem Empfänger der Leistung im Range vorgehen oder gleichstehen würde, die Leistung in gleicher Weise anfechten wie eine unentgeltliche Verfügung des Erben.

Eine nach den §§. 1950, 1951, 1966 des Bürgerlichen Gesetzbuchs eingetretene Beschränkung des Rechtes des Gläubigers bleibt außer Betracht, wenn der Gläubiger dem Empfänger der Leistung im Range vorgehen würde.

Artikel 22. (29.)

Der §. 16 Abs. 2 des Gesetzes, betreffend die Fürsorge für die Wittwen und Waisen der Reichsbeamten der Civilverwaltung, vom 20. April 1881 (Reichs-Gesetzbl. S. 58) wird aufgehoben.

Artikel 23. (30.)

Der §. 18 Abs. 2 des Gesetzes, betreffend die Fürsorge für die Wittwen und Waisen von Angehörigen des Reichsheeres und der Kaiserlichen Marine, vom 17. Juni 1887 (Reichs-Gesetzbl. S. 237) wird aufgehoben.

Artikel 24.

Der §. 9 des Gesetzes, betreffend das Reichsschuldbuch, vom 31. Mai 1891 (Reichs-Gesetzbl. S. 321) wird dahin geändert:

Eine Ehefrau wird zu Anträgen ohne Zustimmung des Ehemanns zugelassen.

Die Ehefrau bedarf der Zustimmung des Ehemanns, wenn ein Vermerk zu dessen Gunsten eingetragen ist. Ein solcher Vermerk ist einzutragen, wenn die Ehefrau oder mit deren Zustimmung der Ehemann die Eintragung beantragt. Die Ehefrau ist dem Ehemanne gegenüber zur Ertheilung der Zustimmung verpflichtet, wenn sie nach dem unter ihnen bestehenden Güterstand über die Buchforderung nur mit Zustimmung des Ehemanns verfügen kann.

Artikel 25.

Der §. 8 Abs. 2 des Gesetzes, betreffend die Fürsorge für die Wittwen und Waisen der Personen des Soldatenstandes des Reichsheeres und der Kaiserlichen Marine vom Feldwebel abwärts, vom 13. Juni 1895 (Reichs-Gesetzbl. S. 261) wird aufgehoben.

Artikel 26. (31 Abs. 1, 2.)

Ist auf Grund eines Reichsgesetzes dem Eigenthümer einer Sache wegen der im öffentlichen Interesse erfolgenden Entziehung, Beschädigung oder Benutzung der Sache oder wegen Beschränkung des Eigenthums eine Entschädigung zu gewähren und steht einem Dritten ein Recht an der Sache zu, für welches nicht eine besondere Entschädigung gewährt wird, so hat der Dritte, soweit sein Recht beeinträchtigt wird, an dem Entschädigungsanspruche dieselben Rechte, die ihm im Falle des Erlöschens seines Rechtes durch Zwangsversteigerung an dem Erlöse zustehen.

Artikel 27. (31 Abs. 1, 2.)

Ist in einem Falle des Artikel 26 die Entschädigung dem Eigenthümer eines Grundstücks zu gewähren, so finden auf den Entschädigungsanspruch die Vorschriften des §. 1112 des Bürgerlichen Gesetzbuchs entsprechende Anwendung. Erhebt ein Berechtigter innerhalb der im §. 1112 bestimmten Frist Widerspruch gegen die Zahlung der Entschädigung an den Eigenthümer, so kann der Eigenthümer und jeder Berechtigte die Eröffnung eines Vertheilungsverfahrens nach den für die Vertheilung des Erlöses im Falle der Zwangsversteigerung geltenden Vorschriften beantragen. Die Zahlung hat in diesem Falle an das für das Vertheilungsverfahren zuständige Gericht zu erfolgen.

Ist das Recht des Dritten eine Reallast, eine Hypothek, eine Grundschuld oder eine Rentenschuld, so erlischt die Haftung des Entschädigungsanspruchs, wenn der beschädigte Gegenstand wiederhergestellt oder für die entzogene bewegliche Sache Ersatz beschafft ist. Ist die Entschädigung wegen Benutzung des Grundstücks oder wegen Entziehung oder Beschädigung von Früchten oder von Zubehörstücken zu gewähren, so finden die Vorschriften des §. 1107 Abs. 2 Satz 1 und des §. 1108 Abs. 1, 3 des Bürgerlichen Gesetzbuchs entsprechende Anwendung.

Artikel 28. (31 Abs. 3.)

Die Vorschrift des §. 36 Abs. 4 des Gesetzes, betreffend die Beschränkungen des Grundeigenthums in der Umgebung von Festungen, vom 21. Dezember 1871 (Reichs-Gesetzbl. S. 459) wird durch die Vorschriften der Artikel 26, 27 nicht berührt. Findet nach diesen Vorschriften ein Vertheilungsverfahren statt, so ist die Entschädigung auf Ersuchen des für das Verfahren zuständigen Gerichts an dieses zu leisten, soweit sie zur Zeit der Stellung des Ersuchens noch aussteht.

Die Vorschrift des §. 37 desselben Gesetzes wird dahin geändert:

> Ist das Grundstück mit einem Rechte belastet, welches durch die Beschränkung des Eigenthums beeinträchtigt wird, so kann der Berechtigte bis zum Ablauf eines Monats, nachdem ihm der Eigenthümer die Beschränkung des Eigenthums mitgetheilt hat, die Eröffnung des Vertheilungsverfahrens beantragen.

Dritter Abschnitt.
Verhältniß des Bürgerlichen Gesetzbuchs zu den Landesgesetzen.

Artikel 29. (32.)

Die privatrechtlichen Vorschriften der Landesgesetze treten außer Kraft, soweit nicht in dem Bürgerlichen Gesetzbuch oder in diesem Gesetz ein Anderes bestimmt ist.

Artikel 30.

Unberührt bleiben die Bestimmungen der Staatsverträge, die ein Bundesstaat mit einem ausländischen Staate vor dem Inkrafttreten des Bürgerlichen Gesetzbuchs geschlossen hat.

Artikel 31. (33.)

In Ansehung der Landesherren und der Mitglieder der landesherrlichen Familien sowie der Mitglieder der Fürstlichen Familie Hohenzollern finden die Vorschriften des Bürgerlichen Gesetzbuchs nur insoweit Anwendung, als nicht besondere Vorschriften der Hausverfassungen oder der Landesgesetze abweichende Bestimmungen enthalten.

Artikel 32. (34.)

In Ansehung der Familienverhältnisse und der Güter der ehemals reichsständischen, seit 1806 mittelbar gewordenen Häuser sowie des ehemaligen Reichsadels bleiben die Vorschriften der Landesgesetze und nach Maßgabe der Landesgesetze die Vorschriften der Hausverfassungen unberührt.

Artikel 33. (35.)

Unberührt bleiben die landesgesetzlichen Vorschriften über Familienfideikommisse und Lehen, mit Einschluß der allodifizirten Lehen, sowie über Stammgüter.

Artikel 34. (36.)

Unberührt bleiben die landesgesetzlichen Vorschriften, welche die Bestellung einer Hypothek, Grundschuld oder Rentenschuld an einem Grundstücke, dessen Belastung nach den in den Artikeln 31 bis 33 bezeichneten Vorschriften nur beschränkt zulässig ist, dahin gestatten, daß der Gläubiger Befriedigung aus dem Grundstücke lediglich im Wege der Zwangsverwaltung suchen kann.

Artikel 35. (37.)

Ist die Veräußerung oder Belastung eines Gegenstandes nach den in den Artikeln 31 bis 33 bezeichneten Vorschriften unzulässig oder nur beschränkt zulässig, so finden auf einen Erwerb, dem diese Vorschriften entgegenstehen, die Vorschriften des Bürgerlichen Gesetzbuchs zu Gunsten derjenigen, welche Rechte von einem Nichtberechtigten herleiten, entsprechende Anwendung.

Artikel 36.

Unberührt bleiben die landesgesetzlichen Vorschriften über Rentengüter.

Artikel 37.

Unberührt bleiben die landesgesetzlichen Vorschriften über das Erbpachtrecht, mit Einschluß des Büdnerrechts und des Häuslerrechts, in denjenigen Bundesstaaten, in welchen solche Rechte bestehen. Die Vorschriften des §. 1002 des Bürgerlichen Gesetzbuchs finden auf diese Rechte entsprechende Anwendung.

Artikel 38. (39.)

Unberührt bleiben die landesgesetzlichen Vorschriften, welche dem Wasserrecht angehören, mit Einschluß des Mühlenrechts, des Flötzrechts und des Flößereirechts sowie der Vorschriften zur Beförderung der Bewässerung und Entwässerung der Grundstücke und der Vorschriften über Anlandungen, entstehende Inseln und verlassene Flußbetten.

Artikel 39. (40.)

Unberührt bleiben die landesgesetzlichen Vorschriften, welche dem Deich- und Sielrecht angehören.

Artikel 40. (38.)

Unberührt bleiben die landesgesetzlichen Vorschriften, welche dem Bergrecht angehören.

Ist nach landesgesetzlicher Vorschrift wegen Beschädigung eines Grundstücks durch Bergbau eine Entschädigung zu gewähren, so finden die Vorschriften der Artikel 26, 27 Anwendung, soweit nicht die Landesgesetze ein Anderes bestimmen.

Artikel 41. (71.)

Unberührt bleiben die landesgesetzlichen Vorschriften, welche die Belastung eines Grundstücks mit dem vererblichen und veräußerlichen Rechte zur Gewinnung eines den bergrechtlichen Vorschriften nicht unterliegenden Minerals gestatten und den Inhalt dieses Rechtes näher bestimmen. Die Vorschriften der §§. 859, 860, 861, 1000, 1002 des Bürgerlichen Gesetzbuchs finden entsprechende Anwendung.

Artikel 42. (43.)

Unberührt bleiben die landesgesetzlichen Vorschriften über Jagd und Fischerei unbeschadet der Vorschrift des §. 943 Abs. 2 des Bürgerlichen Gesetzbuchs und der Vorschriften des Bürgerlichen Gesetzbuchs über den Ersatz des Wildschadens.

Artikel 43.

Unberührt bleiben die landesgesetzlichen Vorschriften über die Grundsätze, nach welchen der Wildschaden festzustellen ist, sowie die landesgesetzlichen Vorschriften, nach welchen der Anspruch auf Ersatz des Wildschadens innerhalb einer bestimmten Frist bei der zuständigen Behörde geltend gemacht werden muß.

Artikel 44.

Unberührt bleiben die landesgesetzlichen Vorschriften, nach welchen

1. die Verpflichtung zum Ersatze des Wildschadens auch dann eintritt, wenn der Schaden durch jagdbare Thiere anderer als der im §. 820 des Bürgerlichen Gesetzbuchs bezeichneten Gattungen angerichtet wird;
2. für den Wildschaden, der durch ein aus einem Gehege ausgetretenes jagdbares Thier angerichtet wird, der Eigenthümer oder der Besitzer des Geheges verantwortlich ist;
3. der Eigenthümer eines Grundstücks, wenn das Jagdrecht auf einem anderen Grundstücke nur gemeinschaftlich mit dem Jagdrecht auf seinem Grundstück ausgeübt werden darf, für den auf dem anderen Grundstück angerichteten Wildschaden auch dann haftet, wenn er die ihm angebotene Pachtung der Jagd abgelehnt hat;
4. der Wildschaden, der an Gärten, Obstgärten, Weinbergen, Baumschulen und einzelstehenden Bäumen angerichtet wird, dann nicht zu ersetzen ist, wenn die Herstellung von Schutzvorrichtungen unterblieben ist, die unter gewöhnlichen Umständen zur Abwendung des Schadens ausreichen;
5. die Verpflichtung zum Schadensersatz im Falle des §. 820 Abs. 3 des Bürgerlichen Gesetzbuchs abweichend bestimmt wird;
6. die Gemeinde an Stelle der Eigenthümer der zu einem Jagdbezirke vereinigten Grundstücke zum Ersatze des Wildschadens verpflichtet und zum Rückgriff auf die Eigenthümer berechtigt ist oder an Stelle der Eigenthümer oder des Verbandes der Eigenthümer oder der Gemeinde oder neben ihnen der Jagdpächter zum Ersatze des Schadens verpflichtet ist;
7. der zum Ersatze des Wildschadens Verpflichtete Erstattung des geleisteten Ersatzes von demjenigen verlangen kann, welcher in einem anderen Bezirke zur Ausübung der Jagd berechtigt ist.

Artikel 45.

Besteht in Ansehung eines Grundstücks ein zeitlich nicht begrenztes Nutzungsrecht, so finden die Vorschriften des §. 820 des Bürgerlichen Gesetzbuchs über die Verpflichtung zum Ersatze des Wildschadens mit der Maßgabe Anwendung, daß an die Stelle des Eigenthümers der Nutzungsberechtigte tritt.

Artikel 46. (45.)

Unberührt bleiben die landesgesetzlichen Vorschriften über Regalien.

Artikel 47. (44.)

Unberührt bleiben die landesgesetzlichen Vorschriften über Zwangsrechte, Bannrechte und Realgewerbeberechtigungen.

Artikel 48.

Unberührt bleiben die landesgesetzlichen Vorschriften, welche dem Versicherungsrecht angehören, soweit nicht in dem Bürgerlichen Gesetzbuche besondere Bestimmungen getroffen sind.

Artikel 49.

Unberührt bleiben die landesgesetzlichen Vorschriften, welche dem Verlagsrecht angehören.

Artikel 50. (56.)

Unberührt bleiben die landesgesetzlichen Vorschriften über die Haftung des Staates, der Gemeinden und anderer Kommunalverbände (Provinzial-, Kreis-, Amtsverbände) für den von ihren Beamten in Ausübung der diesen anvertrauten öffentlichen Gewalt zugefügten Schaden sowie die landesgesetzlichen Vorschriften, welche das Recht des Beschädigten, von dem Beamten den Ersatz eines solchen Schadens zu verlangen, insoweit ausschließen, als der Staat oder der Kommunalverband haftet.

Artikel 51.

Unberührt bleiben die landesgesetzlichen Vorschriften über die Haftung der Beamten für die von ihnen angenommenen Stellvertreter und Gehülfen.

Artikel 52.

Unberührt bleiben die landesgesetzlichen Vorschriften über die Haftung der zur amtlichen Feststellung des Werthes von Grundstücken bestellten Sachverständigen für den aus einer Verletzung ihrer Berufspflicht entstehenden Schaden.

Artikel 53. (54.)

Unberührt bleiben, soweit nicht in dem Bürgerlichen Gesetzbuch eine besondere Bestimmung getroffen ist, die landesgesetzlichen Vorschriften über die vermögensrechtlichen Ansprüche und Verbindlichkeiten der Beamten, der Geistlichen und der Lehrer an öffentlichen Unterrichtsanstalten aus dem Amtsverhältnisse, mit Einschluß der Ansprüche der Hinterbliebenen.

Unberührt bleiben die landesgesetzlichen Vorschriften über das Pfründenrecht.

Artikel 54.

Unberührt bleiben die landesgesetzlichen Vorschriften, welche die Uebertragbarkeit der Ansprüche der im Artikel 53 Abs. 1 bezeichneten Personen auf Besoldung, Wartegeld, Ruhegehalt, Wittwen- oder Waisengeld beschränken, sowie die landesgesetzlichen Vorschriften, welche die Aufrechnung gegen solche Ansprüche abweichend von der Vorschrift des §. 388 des Bürgerlichen Gesetzbuchs zulassen.

Artikel 55. (49 Abs. 1.)

Unberührt bleiben die landesgesetzlichen Vorschriften über die Beaufsichtigung juristischer Personen.

Artikel 56.

Unberührt bleiben die besonderen Vorschriften der Landesgesetze über die Verfassung solcher Vereine, deren Rechtsfähigkeit auf staatlicher Verleihung beruht.

Artikel 57.

Unberührt bleiben die landesgesetzlichen Vorschriften über Waldgenossenschaften.

Artikel 58.

Unberührt bleiben die landesgesetzlichen Vorschriften, nach welchen eine Religionsgesellschaft oder eine geistliche Gesellschaft Rechtsfähigkeit nur im Wege der Gesetzgebung erlangen kann.

Artikel 59.

Unberührt bleiben die landesgesetzlichen Vorschriften, nach welchen im Falle des §. 42 Abs. 3 des Bürgerlichen Gesetzbuchs das Vermögen des aufgelösten Vereins an Stelle des Fiskus einer Körperschaft, Stiftung oder Anstalt des öffentlichen Rechtes anfällt.

Artikel 60.

Unberührt bleiben die landesgesetzlichen Vorschriften über das Erlöschen oder die Umwandlung von Stiftungen.

Artikel 61. (49 Abs. 2, 3.)

Unberührt bleiben die landesgesetzlichen Vorschriften, welche den Erwerb von Rechten durch juristische Personen beschränken oder von staatlicher Genehmigung abhängig machen. Wird die nach dem Landesgesetze zu einem Erwerbe von Todeswegen erforderliche Genehmigung ertheilt, so gilt sie als vor dem Erbfall ertheilt; wird sie verweigert, so gilt die juristische Person in Ansehung des Anfalls als nicht vorhanden; die Vorschrift des §. 2020 des Bürgerlichen Gesetzbuchs findet entsprechende Anwendung.

Die Vorschriften des Abs. 1 finden keine Anwendung auf juristische Personen, deren Rechtsfähigkeit auf reichsgesetzlichen, neben dem Bürgerlichen Gesetzbuche bestehenden Vorschriften beruht.

Artikel 62. (48.)

Unberührt bleiben die landesgesetzlichen Vorschriften, welche die Wirksamkeit von Schenkungen an Mitglieder religiöser Orden oder ordensähnlicher Kongregationen von staatlicher Genehmigung abhängig machen.

Unberührt bleiben die landesgesetzlichen Vorschriften, nach welchen Mitglieder religiöser Orden oder ordensähnlicher Kongregationen nur mit staatlicher Genehmigung von Todeswegen erwerben können. Die Vorschriften des Artikel 61 Abs. 1 Satz 2 finden entsprechende Anwendung.

Artikel 63. (62.)

Unberührt bleiben die landesgesetzlichen Vorschriften über die zum Schutze der Grundstücke und der Erzeugnisse von Grundstücken gestattete Pfändung von Sachen, mit Einschluß der Vorschriften über die Entrichtung von Pfandgeld oder Ersatzgeld.

Artikel 64. (53.)

Unberührt bleiben die landesgesetzlichen Vorschriften über die Rechtsverhältnisse, welche sich aus einer auf Grund des öffentlichen Rechtes wegen der Führung eines Amtes oder wegen eines Gewerbebetriebs erfolgten Sicherheitsleistung ergeben.

Artikel 65. (74.)

Unberührt bleiben die landesgesetzlichen Vorschriften, nach welchen der Fiskus, eine Körperschaft, Stiftung oder Anstalt des öffentlichen Rechtes oder eine unter der Verwaltung einer öffentlichen Behörde stehende Stiftung berechtigt ist, zur Sicherung gewisser Forderungen die Eintragung einer Hypothek an Grundstücken des Schuldners zu verlangen, und nach welchen die Eintragung der Hypothek auf Ersuchen einer bestimmten Behörde zu erfolgen hat. Die Hypothek kann nur als Sicherungshypothek eingetragen werden; sie entsteht mit der Eintragung.

Artikel 66.

Unberührt bleiben die landesgesetzlichen Vorschriften, nach welchen Zahlungen aus öffentlichen Kassen an der Kasse in Empfang zu nehmen sind.

Artikel 67. (58.)

Unberührt bleiben die landesgesetzlichen Vorschriften über die Fristen, bis zu deren Ablaufe gemiethete Räume bei Beendigung des Miethverhältnisses zu räumen sind.

Artikel 68. (47.)

Unberührt bleiben die landesgesetzlichen Vorschriften, welche den Geschäftsbetrieb der gewerblichen Pfandleiher und der Pfandleihanstalten betreffen.

Unberührt bleiben die landesgesetzlichen Vorschriften, nach welchen öffentlichen Pfandleihanstalten das Recht zusteht, die ihnen verpfändeten Sachen dem Berechtigten nur gegen Bezahlung des auf die Sache gewährten Darlehns herauszugeben.

Artikel 69. (46.)

Unberührt bleiben die landesgesetzlichen Vorschriften, welche dem Gesinderecht angehören, unbeschadet der Vorschriften der §§. 100 bis 111, 127, 272, 610, 615, 816, des §. 826 Abs. 2 und des §. 1343 des Bürgerlichen Gesetzbuchs. Dies gilt insbesondere auch von den Vorschriften über die Schadensersatzpflicht desjenigen, welcher Gesinde zum widerrechtlichen Verlassen des Dienstes verleitet oder in Kenntniß eines noch bestehenden Gesindeverhältnisses in Dienst nimmt oder ein unrichtiges Dienstzeugniß ertheilt.

Artikel 70. (59.)

Unberührt bleiben die landesgesetzlichen Vorschriften über einen mit der Ueberlassung eines Grundstücks in Verbindung stehenden Leibgedings-, Leibzuchts-, Altentheils- oder Auszugsvertrag, soweit sie das sich aus dem Vertrag ergebende Schuldverhältniß für den Fall regeln, daß nicht besondere Vereinbarungen getroffen werden.

Artikel 71. (57.)

Unberührt bleiben die landesgesetzlichen Vorschriften, welche die Eintragung von Gläubigern des Bundesstaats in ein Staatsschuldbuch und die aus der Eintragung sich ergebenden Rechtsverhältnisse, insbesondere die Uebertragung und Belastung einer Buchforderung, regeln.

Soweit nach diesen Vorschriften eine Ehefrau berechtigt ist, selbständig Anträge zu stellen, ist dieses Recht ausgeschlossen, wenn ein Vermerk zu Gunsten des Ehemanns im Schuldbuch eingetragen ist. Ein solcher Vermerk ist einzutragen, wenn die Ehefrau oder mit ihrer Zustimmung der Ehemann die Eintragung beantragt. Die Ehefrau ist dem Ehemanne gegenüber zur Ertheilung der Zustimmung verpflichtet, wenn sie nach dem unter ihnen bestehenden Güterstand über die Buchforderung nur mit Zustimmung des Ehemanns verfügen kann.

Artikel 72.

Unberührt bleiben die landesgesetzlichen Vorschriften über die öffentlichen Sparkassen, unbeschadet der Vorschriften des §. 793 des Bürgerlichen Gesetzbuchs und der Vorschriften des Bürgerlichen Gesetzbuchs über die Anlegung von Mündelgeld.

Artikel 73. (60.)

Unberührt bleiben die landesgesetzlichen Vorschriften, nach welchen bei Schuldverschreibungen auf den Inhaber, die der Bundesstaat oder eine ihm angehörende Körperschaft, Stiftung oder Anstalt des öffentlichen Rechtes ausstellt:

1. die Gültigkeit der Unterzeichnung von der Beobachtung einer besonderen Form abhängt, auch wenn eine solche Bestimmung in die Urkunde nicht aufgenommen ist;
2. der im §. 789 Abs. 1 des Bürgerlichen Gesetzbuchs bezeichnete Anspruch ausgeschlossen ist, auch wenn die Ausschließung in dem Zins- oder Rentenscheine nicht bestimmt ist.

Artikel 74.

Unberührt bleiben die landesgesetzlichen Vorschriften, welche den Bundesstaat oder ihm angehörende Körperschaften, Stiftungen und Anstalten des öffentlichen Rechtes abweichend von der Vorschrift des §. 791 Satz 2 des Bürgerlichen Gesetzbuchs verpflichten, die von ihnen ausgestellten, auf den Inhaber lautenden Schuldverschreibungen auf den Namen eines bestimmten Berechtigten umzuschreiben, sowie die landesgesetzlichen Vorschriften, welche die sich aus der Umschreibung einer solchen Schuldverschreibung ergebenden Rechtsverhältnisse, mit Einschluß der Kraftloserklärung, regeln.

Artikel 75. (61.)

Unberührt bleiben die landesgesetzlichen Vorschriften über die Kraftloserklärung und die Zahlungssperre in Ansehung der im §. 792 des Bürgerlichen Gesetzbuchs bezeichneten Urkunden.

Unberührt bleiben die landesgesetzlichen Vorschriften, welche für die Kraftloserklärung der im §. 793 des Bürgerlichen Gesetzbuchs bezeichneten Urkunden ein anderes Verfahren als das Aufgebotsverfahren bestimmen.

Artikel 76.

Unberührt bleiben die landesgesetzlichen Vorschriften, nach welchen der Staat sowie Verbände und Anstalten, die auf Grund des öffentlichen Rechtes zur Gewährung von Unterhalt verpflichtet sind, Ersatz der für den Unterhalt gemachten Aufwendungen von der Person, welcher sie den Unterhalt gewährt haben, sowie von denjenigen verlangen können, welche nach den Vorschriften des Bürgerlichen Gesetzbuchs unterhaltspflichtig waren.

Artikel 77. (65.)

Unberührt bleiben die landesgesetzlichen Vorschriften über den Anspruch auf Rückerstattung mit Unrecht erhobener öffentlicher Abgaben oder Kosten eines Verfahrens.

Artikel 78.

Unberührt bleiben die landesgesetzlichen Vorschriften, nach welchen der Unternehmer eines Eisenbahnbetriebs oder eines anderen mit gemeiner Gefahr verbundenen Betriebs für den aus dem Betrieb entstehenden Schaden in weiterem Umfang als nach den Vorschriften des Bürgerlichen Gesetzbuchs verantwortlich ist.

Artikel 79.

Unberührt bleiben die landesgesetzlichen Vorschriften, nach welchen, wenn ein dem öffentlichen Gebrauche dienendes Grundstück zu einer Anlage oder zu einem Betriebe benutzt werden darf, der Unternehmer der Anlage oder des Betriebs für den Schaden verantwortlich ist, der bei dem öffentlichen Gebrauche des Grundstücks durch die Anlage oder den Betrieb verursacht wird.

Artikel 80. (63.)

Unberührt bleiben die landesgesetzlichen Vorschriften über die Verpflichtung zum Ersatze des Schadens, der durch das Zuwiderhandeln gegen ein zum Schutze von Grundstücken erlassenes Strafgesetz verursacht wird.

Artikel 81. (64.)

Unberührt bleiben die landesgesetzlichen Vorschriften über die Verpflichtung zum Ersatze des Schadens, der bei einer Zusammenrottung, einem Auflauf oder einem Aufruhr entsteht.

Artikel 82. (42.)

Unberührt bleiben die landesgesetzlichen Vorschriften über die im öffentlichen Interesse erfolgende Entziehung, Beschädigung oder Benutzung einer Sache, Beschränkung des Eigenthums und Entziehung oder Beschränkung von Rechten. Auf die nach landesgesetzlicher Vorschrift wegen eines solchen Eingriffs zu gewährende Entschädigung finden die Vorschriften der Artikel 26, 27 Anwendung, soweit nicht die Landesgesetze ein Anderes bestimmen.

Artikel 83. (77.)

Unberührt bleiben die landesgesetzlichen Vorschriften, welche für den Fall, daß zerstörte Gebäude in anderer Lage wiederhergestellt werden, die Rechte an den betheiligten Grundstücken regeln.

Artikel 84. (66.)

Unberührt bleiben die landesgesetzlichen Vorschriften, welche im öffentlichen Interesse das Eigenthum in Ansehung thatsächlicher Verfügungen beschränken.

Artikel 85.

Unberührt bleiben die landesgesetzlichen Vorschriften über die Behandlung der einem Eisenbahn- oder Kleinbahnunternehmen gewidmeten Grundstücke und sonstiger Vermögensgegenstände als Einheit (Bahneinheit), über die Veräußerung und Belastung einer solchen Bahneinheit oder ihrer Bestandtheile, insbesondere die Belastung im Falle der Ausstellung von Theilschuldverschreibungen auf den Inhaber, und die sich dabei ergebenden Rechtsverhältnisse sowie über die Liquidation zum Zwecke der Befriedigung der Gläubiger, denen ein Recht auf abgesonderte Befriedigung aus den Bestandtheilen der Bahneinheit zusteht.

Artikel 86. (41 Abs. 1.)

Unberührt bleiben die landesgesetzlichen Vorschriften über die Gemeinheitstheilung, die Zusammenlegung von Grundstücken, die Regulirung der Wege, die Ordnung der gutsherrlich-bäuerlichen Verhältnisse sowie die Ablösung, Umwandlung oder Einschränkung von Dienstbarkeiten und Reallasten. Dies gilt insbesondere auch von den Vorschriften, welche sich auf den Erwerb des Eigenthums, auf die Begründung, Aenderung und Aufhebung von anderen Rechten an Grundstücken und auf die Berichtigung des Grundbuchs beziehen.

Artikel 87.

Unberührt bleiben die landesgesetzlichen Vorschriften, nach welchen die dem Staate oder einer öffentlichen Anstalt in Folge der Ordnung der gutsherrlich-bäuerlichen Verhältnisse oder der Ablösung von Dienstbarkeiten, Reallasten oder der Oberlehnsherrlichkeit zustehenden Ablösungsrenten und sonstigen Reallasten zu ihrer Begründung und zur Wirksamkeit gegenüber dem öffentlichen Glauben des Grundbuchs nicht der Eintragung bedürfen.

Artikel 88. (70 Abs. 1 Nr. 2.)

Unberührt bleiben die landesgesetzlichen Vorschriften, welche die Belastung eines Grundstücks mit gewissen Grunddienstbarkeiten oder beschränkten persönlichen Dienstbarkeiten oder mit Reallasten untersagen oder beschränken, sowie die landesgesetzlichen Vorschriften, welche den Inhalt und das Maß solcher Rechte näher bestimmen.

Artikel 89. (41 Abs. 2, 70 Abs. 2.)

Die in den Artikeln 86 bis 88 bezeichneten landesgesetzlichen Vorschriften finden keine Anwendung auf die nach den §§. 897, 901, 902 des Bürgerlichen Gesetzbuchs zu entrichtenden Geldrenten und auf die in den §§. 1006, 1007 des Bürgerlichen Gesetzbuchs bestimmten Unterhaltungspflichten.

Artikel 90. (70 Abs. 1 Nr. 3.)

Unberührt bleiben die landesgesetzlichen Vorschriften, welche die Belastung eines Grundstücks mit einer unkündbaren Hypothek oder Grundschuld untersagen oder die Ausschließung des Kündigungsrechts des Eigenthümers bei Hypothekenforderungen und Grundschulden zeitlich beschränken und bei Rentenschulden nur für eine kürzere als die im §. 1187 Abs. 2 des Bürgerlichen Gesetzbuchs bestimmte Zeit zulassen.

Artikel 91. (75.)

Unberührt bleiben die landesgesetzlichen Vorschriften, welche einer Geldrente, Hypothek, Grundschuld oder Rentenschuld, die dem Staate oder einer öffentlichen Anstalt wegen eines zur Verbesserung des belasteten Grundstücks gewährten Darlehns zusteht, den Vorrang vor anderen Belastungen des Grundstücks einräumen. Zu Gunsten eines Dritten finden die Vorschriften des §. 877 des Bürgerlichen Gesetzbuchs Anwendung.

Artikel 92. (70 Abs. 1 Nr. 1.)

Unberührt bleiben die landesgesetzlichen Vorschriften, welche die Theilung eines Grundstücks oder die getrennte Veräußerung von Grundstücken, die bisher zusammen bewirthschaftet worden sind, untersagen oder beschränken.

Artikel 93. (76 Abs. 1.)

Unberührt bleiben die landesgesetzlichen Vorschriften, nach welchen im Falle der Veräußerung eines Theiles eines Grundstücks dieser Theil von den Belastungen des Grundstücks befreit wird, wenn von der zuständigen Behörde festgestellt wird, daß die Rechtsänderung für die Berechtigten unschädlich ist.

Unberührt bleiben die landesgesetzlichen Vorschriften, nach welchen unter der gleichen Voraussetzung:

1. im Falle der Theilung eines mit einer Reallast belasteten Grundstücks die Reallast auf die einzelnen Theile des Grundstücks vertheilt wird;
2. im Falle der Aufhebung eines dem jeweiligen Eigenthümer eines Grundstücks an einem anderen Grundstücke zustehenden Rechtes die Zustimmung derjenigen nicht erforderlich ist, zu deren Gunsten das Grundstück des Berechtigten belastet ist;
3. im Falle des Artikel 26 der dem Eigenthümer zustehende Entschädigungsanspruch von dem einem Dritten an dem Anspruche zustehenden Rechte befreit wird.

Artikel 94. (76 Abs. 2.)

Unberührt bleiben die landesgesetzlichen Vorschriften, nach welchen im Falle der Theilung eines für den Staat oder eine öffentliche Anstalt mit einer Reallast belasteten Grundstücks nur ein Theil des Grundstücks mit der Reallast belastet bleibt und dafür zu Gunsten des jeweiligen Eigenthümers dieses Theiles die übrigen Theile mit gleichartigen Reallasten belastet werden.

Artikel 95. (67.)

Unberührt bleiben die landesgesetzlichen Vorschriften, welche die Rechte des Eigenthümers eines Grundstücks in Ansehung der auf der Grenze oder auf dem Nachbargrundstücke stehenden Bäume und Sträucher für den Fall, daß das Nachbargrundstück ein Waldgrundstück ist, abweichend von den Vorschriften des §. 895 und des §. 908 Abs. 2, 3 des Bürgerlichen Gesetzbuchs bestimmen.

Artikel 96.

Unberührt bleiben die landesgesetzlichen Vorschriften, welche das Eigenthum an Grundstücken zu Gunsten der Nachbarn noch anderen als den im Bürgerlichen Gesetzbuche bestimmten Beschränkungen unterwerfen.

Artikel 97.

Unberührt bleiben die landesgesetzlichen Vorschriften, welche die Vorschrift des §. 26 der Gewerbeordnung auf Eisenbahn-, Dampfschiffahrts- und ähnliche Verkehrsunternehmungen erstrecken.

Artikel 98. (68.)

Durch Landesgesetz kann das dem Staate an einem Grundstücke zustehende Eigenthum auf einen Kommunalverband und das einem Kommunalverband an einem Grundstücke zustehende Eigenthum auf einen anderen Kommunalverband oder auf den Staat übertragen werden.

Artikel 99.

Unberührt bleiben die landesgesetzlichen Vorschriften über die Uebertragung des Eigenthums an einem Grundstücke, das im Grundbuche nicht eingetragen ist und nach den Vorschriften der Grundbuchordnung auch nach der Uebertragung nicht eingetragen zu werden braucht.

Artikel 100.

Unberührt bleiben die landesgesetzlichen Vorschriften, nach welchen es bei der Auflassung eines Grundstücks der gleichzeitigen Anwesenheit beider Theile nicht bedarf, wenn das Grundstück durch einen Notar versteigert worden ist und die Auflassung noch in dem Versteigerungstermine stattfindet.

Artikel 101.

Unberührt bleiben die landesgesetzlichen Vorschriften, nach welchen das Recht zur Aneignung eines nach §. 913 des Bürgerlichen Gesetzbuchs aufgegebenen Grundstücks an Stelle des Fiskus einer bestimmten anderen Person zusteht.

Artikel 102. (69.)

Unberührt bleiben die landesgesetzlichen Vorschriften über das Recht zur Aneignung der einem Anderen gehörenden, im Freien betroffenen Tauben.

Artikel 103. (73.)

Unberührt bleiben die landesgesetzlichen Vorschriften, welche für den Fall, daß jedem der Miteigenthümer eines mit einem Gebäude versehenen Grundstücks die ausschließliche Benutzung eines Theiles des Gebäudes eingeräumt ist, das Gemeinschaftsverhältniß näher bestimmen und die Anwendung der §§. 737 bis 739 des Bürgerlichen Gesetzbuchs sowie des §. 14 Abs. 2 der Konkursordnung ausschließen.

Artikel 104. (72.)

Unberührt bleiben die landesgesetzlichen Vorschriften über das Recht zur Benutzung eines Platzes in einem dem öffentlichen Gottesdienste gewidmeten Gebäude oder auf einer öffentlichen Begräbnißstätte.

Artikel 105.

Unberührt bleiben die landesgesetzlichen Vorschriften über die religiöse Erziehung der Kinder.

Artikel 106.

Unberührt bleiben die landesgesetzlichen Vorschriften über die Zwangserziehung Minderjähriger. Die Zwangserziehung ist jedoch, unbeschadet der Vorschriften des §. 56 des Strafgesetzbuchs, nur zulässig, wenn sie von dem Vormundschaftsgericht auf Grund des §. 1645 oder des §. 1816 des Bürgerlichen Gesetzbuchs angeordnet wird.

Die Landesgesetze können die Entscheidung darüber, ob der Minderjährige in einer Familie oder in einer Erziehungs- oder Besserungsanstalt unterzubringen sei, einer Verwaltungsbehörde übertragen, wenn die Unterbringung auf öffentliche Kosten zu erfolgen hat.

Artikel 107. (79.)

Unberührt bleiben die landesgesetzlichen Vorschriften, nach welchen

1. der Vorstand einer unter staatlicher Verwaltung oder Aufsicht stehenden Erziehungs- oder Verpflegungsanstalt oder ein Beamter alle oder einzelne Rechte und Pflichten eines Vormundes für diejenigen Minderjährigen hat, welche in der Anstalt oder unter der Aufsicht des Vorstandes oder des Beamten in einer von ihm ausgewählten Familie oder Anstalt erzogen oder verpflegt werden, und der Vorstand der Anstalt oder der Beamte auch nach der Beendigung der Erziehung oder der Verpflegung bis zur Volljährigkeit des Mündels diese Rechte und Pflichten behält, unbeschadet der Befugniß des Vormundschaftsgerichts, einen anderen Vormund zu bestellen;

2. die Vorschriften der Nr. 1 bei unehelichen Minderjährigen auch dann gelten, wenn diese unter der Aufsicht des Vorstandes oder des Beamten in der mütterlichen Familie erzogen oder verpflegt werden;
3. der Vorstand einer unter staatlicher Verwaltung oder Aufsicht stehenden Erziehungs- oder Verpflegungsanstalt oder ein von ihm bezeichneter Angestellter der Anstalt oder ein Beamter vor den nach §. 1754 des Bürgerlichen Gesetzbuchs als Vormünder berufenen Personen zum Vormunde der in Nr. 1, 2 bezeichneten Minderjährigen bestellt werden kann;
4. im Falle einer nach den Vorschriften der Nr. 1 bis 3 stattfindenden Bevormundung ein Gegenvormund nicht zu bestellen ist und dem Vormunde die nach §. 1830 des Bürgerlichen Gesetzbuchs zulässigen Befreiungen zustehen.

Artikel 108. (83 bis 87.)

Unberührt bleiben die landesgesetzlichen Vorschriften über das Anerbenrecht in Ansehung landwirthschaftlicher und forstwirthschaftlicher Grundstücke nebst deren Zubehör.

Die Landesgesetze können das Recht des Erblassers, über das dem Anerbenrecht unterliegende Grundstück von Todeswegen zu verfügen, nicht beschränken.

Artikel 109.

Unberührt bleiben die landesgesetzlichen Vorschriften über die Grundsätze, nach denen in den Fällen des §. 1500 Abs. 2, 3 und der §§. 2026, 2286 des Bürgerlichen Gesetzbuchs der Ertragswerth eines Landguts festzustellen ist.

Artikel 110. (82.)

Unberührt bleiben die landesgesetzlichen Vorschriften, nach welchen im Falle des §. 1914 des Bürgerlichen Gesetzbuchs an Stelle des Fiskus eine Körperschaft, Stiftung oder Anstalt des öffentlichen Rechtes gesetzlicher Erbe ist.

Artikel 111. (81.)

Unberührt bleiben die landesgesetzlichen Vorschriften, nach welchen dem Fiskus oder einer anderen juristischen Person in Ansehung des Nachlasses einer verpflegten oder unterstützten Person ein Erbrecht, ein Pflichttheilsanspruch oder ein Recht auf bestimmte Sachen zusteht.

Artikel 112. (88.)

Unberührt bleiben die landesgesetzlichen Vorschriften, nach welchen das Nachlaßgericht auch unter anderen als den im §. 1938 Abs. 1 des Bürgerlichen Gesetzbuchs bezeichneten Voraussetzungen die Anfertigung eines Nachlaßverzeichnisses sowie bis zu dessen Vollendung die erforderlichen Sicherungsmaßregeln, insbesondere die Anlegung von Siegeln, von Amtswegen anordnen kann.

Artikel 113.

Die Landesgesetze können bestimmen, daß die Vorschriften des §. 2225 des Bürgerlichen Gesetzbuchs auf Testamente der Gesandten des Bundesstaats und der zu der Gesandtschaft gehörenden, im Dienste des Bundesstaats stehenden Personen Anwendung finden. An die Stelle des Reichskanzlers tritt die landesgesetzlich bestimmte Behörde.

Artikel 114. (91 Abs. 3.)

Die Landesgesetze können bestimmen, daß für die Beurkundung von Rechtsgeschäften, die nach den Vorschriften des Bürgerlichen Gesetzbuchs gerichtlicher oder notarieller Beurkundung bedürfen, entweder nur die Gerichte oder nur die Notare zuständig sind.

Artikel 115.

Unberührt bleiben die landesgesetzlichen Vorschriften, welche in Ansehung der in dem Gebiete des Bundesstaats liegenden Grundstücke bestimmen, daß für die Beurkundung des im §. 307 des Bürgerlichen Gesetzbuchs bezeichneten Vertrags sowie für die nach §. 858 Abs. 2 des Bürgerlichen Gesetzbuchs zur Bindung der Betheiligten erforderliche Beurkundung der Erklärungen außer den Gerichten und Notaren auch andere Behörden und Beamte zuständig sind.

Artikel 116.

Unberührt bleiben die landesgesetzlichen Vorschriften, welche in Ansehung der in dem Gebiete des Bundesstaats liegenden Grundstücke bestimmen, daß die Einigung der Parteien in den Fällen der §§. 910, 1000 des Bürgerlichen Gesetzbuchs nur vor dem Grundbuchamt oder daß sie auch vor einer anderen Behörde als vor dem Grundbuchamt oder einem Gericht erklärt werden kann.

Artikel 117.

Unberührt bleiben die landesgesetzlichen Vorschriften über die sachliche und örtliche Zuständigkeit der Hinterlegungsstellen. Die Landesgesetze können bestimmen, daß die Anlegung von Mündelgeld nach §. 1786 des Bürgerlichen Gesetzbuchs bei den Hinterlegungsstellen des Bundesstaats nicht stattfindet.

Artikel 118.

Die Landesgesetze können über die Hinterlegung nähere Bestimmungen treffen, insbesondere den Nachweis der Empfangsberechtigung regeln und vorschreiben, daß die hinterlegten Gelder und Werthpapiere gegen die Verpflichtnng zur Rückerstattung in das Eigenthum des Fiskus oder der als Hinterlegungsstelle bestimmten Anstalt übergehen, daß der Verkauf der hinterlegten Sachen von Amtswegen angeordnet werden kann sowie daß der Anspruch auf Rückerstattung mit dem Ablauf einer gewissen Zeit oder unter sonstigen Voraussetzungen zu Gunsten des Fiskus oder det Hinterlegungsanstalt erlischt. In den Fällen des §. 376, des §. 1155 Abs. 3 und des §. 1254 Satz 3 des Bürgerlichen Gesetzbuchs muß dem Hinterleger die Rücknahme des hinterlegten Betrags mindestens während eines Jahres von dem Zeitpunkt an gestattet werden, mit welchem das Recht des Gläubigers auf den hinterlegten Betrag erlischt.

Von einer gerichtlichen Anordnung kann die Hinterlegung nicht abhängig gemacht werden.

Artikel 119.

Ist durch Landesgesetz bestimmt, daß die Hinterlegungsstellen auch andere Sachen als Geld, Werthpapiere und sonstige Urkunden sowie Kostbarkeiten anzunehmen haben, so finden auf Schuldverhältnisse, die auf Leistung derartiger Sachen gerichtet sind, die Vorschriften der §§. 366 bis 376 des Bürgerlichen Gesetzbuchs Anwendung.

Artikel 120.

Unberührt bleiben die landesgesetzlichen Vorschriften, nach welchen für die dem Vormundschaftsgericht oder dem Nachlaßgericht obliegenden Verrichtungen andere als gerichtliche Behörden zuständig sind.

Sind durch Landesgesetz die Verrichtungen des Nachlaßgerichts einer anderen Behörde als dem Amtsgericht übertragen, so ist für die Abnahme des im §. 1983 des Bürgerlichen Gesetzbuchs vorgeschriebenen Offenbarungseids das Amtsgericht zuständig, in dessen Bezirke die Nachlaßbehörde ihren Sitz hat.

Artikel 121.

Die Landesgesetze können die Zuständigkeit des Nachlaßgerichts zur Aufnahme des Inventars ausschließen.

Artikel 122.

Unberührt bleiben die landesgesetzlichen Vorschriften, nach welchen bei der Errichtung einer Verfügung von Todeswegen der Richter an Stelle des Gerichtsschreibers oder der zwei Zeugen eine besonders dazu bestellte Urkundsperson, der Notar an Stelle der zwei Zeugen einen zweiten Notar zuziehen kann.

Auf die Urkundsperson und den zweiten Notar finden die Vorschriften der §§. 2208 bis 2210 des Bürgerlichen Gesetzbuchs Anwendung.

Artikel 123.

Unberührt bleiben die landesgesetzlichen Vorschriften, nach welchen im Falle des §. 2221 des Bürgerlichen Gesetzbuchs ein Testament auch vor einem zur Vornahme von Akten der freiwilligen Gerichtsbarkeit für die Gemeinde bestellten Beamten errichtet werden kann.

Artikel 124.

Durch die Vorschriften der §§. 2208 bis 2219, 2250 des Bürgerlichen Gesetzbuchs und des Artikel 122 dieses Gesetzes werden die allgemeinen Vorschriften der Landesgesetze über die Errichtung gerichtlicher oder notarieller Urkunden nicht berührt. Ein Verstoß gegen eine solche Vorschrift ist, unbeschadet der Vorschriften über die Folgen des Mangels der sachlichen Zuständigkeit, ohne Einfluß auf die Gültigkeit der Verfügung von Todeswegen.

Artikel 125. (52.)

Unberührt bleiben die landesgesetzlichen Vorschriften, welche für die nicht nach den Vorschriften der Civilprozeßordnung zu erledigenden Rechtsstreitigkeiten die Vorgänge bestimmen, mit denen die nach den Vorschriften des Bürgerlichen Gesetzbuchs an die Klagerhebung und an die Rechtshängigkeit geknüpften Wirkungen eintreten. Soweit solche Vorschriften fehlen, finden die Vorschriften der Civilprozeßordnung entsprechende Anwendung.

Vierter Abschnitt.

Uebergangsvorschriften.

Artikel 126. (95.)

Wer zur Zeit des Inkrafttretens des Bürgerlichen Gesetzbuchs das einundzwanzigste Lebensjahr noch nicht vollendet hat, aber für volljährig erklärt ist oder sonst die rechtliche Stellung eines Volljährigen erlangt hat, steht von dieser Zeit an einem Volljährigen gleich.

Artikel 127. (96.)

Wer nach den französischen oder den badischen Gesetzen emanzipirt oder aus der Gewalt entlassen ist, steht von dem Inkrafttreten des Bürgerlichen Gesetzbuchs an, wenn er zu dieser Zeit das achtzehnte Lebensjahr vollendet hat, einem Volljährigen, anderenfalls einem Minderjährigen gleich.

Artikel 128. (97 Abs. 1.)

Wer zur Zeit des Inkrafttretens des Bürgerlichen Gesetzbuchs wegen Geisteskrankheit entmündigt ist, steht von dieser Zeit an einem nach den Vorschriften des Bürgerlichen Gesetzbuchs wegen Geisteskrankheit Entmündigten gleich.

Artikel 129. (98.)

Wer zur Zeit des Inkrafttretens des Bürgerlichen Gesetzbuchs wegen Verschwendung entmündigt ist, steht von dieser Zeit an einem nach den Vorschriften des Bürgerlichen Gesetzbuchs wegen Verschwendung Entmündigten gleich.

Dasselbe gilt von demjenigen, für welchen nach den französischen oder den badischen Gesetzen wegen Verschwendung die Bestellung eines Beistandes angeordnet ist.

Artikel 130.

Die Vorschriften des französischen und der badischen Gesetze über den erwählten Wohnsitz bleiben für Rechtsverhältnisse, die sich nach diesen Gesetzen bestimmen, in Kraft, sofern der Wohnsitz vor dem Inkrafttreten des Bürgerlichen Gesetzbuchs erwählt worden ist.

Artikel 131. (92 Satz 1.)

Die Wirkungen einer vor dem Inkrafttreten des Bürgerlichen Gesetzbuchs erfolgten Todeserklärung bestimmen sich nach den bisherigen Gesetzen, soweit sich nicht aus den Artikeln 132, 133 ein Anderes ergiebt.

Artikel 132. (92 Satz 2.)

Der Ehegatte einer vor dem Inkrafttreten des Bürgerlichen Gesetzbuchs für todt erklärten Person kann nach dem Inkrafttreten des Bürgerlichen Gesetzbuchs eine neue Ehe eingehen, auch wenn die Wiederverheirathung nach den bisherigen Gesetzen nicht zulässig sein würde. Die Vorschriften der §§. 1333 bis 1337 des Bürgerlichen Gesetzbuchs finden entsprechende Anwendung.

Artikel 133. (92 Satz 2.)

Soweit nach den Vorschriften des Bürgerlichen Gesetzbuchs in Folge einer Todeserklärung die elterliche Gewalt des Verschollenen, die Vormundschaft, die Pflegschaft sowie das Amt als Vormund, Gegenvormund, Pfleger, Beistand oder Mitglied eines Familienraths endigt, gelten diese Vorschriften von dem Inkrafttreten des Bürgerlichen Gesetzbuchs an auch für eine vorher erfolgte Todeserklärung.

Artikel 134. (93, 94.)

Ein zur Zeit des Inkrafttretens des Bürgerlichen Gesetzbuchs anhängiges Verfahren, das eine Todeserklärung, eine Verschollenheitserklärung oder die Einweisung des muthmaßlichen Erben in den Besitz oder Genuß des Vermögens eines Verschollenen zum Gegenstande hat, ist nach den bisherigen Gesetzen zu erledigen.

Ist vor dem Inkrafttreten des Bürgerlichen Gesetzbuchs eine Verschollenheitserklärung oder die vorläufige Einweisung des muthmaßlichen Erben in den Besitz oder Genuß des Vermögens eines Verschollenen erfolgt, so sind die bisherigen Gesetze auch für die Todeserklärung sowie für die endgültige Einweisung maßgebend.

Nach den bisherigen Gesetzen bestimmen sich auch die Wirkungen der nach Abs. 1, Abs. 2 ergehenden Entscheidungen. Im Falle der Todeserklärung finden die Vorschriften der Artikel 132, 133 Anwendung.

Artikel 135.

Soweit eine nach den bisherigen Gesetzen erfolgte oder nach Artikel 134 Abs. 2 zulässige endgültige Einweisung des muthmaßlichen Erben in den Besitz oder Genuß des Vermögens des Verschollenen ohne Einfluß auf Rechtsverhältnisse ist, auf die sich die Wirkungen der Todeserklärung nach dem Bürgerlichen Gesetzbuch erstrecken, ist nach dem Inkrafttreten des Bürgerlichen Gesetzbuchs eine Todeserklärung nach dessen Vorschriften zulässig; die Wirkungen beschränken sich auf diese Rechtsverhältnisse.

Artikel 136.

Auf die zur Zeit des Inkrafttretens des Bürgerlichen Gesetzbuchs bestehenden juristischen Personen finden von dieser Zeit an die Vorschriften der §§. 22 bis 50, 82 bis 85 des Bürgerlichen Gesetzbuchs Anwendung, soweit sich nicht aus den Artikeln 137 bis 139 ein Anderes ergiebt.

Artikel 137.

In Kraft bleiben die landesgesetzlichen Vorschriften über die zur Zeit des Inkrafttretens des Bürgerlichen Gesetzbuchs bestehenden Realgemeinden und ähnlichen Verbände, deren Mitglieder als solche zu Nutzungen an land- und forstwirthschaftlichen Grundstücken, an Mühlen, Brauhäusern und ähnlichen Anlagen berechtigt sind. Es macht keinen Unterschied, ob die Realgemeinden oder sonstigen Verbände juristische Personen sind oder nicht und ob die Berechtigung der Mitglieder an Grundbesitz geknüpft ist oder nicht.

Artikel 138.

In Kraft bleiben die Vorschriften der bayerischen Gesetze, betreffend die privatrechtliche Stellung der Vereine sowie der Erwerbs- und Wirthschaftsgesellschaften, vom 29. April 1869 in Ansehung derjenigen Vereine und registrirten Gesellschaften, welche auf Grund dieser Gesetze zur Zeit des Inkrafttretens des Bürgerlichen Gesetzbuchs bestehen.

Artikel 139.

In Kraft bleiben die Vorschriften des sächsischen Gesetzes vom 15. Juni 1868, betreffend die juristischen Personen, in Ansehung derjenigen Personenvereine, welche zur Zeit des Inkrafttretens des Bürgerlichen Gesetzbuchs die Rechtsfähigkeit durch Eintragung in das Genossenschaftsregister erlangt haben.

Artikel 140. (101.)

Eine zur Zeit des Inkrafttretens des Bürgerlichen Gesetzbuchs bestehende Verfügungsbeschränkung bleibt wirksam, unbeschadet der Vorschriften des Bürgerlichen Gesetzbuchs zu Gunsten derjenigen, welche Rechte von einem Nichtberechtigten herleiten.

Artikel 141. (102.)

Die Vorschriften des Bürgerlichen Gesetzbuchs über die Verjährung finden auf die vor dem Inkrafttreten des Bürgerlichen Gesetzbuchs entstandenen, noch nicht verjährten Ansprüche Anwendung. Der Beginn sowie die Hemmung und Unterbrechung der Verjährung bestimmen sich jedoch für die Zeit vor dem Inkrafttreten des Bürgerlichen Gesetzbuchs nach den bisherigen Gesetzen.

Ist die Verjährungsfrist nach dem Bürgerlichen Gesetzbuche kürzer als nach den bisherigen Gesetzen, so wird die kürzere Frist von dem Inkrafttreten des Bürgerlichen Gesetzbuchs an berechnet. Läuft jedoch die in den bisherigen Gesetzen bestimmte längere Frist früher als die im Bürgerlichen Gesetzbuche bestimmte kürzere Frist ab, so ist die Verjährung mit dem Ablaufe der längeren Frist vollendet.

Artikel 142. (103.)

Für ein Schuldverhältniß, das vor dem Inkrafttreten des Bürgerlichen Gesetzbuchs entstanden ist, bleiben die bisherigen Gesetze maßgebend.

Artikel 143.

Ein zur Zeit des Inkrafttretens des Bürgerlichen Gesetzbuchs bestehendes Mieth-, Pacht- oder Dienstverhältniß bestimmt sich, wenn nicht die Kündigung nach dem Inkrafttreten des Bürgerlichen Gesetzbuchs für den ersten Termin erfolgt, für den sie nach den bisherigen Gesetzen zulässig ist, von diesem Termin an nach den Vorschriften des Bürgerlichen Gesetzbuchs.

Artikel 144. (104.)

Wird eine Sache, die zur Zeit des Inkrafttretens des Bürgerlichen Gesetzbuchs vermiethet oder verpachtet war, nach dieser Zeit veräußert oder mit einem Rechte belastet, so hat der Miether oder Pächter dem Erwerber der Sache oder des Rechtes gegenüber die im Bürgerlichen Gesetzbuche bestimmten Rechte. Weitergehende Rechte des Miethers oder Pächters, die sich aus den bisherigen Gesetzen ergeben, bleiben unberührt, unbeschadet der Vorschrift des Artikel 143.

Artikel 145.

Auf eine zur Zeit des Inkrafttretens des Bürgerlichen Gesetzbuchs bestehende Gemeinschaft nach Bruchtheilen finden von dieser Zeit an die Vorschriften des Bürgerlichen Gesetzbuchs Anwendung.

Artikel 146. (105 Abs. 1, 3.)

Von dem Inkrafttreten des Bürgerlichen Gesetzbuchs an gelten für die vorher ausgestellten Schuldverschreibungen auf den Inhaber die Vorschriften der §§. 783 bis 785, 787, 790 und des §. 791 Satz 1 des Bürgerlichen Gesetzbuchs. Bei den auf Sicht zahlbaren unverzinslichen Schuldverschreibungen sowie bei Zins-, Renten- und Gewinnantheilscheinen bleiben jedoch für die Kraftloserklärung und die Zahlungssperre die bisherigen Gesetze maßgebend.

Die Verjährung der Ansprüche aus den vor dem Inkrafttreten des Bürgerlichen Gesetzbuchs ausgestellten Schuldverschreibungen auf den Inhaber bestimmt sich, unbeschadet der Vorschriften des §. 787 des Bürgerlichen Gesetzbuchs, nach den bisherigen Gesetzen.

Artikel 147.

Für Zins-, Renten- und Gewinnantheilscheine, die nach dem Inkrafttreten des Bürgerlichen Gesetzbuchs für ein vor dieser Zeit ausgestelltes Inhaberpapier ausgegeben werden, sind die Gesetze maßgebend, welche für die vor dem Inkrafttreten des Bürgerlichen Gesetzbuchs ausgegebenen Scheine gleicher Art gelten.

Artikel 148. (105 Abs. 2.)

Die Außerkurssetzung von Schuldverschreibungen auf den Inhaber findet nach dem Inkrafttreten des Bürgerlichen Gesetzbuchs nicht mehr statt. Eine vorher erfolgte Außerkurssetzung verliert mit dem Inkrafttreten des Bürgerlichen Gesetzbuchs ihre Wirkung.

Artikel 149.

Von dem Inkrafttreten des Bürgerlichen Gesetzbuchs an gelten für vorher ausgegebene Urkunden der im §. 793 des Bürgerlichen Gesetzbuchs bezeichneten Art, sofern der Schuldner nur gegen Aushändigung der Urkunde zur Leistung verpflichtet ist, die Vorschriften des §. 793 Abs. 2 Satz 2, 3 des Bürgerlichen Gesetzbuchs und des Artikel 75 Abs. 2 dieses Gesetzes.

Artikel 150. (105 Abs. 4.)

Ein zur Zeit des Inkrafttretens des Bürgerlichen Gesetzbuchs anhängiges Verfahren, das die Kraftloserklärung einer Schuldverschreibung auf den Inhaber oder einer Urkunde der im §. 793 des Bürgerlichen Gesetzbuchs bezeichneten Art oder die Zahlungssperre für ein solches Papier zum Gegenstande hat, ist nach den bisherigen Gesetzen zu erledigen. Nach diesen Gesetzen bestimmen sich auch die Wirkungen des Verfahrens und der Entscheidung.

Artikel 151.

Hat ein Anspruch aus einem Schuldverhältnisse nach den bisherigen Gesetzen durch Eintragung in ein öffentliches Buch Wirksamkeit gegen Dritte erlangt, so behält er diese Wirksamkeit auch nach dem Inkrafttreten des Bürgerlichen Gesetzbuchs.

Artikel 152. (106 Abs. 1.)

Auf ein zur Zeit des Inkrafttretens des Bürgerlichen Gesetzbuchs bestehendes Besitzverhältniß finden von dieser Zeit an, unbeschadet des Artikel 162, die Vorschriften des Bürgerlichen Gesetzbuchs Anwendung.

Artikel 153. (106 Abs. 1.)

Auf das zur Zeit des Inkrafttretens des Bürgerlichen Gesetzbuchs bestehende Eigenthum finden von dieser Zeit an die Vorschriften des Bürgerlichen Gesetzbuchs Anwendung.

Steht zur Zeit des Inkrafttretens des Bürgerlichen Gesetzbuchs das Eigenthum an einer Sache Mehreren nicht nach Bruchtheilen zu oder ist zu dieser Zeit ein Sondereigenthum an stehenden Erzeugnissen eines Grundstücks, insbesondere an Bäumen, begründet, so bleiben diese Rechte bestehen.

Artikel 154.

Das zur Zeit des Inkrafttretens des Bürgerlichen Gesetzbuchs bestehende Stockwerkseigenthum bleibt bestehen. Das Rechtsverhältniß der Betheiligten unter einander bestimmt sich nach den bisherigen Gesetzen.

Artikel 155. (106 Abs. 2.)

Rechte, mit denen eine Sache oder ein Recht zur Zeit des Inkrafttretens des Bürgerlichen Gesetzbuchs belastet ist, bleiben mit dem sich aus den bisherigen Gesetzen ergebenden Inhalt und Range bestehen, soweit sich nicht aus den Artikeln 163 bis 166 ein Anderes ergiebt. Von dem Inkrafttreten des Bürgerlichen Gesetzbuchs an gelten jedoch für ein Erbbaurecht die Vorschriften des §. 1002, für eine Grunddienstbarkeit die Vorschriften der §§. 1005 bis 1012 des Bürgerlichen Gesetzbuchs.

Artikel 156. (107.)

Ist zur Zeit des Inkrafttretens des Bürgerlichen Gesetzbuchs die Ersitzung des Eigenthums oder Nießbrauchs an einer beweglichen Sache noch nicht vollendet, so finden auf die Ersitzung die Vorschriften des Artikel 141 entsprechende Anwendung.

Artikel 157. (108.)

Das Verfahren, in welchem die Anlegung der Grundbücher erfolgt, sowie der Zeitpunkt, in welchem das Grundbuch für einen Bezirk als angelegt anzusehen ist, werden für jeden Bundesstaat durch landesherrliche Verordnung bestimmt.

Ist das Grundbuch für einen Bezirk als angelegt anzusehen, so ist die Anlegung auch für solche zu dem Bezirke gehörende Grundstücke, die noch kein Blatt im Grundbuche haben, als erfolgt anzusehen, soweit nicht bestimmte Grundstücke durch besondere Anordnung ausgenommen sind.

Artikel 158. (109.)

Eine Grunddienstbarkeit, die zu der Zeit besteht, zu welcher das Grundbuch als angelegt anzusehen ist, bedarf zur Erhaltung der Wirksamkeit gegenüber dem öffentlichen Glauben des Grundbuchs nicht der Eintragung. Die Eintragung hat jedoch zu erfolgen, wenn sie von dem Berechtigten oder von dem Eigenthümer des belasteten Grundstücks verlangt wird; die Kosten sind von demjenigen zu tragen und vorzuschießen, welcher die Eintragung verlangt.

Durch Landesgesetz kann bestimmt werden, daß die bestehenden Grunddienstbarkeiten oder einzelne Arten zur Erhaltung der Wirksamkeit gegenüber dem öffentlichen Glauben des Grundbuchs bei der Anlegung des Grundbuchs oder später in das Grundbuch eingetragen werden müssen. Die Bestimmung kann auf einzelne Grundbuchbezirke beschränkt werden.

Artikel 159. (109.)

Durch landesherrliche Verordnung kann bestimmt werden, daß gesetzliche Pfandrechte, die zu der Zeit bestehen, zu welcher das Grundbuch als angelegt anzusehen ist, zur Erhaltung der Wirksamkeit gegenüber dem öffentlichen Glauben des Grundbuchs während einer zehn Jahre nicht übersteigenden, von dem Inkrafttreten des Bürgerlichen Gesetzbuchs an zu berechnenden Frist nicht der Eintragung bedürfen.

Durch landesherrliche Verordnung kann bestimmt werden, daß Miethrechte und Pachtrechte, welche zu der in Abs. 1 bezeichneten Zeit als Rechte an einem Grundstück bestehen, zur Erhaltung der Wirksamkeit gegenüber dem öffentlichen Glauben des Grundbuchs nicht der Eintragung bedürfen.

Artikel 160. (110.)

Der Erwerb und Verlust des Eigenthums sowie die Begründung, Uebertragung, Belastung und Aufhebung eines anderen Rechtes an einem Grundstück oder eines Rechtes an einem solchen Rechte erfolgen auch nach dem Inkrafttreten des Bürgerlichen Gesetzbuchs nach den bisherigen Gesetzen, bis das Grundbuch als angelegt anzusehen ist. Das Gleiche gilt von der Aenderung des Inhalts und des Ranges der Rechte. Ein nach den Vorschriften des Bürgerlichen Gesetzbuchs unzulässiges Recht kann nach dem Inkrafttreten des Bürgerlichen Gesetzbuchs nicht mehr begründet werden.

Ist zu der Zeit, zu welcher das Grundbuch als angelegt anzusehen ist, der Besitzer als der Berechtigte im Grundbuch eingetragen, so finden auf eine zu dieser Zeit noch nicht vollendete, nach §. 885 des Bürgerlichen Gesetzbuchs zulässige Ersitzung die Vorschriften des Artikel 141 entsprechende Anwendung.

Die Aufhebung eines Rechtes, mit dem ein Grundstück oder ein Recht an einem Grundstücke zu der Zeit belastet ist, zu welcher das Grundbuch als angelegt anzusehen ist, erfolgt auch nach dieser Zeit nach den bisherigen Gesetzen, bis das Recht in das Grundbuch eingetragen wird.

Artikel 161.

Das nach §. 913 Abs. 2 des Bürgerlichen Gesetzbuchs dem Fiskus zustehende Aneignungsrecht erstreckt sich auf alle Grundstücke, die zu der Zeit herrenlos sind, zu welcher das Grundbuch als angelegt anzusehen ist. Die Vorschrift des Artikel 101 findet entsprechende Anwendung.

Artikel 162. (111.)

Die bisherigen Gesetze über den Schutz im Besitz einer Grunddienstbarkeit oder einer beschränkten persönlichen Dienstbarkeit finden auch nach dem Inkrafttreten des Bürgerlichen Gesetzbuchs Anwendung, bis das Grundbuch für das belastete Grundstück als angelegt anzusehen ist.

Von der Zeit an, zu welcher das Grundbuch als angelegt anzusehen ist, finden zum Schutze der Ausübung einer Grunddienstbarkeit, mit welcher das Halten einer dauernden Anlage verbunden ist, die für den Besitzschutz geltenden Vorschriften des Bürgerlichen Gesetzbuchs entsprechende Anwendung, solange Dienstbarkeiten dieser Art nach Artikel 158 zur Erhaltung der Wirksamkeit gegenüber dem öffentlichen Glauben des Grundbuchs nicht der Eintragung bedürfen. Das Gleiche gilt für Grunddienstbarkeiten anderer Art mit der Maßgabe, daß der Besitzschutz nur gewährt wird, wenn die Dienstbarkeit in jedem der drei letzten Jahre vor der Störung mindestens einmal ausgeübt worden ist.

Artikel 163. (112 Abs. 1, 2.)

Ein zu der Zeit, zu welcher das Grundbuch als angelegt anzusehen ist, an einem Grundstücke bestehendes Pfandrecht gilt von dieser Zeit als eine Hypothek, für welche die Ertheilung des Hypothekenbriefs ausgeschlossen ist. Ist der Betrag der Forderung, für die das Pfandrecht besteht, nicht bestimmt, so gilt das Pfandrecht als Sicherungshypothek.

Ist das Pfandrecht dahin beschränkt, daß der Gläubiger Befriedigung aus dem Grundstücke nur im Wege der Zwangsverwaltung suchen kann, so bleibt diese Beschränkung bestehen.

Artikel 164. (112 Abs. 3.)

Durch Landesgesetz kann bestimmt werden, daß ein Pfandrecht, welches nach Artikel 163 nicht als Sicherungshypothek gilt, als Sicherungshypothek oder als eine Hypothek gelten soll, für welche die Ertheilung des Hypothekenbriefs nicht ausgeschlossen ist, und daß eine über das Pfandrecht ertheilte Urkunde als Hypothekenbrief gelten soll.

Artikel 165.

Durch Landesgesetz kann für ein Pfandrecht, das nach den Artikeln 163, 164 als Sicherungshypothek gilt, bestimmt werden, daß dem Gläubiger das Recht, die Löschung der Hypothek zu verlangen, wenn sie sich mit dem Eigenthum in einer Person vereinigt, in gleicher Weise zusteht, wie wenn zur Sicherung des Rechtes eine Vormerkung im Grundbuch eingetragen wäre.

Artikel 166. (113.)

Eine zu der Zeit, zu welcher das Grundbuch als angelegt anzusehen ist, bestehende Grundschuld gilt von dieser Zeit an als Grundschuld im Sinne des Bürgerlichen Gesetzbuchs; und eine über die Grundschuld ertheilte Urkunde als Grundschuldbrief.

Die Vorschrift des Artikel 163 Abs. 2 findet entsprechende Anwendung.

Artikel 167. (115.)

Durch Landesgesetz kann bestimmt werden, daß auf ein an einem Grundstücke bestehendes vererbliches und übertragbares Nutzungsrecht die sich auf Grundstücke beziehenden Vorschriften und auf den Erwerb eines solchen Rechtes die für den Erwerb des Eigenthums an einem Grundstücke geltenden Vorschriften des Bürgerlichen Gesetzbuchs Anwendung finden.

Artikel 168. (117.)

Die Gültigkeit einer vor dem Inkrafttreten des Bürgerlichen Gesetzbuchs geschlossenen Ehe bestimmt sich nach den bisherigen Gesetzen.

Eine nach den bisherigen Gesetzen nichtige oder ungültige Ehe ist als von Anfang an gültig anzusehen, wenn die Ehegatten zur Zeit des Inkrafttretens des Bürgerlichen Gesetzbuchs noch als Ehegatten mit einander leben und der Grund, auf dem die Nichtigkeit oder die Ungültigkeit beruht, nach den Vorschriften des Bürgerlichen Gesetzbuchs die Nichtigkeit oder die Anfechtbarkeit der Ehe nicht zur Folge haben oder diese Wirkung verloren haben würde. Die für die Anfechtung im Bürgerlichen Gesetzbuche bestimmte Frist beginnt nicht vor dem Inkrafttreten des Bürgerlichen Gesetzbuchs.

Die nach den bisherigen Gesetzen erfolgte Ungültigkeitserklärung einer Ehe steht der Nichtigkeitserklärung nach dem Bürgerlichen Gesetzbuche gleich.

Artikel 169. (118.)

Die persönlichen Rechtsbeziehungen der Ehegatten zu einander, insbesondere die gegenseitige Unterhaltspflicht, bestimmen sich auch für die zur Zeit des Inkrafttretens des Bürgerlichen Gesetzbuchs bestehenden Ehen nach dessen Vorschriften.

Artikel 170. (119.)

Für den Güterstand einer zur Zeit des Inkrafttretens des Bürgerlichen Gesetzbuchs bestehenden Ehe bleiben die bisherigen Gesetze maßgebend. Dies gilt insbesondere auch von den Vorschriften über die erbrechtlichen Wirkungen des Güterstandes und von den Vorschriften der französischen und der badischen Gesetze über das Verfahren bei Vermögensabsonderungen unter Ehegatten.

Eine nach den Vorschriften des Bürgerlichen Gesetzbuchs zulässige Regelung des ehelichen Güterstandes kann durch Ehevertrag auch dann getroffen werden, wenn nach den bisherigen Gesetzen ein Ehevertrag unzulässig sein würde.

Soweit die Ehefrau nach den für den bisherigen Güterstand maßgebenden Gesetzen in Folge des Güterstandes oder der Ehe in der Geschäftsfähigkeit beschränkt ist, bleibt diese Beschränkung in Kraft, solange der bisherige Güterstand besteht.

Artikel 171. (120.)

Die Scheidung erfolgt von dem Inkrafttreten des Bürgerlichen Gesetzbuchs an nach dessen Vorschriften.

Hat sich ein Ehegatte vor dem Inkrafttreten des Bürgerlichen Gesetzbuchs einer Verfehlung der in den §§. 1550 bis 1553 des Bürgerlichen Gesetzbuchs bezeichneten Art schuldig gemacht, so kann auf Scheidung nur erkannt werden, wenn die Verfehlung auch nach den bisherigen Gesetzen ein Scheidungsgrund oder ein Trennungsgrund war.

Artikel 172. (118.)

Für die Wirkungen einer beständigen oder zeitweiligen Trennung von Tisch und Bett, auf welche vor dem Inkrafttreten des Bürgerlichen Gesetzbuchs erkannt worden ist, bleiben die bisherigen Gesetze maßgebend. Dies gilt insbesondere auch von den Vorschriften, nach denen eine bis zu dem Tode eines der Ehegatten fortbestehende Trennung in allen oder einzelnen Beziehungen der Auflösung der Ehe gleichsteht.

Artikel 173. (121.)

Das Rechtsverhältniß zwischen den Eltern und einem vor dem Inkrafttreten des Bürgerlichen Gesetzbuchs geborenen ehelichen Kinde bestimmt sich von dem Inkrafttreten des Bürgerlichen Gesetzbuchs an nach dessen Vorschriften. Dies gilt insbesondere auch in Ansehung des Vermögens, welches das Kind vorher erworben hat.

Artikel 174. (122.)

Ist der Vater oder die Mutter zur Zeit des Inkrafttretens des Bürgerlichen Gesetzbuchs in der Sorge für die Person oder für das Vermögen des Kindes durch eine Anordnung der zuständigen Behörde beschränkt, so bleibt die Beschränkung in Kraft. Das Vormundschaftsgericht kann die Anordnung nach §. 1650 des Bürgerlichen Gesetzbuchs aufheben.

Ist dem Vater oder der Mutter die Nutznießung an dem Vermögen des Kindes durch Anordnung der zuständigen Behörde entzogen, so hat das Vormundschaftsgericht die Anordnung auf Antrag aufzuheben, es sei denn, daß die Entziehung der Nutznießung nach §. 1645 Abs. 3 des Bürgerlichen Gesetzbuchs gerechtfertigt ist.

Artikel 175. (123.)

Hat der Vater vor dem Inkrafttreten des Bürgerlichen Gesetzbuchs auf Grund der bisherigen Gesetze die Mutter von der Vormundschaft über das Kind ausgeschlossen oder der Mutter einen Beistand zugeordnet, so gilt die Anordnung des Vaters von dem Inkrafttreten des Bürgerlichen Gesetzbuchs an als Anordnung der Bestellung eines Beistandes für die Mutter im Sinne des Bürgerlichen Gesetzbuchs.

Artikel 176. (124.)

Ist auf Grund der bisherigen Gesetze eine Ehe geschieden oder in Folge der Todeserklärung eines der Ehegatten aufgelöst oder ist auf Trennung der Ehegatten von Tisch und Bett erkannt worden, so bestimmen sich das Recht und die Pflicht der Eltern, für die Person der gemeinschaftlichen Kinder zu sorgen, nach den bisherigen Gesetzen; die Vorschriften des §. 1615 Abs. 1 Satz 2, Abs. 2 und des §. 1616 des Bürgerlichen Gesetzbuchs finden jedoch Anwendung.

Artikel 177. (125.)

Inwieweit die Kinder aus einer vor dem Inkrafttreten des Bürgerlichen Gesetzbuchs geschlossenen nichtigen oder ungültigen Ehe als eheliche Kinder anzusehen sind und inwieweit der Vater und die Mutter die Pflichten und Rechte ehelicher Eltern haben, bestimmt sich nach den bisherigen Gesetzen.

Artikel 178. (126.)

Die rechtliche Stellung eines vor dem Inkrafttreten des Bürgerlichen Gesetzbuchs geborenen unehelichen Kindes bestimmt sich von dem Inkrafttreten des Bürgerlichen Gesetzbuchs an nach dessen Vorschriften; für das Recht des Kindes, den Familiennamen des Vaters zu führen, sowie für die Unterhaltspflicht des Vaters bleiben jedoch die bisherigen Gesetze maßgebend.

Inwieweit einem vor dem Inkrafttreten des Bürgerlichen Gesetzbuchs außerehelich erzeugten Kinde aus einem besonderen Grunde, insbesondere wegen Erzeugung im Brautstande, die rechtliche Stellung eines ehelichen Kindes zukommt und inwieweit der Vater und die Mutter eines solchen Kindes die Pflichten und Rechte ehelicher Eltern haben, bestimmt sich nach den bisherigen Gesetzen.

Die Vorschriften des Abs. 1 gelten auch für ein nach den französischen oder den badischen Gesetzen anerkanntes Kind.

Artikel 179. (127.)

Inwieweit ein vor dem Inkrafttreten des Bürgerlichen Gesetzbuchs legitimirtes oder an Kindesstatt angenommenes Kind die rechtliche Stellung eines ehelichen Kindes hat und inwieweit der Vater und die Mutter die Pflichten und Rechte ehelicher Eltern haben, bestimmt sich nach den bisherigen Gesetzen.

Artikel 180. (99, 128.)

Auf eine zur Zeit des Inkrafttretens des Bürgerlichen Gesetzbuchs bestehende Vormundschaft oder Pflegschaft finden von dieser Zeit an die Vorschriften des Bürgerlichen Gesetzbuchs Anwendung. Ist die Vormundschaft wegen eines körperlichen Gebrechens angeordnet, so gilt sie als eine nach §. 1888 Abs. 1 des Bürgerlichen Gesetzbuchs angeordnete Pflegschaft. Ist die Vormundschaft wegen Geistesschwäche angeordnet, ohne daß eine Entmündigung erfolgt ist, so gilt sie als eine nach §. 1888 Abs. 2 des Bürgerlichen Gesetzbuchs für die Vermögensangelegenheiten des Geistesschwachen angeordnete Pflegschaft.

Die bisherigen Vormünder und Pfleger bleiben im Amte. Das Gleiche gilt im Geltungsbereiche der preußischen Vormundschaftsordnung vom 5. Juli 1875 für den Familienrath und dessen Mitglieder.

Artikel 181. (97 Abs. 2.)

Die nach den französischen oder den badischen Gesetzen für einen Geistesschwachen angeordnete Bestellung eines Beistandes verliert mit dem Inkrafttreten des Bürgerlichen Gesetzbuchs ihre Wirkung.

Artikel 182. (129 Abs. 1.)

Für die erbrechtlichen Verhältnisse bleiben, wenn der Erblasser vor dem Inkrafttreten des Bürgerlichen Gesetzbuchs gestorben ist, die bisherigen Gesetze maßgebend. Dies gilt insbesondere auch von den Vorschriften über das erbschaftliche Liquidationsverfahren.

Artikel 183. (129 Abs. 2.)

Die vor dem Inkrafttreten des Bürgerlichen Gesetzbuchs erfolgte Errichtung oder Aufhebung einer Verfügung von Todeswegen wird nach den bisherigen Gesetzen beurtheilt, auch wenn der Erblasser nach dem Inkrafttreten des Bürgerlichen Gesetzbuchs stirbt.

Das Gleiche gilt für die Bindung des Erblassers bei einem Erbvertrag oder einem gemeinschaftlichen Testamente, sofern der Erbvertrag oder das Testament vor dem Inkrafttreten des Bürgerlichen Gesetzbuchs errichtet worden ist.

Artikel 184. (129 Abs. 1.)

Wer vor dem Inkrafttreten des Bürgerlichen Gesetzbuchs die Fähigkeit zur Errichtung einer Verfügung von Todeswegen erlangt und eine solche Verfügung errichtet hat, behält die Fähigkeit, auch wenn er das nach dem Bürgerlichen Gesetzbuch erforderliche Alter noch nicht erreicht hat.

Die Vorschriften des §. 2206 des Bürgerlichen Gesetzbuchs finden auf ein Testament Anwendung, das ein nach dem Inkrafttreten des Bürgerlichen Gesetzbuchs gestorbener Erblasser vor diesem Zeitpunkt errichtet hat.

Artikel 185. (129 Abs. 2.)

Die vor dem Inkrafttreten des Bürgerlichen Gesetzbuchs erfolgte Errichtung eines Erbverzichtsvertrags sowie die Wirkungen eines solchen Vertrags bestimmen sich nach den bisherigen Gesetzen.

Das Gleiche gilt von einem vor dem Inkrafttreten des Bürgerlichen Gesetzbuchs geschlossenen Vertrage, durch den ein Erbverzichtsvertrag aufgehoben worden ist.

Artikel 186. (105 Abs. 3, 116, 119 Abs. 1 Satz 3.)

Soweit nach den Vorschriften dieses Abschnitts die bisherigen Landesgesetze maßgebend bleiben, können sie nach dem Inkrafttreten des Bürgerlichen Gesetzbuchs durch Landesgesetz auch geändert werden.

III.

Entwurf

eines

Gesetzes,

betreffend

Aenderungen des Gerichtsverfassungsgesetzes, der Civilprozeßordnung, der Konkursordnung und der Einführungsgesetze zur Civilprozeßordnung und zur Konkursordnung.

In der Fassung

der

Bundesrathsvorlage.

Entwurf eines Gesetzes,

betreffend

Aenderungen des Gerichtsverfassungsgesetzes, der Civilprozeßordnung, der Konkursordnung und der Einführungsgesetze zur Civilprozeßordnung und zur Konkursordnung.*)

Artikel 1.

Das Gerichtsverfassungsgesetz wird dahin geändert:

1. Im §. 14 wird der Schluß der Nr. 2 dahin geändert:

... und dergleichen sowie die Entscheidung von bürgerlichen Rechtsstreitigkeiten über Rechtsverhältnisse des Nachbarrechts oder gesetzliche Beschränkungen der Ausübung von Grunddienstbarkeiten obliegt.

2. Im §. 23 wird der Abs. 1 der Nr. 2 dahin geändert:

Streitigkeiten zwischen dem Vermiether und dem Miether oder Untermiether von Wohnräumen oder anderen Räumen oder zwischen dem Miether und dem Untermiether solcher Räume wegen Ueberlassung, Benutzung oder Räumung, sowie wegen Zurückhaltung der von dem Miether oder dem Untermiether in die Miethräume eingebrachten Sachen.

3. Im §. 74 wird folgende Nr. 1 eingestellt:

1. für die nach §. 145a des Strafgesetzbuchs strafbaren Handlungen.

Die bisherige Nr. 1 erhält die Bezeichnung Nr. 2.

4. Im §. 202 Abs. 2 wird die Nr. 4 dahin geändert:

4. Streitigkeiten zwischen dem Vermiether und dem Miether oder Untermiether von Wohnräumen oder anderen Räumen oder zwischen dem Miether und dem Untermiether solcher Räume wegen Ueberlassung, Benutzung oder Räumung, sowie wegen Zurückhaltung der von dem Miether oder dem Untermiether in die Miethräume eingebrachten Sachen.

Artikel 2. (11.)

Die Civilprozeßordnung wird dahin geändert:

1. Die §§. 14, 15 werden aufgehoben.

---

*) Die Paragraphen des Bürgerlichen Gesetzbuchs und die Artikel des Einführungsgesetzes zum Bürgerlichen Gesetzbuche sind nach den Reichstags-Drucksachen Nr. 87, 87a zitirt.

2. Im §. 16 Abs. 1 treten an die Stelle der Sätze 2, 3 folgende Vorschriften:

In Ermangelung eines solchen Wohnsitzes gilt die Hauptstadt des Heimathstaats als ihr Wohnsitz; ist die Hauptstadt in mehrere Gerichtsbezirke getheilt, so wird der als Wohnsitz geltende Bezirk von der Landesjustizverwaltung durch allgemeine Anordnung bestimmt. Gehört ein Deutscher einem Bundesstaate nicht an, so gilt als sein Wohnsitz die Stadt Berlin; ist die Stadt Berlin in mehrere Gerichtsbezirke getheilt, so wird der als Wohnsitz geltende Bezirk von dem Reichskanzler durch allgemeine Anordnung bestimmt.

3. Der §. 17 wird aufgehoben.

4. Der §. 25 Abs. 2 wird dahin geändert:

Bei den eine Grunddienstbarkeit, eine Reallast oder ein Vorkaufsrecht betreffenden Klagen ist die Lage des dienenden oder belasteten Grundstücks entscheidend.

5. Der §. 28 wird dahin geändert:

Klagen, welche die Feststellung des Erbrechts, Ansprüche des Erben gegen einen Erbschaftsbesitzer, Ansprüche aus Vermächtnissen oder sonstigen Verfügungen von Todeswegen, Pflichttheilsansprüche gegen den Erben oder die Theilung der Erbschaft zum Gegenstande haben, können vor dem Gericht erhoben werden, bei welchem der Erblasser zur Zeit seines Todes den allgemeinen Gerichtsstand gehabt hat.

In dem Gerichtsstande der Erbschaft können auch Klagen wegen anderer Nachlaßverbindlichkeiten erhoben werden, solange sich der Nachlaß noch ganz oder theilweise im Bezirke des Gerichts befindet oder die vorhandenen mehreren Erben noch als Gesammtschuldner haften.

6. Der erste Titel des zweiten Abschnitts erhält folgende Ueberschrift: Parteifähigkeit, Prozeßfähigkeit.

7. Als §. 49a wird folgende Vorschrift eingestellt:

Parteifähig ist, wer rechtsfähig ist.

Vereine, die nicht rechtsfähig sind, können verklagt werden, wie wenn sie rechtsfähig wären.

8. Im §. 51 tritt an die Stelle der Abs. 2, 3 folgende Vorschrift:

Die Prozeßfähigkeit einer Frau wird dadurch, daß sie Ehefrau ist, nicht beschränkt.

9. Als §. 51a wird folgende Vorschrift eingestellt:

Wird eine prozeßfähige Person durch einen Pfleger vertreten, so steht sie für den Rechtsstreit einer nicht prozeßfähigen Person gleich.

10. Im §. 54 werden die Worte „den Mangel der Prozeßfähigkeit" ersetzt durch die Worte:

„den Mangel der Parteifähigkeit, der Prozeßfähigkeit".

11. Hinter §. 55 werden folgende Vorschriften eingestellt:

§. 55a.

Soll ein Recht an einem Grundstücke, das von dem bisherigen Eigenthümer nach §. 912 des Bürgerlichen Gesetzbuchs aufgegeben und von dem Aneignungsberechtigten noch nicht erworben worden ist, im Wege der Klage geltend gemacht werden, so hat der Vorsitzende des Prozeßgerichts auf Antrag einen Vertreter zu bestellen, welchem bis zur Eintragung eines neuen Eigenthümers die Wahrnehmung der sich aus dem Eigenthum ergebenden Rechte und Verpflichtungen im Rechtsstreit obliegt.

§. 55b.

Ein Vertreter kann nicht im Namen des Vertretenen einen Rechtsstreit mit sich im eigenen Namen oder als Vertreter eines Dritten führen. Das Gericht hat den Mangel der Vertretungsmacht von Amtswegen zu berücksichtigen.

12. Im §. 72 Satz 1 werden die Worte „gerichtlich hinterlegt" ersetzt durch die Worte:

„unter Verzicht auf das Recht zur Rücknahme hinterlegt".

Als Satz 3 wird hinzugefügt:

Soweit keiner der streitenden Gläubiger obsiegt, ist der Beklagte zur Rücknahme des hinterlegten Betrags berechtigt.

13. Im §. 73 werden:

a) der Abs. 1 dahin geändert:

Wer als Besitzer einer Sache verklagt ist, die er auf Grund eines Rechtsverhältnisses der im §. 852 des Bürgerlichen Gesetzbuchs bezeichneten Art zu besitzen behauptet, kann, wenn er dem mittelbaren Besitzer vor der Verhandlung zur Hauptsache den Streit verkündet und ihn unter Benennung an den Kläger zur Erklärung ladet, bis zu dieser Erklärung oder bis zum Schlusse des Termins, in welchem sich der Benannte zu erklären hat, die Verhandlung zur Hauptsache verweigern;

b) im Abs. 3 die Worte „im Namen eines Dritten" ersetzt durch die Worte: „auf Grund eines Rechtsverhältnisses der im Abs. 1 bezeichneten Art".

14. Als §. 73a wird folgende Vorschrift eingestellt:

Die Vorschriften des §. 73 finden entsprechende Anwendung, wenn Jemand von dem Eigenthümer einer Sache wegen einer Beeinträchtigung des Eigenthums verklagt ist, die er in Ausübung des Rechtes eines Dritten vorgenommen zu haben behauptet.

15. Der §. 85 Abs. 1 erhält folgenden Zusatz:

Ist zur Zeit der Erlassung des Endurtheils die Genehmigung nicht beigebracht, so hat der einstweilen zur Prozeßführung Zugelassene dem Gegner die durch die einstweilige Zulassung verursachten Kosten und Schäden zu ersetzen.

16. Als §. 89a wird folgende Vorschrift eingestellt:

Macht der Kläger einen auf ihn übergegangenen Anspruch geltend, ohne daß er vor der Erhebung der Klage dem Beklagten den Uebergang mitgetheilt und auf Verlangen nachgewiesen hat, so fallen ihm die Prozeßkosten insoweit zur Last, als sie dadurch entstanden sind, daß der Beklagte durch die Unterlassung der Mittheilung oder des Nachweises veranlaßt worden ist, den Anspruch zu bestreiten.

17. Der §. 95 Abs. 4 wird dahin geändert:

Werden mehrere Beklagte als Gesammtschuldner verurtheilt, so haften sie für die Kostenerstattung, unbeschadet der Vorschrift des Abs. 3, solidarisch. Die Vorschriften des bürgerlichen Rechtes, nach denen sich die solidarische Haftung auf die im Abs. 3 bezeichneten Kosten erstreckt, bleiben unberührt.

18. Im §. 136 treten an die Stelle des Abs. 2 folgende Vorschriften:

Dasselbe gilt, wenn der Beklagte eine Widerklage erhoben hat, welche mit der in der Klage geltend gemachten Forderung nicht in rechtlichem Zusammenhange steht.

Macht der Beklagte die Aufrechnung einer Gegenforderung geltend, welche mit der in der Klage geltend gemachten Forderung nicht in rechtlichem Zusammenhange steht, so kann das Gericht anordnen, daß über die Klage und über die Aufrechnung getrennt verhandelt werde; die Vorschriften des §. 274 finden Anwendung.

19. Hinter §. 141 werden folgende Vorschriften eingestellt:

§. 141 a.

Hängt die Entscheidung eines Rechtsstreits davon ab, ob eine Ehe nichtig ist, so hat das Gericht, wenn die Nichtigkeit nur im Wege der Nichtigkeitsklage geltend gemacht werden kann, auf Antrag das Verfahren auszusetzen und, falls die Nichtigkeitsklage noch nicht erhoben ist, eine Frist zur Erhebung der Klage zu bestimmen. Ist die Nichtigkeitsklage erledigt oder wird sie nicht vor dem Ablaufe der bestimmten Frist erhoben, so ist die Aufnahme des ausgesetzten Verfahrens zulässig.

Wird im Laufe eines Rechtsstreits streitig, ob zwischen den Parteien eine Ehe bestehe oder nicht bestehe, und hängt von der Entscheidung dieser Frage die Entscheidung des Rechtsstreits ab, so hat das Gericht auf Antrag das Verfahren auszusetzen, bis der Streit über das Bestehen oder Nichtbestehen der Ehe im Wege der Feststellungsklage erledigt ist.

§. 141 b.

Hängt die Entscheidung eines Rechtsstreits davon ab, ob eine im Wege der Anfechtungsklage angefochtene Ehe anfechtbar ist, so hat das Gericht auf Antrag das Verfahren auszusetzen. Ist der Rechtsstreit über die Anfechtungsklage erledigt, so findet die Aufnahme des ausgesetzten Verfahrens statt.

§. 141 c.

Hängt die Entscheidung eines Rechtsstreits davon ab, ob ein Kind, dessen Ehelichkeit im Wege der Anfechtungsklage angefochten worden ist, unehelich ist, so finden die Vorschriften des §. 141 b entsprechende Anwendung.

20. Der §. 199 wird aufgehoben.

21. Der §. 200 Abs. 1 wird dahin geändert:

Für die Berechnung der Fristen gelten die Vorschriften des Bürgerlichen Gesetzbuchs.

22. Der §. 217 Abs. 2 erhält folgenden Zusatz:

Der Erbe ist vor der Annahme der Erbschaft zur Fortsetzung des Rechtsstreits nicht verpflichtet.

23. Der §. 219 erhält folgenden Abs. 2:

Diese Vorschrift findet entsprechende Anwendung, wenn eine Nachlaßverwaltung angeordnet ist.

24. Der §. 220 wird dahin geändert:

Wird im Falle der Unterbrechung des Verfahrens durch den Tod einer Partei ein Nachlaßpfleger bestellt oder ist ein zur Führung des Rechtsstreits berechtigter Testamentsvollstrecker vorhanden, so kommen die Vorschriften des §. 219 und, wenn über den Nachlaß der Konkurs eröffnet wird, die Vorschriften des §. 218 in Betreff der Aufnahme des Verfahrens zur Anwendung.

25. Hinter §. 230 werden folgende Vorschriften eingestellt:

§. 230 a.

Wird mit der Klage auf Rechnungslegung oder auf Vorlegung eines Vermögensverzeichnisses oder auf Leistung des Offenbarungseids die Klage auf Herausgabe desjenigen verbunden, was der Beklagte aus dem zu Grunde liegenden Rechtsverhältnisse schuldet, so kann die bestimmte Angabe der Leistungen, welche der Kläger beansprucht, vorbehalten werden, bis die Rechnung mitgetheilt, das Vermögensverzeichniß vorgelegt oder der Offenbarungseid geleistet ist.

§. 230 b.

Hat der Kläger für den Fall, daß der Beklagte nicht vor dem Ablauf einer ihm zu bestimmenden Frist den erhobenen Anspruch befriedigt, das Recht, Schadensersatz wegen Nichterfüllung zu fordern oder die Aufhebung eines Vertrags herbeizuführen, so kann er verlangen, daß die Frist im Urtheile bestimmt wird.

Das Gleiche gilt, wenn dem Kläger das Recht, die Anordnung einer Verwaltung zu verlangen, für den Fall zusteht, daß der Beklagte nicht vor dem Ablauf einer ihm zu bestimmenden Frist die beanspruchte Sicherheit leistet, sowie im Falle des §. 2167 Abs. 2 des Bürgerlichen Gesetzbuchs für die Bestimmung einer Frist zur Vollziehung der Auflage.

26. Hinter §. 231 werden folgende Vorschriften eingestellt:

§. 231 a.

Ist die Geltendmachung einer nicht von einer Gegenleistung abhängigen Geldforderung oder die Geltendmachung des Anspruchs auf Räumung eines Grundstücks, eines Wohnraums oder eines anderen Raumes an den Ablauf einer Kündigungsfrist geknüpft, so kann Klage auf künftige Zahlung oder Räumung auf Grund der mit der Klage verbundenen oder ihr vorausgegangenen Kündigung erhoben werden.

§. 231 b.

Bei wiederkehrenden Leistungen kann auch wegen der erst nach Erlassung des Urtheils fällig werdenden Leistungen Klage auf künftige Entrichtung erhoben werden.

27. Der §. 232 Abs. 2 wird dahin geändert:

Der im Falle verbotener Eigenmacht dem Besitzer zustehende Anspruch auf Wiedereinräumung des Besitzes oder auf Beseitigung der Störung im Besitz und Unterlassung weiterer Störungen kann nicht mit Ansprüchen aus dem Rechte selbst in einer Klage verbunden werden.

28. Der §. 238 Satz 1 wird dahin geändert:

Die Bestimmungen des §. 236 Abs. 3 und des §. 237 kommen insoweit nicht zur Anwendung, als ihnen Vorschriften des bürgerlichen Rechtes zu Gunsten derjenigen, welche Rechte von einem Nichtberechtigten herleiten, entgegenstehen.

29. Als §. 264 a wird folgende Vorschrift eingestellt:

Thatsachen, für deren Vorhandensein das Gesetz eine Vermuthung aufstellt, bedürfen keines Beweises. Der Beweis des Gegentheils ist zulässig, sofern nicht das Gesetz ein Anderes vorschreibt. Dieser Beweis kann auch durch Eideszuschiebung nach Maßgabe der §§. 410 ff. geführt werden.

30. Der §. 274 wird dahin geändert:

Hat der Beklagte die Aufrechnung einer Gegenforderung geltend gemacht, welche mit der in der Klage geltend gemachten Forderung nicht in rechtlichem Zusammenhange steht, so kann, wenn nur die Verhandlung über die Forderung zur Entscheidung reif ist, diese unter Vorbehalt der Entscheidung über die Aufrechnung erfolgen.

Enthält das Urtheil keinen Vorbehalt, so kann die Ergänzung des Urtheils nach Vorschrift des §. 292 beantragt werden.

Das Urtheil, welches unter Vorbehalt der Entscheidung über die Aufrechnung ergeht, ist in Betreff der Rechtsmittel und der Zwangsvollstreckung als Endurtheil anzusehen.

In Betreff der Aufrechnung, über welche die Entscheidung vorbehalten ist, bleibt der Rechtsstreit anhängig. Soweit sich in dem weiteren Verfahren ergiebt, daß der Anspruch des Klägers unbegründet war, ist das frühere Urtheil aufzuheben, der Kläger mit dem Anspruch abzuweisen und auf Antrag zum Ersatze des Schadens zu verurtheilen, der dem Beklagten durch die Vollstreckung des Urtheils oder durch eine zur Abwendung der Vollstreckung gemachte Leistung entstanden ist, sowie über die Kosten anderweit zu entscheiden. Wird der Antrag gestellt, so ist der Anspruch auf Schadensersatz als zur Zeit der Zahlung oder Leistung rechtshängig geworden anzusehen.

31. Als §. 276a wird folgende Vorschrift eingestellt:

Durch die Geltendmachung der dem Erben nach den §§. 1989, 1990 des Bürgerlichen Gesetzbuchs zustehenden Einreden wird eine unter dem Vorbehalte der beschränkten Haftung ergehende Verurtheilung des Erben nicht ausgeschlossen.

Das Gleiche gilt für die Geltendmachung der Einreden, die im Falle der fortgesetzten Gütergemeinschaft dem überlebenden Ehegatten nach dem §. 1472 Abs. 2 und den §§. 1989, 1990 des Bürgerlichen Gesetzbuchs zustehen.

32. Der §. 293 Abs. 2 wird dahin geändert:

Die Entscheidung, daß eine zur Aufrechnung gebrachte Gegenforderung nicht besteht, ist bis zur Höhe des Betrags, für welchen die Aufrechnung geltend gemacht worden ist, der Rechtskraft fähig.

33. Hinter §. 293 werden folgende Vorschriften eingestellt:

§. 293a.

Das rechtskräftige Urtheil hat die Wirkung, daß das Zuerkannte nicht mehr bestritten, das Aberkannte nicht mehr geltend gemacht werden kann.

§. 293b.

Tritt im Falle der Verurtheilung zu künftig fällig werdenden wiederkehrenden Leistungen nach dem Schlusse der mündlichen Verhandlung, in der eine Erweiterung des Klageantrags oder die Geltendmachung von Einwendungen spätestens hätte erfolgen müssen, eine wesentliche Aenderung derjenigen Verhältnisse ein, welche für die Verurtheilung zur Entrichtung der Leistungen, für die Bestimmung der Höhe der Leistungen oder der Dauer ihrer Entrichtung maßgebend waren, so ist jeder Theil berechtigt, eine entsprechende Abänderung des Urtheils zu verlangen. Die Abänderung ist nur für die Zeit nach Erhebung der auf die Abänderung gerichteten Klage zulässig.

§. 293c.

Ist bei einer auf Grund der §§. 827 bis 829 oder der §§. 1559 bis 1563 des Bürgerlichen Gesetzbuchs erfolgten Verurtheilung zur Entrichtung einer Geldrente nicht auf Sicherheitsleistung erkannt, so kann der Berechtigte gleichwohl Sicherheitsleistung verlangen, wenn sich die Vermögensverhältnisse des Verpflichteten erheblich verschlechtert haben; unter der gleichen Voraussetzung kann er eine Erhöhung der in dem Urtheile bestimmten Sicherheit verlangen.

§. 293 d.

Das rechtskräftige Urtheil wirkt für und gegen die Parteien und diejenigen Personen, welche nach dem Eintritte der Rechtshängigkeit Rechtsnachfolger der Parteien geworden sind oder den Besitz der in Streit befangenen Sache in solcher Weise erlangt haben, daß eine der Parteien oder ihr Rechtsnachfolger mittelbarer Besitzer geworden ist.

Die Vorschriften des bürgerlichen Rechtes zu Gunsten derjenigen, welche Rechte von einem Nichtberechtigten herleiten, finden entsprechende Anwendung.

§. 293 e.

Ein Urtheil, das zwischen einem Vorerben und einem Dritten über einen gegen den Vorerben als Erben gerichteten Anspruch oder über einen der Nacherbfolge unterliegenden Gegenstand ergeht, wirkt, sofern es vor dem Eintritte der Nacherbfolge rechtskräftig wird, für und gegen den Nacherben.

§. 293 f.

Ein Urtheil, das zwischen einem Testamentsvollstrecker und einem Dritten über ein der Verwaltung des Testamentsvollstreckers unterliegendes Recht ergeht, wirkt für und gegen den Erben.

Das Gleiche gilt von einem Urtheile, das zwischen einem Testamentsvollstrecker und einem Dritten über einen gegen den Nachlaß gerichteten Anspruch ergeht, wenn der Testamentsvollstrecker zur Führung des Rechtsstreits berechtigt ist.

§. 293 g.

Die Anerkennung des Urtheils eines ausländischen Gerichts ist ausgeschlossen:

1. wenn die Gerichte des Staates, dem das ausländische Gericht angehört, nach den deutschen Gesetzen nicht zuständig sind;
2. wenn der unterlegene Beklagte ein Deutscher ist und sich auf den Prozeß nicht eingelassen hat, sofern die den Prozeß einleitende Ladung oder Verfügung ihm weder in dem Staate des Prozeßgerichts in Person noch durch Gewährung deutscher Rechtshülfe zugestellt ist;
3. wenn in dem Urtheile zum Nachtheil einer deutschen Partei von den Vorschriften des Artikel 12 Abs. 1, 3, der Artikel 16, 17, 21 oder des auf den Artikel 12 Abs. 1 bezüglichen Theiles des Artikel 26 des Einführungsgesetzes zum Bürgerlichen Gesetzbuch oder im Falle des Artikel 8 Abs. 3 dieses Gesetzes zum Nachtheile der Ehefrau eines für todt erklärten Ausländers von der Vorschrift des Artikel 12 Abs. 2 dieses Gesetzes abgewichen ist;

4. wenn die Anerkennung des Urtheils gegen die guten Sitten oder gegen den Zweck eines deutschen Gesetzes verstoßen würde;
5. wenn die Gegenseitigkeit nicht verbürgt ist.

34. Der §. 387 wird dahin geändert:

Der Gegner ist zur Vorlegung der Urkunde verpflichtet, wenn der Beweisführer nach den Vorschriften des bürgerlichen Rechtes die Herausgabe oder die Vorlegung der Urkunde verlangen kann.

35. Im §. 435 treten an die Stelle des Abs. 2 folgende Vorschriften:

Minderjährigen, welche das sechszehnte Lebensjahr vollendet haben, sowie Volljährigen, welche wegen Geistesschwäche, Verschwendung oder Trunksucht entmündigt sind, kann über Thatsachen, die in Handlungen derselben bestehen oder Gegenstand ihrer Wahrnehmung gewesen sind, der Eid zugeschoben oder zurückgeschoben werden, sofern dies von dem Gericht auf Antrag des Gegners nach den Umständen des Falles für zulässig erklärt wird. Das Gleiche gilt von einer prozeßfähigen Partei, die in dem Rechtsstreite durch einen Pfleger vertreten wird.

Auf Volljährige, welche unter vorläufige Vormundschaft gestellt sind, finden in Betreff der Zuschiebung oder Zurückschiebung des Eides diejenigen Vorschriften Anwendung, welche nach Abs. 1, 2 bei eingetretener Entmündigung gelten.

36. Als §. 449a wird folgende Vorschrift eingestellt:

Die Beweisaufnahme kann, auch ohne daß die Voraussetzungen des §. 447 vorliegen, beantragt werden, wenn Mängel einer Sache oder eines Werkes festzustellen sind, wegen deren der Gegner Gewähr leisten soll.

Hat der Erwerber einer Sache dem Veräußerer einen Mangel angezeigt oder die Annahme der Sache wegen Mangelhaftigkeit abgelehnt, so kann auch der Veräußerer die Beweisaufnahme nach Maßgabe des Abs. 1 beantragen. In gleicher Weise ist der Unternehmer eines Werkes zu dem Antrage berechtigt, wenn der Besteller ihm einen Mangel angezeigt oder die Abnahme des Werkes wegen Mangelhaftigkeit verweigert hat.

37. Im §. 491 treten an die Stelle des Abs. 2 folgende Vorschriften:

Neue Ansprüche dürfen, abgesehen von den Fällen des §. 240 Nr. 2, 3, nicht erhoben werden.

Macht der Beklagte die Aufrechnung einer Gegenforderung geltend, so ist die hierauf gegründete Einwendung zurückzuweisen, wenn der Beklagte nicht glaubhaft macht, daß er ohne sein Verschulden außer Stande gewesen ist, die Aufrechnung in erster Instanz geltend zu machen. Im Falle der Zurückweisung finden die Vorschriften der §§. 502, 503 Anwendung.

38. Der §. 503 Abs. 2 erhält folgenden Zusatz:

Die Erstattungspflicht des Klägers bestimmt sich nach den Vorschriften über die Herausgabe einer ungerechtfertigten Bereicherung. Wird der

Antrag gestellt, so ist der Anspruch auf Erstattung als zur Zeit der Zahlung oder Leistung rechtshängig geworden anzusehen; die mit der Rechtshängigkeit nach den Vorschriften des bürgerlichen Rechtes verbundenen Wirkungen treten mit der Zahlung oder Leistung auch dann ein, wenn der Antrag nicht gestellt wird.

39. Der §. 555 erhält folgenden Zusatz:

Als ein Anspruch, welcher die Zahlung einer Geldsumme zum Gegenstande hat, gilt auch der Anspruch aus einer Hypothek, einer Grundschuld oder einer Rentenschuld.

40. Der §. 563 Abs. 2 wird dahin geändert:

Soweit sich in diesem Verfahren ergiebt, daß der Anspruch des Klägers unbegründet war, finden die Vorschriften des §. 274 Abs. 4 Satz 2, 3 Anwendung.

41. Das sechste Buch erhält folgende Ueberschrift:

Ehesachen, Feststellung des Rechtsverhältnisses zwischen Eltern und Kindern, Entmündigungssachen.

42. Der §. 568 wird dahin geändert:

Für die Rechtsstreitigkeiten, welche die Scheidung, Nichtigkeit oder Anfechtung einer Ehe oder die Feststellung des Bestehens oder Nichtbestehens einer Ehe zwischen den Parteien oder die Herstellung des ehelichen Lebens zum Gegenstande haben (Ehesachen), ist das Landgericht, bei welchem der Ehemann seinen allgemeinen Gerichtsstand hat, ausschließlich zuständig.

Ist der Ehemann ein Deutscher und hat er im Inlande keinen allgemeinen Gerichtsstand, so kann die Klage bei dem Landgericht erhoben werden, in dessen Bezirk er den letzten Wohnsitz im Inlande hatte; in Ermangelung eines solchen Wohnsitzes finden die Vorschriften des §. 16 Abs. 1 Satz 2, 3 entsprechende Anwendung. Das Gleiche gilt, wenn der Ehemann die Reichsangehörigkeit verloren, die Ehefrau sie aber behalten hat und der Ehemann im Inlande keinen allgemeinen Gerichtsstand hat.

Ist eine Deutsche eine Ehe mit einem Ausländer eingegangen und hat dieser im Inlande keinen allgemeinen Gerichtsstand, so können die Nichtigkeitsklage und die Anfechtungsklage von der Ehefrau bei dem Landgericht erhoben werden, in dessen Bezirke sie den letzten Wohnsitz im Inlande hatte; in Ermangelung eines solchen Wohnsitzes finden die Vorschriften des §. 16 Abs. 1 Satz 2, 3 entsprechende Anwendung.

Sind beide Ehegatten Ausländer, so kann die Scheidungsklage im Inlande nur erhoben werden, wenn das inländische Gericht auch nach den Gesetzen des Staates zuständig ist, dem der Ehemann angehört.

43. Im §. 570 wird das Wort »Ehescheidungsklage« ersetzt durch das Wort »Scheidungsklage«.

44. Im §. 571 tritt an die Stelle des Abs. 2 folgende Vorschrift:

Bestimmt sich das für die Klage zuständige Landgericht nach den Vorschriften des §. 568 Abs. 2, 3, so finden diese Vorschriften auf die Bestimmung des für den Sühnetermin zuständigen Amtsgerichts entsprechende Anwendung.

45. Der §. 572 Abs. 2 Satz 1 wird dahin geändert:

Erscheint der Kläger oder erscheinen beide Parteien im Sühnetermine nicht, so muß der Kläger die Anberaumung eines neuen Sühnetermins beantragen und den Beklagten zu dem Termine laden.

46. Hinter §. 573 werden folgende Vorschriften eingestellt:

§. 573a.

In Ehesachen ist ein in der Geschäftsfähigkeit beschränkter Ehegatte prozeßfähig; dies gilt jedoch nicht für einen Rechtsstreit, welcher die Anfechtung der Ehe auf Grund des §. 1314 des Bürgerlichen Gesetzbuchs zum Gegenstande hat.

Für einen geschäftsunfähigen Ehegatten wird der Rechtsstreit durch den gesetzlichen Vertreter geführt. Der gesetzliche Vertreter ist jedoch zur Erhebung der Klage auf Herstellung des ehelichen Lebens nicht befugt; zur Erhebung der Scheidungsklage oder der Anfechtungsklage bedarf er der Genehmigung des Vormundschaftsgerichts.

§. 573b.

Der Bevollmächtigte des klagenden Ehegatten bedarf einer besonderen, auf den Rechtsstreit gerichteten Vollmacht. Das Gericht hat den Mangel einer solchen Vollmacht von Amtswegen zu berücksichtigen.

47. Der §. 575 Abs. 1 wird dahin geändert:

Die Klage auf Herstellung des ehelichen Lebens, die Scheidungsklage und die Anfechtungsklage können verbunden werden.

48. Der §. 576 wird dahin geändert:

Der Kläger, welcher mit der Scheidungsklage oder der Anfechtungsklage abgewiesen ist, kann das Recht, die Scheidung zu verlangen oder die Ehe anzufechten, nicht mehr auf Thatsachen gründen, welche er in dem früheren Rechtsstreite geltend gemacht hat oder welche er in dem früheren Rechtsstreit oder durch Verbindung der Klagen geltend machen konnte. Das Gleiche gilt im Falle der Abweisung der Scheidungsklage oder der Anfechtungsklage für den Beklagten in Ansehung der Thatsachen, auf welche er eine Widerklage zu gründen im Stande war.

49. Der §. 577 wird dahin geändert:

Die Vorschriften über die Folgen der unterbliebenen oder verweigerten Erklärung über Thatsachen oder über die Echtheit von Urkunden, die Vorschriften über den Verzicht der Parteien auf die Beeidigung von Zeugen und Sachverständigen, die Vorschriften über die Wirkung eines Anerkenntnisses, eines gerichtlichen Geständnisses und der Erlassung eines Eides sowie die Vorschriften über die Eideszuschiebung und den Antrag, dem Gegner die Vorlegung einer Urkunde aufzugeben, finden keine Anwendung in Ansehung solcher Thatsachen, welche die Scheidung oder die Anfechtung der Ehe oder das Recht, die Herstellung des ehelichen Lebens zu verweigern, begründen sollen.

In einem Rechtsstreite, welcher die Nichtigkeit der Ehe oder die Feststellung des Bestehens oder Nichtbestehens einer Ehe zwischen den Parteien zum Gegenstande hat, finden die im Abs. 1 bezeichneten Vorschriften sowohl in Ansehung solcher Thatsachen, welche die Nichtigkeit oder das Nichtbestehen der Ehe, als auch in Ansehung solcher Thatsachen keine Anwendung, welche die Gültigkeit oder das Bestehen der Ehe begründen sollen.

50. Der §. 580 wird dahin geändert:

Hat der Kläger die Aussetzung des Verfahrens über eine Scheidungsklage beantragt, so darf das Gericht auf Scheidung nicht erkennen, bevor die Aussetzung stattgefunden hat. Auch ohne Antrag des Klägers ist die Aussetzung anzuordnen, wenn die Scheidung auf Grund des §. 1551 des Bürgerlichen Gesetzbuchs beantragt ist und die Aussicht auf Aussöhnung der Parteien nicht ausgeschlossen erscheint.

Auf Grund dieser Bestimmungen darf die Aussetzung im Laufe des Rechtsstreits nur einmal und höchstens auf zwei Jahre angeordnet werden.

51. Als §. 580a wird folgende Vorschrift eingestellt:

Die Aussetzung des Verfahrens über eine Klage auf Herstellung des ehelichen Lebens kann das Gericht von Amtswegen anordnen, wenn eine Aussöhnung der Parteien nicht unwahrscheinlich ist.

Auf Grund dieser Bestimmung darf die Aussetzung im Laufe des Rechtsstreits nur einmal und höchstens auf ein Jahr angeordnet werden.

52. Der §. 581 erhält folgenden Abs. 2:

Diese Vorschriften finden in einem Rechtsstreite, welcher die Nichtigkeit der Ehe oder die Feststellung des Bestehens oder Nichtbestehens einer Ehe zwischen den Parteien zum Gegenstande hat, auch zum Zwecke der Ermittelung, ob die Ehe nichtig ist oder nicht besteht, Anwendung.

53. Hinter §. 581 werden folgende Vorschriften eingestellt:

§. 581a.

Auf Scheidung wegen Geisteskrankheit darf nicht erkannt werden, bevor das Gericht einen oder mehrere Sachverständige über den Geisteszustand des Beklagten gehört hat.

§. 581b.

Wird wegen Ehebruchs auf Scheidung erkannt und ergiebt sich aus den Verhandlungen, mit welcher Person der Ehebruch begangen worden ist, so ist diese Person in dem Urtheile festzustellen.

54. Der §. 582 wird dahin geändert:

Urtheile, durch welche auf Scheidung oder Nichtigkeit der Ehe erkannt ist, sind von Amtswegen zuzustellen.

55. Der §. 584 wird dahin geändert:

Hat der Rechtsstreit die Scheidung, Nichtigkeit oder Anfechtung der Ehe zum Gegenstande, so kann das Gericht auf Antrag eines der Ehegatten durch einstweilige Verfügung für die Dauer des Rechtsstreits das Getrenntleben der Ehegatten gestatten, die gegenseitige Unterhaltspflicht der Ehegatten nach Maßgabe des §. 1344 des Bürgerlichen Gesetzbuchs ordnen, wegen der Sorge für die Person der gemeinschaftlichen minderjährigen Kinder, soweit es sich nicht um die gesetzliche Vertretung handelt, Anordnungen treffen und die Unterhaltspflicht der Ehegatten den Kindern gegenüber im Verhältnisse der Ehegatten zu einander regeln.

Die einstweilige Verfügung ist zulässig, sobald der Termin zur mündlichen Verhandlung oder im Falle einer Scheidungsklage der Termin zum Sühneversuche bestimmt oder im Wege der Widerklage die Scheidung beantragt oder die Ehe angefochten ist.

Von der einstweiligen Verfügung hat das Prozeßgericht, wenn ein gemeinschaftliches minderjähriges Kind der Ehegatten vorhanden ist, dem Vormundschaftsgerichte Mittheilung zu machen.

Im Uebrigen gelten für die einstweilige Verfügung die Bestimmungen der §§. 815 bis 822.

56. Hinter §. 584 werden folgende Vorschriften eingestellt:

§. 584 a.

Stirbt einer der Ehegatten vor der Rechtskraft des Urtheils, so ist der Rechtsstreit in Ansehung der Hauptsache als erledigt anzusehen.

§. 584 b.

Das auf eine Nichtigkeitsklage oder eine Anfechtungsklage ergehende Urtheil wirkt, sofern es bei Lebzeiten beider Ehegatten rechtskräftig wird, für und gegen Alle. Ein Urtheil, durch welches die Ehe auf Grund des §. 1309 des Bürgerlichen Gesetzbuchs für nichtig erklärt wird, wirkt jedoch gegen den Dritten, mit dem die frühere Ehe geschlossen war, nur dann, wenn er an dem Rechtsstreite Theil genommen hat.

Diese Vorschriften gelten auch für ein Urtheil, durch welches das Bestehen oder Nichtbestehen einer Ehe festgestellt wird.

§. 584 c.

Nach dem Eintritte der Rechtskraft eines Urtheils, durch welches auf Scheidung oder Nichtigkeit der Ehe erkannt ist, hat das Prozeßgericht, wenn ein gemeinschaftliches minderjähriges Kind der Ehegatten vorhanden ist, dem Vormundschaftsgerichte Mittheilung zu machen.

57. Der §. 586 Abs. 1 wird dahin geändert:

Die Klage kann von jedem der Ehegatten sowie von dem Staatsanwalt erhoben werden, im Falle des §. 1309 des Bürgerlichen Gesetzbuchs auch von dem Dritten, mit dem die frühere Ehe geschlossen war. Im Uebrigen kann die Klage von einem Dritten nur erhoben werden, wenn für ihn von der Nichtigkeit der Ehe ein Anspruch oder von der Gültigkeit der Ehe eine Verbindlichkeit abhängt.

58. Der §. 587 wird dahin geändert:

Mit der Nichtigkeitsklage kann nur eine Klage auf Feststellung des Bestehens oder Nichtbestehens einer Ehe zwischen den Parteien verbunden werden.

Eine Widerklage ist nur statthaft, wenn sie eine Nichtigkeitsklage oder eine Feststellungsklage der im Abs. 1 bezeichneten Art ist.

59. Der §. 588 wird aufgehoben.

60. Als §. 589a wird folgende Vorschrift eingestellt:

Das Versäumnißurtheil gegen den im Termine zur mündlichen Verhandlung nicht erschienenen Kläger ist dahin zu erlassen, daß die Klage als zurückgenommen gelte.

61. Als §. 591a wird folgende Vorschrift eingestellt:

Die Vorschriften der §§. 587, 589a finden auf die Klage, welche die Feststellung des Bestehens oder Nichtbestehens einer Ehe zwischen den Parteien zum Gegenstande hat, entsprechende Anwendung.

62. Der §. 592 wird aufgehoben.

63. Hinter §. 592 wird folgende Ueberschrift eingeschaltet:

Zweiter Abschnitt. Verfahren in Rechtsstreitigkeiten, welche die Feststellung des Rechtsverhältnisses zwischen Eltern und Kindern zum Gegenstande haben.

64. Hinter §. 592 werden folgende Vorschriften eingestellt:

§. 592a.

Auf einen Rechtsstreit, der die Feststellung des Bestehens oder Nichtbestehens eines Eltern- und Kindesverhältnisses zwischen den Parteien oder die Feststellung des Bestehens oder Nichtbestehens der elterlichen Gewalt der einen Partei über die andere zum Gegenstande hat, finden die Vorschriften der §§. 569, 573b, des §. 577 Abs. 2 und der §§. 578, 579, 581, 582, 584a, 589a entsprechende Anwendung.

Mit einer der im Abs. 1 bezeichneten Klagen kann eine Klage anderer Art nicht verbunden werden. Eine Widerklage anderer Art kann nicht erhoben werden.

§. 592b.

Wird die Ehelichkeit eines Kindes oder die Anerkennung der Ehelichkeit von dem Ehemanne der Mutter durch Erhebung der Anfechtungsklage angefochten, so finden die im §. 592a Abs. 1 bezeichneten Vorschriften mit Ausnahme des §. 581 Abs. 2 und des §. 589a entsprechende Anwendung; an die Stelle des Abs. 2 des §. 577 tritt der Abs. 1 des §. 577.

Der Ehemann ist prozeßfähig, auch wenn er in der Geschäftsfähigkeit beschränkt ist. Für einen geschäftsunfähigen Ehemann wird der Rechtsstreit durch den gesetzlichen Vertreter geführt; der gesetzliche Vertreter kann die Anfechtungsklage nur mit Genehmigung des Vormundschaftsgerichts erheben.

Mit der einen Anfechtungsklage kann nur die andere Anfechtungsklage verbunden werden. Eine Widerklage kann nicht erhoben werden.

§. 592c.

Ist in den Fällen der §§. 592a, 592b der Beklagte ein Deutscher und hat er im Inlande keinen allgemeinen Gerichtsstand, so kann die Klage bei dem Landgericht erhoben werden, in dessen Bezirk er den letzten Wohnsitz im Inlande hatte; in Ermangelung eines solchen Wohnsitzes finden die Vorschriften des §. 16 Abs. 1 Satz 2, 3 entsprechende Anwendung. Das Gleiche gilt, wenn der Beklagte die Reichsangehörigkeit verloren, der Kläger sie aber behalten hat und der Beklagte im Inlande keinen allgemeinen Gerichtsstand hat.

§. 592d.

In den Fällen der §§. 592a, 592b wirkt das Urtheil, sofern es bei Lebzeiten der Parteien rechtskräftig wird, für und gegen Alle. Ein Urtheil, welches das Bestehen des Eltern- und Kindesverhältnisses oder der elterlichen Gewalt feststellt, wirkt jedoch gegenüber einem Dritten, welcher das elterliche Verhältniß oder die elterliche Gewalt für sich in Anspruch nimmt, nur dann, wenn er an dem Rechtsstreite Theil genommen hat.

§. 592e.

Die Vorschriften der §§. 592a bis 592d gelten nicht für einen Rechtsstreit, der die Feststellung des Bestehens oder Nichtbestehens der unehelichen Vaterschaft zum Gegenstande hat.

65. In der Ueberschrift vor dem § 593 treten an die Stelle der Worte: „Zweiter Abschnitt." die Worte:

„Dritter Abschnitt."

66. Der §. 593 Abs. 1 wird dahin geändert:

Die Entmündigung wegen Geisteskrankheit oder wegen Geistesschwäche erfolgt durch Beschluß des Amtsgerichts.

67. Der §. 594 Abs. 2 wird dahin geändert:

Gegen einen Deutschen, welcher im Inlande keinen allgemeinen Gerichtsstand hat, kann der Antrag bei dem Amtsgerichte gestellt werden, in dessen Bezirke der zu Entmündigende den letzten Wohnsitz im Inlande hatte; in Ermangelung eines solchen Wohnsitzes finden die Vorschriften des §. 16 Abs. 1 Satz 2, 3 entsprechende Anwendung.

68. Der § 595 Abs. 1 wird dahin geändert:

Der Antrag kann von dem Ehegatten, einem Verwandten oder demjenigen gesetzlichen Vertreter des zu Entmündigenden gestellt werden, welchem die Sorge für die Person zusteht. Gegen eine Person, die unter elterlicher Gewalt oder unter Vormundschaft steht, kann der Antrag von einem Verwandten nicht gestellt werden. Gegen eine Ehefrau kann der Antrag von einem Verwandten nur gestellt werden, wenn auf Trennung der Ehegatten von Tisch und Bett erkannt ist oder wenn der Ehemann die Ehefrau verlassen hat oder wenn der Ehemann zur Stellung des Antrags dauernd außer Stande oder sein Aufenthalt dauernd unbekannt ist.

69. An die Stelle des §. 603 treten folgende Vorschriften:

§. 603.

Der die Entmündigung aussprechende Beschluß ist von Amtswegen auch der Vormundschaftsbehörde mitzutheilen und, wenn der Entmündigte unter elterlicher Gewalt oder unter Vormundschaft steht, demjenigen gesetzlichen Vertreter zuzustellen, welchem die Sorge für die Person des Entmündigten zusteht. Im Falle der Entmündigung wegen Geistesschwäche ist der Beschluß außerdem dem Entmündigten selbst zuzustellen.

§. 603 a.

Die Entmündigung wegen Geisteskrankheit tritt, wenn der Entmündigte unter elterlicher Gewalt oder unter Vormundschaft steht, mit der Zustellung des Beschlusses an denjenigen gesetzlichen Vertreter, welchem die Sorge für die Person zusteht, anderenfalls mit der Bestellung des Vormundes in Wirksamkeit.

Die Entmündigung wegen Geistesschwäche tritt mit der Zustellung des Beschlusses an den Entmündigten in Wirksamkeit.

§. 603 b.

Der die Entmündigung ablehnende Beschluß ist von Amtswegen auch demjenigen zuzustellen, dessen Entmündigung beantragt war.

70. Im §. 605 treten an die Stelle der Abs. 2, 3 folgende Vorschriften:

Zur Erhebung der Klage sind der Entmündigte selbst, derjenige gesetzliche Vertreter des Entmündigten, welchem die Sorge für die Person zusteht, und die übrigen im §. 595 bezeichneten Personen befugt.

Die Frist beginnt im Falle der Entmündigung wegen Geisteskrankheit für den Entmündigten mit dem Zeitpunkt, in welchem er von der Entmündigung Kenntniß erlangt, für die übrigen Personen mit dem Zeitpunkt, in welchem die Entmündigung in Wirksamkeit tritt. Im Falle der Entmündigung wegen Geistesschwäche beginnt die Frist für den gesetzlichen Vertreter des unter elterlicher Gewalt oder unter

Vormundschaft stehenden Entmündigten mit dem Zeitpunkt, in welchem ihm der Beschluß zugestellt wird, für den Entmündigten selbst und die übrigen Personen mit der Zustellung des Beschlusses an den Entmündigten.

71. Der §. 607 Abs. 2 wird dahin geändert:

Erhebt der Staatsanwalt die Klage, so ist dieselbe gegen denjenigen gesetzlichen Vertreter des Entmündigten, welchem die Sorge für die Person zusteht, als dessen Vertreter zu richten.

72. Der §. 611 Abs. 1 wird dahin geändert:

Die Vorschriften des §. 577 Abs. 2, des §. 578 und des §. 581 Abs. 2 finden entsprechende Anwendung.

73. Der §. 613 Abs. 2 wird aufgehoben.

74. Der §. 616 wird dahin geändert:

Die Wiederaufhebung der Entmündigung erfolgt auf Antrag des Entmündigten oder desjenigen gesetzlichen Vertreters des Entmündigten, welchem die Sorge für die Person zusteht, oder des Staatsanwalts durch Beschluß des Amtsgerichts.

75. Der §. 617 Abs. 2 wird dahin geändert:

Ist der Entmündigte ein Deutscher und hat er im Inlande keinen allgemeinen Gerichtsstand, so kann der Antrag bei dem Amtsgerichte gestellt werden, welches für die Entmündigung zuständig war. Das Gleiche gilt, wenn ein Ausländer, der im Inland entmündigt worden ist, im Inlande keinen allgemeinen Gerichtsstand hat.

76. Der §. 620 Abs. 2, 3 wird dahin geändert:

Zur Erhebung der Klage ist derjenige gesetzliche Vertreter des Entmündigten, welchem die Sorge für die Person zusteht, und der Staatsanwalt befugt.

Will der gesetzliche Vertreter die Klage nicht erheben, so kann der Vorsitzende des Prozeßgerichts dem Entmündigten einen Rechtsanwalt als Vertreter beiordnen.

77. Im §. 621 wird

a) der Abs. 1 dahin geändert:

Die Entmündigung wegen Verschwendung oder wegen Trunksucht erfolgt durch Beschluß des Amtsgerichts.

b) der Abs. 3 dahin geändert:

Auf das Verfahren finden die Vorschriften des §. 594, des §. 595 Abs. 1, des §. 596, des §. 597 Abs. 1, 4 und der §§. 600, 604 entsprechende Anwendung.

c) als Abs. 5 folgende Vorschrift hinzugefügt:

Die landesgesetzlichen Vorschriften, nach welchen eine Gemeinde oder ein der Gemeinde gleichstehender Verband oder ein Armenverband berechtigt ist, die Entmündigung wegen Verschwendung zu beantragen, bleiben unberührt.

78. Als §. 621a wird folgende Vorschrift eingestellt:

Ist die Entmündigung wegen Trunksucht beantragt, so kann das Gericht den zu Entmündigenden unter Androhung der Entmündigung zur Besserung ermahnen und die Beschlußfassung über die Entmündigung aussetzen, wenn Aussicht besteht, daß die Ermahnung Erfolg haben werde.

79. Der §. 625 Abs. 1 wird dahin geändert:

Die Wiederaufhebung der Entmündigung erfolgt auf Antrag des Entmündigten oder desjenigen gesetzlichen Vertreters des Entmündigten, welchem die Sorge für die Person zusteht, unter entsprechender Anwendung der §§. 616 bis 619.

80. Im §. 626 wird

a) der Abs. 2 Satz 1 dahin geändert:

Zur Erhebung der Klage ist derjenige gesetzliche Vertreter des Entmündigten befugt, welchem die Sorge für die Person zusteht.

b) der Abs. 4 dahin geändert:

Auf das Verfahren finden die Vorschriften der §§. 606, 608, 610, 611, 613 bis 615 entsprechende Anwendung.

81. Im §. 627 werden hinter den Worten: „wegen Verschwendung" die Worte eingeschaltet:

„oder wegen Trunksucht".

82. Der §. 628 Abs. 1 erhält folgenden Zusatz:

Als ein Anspruch, welcher die Zahlung einer Geldsumme zum Gegenstande hat, gilt auch der Anspruch aus einer Hypothek, einer Grundschuld oder einer Rentenschuld.

83. Der §. 648 Nr. 6 wird dahin geändert:

6. Urtheile, welche die Verpflichtung zur Entrichtung von Alimenten oder zur Entrichtung einer nach den §§. 827, 828 des Bürgerlichen Gesetzbuchs geschuldeten Geldrente aussprechen, soweit die Entrichtung für die Zeit nach der Erhebung der Klage und für das der Erhebung der Klage vorausgehende letzte Vierteljahr zu erfolgen hat.

84. Der §. 649 Nr. 1 wird dahin geändert:

1. Streitigkeiten zwischen dem Vermiether und dem Miether oder Untermiether von Wohnräumen oder anderen Räumen oder zwischen dem Miether und dem Untermiether solcher Räume wegen Ueberlassung, Benutzung oder Räumung, sowie wegen Zurückhaltung der von dem Miether oder dem Untermiether in die Miethräume eingebrachten Sachen;

85. Der §. 655 Abs. 2 wird dahin geändert:

Wird ein für vorläufig vollstreckbar erklärtes Urtheil aufgehoben oder abgeändert oder wird die vorläufige Vollstreckbarkeit des Urtheils wegen Mangels der gesetzlichen Voraussetzungen aufgehoben, so ist der Kläger auf Antrag zum Ersatze des Schadens zu verurtheilen, der dem Beklagten durch die Vollstreckung des Urtheils oder durch eine zur Abwendung der Vollstreckung gemachte Leistung entstanden ist. Wird der Antrag gestellt, so ist der Anspruch auf Schadensersatz als zur Zeit der Zahlung oder Leistung rechtshängig geworden anzusehen.

86. Der §. 658 wird dahin geändert:

Ist auf Bewilligung einer Eintragung in das Grundbuch oder einer Löschung im Grundbuch erkannt, so wird das für vorläufig vollstreckbar erklärte Urtheil durch Eintragung einer Vormerkung vollzogen. Das Gleiche gilt, wenn auf Bewilligung der Eintragung eines Pfandrechts in das Schiffsregister oder der Löschung eines Pfandrechts im Schiffsregister erkannt ist.

87. Im §. 661 tritt an die Stelle des Abs. 2 folgende Vorschrift:

Das Vollstreckungsurtheil ist erst zu erlassen, wenn das Urtheil des ausländischen Gerichts nach dem für dieses Gericht geltenden Rechte die Rechtskraft erlangt hat. Es ist nicht zu erlassen, wenn die Anerkennung des Urtheils nach §. 293 g ausgeschlossen ist.

88. Der §. 664 erhält folgenden Abs. 2:

Hängt die Vollstreckung von einer Zug um Zug oder vorher zu bewirkenden Leistung des Gläubigers an den Schuldner ab, so kann der Gläubiger auch ohne den Beweis, daß der Schuldner befriedigt ist oder sich im Verzuge der Annahme befindet, die Ertheilung einer vollstreckbaren Ausfertigung verlangen, es sei denn, daß die dem Schuldner obliegende Leistung in der Abgabe einer Willenserklärung besteht.

89. Der §. 665 wird dahin geändert:

Eine vollstreckbare Ausfertigung kann für den Rechtsnachfolger des in dem Urtheile bezeichneten Gläubigers sowie gegen denjenigen Rechtsnachfolger des in dem Urtheile bezeichneten Schuldners und denjenigen Besitzer der in Streit befangenen Sache, gegen welche das Urtheil nach §. 293 d wirksam ist, ertheilt werden, sofern die Rechtsnachfolge oder das Besitzverhältniß bei dem Gericht offenkundig ist oder durch öffentliche Urkunden nachgewiesen wird.

Ist die Rechtsnachfolge oder das Besitzverhältniß bei dem Gericht offenkundig, so ist dies in der Vollstreckungsklausel zu erwähnen.

90. Hinter §. 665 werden folgende Vorschriften eingestellt:

§. 665 a.

Ist gegenüber dem Vorerben ein nach §. 293 e dem Nacherben gegenüber wirksames Urtheil ergangen, so finden auf die Ertheilung einer vollstreckbaren Ausfertigung für und gegen den Nacherben die Vorschriften des §. 665 entsprechende Anwendung.

Das Gleiche gilt, wenn gegenüber einem Testamentsvollstrecker ein nach §. 293 f dem Erben gegenüber wirksames Urtheil ergangen ist, für die Ertheilung einer vollstreckbaren Ausfertigung für und gegen den Erben. Eine vollstreckbare Ausfertigung kann gegen den Erben ertheilt werden, auch wenn die Verwaltung des Testamentsvollstreckers noch besteht.

§. 665 b.

Hat Jemand das Vermögen eines Anderen durch Vertrag mit diesem nach der rechtskräftigen Feststellung einer Schuld des Anderen übernommen, so finden auf die Ertheilung einer vollstreckbaren Ausfertigung des Urtheils gegen den Uebernehmer die Vorschriften des §. 665 entsprechende Anwendung.

91. Im §. 666 Abs. 1 und im §. 667 wird statt „§§. 664, 665" gesetzt „§§. 664 bis 665 b".

92. Hinter §. 668 werden folgende Vorschriften eingestellt:

§. 668 a.

Zur Zwangsvollstreckung in das Vermögen eines nicht rechtsfähigen Vereins genügt ein gegen den Verein ergangenes Urtheil.

§. 668 b.

Zur Zwangsvollstreckung in das Gesellschaftsvermögen einer nach §. 692 des Bürgerlichen Gesetzbuchs eingegangenen Gesellschaft ist ein gegen alle Gesellschafter ergangenes Urtheil erforderlich.

§. 668 c.

Bei dem Nießbrauch an einem Vermögen ist wegen der vor der Bestellung des Nießbrauchs entstandenen Verbindlichkeiten des Bestellers die Zwangsvollstreckung in die dem Nießbrauch unterliegenden Gegenstände ohne Rücksicht auf den Nießbrauch zulässig, wenn der Besteller zu der Leistung und der Nießbraucher zur Duldung der Zwangsvollstreckung verurtheilt ist.

Das Gleiche gilt bei dem Nießbrauch an einer Erbschaft für die Nachlaßverbindlichkeiten.

§. 668 d.

Ist die Bestellung des Nießbrauchs an einem Vermögen nach der rechtskräftigen Feststellung einer Schuld des Bestellers erfolgt, so finden auf die Ertheilung einer in Ansehung der dem Nießbrauch unterliegenden Gegenstände vollstreckbaren Ausfertigung des Urtheils gegen den Nießbraucher die Vorschriften der §§. 665, 666 bis 668 entsprechende Anwendung.

Das Gleiche gilt bei dem Nießbrauch an einer Erbschaft für die Ertheilung einer vollstreckbaren Ausfertigung des gegen den Erblasser ergangenen Urtheils.

§. 668 e.

Bei dem Güterstande der Verwaltung und Nutznießung, der Errungenschaftsgemeinschaft oder der Fahrnißgemeinschaft ist die Zwangsvollstreckung in das eingebrachte Gut der Ehefrau nur zulässig, wenn die Ehefrau zu der Leistung und der Ehemann zur Duldung der Zwangsvollstreckung in das eingebrachte Gut verurtheilt ist.

§. 668 f.

Bei dem Güterstande der allgemeinen Gütergemeinschaft, der Errungenschaftsgemeinschaft oder der Fahrnißgemeinschaft ist zur Zwangsvollstreckung in das Gesammtgut ein gegen den Ehemann ergangenes Urtheil erforderlich und genügend.

§. 668 g.

Betreibt die Ehefrau selbständig ein Erwerbsgeschäft, so ist zur Zwangsvollstreckung in das eingebrachte Gut und in das Gesammtgut ein gegen die Ehefrau ergangenes Urtheil genügend, es sei denn, daß zur Zeit des Eintritts der Rechtshängigkeit der Einspruch des Ehemanns gegen den Betrieb des Erwerbsgeschäfts oder der Widerruf seiner Einwilligung zu dem Betrieb im Güterrechtsregister eingetragen war.

§. 668 h.

Ist der Güterstand der Verwaltung und Nutznießung, der Errungenschaftsgemeinschaft oder der Fahrnißgemeinschaft erst eingetreten, nachdem ein von der Ehefrau oder gegen sie geführter Rechtsstreit rechtshängig geworden ist, so finden auf die Ertheilung einer in Ansehung des eingebrachten Gutes der Ehefrau vollstreckbaren Ausfertigung des Urtheils für oder gegen den Ehemann die Vorschriften der §§. 665, 666 bis 668 entsprechende Anwendung.

Das Gleiche gilt für die Ertheilung einer in Ansehung des Gesammtguts vollstreckbaren Ausfertigung, wenn die allgemeine Gütergemeinschaft oder die Fahrnißgemeinschaft erst eingetreten ist, nachdem ein von der Ehefrau oder gegen sie geführter Rechtsstreit rechtshängig geworden ist.

§. 668 i.

Nach der Beendigung der allgemeinen Gütergemeinschaft, der Errungenschaftsgemeinschaft oder der Fahrnißgemeinschaft ist vor der Auseinandersetzung die Zwangsvollstreckung in das Gesammtgut nur zulässig, wenn beide Ehegatten zu der Leistung oder der Ehemann zu der Leistung und die Ehefrau zur Duldung der Zwangsvollstreckung verurtheilt sind.

§. 668 k.

Ist die Beendigung der allgemeinen Gütergemeinschaft, der Errungenschaftsgemeinschaft oder der Fahrnißgemeinschaft nach der Beendigung eines Rechtsstreits des Ehemanns eingetreten, so finden auf die Ertheilung einer in Ansehung des Gesammtguts vollstreckbaren Ausfertigung des Urtheils gegen die Ehefrau die Vorschriften der §§. 665, 666 bis 668 entsprechende Anwendung.

§. 668 l.

Im Falle der fortgesetzten Gütergemeinschaft ist zur Zwangsvollstreckung in das Gesammtgut ein gegen den überlebenden Ehegatten ergangenes Urtheil erforderlich und genügend.

Nach der Beendigung der fortgesetzten Gütergemeinschaft finden die Vorschriften der §§. 668 i, 668 k mit der Maßgabe Anwendung, daß an die Stelle des Ehemanns der überlebende Ehegatte, an die Stelle der Ehefrau die antheilsberechtigten Abkömmlinge treten.

§. 668 m.

Zur Zwangsvollstreckung in das der elterlichen Nutznießung unterliegende Vermögen des Kindes ist ein gegen das Kind ergangenes Urtheil genügend.

§. 668 n.

Zur Zwangsvollstreckung in einen Nachlaß ist, wenn mehrere Erben vorhanden sind, bis zur Theilung ein gegen alle Erben ergangenes Urtheil erforderlich.

§. 668 o.

Unterliegt ein Nachlaß der Verwaltung eines Testamentsvollstreckers, so ist zur Zwangsvollstreckung in den Nachlaß ein gegen den Testamentsvollstrecker ergangenes Urtheil erforderlich und genügend.

Steht dem Testamentsvollstrecker nur die Verwaltung einzelner Nachlaßgegenstände zu, so ist die Zwangsvollstreckung in diese Gegenstände nur zulässig, wenn der Erbe zu der Leistung, der Testamentsvollstrecker zur Duldung der Zwangsvollstreckung verurtheilt ist.

Zur Zwangsvollstreckung wegen eines Pflichttheilsanspruchs ist im Falle des Abs. 1 wie im Falle des Abs. 2 ein sowohl gegen den Erben als gegen den Testamentsvollstrecker ergangenes Urtheil erforderlich.

§. 668 p.

Auf die Ertheilung einer vollstreckbaren Ausfertigung eines für oder gegen den Erblasser ergangenen Urtheils für oder gegen den Testamentsvollstrecker finden die Vorschriften der §§. 665, 666 bis 668 entsprechende Anwendung. Auf Grund einer solchen Ausfertigung ist die Zwangsvollstreckung nur in die der Verwaltung des Testamentsvollstreckers unterliegenden Nachlaßgegenstände zulässig.

93. Der §. 671 Abs. 2 wird dahin geändert:

Handelt es sich um die Vollstreckung eines Urtheils, dessen vollstreckbare Ausfertigung nach §. 664 Abs. 1 ertheilt worden ist, oder um die Vollstreckung eines Urtheils für oder gegen eine der in den §§. 665 bis 665 b, 668 d, 668 h, 668 k, 668 p bezeichneten Personen, so muß außer dem zu vollstreckenden Urtheil auch die demselben beigefügte Vollstreckungsklausel und, sofern die Vollstreckungsklausel auf

Grund öffentlicher Urkunden ertheilt ist, auch eine Abschrift dieser Urkunden vor Beginn der Zwangsvollstreckung zugestellt sein oder gleichzeitig mit Beginn derselben zugestellt werden.

94. Als §. 676a wird folgende Vorschrift eingestellt:

Ist im Falle des §. 664 Abs. 2 die vollstreckbare Ausfertigung des Urtheils nicht auf Grund des Beweises ertheilt, daß der Schuldner befriedigt ist oder sich im Verzuge der Annahme befindet, so darf der Gerichtsvollzieher die Zwangsvollstreckung nicht beginnen, bevor er dem Schuldner die diesem gebührende Leistung in einer den Verzug der Annahme begründenden Weise angeboten hat.

95. Als §. 684a wird folgende Vorschrift eingestellt:

Im Falle des §. 664 Abs. 2 darf das Vollstreckungsgericht eine Vollstreckungsmaßregel nur anordnen, wenn die vollstreckbare Ausfertigung auf Grund des Beweises ertheilt worden ist, daß der Schuldner befriedigt ist oder sich im Verzuge der Annahme befindet.

96. Der §. 687 wird dahin geändert:

Die Bestimmungen des §. 686 Abs. 1, 3 finden entsprechende Anwendung, wenn in den Fällen der §§. 664 bis 665b, 668d, 668h, 668k, 668p der Schuldner den bei der Ertheilung der Vollstreckungsklausel als bewiesen angenommenen Eintritt der Voraussetzung für die Ertheilung der Vollstreckungsklausel bestreitet, unbeschadet der Befugniß des Schuldners, in diesen Fällen Einwendungen gegen die Zulässigkeit der Vollstreckungsklausel in Gemäßheit des §. 668 zu erheben.

97. Als §. 689a wird folgende Vorschrift eingestellt:

Soweit sich ergiebt, daß die in den §§. 686, 687 bezeichneten Einwendungen begründet sind, ist der Gläubiger verpflichtet, dasjenige, was er durch die Zwangsvollstreckung erlangt hat oder was ihm zur Abwendung der Zwangsvollstreckung geleistet worden ist, nach den Vorschriften über die Herausgabe einer ungerechtfertigten Bereicherung zurückzuerstatten; die Erstattungspflicht des Gläubigers bestimmt sich so, wie wenn der Anspruch auf die Erstattung zur Zeit des Empfanges rechtshängig geworden wäre.

98. Hinter §. 690 werden folgende Vorschriften eingestellt:

§. 690a.

Solange ein Veräußerungsverbot der in den §§. 131, 132 des Bürgerlichen Gesetzbuchs bezeichneten Art besteht, soll der Gegenstand, auf welchen es sich bezieht, wegen eines persönlichen Anspruchs oder auf Grund eines in Folge des Verbots unwirksamen Rechtes nicht im Wege der Zwangsvollstreckung veräußert oder überwiesen werden. Auf Grund des Veräußerungsverbots kann nach Maßgabe des §. 690 Widerspruch erhoben werden.

§. 690 b.

Ein Gegenstand, der zu einer Vorerbschaft gehört, soll nicht im Wege der Zwangsvollstreckung veräußert oder überwiesen werden, wenn die Veräußerung oder die Ueberweisung im Falle des Eintritts der Nacherbfolge nach §. 2090 des Bürgerlichen Gesetzbuchs dem Nacherben gegenüber unwirksam ist. Der Nacherbe kann nach Maßgabe des §. 690 Widerspruch erheben.

§. 690 c.

Findet nach §. 668 g die Zwangsvollstreckung in das eingebrachte Gut der Ehefrau oder in das Gesammtgut statt, so kann der Ehemann nach Maßgabe des §. 690 Widerspruch erheben, wenn das gegen die Ehefrau ergangene Urtheil in Ansehung des eingebrachten Gutes oder des Gesammtguts ihm gegenüber unwirksam ist.

99. Hinter §. 692 werden folgende Vorschriften eingestellt:

§. 692 a.

Hat der Gläubiger eine bewegliche Sache des Schuldners im Besitz, in Ansehung deren ihm ein Pfandrecht oder ein Zurückbehaltungsrecht für seine Forderung zusteht, so kann der Schuldner der Zwangsvollstreckung in sein übriges Vermögen nach §. 685 widersprechen, soweit die Forderung durch den Werth der Sache gedeckt ist. Steht dem Gläubiger ein solches Recht in Ansehung der Sache auch für eine andere Forderung zu, so ist der Widerspruch nur zulässig, wenn auch diese Forderung durch den Werth der Sache gedeckt ist.

§. 692 b.

Solange der Erbe die Erbschaft nicht angenommen hat, ist eine Zwangsvollstreckung wegen eines Anspruchs, der sich gegen den Nachlaß richtet, nur in den Nachlaß zulässig.

Wegen eigener Verbindlichkeiten des Erben ist eine Zwangsvollstreckung in den Nachlaß vor der Annahme der Erbschaft nicht zulässig.

100. Der §. 693 Abs. 2 wird dahin geändert:

Ist bei einer Vollstreckungshandlung die Zuziehung des Schuldners nöthig, so hat, wenn die Erbschaft noch nicht angenommen oder wenn der Erbe unbekannt oder es ungewiß ist, ob er die Erbschaft angenommen hat, das Vollstreckungsgericht auf Antrag des Gläubigers dem Erben einen einstweiligen besonderen Vertreter zu bestellen. Die Bestellung hat zu unterbleiben, wenn ein Nachlaßpfleger bestellt ist oder wenn die Verwaltung des Nachlasses einem Testamentsvollstrecker zusteht.

101. Der §. 694 wird aufgehoben.

102. Der §. 695 wird dahin geändert:

Der als Erbe des Schuldners verurtheilte Beklagte kann die Beschränkung seiner Haftung nur geltend machen, wenn sie ihm im Urtheile vorbehalten ist.

Der Vorbehalt ist nicht erforderlich, wenn der Fiskus als gesetzlicher Erbe verurtheilt wird oder wenn das Urtheil über eine Nachlaßverbindlichkeit gegen einen Nachlaßverwalter oder einen anderen Nachlaßpfleger oder gegen einen Testamentsvollstrecker, dem die Verwaltung des Nachlasses zusteht, erlassen wird.

Das Recht des Nacherben, die Beschränkung seiner Haftung geltend zu machen, bleibt unberührt, auch wenn der Vorerbe ohne den Vorbehalt verurtheilt wird.

103. Der §. 696 wird dahin geändert:

Bei der Zwangsvollstreckung gegen den Erben des Schuldners bleibt die Beschränkung der Haftung unberücksichtigt, bis auf Grund derselben gegen die Zwangsvollstreckung von dem Erben Einwendungen erhoben werden.

104. Hinter §. 696 werden folgende Vorschriften eingestellt:

§. 696a.

Der Erbe kann auf Grund der ihm nach den §§. 1989, 1990 des Bürgerlichen Gesetzbuchs zustehenden Einreden nur verlangen, daß die Zwangsvollstreckung für die Dauer der dort bestimmten Fristen auf solche Maßregeln beschränkt wird, die zur Vollziehung eines Arrestes zulässig sind. Wird vor dem Ablaufe der Frist die Eröffnung des Nachlaßkonkurses beantragt, so ist auf Antrag die Beschränkung der Zwangsvollstreckung auch nach dem Ablaufe der Frist aufrechtzuerhalten, bis über die Eröffnung des Konkursverfahrens rechtskräftig entschieden ist.

§. 696b.

In Ansehung der Nachlaßgegenstände kann der Erbe die Beschränkung der Zwangsvollstreckung nach §. 696a auch gegenüber den Gläubigern verlangen, die nicht Nachlaßgläubiger sind, es sei denn, daß er für die Nachlaßverbindlichkeiten unbeschränkt haftet.

§. 696c.

Ist eine Nachlaßverwaltung angeordnet oder der Nachlaßkonkurs eröffnet, so kann der Erbe verlangen, daß Maßregeln der Zwangsvollstreckung, die zu Gunsten eines Nachlaßgläubigers in sein nicht zum Nachlasse gehörendes Vermögen erfolgt sind, aufgehoben werden, es sei denn, daß er für die Nachlaßverbindlichkeiten unbeschränkt haftet.

Im Falle der Nachlaßverwaltung steht dem Nachlaßverwalter das gleiche Recht gegenüber Maßregeln der Zwangsvollstreckung zu, die zu Gunsten eines anderen Gläubigers als eines Nachlaßgläubigers in den Nachlaß erfolgt sind.

§. 696d.

Die Erledigung der auf Grund der §§. 696 bis 696c erhobenen Einwendungen erfolgt nach den Bestimmungen der §§. 686, 688, 689.

§. 696e.

Die Bestimmungen des §. 695 Abs. 1 und der §§. 696 bis 696d finden auf die nach §. 1472 des Bürgerlichen Gesetzbuchs eintretende beschränkte Haftung, die Bestimmungen des §. 695 Abs. 1 und der §§. 696, 696d finden auf die nach den §§. 413, 1463, 1487, 2161 des Bürgerlichen Gesetzbuchs eintretende beschränkte Haftung entsprechende Anwendung.

§. 696f.

Das nach §. 2034 des Bürgerlichen Gesetzbuchs den Miterben zustehende Recht kann geltend gemacht werden, ohne daß es eines Vorbehalts im Urtheile bedarf. In Ansehung des dem Erbtheil entsprechenden Theiles einer Nachlaßverbindlichkeit bleiben die Bestimmungen des §. 695 unberührt.

Die Erledigung der Einwendung erfolgt nach den Bestimmungen der §§. 686, 688, 689.

§. 696g.

Soll durch die Zwangsvollstreckung ein Recht an einem Grundstücke, das von dem bisherigen Eigenthümer nach §. 912 des Bürgerlichen Gesetzbuchs aufgegeben und von dem Aneignungsberechtigten noch nicht erworben worden ist, geltend gemacht werden, so hat das Vollstreckungsgericht auf Antrag einen Vertreter zu bestellen, dem bis zur Eintragung eines neuen Eigenthümers die Wahrnehmung der sich aus dem Eigenthum ergebenden Rechte und Verpflichtungen im Zwangsvollstreckungsverfahren obliegt.

105. Der §. 702 Nr. 5 erhält folgenden Zusatz:

Als ein Anspruch, welcher die Zahlung einer Geldsumme zum Gegenstande hat, gilt auch der Anspruch aus einer Hypothek, einer Grundschuld oder einer Rentenschuld.

106. Als §. 702a wird folgende Vorschrift eingestellt:

Soweit nach den Vorschriften der §§. 668c, 668e, 668i und des §. 668o Abs. 2 die Verurtheilung eines Betheiligten zur Duldung der Zwangsvollstreckung erforderlich ist, wird sie dadurch ersetzt, daß der Betheiligte in einer nach §. 702 Nr. 5 aufgenommenen Urkunde die sofortige Zwangsvollstreckung in die seinem Rechte unterworfenen Gegenstände bewilligt.

107. Der §. 703 wird dahin geändert:

Auf die Zwangsvollstreckung aus den in den §§. 702, 702a erwähnten Schuldtiteln finden die Bestimmungen der §§. 662 bis 701 entsprechende Anwendung, soweit nicht in den §§. 704 bis 705b abweichende Vorschriften enthalten sind.

108. Im §. 704 werden

a) der Abs. 1 dahin geändert:

Vollstreckungsbefehle bedürfen der Vollstreckungsklausel nur, wenn die Zwangsvollstreckung für einen anderen als den in dem Befehle bezeichneten Gläubiger oder gegen einen anderen als den in dem Befehle bezeichneten Schuldner erfolgen soll.

b) im Abs. 3 an die Stelle der Worte „oder die bei der Ertheilung der Vollstreckungsklausel als eingetreten angenommene Rechtsnachfolge" die Worte gesetzt:

„oder der bei der Ertheilung der Vollstreckungsklausel als bewiesen angenommene Eintritt der Voraussetzung für die Ertheilung der Vollstreckungsklausel".

109. Im §. 705 Abs. 5 treten an die Stelle der Worte „Eintritt der Thatsache, von welcher die Vollstreckung aus der Urkunde abhängt, oder die als eingetreten angenommene Rechtsnachfolge" die Worte:

„Eintritt der Voraussetzung für die Ertheilung der Vollstreckungsklausel".

110. Hinter §. 705 werden folgende Vorschriften eingestellt:

§. 705a.

Hat sich der Eigenthümer eines mit einer Hypothek, einer Grundschuld oder einer Rentenschuld belasteten Grundstücks in einer nach §. 702 Nr. 5 aufgenommenen Urkunde der sofortigen Zwangsvollstreckung unterworfen und ist dem Rechtsnachfolger des Gläubigers eine vollstreckbare Ausfertigung ertheilt, so ist die Zustellung der die Rechtsnachfolge nachweisenden öffentlichen Urkunde nicht erforderlich, wenn der Rechtsnachfolger als Gläubiger im Grundbuch eingetragen ist.

§. 705b.

Der Eigenthümer kann sich in einer nach §. 702 Nr. 5 aufgenommenen Urkunde in Ansehung einer Hypothek, einer Grundschuld oder einer Rentenschuld der sofortigen Zwangsvollstreckung in der Weise unterwerfen, daß die Zwangsvollstreckung aus der Urkunde gegen den jeweiligen Eigenthümer des Grundstücks zulässig sein soll. Die Unterwerfung bedarf in diesem Falle der Eintragung in das Grundbuch.

Bei der Zwangsvollstreckung gegen einen späteren Eigenthümer, der im Grundbuch eingetragen ist, bedarf es nicht der Zustellung der den Erwerb des Eigenthums nachweisenden öffentlichen Urkunde.

Ist die sofortige Zwangsvollstreckung gegen den jeweiligen Eigenthümer zulässig, so ist für die im §. 705 Abs. 5 bezeichneten Klagen das Gericht zuständig, in dessen Bezirke das Grundstück belegen ist.

111. Im §. 706 wird

a) der **Abs.** 1 dahin geändert, daß an die Stelle der Worte „in den §§. 644, 702“ die Worte treten:

„in den §§. 644, 702, 702a“.

b) der **Abs.** 2 aufgehoben.

112. **Als** §. 710a wird folgende Vorschrift eingestellt:

Wird ein Gegenstand auf Grund der Pfändung veräußert, so steht dem Erwerber wegen eines Mangels im Rechte oder wegen eines Mangels der veräußerten Sache ein Anspruch auf Gewährleistung nicht zu.

113. Der §. 717 erhält folgenden Abs. 4:

Bei der Versteigerung finden die Vorschriften des §. 1222 Abs. 1 Satz 1, Abs. 2 des Bürgerlichen Gesetzbuchs entsprechende Anwendung.

114. Im §. 718 wird

a) der Abs. 1 dahin geändert:

Dem Zuschlag an den Meistbietenden muß ein dreimaliger Aufruf vorausgehen; die Vorschriften des §. 152 des Bürgerlichen Gesetzbuchs finden Anwendung.

b) als Abs. 4 folgende Vorschrift hinzufügt:

Wird der Zuschlag dem Gläubiger ertheilt, so ist dieser von der Verpflichtung zur baaren Zahlung soweit befreit, als der Erlös nach Abzug der Kosten der Zwangsvollstreckung zu seiner Befriedigung zu verwenden ist, sofern nicht dem Schuldner nachgelassen ist, durch Sicherheitsleistung oder durch Hinterlegung die Vollstreckung abzuwenden. Soweit der Gläubiger von der Verpflichtung zur baaren Zahlung befreit ist, gilt der Betrag als von dem Schuldner an den Gläubiger gezahlt.

115. Der §. 731 wird dahin geändert:

Zur Pfändung einer Forderung, für welche eine Hypothek besteht, ist außer dem Pfändungsbeschlusse die Uebergabe des Hypothekenbriefs an den Gläubiger erforderlich. Wird die Uebergabe im Wege der Zwangsvollstreckung erwirkt, so gilt sie als erfolgt, wenn der Gerichtsvollzieher den Brief zum Zwecke der Ablieferung an den Gläubiger wegnimmt. Ist die Ertheilung des Hypothekenbriefs ausgeschlossen, so ist die Eintragung der Pfändung in das Grundbuch erforderlich; die Eintragung erfolgt auf Grund des Pfändungsbeschlusses.

Wird der Pfändungsbeschluß vor der Uebergabe des Hypothekenbriefs oder der Eintragung der Pfändung dem Drittschuldner zugestellt, so gilt die Pfändung diesem gegenüber mit der Zustellung als bewirkt.

Die Pfändung der Ansprüche auf die im §. 1142 des Bürgerlichen Gesetzbuchs bezeichneten Leistungen erfolgt nach den allgemeinen Vorschriften. Das Gleiche gilt bei einer Sicherungshypothek im Falle des §. 1170 des Bürgerlichen Gesetzbuchs von der Pfändung der Hauptforderung.

116. Der §. 736 Abs. 3 wird dahin geändert:

Die Bestimmungen des §. 730 Abs. 2, 3 finden auf die Ueberweisung entsprechende Anwendung.

117. Im §. 737 wird

a) hinter Abs. 1 folgende Vorschrift als Abs. 2 eingestellt:

Der Ueberweisungsbeschluß gilt, auch wenn er mit Unrecht erlassen ist, zu Gunsten des Drittschuldners dem Schuldner gegenüber so lange als rechtsbeständig, bis er aufgehoben wird und die Aufhebung zur Kenntniß des Drittschuldners gelangt.

b) im bisherigen Abs. 2, jetzt Abs. 3, der Satz 1 dahin geändert:

Der Schuldner ist verpflichtet, dem Gläubiger die zur Geltendmachung der Forderung nöthige Auskunft zu ertheilen und ihm die über die Forderung vorhandenen Urkunden herauszugeben.

118. Hinter §. 737 werden folgende Vorschriften eingestellt:

§. 737a.

Zur Ueberweisung einer gepfändeten Forderung, für welche eine Hypothek besteht, genügt die Aushändigung des Ueberweisungsbeschlusses an den Gläubiger. Ist die Ertheilung des Hypothekenbriefs ausgeschlossen, so ist zur Ueberweisung an Zahlungsstatt die Eintragung der Ueberweisung in das Grundbuch erforderlich; die Eintragung erfolgt auf Grund des Ueberweisungsbeschlusses.

Die Ueberweisung der Ansprüche auf die im §. 1142 des Bürgerlichen Gesetzbuchs bezeichneten Leistungen erfolgt nach den allgemeinen Vorschriften. Das Gleiche gilt bei einer Sicherungshypothek im Falle des §. 1170 des Bürgerlichen Gesetzbuchs von der Ueberweisung der Hauptforderung.

Bei einer Sicherungshypothek der im §. 1173 des Bürgerlichen Gesetzbuchs bezeichneten Art kann die Hauptforderung nach den allgemeinen Vorschriften gepfändet und überwiesen werden, wenn der Gläubiger die Ueberweisung der Forderung ohne die Hypothek an Zahlungsstatt beantragt.

§. 737b.

Wird eine durch ein Pfandrecht an einer beweglichen Sache gesicherte Forderung überwiesen, so kann der Schuldner die Herausgabe des Pfandes an den Gläubiger verweigern, bis ihm Sicherheit für die Haftung geleistet wird, die für ihn aus einer Verletzung der dem Gläubiger dem Verpfänder gegenüber obliegenden Verpflichtungen entstehen kann.

119. Im §. 747 wird hinter Abs. 1 folgende Vorschrift als Abs. 2 eingestellt:

Ist der Anspruch auf Uebertragung des Eigenthums gerichtet, so hat die Auflassung an den Sequester als Vertreter des Schuldners zu erfolgen. Mit dem Uebergange des Eigenthums auf den Schuldner erlangt der Gläubiger eine Sicherungshypothek für seine Forderung. Der Sequester hat die Eintragung der Sicherungshypothek zu bewilligen.

120. Im §. 749 wird

a) der Abs. 1 Nr. 2 dahin geändert:

2. die auf gesetzlicher Vorschrift beruhenden Alimentenforderungen und die nach §. 828 des Bürgerlichen Gesetzbuchs wegen der Entziehung einer solchen Forderung zu entrichtende Geldrente;

b) dem Abs. 3 folgender Satz hinzugefügt:

Das Gleiche gilt von der nach §. 827 des Bürgerlichen Gesetzbuchs wegen einer Verletzung des Körpers oder der Gesundheit zu entrichtenden Geldrente.

121. Hinter §. 749 werden folgende Vorschriften eingestellt:

§. 749a.

Eine nicht übertragbare Forderung ist der Pfändung nicht unterworfen. Eine nach §. 393 des Bürgerlichen Gesetzbuchs nicht übertragbare Forderung kann jedoch insoweit gepfändet und zur Einziehung überwiesen werden, als der geschuldete Gegenstand der Pfändung unterworfen ist.

Die Pfändung eines Pachtrechts und die Anordnung einer Verwaltung zur Ausübung des Pachtrechts sind zulässig, auch wenn dem Pächter nicht gestattet ist, die Ausübung des Rechtes einem Dritten zu überlassen.

§. 749b.

Der Pflichttheilsanspruch ist der Pfändung nur unterworfen, wenn er durch Vertrag anerkannt oder rechtshängig geworden ist.

122. Im §. 754 wird

a) hinter Abs. 2 folgende Vorschrift als Abs. 3 eingestellt:

Ein unveräußerliches Recht ist in Ermangelung besonderer Vorschriften der Pfändung insoweit unterworfen, als die Ausübung einem Anderen überlassen werden kann.

b) der Abs. 3, jetzt Abs. 4, dahin geändert:

Das Gericht kann bei der Zwangsvollstreckung in unveräußerliche Rechte, deren Ausübung einem Anderen überlassen werden kann, besondere Anordnungen erlassen. Es kann insbesondere bei der Zwangsvollstreckung in Nutzungsrechte eine Verwaltung anordnen; in diesem Falle wird die Pfändung durch Uebergabe der zu benutzenden Sache an den Verwalter bewirkt, sofern sie nicht durch Zustellung des Beschlusses bereits vorher bewirkt ist.

c) hinter Abs. 4, jetzt Abs. 5, folgende Vorschrift als Abs. 6 eingestellt:

Auf die Zwangsvollstreckung in eine Reallast, eine Grundschuld oder eine Rentenschuld finden die Vorschriften über die Zwangsvollstreckung in eine Forderung, für welche eine Hypothek besteht, entsprechende Anwendung.

123. Hinter §. 754 werden folgende Vorschriften eingestellt:

§. 754a.

Der Antheil eines Gesellschafters an dem Gesellschaftsvermögen einer nach §. 692 des Bürgerlichen Gesetzbuchs eingegangenen Gesellschaft ist der Pfändung unterworfen. Der Antheil eines Gesellschafters an den einzelnen zu dem Gesellschaftsvermögen gehörenden Gegenständen ist der Pfändung nicht unterworfen.

Die gleichen Vorschriften gelten für den Antheil eines Miterben an dem Nachlaß und an den einzelnen Nachlaßgegenständen.

§. 754b.

Bei dem Güterstande der allgemeinen Gütergemeinschaft, der Errungenschaftsgemeinschaft oder der Fahrnißgemeinschaft ist der Antheil eines der Ehegatten an dem Gesammtgut und an den einzelnen dazu gehörenden Gegenständen der Pfändung nicht unterworfen. Das Gleiche gilt bei der fortgesetzten Gütergemeinschaft von den Antheilen des überlebenden Ehegatten und der Abkömmlinge.

Nach der Beendigung der Gemeinschaft ist der Antheil an dem Gesammtgute zu Gunsten der Gläubiger des Antheilsberechtigten der Pfändung unterworfen.

§. 754c.

Das Recht, welches bei dem Güterstande der Verwaltung und Nutznießung dem Ehemann an dem eingebrachten Gute zusteht, ist der Pfändung nicht unterworfen.. Die von dem Ehemann erworbenen Früchte des eingebrachten Gutes sind der Pfändung nicht unterworfen, soweit sie zur Erfüllung der in den §§. 1367 bis 1370 des Bürgerlichen Gesetzbuchs bestimmten Verpflichtungen des Ehemanns, zur Erfüllung der ihm seiner Ehefrau und seinen Verwandten gegenüber gesetzlich obliegenden Unterhaltspflicht oder zur Bestreitung seines standesmäßigen Unterhalts erforderlich sind. Hat der Ehemann seiner geschiedenen Ehefrau Unterhalt zu gewähren, so sind die Früchte auch insoweit der Pfändung nicht unterworfen, als sie zur Erfüllung dieser Unterhaltspflicht erforderlich sind.

Der Widerspruch kann sowohl von dem Ehemann als von der Ehefrau nach §. 685 geltend gemacht werden.

§. 754d.

Das Recht, welches dem Vater oder der Mutter kraft der elterlichen Nutznießung an dem Vermögen des Kindes zusteht, ist der Pfändung nicht unterworfen. Das Gleiche gilt von den ihnen nach den §§. 1632, 1633 des Bürgerlichen Gesetzbuchs zustehenden Ansprüchen, solange die Ansprüche nicht fällig sind.

Auf die Pfändung der von dem Vater oder der Mutter kraft der elterlichen Nutznießung erworbenen Früchte finden die Vorschriften des §. 754c Abs. 1 Satz 2 mit der Maßgabe entsprechende Anwendung, daß die in den §§. 1632, 1633 des Bürgerlichen Gesetzbuchs bezeichneten Ansprüche, wenn sie fällig sind, den erworbenen Früchten gleichstehen.

Der Widerspruch kann sowohl von dem Vater oder der Mutter als von dem Kinde nach §. 685 geltend gemacht werden.

§. 754 e.

Ist der Schuldner als Erbe nach §. 2311 des Bürgerlichen Gesetzbuchs durch die Einsetzung eines Nacherben beschränkt, so sind die Nutzungen der Erbschaft der Pfändung nicht unterworfen, soweit sie zur Erfüllung der dem Schuldner seinem Ehegatten und seinen Verwandten gegenüber gesetzlich obliegenden Unterhaltspflicht und zur Bestreitung seines standesmäßigen Unterhalts erforderlich sind. Das Gleiche gilt, wenn der Schuldner nach §. 2311 des Bürgerlichen Gesetzbuchs durch die Ernennung eines Testamentsvollstreckers beschränkt ist, für seinen Anspruch auf den jährlichen Reinertrag. Hat der Schuldner seinem geschiedenen Ehegatten Unterhalt zu gewähren, so sind die Nutzungen oder der Anspruch auf den Reinertrag auch insoweit der Pfändung nicht unterworfen, als sie zur Erfüllung dieser Unterhaltspflicht erforderlich sind.

Die Pfändung ist unbeschränkt zulässig, wenn der Anspruch eines Nachlaßgläubigers oder ein auch dem Nacherben oder dem Testamentsvollstrecker gegenüber wirksames Recht geltend gemacht wird.

Diese Vorschriften finden entsprechende Anwendung, wenn der Antheil eines Abkömmlinges an dem Gesammtgute der fortgesetzten Gütergemeinschaft nach §. 1496 Abs. 2 des Bürgerlichen Gesetzbuchs einer Beschränkung der im Abs. 1 bezeichneten Art unterliegt.

124. Der §. 774 Abs. 2 wird dahin geändert:

Diese Bestimmung kommt im Falle der Verurtheilung zur Eingehung einer Ehe sowie im Falle der Verurtheilung zur Herstellung des ehelichen Lebens nicht zur Anwendung.

125. Als §. 774 a wird folgende Vorschrift eingestellt:

Ist der Schuldner auf Grund der Vorschriften des bürgerlichen Rechtes zur Leistung eines Offenbarungseids verurtheilt, so erfolgt die Eidesleistung vor dem Prozeßgericht erster Instanz. Auf die Abnahme des Eides finden die Vorschriften der §§. 440 bis 446 Anwendung.

Erscheint der Schuldner in dem zur Eidesleistung bestimmten Termine nicht oder verweigert er die Eidesleistung, so ist nach §. 774 zu verfahren. Ist der Schuldner zur Erzwingung der Eidesleistung in Haft genommen, so finden die Vorschriften des §. 783 Anwendung.

126. Hinter §. 779 werden folgende Vorschriften eingestellt:

§. 779 a.

Ist der Schuldner zur Uebertragung des Eigenthums oder zur Bestellung eines Rechtes an einer beweglichen Sache verurtheilt, so gilt die Uebergabe der Sache als erfolgt, wenn der Gerichtsvollzieher die Sache zum Zwecke der Ablieferung an den Gläubiger wegnimmt.

Das Gleiche gilt, wenn der Schuldner zur Bestellung einer Hypothek, Grundschuld oder Rentenschuld oder zur Abtretung oder Belastung einer Hypothekenforderung, Grundschuld oder Rentenschuld verurtheilt ist, für die Uebergabe des Hypotheken-, Grundschuld- oder Rentenschuldbriefs.

§. 779 b.

Auf einen Erwerb, der sich nach den §§. 779, 779 a vollzieht, finden die Vorschriften des bürgerlichen Rechtes zu Gunsten derjenigen, welche Rechte von einem Nichtberechtigten herleiten, Anwendung.

127. Der §. 796 Abs. 2 wird dahin geändert:

Die Zulässigkeit des Arrestes wird nicht dadurch ausgeschlossen, daß der Anspruch ein betagter oder ein bedingter ist, es sei denn, daß der bedingte Anspruch wegen der entfernten Möglichkeit des Eintritts der Bedingung einen gegenwärtigen Vermögenswerth nicht hat. Bedingt im Sinne dieser Vorschrift ist ein Anspruch auch dann, wenn die Bedingung bereits entschieden, das Ergebniß aber noch nicht bekannt ist.

128. Im §. 820 wird hinter Abs. 1 folgende Vorschrift als Abs. 2 eingestellt:

Die einstweilige Verfügung, auf Grund deren eine Vormerkung oder ein Widerspruch gegen die Richtigkeit des Grundbuchs eingetragen werden soll, kann von dem Amtsgericht, in dessen Bezirke das Grundstück belegen ist, erlassen werden, auch wenn der Fall für dringlich nicht erachtet wird. Die Bestimmung der im Abs. 1 bezeichneten Frist hat nur auf Antrag des Gegners zu erfolgen.

129. Als §. 822 a wird folgende Vorschrift eingestellt:

Erweist sich die Anordnung eines Arrestes oder einer einstweiligen Verfügung als von Anfang an ungerechtfertigt oder wird die angeordnete Maßregel auf Grund des §. 806 Abs. 2 oder des §. 820 Abs. 3 aufgehoben, so ist die Partei, welche die Anordnung erwirkt hat, verpflichtet, dem Gegner den Schaden zu ersetzen, der ihm aus der Vollziehung der angeordneten Maßregel oder dadurch entsteht, daß er Sicherheit leistet, um die Vollziehung abzuwenden oder die Aufhebung der Maßregel zu erwirken.

130. Hinter §. 836 werden folgende Vorschriften eingestellt:

§. 836 a.

Für das Aufgebotsverfahren zum Zwecke der Todeserklärung gelten die nachfolgenden besonderen Bestimmungen.

§. 836 b.

Zuständig ist das Gericht, in dessen Bezirke der Verschollene den letzten inländischen Wohnsitz hatte. In Ermangelung eines solchen Wohnsitzes wird das zuständige Gericht für Angehörige eines Bundesstaats von der Landesjustizverwaltung durch allgemeine Anordnung, für andere Verschollene von dem Reichskanzler durch allgemeine Anordnung bestimmt.

§. 836c.

Antragsberechtigt ist der gesetzliche Vertreter des Verschollenen sowie Jeder, der an der Todeserklärung ein rechtliches Interesse hat.

Der gesetzliche Vertreter bedarf zu dem Antrage der Genehmigung des Vormundschaftsgerichts.

§. 836d.

Der Antragsteller hat die zur Begründung des Antrags erforderlichen Thatsachen vor der Einleitung des Verfahrens glaubhaft zu machen.

§. 836e.

In das Aufgebot ist aufzunehmen:

1. die Aufforderung an den Verschollenen, sich spätestens im Aufgebotstermine zu melden, widrigenfalls die Todeserklärung erfolgen werde;
2. die Aufforderung an Alle, welche Auskunft über Leben oder Tod des Verschollenen zu ertheilen vermögen, spätestens im Aufgebotstermine dem Gericht Anzeige zu machen.

§. 836f.

Zwischen dem Tage, an welchem die Einrückung oder die erste Einrückung des Aufgebots in den Deutschen Reichsanzeiger erfolgt ist, und dem Aufgebotstermine muß ein Zeitraum von mindestens sechs Monaten liegen.

§. 836g.

In den Fällen der §§. 15 bis 17 des Bürgerlichen Gesetzbuchs kann die Bekanntmachung des Aufgebots durch öffentliche Blätter unterbleiben. Das Gleiche gilt, wenn seit der Geburt des Verschollenen hundert Jahre verstrichen sind.

Unterbleibt die Bekanntmachung durch öffentliche Blätter, so muß zwischen dem Tage, an welchem das Aufgebot an die Gerichtstafel angeheftet worden ist, und dem Aufgebotstermin ein Zeitraum von mindestens sechs Wochen liegen.

§. 836h.

Jeder Antragsberechtigte kann neben dem Antragsteller oder statt des Antragstellers in das Verfahren eintreten. Durch den Eintritt erlangt er die rechtliche Stellung eines Antragstellers.

§. 836i.

Das Gericht hat unter Benutzung der in dem Antrag angegebenen Thatsachen und Beweismittel von Amtswegen die zur Feststellung des Sachverhalts erforderlichen Ermittelungen zu veranstalten und die geeignet erscheinenden Beweise aufzunehmen.

§. 836 k.

Wird derjenige, welcher sich als der angeblich Verschollene meldet, als solcher von dem Antragsteller nicht anerkannt, so ist das Verfahren auszusetzen.

§. 836 l.

Das Gericht hat die Todeserklärung nur auszusprechen, wenn die zur Begründung derselben erforderlichen Thatsachen für erwiesen erachtet werden.

In dem Urtheil ist der Zeitpunkt des Todes nach Maßgabe des §. 18 Abs. 2 des Bürgerlichen Gesetzbuchs festzustellen.

§. 836 m.

Die dem Antragsteller erwachsenen Kosten, welche zur zweckentsprechenden Durchführung des Verfahrens nothwendig waren, fallen, wenn die Todeserklärung erfolgt, dem Nachlasse zur Last.

§. 836 n.

Die Erledigung der Aufgebotsanträge kann von der Landesjustizverwaltung für mehrere Amtsgerichtsbezirke einem Amtsgericht übertragen werden. Auf Verlangen des Antragstellers erfolgt die Erledigung durch das nach §. 836 b zuständige Gericht.

Wird das Aufgebot durch ein anderes als das nach §. 836 b zuständige Gericht erlassen, so ist das Aufgebot auch durch Anheftung an die Gerichtstafel des letzteren Gerichts öffentlich bekannt zu machen.

§. 836 o.

Die Anfechtungsklage findet außer den Fällen des §. 834 Abs. 2 auch dann statt, wenn die Todeserklärung mit Unrecht erfolgt oder der Zeitpunkt des Todes des Verschollenen unrichtig festgestellt ist.

§. 836 p.

Zur Erhebung der Anfechtungsklage ist Jeder berechtigt, der an der Aufhebung der Todeserklärung oder an der Berichtigung des Zeitpunkts des Todes ein rechtliches Interesse hat.

Die Anfechtungsklage ist gegen denjenigen zu richten, welcher die Todeserklärung erwirkt hat, falls aber dieser die Klage erhebt oder falls er verstorben oder sein Aufenthalt unbekannt oder im Ausland ist, gegen den Staatsanwalt.

§. 836 q.

Auf das Verfahren über die Anfechtungsklage finden die Vorschriften der §§. 608, 610, 611, des §. 614 Abs. 1 und des §. 833 entsprechende Anwendung.

§. 836r.

Die Anfechtungsklage ist, sofern sie nicht auf einen der im §. 834 Abs. 2 bezeichneten Gründe gestützt wird, nur innerhalb der Frist von einem Monate zulässig. Die Frist beginnt mit der Erlassung des die Todeserklärung aussprechenden Urtheils. Die mündliche Verhandlung erfolgt nicht vor Ablauf dieser Frist.

Mehrere Anfechtungsprozesse sind zum Zwecke gleichzeitiger Verhandlung und Entscheidung zu verbinden. Die Vorschrift des §. 59 findet Anwendung.

Wird in Folge einer Anfechtungsklage die Todeserklärung aufgehoben oder eine andere Todeszeit festgestellt, so wirkt das Urtheil für und gegen Alle.

§. 836s.

Für das Aufgebotsverfahren zum Zwecke der Ausschließung des Eigenthümers eines Grundstücks nach §. 911 des Bürgerlichen Gesetzbuchs gelten die nachfolgenden besonderen Bestimmungen.

§. 836t.

Zuständig ist das Gericht, in dessen Bezirke das Grundstück belegen ist.

§. 836u.

Antragsberechtigt ist derjenige, welcher das Grundstück seit der im §. 911 des Bürgerlichen Gesetzbuchs bestimmten Zeit im Eigenbesitze hat.

§. 836v.

Der Antragsteller hat die zur Begründung des Antrags erforderlichen Thatsachen vor der Einleitung des Verfahrens glaubhaft zu machen.

§. 836w.

In dem Aufgebot ist der bisherige Eigenthümer aufzufordern, sein Recht spätestens im Aufgebotstermin anzumelden, widrigenfalls seine Ausschließung erfolgen werde.

§. 836x.

Für das Aufgebotsverfahren zum Zwecke der Ausschließung eines Hypotheken=, Grundschuld= oder Rentenschuldgläubigers auf Grund der §§. 1153, 1154 des Bürgerlichen Gesetzbuchs gelten die nachfolgenden besonderen Bestimmungen.

§. 836y.

Zuständig ist das Gericht, in dessen Bezirke das belastete Grundstück belegen ist.

§. 836z.

Antragsberechtigt ist der Eigenthümer des belasteten Grundstücks.

Im Falle des §. 1153 des Bürgerlichen Gesetzbuchs ist auch ein im Range gleich= oder nachstehender Gläubiger, zu dessen Gunsten eine

Vormerkung nach §. 1162 des Bürgerlichen Gesetzbuchs eingetragen ist, und bei einer Gesammthypothek, Gesammtgrundschuld oder Gesammtrentenschuld außerdem derjenige antragsberechtigt, welcher auf Grund eines im Range gleich- oder nachstehenden Rechtes Befriedigung aus einem der belasteten Grundstücke verlangen kann, sofern der Gläubiger oder der sonstige Berechtigte für seinen Anspruch einen vollstreckbaren Schuldtitel erlangt hat.

§. 836aa.

Der Antragsteller hat vor der Einleitung des Verfahrens glaubhaft zu machen, daß der Gläubiger unbekannt ist.

§. 836bb.

Im Falle des §. 1153 des Bürgerlichen Gesetzbuchs hat der Antragsteller vor der Einleitung des Verfahrens auch glaubhaft zu machen, daß nicht eine das Aufgebot ausschließende Anerkennung des Rechtes des Gläubigers erfolgt ist.

Ist die Hypothek für die Forderung aus einer Schuldverschreibung auf den Inhaber bestellt oder der Grundschuld- oder Rentenschuldbrief auf den Inhaber ausgestellt, so hat der Antragsteller glaubhaft zu machen, daß die Schuldverschreibung oder der Brief bis zum Ablaufe der im §. 785 des Bürgerlichen Gesetzbuchs bezeichneten Frist nicht vorgelegt und der Anspruch nicht gerichtlich geltend gemacht worden ist. Ist die Vorlegung oder die gerichtliche Geltendmachung erfolgt, so ist die im Abs. 1 vorgeschriebene Glaubhaftmachung erforderlich.

Zur Glaubhaftmachung genügt in den Fällen der Abs. 1, 2 die eidliche Versicherung des Antragstellers, unbeschadet der Befugniß des Gerichts, anderweitige Ermittelungen anzuordnen.

In dem Aufgebot ist als Rechtsnachtheil anzudrohen, daß die Ausschließung des Gläubigers mit seinem Rechte erfolgen werde.

Wird das Aufgebot auf Antrag eines nach §. 836z Abs. 2 Antragsberechtigten erlassen, so ist es dem Eigenthümer des Grundstücks von Amtswegen mitzutheilen.

§. 836cc.

Im Falle des §. 1154 des Bürgerlichen Gesetzbuchs hat der Antragsteller sich vor der Einleitung des Verfahrens zur Hinterlegung des dem Gläubiger gebührenden Betrags zu erbieten.

In dem Aufgebot ist als Rechtsnachtheil anzudrohen, daß der Gläubiger nach der Hinterlegung des ihm gebührenden Betrags seine Befriedigung statt aus dem Grundstücke nur noch aus dem hinterlegten Betrage verlangen könne und sein Recht auf diesen erlösche, wenn er sich nicht vor dem Ablaufe von dreißig Jahren nach der Erlassung des Ausschlußurtheils bei der Hinterlegungsstelle melde.

Hängt die Fälligkeit der Forderung von einer Kündigung ab, so erweitert sich die Aufgebotsfrist um die Kündigungsfrist.

Das Ausschlußurtheil darf erst erlassen werden, wenn die Hinterlegung erfolgt ist.

§. 836 dd.

Die Vorschriften des §. 836 y, des §. 836 z Abs. 1, des §. 836 aa, des §. 836 bb Abs. 1 bis 4 und des §. 836 cc finden auf das Aufgebotsverfahren zum Zwecke der in den §§. 871, 1087, 1095, 1252 des Bürgerlichen Gesetzbuchs für die Vormerknng, das Vorkaufsrecht, die Reallast und für das Pfandrecht an Schiffen bestimmten Ausschließung des Berechtigten entsprechende Anwendung.

In den Fällen der §§. 871, 1087, 1095 des Bürgerlichen Gesetzbuchs ist auch derjenige antragsberechtigt, welcher auf Grund eines im Range gleich- oder nachstehenden Rechtes Befriedigung aus dem Grundstücke verlangen kann, sofern er für seinen Anspruch einen vollstreckbaren Schuldtitel erlangt hat. Das Aufgebot ist dem Eigenthümer des Grundstücks von Amtswegen mitzutheilen.

§. 836 ee.

Für das Aufgebotsverfahren zum Zwecke der Ausschließung von Nachlaßgläubigern auf Grund des §. 1945 des Bürgerlichen Gesetzbuchs gelten die nachfolgenden besonderen Bestimmungen.

§. 836 ff.

Zuständig ist das Amtsgericht, dem die Verrichtungen des Nachlaßgerichts obliegen. Sind diese Verrichtungen einer anderen Behörde als einem Amtsgericht übertragen, so ist das Amtsgericht zuständig, in dessen Bezirke die Nachlaßbehörde ihren Sitz hat.

§. 836 gg.

Antragsberechtigt ist jeder Erbe, sofern er nicht für die Nachlaßverbindlichkeiten unbeschränkt haftet.

Zu dem Antrage sind auch ein Nachlaßpfleger und ein Testamentsvollstrecker berechtigt, wenn ihnen die Verwaltung des Nachlasses zusteht.

Der Erbe und der Testamentsvollstrecker können den Antrag erst nach der Annahme der Erbschaft stellen.

§. 836 hh.

Dem Antrag ist ein Verzeichniß der bekannten Nachlaßgläubiger mit Angabe ihres Wohnorts beizufügen.

§. 836 ii.

Das Aufgebot soll nicht erlassen werden, wenn die Eröffnung des Nachlaßkonkurses beantragt ist.

Durch die Eröffnung des Nachlaßkonkurses wird das Aufgebotsverfahren beendigt.

§. 836 kk.

Die Aufgebotsfrist soll höchstens sechs Monate betragen.

Das Aufgebot soll den Nachlaßgläubigern, welche dem Nachlaßgericht angezeigt sind und deren Wohnort bekannt ist, von Amtswegen zugestellt werden. Die Zustellung kann durch Aufgabe zur Post erfolgen.

§. 836 ll.

In dem Aufgebot ist den Nachlaßgläubigern, welche sich nicht melden, als Rechtsnachtheil anzudrohen, daß sie von dem Erben insoweit nicht mehr Befriedigung verlangen können, als der Nachlaß durch die Befriedigung der nicht ausgeschlossenen Gläubiger erschöpft wird oder der Erbe aus dem Nachlasse nicht mehr bereichert ist.

§. 836 mm.

Die Anmeldung einer Forderung hat die Angabe des Gegenstandes und des Grundes der Forderung zu enthalten. Urkundliche Beweisstücke sind in Urschrift oder in Abschrift beizufügen.

Das Gericht hat die Einsicht der Anmeldungen Jedem zu gestatten, der ein rechtliches Interesse glaubhaft macht.

§. 836 nn.

Sind mehrere Erben vorhanden, so kommt der von einem Erben gestellte Antrag und das von ihm erwirkte Ausschlußurtheil auch den anderen Erben zu Statten, soweit sie nicht für die Nachlaßverbindlichkeiten unbeschränkt haften.

Das Gleiche gilt im Falle der Nacherbfolge für den Vorerben und den Nacherben.

§. 836 oo.

Ist eine Ehefrau die Erbin und gehört der Nachlaß zum eingebrachten Gute oder zum Gesammtgute, so kann sowohl die Ehefrau als der Ehemann das Aufgebot beantragen, ohne daß die Zustimmung des anderen Theiles erforderlich ist. Das Gleiche gilt, wenn der Nachlaß zum Gesammtgute gehört, auch nach der Beendigung der Gemeinschaft. Der von dem Ehemanne gestellte Antrag und das von ihm erwirkte Ausschlußurtheil kommen der Ehefrau zu Statten.

§. 836 pp.

Hat der Erbe die Erbschaft verkauft, so kann sowohl der Käufer als der Erbe das Aufgebot beantragen. Der von dem einen Theile gestellte Antrag und das von ihm erwirkte Ausschlußurtheil kommen auch dem anderen Theile zu Statten, soweit er nicht für die Nachlaßverbindlichkeiten unbeschränkt haftet.

Diese Bestimmungen finden entsprechende Anwendung, wenn Jemand eine durch Vertrag erworbene Erbschaft verkauft oder sich zur Veräußerung einer ihm angefallenen oder anderweit von ihm erworbenen Erbschaft in sonstiger Weise verpflichtet hat.

§. 836qq.

Die Bestimmungen der §§. 836ff bis 836pp finden im Falle der fortgesetzten Gütergemeinschaft auf das Aufgebotsverfahren zum Zwecke der nach dem §. 1472 Abs. 2 und dem §. 1945 des Bürgerlichen Gesetzbuchs zulässigen Ausschließung von Gesammtgutsgläubigern entsprechende Anwendung.

131. Der §. 837 wird dahin geändert:

Für das Aufgebotsverfahren zum Zwecke der Kraftloserklärung einer Urkunde gelten die nachfolgenden besonderen Bestimmungen.

132. Im §. 838 Abs. 1 treten an die Stelle der Worte: „der letzte Inhaber" die Worte:

„der bisherige Inhaber des abhanden gekommenen oder vernichteten Papiers".

133. Als §. 839a wird folgende Vorschrift eingestellt:

Die Erledigung der Anträge auf Erlassung des Aufgebots zum Zwecke der Kraftloserklärung eines auf den Inhaber lautenden Papiers kann von der Landesjustizverwaltung für mehrere Amtsgerichtsbezirke einem Amtsgericht übertragen werden. Auf Verlangen des Antragstellers erfolgt die Erledigung durch das nach §. 839 zuständige Gericht.

Wird das Aufgebot durch ein anderes als das nach §. 839 zuständige Gericht erlassen, so ist das Aufgebot auch durch Anheftung an die Gerichtstafel des letzteren Gerichts öffentlich bekannt zu machen.

134. Der §. 842 erhält folgenden Abs. 3:

Betrifft das Aufgebot ein auf den Inhaber lautendes Papier und ist in der Urkunde vermerkt oder in den Bestimmungen, unter denen die erforderliche staatliche Genehmigung ertheilt worden ist, vorgeschrieben, daß die öffentliche Bekanntmachung durch bestimmte andere Blätter zu erfolgen habe, so muß die Bekanntmachung auch durch Einrückung in diese Blätter erfolgen. Das Gleiche gilt bei Schuldverschreibungen, die von einem Bundesstaat ausgegeben sind, wenn die öffentliche Bekanntmachung durch bestimmte Blätter landesgesetzlich vorgeschrieben ist.

135. Im §. 843 Abs. 1 treten an die Stelle der Worte: „Zinsscheine oder Gewinnantheilscheine" die Worte:

„Zins-, Renten- oder Gewinnantheilscheine"

und an die Stelle der Worte: „Reihe von Zinsscheinen oder Gewinnantheilscheinen" die Worte:

„Reihe von Zins-, Renten- oder Gewinnantheilscheinen".

136. Im §. 844 werden

a) im Abs. 1 Satz 1 die Worte: „Zinsscheine oder Gewinnantheilscheine" ersetzt durch die Worte:

„Zins-, Renten- oder Gewinnantheilscheine";

b) im Abs. 1 Satz 2 die Worte: „Zinsen oder Gewinnantheile" ersetzt durch die Worte:

„Zinsen, Renten oder Gewinnantheile";

c) der Abs. 2 Satz 1 dahin geändert:

Vor Erlassung des Ausschlußurtheils hat der Antragsteller ein nach Ablauf dieser sechsmonatigen Frist ausgestelltes Zeugniß der betreffenden Behörde, Kasse oder Anstalt beizubringen, daß die für die bezeichneten vier Jahre und später etwa fällig gewordenen Scheine ihr von einem Anderen als dem Antragsteller nicht vorgelegt seien und eine Anzeige nach §. 788 des Bürgerlichen Gesetzbuchs in Ansehung dieser Scheine ihr von einem Anderen als dem Antragsteller nicht gemacht sei.

137. Im §. 845 treten an die Stelle der Worte: „Zinsscheine oder Gewinnantheilscheine" die Worte:

„Zins-, Renten- oder Gewinnantheilscheine".

138. Der §. 847 erhält folgenden Zusatz:

Der Aufgebotstermin darf nicht über ein Jahr hinaus bestimmt werden; solange ein so naher Termin nicht bestimmt werden kann, ist das Aufgebot nicht zulässig.

139. Als §. 847a wird folgende Vorschrift eingestellt:

Meldet der Inhaber der Urkunde vor dem Aufgebotstermine seine Rechte unter Vorlegung der Urkunde an, so hat das Gericht den Antragsteller hiervon zu benachrichtigen und ihm die Einsicht der Urkunde innerhalb einer zu bestimmenden Frist zu gestatten. Auf Antrag des Inhabers der Urkunde ist zur Vorlegung derselben ein Termin zu bestimmen.

140. Der §. 848 Abs. 2 erhält folgenden Zusatz:

Die Vorschriften des §. 842 Abs. 3 finden entsprechende Anwendung.

141. Der §. 849 wird aufgehoben.

142. Der §. 850 erhält folgenden Abs. 2:

Wird das Ausschlußurtheil in Folge einer Anfechtungsklage aufgehoben, so bleiben die auf Grund des Urtheils von dem Verpflichteten bewirkten Leistungen auch Dritten, insbesondere dem Anfechtungskläger, gegenüber wirksam, es sei denn, daß der Verpflichtete zur Zeit der Leistung die Aufhebung des Ausschlußurtheils gekannt hat.

143. Hinter §. 850 werden folgende Vorschriften eingestellt:

§. 850a.

Bezweckt das Aufgebotsverfahren die Kraftloserklärung eines auf den Inhaber lautenden Papiers, so hat das Gericht auf Antrag an den Aussteller sowie an die in dem Papier und die von dem Antragsteller bezeichneten Zahlstellen das Verbot zu erlassen, an den Inhaber des Papiers eine Leistung zu bewirken, insbesondere neue Zins-, Renten- oder Gewinnantheilscheine oder einen Erneuerungsschein auszugeben (Zahlungssperre); mit dem Verbot ist die Benachrichtigung von der Einleitung des Aufgebotsverfahrens zu verbinden. Das Verbot ist in gleicher Weise wie das Aufgebot öffentlich bekannt zu machen.

Das an den Aussteller erlassene Verbot ist auch den Zahlstellen gegenüber wirksam, welche nicht in dem Papiere bezeichnet sind.

Die Einlösung der vor dem Verbot ausgegebenen Zins-, Renten- oder Gewinnantheilscheine wird von dem Verbote nicht betroffen.

§. 850 b.

Ist die sofortige Einleitung des Aufgebotsverfahrens nach §. 847 Satz 2 unzulässig, so hat das Gericht die Zahlungssperre auf Antrag schon vor der Einleitung des Verfahrens zu verfügen, sofern die übrigen Erfordernisse für die Einleitung vorhanden sind. Auf den Antrag finden die Vorschriften des §. 824 Abs. 1 Anwendung. Das Verbot ist nach Maßgabe des §. 825 öffentlich bekannt zu machen.

§. 850 c.

Wird die Zahlungssperre angeordnet, bevor seit der Zeit des glaubhaft gemachten Verlustes Zins-, Renten- oder Gewinnantheilscheine ausgegeben worden sind, so ist die Beibringung des im §. 843 Abs. 2 vorgeschriebenen Zeugnisses nicht erforderlich.

§. 850 d.

Wird das in Verlust gekommene Papier dem Gerichte vorgelegt oder wird das Aufgebotsverfahren in anderer Weise ohne Erlassung eines Ausschlußurtheils erledigt, so ist die Zahlungssperre von Amtswegen aufzuheben. Das Gleiche gilt, wenn die Zahlungssperre vor der Einleitung des Aufgebotsverfahrens angeordnet worden ist und die Einleitung nicht binnen sechs Monaten nach der Beseitigung des ihr entgegenstehenden Hindernisses beantragt wird. Ist das Aufgebot oder die Zahlungssperre öffentlich bekannt gemacht worden, so ist die Erledigung des Verfahrens oder die Aufhebung der Zahlungssperre von Amtswegen durch den Deutschen Reichsanzeiger bekannt zu machen.

Im Falle der Vorlegung des Papiers ist die Zahlungssperre erst aufzuheben, nachdem dem Antragsteller die Einsicht nach Maßgabe des §. 847 a gestattet worden ist.

Gegen den Beschluß, durch welchen die Zahlungssperre aufgehoben wird, findet sofortige Beschwerde statt.

§. 850 e.

Bezweckt das Aufgebotsverfahren die Kraftloserklärung einer Urkunde der im §. 792 des Bürgerlichen Gesetzbuchs bezeichneten Art, so finden die Vorschriften der §§. 850a bis 850d entsprechende Anwendung. Die Landesgesetze können über die Veröffentlichung des Aufgebots und der in den §§. 850a bis 850d vorgeschriebenen Bekanntmachungen sowie über die Aufgebotsfrist abweichende Vorschriften erlassen.

§. 850f.

Bei Aufgeboten, welche auf Grund der §§. 871, 911, 1087, 1095, 1145, 1153, 1154, 1252 des Bürgerlichen Gesetzbuchs ergehen, können die Landesgesetze die Art der Veröffentlichung des Aufgebots und die Aufgebotsfrist anders bestimmen, als in den §§. 825, 827 vorgeschrieben ist.

Artikel 3. (12.)

Das Einführungsgesetz zur Civilprozeßordnung wird dahin geändert:

1. Der §. 11 wird dahin geändert:

Die Landesgesetze können bei Aufgeboten, deren Zulässigkeit auf landesgesetzlichen Vorschriften beruht, die Anwendung der Bestimmungen der Civilprozeßordnung über das Aufgebotsverfahren ausschließen oder diese Bestimmungen durch andere Vorschriften ersetzen.

2. Im §. 15 werden

a) die Nr. 2 des Abs. 1 dahin geändert:

2. die landesgesetzlichen Vorschriften über das Verfahren bei Streitigkeiten, welche die Zwangsenteignung und die Entschädigung wegen derselben betreffen;

b) die Nr. 3, 5 des Abs. 1 und der Abs. 2 gestrichen;

c) die Nr. 4 des Abs. 1 erhält die Bezeichnung Nr. 3.

3. Im §. 16 werden die Vorschriften der Nr. 1, 5 bis 8 aufgehoben; die Nr. 2 bis 4 erhalten die Bezeichnung Nr. 1 bis 3.

Artikel 4. (13.)

Die Konkursordnung wird dahin geändert:

1. Der §. 1 Abs. 2 wird aufgehoben.

2. Als §. 1a wird folgende Vorschrift eingestellt:

Wird bei dem Güterstande der allgemeinen Gütergemeinschaft, der Errungenschaftsgemeinschaft oder der Fahrnißgemeinschaft das Konkursverfahren über das Vermögen des Ehemanns eröffnet, so gehört das Gesammtgut zur Konkursmasse; eine Auseinandersetzung wegen des Gesammtguts zwischen den Ehegatten findet nicht statt.

Durch das Konkursverfahren über das Vermögen der Ehefrau wird das Gesammtgut nicht berührt.

Diese Vorschriften finden bei der fortgesetzten Gütergemeinschaft mit der Maßgabe Anwendung, daß an die Stelle des Ehemanns der überlebende Ehegatte, an die Stelle der Ehefrau die Abkömmlinge treten.

3. Der §. 2 erhält folgenden Abs. 2:

Unterhaltsansprüche, die nach den §§. 1334, 1343, 1559 bis 1564, 1579, 1684 des Bürgerlichen Gesetzbuchs gegen den Gemeinschuldner begründet sind, können für die Zukunft nicht geltend gemacht werden; dies gilt auch für die im voraus zu bewirkenden Leistungen, welche zur Zeit der Eröffnung des Verfahrens fällig waren.

4. Der §. 6 Abs. 1 wird dahin geändert:

Rechtshandlungen, welche der Gemeinschuldner nach der Eröffnung des Verfahrens vorgenommen hat, sind den Konkursgläubigern gegenüber unwirksam; die Vorschriften der §§. 876, 877 des Bürgerlichen Gesetzbuchs bleiben unberührt.

5. Als §. 9a wird folgende Vorschrift eingestellt:

Die Annahme oder Ausschlagung einer vor der Eröffnung des Verfahrens dem Gemeinschuldner angefallenen Erbschaft sowie eines vor diesem Zeitpunkte dem Gemeinschuldner angefallenen Vermächtnisses steht nur dem Gemeinschuldner zu. Das Gleiche gilt von der Ablehnung der fortgesetzten Gütergemeinschaft.

6. Als §. 10a wird folgende Vorschrift eingestellt:

Ein gegen den Gemeinschuldner bestehendes Veräußerungsverbot der in den §§. 131, 132 des Bürgerlichen Gesetzbuchs bezeichneten Art ist den Konkursgläubigern gegenüber unwirksam.

7. Der §. 11 erhält folgenden Zusatz:

Das Gleiche gilt in Ansehung der zur Konkursmasse gehörenden Grundstücke von der Eintragung einer Vormerkung auf Grund einer einstweiligen Verfügung.

8. Der §. 12 wird dahin geändert:

Rechte an den zur Konkursmasse gehörenden Gegenständen sowie Vorzugsrechte und Zurückbehaltungsrechte in Ansehung solcher Gegenstände können nach der Eröffnung des Verfahrens nicht mit Wirksamkeit gegenüber den Konkursgläubigern erworben werden, auch wenn der Erwerb nicht auf einer Rechtshandlung des Gemeinschuldners beruht. Die Vorschriften der §§. 862, 876, 877 und des §. 1243 Abs. 1 des Bürgerlichen Gesetzbuchs bleiben unberührt.

Soweit die Wirksamkeit eines bestehenden Rechtes Dritten gegenüber von einer Eintragung abhängt, erlangt das Recht durch eine nach der Eröffnung des Verfahrens erfolgende Eintragung nicht Wirksamkeit gegenüber den Konkursgläubigern.

9. Der §. 13 wird aufgehoben.

10. Der §. 14 erhält folgenden Abs. 2:

Eine Vereinbarung, durch welche das Recht, die Aufhebung einer Gemeinschaft nach Bruchtheilen zu verlangen, für immer oder auf Zeit ausgeschlossen oder eine Kündigungsfrist bestimmt wird, ist für den Konkursverwalter nicht bindend. Das Gleiche gilt von einer Anordnung dieses Inhalts, die ein Erblasser für die Gemeinschaft seiner Erben getroffen hat.

11. Im §. 17 wird die Nr. 1 dahin geändert:

1. hatte der Gemeinschuldner gepachtet oder gemiethet, so kann sowohl der andere Theil als der Verwalter das Pacht- oder Miethverhältniß kündigen. Die Kündigungsfrist ist, falls nicht eine kürzere Frist bedungen war, die gesetzliche. Kündigt der Verwalter, so ist der andere Theil berechtigt, Ersatz des ihm durch die Aufhebung des Vertrags entstehenden Schadens zu verlangen;

12. Der §. 19 wird dahin geändert:

Ein in dem Haushalte, Wirthschaftsbetrieb oder Erwerbsgeschäfte des Gemeinschuldners angetretenes Dienstverhältniß kann von jedem Theile gekündigt werden. Die Kündigungsfrist ist, falls nicht eine kürzere Frist bedungen war, die gesetzliche.

Kündigt der Verwalter, so ist der andere Theil berechtigt, Ersatz des ihm durch die Aufhebung des Dienstverhältnisses entstehenden Schadens zu verlangen.

13. Hinter §. 19 werden folgende Vorschriften eingestellt:

§. 19a.

Ein von dem Gemeinschuldner ertheilter Auftrag erlischt durch die Eröffnung des Verfahrens, es sei denn, daß der Auftrag sich nicht auf das zur Konkursmasse gehörende Vermögen bezieht. Erlischt der Auftrag, so finden die Vorschriften des §. 659 Satz 2 und des §. 661 des Bürgerlichen Gesetzbuchs entsprechende Anwendung.

Das Gleiche gilt, wenn sich Jemand durch einen Dienstvertrag oder einen Werkvertrag verpflichtet hat, ein ihm von dem Gemeinschuldner übertragenes Geschäft für diesen zu besorgen.

§. 19b.

Ist zur Sicherung eines Anspruchs auf Einräumung oder Aufhebung eines Rechtes an einem Grundstücke des Gemeinschuldners oder an einem für den Gemeinschuldner eingetragenen Rechte oder zur Sicherung eines Anspruchs auf Aenderung des Inhalts oder des Ranges eines solchen Rechtes eine Vormerkung im Grundbuch eingetragen, so kann der Gläubiger von dem Konkursverwalter die Befriedigung seines Anspruchs verlangen.

14. Der §. 20 wird dahin geändert:

Soweit rücksichtlich einzelner, durch die §§. 16 bis 19b nicht betroffener Rechtsverhältnisse das bürgerliche Recht besondere Bestimmungen über die Wirkung der Eröffnung des Konkursverfahrens enthält, kommen diese Bestimmungen zur Anwendung.

15. Hinter §. 21 werden folgende Vorschriften eingestellt:

§. 21 a.

Erlischt ein von dem Gemeinschuldner ertheilter Auftrag oder ein Dienst- oder Werkvertrag der im §. 19 a Abs. 2 bezeichneten Art in Folge der Eröffnung des Verfahrens, so ist der andere Theil in Ansehung der nach der Eröffnung des Verfahrens entstandenen Ersatzansprüche im Falle des §. 659 Satz 2 des Bürgerlichen Gesetzbuchs Massegläubiger, im Falle des §. 661 des Bürgerlichen Gesetzbuchs Konkursgläubiger.

§. 21 b.

Wird eine nach §. 692 des Bürgerlichen Gesetzbuchs eingegangene Gesellschaft durch die Eröffnung des Konkursverfahrens über das Vermögen eines Gesellschafters aufgelöst, so sind die übrigen Gesellschafter in Ansehung der Ansprüche, welche ihnen aus der einstweiligen Fortführung der Geschäfte nach §. 715 Satz 2 des Bürgerlichen Gesetzbuchs zustehen, Massegläubiger, in Ansehung der ihnen nach §. 716 des Bürgerlichen Gesetzbuchs zustehenden Ansprüche, unbeschadet der Bestimmung des §. 44, Konkursgläubiger.

16. Als §. 34 a wird folgende Vorschrift eingestellt:

Die Vorschriften über die Anfechtung der vor der Eröffnung des Verfahrens vorgenommenen Rechtshandlungen gelten auch für die Anfechtung von Rechtshandlungen, die nach der Eröffnung des Verfahrens vorgenommen worden sind, sofern diese nach den §§. 876, 877 des Bürgerlichen Gesetzbuchs den Konkursgläubigern gegenüber wirksam sind. Die Verjährung des Anfechtungsrechts beginnt mit der Vornahme der Rechtshandlung.

17. Der §. 39 wird dahin geändert:

Zur abgesonderten Befriedigung dienen die Gegenstände, welche der Zwangsvollstreckung in das unbewegliche Vermögen unterliegen, für diejenigen, welchen ein Recht auf Befriedigung aus denselben zusteht.

18. Im §. 41 wird

a) unter Aufhebung der Nr. 3 bis 6, 8 die Nr. 2 dahin geändert:

2. diejenigen, welche an gewissen Gegenständen ein gesetzliches oder ein durch Pfändung erlangtes Pfandrecht haben; das dem Vermiether und dem Verpächter nach den §§. 552, 574, 578 des Bürgerlichen Gesetzbuchs zustehende Pfandrecht kann für den dem Vermiether oder dem Verpächter in Folge der Kündigung des Verwalters entstehenden Entschädigungsanspruch sowie für den Mieth- oder Pachtzins für eine frühere Zeit als das letzte Jahr vor der Eröffnung des Verfahrens nicht geltend gemacht werden; das Pfandrecht des Verpächters eines landwirthschaftlichen Grundstücks unterliegt in Ansehung des Pachtzinses der Beschränkung nicht;

b) die Nr. 7 als Nr. 3 eingestellt;

c) die Nr. 9 als Nr. 4 dahin eingestellt:

4. diejenigen, welchen nach dem Handelsgesetzbuch in Ansehung gewisser Gegenstände ein Zurückbehaltungsrecht zusteht;

d) als Abs. 2 folgende Vorschrift eingestellt:

Die im Abs. 1 Nr. 1 bezeichneten Rechte gehen den im Abs. 1 Nr. 2 bis 4 und den im §. 40 bezeichneten Rechten vor.

19. Der §. 43 wird aufgehoben.

20. Der §. 60 wird dahin geändert:

Forderungen unter aufschiebender Bedingung berechtigen nur zu einer Sicherstellung. Das Recht auf Sicherstellung besteht auch dann, wenn die Bedingung bereits entschieden, das Ergebniß aber noch nicht bekannt ist.

21. Der §. 98 Abs. 1 Satz 4 wird dahin geändert:

Wird das Verbot öffentlich bekannt gemacht, so sind Rechte, welche nach der Bekanntmachung des Verbots im Wege der Zwangsvollstreckung oder des Arrestes erworben worden sind, sowie die nach der Bekanntmachung in solcher Weise erwirkte Eintragung eines bestehenden Rechtes und die nach der Bekanntmachung im Wege der einstweiligen Verfügung erwirkte Eintragung einer Vormerkung den Konkursgläubigern gegenüber unwirksam.

22. Der §. 106 wird dahin geändert:

Ein von dem Konkursgericht in Gemäßheit des §. 98 erlassenes allgemeines Veräußerungsverbot sowie die Eröffnung des Konkursverfahrens ist in das Grundbuch einzutragen:

1. bei denjenigen Grundstücken, als deren Eigenthümer der Gemeinschuldner im Grundbuch eingetragen ist;
2. bei den für den Gemeinschuldner eingetragenen Rechten an Grundstücken oder an eingetragenen Rechten, wenn nach der Art des Rechtes und den obwaltenden Umständen bei Unterlassung der Eintragung eine Beeinträchtigung der Konkursgläubiger zu besorgen ist.

Das Konkursgericht hat, soweit ihm solche Grundstücke oder Rechte bekannt sind, das Grundbuchamt von Amtswegen um die Eintragung zu ersuchen.

Die Eintragung kann auch von dem Konkursverwalter bei dem Grundbuchamte beantragt werden.

23. Als §. 116a wird folgende Vorschrift eingestellt:

Ist der Gemeinschuldner Vorerbe, so darf der Konkursverwalter die zur Erbschaft gehörenden Gegenstände nicht veräußern, wenn die Veräußerung im Falle des Eintritts der Nacherbfolge nach §. 2090 des Bürgerlichen Gesetzbuchs dem Nacherben gegenüber unwirksam ist.

24. Der §. 122 Nr. 2 wird dahin geändert:

2. wenn Darlehen aufgenommen, fremde Verbindlichkeiten übernommen, zur Masse gehörige Gegenstände verpfändet oder Grundstücke erstanden werden sollen.

25. Der §. 142 wird dahin geändert:

Forderungen unter aufschiebender Bedingung werden bei einer Vertheilung zu dem Betrage berücksichtigt, welcher auf die unbedingte Forderung fallen würde.

Bei der Schlußvertheilung ist die Berücksichtigung ausgeschlossen, wenn die Möglichkeit des Eintritts der Bedingung eine so entfernte ist, daß die bedingte Forderung einen gegenwärtigen Vermögenswerth nicht hat.

26. Der §. 144 wird dahin geändert:

Die Antheile, mit welchen Gläubiger bei Abschlagsvertheilungen nach Maßgabe des §. 141 Abs. 2 oder des §. 142 Abs. 1 berücksichtigt worden sind, werden für die Schlußvertheilung frei, wenn bei dieser die Voraussetzungen des §. 141 Abs. 1 nicht erfüllt sind oder nach Maßgabe des §. 142 Abs. 2 die Berücksichtigung der bedingten Forderung ausgeschlossen ist.

27. Der §. 158 wird dahin geändert:

Beträge, welche zur Sicherstellung eines bedingt zur Aufrechnung befugten Gläubigers nach Maßgabe des §. 47 Abs. 3 hinterlegt worden sind, fließen für die Schlußvertheilung zur Konkursmasse zurück, wenn die Möglichkeit des Eintritts der Bedingung eine so entfernte ist, daß die bedingte Forderung einen gegenwärtigen Vermögenswerth nicht hat.

28. Der §. 178 Satz 2 wird dahin geändert:

Die Rechte der Gläubiger gegen Mitschuldner und Bürgen des Gemeinschuldners und die Rechte aus einem für die Forderung bestehenden Pfandrecht oder einer für sie bestehenden Hypothek werden durch den Zwangsvergleich nicht berührt.

29. Als §. 194a wird folgende Vorschrift eingestellt:

Auf das Konkursverfahren über das Vermögen eines rechtsfähigen Vereins, über das Vermögen einer Körperschaft oder Anstalt des öffentlichen Rechtes sowie über das Vermögen einer Stiftung finden die Vorschriften der §§. 193, 194 entsprechende Anwendung.

Unberührt bleiben die landesgesetzlichen Vorschriften, welche die Zulässigkeit des Konkursverfahrens über das Vermögen der im §. 15 Nr. 3 des Einführungsgesetzes zur Civilprozeßordnung bezeichneten juristischen Personen beschränken oder ausschließen.

30. Der §. 204 wird dahin geändert:

Die Eröffnung des Verfahrens wird nicht dadurch gehindert, daß der Erbe die Erbschaft noch nicht angenommen hat oder daß er für die Nachlaßverbindlichkeiten unbeschränkt haftet.

Bei dem Vorhandensein mehrerer Erben ist die Eröffnung des Verfahrens auch nach der Theilung des Nachlasses zulässig.

31. Der §. 205 wird dahin geändert:

Zu dem Antrag auf Eröffnung des Verfahrens ist jeder Erbe, der Nachlaßverwalter sowie ein anderer Nachlaßpfleger, ein Testamentsvollstrecker, dem die Verwaltung des Nachlasses zusteht, und jeder Nachlaßgläubiger berechtigt.

Wird der Antrag nicht von allen Erben gestellt, so ist er zuzulassen, wenn die Ueberschuldung glaubhaft gemacht wird. Das Gericht hat die übrigen Erben soweit thunlich zu hören.

Steht die Verwaltung des Nachlasses einem Testamentsvollstrecker zu, so ist, wenn der Erbe die Eröffnung des Verfahrens beantragt, der Testamentsvollstrecker, wenn der Testamentsvollstrecker den Antrag stellt, der Erbe zu hören.

32. Hinter §. 205 werden folgende Vorschriften eingestellt:

§. 205 a.

Ist eine Ehefrau die Erbin und gehört der Nachlaß zum eingebrachten Gute oder zum Gesammtgute, so kann sowohl die Ehefrau als der Ehemann die Eröffnung des Verfahrens beantragen, ohne daß die Zustimmung des anderen Theiles erforderlich ist. Das Gleiche gilt, wenn der Nachlaß zum Gesammtgute gehört, auch nach der Beendigung der Gemeinschaft.

Wird der Antrag nicht von beiden Ehegatten gestellt, so ist er zuzulassen, wenn die Ueberschuldung glaubhaft gemacht wird. Das Gericht hat den anderen Ehegatten wenn thunlich zu hören.

§. 205 b.

Ein Nachlaßgläubiger, der im Aufgebotsverfahren ausgeschlossen ist oder nach §. 1949 des Bürgerlichen Gesetzbuchs einem ausgeschlossenen Gläubiger gleichsteht, kann die Eröffnung des Verfahrens nicht beantragen.

Ein Vermächtnißnehmer sowie derjenige, welcher berechtigt ist, die Vollziehung einer Auflage zu fordern, kann die Eröffnung des Verfahrens nur beantragen, wenn über das Vermögen des Erben das Konkursverfahren eröffnet ist. Ist eine Ehefrau die Erbin und gehört der Nachlaß zum Gesammtgute, so kann ein solcher Gläubiger den Antrag nur stellen, wenn über das Vermögen des Ehemanns das Konkursverfahren eröffnet ist.

§. 205 c.

Wird der Antrag auf Eröffnung des Verfahrens erst zwei Jahre nach der Annahme der Erbschaft gestellt, so kann der Erbe der Eröffnung des Verfahrens widersprechen. Macht er von diesem Rechte Gebrauch, so haftet er für die Nachlaßverbindlichkeiten unbeschränkt. Eine vor der Erhebung des Widerspruchs nach §. 1948 oder nach

§. 1949 des Bürgerlichen Gesetzbuchs eingetretene Beschränkung der Haftung bleibt unberührt.

Ist der Erbe geschäftsunfähig oder in der Geschäftsfähigkeit beschränkt, so ist zur Erhebung des Widerspruchs die Genehmigung des Vormundschaftsgerichts erforderlich.

Mehrere Erben können das Widerspruchsrecht nur gemeinschaftlich ausüben.

§. 205 d.

Auf Grund einer nach dem Eintritte des Erbfalls gegen den Nachlaß erfolgten Maßregel der Zwangsvollstreckung oder der Arrestvollziehung kann abgesonderte Befriedigung nicht verlangt werden.

Eine nach dem Eintritte des Erbfalls im Wege der einstweiligen Verfügung erlangte Vormerkung ist unwirksam.

§. 205 e.

Hat der Erbe vor der Eröffnung des Verfahrens aus dem Nachlasse Pflichttheilsansprüche, Vermächtnisse oder Auflagen erfüllt, so ist die Leistung in gleicher Weise anfechtbar wie eine unentgeltliche Verfügung des Erben.

§. 205 f.

Dem Erben steht wegen der ihm nach den §§. 1953 bis 1955 des Bürgerlichen Gesetzbuchs aus dem Nachlasse zu ersetzenden Aufwendungen ein Zurückbehaltungsrecht nicht zu.

§. 205 g.

Masseschulden sind außer den im §. 52 bezeichneten Verbindlichkeiten:

1. die dem Erben nach den §§. 1953 bis 1955 des Bürgerlichen Gesetzbuchs aus dem Nachlasse zu ersetzenden Aufwendungen;
2. die Kosten der standesmäßigen Beerdigung des Erblassers;
3. die im Falle der Todeserklärung des Erblassers dem Nachlasse zur Last fallenden Kosten des Verfahrens;
4. die Kosten der Eröffnung einer Verfügung des Erblassers von Todeswegen, der gerichtlichen Sicherung des Nachlasses, einer Nachlaßpflegschaft, des Aufgebots der Nachlaßgläubiger und der Inventarerrichtung;
5. die Verbindlichkeiten aus den von einem Nachlaßpfleger oder einem Testamentsvollstrecker vorgenommenen Rechtsgeschäften;
6. die Verbindlichkeiten, welche für den Erben gegenüber einem Nachlaßpfleger, einem Testamentsvollstrecker oder einem Erben, der die Erbschaft ausgeschlagen hat, aus der Geschäftsführung dieser Personen entstanden sind, soweit die Nachlaßgläubiger verpflichtet sein würden, wenn die bezeichneten Personen die Geschäfte für sie zu besorgen gehabt hätten.

§. 205h.

Der Erbe kann die ihm gegen den Erblasser zustehenden Ansprüche geltend machen.

Hat der Erbe eine Nachlaßverbindlichkeit berichtigt, so tritt er, soweit die Berichtigung nicht nach den §§. 1954, 1955 des Bürgerlichen Gesetzbuchs als für Rechnung des Nachlasses erfolgt gilt, an die Stelle des Gläubigers.

Haftet der Erbe einem einzelnen Gläubiger gegenüber unbeschränkt, so kann er dessen Forderung für den Fall geltend machen, daß der Gläubiger sie nicht geltend macht.

§. 205i.

In dem Verfahren kann jede Nachlaßverbindlichkeit geltend gemacht werden, sofern nicht der Gläubiger im Wege des Aufgebotsverfahrens ausgeschlossen ist oder nach §. 1949 des Bürgerlichen Gesetzbuchs einem ausgeschlossenen Gläubiger gleichsteht.

§. 205k.

Nachstehende Verbindlichkeiten werden erst nach allen übrigen Verbindlichkeiten und in folgender Rangordnung, bei gleichem Range nach Verhältniß ihrer Beträge, berichtigt:

1. die seit der Eröffnung des Verfahrens laufenden Zinsen der im §. 54 bezeichneten Forderungen;
2. die gegen den Erblasser erkannten Geldstrafen;
3. die Verbindlichkeiten aus einer Freigebigkeit des Erblassers unter Lebenden;
4. die Verbindlichkeiten aus der Unterhaltspflicht des Erblassers gegenüber seinem geschiedenen Ehegatten;
5. die Verbindlichkeiten gegenüber Pflichttheilsberechtigten;
6. die Verbindlichkeiten aus den vom Erblasser angeordneten Vermächtnissen und Auflagen.

Ein Vermächtniß, durch welches das Recht des Bedachten auf den Pflichttheil nach §. 2280 des Bürgerlichen Gesetzbuchs ausgeschlossen wird, steht, soweit es den Pflichttheil nicht übersteigt, im Range den Pflichttheilsrechten gleich. Hat der Erblasser durch Verfügung von Todeswegen angeordnet, daß ein Vermächtniß oder eine Auflage vor einem anderen Vermächtniß oder einer anderen Auflage erfüllt werden soll, so hat das Vermächtniß oder die Auflage den Vorrang.

§. 205l.

Mit den im §. 205k Abs. 1 Nr. 2 bis 6 bezeichneten Forderungen werden die bis zur Eröffnung des Verfahrens aufgelaufenen und die seit der Eröffnung laufenden Zinsen an derselben Stelle angesetzt.

§. 205m.

Was in Folge der Anfechtung einer von dem Erblasser oder ihm gegenüber vorgenommenen Rechtshandlung zur Konkursmasse zurückgewährt wird, darf nicht zur Berichtigung der im §. 205k Abs. 1 Nr. 5, 6 bezeichneten Verbindlichkeiten verwendet werden. Das Gleiche gilt, wenn die Befriedigung eines Anspruchs durch den Erben der Anfechtung unterliegt, für das in Folge der Anfechtung Zurückgewährte, soweit nicht die bezeichneten Verbindlichkeiten dem befriedigten Anspruch im Range vorgehen oder gleichstehen.

§. 205n.

Die in dem Aufgebotsverfahren zum Zwecke der Ausschließung von Nachlaßgläubigern angemeldeten und nicht ausgeschlossenen Forderungen gelten als auch im Nachlaßkonkurs angemeldet, sofern das Aufgebot von dem Gerichte, bei welchem der Konkurs anhängig wird, erlassen und das Verfahren nicht vor der Eröffnung des Konkursverfahrens ohne Erlassung des Ausschlußurtheils erledigt ist.

33. Der §. 206 wird dahin geändert:

Ein Zwangsvergleich kann nur auf den Vorschlag aller Erben geschlossen werden.

Die Gläubiger, welchen die im §. 205k Abs. 1 Nr. 2 bis 6 bezeichneten Forderungen zustehen, nehmen an der Schließung des Zwangsvergleichs nicht Theil; sie sind jedoch vor der Bestätigung des Zwangsvergleichs zu hören. Macht einer von ihnen glaubhaft, daß der Zwangsvergleich sein berechtigtes Interesse verletzt, so ist auf seinen Antrag der Zwangsvergleich zu verwerfen; gegen die Bestätigung steht ihm die sofortige Beschwerde nach §. 174 zu.

34. Hinter §. 206 werden folgende Vorschriften eingestellt:

§. 206a.

Die Vorschriften des §. 205f, des §. 205g Nr. 1 und des §. 205h Abs. 2, 3 gelten für den Vorerben auch nach dem Eintritte der Nacherbfolge.

§. 206b.

Hat der Erbe die Erbschaft verkauft, so tritt der Käufer in Ansehung des Verfahrens an seine Stelle.

Der Erbe ist wegen einer Nachlaßverbindlichkeit, die im Verhältnisse zwischen ihm und dem Käufer diesem zur Last fällt, in derselben Weise wie der Gläubiger zu dem Antrag auf Eröffnung des Verfahrens berechtigt. Das gleiche Recht steht ihm auch wegen einer anderen Nachlaßverbindlichkeit zu, es sei denn, daß er unbeschränkt haftet oder daß eine Nachlaßverwaltung angeordnet ist. Die Vorschriften des §. 205f, des §. 205g Nr. 1 und des §. 205h gelten für den Erben auch nach dem Verkaufe der Erbschaft.

Der Käufer kann der Eröffnung des Verfahrens nach §. 205c nur mit Zustimmung des Erben widersprechen, es sei denn, daß dieser für die Nachlaßverbindlichkeiten unbeschränkt haftet.

§. 206c.

Die Vorschriften des §. 206b finden entsprechende Anwendung, wenn Jemand eine durch Vertrag erworbene Erbschaft verkauft oder sich zur Veräußerung einer ihm angefallenen oder anderweit von ihm erworbenen Erbschaft in sonstiger Weise verpflichtet hat.

§. 206d.

In dem Konkursverfahren über das Vermögen des Erben finden, wenn auch über den Nachlaß das Konkursverfahren eröffnet oder wenn eine Nachlaßverwaltung angeordnet ist, auf Nachlaßgläubiger, denen gegenüber der Erbe unbeschränkt haftet, die Vorschriften der §§. 57, 88, 141, 143, 144, des §. 155 Nr. 3 und des §. 156 entsprechende Anwendung.

Das Gleiche gilt, wenn eine Ehefrau die Erbin ist und der Nachlaß zum Gesammtgute gehört, auch in dem Konkursverfahren über das Vermögen des Ehemanns.

§. 206e.

Ueber einen Erbtheil findet ein Konkursverfahren nicht statt.

§. 206f.

Die Vorschriften der §§. 202 bis 206e finden im Falle der fortgesetzten Gütergemeinschaft auf das Konkursverfahren über das Gesammtgut entsprechende Anwendung. Konkursgläubiger sind nur die Gesammtgutsgläubiger, deren Forderungen schon zur Zeit des Eintritts der fortgesetzten Gütergemeinschaft bestanden. Zu dem Antrag auf Eröffnung des Verfahrens ist ein Gläubiger nicht berechtigt, dem gegenüber der überlebende Ehegatte zu dieser Zeit persönlich haftete. Die antheilsberechtigten Abkömmlinge sind zu dem Antrage nicht berechtigt; das Gericht hat sie soweit thunlich zu hören.

Artikel 5. (14.)

Das Einführungsgesetz zur Konkursordnung wird dahin geändert:

1. Der §. 3 Abs. 3 wird dahin geändert:

Im Falle des Konkursverfahrens über das Vermögen eines Wechselschuldners wird die Verjährung durch die Anmeldung der Forderung im Konkurs unterbrochen.

2. Im §. 5 wird die Vorschrift der Nr. 2 aufgehoben.

3. Der §. 6 wird dahin geändert:

Die Bestimmungen der §§. 193, 194, 214 der Konkursordnung finden auf registrirte Gesellschaften, welche auf Grund des bayerischen Gesetzes vom 29. April 1869, betreffend die privatrechtliche Stellung der Erwerbs- und Wirthschaftsgesellschaften, bestehen, entsprechende Anwendung.

Die Gesellschaft wird in dem Konkursverfahren durch den Vorstand oder die Liquidatoren vertreten. Ein Zwangsvergleich findet nicht statt.

4. Die §§. 14, 15, 16 werden aufgehoben.

Artikel 6. (15.)

Die Vorschriften des §. 41 Abs. 2 der Konkursordnung und des §. 17 Nr. 1, 2 des Einführungsgesetzes zur Konkursordnung finden auch außerhalb des Konkurses Anwendung.

Artikel 7.

In das Gesetz, betreffend die Anfechtung von Rechtshandlungen eines Schuldners außerhalb des Konkursverfahrens, vom 21. Juli 1879 (Reichs-Gesetzbl. S. 277) wird folgende Vorschrift eingestellt:

§. 3a.

Hat der Erbe aus dem Nachlasse Pflichttheilsansprüche, Vermächtnisse oder Auflagen erfüllt, so kann ein Nachlaßgläubiger, der im Konkursverfahren über den Nachlaß dem Empfänger der Leistung im Range vorgehen oder gleichstehen würde, die Leistung in gleicher Weise anfechten wie eine unentgeltliche Verfügung des Erben.

Eine nach den §§. 1948, 1949, 1964 des Bürgerlichen Gesetzbuchs eingetretene Beschränkung des Rechtes des Gläubigers bleibt außer Betracht, wenn der Gläubiger dem Empfänger der Leistung im Range vorgehen würde.

Artikel 8.

Dieses Gesetz tritt gleichzeitig mit dem Bürgerlichen Gesetzbuch in Kraft.

Das Gesetz, betreffend die Abänderung des §. 41 der Konkursordnung, vom 9. Mai 1894 (Reichs-Gesetzbl. S. 439) wird aufgehoben.

Die landesgesetzlichen Vorschriften über die Vollstreckbarkeit von Hypothekenurkunden bleiben in Ansehung der Hypotheken in Kraft, welche schon zu der Zeit bestehen, zu welcher das Grundbuch als angelegt anzusehen ist.

Druck von C. H. Schulze & Co. in Gräfenhainichen.

Kolibri 360 GmbH
Ferdinand-Jühlke-Straße 7
99095 Erfurt, Deutschland
produktsicherheit@kolibri360.de